波斯纳法官
性、理性与法律

〔美〕理查德·波斯纳 —— 著
(Richard Allen Posner)

苏力 —— 译

北京大学出版社
PEKING UNIVERSITY PRESS

著作权合同登记号　图字:01-2023-3054
图书在版编目(CIP)数据

波斯纳法官论性、理性与法律/(美)理查德·波斯纳著；苏力译. -- 北京：北京大学出版社，2025.4. ISBN 978-7-301-35933-4

Ⅰ. D971.262
中国国家版本馆CIP数据核字第20254ER925号

SEX AND REASON by Richard A. Posner
Copyright © 1992 by the President and Fellows of Harvard College
Published by arrangement with Harvard University Press
through Bardon Chinese Creative Agency Limited
Simplified Chinese translation copyright © 2025
by Peking University Press
ALL RIGHTS RESERVED

本书原版由 Harvard University Press 于1992年出版。本书简体中文版由原版权授权方授权翻译出版。

书　　　名	波斯纳法官论性、理性与法律 BOSINA FAGUAN LUN XING、LIXINAG YU FALÜ
著作责任者	〔美〕理查德·波斯纳（Richard Allen Posner）　著　苏　力　译
责任编辑	潘菁琪　方尔埼
标准书号	ISBN 978-7-301-35933-4
出版发行	北京大学出版社
地　　　址	北京市海淀区成府路205号　100871
网　　　址	http://www.pup.cn　http://www.yandayuanzhao.com
电子邮箱	编辑部 yandayuanzhao@pup.cn　总编室 zpup@pup.cn
新浪微博	@北京大学出版社　@北大出版社燕大元照法律图书
电　　　话	邮购部 010-62752015　发行部 010-62750672 编辑部 010-62117788
印　刷　者	三河市北燕印装有限公司
经　销　者	新华书店
	650毫米×980毫米　16开本　29.25印张　543千字 2025年4月第1版　2025年4月第1次印刷
定　　　价	89.00元

未经许可，不得以任何方式复制或抄袭本书之部分或全部内容。
版权所有，侵权必究
举报电话: 010-62752024　电子邮箱: fd@pup.cn
图书如有印装质量问题，请与出版部联系，电话: 010-62756370

新版序

中国法学人、法律人实在是太热爱乃至于太执着于"法"这个标签了。这本曾大大拓展了我的法学知识视野，令我获益太多的波斯纳于1992年由哈佛大学出版社出版的著作，当时书名为《性与理性》，就因书名中作者没用"法"这个字，居然中文读者不多。间接证据是，我很少看见法律人和法学生引用或提及此书，这令我非常诧异。

想来想去，全是我的错：在一个日益繁忙的时代，作者/译者起码得了解注意力经济，为匆忙的消费者/读者多想想。

在此也告知读者，这次重版，我只是纠正显著的错字错句，并未一一对照英文原著，调整、订正译文。最大的动作只是将书名译为《波斯纳法官论性、理性与法律》。

但重版是有理由的。因为本书讨论的许多问题一直持续；书中讨论涉及的许多问题，至少婚姻和生育问题，在中国今天甚至比20年前我翻译时，更显著，更重要，甚至更紧迫了，不仅需要法律人的思考，更需要有效的法律和社会应对。

但在我看来最重要的其实是，这是一本有助于读者——不限于法律或法学读者——进入，进而理解、分析和思考一个乍看起来完全非理性仅仅是冲动和情感的领域，并且是一个知识和学术意趣都非常饱满的领域。

感谢北京大学出版社接手本书的重版；感谢杨玉洁编辑。

苏 力
2024年10月16日于北大法学院

从禁忌到理性
——代译序

一

阅读和翻译这本书，是一个焦躁、反感甚至是痛苦的过程，但也是一个与愉悦交织的过程。

焦躁是因为，这本书研究、分析的许多问题都属于我的、同时也是我们社会的禁忌。尽管此书已经读过很久，许多地方的翻译却还是让我心惊肉跳，脸红心躁，就如同少年时代偶尔读到小说中零星的爱情描写——例如《钢铁是怎样炼成的》中保尔与冬妮娅临别前夜的描写——时的感受一样。当然这些描写，在今天的小说读者看来，几乎一点也不"色"；但正如波斯纳在本书中所言，"在艺术或文学中，性的直白并不是一个绝对值，而是相对于当时社会规范创造的那种预期而言的"。在先前的中国社会中，性不仅是一种禁忌，而且还是一种神秘，因此，仅仅"爱情"这两个字就是对性的一种暗示，就是对内心禁忌的一种突破，就足以令我躁动不安了。翻译这本书的许多部分，对我的个人经验来说，更是一种不断突破禁忌的过程，因此也是一个焦躁不安的过程。

焦躁、反感和痛苦还因为，此书触动了此前我的生活中形成的一些偏见、前见，有的甚至是深刻的意蒂牢结。不仅有男同女同、娈童关系、肛交、口交、易装癖、窥淫癖、"喜新厌旧"、"拈花惹草"、溺婴（特别是溺女婴）、女性割礼等因种种原因在先前的我看来令人厌恶或极端反感的现象，而且还有另一些在先前的我看来近乎神圣并拒绝分析的现象。"一见钟情""有缘千里来相会""众里寻他千百度，蓦然回首，那人却在灯火阑珊处"，有什么可以分析的？"可怜天下父母心"，有什么可以分析的？但在波斯纳冷静的、道德无涉（moral indifference）的笔下，这些都展现了一种令人难以抗拒的统一逻辑。分析理性突破情感的层层防线，最终迫使直觉缴械。不仅爱情被解构了，父母对子女之爱被解构了；甚至，许多经典的高雅艺术也被解构了：在一定的视角上看，米诺的维纳斯、拉斐尔的圣母也可以算是一种色情作品，芭蕾舞《天鹅湖》与脱衣舞也没有本质的区别。多年来心目中构建起来的神圣与亵渎之间截然清楚的边界，在这里都模糊——仅仅是模糊，而不是消失——了。对以往经验和信念的否弃不仅令人反感，更令人难以忍受。人有时必须保留某些虚幻，才可能幸福。

但是，这本书的翻译也是一个愉悦的过程，不仅是那种偶尔突破禁忌且未被人察觉的愉悦，更重要的是一种智识上的愉悦。追随着波斯纳的笔，我漫游了从古希腊古罗马到今天的北欧国家，从现代美国到非洲的桑比亚（一个虚构的部落），性这个因禁忌、神秘而陌生的领域在不知不觉中展示出其自身的理性逻辑。当年的经验和直觉不断被唤醒和反思，我不仅看到了，而且理解了许多先前从未理解的事情。许多先前憎恶的，在理性面前，不再憎恶了；许多先前赞美的，如今在理性面前，获得了另一种迷人。先前社会文化禁忌塑造的、我的那个有关性领域之边界的修改，分类的更换，使我看到了另一个世界。对于一个对世界充满好奇心的人来说，能有比这更令人愉悦的吗？！

而这就是学习的愉悦，也是智识增长的全部意味。

二

这是一本法官写的关于性的书。因此，至少在两种意义上，它犯了忌讳。第一，性本身，至少性的许多问题，至今在包括美国的许多国家仍然犯忌讳。第二，如果说其他人特别是性学家偶尔谈谈性还可以理解和原谅（现有的知识研究体制并不如同人们想象的那样真的是对外开放的，而是很讲资格的），而一位法官，一位著名法学家丢下那么多"重大法律学术问题"（例如，正义、人权、法治、司法审查等）不讨论，却讨论这样一个"不入流""下三滥"的问题，这也犯忌讳；不仅没有名分，甚至会被人们认为很下流。"在研究方法上可以价值中立，但在选择什么样的研究题目的问题上，不可能不受价值判断和情操的影响"，一些学术道学家们会这样说。因此，一个选题本身就足以证明作者的格调和情操，而格调低下的选题从一开始就注定了不可能有多大的价值，甚至就是没有价值！这种观点在当代中国法学界可能更为突出。

但是,"你要想知道梨子的滋味,你就得……亲口吃一吃"①。我相信读者在读完这本书后,即便在道德直觉上可能不会赞同作者的某些甚至许多分析和结论,甚至想与之展开辩论,却一定会感受到一种强大的智识冲击,发现世界上还有这样一个迷人的学术(不仅是法学的)领域。这是一个有滋有味、别有风味的梨子。

选题不决定研究成果的价值。研究的问题是否重大与研究的成果是否重大不成正比,研究问题的社会意义与学术意义也不相关,研究者的志向是否宏大、立意是否高远同样不能决定其成果的价值。问题的重要与否总是相对于人来说的。对于一个 20 岁的青年,也许重要问题之一是找到一个值得钟爱并愿意接受其钟爱的对象;对于一个为婚姻所困的成年人,也许重要的问题是如何摆脱婚姻的桎梏。你的垃圾也许是我的珍宝。即便是大家都认为非常重要的食物,恐怕人们也无法忍受他人已经咀嚼多次的馒头。对于一个学者来说,真正有意义的工作是要开拓前人从未进入的处女地。

而"处女地"这样的表述,以及我们的语言中其他大量已经被人遗忘其曾经具有性意味的表述,以及本来没有却被后来人,在特定语境甚或狡黠的眼神的协助下,附加了强烈情色甚或色情意味的语言(例如,李敖的"一见面就爱上她";例如,广告语"做女人挺好"),也许足以证明"性"并不像许多大义凛然,乃至一直在语言上忘记自己还有一个"沉重的肉身"的道德学家或法律人认为的那样,是一个不重要的领域。性至少是我们每个人一生中最难以回避的重大问题之一。无论是《诗经》中的"关关雎鸠,在河之洲"还是乡村野老干农活时说的"男女搭配,干活不累",无论是当今酒桌上的"黄段子"还是现代生物实验室中的"克隆"技术,都与性直接或间接有关。身体很诚实。在这种意义上,挪用并修改一下波斯纳的一个短语,我们可以说,人类有一种"剪不断、理还乱的色情"②。这样的问题能不重要吗?

因为性是人的基本的本能之一,"食、色,性也"③,因此,传统上属于形而上的"人性"范畴。这种生物本能往往只有在社会互动中才能实现(例如恋爱、婚姻、生育等),由此性可能以各种方式给他人乃至社会带来

---

① 毛泽东:《实践论》,载《毛泽东选集(第 1 卷)》,人民出版社 1991 年版,第 287 页。
② 〔美〕波斯纳:《超越法律》,苏力译,中国政法大学出版社 2001 年版,第 17 章标题。
③ 杨伯峻编著:《孟子译注》,中华书局 1960 年版,第 255 页。又请看,"饮食男女,人之大欲存焉。"李学勤主编:《礼记正义》,北京大学出版社 1999 年版,第 689 页。

种种有时甚至是非常巨大的影响。这是一个有巨大的潜在社会影响的领域，有巨大的外在性。一位军事统帅如果爱上了敌国的女间谍，就很有可能造成全军覆没，甚至造成一国民众生灵涂炭（因此，为什么大人物婚姻往往禁忌更多，这就是原因之一）。即使是平民百姓的爱和恋，也不仅可能给他人的命运留下重大的影响（轻则"求之不得，辗转反侧"，重则会自杀和/或杀人）；更重要的是，如果众多小人物的个人行为一旦改变，也同样会深刻改变社会的一些基本格局。设想一下，只要是恋爱中的中国人都习惯于给恋人买一束花，并且恋人们也都喜欢接受花，那么中国的花卉种植业就会发达起来；也许你家隔壁就会多出一家花店来。也正因此，自古以来，在一切社会，性都是，也永远会是——尽管方式可能变化——法律规制的一个重要领域。

　　法律规制的是人们与他人相关的行为，而人的行为在相当的程度上都与"人性"有关，因此，法学研究不考虑"人性"是不可思议的。军事学上的"知己知彼，百战不殆"原则，同样适用于法律。任何学科，如果对其研究对象的基本特点都不了解，其知识体系以及从中演化出来的对策研究就不可能坚实、可信且有效。尽管许多法学家为了抵抗各种因素对法律的干预，为了保证法律的独立、中立地运行，有理由并且很必要地坚持了法律自身构成一个融贯的形式主义体系的说法；甚或仅为自己的所谓学术体系完满，便于教学演绎，也可以尝试建构一个形式化体系；但我们必须注意，如果这个体系与人性相违，就不可能有效运作。或迟或早，这个体系就一定要崩溃、瓦解。事实上，法治的一个最重要原则就是法律不能规定普通人做不到的事。④ 所谓做不到，其实就是因为人性的限制。

　　甚至可以说法律的一切规则，在很大程度上都受到了人性的限制。例如刑法或民事侵权之所以规定了过失处罚较轻，除了其他原因，很大程度上就考虑到人的理性思维能力、判断能力的限制，因为即使最严酷的法律奖惩机制也无法调动起无限理性。各国的法律之所以是目前这个样子，并在一定的意义上来说在历史上的法律只有变化，只有发展和拓展，却没有或很难说有什么进步，⑤ 也正是由于"江山易改，禀性难移"。人性其实在很大程度上规定了法律以及其他社会控制机制的限度。在这个意义上，任

---

④　请看，Lon L. Fuller, *The Morality of Law* (rev. ed., Yale University Press, 1969).

⑤　"法……是没有自己的历史的。"马克思：《德意志意识形态》，载中共中央马克思 恩格斯 列宁 斯大林著作编译局编：《马克思恩格斯选集（第一卷）》，人民出版社1972年版，第70页。

何法律制度都隐含了一系列关于人性及其潜能的前提假定（尽管人们并不一定自觉）；反过来说，也正是有这些相对稳定不变的有关人性的假定，法律才有可能成为制度。

必须注意两点。首先，尽管性属于却不等于人性，但对性的研究毕竟是把"人性"问题之一重新带进法学研究的视野，这对活跃法学是有重大现实意义和理论意义的。其次，今天对性的研究，包括社会生物学对"人性"的研究，已完全不是传统的形而上的哲学论证猜想了。因此，在把人性重新纳入法学视野的同时，我们必须警惕：在我们现有的知识传统和资源中，很有可能出现传统的那种关于"性善""性恶"的形而上争论，把人性或性视为一种固定的不变的实体，试图从这个稳定的基础上推演出什么法律的体系。这不是波斯纳在本书中体现的那种现代社会科学研究人性的进路。我们必须拒绝本质主义（essentialism）的研究进路，要在更具体、更语境化的，因此也更经验的层面上细致地研究性以及人性的具体表现，采取相应的法律对策。换言之，今天对人性的研究是一种科学和社会科学的研究，而不是一种元哲学、元伦理学的研究。否则，就会是一种学术倒退。

因此，仅仅以问题是否"重大"、情操是否高尚、价值是否巨大作为研究选题的标准，作为评判学术成果的标准，实际上就是要把性以及其他以往认为"不入流"的问题或领域都放逐在学术视野之外。这实际上是在自觉守护一种禁忌，坚守某种关于可研究和不可研究、可言说和不可言说的边界。这是一种神学的传统。我们必须警惕这种传统，因为当我们不加反思地坚守某种所谓崇高的启蒙思想时，当我们把一些大词同诸多具体的世俗问题截断开来，以为这些词本身具有什么崇高意味时，我们恰恰可能是在坚持蒙昧，而不是启蒙！

学术研究，从本质上看，不是重复一些前人说过的重要的或正确的话，不必定要研究社会流行思潮认为重要的问题；而是要通过学者独具慧眼地对问题重要性的判断，通过他或她不断的创造性劳动，把原先人们认为不重要的问题变得重要起来，把那些无法言说的东西表述出来，把那些"不入流"的东西变成学术的问题，让人们熟悉的东西陌生起来，让陌生的东西熟悉起来，发现社会生活中的"暗物质"，就是要通过他或她的这些努力改变甚至——如有必要——颠覆整个社会现有的、对诸多问题相关重要性和相关联的宏观透视和布局。在这个意义上，学术研究注定了不是循规蹈矩的。挑战禁忌，突破边界！这就是学者的使命。

三

挑战禁忌，突破边界，说说很容易；同时，在今天我们社会的学术氛围中（或应当说是缺少学术的氛围中），这很容易被误解为"无知者无畏"（尽管写作同名书的王朔并非许多人认为的那样是"无知者"）。但是如果把挑战禁忌、突破边界仅仅理解为一种姿态，作为一种获取学术之外的什么东西的工具，仅仅以自身的欲望作为自身行为的正当化之根据，那就会一派胡言。真正的挑战甚至不是血气方刚，宏图大志，不是从一个先验正确的概念或立场出发，而必须在一个个具体的语境中细致地研究问题。

在这本书中，面对着"性"这样一个禁忌且神秘的领域，你可以看到理性的充分展示，对先前研究成果的系统整理，对社会各种有关性的——甚至是我们大力反对的——现象的认真理解和细致反思，对相关事实、资料和说法近似证伪的认真对待。该书所涉猎的学科不仅有通常意义的性学研究，而且有历史学、社会学、人类学、文学、艺术、心理学、地理学、经济学、神学、统计学、生物学以及社会生物学等学科；涉及对性习俗的历史考察，涉及女权研究、同性恋研究、种族研究、家庭研究、人口研究、衣着研究、信息交流、政策研究，以及——当然了——法学研究。这种研究不是零散地编撰，而是一种基于理性选择的理论框架地对资料和材料的整合。作者不仅考察了大量的资料以及先前研究的实质性结论，而且对几乎每个资料的可靠性、研究方法都尽可能进行了细致考察，对一个个相关的概念以及概念的操作定义都进行了仔细的辨析或完善。作者对相关资料之掌握是全面的。即使偶尔有遗漏，在后来的研究中，都加以注明，[6] 对支持个别结论之证据不充分的，后来又补充了相关的间接证据，[7] 或撤回了相关的结论。[8] 只有在这种细致认真地阅读、理解、总结基础上的挑战，不教条主义地固守自己的立场，而是随时准备在新的强有力的实证材料面前修改乃至放弃自己的观点，才有可能获得真正坚实的突破边界挑战禁忌的成果。

---

[6] 在《超越法律》（前注②）第16章注4中，波斯纳主动提及他自己当年的文献回顾中漏了两篇论文。

[7] 例如，关于同性恋者的着装特色。《超越法律》（前注②）第16章注9—14以及相关正文。

[8] 例如，关于自然哺乳能力与女性乳房大小的关系，同上注，注8及相关正文。

因此,学术的挑战绝不意味着对历史现象的简单否决,对古人或前人的道德质疑,进而获得时下的道德上的自我优越感,而是要对一切现存乃至存在过的现象都做出一种融贯的理论解说,坚持学术逻辑的一致。波斯纳在本书中,就大量分析了历史上出现过的种种"恶"行是如何发生的,以及背后的社会经济原因。例如,溺婴,特别是溺女婴,我们往往将之视为行为人的或当时社会的道德邪恶或错失。波斯纳的分析却雄辩地证明:溺婴最主要是无避孕和人工流产条件之社会的节育手段,是更有效控制人口的手段(因为人口增长快慢更多受女性数量影响,而不是受男性数量影响);由于溺婴事实上节省了该婴儿可能消耗的资源,可以转而供其兄弟姊妹使用,因此,可能有助于其兄弟姊妹的成长,并在这个意义上,溺杀一个婴儿并不等于总人口减少了一个婴儿。又比如,针对中世纪天主教会禁止离婚的规定,波斯纳的分析表明,从总体来看,这种今天看来是压迫妇女的政策在中世纪却是对妇女的一种保护。波斯纳甚至以"规模经济"的逻辑令人信服地解说了并预测了城市为什么历来更多性"不轨"行为,如男同,以及预测和解说现代社会中卖淫嫖娼的内容发生了实质性变化(主要不是为了性,而是为了特定形式的性)。本书中有大量诸如此类的有说服力的分析。

有说服力,当然不等于正确,也不等于我们都应当接受。我可以肯定,所有这些现象都有争议,其结论、预测和提议常常与我们内化的社会道德和直觉相冲突,特别是在目前我们这样一个评价标准已经多样化的社会中。但是学术研究,尤其法学的结果不是要得出一个符合研究者个人的道德直觉和前见的结论,而是要努力发现社会生活条件与人们行为之间的因果关系,推进我们对世界的因果理解;并基于这样一种实证研究,提出可能的、审慎的改革措施。

这就是我们经常说却未必真正理解其对生命之意味的"科学态度"。为此,是要付出许多代价的,不仅在中国,而且在任何地方,均如此。波斯纳就坚持了这样一种社会科学的进路,哪怕是得罪了社会中有势力的集团和群体,甚至整个社会也毫不悔改。1978年波斯纳与兰德斯发表的有关以婴儿拍卖方式("市场经济")替代领养("计划经济")的论文,[9] 尽管许多人都认为就是这篇论文注定了这位活着的最有影响的美国法学家、

---

[9] Elisabeth M. Landes and Richard A. Posner, "The Economics of the Baby Shortage, A Modest Proposal," 7 (2) *The Journal of Legal Studies* 323-348 (1978).

法律家不可能成为美国联邦最高法院的大法官；但在1992年出版的这本书中，他一如既往地坚持并扩展了自己的提议。

因此，对禁忌之挑战需要勇气，却不是为了展示勇气；对边界的突破自然会标新立异，却不仅仅为了表明自己与众不同。那么这一切努力都为了什么？当然，最终说来，一切意义都是社会的；但对于学者来说，这些努力只是为向自己挑战，向昨天挑战，只是由于自己灵魂中的那个贪得无厌的"浮士德"。在这一过程中，那曾拒绝理性的荒原才成了理性的新沃野，理性的边界才成了理性下次出击的据点。整个社会的视野由此扩展了，社会则可能因此获利了。

四

在当代中国，人们往往习惯于把挑战禁忌、挑战边界看成是一个知识分子的自我学术定位以及是否勇于挑战自我的问题。这当然没错。但更深层地看，这是一个制度激励（和反激励）的问题，这是与社会结构相联系的制度问题，甚至是一个个人与社会之间如何协调的问题。

在一个传统的和比较传统的社会中，对新知识的要求相对有限，因为"天不变，道亦不变"；因此，有意无意，社会中会产生各种正式的和非正式的制度，拒绝人们对新问题的思考和对新知识的利用。其中一个重要的机制就是知识体制，表现为各种形式的话语禁忌或政治正确。通过这种知识体制，某些形式的知识得以固化、神圣化，被称为真理，甚至一些语词或概念（关键词、大词）也被设定为永远正确，而另一些语词则注定邪恶或糟糕，有些话语是不能说的，有些问题被认为已经终结，不容讨论。在这种知识体制中，思考某些问题、说有些话会得到奖励——包括物质的和非货币的奖励，例如出名；想另外一些问题、说另外一些话则必须付出代价，轻则讨人嫌弃，重则被视为异端，招致各种标签以及标签背后的各种形式的放逐，例如主流/边缘、进步/反动、开放/保守等。

在现代社会中，不仅对新知识的要求更多，而且知识的折旧率也呈现加速度，这在一定程度上会改变传统社会的知识相对封闭与保守的格局，更多强调创新，可能在一定程度上改变种种正式和非正式制度。但是，如果人的本性中就有一种求真意志，那么我们就不大可能彻底抛弃这种知识霸权的基本态势。我在前面说到的，研究者的名分和资格问题，以及今天看重的"学位"等，在某些方面都具有这样的——尽管不仅仅是这种——

功能。

　　必须指出，由于制度是人的博弈的产物，同时也是人们博弈的场域，因此这个机制的实际运作甚至更为复杂，远超过我们的自觉。人们往往会自觉不自觉利用现有的知识制度来排斥、拒绝和压制新的探索。这种压制可能借助于主流的权力话语，但也可能借助非主流的权力话语；可以借助精英话语，也可以借助非精英话语；它可能赤裸裸地以压迫者的形象出现，也可能以被侮辱和被损害的受压迫者的形象出现；它可能以真理维护者的形象出现，也可能以挑战者的形象出现。因此，在这场博弈中，不存在一个先天正确的立场，每一种立场都可能流变、停滞下来。从知识增长的角度来看，防止知识僵化、思想停滞的唯一出路是思想和知识市场的竞争。

　　这个问题甚至会更令人尴尬。因为，尽管如我这样的学人出于偏好和职业习惯很容易强调（或是嘴上强调）知识的优先，但对于社会来说，知识增长并不总是它的唯一和直接的追求。事实上，知识从来不是绝大多数普通人追求的目标。即使追求，也往往是工具性的（"书中自有黄金屋/颜如玉"之类的）。因此，从知识社会学的角度来看，在众多的具体语境中，知识增长与社会利益不总是兼容，特定情况下甚至会有激烈的冲突。社会生活是世俗的，从现实的层面看，普通人常常没有能力而且往往不愿意站在知识的前沿，因为前沿往往危险。因此，社会要求的知识基础往往是社会的最小公分母，即罗尔斯的"重叠共识"或库恩的"常规科学"。这种共识或常规科学是社会作为社会得以存在，人们可能有效交流信息之基础或必须。在这种意义上，即使后来证明是正确的、为社会所必要的知识挑战也往往与社会的认同和接受之间有一个滞差。这也许就是中国古人为什么有将著述"藏之名山，传于后世"的想法和说法的社会根据之一。因此，在社会领域，作为法律学人，我不认为一定要意识形态地、教条地坚持知识创新的优先，而是强调制度的重要性。但是，在知识领域，作为法律学人，我则认为，必须坚持知识创新的优先。据此，我们一定要清醒区分社会领域与知识领域、公共生活领域与私人生活领域（知识创新首先更多属于私人领域），尽管不可能完全分开，尽管区分了也不可能完全消灭两者之间的冲突。

五

　　当今，中国社会正面临着一个空前的社会转型。市场经济，以及与市场经济相伴的社会流动、城市化、妇女就业、经济繁荣、家务劳动减少减轻、婚姻推迟、性知识和信息的传播、避孕与节育措施的便利等，这一切都正在促成当代中国的性道德、性习俗、性法律以及与性相关的诸多社会问题发生急剧的变化。2001年婚姻法的修正及此前围绕着"包二奶"的论争，在我看来，只不过刚刚展开了性领域内这一社会变化的冰山一角。许多禁忌已经被打破了，许多规矩正在重新塑造和形成之中。有关性的道德在世界，在今天中国这个转型社会中，不论你喜欢与否，正在发生一个空前的变化。

面对这样一个变化，面对这种变化中的"性"，我们应当如何？我们又可能如何？

一种态度是固守传统的规矩，把先前社会中规制"性"的种种正式和非正式的制度（法律、习惯、风俗），把先前的一些地方的、有时间限定（即便很长时间）的做法当作普适的"自然法"，当作永恒的道德规则，不遗余力地加以坚持。因此，一旦社会的性习俗、实践发生了变化，就哀叹人心不古、世风日下。自觉不自觉地，许多法学家和普通人一样，希望通过法律来挽留甚至强化这种失去的世界。历史在这里成了证明今天和明天都应当如此的根据。其中也包括我自己。例如，在翻译这本书之前，我就一直笼统地认为婚前性行为是可鄙的。直到我意识到在当今中国社会，人们特别是城市人的婚姻事实上大大推迟之后，我才感到，我们不能不直面大量未婚大龄男女青年的性爱问题。这不是一个"道德"问题，而是现实的问题。我们的性法律和性道德习俗必然会（实然而不是应然）随着社会条件的变化而变化，不论我们个人的喜好如何。

另一种态度则是拒绝、排斥任何性的规制。既然"一切的一切都四散了，再也保不住中心"⑩。以往的性禁忌、规制、道德、习俗已不再具有天然的正当性了，并且现代社会旨在鼓励个人自由和幸福，那么就不应当对性有任何规制；性仅仅是个人的好恶，就像"挠痒"（波斯纳语）一样，与他人无关，只要个人需要，只要两情相悦，那么不应当有任何限制；任何规制都是压迫，都是对自由的剥夺。从这种观点看来，性欲的强烈本身就证明了性欲的正当性，越强烈，就越有正当性。这种论证逻辑其实是不通的。正当性是一个社会的概念，只有在社会中才有意义。是的，性欲在

---

⑩ 王家新编选：《叶芝文集卷1》，东方出版社1996年版，第150页。

相当程度上是一种天性,但"自然"并不具有道德的意味,⑪否则,因性欲过分强烈而对异性施暴也就可能甚至应当成为道德正当性的一个考量了。我们必须看到,我们今天所处的社会空前变革时期的确或几乎是在"重估一切价值",改变一切规范,但这并不意味着,市场经济带来的社会将是一个没有规矩,或者说在性的问题上不要规矩的社会。不可能。规则都在形成中,都在试错的过程中。

尽管非常对立,这两种态度骨子里却非常相近。它们分享了一些基本的假定,做出了共同的努力。首先,这两种立场都试图把与特定时间地点相联系的特定形式的法律规制神圣化和永恒化。前者把先前的经验当作今天的标杆,试图以昨天规定今天和明天;而后者则把今天对昨天经验的证伪当作未来的前景,在以今天否认昨天的同时,不知不觉地又试图用今天规定着明天。两者是以不同方式表现出来的教条主义、普世主义,同样试图追求在"性"以及与性相关的问题上的最终的、永恒不变的真理。

其次,这两种立场实际上都拒绝理性地,特别是具体地考察研究性和性的社会后果。前者把法律只看成是对社会行为的规范力量,不考察性本身对社会规范具有的重大的、有时甚至是决定性的形成力量,一厢情愿地"依法治国",把法律看成是与人性无关的东西,看成是一种可以不顾社会条件任意塑造的东西。后者则完全不管性的社会意义和后果,试图把性的正当化建立在性欲本能的自然和强度上,把自然当作规范和正当性的来源。在这个意义上,两者坚持的都是蒙昧主义:拒绝理性地考察性的规范,尽管看起来两者似乎都坚持了一种理性的、启蒙的立场。

要突破这种状况,要使我们的法律规制真正地理性起来,首先我们自己必须理性起来,必须现实地、经验地、冷静地考察性,必须超越善恶的人性观和概念范畴。尤其是我们这些法律人,尤其是知识界的法律人,由于知识类型的局限,由于我们的专业化,由于我们相对优越的社会地位,由于法律的修辞学特征,以及我们习惯的语言库藏,都很容易奢谈正义,忘记了我们人类一直拖着的那个沉重的肉身,忘记性的各种形式的社会规制涉及的都不仅仅是我们这些知识分子;我们太容易,即便是下意识地、笼统地按照与自己的各种利益(政治的、学术的以及性的)兼容的各种流行政治和人文话语来表示我们的态度,推进自己的利益。尽管我们这样说

---

⑪ "天地不仁,以万物为刍狗;圣人不仁,以百姓为刍狗。"朱谦之撰:《老子校释》,中华书局1984年版,第22页。

话时，还常常习惯以代表全人类的口吻。

希望本书的翻译出版能够给我们的与性有关的法学研究带进更多一些理性，少一点蒙昧的"信仰"，多一点经验研究，少一点形而上学。也许，不知不觉中，我们也会重新理解了什么是学术。

苏 力

2002年2月4日于北大法学楼

目 录

引 论 ·· 001

第一编 性态历史

第一章 理论性学 ·· 013
    研究的发展 ·· 013
    社会建构论（简论性错乱）································ 022
    多学科研究的其他流派 ······································ 029

第二章 时代不同，风俗各异 ······································ 036
    西方性习俗历史 ·· 036
    非西方社会的性习俗 ··· 062

第三章 性与法律 ··· 066

第二编 性态理论

第四章 性生物学 ··· 079
    "正常"性行为的生物学基础和特点 ····················· 083
    "异常"性行为的生物学 ····································· 091
    结论和批评 ·· 100

第五章 性与选择理性 ·· 103
    性的收益 ·· 103
    性的成本 ·· 107
    性行为的互补 ··· 132

第六章　经济学视角中的性态史 …… 135
古希腊的爱与男色制度化 …… 135
修道、清教习俗和基督教性伦理 …… 140
瑞典的性随意（permissiveness） …… 148
性伦理革命的三阶段 …… 160

第七章　性的最优规制 …… 167
道德无涉的性模式 …… 167
性的外在性 …… 169
乱伦和厌恶 …… 183
性规制的功效 …… 187
惩罚性犯罪的最优方案 …… 194
性规制的政治经济学 …… 196

第八章　性的种种道德理论 …… 202
道德理论可否证伪？ …… 202
基督教和自由主义的性理论 …… 206
性激进分子 …… 218

第三编　性之规制

第九章　婚姻与性的引导 …… 225
结婚限制 …… 225
离婚问题 …… 227
多妻制问题 …… 234
规制婚外性行为 …… 241

第十章　怀孕管控 …… 248
避孕 …… 248
堕胎 …… 253

第十一章　同性恋：政策问题 …… 270
同性恋现象再思考 …… 270
双方同意的成人关系：反肛交法和同性婚姻 …… 286
同性恋歧视，尤其是服军役 …… 291

目 录

第十二章　法院内的性革命 ·················· 300
　　从格里斯沃德诉康州案到若伊诉韦德案 ········ 300
　　鲍尔斯诉哈德威克案及其他 ················ 316
第十三章　情色艺术、色情品和裸体 ············ 325
　　情色再现的经济学原理 ···················· 325
　　色情品的社会后果 ························ 339
　　如果惩罚，该惩罚什么？ ·················· 348
第十四章　强迫的性行为 ······················ 356
　　性虐成人 ································ 357
　　儿童性虐 ································ 368
第十五章　生育与性分离 ······················ 377
　　收　养 ·································· 377
　　人工授精和代孕 ·························· 391
　　优生学和人口 ···························· 400

结　语 ·· 405
致　谢 ·· 413
索　引 ·· 415

> 愉悦有碍理性思考。愉悦之事，如性愉悦，越是愉悦，沉浸其中，就越不可能有任何思考。
>
> ——亚里士多德《尼各马可伦理学》

引　论

在我们社会，如果谁想就"性"写点什么，不被人指责情趣低下，他最好得解释一下，为什么他对"性"感兴趣。我的解释是，我很晚才发现，法官对此，除本人的有限经验外，几乎一无所知；他们甚至不如普通人，因为法院系统把在性的方面不大常规的人几乎全都（当然不是完全）筛除了。联邦法院系统尤其如此。任职前，联邦调查局和其他机构都会细致调查。这种筛除，以及法官对性缺乏系统了解（这部分是筛选的后果），都是美国清教——宽泛点，则是基督教——传统的残余。另一残余则来自大量规制性的法律，法官的义务是解释和适用，有时还要废除，这些法律。

在为西北大学的罗森戴尔讲演（Rosenthal Lecture）挑选演讲题目时，有两件事使我开始这一研究，有了这本书。第一是想读读柏拉图的《会饮篇》，填补一下我个人令人惭愧的教育空白。此前我知道这本书讨论爱情，但也就知道这么多。阅读令我惊奇地发现，这是为同性爱做辩护；像人们可以想象的，辩护还很有意思，很系统、细致。① 我从没想到，这位哲学史上最伟大的人物，或就此问题而言，思想史上还有任何其他大人物，有过此种努力。联邦最高法院1986年鲍尔斯诉哈德威克案（Bowers v.

---

① 这并非此书的全部内容。Martha C. Nussbaum, *The Fragility of Goodness: Luck and Ethics in Greek Tragedy and Philosophy*, ch. 6 (1986). 但这是该书重要内容之一。同性之爱在《斐德罗篇》（Phaedrus）中也很重要，但被视为理所当然，未予考察。

Hardwick)② 判决认定，州法将同性肛交定为犯罪，合宪。阅读《会饮篇》令我开始理解，该决定对这个问题的讨论太表面，尽管这不意味着该决定错了。第二是有个案件，我们法院决定全员听审（即法院全体法官都参与听审，不像习惯那样，仅从全体法官中随机抽三名法官听审）。此案涉及某州法是否合宪，对该法的解释是，禁止脱衣舞女一丝不挂。③ 不寻常的是，对此案，我们法院出了6份司法意见，在《联邦判例报告》中密密麻麻占了53页。（联邦最高法院5∶4推翻了我们院7∶4的决定，提交了4份司法意见，但没哪份意见有多数大法官支持）。任何人，若不怕麻烦，读读这些意见，都会明显感到，即便对中老年法官，裸体和色情也是个太感情化的题目。此外，对于性研究，占主导的司法——我会说是法律——态度，还是"我知道自己喜欢什么"；因此，其他相关研究都是多余。

我不同意。在美国文化中，关于性的公共讨论，最大特点是大家都不吭声（尽管这正在改变），一般美国人对此也了解不多。当然，任何性活跃的或曾活跃过的人，以及许多不活跃的人，对性都有所了解。但有所了解还不够，不足以为社会政策判断提供坚实基础，而在我们的法律中这种判断不可避免。不吭声还阻碍研究。尽管如此，在性问题上，仍有大量的多学科文献，无论医学、生物学、社会生物学、精神病学、心理学、社会学、经济学、法学、神学、哲学、历史学、古典学、人类学、人口学，甚至地理学和文学批评，都有贡献。其中许多文献确实是科学的，还有许多即使不科学，也能提供很多信息。我的目的之一就是总结概述这些文献中与法律有关的主要发现，让法律职业界了解。无须多言，这个努力很急迫，我们面对的种种现象（其中许多相互关联），给不堪重负的美国法律制度增添了压力，如艾滋病传播、堕胎争议、同性恋权利（时下男同要求：废除反肛交法，允许他们结婚并收养孩子，消除军队和其他雇主对男同的歧视）、性革命（倡导同性恋是其一个组成部分，猥亵的不法行为是其另一组成部分）、道德多数派的反革命、代孕、联邦资助色情艺术的争议，以及女权对婚内和约会强奸、工作场所性骚扰、儿童性虐和色情品的强力关切

我的更大抱负是提出一种性态（sexuality）理论，既能解说性实践以

---

② 487 U.S. 186 (1986).

③ Miller v. Civl City of South Bend, 904 F. 2d 1081 (7th cir. 1990) (en banc)，被推翻的案件是，Barnes v. Glen Theatre, Inc., 111 S. Ct. 2456 (1991).

引 论

及性的社会——包括法律——规制常态（regularities），也能指出性规制的改革之路；因此既是实证（描述的）也是规范（伦理）的理论。性研究者都承认，也哀叹，至今没有一个关于人类性行为的严谨且相互打通的科学理论④；但他们也许被这个《引论》题记引用的亚里士多德名言误导了，未曾求助于性选择理论。我想克服这种忽略。经济学分析此前一直很少用来研究性，即便常用于研究与性有关的非市场行为，包括婚姻、家庭和家庭法。⑤ 我在此提出一个功能性的、世俗的、工具性的、功利理论，大量依赖经济学分析。我称之为性态的经济学理论。

就实证而言，这一理论认为，理性选择在人的意志选择行为中至高无上，性行为是意志选择行为之一。这一理论不否认，性欲望，包括性偏好，均根植于我们的生物本性；因此，不否认性行为情感强烈，也没打算同亚里士多德的格言较劲。就规范而言，这一理论是自由至上的（libertarian）[但请不要将之混同于放荡的（libertine）或现代自由派的] 性规制理论。自由至上论，有时人称古典自由主义，是密尔《论自由》的理论，可以概括为一句话，即"你的权利止于我的鼻尖"。政府没理由干预双方同意的成人行为，除非可以展示这一干预是保护他人自由或财产的必须。

在有关性的无数理论发展中，经济学理论最为晚近。其他理论包括阿奎那理论、女权理论、马克思主义理论、社会生物学理论、弗洛伊德理论、建构主义理论等，名单可以持续列下去。我将论辩，经济学理论能包容这些视角、洞见以及其他可公道名之为科学或社会科学的性理论，合众为一，也就超越了这些理论。经济学理论实在无法吸纳的最不妥协的对手——也最值得细致考虑，不仅因其自身的长处，也因它反映了美国社会多数人的信念——不是科学或社会科学理论，而是各种道德理论。这些理论不聚合，差别也很大。如阿奎那代表的天主教神学家著作，安斯科姆（Elizabeth Anscombe）代表的天主教哲学家著作，如斯蒂芬（James Fitzjames Stephen）和德弗林（Patrick Devlin）代表的法律人著作，如克里斯托（Kristol）代表的新保守主义著作，以及从康德到范博格（Joel Feinberg）

---

④ 请看，例如，Paul R. Abramson, "Sexual Science: Emerging Discipline or Oxymoron?" 27 *Journal of Sex Research* 147 (1990).

⑤ 显性市场已不再是经济学的唯一领域了。相关讨论和参考文献，请看我的，*The Problems of Jurisprudence* 367-370 (1990). 有关婚姻家庭经济学，请看贝克尔的经济学研究杰作，Gary S. Becker, *A Treaties on the Family* (enlarged ed. 1991). 有关家庭法的经济学分析入门，请看我的，*Economic Analysis of Law*, ch. 5 (3d ed. 1986). 所有这些著作的索引项都没"性"。

再到德沃金这些哲学家的著作，都不聚合。但它们的共同点是，都认为道德和宗教信仰是理解和判断性实践和性规范的关键，不能将这些道德和宗教信仰简约为实在的社会利益或实践激励。这就令这类著作，与渗透于我试图以经济学重塑的进路中的广义科学世界观无法兼容；也与密尔无法兼容，尽管密尔既是自由主义也是功利主义的守护神。

一种近似科学的非道德的性观点如今在北欧，尤其是在瑞典、丹麦和荷兰，也在日本和东亚其他地区，很有影响。这种观点在南欧影响就弱些。但最抵制这种性观点的是一些差别很大的国家，包括美国、爱尔兰、南非、古巴、沙特阿拉伯和伊朗。这种接受与拒绝的格局本身对我的理论就是个实证挑战。一个政府可能在经济领域（狭义理解）和性领域都限制自由，如古巴（反映了斯大林正统共产主义的立场），或在两个领域都自由，如日本，这不令人吃惊。但为什么在性的问题上瑞典人比美国人更自由，在经济上却更少自由，这是个大难题，但我会努力给出个说法。

其实，无论我的理论，还是对手，都不直接与性有关。它们只是与性的社会寓意，包括法律寓意有关。因此，我会常用"性/性态"（sexuality）*这个词，暗示我的关注是态度、习俗和实践。众所周知，法律惩罚社会不认可的性行为，但付诸实施差劲（有关性胁迫的法律除外，如强奸和诱奸儿童）。大多是具文，但想废除它，又会遭遇坚决抵抗。我们因此不得不考虑这些未能实施或实施无力的法律究竟有何社会功能，考虑法律与道德的关系——这是性法律讨论的主要内容之一，其中许多都涉及双方同意的行为，似乎无害，但道德上令人反感。

因此，事实（背景、历史）、理论和规制（法律和其他）构成本书的系列关注点。具体列数一下本书的目的可能更好。

首先，希望法律业界注意到有关性的丰富的多学科文献，让我的同行为自己的忽略而羞愧。

其次，想证明用经济学方法，更宽泛地说，用一种功能的方法，研究这个问题，不仅可行，而且丰硕。这种方法借助了不同领域的见解，但将这些见解组合起来的视角是经济学，即人类理性行为的科学。乍看起

---

* 英文的 sexuality 指个体的性倾向、偏好、观念和行为，也指社会与性相关的意识形态。两者不时有重叠。在中文中，可以强行译为"性态"，但更容易造成读者误解。鉴于时下中文世界中，sex（生理性别，性行为）与 sexuality 很难区别，遵循"除非必要，勿增实体"的告诫，除非确实显著且需要，译作中将 sexuality 和 sex 通常均译为"性"。——译者注

来，这种努力似乎不切实际，因为大家都说性激情属于非理性的领地；但这种常识错了。性欲望确实不是人选择的，但饥饿也不是人选择的。前者无法排除性的经济学，就像后者无法排除农业经济学一样。

第三是想阐述一种特定的性经济学理论，作为该项目一部分，还想从中演绎出一些假说，用定量和定性的数据与之对质。所有理论都是为了探讨，性经济学的新颖理论更难例外。然而，我还是认为，参照该理论认定的少数重要变量，能解说不同时代、文化、社会阶层、种族以及性别，对婚前性、同性恋、多配偶制、卖淫嫖娼、强奸、避孕、堕胎、溺婴、色情品、公共场合裸体和儿童性虐等现象，在行为、态度、习俗和法律等方面的差别，并能预测其变化。这些重要变量是女子就业状况和——与之相联但不等同的另一变量——经济独立，加上城市化、收入、性别比以及与计生和妇幼保健相关的科技进步。这些变量之间也有因果联系，我后面会不时讨论。

提到经济学理论，读者可能会认为本书充满数学公式和无法理解的术语。这不是本书的特点。我不质疑形式理论的价值[6]，但本书阐述的理论是非形式的和非技术化的。它却相当有解说力和启示。可以阐明有关人类性态的诸多问题，如，为什么现代瑞典的道德有别于中世纪欧洲的，为什么两者又都有别于古希腊的；为什么在性的问题上，古罗马女子比古希腊女子自由，维多利亚时期的女子却不如18世纪英国女子自由；收入和财富如何以不同方式影响了性道德；为什么城市历史上一直被视为藏污纳垢的中心；为什么避孕方法有效性增加导致性交更频繁；为什么美国黑人比白人更少自觉绝育或使用避孕套；为什么中世纪以来，妓女提供的性服务变了；为什么婚内强奸日益成为犯罪；以及为什么，在有些社会，男同通常被认为主要是强烈偏好同性关系的人，而在另一些社会，会被认为是"正常"人，只因性欲太强或其他邪恶发生了不自然的行为。

解说力并非检验理论成果是否丰硕的唯一标准。另一标准是，它有多大可能提出反直觉又经得起经验验证且不会被推翻的假说。本书就提出这样一些假说（应当理解这些假说都有"其他情况不变"这一限定），其中包括：

---

[6] 一位数理经济学领军人物为之强力辩护，伴随了重要保留，请看，Gerard Debreu, "The Mathematization of Economic Theory," 81 *American Economic Review* 1 (1991).

- 由于艾滋病使男同行为必定成本更高（无论因患艾滋病的成本更高，还是因转换到安全的性行为成本更低），男同行为数量会减少，不只是不安全的性行为数量减少。艾滋病减少了非婚生子女，增加了婚生子女。
- 女气、英俊和"阳刚"的直男，平均说来，要比不女气、不英俊和不"阳刚"的直男有更多男同经验。
- 一个城市因吸引了大量男同而不再增长，该城的男同比例仍会增加。
- 多妻制社会比一夫一妻制社会更容易认可或容忍同性恋，但不易认可或容忍（女子）卖淫。
- 就比例而言，与男同相比，机会型、情境型的女同比例更大，而不是更偏好同性而非异性。
- 机会型男同偏好男孩胜过男子，"真"男同偏好男子超过男孩。
- 中世纪以来，罗马天主教会中，神父中的男同比例增加了。
- 黑人男子比白人男子更少可能强奸和性虐儿童。
- 性病外在成本低于其他传染病的外在成本。
- 在瑞典，女子市场收入增加使女子全部收入——即她们自己的市场收入加男子提供她们的现金收入与服务收入之和——增加更多。
- 相对私通*而言，通奸发生率日益下降。
- 多配偶制，无论是法律上的还是事实上的，都见于非伴侣婚社会；一夫一妻制见于伴侣婚社会。现代西方社会是一夫一妻制加上一些事实上的多配偶制，这些社会是伴侣婚，但由于许多女子不再依赖男子，因此有非婚（nonmarital）生的孩子。
- 阴蒂切割（割去阴蒂）和缝阴术（缝合阴道入口）在一夫多妻制社会要比在一夫一妻制社会中更常见。
- 无论在性压制的社会还是在性宽容的社会，强奸发生率都低于混合了性压制与性宽容的社会。
- 晚近的生育技术进步，如人工授精和试管婴儿，已导致——相对于男子而言——女子全部收入的增加。

---

* 英文中私通指未婚者之间性关系；通奸则是已婚者的婚外性关系。——译者注

引　论

我的第四个目标就是要基于社会科学的性知识，包括从经济学分析得出的知识，提出法律和公共政策改革。我提出了一些具体改革建议，但贯穿全书的重点都是实证的（描述的）而不是规范的（规定性的）分析。扎实的改革取决于知识，那些一定程度上法律人不总是欣赏的知识。我们会看到，联邦最高法院关于性隐私的判决不仅说理很糟，还很不知情。

接下来，我的目的就要证明在处理性这种充满情感的复杂社会现象时，常规法律推理和道德推理不够；我想说明有关法律和道德在性质、原因、后果以及证成上的某些普遍问题。我力求有助于打破分割学科的那些界限。

*　　*　　*

还想就本书的组织结构多说两句。第一编提出最重要的历史学、人类学和社会学的背景。该编三章讨论有关性态的文献、人类性习俗和规制的（历史和跨文化的）差异以及性规制的法律史。为有助于发现这些法律中的格局，在第三章，我通过比较一个民族或一国对主要性犯罪（offense）的惩罚与对其他违法的惩罚，编制了一个有关性法律相对严厉性的指数表。

第二编描述并验证性的经济学理论，把有关这一问题的经济学理论与一些主要道德理论做比较。首先关注的是性生物学（第四章）。这是划清生物学或决定论同理性或选择论（具体含义稍后解说）的界限，后者属经济学理论的领域。我还想说，在这个主题上，生物学方法与经济学方法并行不悖。我认为生物学解说的是性驱动和性偏好，两者确定了不同人各自对不同性实践感受的收益。尽管经济分析的本质并不取决于性驱动和性偏好是否确实由我们的基因决定，或正相反，如某些社会建构主义者认为的那样，只是文化的产物。但我的个人看法是，一种综合的生物学/经济学的性理论（称其为生物经济学理论，加之本书强调的经济成分），是我们一段时间内，在这个主题上，可能有的令人最看好的理论。第五和第六章开发经济学理论的实证面，强调我所谓的有效性别比、城市化和女子就业状况等因素对社会性自由的解说力。第七章展现经济学理论的规范面，也会考虑性规制中的政治经济学，既那些有时引导性规制进入有时又令其偏离这一章展示的最佳路径的种种政治力量。第五到第七章是本书的理论核心。

第二编展示了一些经济学理论运用，第三编则深入考察其中某些运用。更细致的考察（更强调性规制问题）既展示了经济学方法的新力量，也展示了其局限。比方说，经济学分析不可能化解，但可能有助于澄清？堕胎的道德问题。第三编的编排顺序看似随机，但并非如此。要根基坚实地讨论性革命的司法回应（第十二章的主题），就必须探讨（从第九章到第十一章）避孕、堕胎和同性恋规制问题，这都是联邦最高法院性隐私案的主要题目。这一编最后两章讨论性规制中一些偏僻但重要的领域。第十四章处理胁迫的性行为，主要是强奸和儿童性虐。第十五章讨论的题目与第九和第十章相反，没讨论避孕和堕胎这类分离性和生育的努力，而讨论了诸如收养和人工授精这类分离生育和性的努力。这些努力的后面都有意义重大的伦理和经济问题。

用上述章节的简述或标题或小标题作为本书指南会有麻烦，危险是，许多问题的讨论不限于标题提及这些问题的某具体章节。比方说，除第十一章外（"同性恋"），有几章从历史、生物学、经济学、法学和家庭法视角讨论了同性恋。不仅第五章，第九章也讨论了一夫一妻制；第五、十二和第十章都论及了堕胎，第四、五、七、十三和第十四章都论及了强奸。在第十、十三和第八章，性道德理论都很突出。许多章节涉及了卖淫嫖娼。第三和第二编也冒出了理论议题，第二编和第三编都讨论了规制议题。索引对于本书比其他许多书是更重要的参考工具。

还要说两句，有关我讨论主题的边界，尤其是与家庭和人口研究的关系。正如贝克尔的家庭专著（注⑤引证了）例证的，分析家庭不明确考察性是可能的。当然，性是背景，因为家庭的基本功能就是繁殖，至少直到晚近，繁殖都必须性交。⑦ 讨论婚姻绕不过阳痿和通奸这些题目。与之类似，人口学家讨论生育绕不开避孕，人类的性研究，这可谓核心。而另一方面，将性作为一种社会现象来考察，像本书那样，不把家庭和生育带进来就不可能。因为大量性规制都关注维护和强化家庭，至少是强化某类家庭，其中有些一直明确关注家庭对人口的影响。然而，家庭、生育和性仍然有别，即便有重叠。一个人关心的究竟是家庭，还是人口增长（或下降），或是性关系，这差别可不小。对研究家庭的人而言，同性恋是其兴趣的边缘。贝克尔的著作仅两次简单提及这个问题。对人口学者来说，同性

---

⑦ 人类的人工授精成功可追溯到 18 世纪，但在 20 世纪之前很罕见，事实上，今天仍较罕见。请看第十五章。

引 论

恋规制则明显不在其兴趣之列,我读过的人口著作中,除马尔萨斯浮光掠影提过这个问题外(请看第一章),也就亚里士多德和希姆勒(Heinrich Himmler)提及了这个问题。但是,对性关系研究者来说,同性恋的性态有核心意义。事实上,这是性学——有关性的学术(有时也还不很学术)著述的总称——领域文献最多的题目。与此类似,从家庭人口研究视角看,卖淫嫖娼也有点意思,但不大;对性态研究者来说,这是意义重大且受规制很多的性关系形式,很有意思。一个更明显的例子是淫秽色情品。对性学研究者,这个题目很有意思,对家庭研究者则几乎毫无意义。并且,我敢肯定,人口研究者对此绝无兴趣。

但这三个领域仍有很多研究重叠。一夫多妻制就是个例证。多妻制家庭组织是贝克尔著作的关注之一。基督教社会否弃多妻制(有少数例外,最著名的是19世纪的摩门社会),是基督教努力把性行为限定在一夫一妻制婚姻中的突出例证。本书对此给予了关注。我非常感谢贝克尔和其他经济学家,他们的家庭和生育研究为我的性经济学研究提供了最精粹的工具,但我要强调这些研究的关注有别。更重要的是,我的研究不仅仅是经济学的,还大量汲取了其他学科的知识。

在美国,性不是个令人尊重的公众话题(但它又时时弥散于大众媒体,就此而言,也弥散于自命不凡的文艺作品中),任何人就此写作很容易令人不齿。当年,金西就有过此种遭遇。但这个题目不仅在分析上和历史学上意义丰富,而且——几乎不说也明白——实践意义巨大,这种意义也有别于对于人类种族的未来的但如今正在衰微的传统意义。性是人类快乐与痛苦(后者包括艾滋病出现前一直都有的死亡)、人类制度、政治纷争甚或民族兴衰的一个主要来源,值得我们付出最出色的智识努力。

2001年7月2日星期一译于北大法学楼

第一编　性态历史

第一章　理论性学

世界上有性行为，主要与性器官兴奋有关。世界上还有性态（sexuality），我们（按福柯的用法）用来指这样一种社会态度，"性"不再只是"自然的"或生物的，而有麻烦了、令人不自在了（self-conscious）。世界上也有对性和性态的系统分析思考。这就是性学领域，是对性和性态的多学科的全部研究，也是本章主题。更确切地说，是理论性学，有别于那种治疗性功能失调的从业科学。在本书，说到性学，我指的就是这种理论的——不是从业的——分支学科。①

研究的发展

柏拉图的《会饮篇》是流传至今的第一次对性的反思讨论。更确切地说，《会饮篇》考察的是爱欲（eros），指性的爱和欲，有别于一般的亲爱——philia。《会饮篇》因此是第一份性学文件，是进入这一令人失望的

---

① 有点过时但仍有价值的概述，John H. Gagnon and William Simon, *Sexual Conduct: The Social Sources of Human Sexuality* (1973). 一个在我看来太好辩但可读性很强的晚近概述是，Jeffrey Weeks, *Sexuality and Its Discontents: Meanings, Myths and Modern Sexualities* (1985). 我所谓的理论性学之演化，请看非常不同角度的论述，Paul Robinson, *The Modernization of Sex: Havelock Ellis, Alfred Kinsey, William Masters, and Virginia Johnson* (1976), and Michel Foucault, *The History of Sexuality, vol. 1, An Introduction* (1978). 还有不少出色的教科书，诸如，William H. Masters, Virginia E. Johnson, and Robert C. Kolody, *Human Sexuality* (2d ed., 1985), 以及 Albert Richard Allgeier and Elizabeth A. Rice, *Sexual Interactions* (2d ed., 1988), 还有不少出色的文选，例如，*Theories of Human Sexuality* (James H. Geer and William T. O'Donohue eds., 1987). 这一主题的学术专刊包括，*Archives of Sexual Behavior*, *Journal of Sex Research*, 以及 *Journal of History of Sexuality*。

哲学分支——爱欲哲学——的入口。仅有少数哲学家对性学有重要贡献（即便如此，大都还有些许或很深的欠缺）。除柏拉图和福柯外，这份名单上还有亚里士多德、休谟、康德、边沁、叔本华、尼采、罗素以及马库塞。② 可以承认，这一名单之所以简短，部分因为未加明言，我对哲学界定较仄。宽一点不仅会包括弗洛伊德，还会包括讨论过性的天主教伟大神学家，尤其是圣保罗、奥古斯丁、阿奎那，以及一些有关性道德法律规制的法学著述。然而，无论对哲学界定有多宽，全部性哲学思考的文献仍然非常不够。但一般道德哲学和（尤其是）分析哲学对这一主题很有贡献。我会逐步展开这两点。

《会饮篇》处理了两个主要话题：异性恋和同性恋的相对优点，以及性欲之爱与其他善——如知识——的关系。这两个讨论就当代的分析而言意思都不大，但第一个讨论与理解古希腊人的同性恋概念相关，在性的理论中，这个概念意义特别重大。随后几章会考察这个概念，这里不讨论《会饮篇》，只指出柏拉图在随后几篇对话中，禁欲主义明显增加，到《法律篇》则达到顶点。《法律篇》没质疑《会饮篇》的中心信条，即一个男子的主要情感联系应是与其他男子，而不是与女子；但禁止《会饮篇》中苏格拉底质疑的男子间的身体关系（实际更早，《理想国》就禁了）。在柏拉图这里，我们第一次遭遇了，对人类生存而言，性愉悦是种可疑的善，甚至是种恶（bad）的观念；遭遇了（与之相关的）区分爱和性、"自然"和"非自然"、生育的和不育的性行为的努力；还遭遇了因同性恋无生育而被视为"非自然"类型。古希腊古罗马的斯多葛派哲学著作讨论了这种禁欲，与《旧约》偶尔表现的对不轨性行为的担忧汇合，构成了基督教独特性态度的背景。这种基督教态度始于圣保罗致耶稣基督死后那代古罗马人的信，在奥古斯丁影响深远的著作中继续，到阿奎那达到顶峰，对

---

② 有关性的哲学著述史简述，请看，*Philosophy and Sex* (Robert Baker and Frederick Elliston eds., 1984)的编者绪论，该书是有关性的哲学文汇；另一选本是，D. P. Verene ed., *Sexual Love and Western Morality: A Philosophical Anthology* (1972)，简单文章摘录之汇编。辛格的《爱的哲学史》三卷讨论了大多数性哲学文献，Irwing Singer, *The Nature of Love* (2d ed., 1984–1987).讨论此问题的其他著作还有 Singer, *The Goals of Human Sexuality* (1973); Russell Vanoy, *Sex without Love: A Philosophical Exploration* (1980); 以及 Michael Ruse, *Homosexuality: A Philosophical Inquiry* (1988). 关于性哲学著述稀缺的讨论和研究，请看，W. M. Alexander, "Philosophers Have Avoided Sex," 72 *Diogenes* 56 (1970).

于当今虔诚的罗马天主教徒来说，13世纪阿奎那的性分析一直是权威的。③

对于性，《法律篇》和斯多葛派哲学家预示的基督教进路（在古希腊古罗马人那里，这种行为和态度实际并不流行）与柏拉图之前几代古希腊异教徒的进路。分歧在于如何理解人，是作自然主义理解，还是作一神论理解。现代科学家和普通人分享了古希腊人的观点。这种观点隐含于古希腊人的世界观，现代人则将之明确了。这种观点认为，人掠夺成性，大脑使他们有了语言、文化、社会、道德以及其他突出的人文特点。持这种观点的人几乎不可能认为人的性器官以及相关的性欲望，会是个问题。性激情也许危险、分心走神，甚至扰乱社会，只要对世界有所了解，任何人都承认这一点。但这些事实本身并没提出什么深刻或独特的道德或审美争议。

但现在假定，你同基督徒那样认为（也即同犹太人和穆斯林那样认为；只是传统来看，基督徒对性操心最多），人是按上帝面目创造的，上帝是至善、至强、至知的，结果就是，在生理和行为上，人与动物相似，标志人堕落了，背离了人的原初概念，没在原始基础上，通过智力一定程度上逐步升华了。性的特点——在很大程度上，甚至这是最具决定意义的特点——是非自愿的生理痉挛，是痉挛前和与痉挛伴随的强烈情感，是性器官与排泄器官比邻，以及是人类与其他动物性行为惊人相似，即便某些方面只表面相似，在许多有基督教传统思想的观察者看来，性似乎是我们的动物本性部分，而不是我们的神性部分：即堕落的那部分。这距离"性最多是必不可少的邪恶（对于人类种族延续必不可少，早先有基督徒认为即便为此，代价也太高了）""非生育的性行为与贪食一样绝对邪恶"，以及（而一旦过度强调此种邪恶，此种动物性）赞美独身和童贞比婚姻更神圣等相关观点，仅一步之遥了。

如果说诸如阿奎那等中世纪天主教神学家传授的性伦理非常严厉，当时的性实践却很不同。纳妾、卖淫、通奸、私通和同性恋，甚至神职人员姘居和同性恋，都非常普遍，教会和国家很少干预。（阿奎那甚至以卖淫是

---

③ 关于这一演化，除此后引用的福柯和努南的著作外，请看，A. W. Price, *Love and Friendship in Plato and Aristotle* (1989), 特别是附录2（"柏拉图的性道德观"）；K. J. Dover, *Greek Homosexuality* (2d ed., 1989); John Boswell, *Christianity, Social Tolerance, and Homosexuality: Gay People in Western Europe from the Beginning of the Christian Era to the Fourteenth Century* (1980); Peter Brown, *The Body and Society: Men, Women and Sexual Renunciation in Early Christianity* (1988); James A. Brundage, *Law, Sex, and Christian Society in Medieval Europe* (1987).

安全阀为由，论证卖淫嫖娼的正当。）理论和实践的分裂使宗教改革时期新教神学家一方面布道说，婚姻中性行为本质上不淫秽，另一方面谴责罗马天主教神职人员和信徒淫乱放荡。当清教徒在英格兰、日内瓦、荷兰、新英格兰以及其他地方当政后，他们镇压婚外性行为，包括私通、通奸、纳妾、同性恋和卖淫嫖娼，其严厉程度在天主教国家前所未闻。因此，尽管理论上天主教神学家比新教神学家更严苛，实践上却是新教神学家（特别是清教神学家）更严苛。这种结合趋于导致强烈的打压性规制，就像今天见于美国某些地方那样，清教遗产和天主教徒都很多。

在宗教改革和18世纪间，性学少有有意思的发展。性打压逐渐衰落了，但很不规则。衰落的先兆是文艺复兴时期赞美裸体艺术，法国1791年肛交（双方同意，成人私下的）非罪化，英国和美国有些州废除了许多有关性的清教法律，都是重大标志。当时的学术共同体对此基本未有评论，但可以认定萨德和狄德罗是性打压衰落的重要欢庆者。

19世纪状况突变。维多利亚时期，在美国、欧陆新教国家和英国，日见增多的文献鼓励主导中产阶级思想的那种假道学，为之系统辩解。不再用陈旧的神学理由，这些文献用科学，尤其是医学、优生学理由来谴责性的危险。例如，以前人们会认为儿童的性态很好玩，甚或可爱，不认为对儿童发育或对社会可能有害并因此重要。现在，人们认为儿童的性态对儿童整体，通过儿童进而对种族构成威胁。先前神学圈除外，人们通常不在意儿童的最典型性表现——手淫，维多利亚时期的科学"发现"手淫造成意志薄弱、精神错乱、犯罪、体弱、同性恋、早逝、不育和（并非不育时）后代畸形。谴责手淫颇为寻常。对东正教来说，手淫一直是致命的罪孽，就因是非婚姻、非生育因此"不正常的"性行为。事实上，由于手淫比强奸距离婚姻生育的性行为更远（因为强奸还可能生孩子），因此，在传统天主教看来，手淫罪孽更大。[④] 但维多利亚时期的性学的兴趣主要还不是罪孽。它反对手淫，首先出于医学理由，说手淫会削弱整个种族，必然引发比单个儿童更广泛的关注，出于这一点，才从道德上加以反对。

19世纪的其他思想线索也影响了维多利亚时期的性学。

第一，识字率普及和印刷成本降低，令下层社会的人可能接触淫秽色

[④] 这是阿奎那《神学大全》(*Summma Theologica* II-II, Q. cliv, art. XII) 提及的。同样的理由，中世纪一些神学家认为与妻子肛交比与母亲乱伦罪孽更深。Danielle Jacquart and Claude Thomasset, *Sexuality and Medicine in the Middle Ages* 89 (1988).

第一章 理论性学

情文学了,这引发了统治阶级担忧:印刷色情品可能冲击性行为和家庭价值观。

第二,马尔萨斯学说,会同民族主义兴起和大量征兵(法国革命军和拿破仑的军队证明了其效力),令此后一国的人口成了一个天经地义的公共政策问题。马尔萨斯的担心集中在人口过剩——现代经济学家称其为人口的负外部性。但很快,政治的着重点就转移到正外部性了,特别是军事力量。一个重要例证是,相对于德国,法国出生率降低(明显,重要原因是避孕),这种差异逐渐在年龄分布图上显现出来,随之,军事和政治主导地位相应地从法国转移到了德国。

第三,马尔萨斯影响了达尔文,达尔文的自然选择理论则把性的优生和地缘政治寓意带到了舞台中央。休谟、康德和叔本华都预见了性的社会生物学出现(请看第四章)。

第四,自由主义的发展也使道德规制问题首次出现争议。边沁撰写了论文,抨击将同性恋定罪,没发表。⑤ 密尔的《论自由》则暗示,这种规制不可取。由此激起了斯蒂芬(James Fitzjames Stephen)等人努力为规制辩护。出现了"法律与道德"文献,主要关注就是用法律来弘扬占主导的性道德。

第五,直接冲击自由主义的是医学发现:没有性高潮,女子也能受孕,这颠覆了上千年以来的正统信仰。这一发现再次强化了古老的"双重标准"。直接地,它进一步贬低女子的性快感,间接地,这也使男女与性高潮的关系不对称了;男和女不像先前认为的那么相似了。

这些科学和社会思想运动的结果之一是,性和性态成了比自早期基督教时期以来的任何其他时期都更需自觉研究和反思的问题。性学基本因素已经具备。随着《性心理疾病》(1886年首次发表)作者克拉夫特-伊宾(Richard von Krafft-Ebing),以及下一代的埃利斯(Havelock Ellis)、弗洛伊德和赫希菲德(Magnus Hirschfeld)的出现,这一领域逐渐成熟了,分化成两支,持续主导并划分了这一领域。其中之一我称其为思辨的,克拉夫特-伊宾和弗洛伊德是代表,他们感兴趣的是,想通过心理病例研究和其他有实验数据的实验型研究来探求性行为和性态度的原因、性质和后果。另一分支是描述的,或非理论经验型的,这一分支认为犹太/基督教文明的性

---

⑤ "A Essay on 'Paederasty,'" in *Philosophy and Sex*, 前注②,页353(1978年才首次发表!)。

缄默和性禁忌是理解性的主要或至少是首要障碍,也是性态规制的法律和社会实践改革的主要或首要障碍;它承担起艰巨的工作,从心理诊所和心理实验室之外的世界全面收集有关性实践的真实数据。[横跨两种进路的是性人类学的田野工作,最著名的人物是马林诺斯基(Bronislaw Malinowski)以及米德(Margret Mead)。]在这一性学分支中,埃利斯和赫希费德是先驱者,大名鼎鼎。埃利斯理论抱负很大,在田野工作史上,他的意义主要是花费了很多精力收集了全世界的性习俗数据。赫希费德是金西(Alfred Kinsey)在方法上的前辈。通过数千访谈和访谈记录,他收集了德国和其他欧洲国家有关同性恋和其他性行为的大量数据。但赫希费德的不幸在于,他是犹太男同。纳粹上台后,首要任务之一就是销毁他的这些档案材料。

性学描述比较简单,因此我由此开始考察这一现代学术领域。这一学派的核心人物是金西,他是印地安纳大学的动物学家,"二战"前以研究昆虫而闻名。印第安纳大学当局挑选金西领导新成立的性学研究所,部分因为他科研成果累累,生活也很正常,后一点似乎可以(尽管最终未)消除美国人对性学研究任何重大项目都会有的嘲弄。金西研究所的目标是深入访谈10万名美国人,了解他们的性行为和态度,以及与之也许有关联的年龄、种族及其他特点。这一雄心勃勃的目标尚未完成,金西就去世了。在金西指导下,该所依据共1.1万人的访谈,于1948年和1953年分别发表了两项伟大研究:《男子性行为》和《女子性行为》。尽管样本数量很大,但不是随机抽样,甚至不具代表性,它太偏向受过大学教育的中西部年轻白人。也没以任何方法来验证受访者给予的回答是否准确,至少没验证步骤。金西的抽样以及方法论其他方面,招致了一些尖刻批评。⑥ 尽管如此,在理解和考虑其局限后,金西研究仍是有用的巨大信息矿,并已得到其他研究的反复佐证。至少就访谈样本而言,它一般都是准确的,访谈者用了很长时间来获得诚实的回答。

---

⑥ 请看,特别是,W. Allen Wallis, "Statistics of the Kinsey Report," 248 *Journal of the American Statistical Association* 463 (1949); Lewis M. Terman, "Kinsey's 'Sexual Behavior in the Human Male': Some Comments and Criticisms," 45 *Psychological Bulletin* 443 (1948). 对于金西的方法论,赞同为主的,请看,William G. Gochran, Frederick Mosteller, and John W. Tukey, *Statistical Problems of the Kinsey Report on Sexual Behavior in the Human Male: A Report of the American Statistical Association Committee to Advise the Natioanl Research Council committee for Research in Problems of Sex* (1954).

第一章 理论性学

"至少就访谈样本而言",这个限定很关键。这一研究的问题主要不是抽样不具代表性,因为如果把这一抽样结果投射到其抽样的总人口中,人们就能就已知样本与总量的差别作出调整。问题在于,金西没有办法迫使人们参与普查,我们也无法确信拒绝参与普查的普通人与愿意参加的普通人的性生活相同。道德最古板的人最不可能参与性普查,这一点是能成立的;若情况如此,金西报告就可能夸大了这一研究涵盖的这一时期美国人口中的不轨性行为。只是这种扭曲不影响我的任何分析结论。

金西的两份报告今天仍然是描述性学的最高水准,无论在抽样数量上还是访谈深度上,其他同类研究都相形见绌。金西去世后,性学研究所保留下来了(如今名为金西性学、性别和生育研究所),开展了其他有价值的研究。但其研究成果,与其他研究团体的研究一样,规模都不如金西研究,对公众和职业人士的思想也不具有金西研究的冲击力。眼下,芝加哥大学全国舆论研究中心正募集 1800 万美元的资金,想展开自金西报告以来一项最雄心勃勃的性行为普查。这一普查将代表性地抽样调查 2 万名美国人。

思辨性学并非始自克拉夫特-伊宾和弗洛伊德。公元前 5 到 4 世纪希波克拉底(以及其他古希腊医生)和亚里士多德就开始了这种研究,发展很慢。直到 17 世纪才发现了精子和卵子;此前,人们一直认为在性交中女子与男子同样排出精液——在当时这属于"现代"观念,或是相信陈旧观点(如埃斯库罗斯的戏剧《欧默尼德斯》所表现的),(男子)精液等于受精植物种子,子宫等于种子栽培、养育和生长的土地。当时人们认为在性交时女子爱液分泌对于受孕至关重要,很自然地认为女子性高潮像男子性高潮一样,对于受孕至关重要,并因此认为女子性快感(尽管男子总是认为这有问题,原因我后几章探讨)比女人幸福重要,不能完全忽视或压制。如今发现真实的生育机制表明女子性高潮对于生育并非至关重要,这就为贬低女子性快感——维多利亚时期性价值的显著因素之一——作了铺垫。这是科学进步的奇怪副产品。

性生物学一直是性学中的主导领域。除研究神经、激素和其他生物化学机制的实验生物学以及研究灵长目等动物性行为的动物学外,一个有争议的新领域是演化生物学的拓展,即社会生物学。后者试图用基因来解释社会行为和制度,提出了一些令人吃惊的假说,与求爱、双标、一夫多妻和同性偏好等人类性态有关。⑦ 这最后这项似乎完全无法用基因来解释，因为随便一想，也能看出同性恋与物种延续背道而驰。但就像我们在第四章中会看到的，有一个值得尊重的论点支持用基因遗传来解说同性偏好。

传统生物学的另一分支是用性生物学研究来治疗性功能失调，最著名的是马斯特斯（William Masters）和约翰逊（Virginia Johnson）。⑧ 这种疗法的理论意义主要在于，它认定阴蒂是女子性兴奋的中心（证据是，阴蒂的神经末梢比阴道更密），还认为，与用手直接刺激相比，性交是使阴蒂达到性高潮的笨拙方法。这里的寓意是，就像激进女权者很快指出的，阴道性交，以及女同用人工阴茎插入阴道的模拟性交，对女子性满足也许不重要。而且，有了人工授精，性交显然对生育也无关紧要了。这就有可能把女子的性满足与性交甚或（用人工阴茎）模拟性交完全分开，令女子摆脱对压迫者的依赖。然而，我们也会看到，有些女权者认为人工繁殖对女子自由构成了威胁。

当代女权者还以其他方式为性学做出了贡献。由于女权者，我们才重新担心色情品可能煽动强奸，向男子灌输对女子的蔑视，也日益注意到工作场所性骚扰、禁止堕胎的成本、打击强奸和儿童性虐（无论以暴力还是诱惑，也无论乱伦还是非乱伦）的执法力度不足，强奸和性虐频繁（特别是女童性虐），以及强奸法上的空白（特别引发关注的是传统上——现在也未消失——拒绝认定婚内强奸为犯罪）。⑨ 一些女权者抨击卖淫，有些则为之辩护；一些女权者抨击代孕，也有些为之辩护；女权者还质疑生育新技术，质疑性生物学理论，推动了社会建构主义的发展。

---

⑦ 始创者是汉密尔顿(William Hamilton)和特里弗斯(Robert Trivers). 在性的社会生物学方面,若仅推荐一本著作,就我有能力评判的而言,最好的是,Donald Symons, *The Evolution of Human Sexuality* (1979). 对社会生物学有大量批评文献,出色代表之一是,Philip Kitcher, *Vaulting Ambition: Sociobiology and the Quest for Human Nature* (1985); 反驳的论著,请看,Richard D. Alexander, *The Biology of Moral Systems* (1987). 关于灵长目动物的性研究,请看,例如,Barbara B. Smuts, "Sexual Competition and Mate Choice," in *Primate Societies* 385 (Barbara B. Smuts eds., 1986).

⑧ 在他们的首部著作中很显著,William H. Masters and Virginia E. Johnson, *Human Sexual Response* (1966).

⑨ 请看,例如,Catharine A. MacKinnon, *Feminism Unmodified: Discourses on Life and Law* (1987); MacKinnon, "Reflections on Sex Equality under Law," 100 *Yale Law Journal* 1281 (1991); Linda Brookover Bourque, *Defining Rape* (1989).

第一章　理论性学

与性学本身一样，女权也是多学科的。女权者用生物学、社会学、历史学、人类学、心理学以及其他领域的方法来阐明与女子相关的争议，包括性争议。当然，其中每个论域都有相当数量的性学研究并不以女权关注为指南。在心理学和精神病学中，主要关注点是对统计常规的背离（或不轨，但不带贬义）。其中包括同性恋（肛交）、变性、对儿童的乱伦和诱奸、强奸（有些也许被某种色情品的激发，特别是暴力色情品）、偷窥、暴露狂、兽奸、恋物癖。弗洛伊德是大名鼎鼎的，但他在性学中的角色很容易被人误解。在大众心目中，弗洛伊德是把一切都归结为性且归结为儿童性态的人，他还发明了机能病疗法。事实上，由于把性置于心理学的中心位置，弗洛伊德促使维多利亚时代性缄默逐渐消失，但与此同时，他坚持性在人类发展中的中心地位，本身就体现了维多利亚时代的信念，即性是个需要医疗和政治管理的深层问题。但弗洛伊德实际有关性实践和性问题的著述很少⑩，他对科学性学的影响也不在于其著述中勾勒的具体理论，这些理论中大部分要么没有支撑，要么已被推翻。⑪ 其影响在于他强调幼儿期的重要性，尤其是父母行为对孩子的人格，包括发展性偏好的重要性。儿童发育至今仍是性心理学和精神病学的调查焦点。例如，生物学家认为理解同性恋的关键是激素和基因，大多数心理学家和精神病学家则认为关键在于儿童与父母的关系，在于儿童社会环境的其他特征。

弗洛伊德的性著述中的规范维度也是一直既有影响，也有争议。尽管就前提和术语而言，其观点与天主教有天壤之别，但他认为，世界上只有一种成熟的人类性态，即稳定的一夫一妻制婚内阴道性交。性成熟要求压制各种性反常，即要打压婴儿性欲：乱伦、自恋、手淫、口交和肛交。手淫、同性恋或其他未将性行为完全纳入婚内阴道性交的成人都发育不全，是受害者。要刺激阴蒂才能获得性高潮的女子，也是受害者。确

---

⑩ Sigmund Freud, *Three Essays on the Theory of Sexuality* (James Strachey trans. 1949); Freud, *Sexuality and the Psychology of Love* (Philip Rieff ed.1963)，考涅尔丛书版《弗洛伊德文集》的一卷。

⑪ 对弗洛伊德性理论以及对心理分析具体主张更有穿透力的一般批评，请看，Richard C. Friedman, *Male Homosexuality: A Contemporary Psychoanalytic Perspective*, ch. 19 (1988)，尤其是页229-236。弗里德曼的批评格外有分量，因为他本人，与斯托勒一样，都是心理分析学家，后者的著作批评了心理分析的同性恋理论，请看，Robert J. Stoller, *Observing the Erotic Imagination*, ch. 9 (1985). 又请看，Adolf Grunbaum, *The Foundations of Psychoanalysis: A Philosophical Critique* 278 (1984)，以类似方式，他既反驳了波普尔关于心理分析是伪科学的断言，同时也结论指出，心理分析的大多数假说都缺乏支撑。

实,这些恰当的渠道不足以完全约束性冲动,但在成熟的个体那里,这种性溢出会升华,即重新引导到艺术、科学、政治、经济、宗教以及其他非性的创造活动中。压抑会伤害个体心灵,但这是必要的代价。压抑即文明。

在《爱欲与文明》[12]中,马库塞则把弗洛伊德颠倒过来了。在描述人类的性发展阶段、压抑的作用以及压抑对文明的不可或缺等方面,马库塞与弗洛伊德一致;他只是把这一标志完全颠倒了。与弗洛伊德不同,马库塞认为文明很糟,应当推翻。因此,如果婴儿的多种性反常未被成人压制,允许其蓬勃发展,是件大好事;性革命是政治革命的先驱。在这些命题中,你不仅可以看见浪漫派诗歌的革命婴儿,如华兹华斯的不朽颂歌《先知赞》[13],还可以瞥见《1984年》的著名观点,即性爱危害极权秩序。

社会建构论(简论性错乱)

就思辨性学的哲学一面而言,福柯达到了巅峰。1984年,福柯去世之际尚未完成的多卷本《性态史》,令人赞叹地融合了哲学与智识史。[14] 福柯是位尼采和美国实用主义传统的"社会建构主义者"。他震动了整个当代性学的最大胆断言是,性态本身是一种社会建构这怎么可能呢?人们会问。性欲、性偏好都是事实,是我们的生物本性;男子与女子性器官不同,同性恋与异性恋性偏好有别,这些都是"实实在在的",并非社会的人为。福柯不否认男女的生物学差别,也不否认人们性偏好有深刻分歧,如有些男子就是更偏好以男子而非女子作为性对象,有些女子则更偏爱女子而非男子作为性对象。福柯的要点在于,附加在这些差异上的意义是社会的、文化的,并且可变,不像我们趋于不加反思地确信的那样,是自然的、固

---

[12] Herbert Marcuse, *Eros and Civilization: A Philosophical Inquiry into Freud* (1955).《爱欲与文明》及此后的《单维度人》中的政治和经济谬论(在现在看来如此)不应遮蔽马库塞关于性和艺术的很有意思的见解。请看,*One-Dimensional Man: Studies in the Ideology of Advanced Industrial Society* (1964).

[13] Laurence Goldstein, *Ruins and Empire: The Evolution of a Theme in Augustan and Romantic Literature*, ch. 11 (1977) ("华兹华斯的孩子").

[14] 完成了四卷,但仅有三卷有英译[都是赫利(Robert Hurley)译的]。除前注①的《引论》外,另两卷是,*Use of Pleasure* (1985),和 *The Care of the Self* (1986). 对于视福柯为晦涩的后现代主义之象征的人们来说,他们会高兴地发现赫利翻译的福柯有关性态的著作非常平易晓畅。

有的、不变的。左撇子与习惯右手的人是有差别，一种生物差别，但这不再是一种重要的社会差别，因为我们已经接受了，一个人惯用左手或右手无关紧要。福柯论辩说，社会无须区分男子和女子的性态（马斯特斯和约翰逊也这样认为），或区分同性恋和异性恋。对于古希腊人，以及在更低程度上，对于现代希腊和其他继承地中海文明的人来说，男子性冲动本身，表现为阴茎插入，要比性对象是男是女更重要。典型男子的标准在于他是插入者，而不是被插入者。至于男人阴茎插入的是什么，是阴道还是男子肛门或女子肛门是次要的。这就如同一个人习惯左手或右手写作，与他能否写作相比，很次要一样。⑮ 古希腊人没有有关同性恋的语词，对交媾者是同性还是异性不感兴趣，因此也就不奇怪。更广泛的一点则是，古希腊人没将性道德化；认为性态是个道德范畴，这是个创造，不是个发现。古希腊人也没把性当作医学或心理现象。直到维多利亚时代，人们才开始这样做。

福柯的著作将性不轨、性倒错、性常规和性反常都相对化了。他说，性规范，以及我们对与性有关的更激进的感知和其他认知区分，都不来自自然，而是反映了有影响力的社会群体（政治的、职业的等）的价值；因此，在不同社会中，这些规范是不同的，在同一社会，这些规范也随着实践而变化；这些规范并不总是或本质上是道德规范，说到底，这都是些政治规范。毫无疑问，福柯与马库塞有亲缘关系（福柯显然不曾读过马库塞）。马库塞也认为，性态是个政治的、意识形态的范畴，不是发现的，而是制作出来的。

福柯、弗洛伊德和马库塞在库查里（Salvatore Cucchiari）那里汇合了。库查里论辩说，最早人类形成了一种"双性恋群落"，他们"不了解典型

---

⑮ 这一见解并非福柯首创。在讨论希腊人的性时，这一直常见，前注③多弗（Dover）的著作也强调过；多弗著作出版早于福柯的《性态史》，福柯也引证了多弗。下面是弗洛伊德的话："古代与我们的爱欲生活最惊人的差别无疑在于这一事实，古人强调本能自身，而我们强调本能的对象。古人赞美本能，并因这一理由而准备随时接受一个即便低等对象，而我们贬斥这种本能活动，从对象的优点为自己的行为找借口。" "The Sexual Aberrations," in *Three Essays on the Theory of Sexuality*, 前注⑩，页13, 28注①。同性恋是一种社会建构，这种更激进的观点也非福柯首创，是麦金太希最早提出的，请看，Mary McIntosh, "The Homosexual Role," 16 *Social Problems* 182 (1968).

男子与典型女子的解剖学差异。"⑯ 在库查里以及其他许多激进女权者（但不全是女子）看来，将人类分为两性——或"社会性别"（genders），这是从语法中借用的，称呼作为社会类别而不是生物类别的性别——是专断的；就如同他认为的美国人坚持将美国人分成两个种族那么专断。⑰

性的建构主义研究者特别着迷于易装癖和变性（性别不安），即那些生物性别与社会性别（gender）有分歧的（病因不明）个案。⑱ 易装癖想穿女人服装，用女人化妆品，行为举止也像女人——典型的女人，尽管通常只是部分时间如此。但易装癖者不反感自己有阴茎；许多易装癖是男同或双性恋，但大多是直男。变性人则不同。变性人可能是男子，也可能是女子，他/她们觉得自个身体不对劲。男变性人想成为女子，女变性人想成为男子。两者都想改变自己的性器官。男变性人切除阴茎和睾丸，用阴茎组织构建阴道（在一般检查中，建构良好的阴道外观能骗过妇科医生）⑲，植埋硅胶乳房，并服用雌激素（女子性激素）。有些男变性人皈依女性后，还同男子结了婚。至于女变性人则会将乳房双双切除，或许会装上假阴茎。

就如建构主义者指出的，易装癖的存在是由于社会——肯定不是生物学——坚持要求男女穿着不同。"如果男子可以着女装，就不会有我们理解的那种易装癖了。"⑳ 更特别的是，社会坚持男人穿着打扮不能像女子。反对女子穿男装的人则少多了，尽管处死圣女贞德的理由之一就是她着男装，依据是神学著作《申命记》对男扮女装和女扮男装一律予以谴责和憎

---

⑯ "The Gender Revolution and the Transition from Bisexual Horde to Patrilocal Band: The Origins of Gendr Hierarchy," in *Sexual Meanings: The Cultural Construction of Gender and Sexuality* 31, 45 (Sherry G. Ortner and Harriet Whiteheads eds., 1981). 又请看,同上注,页48-49。

⑰ 同上注,页53-54。

⑱ Annie Woodhouse, *Fantastic Women: Sex, Gender and Transvestism* (1989); Richard F. Docter, *Transvestites and Transsexuals: Toward a Theory of Cross-Gender Behavior* (1988); Anne Bolin, *In Search of Eve: Transsexual Rites of Passage* (1988); Suzanne J. Kessler and Wendy McKenna, *Gender: An Ethnomethodological Approach*, ch. 3, 5 (1978); Vern L. Bullough, "Transsexualism in History," 4 *Archives of Sexual Behavior* 561 (1975); Serena Nanda, "The Hijras of India: A Preliminary Report," 3 *Medicine and Law* 59 (1984).

⑲ Kessler and McKenna, 前注⑱,页130。

⑳ 同上注,页120。

恶。为承担主观上的男子身份，这种深层意义上的女异装癖少得多。[21] 建构主义者认为，对异装癖的恐惧——这是异装癖激起的大多数美国人的感觉——与对两性人的恐惧和对同性恋的长期强烈反感相关联，对男同"娘娘腔"或为掩盖其本来面目而举止"过于阳刚"，更是反感。[22] 将所有人分成男女，异性配对，是我们建构或调整现实的基本要素，违反这一格局，就不自然，就跨界了。

也许如此，但还有另一可能性。这就是易装癖和"娘娘腔"或过于阳刚的男同之所以令人震惊，与我们对伪装的深刻焦虑有关。为在这个世界有效活下去，我们需要假定人和事都是稳定统一的。有人通过改变服装来改变其身份，违反了这一假定。这种方法太肤浅了。这与稳定的预期不一致。就好比一个老人只要穿着像儿童，就可以变年轻一样。

诚然，这一假说未能解说，为什么父母和医生总会给双性婴儿分派一个性别，并通过手术和激素治疗尽可能消除其他性别的痕迹。[23] 相比之下，初民社会通常愿意认可三种性别而不是两种性别，这第三种性别就是混性人、双性人。差别也许是初民社会的唯一选择是，要么处死双性婴儿，要么给他找个合适的社会位置。[24] 我们没有适合双性人的社会位置，此外，我们可以手术纠正这种——在我们给定的社会组织条件下——确实不正常的情况。

对于建构主义者来说，变性最戏剧化地例证了社会坚持生物性别（器官）与社会性别（公众对一个人的性别分类）必须一致。"既然如今可以改变生殖器，可以认为现代的社会性别身份标准不够灵活。"[25] 不是社会追随生物学，而是生物学追随社会。这就是建构主义的字面含义。但这种描

---

[21] Docter, 前注[13], 页 39-40。传统上看，女子易装一种装扮，动机是现实的目的，如犯罪不被察觉，或是参军，或可以与丈夫一起进入禁止女子进入的场所，或——尤其可能是——有女同外遇而不被察知。Rudolf M. Dekker and Lotte C. Van de Pol, *The Tradition of Female Transvestism in Early Modern Europe* (1989), 特别是页 55-63。

[22] Mary Riege Laner and Roy H. Laner, "Personal style or Sexual Preference: Why Gay Man Are Disliked," in *Homosexuality in International Perspective* 78, 88 (Joseph Harry and Man Singh Das eds., 1980).

[23] Arnold Davidson, "Sex and the Emergence of Sexuality," in *Forms of Desire: Sexual Orientation and the Social Constructionist Controversy* 89, 93-95 (Edward Stein ed., 1990).

[24] Clifford Geertz, "Common Sense as a Cultural System," in Geertz, *Local Knowledge: Further Essays in Interpretive Anthropology* 73, 80-84 (1983).

[25] Laner and Laner, 前注[22], 页 88。

述准确吗？例如，即使变性手术后，大多数美国人仍不认为男易性人是女人。变性人也许会骗过他们，就如同一位女模仿者或着女装者会骗过他们一样。但如果得知实情后，他们会说，这不是个真女人；这是个男人，做过手术和经过激素治疗，看起来并让人觉得像是个女人。[26]

然而，如果我对易装者的分析正确，我们就应预期，皈依的变性人会比易装者令人吃惊的程度更低。（我认为如此。）变性须经手术和激素治疗，不只是乔装打扮。这很痛苦、耗时、昂贵且不可逆。变性不意味着只要换套服装就能改变我们的性别认同了。

我称《性态史》是历史也是哲学，部分因为政治、军事和外交史中传统主题已枯竭，也部分因为人们逐渐意识到，由于女子和少数族裔的传统政治弱点，这类专题趋于系统排斥这些群体，近年来，历史学家将关注点转向社会史。从性学角度看，这种变化很好。透彻了解性实践和性态度的历史，这是理解其当下状况的重要基础。举一个例子，如果不准确理解古希腊古罗马人对同性恋的态度，以及这些态度如何且为何在基督教时期改变了，就不可能，至少不应心安理得地谴责或纵容同性恋。福柯关于性态的伟大著作大量借鉴了社会史家的著作，如他的法国同胞埃利斯（Philippe Aries）和弗朗德兰（Jean-Louis Flandrin），以及古典学者的著作。[27]

职业历史学家运用建构主义方法的例证是拉克（Thomas Laqueur）的

---

[26] 一个改变了生理性别的易性者，他（她）是否拥有其皈依的那一生物性别的法定权利，这个问题在联邦司法判决中没给出结论，请看，Ulane v. Eastern Airlines, Inc., 742 F. 2d 1081 (7th Cir. 1984). 该决定认定某航空公司解雇一位易性飞行员，并没违反1964年民权法案第7章的规定，42 U.S.C § 2000；该法规禁止包括性歧视的多种歧视。该航空公司并非因该飞行员变成女人而解雇他，而是因为他有一些航空公司认为属于精神不正常的问题。易性并不是这部禁止性歧视的法规保护的第三种生物性别。

[27] 历史的性学研究例证有，Jacques Rossiaud, *Medieval Prostitution* (1988); *Unauthorized Sexual Behavior during the Enlightenment*, 1985年5月专号 *Eighteenth Century Life* 9 (n.s.) (Robert P. Maccubbin ed.); 以及格雷的社会史，Peter Gay, *The Bourgeois Experience: Victoria to Freud*, vol. 1 *Education of the Senses* (1984) 和 vol. 2 *The Tender Passion* (1986). 又请看，前注③的引证以及综述，Eli Coleman, "Expanding the Boundaries of Sex Research," 27 *Journal of Sex Research* 473 (1990). 由于传统西方对性的节制，关于性行为和性态度的一个潜在重要信息来源是文学想象作品，文学研究者，尤其是有女权或历史主义倾向（或两者皆备）的文学研究者正转向这些材料。一个突出例证，请看，Lisa Jardine, *Still Harping on Daughters: Women and Drama in the Age of Shakespeare* (2d ed., 1989), 特别是第1章（"'As Boys and Women Are for the Most Part Cattle of This Colour': Female Roles and Elizabethan Eroticism"）。

专著《性别制作》。㉘ 在讨论发现精子和卵子时，我就提过该书论点，即直到 19 世纪，西方思想一直坚持"单性别"的性理论，此后，出于一些意识形态而非科学的理由，转向了"双性别"理论。在单性别理论中，女子性器官就是男子性器官，差别只是由内向外；如阴道就由内向外的阴茎。女子也像男子一样有爱液；像男子一样，要到高潮才会分泌；女子分泌的爱液，和男子的精液一样，是受孕所必需。双性别理论则认为女子性器官与男子性器官完全不同，结果之一是，女子受孕不必须有高潮，对性快感也没有恰当的生理或心理需求；女子性欲是病态。有强有力的论证，可能也确实如此，19 世纪之前，单性别理论一直流行，甚至占主导。尽管拉克自己引证的亚里士多德的话表明，亚氏相信双性别理论㉙——他是中世纪、文艺复兴时期和古代思想中最有影响的性学家。

确实可能，主导 19 世纪的就是双性别理论及其认可的女子性麻醉观点。但不能说理论的转变是由于意识形态的变化，而不是科学的变化。拉克正确指出了直到 20 世纪，人们才充分了解了受孕细节，从而消除了一切关于女子性高潮是否至关重要的怀疑。但是，无可辩驳的证据并不是非意识形态的科学变革的必要条件。长期以来，一直有人怀疑单性别理论㉚，因为其与经验相悖。令人惊奇的不是单性别理论的被抛弃，而是它居然能持续那么久。拉克无法就这一理论变化给出意识形态的解说，这就让科学解释——单性理论被抛弃，是因为它看起来错了，事实上也错了——占据了这一领域。

拉克漠视自己的失败。在这一点上，他表现出喜爱非连续性，而非连续性正是社会建构主义的典型标志。最著名的是库恩的科学哲学。但在福柯那里也很明显。这种喜好也反映在另一个说法中，即古希腊理解的与我

㉘ Thomas Laqueur, *Making Sex: Body and Gender from the Greeks to Freud* (1990).

㉙ 同上注，页 47-48。请看, Aristotle, *Generation of Animals*, bk. IV, ch. 1。我在前面曾提及，许多古希腊人认为，女子在受孕中对生命的发生无任何作用，只起到抚育作用。对古希腊生育理论的概述，请看, Angus McLaren, *A History of Contraception: From Antiquity to the Present Day* 17-22 (1990).

㉚ *Aristotle's Master-Piece*, 1st, ed. (1690)，一本通俗的性专论就说，多数女子和许多男子一定早知道了，女子不必有性高潮就能受孕。Roy Porter, "'The Secrets of Generation Display's: *Aristotle's Master-Piece* in Eighteenth-century England," in *Unauthorized Sexual Behavior during the Enlightenment*, 前注㉗, 页 1、9。

们今天理解的"同性恋"非常不同,我们就不应用同一个词。㉛ 如果我们想同时谈古希腊和现代的同性恋,我们就应用诸如"同性接触"(same-sex contacts)这种术语。建构主义者认为这是个本体论争议;我认为就是个术语争议。如果有人说同性恋在古雅典很常见,就是说古雅典人有一种同性恋亚文化,就像今天在纽约、旧金山和阿姆斯特丹看到的那样,那一定错了。我指的是广义的同性恋,并相信语境会消除歧义。

社会建构主义者与本质主义者的这场争论也许没什么利害关系。极端立场追随者不多,理应如此。一方面,除库查里和少数激进女权者外,没人认为人类性冲动和性偏好纯粹是社会产物,如同性恋是父权制产物等。这种命题不仅严重违反直觉,也有悖于生物学和人类学证据。弗洛伊德认为我们生来是双性的,认为婴儿有多种反常,但他也不认为,父母亲引导我们(或者我们当中的大多数)成为异性恋,只是社会的偶然。另一方面,也没谁真的认为人类性行为是不变的,对激励、规范和其他社会环境特点全都无动于衷,在任何社会都是恒定的。显然不是如此。因此,几乎所有性研究者都——且有很好理由——既是本质主义者,也是建构主义者,只是程度不同而已。同性恋在古雅典和在现代阿姆斯特丹确实指涉很不同,但也不是全然不同,因为在这两个社会,都有人对同性别的人有爱欲,并与之有过明确的性关系。主导本书的经济学进路就比纯生物学理论更建构主义,但比完全否认下述命题——有些男子偏好同男子而不是同女子性交、否认更多男子偏好同女子而不是男子性交以及否认这群男子中还有一定数量男子在无法获得女子时还很快会以男子或(更情愿)男孩为替代——的进路更本质。第一类主导了今天的男同亚文化;最后这一类则主导了"希腊之爱"(实际应称其为雅典之爱,因为我们对古希腊其他城邦的性习俗了解很少)。如果我们意识到了这一差异,我们称这种希腊之爱为同性恋,就不会陷入麻烦。

㉛ 请看,例如,David M. Halperin, "One Hundred Years of Homosexuality," in Halperin, *One Hundred Years of Homosexuality and Other Essays on Greek Love* 15 (1990),这是篇典型的福柯式论文。相反观点的很好论辩,请看,John Boswell, "Revolutions, Universals, and Sexual Categories," in *Hidden from History: Reclaiming the Gay and Lesbian Past* 17 (Martin Bauml Duberman, Martha Vicinus, and George Chauncey, Jr., eds. 1989);又请看,James Weinrich, "Reality or Social Construction?" in *Forms of Desire: Sexual Orientation and the Social Constructionist Controversy*,前注㉓,页175。收入Weinrich论文的那本文集很有价值,就性研究运用的一些建构主义假说展开了辩论。

经济学进路与人们熟悉的建构主义进路不同，它不那么强调权力、剥削、恶意、无知、意外和意识形态，视其为人类行为的原因，而是更重视激励、机会、约束条件和社会功能（这部分是由于方法论的结果；因为权力、剥削和意识形态都不是经济学概念。）这一差别并非无关紧要。展示某种实践服务于某种社会功能，这不意味这种实践在伦理上是好的，但确实表明它很难改变。左翼建构主义者——这是当今大多数建构主义者的态度——不太能接受以下观点：制度、习惯、法律和社会世界的其他特征可能是理性的，是对深层尽管不必定是先天或遗传的人类能力、冲动、需求和利益的持久适应。他们更愿意认为现存社会格局是流动的、随机的、可塑的，是统治阶级的或意识形态的或某些荒唐的误解支撑的，可能被一场社会革命或智识革命横扫，来个格局大翻转。（我前面提到，拉克就喜好这种非连续性。）他们不喜欢经济学的这种与演化生物学，也与有影响的政治科学、社会学和人类学流派分享的功能观，就因为其中隐含了反乌托邦的意味。

多学科研究的其他流派

以如此多的篇幅讨论社会建构主义，不意味我看轻常规社会科学，事实上，我自己的进路与后者更亲近。确有些历史学家是社会建构主义者，但许多不是；也有许多社会学家是社会建构主义者㉜，但有些不是。金西是位动物学家，不是社会学家，但金西报告，尤其是将其视为一个理论贡献，而不只是大量未予解释的数据汇集之际，通常认为，并且我也认为这种看法更确切，那是对性社会学的贡献，与性学研究所此后的研究成果一样。以现代社会学研究最喜好的工具——普查——为基础，金西报告把不同性实践的发生率制成表格，将它们同社会学家传统感兴趣的一些变量联系起来，如宗教、族性、性别、教育以及社会阶层等（事实上，报告分析中最有意思的发现之一是，中上阶层与中下阶层成员在性实践和性态

㉜ 请看，例如, Jeffrey Weeks, *Sexuality* (1986); William Simon and John H. Gagnon, "Sexual Scripts: Permanence and Change," 15 *Archives of Sexual Behavior* 97 (1986); Leonore Tiefer, "Social Constructivism and the Study of Human Sexuality," in *Sex and Gender* 70 (Phillip Shaver and Clyde Hendrick eds., 1987).

度上有系统差别）。其他社会学研究集中关注了一些性学专题，如男同亚文化及其特点、卖淫组织及其人员构成、美国性革命（最明显是20世纪婚前性交频率激增）、性行为的种族差异、性违法者特点以及性法律实施。这里的领军人物是戴维斯（Kingsley Davis）和格普哈德（Paul Gebhard），尽管其他许多名人也撰写了这类文献。

与性社会学紧密联盟的是性人类学，它系统描述和分析了部落文化和其他技术不发达的非西方文化中的性实践。㉝ 与性社会学紧密联盟的还有人口学，它研究人类人口总量大小和构成变化。变化的突出原因，除死亡率和移民变化外，是生育率变化。就描述性而言，人口学是统计学分支之一，但就理论性而言，它又是社会学、历史学和——我们将看到——经济学的分支之一。

现代性学还有两个分支，性法律学和性经济学，与本书特别相关。两者还刚刚萌芽。确实，性学经典之一，天主教关于避孕的权威教义史㉞，就是法律家努南（John Noonan）撰写的。这是一本智识史和宗教史著作。只是在一种延伸意义上，即对于信众而言，即天主教义就是"法律"的意义上，这才是本关于法律的著作，并且它没用法律推理。所谓性法律学著作大致有以下三类。第一类是哈特（H.L.A. Hart）、德夫林（Patrick Devlin）和其他人的贡献，他们讨论法律是否应当规制性道德和其他道德，而不仅仅规制那些可证明有害他人的行为。第二类著述数量很多，但主题狭仄，绝大多数有争议，重复也太多，这类文献以美国联邦最高法院认定诸多宪法条款中隐含了"隐私权"为名，关注是否应当用美国宪法来废除那些规制性行为及其后果包括堕胎的法律。由于性法律还包括一些法规，规制色情品和其他性表现的著述、演讲和展示，因此宪法第一修正案

㉝ 一个很有用的综述，请看，William H. Davenport, "The Anthropological Approach," in *Theories of Sexuality*, 前注①, 页197; 一个全面的文献回顾，请看，D. L. Davis and R. G. Whitten, "The Cross-Cultural Study of Human Sexuality," 16 *Annual Review of Anthropology* 69 (9187); 此外，一部持久的经典是，Bronislaw Malinowski, *The Sexual Life of Savages in North-Western Melanesia* (1929). 赫特（Gilbert Herdt）对新几内亚的礼仪同性恋研究例证了本书讨论的人类学研究。

㉞ John T. Noonan, Jr., *Contraception: A History of Its Treatment by the Catholic Theologians and Canonists* (enlarged ed. 1986). 同1965年的第一版相比，增订本只增加了一个附录。努南曾是加州大学伯克利分校的法律教授，现为美国联邦法院第九巡回区上诉法院的法官。他的另一值得注意的著述是，"An Almost Absolute Value in History," in *The Morality of Abortion: Legal and Historical Perspectives* (Noonan ed., 1970).

第一章 理论性学

保护言论和出版自由的条款在此也有一席之地。

值得注意的是,这两类性法律学中,有关性的内容非常少。撰文者感兴趣的不是对性行为和性态度的理论或经验发现,而是宽泛的道德或法律原则问题,性规制具体问题主要是作为例子与这些原则关联的。㉟ 这类文献中许多隐含了建构主义,看轻性别的生理差异,这导致这些文献作者认为,以性别为基础的法律区分是专断的。

第三类是女权著述,讨论了强奸、性骚扰、儿童性虐、女同权利、堕胎和色情。㊱ 其领袖是麦金农(Catharine MacKinnon),她关于工作场所性骚扰和色情是男子支配工具的著述影响很大。㊲ 她立场极端。"在正常生活过程中,女人的意味就是可能被强奸……要熬过一天,女子必须花费大量时间、生命和精力,战战兢兢,担惊受怕,盘算着怎样才不会成为下一个被强奸的人。"㊳ 麦金农担心的是,"性已成为当代美国的法西斯主义,我们正进入魏玛共和国的末日。"㊴ 她认为,《花花公子》杂志之于女子,就像《锡安长者备忘录》之于犹太人。她似乎接受了里奇(Adrienne Rich)的立场,简化了社会建构论的归谬法并将之适用于性,认为异性恋本身是男子的发明和强加㊵,她写到,"性交(正常)与强奸(反常)的主要区别

㉟ 一些值得注意的例外是,David A. J. Richards, "Commercial Sex and the Rights of the Person: A Moral Argument for the Decriminalization of Prostitution," 127 *University of Pennsylvania Law Review* 1195 (1979),这是个关于卖淫的深入的学术研究;以及,Thomas C. Grey, "Eros, Civilization and the Burger Court," 43 *Law and Contemporary Problems* 83 (Summer, 1980),这是把联邦最高法院"性隐私"案件(我将在第十五章讨论)与不同的性模式联系起来的一个创新努力。有关性法律的很有用的说明性文献,请看,John F. Decker, *Prostitution: Regulation and Control* (1979), Tony Honore, *Sex Law in England* (1978).还有些家庭法和刑法著作不时也触及性的问题。

㊱ 说明性质的著作,Deborah L. Rhode, *Justice and Gender: Sex Discrimination and the Law*, ch. 10 (1989).

㊲ Catharine A. MacKinnon, *Sexual Harassment of Working Women: A Case of Sex Discrimination* (1979); MacKinnon, *Feminism Unmodified*, 前注⑨,页 3。

㊳ *Feminism Unmodified*, 前注⑨,页 7。

㊴ 同上注,页 15。然而,司法部司法统计局的一项研究发现,1973 年至 1987 年间,强奸和强奸未遂发生率降低了近 1/3。Tamar Lewin, "Women Found to Be Frequent Victims of Assaults by Intimates," *New York Times*, 1991 年 1 月 17 日,A12。虽然文章题目如此,此文报告说,不仅强奸和强奸未遂降低了,而且女子比男子更少是暴力犯罪受害者,总体而言,在该研究涵盖的这一时期,对女子的暴力犯罪没上升。

㊵ Adrienne Rich, "Compulsory Heterosexuality and Lesbian Existence," 5 *Signs: Journal of Women in Culture and Society* 631 (1980). 库查里(Cucchiari)的双性恋群落理论就是从这同一件衣服上剪下来的。

只是,正常性交频繁发生,乃至没人看出其中有任何不妥。"④

但轻松打发麦金农和其他激进女权者的著述会是个错误。夸张的山谷间仍可能有真理的金块。特别是,我会在第十三章考察麦金农与德沃金(Andrea Dworkin)合作提出的一个断言,即色情品,甚至——尤其是——《花花公子》这样的"软"色情,会助长对女子的威胁和压迫。

从法律转向经济学,我们就是转向一个在更大程度上对性学的贡献仍是潜在而非实在的领域。诚然,经济学家对人口和家庭研究已有重大贡献。马尔萨斯是很有影响的经济学家,也是人口学奠基人之一。两位著名瑞典经济学家,威克塞尔(Kurt Wicksell)和米达尔(Gunnar Myrdal)[后者同妻子埃娃·米达尔(Alva Myrdal)——一位心理学家——合作],对瑞典的计划生育政策有重要贡献。② 在此后章节中,我们会遇到当代经济学/人口学家斯本格勒(Joseph Spengler),还要讨论经济学家贝克尔的人口学贡献。③

---

④ Catharine A. MacKinnon, "A Feminist/Political Approach: 'Pleasure Under Patriarchy,'" in *Theories of Human Sexuality*, 前注①,页 65,84–85。

② Allan Carlson, *The Swedish Experiment in Family Politics: The Myrdals and the Interwar Population Crisis* (1990); David Popenoe, *Disturbing the Nest: Family Change and Decline in Modern Societies* 106–117 (1988). Carlson, 在页 7–8 讨论了威克塞尔的主张,即取消当时(1880 年代)的避孕品禁令。很能说明米达尔夫妇关于人口、家庭和女子角色的著述特点的,请看,Alva Myrdal, *Nation and Family: the Swedish Experiment in Democratic Family and Population Policy* (1941). 回头看来,米达尔夫妇所持的观点是,不仅错误而且荒唐,社会主义是防止瑞典人口(或任何其他工业化国家的人口)下降不可或缺的。两位米达尔夫妇的崇拜者还以极端方式表述了这一观点。"人们,只要是在一个浸透了阶级思想的经济社会中扭曲、驱使、挣扎和侵蚀,被迫长期相互竞争,就会拒绝自我的再生产……资本主义是一种生物学上的失败。" Richard Titmuss and Kathhleen Titmuss, *Parents Revolt: A Study of the Declining Birth-Rate in Acquisitive Societies* 116 (1942).

③ 当代经济学分析中有例证意义的人口著作有,Gary S. Becker, "An Economic Analysis of Fertility," in Becker, *The Economic Approach to Human Behavior* 171 (1976); Becker and Robert J. Barro, "A Reformulation of the Economic Theory of Fertility," 103 *Quarterly Journal of Economics* 1 (1988); Becker and Kevin M. Murphy, "The Family and the State," 31 *Journal of Law and Economics* 1 (1988); T. Paul Schultz, *Economics of Population* (1981); David Friedman, *Laissez-faire in Population: the Least Bad Solution* (1972); Paul A. David and Warren C. Sanderson, "Rudimentary Contraceptive Methods and the Americana Transition to Marital Fertility Control, 1855–1915," in *Long-Term Factors in American Economic Growth* 307 (Stanley L. Engerman and Robert E. Gallman eds. 1986); Robert J. Willis, "A New Approach to the Economic Theory of Fertility, Contraception, and Aggregate Rates: Toward a Formal Synthesis," 15 *Demography* 455 (1977). 贝克尔和巴罗(Barro)以及贝克尔和墨菲(Murphy)的论文分别重印于,Becker, *A Treatiese on the Family* (enlarged ed. 1991). 页 155 和 362。经济人口学的一个概述,请看,W. Keith Bryant, *The Economic Organization of the Household*, ch. 7 (1990).

贝克尔还是日益增长的家庭经济文献的首要撰稿人。㊹尽管如此,可以说,"关于"性的经济学文献总体还很少。人口学和家庭研究文献偶有提及,我也发现少量有关避孕和堕胎的研究㊺、一项有关婚前性行为要求有婚戒的研究㊻,一篇关于日本卖淫经济组织的论文㊼,还有本时间经济学著作简要讨论了作为"劣质品"的性(预期了我在第五章提出的一个观点)。㊽此外,大多数堕胎研究只稍稍谈及了性。例如,《少女怀孕决策的经济模型》一文,题目看上去很令人期待,却把有关性活跃(sexually ac-

---

㊹ 例证文献有,Becker, *Treatise*, 前注㊸; Marc Nerlove, Assaf Razin, and Efraim Sadka, *Household and Economy: Welfare Economics of Endogenous Fertility* (1987) (类似贝克尔,这部著作横跨家庭经济学和人口学);以及,Becker, Elisabeth M. Landes, and Robert T. Michael, "An Economic Analysis of Marital Instability," 85 *Journal of Political Economy* 1141 (1977). 一个概述,请看,David D. Friedman, *Price Theory: An Intermediate Text*, ch. 20 (1986). 在法律上的运用,请看我的, *The Economics of Justice* 184–192 (1981), *Economic Analysis of Law*, ch. 5 (3d ed., 1986),以及我的论文,"The Ethics and Economics of Enforcing Contracts of Surrogate Motherhood," 5 *Journal of Contemporary Health Law and Policy* 21 (1989); 又请看, Lloyd Cohen, "Marriage, Divorce, and Quasi Rents; Or, 'I Gave Him the Best Years of My Life,'" 16 *Journal of Legal Studies* 267 (1987), 以及, Michael J. Trebilcock, "Commodification" 29–61 (University of Toronto Faculty of Law, 1991年1月28日).

㊺ Robert T. Michael, "Education and the Derived Demand for Children," 81 *Journal of Political Economy* S128, S140–S161 (1973); Michael, "Why Did the U.S. Divorce Rate Double within a Decade?" 6 *Research in Population Economics: A Research Annual* 367 (1988); Michael and Robert J. Willis, "Contraception and Fertility: Household Production under Uncertainty," in *Household Production and Consumption* 27 (Nestor E. Terleckyj ed. 1975); Timothy A. Deyak and V. Kerry Smith, "The Economic Value of Statute Reform: The Case of Liberalized Abortion," 84 *Journal of Political Economy* 83 (1976); Stephen P. Coelen and Robert J. McIntyre, "An Econometric Model of Pronatalist and Abortion Policies," 86 *Journal of Political Economy* 1077 (1978); Mark R. Rosenzweig and Daniel A. Seiver, "Education and Contraceptive Choice: A Conditional Demand Framework," 23 *International Economic Review* 171 (1982); Arleen Leibowitz, Marvin Eisen, and Winston K. Chow, "An Economic Model of Teenage Pregnancy Decision-Making," 23 *Demography* 67 (1986); Theodore Joyce, "The Impact of Induced Abortion on Black and White Birth Outcomes in the United States," 24 *Demography* 229 (1987); Marshall H. Medoff, "An Economic Analysis of the demand for Abortions," 26 *Economic Inquiry* 353 (1988); Michael Grossman and Theodore J. Joyce, "Unobservables, Pregnancy Resolution, and Birth Weight Production Functions in New York City," 98 *Journal of Political Economy* 983 (1990).

㊻ Margaret F. Brinig, "Rings and Promises," 6 *Journal of Law, Economics & Organization* 203 (1990).

㊼ J. Mark Ramseyer, "Indentured Prostitution in Japan: Credible Commitments in the Commercial Sex Industry," 7 *Journal of Law, Economy & Organization* 89 (1991).

㊽ Staffan Burenstam Linder, *The Harried Leisure Class* 83–89 (1970).

tive）的决定视为给定。㊾ 题目更令人期待的《性的政治经济学》则是有关“性高潮过剩”的马克思主义宏论。㊿

由于与生育相关的主要经济学文献，无论是有关家庭还是有关人口，都不重视新人口生产的实际过程，这两类文献中所提问题也不是性经
35 济学分析的中心问题，如成本收益变化对不同类型性活动相对频率（例如，异性恋相对于同性恋）的影响，对不同商业化性形式（例如，卖淫相对于姘居）的影响，对不同类型性规制的可行性和可欲性的影响等。家庭被认定为生殖抚育孩子的工具，而不是引导性欲的设置。生育的性特征是假定的，但如果人没有性冲动，孩子出生完全由人工授精完成，这些分析也不会变。这些文献也没强调，人口增长率部分取决于——这是人们已知的——诸如避孕和堕胎等因素。

应当肯定，马尔萨斯认为我们面临的危险是我们的生育能力超出了我们的喂养能力，原因是我们喜欢性。这就是为什么（他认为）养育孩子的成本降低将不可避免地导致人口增加(51)，而养育孩子的成本增加会导致晚婚（婚前禁欲）或导致“邪恶”——“滥交、非自然的激情、婚外性（violation of marriage bed），以及以不当技艺防范非正常性交的后果。”(52) 所谓“不当技艺”，马尔萨斯指非婚姻性交中使用避孕品，所谓“不自然的激情”，他可能指同性恋。他评论说，在土耳其，男同行为是一种避孕方法。(53) 有点悖谬的是，他担心人口过剩，却又拒绝“计划生育”，即婚内使用避孕品，甚或定期禁欲。他认为唯一适当的避孕法是晚婚，婚前则一直禁欲。他的理由是宗教的：生育能力是上帝对人类自制力的挑战。

马尔萨斯对家庭和人口中的性有兴趣，这在经济学家中非常罕见。抽离性之后，婚姻的经济学分析就把婚姻家庭看成很像是任何其他小公
36 司，有了以下的评论，“这里提出的关于婚姻解体的方法，应有助于分析雇主与雇员、商业合伙、朋友等的（隐式和显式）无定期合同解约。”(54) 对此我不怀疑是这样；但我想强调那些令婚姻与其他合伙有别的一些特点，希

㊾ Liebowitz, Eisen and Chow, 前注㊺，页 75。

㊿ Rhonda Gottlieb, “The Political Economy of sexuality,” 16 *Review of Radical Political Economics* 143, 147 (1984).

(51) *An Essay on the Principle of Population,* ch. 5 (1798).

(52) *An Essay on the Principle of Population* 16 (6th ed., 1826).

(53) 同上注，页 186。

(54) Becker, Landes, and Michael, 前注㊹，页 1185。

望丰富家庭经济学,希望解释性行为和性习俗跨时间、跨文化的差异。然而,在突出经济学分析方法之际,我也会努力像本章勾勒的现代性学领域那样兼收并蓄,不拘一格。性是最典型的多学科主题。

1998 年 7 月 20 日译于北大蔚秀园

第二章 时代不同，风俗各异*

不同时代和文化的性习俗（customs）如此多样，令人眼花缭乱。① 同性恋（包括男色）、卖淫、色情品、强奸（甚至强奸儿童）、诱奸、通奸、私通、姘居、重婚、再婚（丈夫或妻子死后再次结婚）、避孕、堕胎、溺婴、性前戏、恋童癖、手淫、易装癖、阴蒂切割以及其他多种做法，所有这些习俗，在不同社会或在同一社会的不同时间，都激发了各种情感，从厌恶和震惊到无所谓，再到直接鼓励。严格说来，这不全都是性习俗。溺婴肯定不是。但是，与堕胎和避孕相似，这是降低性成本的一种做法，因此属于性的领域。事实上，我们会看到，它与堕胎有重要亲缘。

本章寻求传达对各种性习俗的了解，但始终着眼于辨识其中的格局，会同下一章讨论的应对性的法律格局，然后我努力给出解说。

西方性习俗历史

我把性习俗讨论分为两部分。第一部分长多了，讨论西方性习俗，从古希腊到现代北美、欧洲以及南美。这里的主要部分有（显然，没有穷

---

* 原文为法文。——译者注

① 可过目的，请看，Wainwright Churchill, *Homosexual Behavior among Males: A Cross-Cultural and Cross-Species Investigation* (1967); David F. Greenberg, *The Construction of Homosexuality* (1988); Suzanne G. Grayser, *Varieties of Sexual Experience: An Anthropological Perspective on Human Sexuality* (1985); David D. Gilmore, *Manhood in the Making: Cultural Concepts of Masculinity* (1990); John E. Williams and Deborah L. West, *Measuring Sex Stereotypes: A Thirty-Nation Study*, ch. 10 (1982); Gwen J. Broude and Sarah J. Greene, "Cross-Cultural Codes on Twenty Sexual Attitudes and Practices," 15 *Ethnology: An International Journal of Culture and Social Anthropology* 409 (1976).

尽）古希腊古罗马、正统犹太-基督教传统、宗教改革和启蒙运动对传统的破坏、20世纪性革命以及今天的情况。第二部分讨论非西方国家的性习俗，不仅包括伊斯兰和亚洲的现代社会（特别参考了日本、印度和东南亚一些社会），而且有世界各地的初民文化。

显然这一章的主题非常广泛，细节数量巨大。相关学术文献数量也就不令人奇怪。社会学家、人类学家、古典学家、神学家和社会历史学家会感到不快，觉得这一章讨论太肤浅。但我的目的不在于精确或穷尽地描述，只是为第二编的理论分析提供一些数据。第三编会深入考察本章一笔带过的题目。

古希腊古罗马

不打算多辩解，我直接讨论古希腊古罗马的性习俗。② 文明当然不始于希腊。但我们对更早社会的性习俗了解相当有限。③ 请记住，我不求穷

---

② 令我有所收获的有益讨论，请看，K. J. Dover, *Greek Homosexuality* (2d ed. 1989); Dover, *Greek Popular Morality in the Time of Plato and Aristotle* 205-216 (1974); Dover, "Classical Greek Attitudes to Sexual Behaviour," 6 *Arethusa* 59 (1973); Michel Foucault, *The Use of Pleasure* (Robert Hurley trans. 1985) (vol.2 of *The History of Sexuality*); Foucault, *The Care of the Self* (Hurley trans. 1986) (vol.3 of *The History of Sexuality*); Roger Just, *Women in Athenian Law and Life* (1989), esp. chs. 6 and 7; David M. Schaps, *Economic Rights of Women in Ancient Greece* (1979); Mark Golden, *Children and Childhood in Classical Athens* (1990); David M. Halperin, *One Hundred Years of Homosexuality and Other Essays on Greek Love* (1990); Greenberg, 前注①, 页141-160; David Cohen, *Law, Sexuality and Society: The Enforcement of Morality in Classical Athens* (1991); L. P. Wilkinson, "Classical Approaches: I. Population & Family Planning," 50 *Encounter* 22 (April 1978); Wilkinson, "Classical Approaches: II. Women's Liberation," 50 *Encounter* 25 (May 1978); Eva Cantarella, *Pandora's Daughters: The Role and Status of Women in Greek and Roman Antiquity* (1987); Giulia Sissa, *Greek Virginity* (1990); John J. Winkler, *The Constraints of Desire: The Anthropology of Sex and Gender in Ancient Greece* (1990); Paul Veyne, "The Roman Empire," in *A History of Private Life*, vol. 1, *From Pagan Rome to Byzantium* 33-49, 2-4 (Paul Veyne ed. 1987); Veyne, "Homosexuality in Ancient Rome," in *Western Sexuality: Practice and Precept in Past and Present Times* 40 (Philippe Aries and Andre Bejin eds, 1985); John Boswell, *Christianity, Social Tolerance, and Homosexuality: Gay People in Western Europe from the Beginning of the Christian Era to the Fourteenth Century*, ch. 3 (1980) ("Rome: The Foundation"). 韦金森的论文在其著作中再次发表，请看, Wilkinson, *Classical Attitudes to Modern Issues* (1979).

③ 一些主要例外是《旧约全书》中的犹太社会（关于这个社会，我稍后有更多讨论），以及古代近东的其他某些文明。关于后者，请看，例如, G. r. Driver and John C. Miles, *The Babylonian Laws*, vol.1, *Legal Commentary*, ch.4 (1952); Driver and Miles, *The Assyrain Laws* 36-118, (转下页)

尽。即使就古希腊而言，我们的了解也有限。公元前 5 世纪的古希腊性习俗，或雅典以外的性习俗，人们知之甚少。知道的，即便与雅典习俗有关，也大都基于文学和哲学资料，基于花瓶彩绘。这些作品表现的观点也许源自知识界和艺术家的亚文化，不是当时全社会的观点。

尽管有这些告诫，还有进一步的告诫，即以下的描述只是趋势，忽略了许多例外，却仍可以相当不错地建构古希腊人的性态度。这种态度，若同犹太教、基督教和维多利亚时代的标准相比，是宽容的，但对公民阶层的女子例外。古希腊有严格一夫一妻制的重男轻女的文化，对"受尊重"女子，也即公民家庭的女子，双重标准根深蒂固。这标准要求女子——但不要求男子——婚前贞洁，婚后忠实。（早期社会的特点之一就是，通奸是罪，而且是重罪，但只伤害丈夫，不伤害妻子。）女子被认为在智力和性格上明显不如男子，不许她们上学，不许拥有土地，不许参与城邦政治生活。婚姻是包办的，实际是准丈夫与准新娘父亲的契约。甚至女子在生育中的作用也遭贬低；流行观点是（男人的）精子是人类种子（英文精子这个词就来自希腊文"种子"），子宫仅仅是种子生长的土地。④ 鉴于古人长期相信后天获得的特点和生活经验会遗传，也容易解说孩子为什么常常像母亲。就像《圣经》中雅各（Jacob）与拉班（Laban）的故事说的，母羊受孕时

（接上页）126–271 (1975); J. J. Finkelstein, "Sex Offenses in Sumerian Laws," 86 *Journal of the American Oriental Society* 355 (1966); Martha T. Roth, "'She Will Die by the Iron Dagger': Adultery and New Babylonian Marriage," 31 *Journal of the Economic and Social History of the Orient* 186 (1988); Amelie Kuhrt, "Non-Royal Women in the Late Babylonian Period: A Survey," in *Women's Earliest Records: From Ancient Egypt and Western Asia* 215 (Barbara S. Lesko ed. 1989); Jonathan R. Ziskind, "Legal Rules on Incest in the Ancient Near East," 35 *Revue internationale des droits de l'antiquite* 3d. ser. 79 (1988). 这些研究中描绘的性法律和习俗广泛类似于《旧约全书》中的描绘（与古希腊古罗马法律也有大量类似之处；请看，例如，Roth，页195），只是它们对男同的谴责少多了。J. Bottero and H. Petschow, "Homosexualitat," in *Reallexicon der Assyriologie und Vorderasiatischen Archaeologie*, vol. 4 459 (1975); Driver and Miles, *The Assyrian Laws* 页 71; Vern L. Bullough, "Attitudes toward Deviant Sex in Ancient Mesopotamia," 7 *Journal of Sex Research* 184 (1971). 有关古代中国人性习俗的介绍，请看，Barrington Moore, Jr., *Privacy: Studies in Social and Cultural History* 152–156 (1984)。

④ 有关古雅典女子的政治地位，请看，Gregory Vlastos, "Was Plato a Feminist?" *Times Literary Supplement*, March 17–23, 1989, 276。有关古希腊重男轻女的详尽讨论，请看，Cantarella，前注②, chs 2–6。但是，加斯特、科恩和夏普斯（均见于前注②）指出，有关女子隔绝和从属的官方意识形态并非对当时社会实践的完整描述；古雅典女子的实际地位——对资源的支配、持有的尊严等——要比其官方地位更高。

看到花皮树枝干，就生下几头带花纹的羊羔。⑤

部分由于女子（更准确地说，是女孩）缺乏教育，有部分由于典型婚姻中配偶年龄差别很大（女子是十来岁，男子则在三十上下），还有部分是男子通常鄙视女子，因此，一般认为女子不是男人的合适伴侣；女子甚至不同丈夫共同就餐。也由于这些原因，男童学前教养都委托给家庭男教师，学校（健身学校）自然也只对男孩开放。同样的原因，加之对女孩婚前贞洁和妻子忠实的关切，古希腊男子认为应把女子关在家中，偶尔的宗教和其他特殊场合除外。无疑，正如科恩（Cohen）和他人（请看本章注④）强调的，社会实践会同官方男子意识形态有所背离，因此我们不应假定古希腊女子都被隔绝在闺阁内，像现代穆斯林女子那样；然而，如果拿古希腊女子同今天北欧和北美女子相比，隔绝这个词还是合适的。

古希腊男子的社交生活是同其他男子一起，或是同名为 hetairai（意思是女"伴侣"）的高级妓女（她们在社交、艺术甚至智识上都比受尊敬的女子更有成就）一起。⑥ 除经济扶养义务外，丈夫对妻子的法定责任仅限于一个月几次性生活，以及不能把其他女子带进家。除此之外，他可以随心所欲，在任何地方求欢，但不能是其他公民的妻女。他可以纳妾，这意味着他要提供资助，换取排他的性权利，这种关系任何一方都能自由终止，且这个男子对这位女子的或双方所生的孩子没有任何法定责任。⑦ 他也许会光顾许多男妓和女妓，可以性剥削自家的男女奴隶，或诱奸青春期

---

⑤ 据报道，马丁·路德童年在家乡，"有位漂亮有德的已婚女子生下了一只榛睡鼠"，因她怀孕时看到一只榛睡鼠，听到系在其身上的铃，受了惊吓。"Lectures on Genesis," in 5 *Luther's Works* 381 (Jaroslav Pelikan and Walter A. Hansen eds., 1968).

⑥ 对传统地中海家庭中婚姻角色的生动刻画，请看长篇小说，Naguib Mahfouz, *Palace Walk* (1990)；学术描写，请看，Fatima Mernissi, *Beyond the Veil: Male-Female Dynamics in a Modern Muslim Society* (1975). 对传统伊斯兰社会隔绝女子的描述，请看，*Sparate Worlds: Studies of Purdah in South Asia* (Hanna Papanek and Gail Minault eds., 1982)；与古希腊隔绝女子的做法颇多相似，科恩曾强调过，请看，Cohen, 前注②。

⑦ 这里要对会在本书不断出现的纳妾/姘居（concubinage）说两句。这个词，如同正文所指示的，意味着有一定时期但长度不确定的关系，常常希望有孩子（因为这两点，因此与卖淫和"绯闻"不同）。在这种关系中，男子对这位女子有完全且排他的性权利，但对该女子没有相应的忠实义务。这可以是一种婚姻的补充，像正文中讨论的那样，或是一种婚姻的替代，这在中世纪就很常见。无论哪种形式，这都是某种准婚姻，孩子也许是但也许不是婚生子女。对此的一个很好讨论，请看，Jack Goody, *Production and Reproduction: A Comparative Study of the Domestic Domain*, ch. 5 (1976) ("Concubines and Co-Wives: The Structure of Roles in Africa and Eurasia"). 作为婚姻之替代，现代与之对应的是同居。

的健身男孩。男童女童也经常成为性对象;当时没有独立的虐童概念,但性虐公民的孩子,就如同诱奸公民之妻女一样,会受制裁。雅典以及其他古希腊城邦有大量奴隶和外邦住民,这些人几乎没有什么性权利。

古希腊似乎人口太多,支持这一假说的是,有很多古希腊人移民到地中海其他地区。古希腊也不赞美大家庭。堕胎和溺婴——特别是女婴,但不仅仅是女婴——很广泛。这些行为大多不受谴责,但亚里士多德认为,当胎儿人形可辨时堕胎是错的,希波克拉底的誓言也禁止外科医生堕胎。当时允许杀死畸形或有病婴儿,不论性别,这也是当时的常态。婚姻也不神圣,任何一方都不难获准离婚,但被离异的妻子有权从其嫁妆的利息中获取扶养费;因此,丈夫实际是妻子嫁妆的信托人。柏拉图提出,在他的乌托邦共和国要废除统治阶级间的婚姻,还要求这个阶级的成员优生繁殖。

古希腊人对性也不缄默。他们的许多花瓶画,包括最艺术性的,以及一些存留至今的文学作品,尤其是阿里斯托芬的喜剧,即使按今天的标准,也很淫秽。性爱女神阿佛洛狄忒当然公开被人崇拜,每个雅典家庭门前都有座阴茎勃起的赫尔墨斯雕像。古希腊人还容忍一些今天看来令人发指的行为,包括男色;事实上,除了乱伦(想一想俄狄浦斯)、重婚以及相当于侵犯其他公民对其妻女贞洁的产权,那里少有性不法概念。男人赤身裸体不丢人;尽管男子外出通常着衣,但他们摔跤和其他体育活动时都亦裸着。那时舞女表演脱衣舞。⑧ 雕塑中的男神女神都裸体,人们认为这些神的性生活很活跃。宙斯是通奸者、强奸者,还恋童。但不应过分夸大,因为古希腊人看他们的神似乎一直都是,神比人更不道德,而不是更道德。这是古希腊自然主义世界观的标志之一。

人们了解最多的古希腊性放纵例证是男同。具体地说,是成年男子出于对青春少男(有别于恋童——成年男子对未发育男童)性渴望的肛交(pederasty)。也不是当时的人都不认为男同是个问题。阿里斯托芬的喜剧就曾多次非善意地嘲笑男同。肛交和女同均不被认同,"被动"肛交者——被肛交者而非主动肛交者——更令人不齿。对男子的期待是他们结婚,有继承人。当时人们知道有男子偏好的性对象是男子,不是女子,但不认为有谁的性偏好是纯同性的,也没男同亚文化。柏拉图和苏格拉底似

---

⑧ Vern L. Bullough, *The History of Prostitution* 35 (1964).

第二章 时代不同，风俗各异

乎都认可男同欲望，却不希望男同付诸行动。当时男同行为不为罪，但少年时当过男妓的男子不能担任公职，也不能在雅典公民大会上发言。

当时的总体立场大致如此。⑨ 那时人们认为男子，特别是年轻男子，有无法遏制的性释放欲望。这种欲望被界定为男人气概，是人类的核心德性，很好；并且重要的是欲望的满足而不是满足欲望的具体对象。公民阶层的男子（这是古希腊性学唯一关心的）婚前（记住，男子结婚要晚些）可以手淫，可以同奴隶或妓女性交，也可以有情妇；但他不能与某公民的妻女有性的——事实是任何——关系。他可以有替代，这就是体校男孩。这些男孩都来自公民阶层，社会地位与这些诱奸者等同。由于这个原因，这些男孩比奴隶或妓女更令这些诱奸者着迷，更有挑战，甚至更有吸引力。这些男孩没被隔绝，在身体发育成熟前，许多方面都像青春（即适婚）少女。对单身汉来说，这是额外的性排遣出口，甚或是有情调的主要出口，加之手淫以及与奴隶或妓女的性交，聊解其婚前性饥渴。

但这里有个问题。这些男孩是城邦未来的公民，与诱奸者属于同一社会阶层。与认可男子性冲动和古希腊重男轻女文化相关联，就像第一章提及的，这里不认可男同关系中的"女"角。当插入者是男公民，被插入者是奴隶（无论男女）或女子（自由民）时，社会对这两种角色的评价有别不是问题，因为这是社会上层人插入社会下层人的体内。但如果被插入者是未成年公民（proto citizen）——一个体校男孩时，怎么说呢？有几种方法应对这个问题。首先，一旦男孩成人，他就不被视为合适的性对象了。某人可以视被诱奸男孩为社会下层，不是个男子，借此保留性关系的等级差异。其次，作为社会礼节，诱奸者只能是年轻未婚男子。已婚男子不能诱奸男孩。第三，即便肛交无疑常见，却不被赞同，社会赞同的是股间性交，即男子和男孩都站着，在男孩大腿间射精（许多花瓶上绘有这种姿态）。人们认为这种姿态降低了男孩——一个初始男子——与女人的类似，因为女人无可挽救地是下等人。第四，有些思想家倡导童贞的男色。少男激发了男子的性欲，这不是问题，但男子要自制，别用身体表达他的爱。这就是《会饮篇》中苏格拉底的立场。但是，如果将这种观点归因于对男同的焦虑——有别于对性的普遍焦虑——可能错了。对性的普遍焦虑

---

⑨ 以下讨论大量依据了, Dover, Foucault, and Halperin, 前注②；以及, Just, 前注②, 页 146-148。又请看, Sarah B. Pomeroy, *Goddesses, Whores, Wives, and Slaves: Women in Classical Antiquity*, ch. 5 (1975).

会得出性愉悦很糟、性应限于生殖的观点。基于这一视角，男同才是不好的性行为之一，因他不生育，而是自我放纵。

古希腊人宽容男同，不宽容女同，认为女同不自然，令人憎恶；也不宽容——原因不清——口交。但是，如果根据花瓶绘画来判断，无论是异性还是同性关系，肛交都是当时常见且平淡无奇的做法（我们会看到，这个特点不断出现于地中海文化）。古希腊人反感女同可以视为男子生殖器中心观的必然产物。在古希腊人看来，正常的性态是男子欲望位居中央，无男子参与的性活动就没任何空间。就像我前面提到的，古希腊人不赞同成年公民间的男同关系，因为这让一个公民成了被插入者，违反了（公民）角色。这也许是《会饮篇》中苏格拉底倡导纯洁的同性关系的另一原因。令古希腊人吃惊的是，这部著作强调成人男同，而不是与少男的肛交。

我们了解的古希腊人对男同的态度，资料大多源自古雅典。尽管如此，在古希腊城邦中，雅典似乎并没表现出明显更宽容甚或鼓励与少男的肛交。在这方面，克里特岛和维奥蒂亚比雅典更知名。斯巴达在古希腊城邦中是出了名的，因为它不崇拜女性贞洁，或至少被认为不崇拜女性贞洁。柏拉图《理想国》的乌托邦建议就反映了斯巴达的这一和其他女子平等姿态。

古罗马与古希腊性文化相似，按传统基督教甚至现代美国人的标准看，非常宽容。且自吉本（Gibon）以来，一种流行说法是，罗马帝国衰亡至少部分归罪于罗马人荒淫无度，尽管吉本本人没这样认为。多数罗马皇帝性生活非常淫乱，如尼禄非常突出。确实，古罗马不像古希腊那样崇拜少男肛交。这也许与以下事实有关，即古罗马不像古希腊那样隔绝女子。事实上，古罗马已婚女子似乎嗜好通奸，常常很放纵，作为男子伴侣，她们也不被轻视，因为她们可以养育自己的男孩。⑩ 与男孩肛交很普遍，也不起眼。例如哈德良，一位备受尊敬的皇帝，就与男孩安提诺斯（Antinous）有公开的恋情，安提诺斯死后，哈德良奉他为神并广受崇拜。

溺婴在古罗马很普遍，也得到认可，因为人们认为大家庭是个灾难，当时也不知道什么有效的避孕法。堕胎是被认可的控制生育的方法，只要对孩子有排он权的父亲同意就行。宽容堕胎当时也不可避免；人们不拒绝溺婴就不大可能拒绝堕胎。然而，对不想要的孩子大多也不是直

---

⑩ Pomeroy, 前注⑨, ch. 8; Beryl Rawson, "The Roman Family," in *The Family in Ancient Rome: New Perspectives* 27 (Rawson ed., 1986).

接溺杀，而是供收养或被遗弃。因此，溺婴就不可能像我说的那样，完全不是问题。当时收养比现代社会更普遍，且用钱交换。事实上，儿童几乎就是商品。某家庭也许会把自家第二个孩子送人收养，如果第一个孩子死了，也会收养一个。大多数被遗弃儿童会死了，但也有些被路人拣走，作为童妓养大。无论男女卖淫都极普遍（如纳妾一样），就像古希腊。⑪ 公共浴室通常是性活动（包括卖淫）场所，始于此地的传统，后来在纽约和旧金山男同浴室达到了顶峰。女子作为演员和舞女登台演出，常常裸体，有时也表演性行为。当时人们认为女演员在道德上与妓女差不多。

吉本认为，罗马共和国时期性禁欲，帝国时期则变成了性随意。这与事实真相似乎相反，尽管有关罗马共和国时期的证据不多。从帝国时期可以看出，反对性随意的趋势有三方面。首先，对罗马低出生率的迟到关切引来了一些提议，偶尔还有未实施的法令，旨在鼓励婚内生育。其次，由柏拉图提出并经斯多葛学派详细阐述的灵肉二元论和性禁欲，在某些方面慢慢成了对身体及其所有作品的公开敌视，其中首先是性。第三，伴侣婚概念在色诺芬《经济学》（*Oeconomicus*）等古希腊著作中初露端倪，理论上取得了相当进展，（与禁欲主义不同）实践上或许同样进展很大。⑫

伴侣婚概念在本书中扮演了重要角色，因此我在此特别界定一下。这个术语指的是婚姻双方至少大致平等，基础是相互尊重和爱情，在养育孩子、家务管理和其他活动中有密切且持续的联系，不像在古希腊婚姻中，配偶双方间的主要接触只是偶尔的性交。这种婚姻期待丈夫把情感放在家中而不是家外，这种婚姻设想的平等和陪伴与传统双重标准冲突。伴侣婚隐含的是婚姻关系中要有感情和情感，而此前，主导婚姻的一直是男子的性欲、财务安排和继承等因素。

天主教霸权的时代

公元4世纪，基督教成了罗马帝国官方宗教。尽管基督教融合了各种宗教因素，柏拉图和斯多葛学派关于人类肉体的一般观念，尤其是性的观点，包括伴侣婚的观点，还是极大影响了我们理解的基督教性观念，早期

---

⑪ Fernando Henriques, *Stews and Strumpets: A Survey of Prostitution*, vol. 1, *Primitive, Classical and Oriental*, chs. 2, 3 (1961); John F. Decker, *Prostitution: Regulation and Control* 32-38 (1979).

⑫ 福柯强调了这一变化，请看，Foucault, *The Care of the Self*, 前注②，特别是页72-80，228-232。又请看，Veyne, "The Roman Empire,"前注②，页36-37。

罗马教会关于性的系统表述与当时这个异教帝国占主导的性习俗反差足够尖锐。[13] 罗马教会的态度中独有的东西几乎都可以从基督教最根本的但非其最初的伦理变化中演绎出来（基督教是从犹太教中获得这些的）。基督教认为人，包括女人，都是按上帝面目创造的，有一种准神性的尊严。直接溺婴或堕胎，甚至关系更远的避孕，都很成问题。孩子是按上帝的面貌创造的。要杀死他，无论是在子宫内还是在子宫外，甚至一开始就以避孕来阻止其创造，都是对这个半神性个体的深刻虐待，至少是对半神性的初始人的虐待。这种思想与导致禁止角斗的思想类似。

这还不是全部。假定人是按上帝面貌创造的，那么肉体和与之有关的一切就都成问题了。因为很难设想人体与上帝完全等同，因为上帝无所不能、永垂不朽、完美无缺，完全不吃喝、不排泄，也不射精。因此，人只是堕落版上帝，堕落不仅在于其骄傲、妒忌和其他精神缺陷，还在于他有个容易腐烂、容易遭受各种耻辱和无礼的肉身。这个肉身，无论男女，都应裹上衣服，最理想的是一直穿着；肉身可耻，要掩藏起来，不能像古希腊古罗马人那样招摇过市。身体活动也应限于必要。一个人也许要吃饭，但只要足以保持健康就行了。一个人也许要性交，但只要能保存人类种族就行了。种族延续无须每个有生育力的成人都性活跃，因此，终身童身，无论男女，可以认为是比婚姻更高贵的，因为这要更多约束身体冲动。这就是对神职（起初只是对高级神职）的适当限定。非生育的性行为，从手淫、肛交到避孕性交，直至与不育配偶的性行为，都要扫地出门。这些非生育的性行为必定只是为释放性欲，没有其他。而性欲释放并非必要，没有它，人照样能活下去。当然，也不彻底禁绝：因为没有（其他）性欲出口的人，夜间会非自愿地遗精。但这只证明了原罪，而原罪，正如圣奥古斯丁论辩的，恰恰是在受孕中代代相传的。婚外性行为，哪怕可以生育，也罪孽深重，因为上帝有令，婚姻是合法性行为的唯一通道。但是，即使婚内性行为，旨在强化性快感的性交姿势和爱抚也有

---

[13] 早期教会的观点，请看，Peter Brown, *The Body and Society: Men, Women and Sexual Renunciation in Early Christianity* (1988), 以及，R. A. Markus, *The End of Ancient Christianity*, chs. 4-5 (1990). 有关天主教性教义的演化，请看，John T. Noonan, Jr., *Contraception: A History of Its Treatment by the Catholic Theologians and Canonists* (enlarged ed., 1986). 此外，有关本章本节专题的一般性研究，请看，James A. Brundage, *Law, Sex and Christian Society in Medieval Europe* (1987), 以及，Georges Duby, *The Knight the Lady and the Priest: The Making of Modern Marriage in Medieval France* (1983).

第二章 时代不同,风俗各异

罪,因为除为插入和射精是必需的最低限外,这些快感均非必要(尽管当时人们普遍认为受孕的关键之一是女子分泌爱液,因此受质疑的最低限快感不仅是男子,也涉及女子)。人有别于兽的天性是,人能让身体功能符合自己的理性需要,因此,非法性行为不仅错了,而且不自然。

基督教强调共同人性,但组织化的基督教并未废除人类等级。属于保留之列的,就有男子统治女子的权威(authority)。然而,尽管基督教反对女子,竭力称女人是诱人的妖妇,恶魔的帮凶,但综合看来,基督教似乎一直比异教宗教更关照女子的利益。[14] 教会赞美独身,因此,除结婚外,女子就多了个选项。教会还清除了基于社会阶层或身份的障碍,婚姻更民主了。甚至奴隶也能结婚,而依据罗马法,奴隶不能结婚。[15] 教会还禁止离婚,因此保护了已婚女子不被喜新厌旧的丈夫抛弃,也保护了女子不会因离婚失去孩子。因为按古希腊古罗马的法律,离婚时,孩子都随父亲。此外,教会还坚持,婚姻应双方同意,男子或女子都可以自由拒绝家庭为其选择的配偶。这样一来,教会不仅促进了伴侣婚,而且,即便不可离异,自行择偶的婚姻也比父母包办的婚姻更能忍受。[16]

与禁止婚外性行为一样,不许离婚对孩子也有潜在好处,即孩子更可能获得双亲的帮助和保护。因此,同异教相比,基督教侧重保护孩子,就像它侧重保护女子一样。但这两种情况都不是始终如一,前后不一致的原因也不仅仅因为,在基督教承继的异教文化上嫁接某种新的性文化时,追求与现实总会有鸿沟。(例如,教会用了几个世纪才使社会接受了婚姻不受强制和禁止离婚的观点。)[17] 教会禁止避孕和堕胎,可能增加了女子死亡率,也增加了穷人家庭的风险,即孩子太多、生育频繁乃至无力养育,有些孩子可能饿死,其他孩子发现贫困严重损害自己的愿景,母亲处于持续怀孕的风险境地。教会意识到这些问题,但它唯一的建议是,家庭有了其

---

[14] 关于早期教会的"女权",一个兼顾了方方面面的讨论,请看,Ben Witherington III, *Women in the Earliest Churches* (1988); 有关的反对观点,请看,Cantarella, 前注②, 页 169-170; A. W. Richard Sipe, *A Secret World: Sexuality and the Search for Celibacy* 40, 45-46 (1990).

[15] Pomeroy, 前注⑨, 页 65, 169; Rawson, 前注⑩, 页 35。

[16] 教会推动配偶选择权也许同样旨在削弱大家庭,因为大家庭是与教会对立的权力中心。John t. Noonan, Jr., "Marriage in the Middle Ages: I—Power to Choose," 4 *Viator: Medieval and Renaissance Studies* 419 (1973); Jack Goody, *The Development of the Family and Marriage in Europe* (1983).

[17] Brundage, 前注⑬, 页 242-244 (1987); 又请看, Roderick Phillips, *Putting Asunder: A History of Divorce in Western Society*, ch. 1 (1988).

想要的孩子数量后就禁欲。(这与当今教会的迷思之一——尽量生育,增加人口,为上帝增光——恰恰相反,但这不是教会的一贯政策。)在婴儿死亡率很高的时代,该建议不很现实,但在中世纪,避孕很不确定,堕胎危险很大,容忍这些做法也许并没太多改善每个家庭的困境。

我说了,人是按上帝形象创造的,这个观点是基督教从犹太人那里拿来的;但除艾赛尼(Essene)这样的边缘教派外,犹太人从不接受禁欲主义。但他们也不像古希腊古罗马人那么性随意。《圣经》中对所多玛和蛾摩拉两城的惩罚,传统解释是,就因为那里的男同行为;上帝惩罚俄南(Onan)就因为他为避孕中断了性交,更宽泛地说,就因为他在阴道外射精(这包括手淫、同性性交和性交中断)。这些解释确实都很可疑。其他解释则是,所多玛人和蛾摩拉人受惩罚是因为他们违背了好客的规范,俄南受惩罚是因为他不服从父命(命令俄南使其寡嫂怀孕)。⑱(未婚男子同寡嫂结婚,娶寡嫂,这一义务仍是今天犹太正统教义的一部分。)但《圣经·利未记》谴责男同行为;《旧约全书》始终谴责私通;犹太教的裸体禁忌也很强。⑲允许多妻和纳妾,确实,我们记得,所罗门国王就有妻妾数百。西欧犹太人实行多妻制一直到公元1000年前后,东欧犹太人则一直坚持到了20世纪。尽管如此,传统犹太人的性规制比古希腊古罗马人更多,只是他们不反对性快感罢了。犹太人认为独身不如结婚,不像早期基督教(以及直至今日的罗马天主教)那样认为独身更高贵。基督教禁欲主义不来自犹太教,而是基督教接受了柏拉图主义和斯多葛主义的遗产。圣经福音书对性似乎不感兴趣,甚至没提耶稣是否结婚了,尽管福音书报道

---

⑱ 关于圣经提及的"不自然"性行为,主要的修正主义解说是,Boswell,前注②,ch. 4;有关的批评,请看,Bruce A. Williams, "Homosexuality and Christianity: A Review Discussion," 46 *The Thomist: A Speculative Quarterly Review* 609 (1982). 所多玛城男子含混不清的不当行为一直持续影响着肛交(Sodomy)这个词。其最常见含义就是肛门性交,无论是同性还是异性的,这也是英国普通法所多玛罪的通常含义。19世纪对这一行为的惩罚尽管弱化了,但这一犯罪(也称"鸡奸"和"反自然的犯罪")也扩大了,包括了另外一些男同性行为。美国立法界定的肛交,通常包括口交、舔阴和肛交。这些法规文字通常不考虑参与者的性别,但通常被解释为仅对男同适用。

⑲ 有关犹太人的性习俗和性态度,请看,Louis M. Epstein, *Sex Laws and Customs in Judaism* 25-31 (1948); Epstein, *Marriage Laws in the Bible and the Talmud* (1942); Moore,前注③,页206-216; David M. Feldman, Marital Relations, *Birth Control, and Abortion in Jewish Law* (1968). 有关犹太人对男同的谴责,请看,Epstein, *Sex Laws and Customs in Judaism* 页134-138。

第二章 时代不同，风俗各异

说耶稣赞许地提到了独身，当然了，传统说法是耶稣没结婚。[20] 基督教对性的这种独特态度，是基督之后那代人，主要是圣保罗，并过了几个世纪后，由圣奥古斯丁塑造的。

基督教年代的性实践要比其理论规定宽松得多，在处理诸如性本能这种重要的人性特点时，人们期望的理论与实践的差距，由于诸多因素共同作用而扩大了。一些有关性的非常开放的科学文献与神学文献，同时四处流传。[21] 多数神职人员不识字，对精细的教义不甚了了。[22] 教会当局经常建议他们别紧紧追问信众的性事，以免深追种下某些念想（这一直是反对调查人们性经验的常规论点）。许多神职人员担心，如果过分严厉谴责教民，就因其某些根深蒂固的做法，会赶走他们，不再忏悔。教会的"诚信"教义也建议，如果教民很可能坚持自认为无辜的性行为，神职人员就别启示教民此类做法罪孽深重，因为这种情况下，启发的后果就是令他们陷入人间罪孽。

在罗马天主教鼎盛时期，性的理论与实践差别很多，其中有：

首先，同居普遍，许多农民夫妇都怕结婚麻烦。

其次，大多数婚姻由父母包办，常常很少考虑甚至根本不考虑未来配

---

[20] 但有些基督教神学家认定耶稣一定结婚了，因为大多数犹太人都结婚。Geoffrey Parrinder, "A Theological Approach," in *Theories of Human Sexuality* 21, 28 (James H. Geer and William T. O'Donohue eds., 1987).

[21] Helen Rodnite Lemay, "Human Sexuality in Twelfth-through Fifteenth-century Scientific Writings," in Vern L. Bullough and James Brundage, *Sexual Practices & the Medieval Church* 187 (1982). 又请看，Danielle Jacquart and Clarde Thomasset, *Sexuality and Medicine in the Middle Ages*, ch.3 (1988).

[22] 有关这里讨论的中世纪性态的方方面面，请看，Bullough and Brundage, 前注[21]; John Boswell, "Homosexuality and Religious Life: A Historical Approach," in *Homosexuality in the Priesthood and the Religious Life* 3 (Jeannine Gramick ed., 1989); Andre Buguiere, "The Charivari and Religious Repression in France during the Ancien Regime," in *Family and Sexuality in French History* 84 (Robert Wheaton and Tamara K. Hareven eds., 1980); Natialie Zemon Davis, "The Reasons of Misrule: Youth Groups and Charivaries in Sixteenth-Century France," 50 *Past & Present* 41, 52-54 (1971); Jean-Louis Flandrin, *Families in Former Times: Kinship, Household and Sexuality* (1979); Flandrin, "Repression and Change in the Sexual Life of Young People in Medieval and Early Modern Times," in *Family and Sexuality in French History* 页27; Jacques Rossiaud, *Medieval Prostitution* (1988); Guido Ruggiero, *The Boundaries of Eros: Sex Crime and Sexuality in Renaissance Venice* (1985); Julius Kirshner and Anthony Molho, "The Dowry Fund and the Marriage Market in Early *Quattrocento* Folorence," 50 *Journal of Modern History* 403 (1978); David Herlihy, *Medieval Households* (1985).

偶的偏好。部分原因是教会一直施压，赞同早婚，把早婚当作尽量减少不道德行为的手段。也因为配偶年纪越小，就越不可能自行做出合理选择。

第三，12世纪之前，教会没有足够力量，禁止低等神职人员结婚；即使有效禁止后，许多神职人员也纳了妾。

第四，男同行为在神职人员中看来一直很常见，教会常常保护男同神职人员，不让世俗当局指控伤害他们。

第五，卖淫嫖娼兴盛。主要原因之一是当时单身汉成堆。造成这种现象的原因很多，包括一直溺杀女婴，造成男子过剩；养育孩子成本很高，如果妻子不能继续劳作，婚姻成本就很高；以及生育女子死亡率很高，因此，有钱人常常一个接一个娶妻。后者是一种连续意义上的多妻制，导致年长者同年轻人竞争年轻女子，降低了穷男得到女子的可能，引出了闹洞房、单身汉骚扰再婚鳏夫的现象。有关中世纪威尼斯的一个婚姻抽样调查表明，大约50%的婚姻持续9年，25%的婚姻持续18年，10%的婚姻持续了27年，㉓而威尼斯不承认离婚。

从宗教改革到维多利亚时代

教会在性的问题上的官方教诲对普通男女的要求很不现实，但教会当局本身——有别于阿奎那这样的教会知识分子——却极为现实，这就使得教会很容易被路德和卡尔文领导的新教改革毫不迟疑地指控为，"太虚伪"。宗教改革抨击天主教的性理论过于严苛，而天主教的性实践太稀松。宗教改革者们说，应允许——实际应鼓励——神职人员结婚，以此消除法定独身带来的私通和肛交的诱惑。而如果允许神父甚至主教结婚，这就意味着，只要限于婚内且比天主教当初的努力还严格，那么性行为就不像天主教神学描述的那么卑下。因此，应严惩私通、通奸和肛交，卖淫则应取缔。甚至，剧院也应关闭（克伦威尔摄政时，也确实关闭了），因为历史上有充分理由相信，女演员不贞洁。这种信仰的结果是，在清教徒掌权之前，英国就不许女子登台演出了。但清教徒也不赞同伊丽莎白和詹姆斯一世时期男孩演女角的做法，他们认为这种易装癖会招惹同性恋，因此唯一选择只能是剧院关门。

斯图加特王朝复辟开始了性观念自由化的漫长过程，伴随了北欧文化

㉓ Ruggiero, 前注㉒, 页170注⑧。

第二章 时代不同，风俗各异

突出特点之一的伴侣婚的长期发展趋势。㉔ 通奸和私通不再是犯罪，肛交仍和以前一样是死罪，但指控放松了。在18世纪英国伦敦第一次出现了男同亚文化㉕，卖淫嫖娼再次蓬勃起来，色情品广泛传播，非婚生率也飙升。

欧洲大陆也有类似的自由化发展，突出的是法国。大革命时期，法国不再把双方同意的成人私下肛交定为犯罪。《拿破仑法典》确认了这一废除，并将其传播到拿破仑征服的欧洲各国。即使波旁王朝复辟也没废除这一条，这成了欧洲大陆的基本态势，只有普鲁士是突出的例外。然而，整个19世纪，在法国，警察骚扰男同的情况还挺多，理由是有伤风化、毒害未成年人和过度拉客。㉖ 与此类似，在法国和其他卖淫非罪化的欧洲国家，警察不时也会骚扰妓女。普鲁士继续规定肛交和其他同性性交是犯罪，但这意味着，相互手淫不受惩罚。1871年在普鲁士领导下，德意志帝国形成，这条普鲁士法律成了德国新刑法典第175条。这一条一直休眠，直到本章稍后描述的纳粹开始反同性恋运动。纳粹扩大了该法适用范围，涵盖了同性间的性交和非性交行为，1942年规定违法者可判死刑。㉗

在大革命时期，法国成为自异教时代以来第一个西方国家，就我们所知，已婚夫妇开始广泛避孕，起初是性交中断，直到相当晚近，这一直都是法国人最喜欢的避孕方式。大革命时期的反教权政治也促成在法国天主教的性教义持续被侵蚀，即便在波旁王朝复辟时也没停止，法国出生率开始下降，比英国和德国早了几十年。

也许因为大革命和拿破仑时期英法两国深刻敌对，法国的性自由引发了英国的反动，证据是因肛交被处死的人徒增。1806年，在英国因肛交处

㉔ Lawrence Stone, *The Family, Sex and Marriage in England 1500–1800*, chs. 8, 10–13 (1977); Peter Laslett, *Family Life and Illicit Love in Earlier Generations: Essays in Historical Sociology* 39–43 (1977).

㉕ Randolphy Trumbach, "Sodomitical Subcultures, Sodomitical Roles, and the Gender Revolution of the Eighteenth Century: The Recent Historiography," in *Unauthorized Sexual Behavior during the Enlightenment*, the May 1985 special issue of *Eighteenth Century Life*, vol. 9 (n.s) (Robert P. Maccubbin ed.).

㉖ Alain Corbin, "Backstage," in *A History of Private Life*, vol. 4 *From the Fires of Revolution to the Great War* 451, 642–643 (Michelle Perot ed. 1990); Antony Copley, *Sexual Moralities in France, 1780–1980: New Ideas on the Family, Divorce, and Homosexuality: An Essay on Moral Change* 99–103 (1989).

㉗ Richard Plant, *The Pink Triangle: The Nazi War against Homosexuals* 30–33, 110, 219 (1986).

死的人超过了因谋杀处死的人，尽管无论哪种罪被处决的人数都不很多。[28] 随着书籍成本下降，色情出版物广泛传播，也引发了统治阶级的担忧。英国和其他英语国家，包括美国，以及在较低程度上，在德国这样的大陆国家，开始摒弃维多利亚时代的性随意，但在这背后，还有些政治和认知性质的深层力量。[29] 这些力量反映了这一时期的科学进步（但也包括错误）和民族主义热潮，激发了人们对与国力相关的个人健康问题的焦虑。自斯巴达以来，几乎是第一次，生育足够数量的健康后代，维系民族的存活力，开始被视为社会可能影响且应当影响的变量之一。重新开始把性行为纳入婚姻，鼓励生殖养育良好的孩子；刚刚开始对性病泛滥的认识也促成了这种努力。几乎遍及世界的有关射精伤身的传统迷信，不仅导致医学建议每月性交一次，最多两次，而且采取严厉措施防止孩子手淫。推动这些努力的还有一种新的观念，即不像以前把孩子看成小大人，而是把孩子视为人生的一个特殊阶段，最好是一个无性的阶段。第一次开始努力不让孩子了解性知识[30]，也不让女子了解。由于不再认为女子性高潮是受孕之必需，也就没了任何社会利益来鼓励女子性快感，防止非法性行为的可行

---

[28] Jeffrey Weeks, *Sex, Politics and Society: The Regulation of Sexuality since 1800* 100 (1981). 有关英国在乔治时期对男同的迫害，一个令人着迷的叙述，请看，Louis Crompton, *Byron and Greek Love: Homophobia in 19th-Century England*, chs. 1, 7 (1985); 又请看, A. D. Harvey, "Prosecutions for Sodomy in England at the Beginning of the Nineteenth Century," 21 *Historical Journal* 939 (1978), and Arthur N. Gilbert, "Sexual Deviance and Disaster during the Napoleonic Wars," 9 *Albion* 98 (1977).

[29] 福柯强调了这一点，Michel Foucault, *The History of Sexuality*, vol. 1, *An Introduction* (Robert Hurley trans. 1978). 有关维多利亚道德的出现和特点，一个很好的讨论，请看，John R. Gillis, *For Better, for Worse: British Marriage, 1600 to the Present*, chs. 7 and 8 (1985); Peter Gay, *The Bourgeois Experience: Victoria to freud*, vol. 1, *Education of the Senses* (1984), and vol. 2, *The Tender Passion* (1986); Weeks, 前注[28]。

[30] 参见德·波伊隆小姐（Mlle. De Bouillon）的真实故事，她是17世纪生活在法国宫廷的一位16岁姑娘。一天，宫廷的一些女士"开了个玩笑：试图说服这位年轻姑娘，说她怀孕了。姑娘否认，为自己辩护。她说，这完全不可能。她们反复辩论。但一天，她醒来，发现自己床上有个新生儿。她很惊奇；天真地说：'这事只发生在圣母玛利亚和我身上；因为我没感到任何疼痛。'她的话很快传开来，成了全宫廷的快事。许多人来看孩子，和以往这类事一样。女王也亲自来安慰她，还主动要求当婴儿的教母。玩笑就这样继续着：有人追问孩子父亲是谁。经过一段时期思考，她结论说，只可能是国王或德·古伊西伯爵，因为这是唯一吻过她的两位男子。没谁认为这个笑话有问题。笑话没超出当时的标准。没有谁从中看到这会危及这位姑娘能否适应这种标准或危及她的精神纯洁。" Norbert Elias, *The Civilizing Process*, vol. 1, *The History of Manners* 178-179 (1978).

第二章 时代不同,风俗各异

办法之一就是尽量别让女子、儿童了解自己的性潜能。结果是,在性的问题上的普遍缄默,实际上封杀了公开讨论性的问题。

所有这些的结果是,至少理论层面上,几乎重新回到了奥古斯丁禁欲主义,但根据都是卫生学的,不是宗教的。从维多利亚时期的性学一门心思关注手淫就可以看到这一点。[31] 对天主教神学家来说,手淫是另一种阴道外射精,是不自然的性行为。但对维多利亚时期的人们来说,这是一种严重的精神失常。访谈性罪犯和其他性越轨者表明,他们大多曾手淫,这使人们似是而非地认定手淫鼓励了性犯罪和性越轨(参看,现代论点,大多数性罪犯都是色情急切消费者,因此色情品一定造成了性犯罪)。不难想出各种解说手淫与不轨的理论,其一是克拉夫特-伊宾(Krafft-Ebing)理论,他认为手淫使男孩集中关注男性生殖器,造就了男同。[32] 手淫还为其他各种失调提供了便利的解说,尤其是先天性疾病,如精神发育迟滞和癫痫。

19世纪用心理学来解说性越轨反映了科学思考的兴起。昔日的看法是,男同行为是邪恶的选择,与意志堕落——特别是与叛国和异端邪说——属于同一类犯罪,而这时人们日益认为男同是一种精神疾病。弗洛伊德以比性心理学的前辈——例如克拉夫特-伊宾——更少道德但更宽容的观点看待性越轨。但同先辈一样,事实上比先辈更坚决地,弗洛伊德告诉人们,性行为是深层精神力量的产物。事实上,弗洛伊德认为婴儿期性幻想是人格和社会制度的关键,把性视为个人认同与社会互动问题的基础。

20世纪的走向

在19世纪性被视为很是理所当然的东西,到19世纪末20世纪初,就像早期基督教坚持的那样,性成了一个自我清醒反思的棘手问题:一个争论点。在此背景下,第一次世界大战,既普遍削弱了既有权威,又首次大规模让女子进入城市工作,迎来了一个普遍但也准确地称为性革命的时代。战争的影响不应夸大。早在战前,反对避孕的官方医学/政治学/宗教立场就

---

[31] Corbin,前注[26],页494-496。实际上,18世纪就"发现了"手淫的医学邪恶。Peter Wagner, *Eros Revived: Erotica of the Enlightenment in England and America* 16-21 (1988).

[32] 特里普重新激活了这一理论,请看,C. A. Tripp, *The Homosexual Matrix* 83-84 (175),指出有证据表明男同比直男更早开始手淫。但男同行为和更早手淫可能都只是导致男同的原因之结果,并非男同行为是手淫的结果。此外,人们预期,男同比直男更为男子生殖器包括他自己的生殖器所吸引。

已被普遍蔑视。㉝ "一战"之际，正好发生了——并非战争带来了——一些相关技术和社会变革，如廉价有效的男用女用避孕品广泛普及；宗教权威衰落；对大家庭的渴望降低；婴儿死亡率降低；把女子从持续怀孕中解放出来了，从因国家虚弱和脆弱而屈从于男权的状态中解放出来了。

这些因果关系很复杂，第五章我再来清理它们。这里重要的是，大约在 1920 年到 1980 年，无论美国，还是多数其他西方国家，社会性习俗都发生了急剧变化。㉞ 这些变化主要有：

- 婚前性交率直线上升，特别是女子。大多数女子结婚时不再是处女。即使校正婚龄后，也如此。
- 合法化的堕胎和性教育增加了，避孕品分发——甚至对未成年人分发——限制减少了。

㉝ J. A. Banks, *Prosperity and Parenthood: A Study of Family Planning among the Victorian Middle Classes* (1954).

㉞ 一般讨论，请看，John D'Emilio and Estelle B. Freedman, *Intimate Matters: A History of Sexuality in America* (1988); Frayser, 前注①, ch. 6; *Contemporary Marriage: Comparative Perspectives on a Changing Institution* (Kingsley Davis ed., 1985); Michael Gordon, "From an Unfortunate Necessity to a Cult of Mutual Orgasm: Sex in American Marital Education Literature, 1830–1940," in *The Sociology of Sex: An Introductory Reader* 59 (James M. Henslin and Edward Sagarin eds., rev. ed. 1978); Christina Simmons, "Modern Sexuality and the Myth of Victorian Repression," in *Passion and Power: Sexuality in History* 157 (Kathy Peiss and Christina Simmons eds., 1989). 一些仔细的统计学研究证实了正文描述的性行为变化，因此确认了金西最初研究的发现，请看，National Research Council, Committee on AIDS Research and the Behavioral, Social, and Statistical Sciences, *AIDS: Sexual Behavior and Intravenous Drug Use*, ch. 2 (Charles F. Turner, Heather G. Miller, and Lincoln E. Moses eds., 1989), 特别是页 88–113; Richard G. Niemi, John Mueller, and Tom W. Smith, *Trends in Public Opinion: A Compendium of Survey Data* 191–213 (1989); Theodore Caplow et al., *Middletown Families: Fifty Years of Change and Continuity*, ch.8 (1982); Larry L. Bumpass and James A. Sweet, "National Estimates of Cohabitation," 26 *Demography* 615 (1989); Sandra L. Hofferth, Joan R. Kahn, and Wendy Baldwin, "Premarital Sexual Activity among U.S. Teenage Women over the Past Three Decades," 19 *Family Planning Perspectives* 46 (1987); Norval D. Relations in the U.S. in the 1970s," 15 *Journal of Sex Research* 108 (1979); John H. Gagnon and William Simon, "The Sexual Scripting of Oral Genital Contacts," 16 *Archives of Sexual Behavior* 1, 21–23 (1987); Charles W. Hobart, "Changes in Courtship and Cohabitation in Canada, 1968–1977," in *Love and Attraction: An International Conference* 359 (Mark Cook and Glenn Wilson eds., 1979); Ulrich Clement, Gunter Schimidt, and Margret Kruse, "Changes in Sex Differences in Sexual Behavior: A Replication of a Study on West German Students (1966–1981)," 13 *Archives of Sexual Behavior* 99 (1984). 一个很好的概括，请看，Milton Diamond and Arno Karlen, *Sexual Decisions* 198–200 (1980).

第二章 时代不同，风俗各异

- 结婚率下降。
- 离婚率急剧上升，与之相伴的是同居替代婚姻，以同居作为婚前准备。由于婚外性交极为普遍，私通这个本来极具贬义的词，在语言中几乎消失了。
- 无论男女，尤其是女子，初次性交的平均年龄急剧下降。
- 青少年怀孕率和非婚出生率快速上升，但非婚出生率增加更多被婚生率下降抵消了，导致总出生率下降。
- 随着大多数"端庄"女孩和女子不再回避婚前性行为，卖淫递减。
- 最世俗的色情出版物广泛传播，很少受法律干预。
- 社会对非强迫的性不轨行为，如夫妻间肛交以及双方同意的成人同性行为，宽容度增加了，许多国家和美国的许多州不再将之定为犯罪。即使仍禁止的地方，执法最多也只是敷衍，有人实际上也许是在招摇被禁的行为。

认真研究公众态度的人反对一些流行的夸大其词，什么美国人正失去性约束，丧失了一夫一妻制的信念，但他们不否认"性革命"这个隐喻很贴切，也不否认一夫一妻制的衰落。然而，他们确实强调有各种旋涡，特别是自20世纪80年代艾滋病幽灵漫步世界以来。㉟

我说的是一个广泛的跨国趋势，而这一总和趋势掩盖了不同国家在变化的时间和程度上、在各国当前状况下以及在像美国这种异质组合国家内的各种亚文化中的重要差异。㊱ 走在性革命前沿的是斯堪的纳维亚国家，尤其是瑞典和丹麦，紧随其后是其他西欧国家（特别是荷兰）㊲，一个主要例外是爱尔兰。斯堪的纳维亚人性开放似乎历史渊源深厚。中世纪北

㉟ Tom W. Smith, "The Polls—A Report: The Sexual Revolution?" 54 *Public Opinion Quarterly* 415 (1990); Andrew M. Greeley, Robert T. Michael, and Tom W. Smith, "A Most Monogamous People: Americans and Their Sexual Partners," 27 *Society* 36 (July/August 1990).

㊱ 有益的讨论，也有有意思的数据，请看，Eleanore B. Luckey and Gilbert D. Nass, "A Comparison of Sexual Attitudes and Behavior in an International Sample," 31 *Journal of Marriage and the Family* 364 (1969); Harold T. Christensen and Christina F. Gregg, "Changing Sex Norms in America and Scandinavia," 32 *Journal of Marriage and the Family* 616 (1970).

㊲ 请看，例如，Barbara Meil Hobson, *Uneasy Virtue: The Politics of Prostitution and the American Reform Tradition* 225-232 (1987)，讨论了荷兰对卖淫的政策。

欧文化就比当时一般欧洲人开放㊳，斯堪的纳维亚传统之一就是，订婚——而非结婚——是夫妇全面性关系的开始㊴，甚至认为婚姻是迎接订婚夫妇孩子出生的恰当仪式。㊵ 在 20 世纪 30 年代，瑞典和丹麦都放松了堕胎禁令。到 20 世纪 70 年代，这些国家就几乎完成了这场性革命。㊶ 不再珍视婚前童贞，青少年性行为不再令人反感，女孩家中成了青少年性交场所的首选。认为同居是可接受的婚姻替代，当母亲的福利收益很多，且与婚否无关。㊷ 1983 年，瑞典新生儿 40% 以上非婚生。㊸ 堕胎在瑞典自 1975 年以来几乎是有求必应，成本不高，但青少年怀孕率还挺低，这可能因为家庭和学校早早就开始强化且有效的性教育，强调避孕，年轻人很容易获得

㊳ Neil Elliott, *Sensuality in Scandinavia*, chs. 2-3 (1970); Roberta Frank, "Marriage in Twelfth-and Thirteenth-Century Iceland," 4 *Viator: Medieval and Renaissance Studies* 473, 474, 478, 481 (1973).

㊴ Thomas D. Eliot et al., *Norway's Families: Trends, Problems, Programs* 227 (1960); Robert T. Anderson and Gallatin Anderson, "Sexual Behavior and Urbanization in a Danish Village," 16 *Southwestern Journal of Anthropology* 93, 101 (1960); Helge Brunborg, "Cohabitation without Marriage in Norway" 24 (Central Bureau of Statistics, Oslo, March 29, 1979).

㊵ Peter Laslett, "Introduction: Comparing Illegitimacy over Time and between Cultures," in *Bastardy and Its Comparative History: Studies in the History of Illegitimacy and Marital Nonconformism in Britain, France, Germany, Sweden, North America, Jamaica and Japan* 1, 56 (Peter Laslett, Karla Oosterveen, and Richard M. Smith eds., 1980); Allan Carlson, *The Swedish Experiment in Family Politics: The Myrdals and the Interwar Population Crisis* 142 (1990).

㊶ Birgitta Linner, *Sex and Society in Sweden* (1967); Ira L. Reiss, "Sexual Customs and Gender Roles in Sweden and America: An Analysis and Interpretation," 1 *Research in the Interweave of Social Roles: Women and Men: A Research Annual* 191 (1980); Annika Baude, "Public Policy and Changing Family Patterns in Sweden 1930-1977," in *Sex Roles and Social Policy: A Complex Social Science Equation* 145 (Jean Lipman-Blumen and Jessie Bernard eds., 1979); Elise F. Jones et al., *Teenage Pregnancy in Industrialized Countries: A Study Sponsored by the Alan Guttmacher Institute*, ch. 8 (1986); Richard F. Tomasson, *Sweden: Prototype of Modern Society*, ch. 6 (1970); Charles F. Westoff, "Perspective on Nuptiality and Fertility," in *Below-Replacement Fertility in Industrial Societies: Causes, Consequences, Policies* 155, 167-168 (Kingsley Davis et al. eds., 1986); Erik Manniche, *The Family in Denmark* (1985); 以及前注㊱所引两篇文章。新近讨论瑞典家庭与性一般问题的最佳作是，David Popenoe, *Disturbing the Nest: Family Change and Decline in Modern Societies* (1988), 书名很大，但该书主要说的只是瑞典。

㊷ 事实上，在瑞典非婚生带来任何法律能力缺失（disabilities）早已过去多年了。Linner, 前注㊶，页 34。这个术语在瑞典早就过时了。

㊸ Jean Bourgeois-Pichart, "The Unprecedented Shortage of Births in Europe," in *Below-Replacement Fertility in Industrial Societies*, 前注㊶，页 3, 15 (tab. 5). 这比美国的非婚生率高一倍多。

第二章 时代不同，风俗各异

男用或女用避孕品。[44] 性犯罪界定也很窄（例如，同姨妈结婚不认为是乱伦），最高刑也很低，如与儿童性乱伦仅监禁两年。双方同意的成人同性性交不犯罪，军队或其他工作也不排斥同性恋，社会对同性恋宽容度非常高。[45] 丹麦20世纪60年代就大胆取消了对色情品销售的一切限制，最近又颁法授权"登记的伴侣关系"，经此，同性配偶可选择接受婚姻法典规定的全部保护，仅有与孩子监管有关的规定除外。在瑞典，同居公认合法，主要的附带权利义务是分居时平分共有财产，无论同性还是异性配偶都可以获得这种地位。

斯堪的纳维亚国家离婚率很高，出生率很低，但此类现象在今天发达国家很典型。事实上，当初一度被认为是特别开放的斯堪的纳维亚性文化如今在整个西欧都相当典型，包括在意大利和法国这些先前的天主教国家，尽管意大利人的性态度还明显留有传统天主教对性快感之焦虑的痕迹。[46] 甚至爱尔兰共和国，不久前，传统天主教一直顽固反对性快感，与之相伴的是厌恶裸体、普遍独身并有整套法律限制非自然的性行为，但如今也正朝着与西欧国家协调一致的方向发展。婚龄在降低，单身男女比例在下降；非婚生率上升，避孕用品广泛使用，甚至堕胎——在爱尔兰禁止，但短途旅行到英国就能做到——也变得普遍了。[47]

德国和东欧国家需要单独考察。除堕胎更难外，德国当下的性文化与斯堪的纳维亚人很相似，但20世纪德国人的性观念史很特别。第一次世界大战给德国带来了急剧的性观念解放，没有其他国家可与之相比。20世纪20年代的柏林是性自由的象征，就像20世纪60年代的纽约、旧金山和阿

---

[44] 有关瑞典的堕胎，请看 Mary Ann Glendon, *Abortion and Divorce in Western Law* 22-23 (1987). 有关性教育及其后果，请看, Ronald J. Goldman and Juliette D. G. Goldman, "Children's Perceptions of Length of Gestation Period, the Birth Exit, and Birth Necessity Explanations: A Cross-National Study of Australian, English, North American and Swedish Children," 14 *Journal of Biosocial Science* 109, 119-120 (1982).

[45] Thomas Fitzgerald, "Gay Self-Help Groups in Sweden and Finland," 10 *International Review of Modern Sociology* 191, 195 (1980).

[46] Giovanni Galett, "Report of the Sexual Behavior of a Selected Group of People," in *Medical Sexology* 144 (Romano Forleo and Willy Pasini eds. 1978).

[47] 比较以下两个研究, Finola Kennedy, *Family, Economy and Government in Ireland* 28 (tab. 2.3), 31 (tab.2.4), 41-42 (1989), John C. Messenger, "Sex and Repression in an Irish Folk Community," in *Human Sexual Behavior: Variations in the Ethnographic Spectrum* 3 (Donald S. Marshall and Robert C. Suggs eds. 1971).

姆斯特丹，或像19世纪的巴黎。纳粹不时发起运动，反对首都柏林的性堕落，但调子不高，部分原因是希特勒的重要追随者中有男同罗姆（Ernst Röhm）。清洗罗姆后，倡导优生仇视男同的希姆莱地位上升，有了独特的纳粹性文化。㊽ 这种文化强烈敌视男同（这在非基督教社会中非同寻常，但纳粹意识形态显然反基督教），数万男同死于集中营㊾，也强烈敌视异族通婚（特别是德国人与犹太人）。它鼓励早婚和大家庭，鼓励未婚女子生育"纯种"孩子、鼓励基因不佳者（unfit）绝育。除没采取措施打压女同外，这一努力可以说是始终如一，就是要推动纳粹创造大量主人种族。战后，当然废弃了这个项目，但民主德国是1967年、联邦德国则是1969年才废除了加重惩罚双方同意的成年男同性行为的纳粹法律。

共产国家的性态度上也有其兴衰。苏联刚开始规定，离婚和堕胎都有求必应，也确实尝试过废除家庭和常规性道德。㊿ 但在斯大林领导下，严惩男同和堕胎，离婚更难，色情文学艺术也被打压。㈣ 反男同成为苏共的一项政策，巅峰是古巴卡斯特罗在20世纪60年代和20世纪70年代的打压男同运动。㈤ 在苏联和其他共产国家，起初都谴责堕胎，后来都放松了，堕胎不仅有求必应，而且是生育控制的主要方法。然而由于担心"二战"后几十年间生育率下降，这些国家（对它们来说，社会工程不只是个隐喻）也不时努力，试图扭转这一趋势，它们不仅为母亲提供财政支持，还限制堕胎。罗马尼亚20世纪60年代开始禁止堕胎，禁止制造和进

㊽ Erwin J. Haeberle, "Swastika, Pink Trangle and Yellow Star—The Destruction of Sexology and the Persecution of Homosexuals in Nazi Germany," 17 *Journal of Sex Research* 270 (1981); Hans Peter Bleuel, *Sex and Society in Nazi Germany* 91973); Heinz Heger, *The Men with the Pink Triangle* (1980); Frank Rector, *The Nazi Extermination of Homosexuals* (1981); Plant, 前注㉗；James Woycke, *Birth Control in Germany* 1871–1933 153–155 (988).

㊾ 这是赫格（Heger）的估计，前注㊽，页14。无可靠的数据，男同权利倡导者偶尔断言有几十万男同被杀害，完全没有根据。Rector, 前注㊽，页113–116,他说也许有高达50万男同被杀害，但他也没提出任何证明。Plant, 前注㉗，页154,他估计被杀的男同在5000–15000之间，海伯利（Haeberle）,前注㊽页281,称有5000–15000男同被关进集中营,寓意是死得要少一些。当时没针对女同的法律。并且，纳粹显然不惩罚被他们征服的民族中的男同，认为这些民族会因男同而弱化，这恰恰是纳粹希望的。

㊿ Mikhail Stern, *Sex in the USSR* 7–36 (1980).

㈣ 同上注。又请看，Henry P. David, "Abortion and Family Planning in the Soviet Union: Public Policies and Private Behavior," 6 *Journal of Biosocial Science* 417 (1974),有关苏联性习俗的这一研究比斯登（Stern）的著作更学术化,但也更有限。

㈤ Allen Young, *Gays under the Cuban Revolution* (1981). 又请看, Stern, 前注㊿, ch. 16.

口避孕品，生育率急促上升。但这是暂时的，生育率下降趋势随后再现。[53]

英语国家的性习俗有独特的现代发展史。在 19 世纪与 20 世纪之交，在欧洲大陆，双方同意的成人同性关系，在法律上或事实上就不再视为犯罪，但英语国家仍有王尔德因男同行为被定罪，监禁了两年。这表明安格鲁-撒克逊社会——大不列颠及其先前的殖民地社会——清教倾向顽固。但今天，很大程度上，只有在美国和澳大利亚还能看见这种清教倾向。[54] 英国 1967 年肛交非罪化，但仍禁止男同从军。今天英国的性场景与其他欧洲国家已很相似，与北欧国家特别相似。处女崇拜已消失，堕胎和避孕能自由获得且人们常用，非婚出生率很高，色情出版物随处可购，电视、报纸上都有很多裸体。同其他西欧国家一样，卖淫不再非法，尽管拉皮条和开妓院仍然非法。

美 国

美国的多质性，加之联邦制下决策责任分散，因此，美国情况令人眼花缭乱。在殖民地时期，不仅在清教影响很大的新英格兰，人们的印象是，美国社会比英国对性更严苛[55]，其实并非始终如此。例如，在美国自 17 世纪后就不曾有人因肛交被处死。[56] 18 世纪英国的性自由主要是在城市上层高雅社会，而美国当时这种人很少。（在第五章会看到，传统贵族制与性随意有关，这一点成立。）新英格兰各州保留了英国复辟时期抛弃的性法律，只是对肛交不再处死刑。在这些州，通奸、私通、兽奸和肛交偶尔才会受到严厉惩罚。尽管殖民地时期美国女子短缺，但卖淫嫖娼和男同似乎不常见；当然，这种现象也许只证明相关法律惩罚严厉。这种严厉还不限于新英格兰各州，事实上，在美国南方更严厉。[57]

---

[53] William Moskoff, "Pronatalist Policies in Romania," 28 *Economic Development and Cultural Change* 587 (1980).

[54] 关于澳大利亚，请看，Denise Thompson, *Flaws in the Social Fabric: Homosexuals and Society in Sydney* 169-170 (1985); Michael W. Ross, "Actual and Anticipated Societal Reaction to Homosexuality and Adjustment in Two Societies," 21 *Journal of Sex Research* 40 (1985).

[55] D'Emilio and Freedman, 前注[34], ch. 2; Vern L. Bullough, *Sexual Variance in Society and History*, ch. 17 (1976).

[56] D'Emilio and Freedman, 前注[34], 页 30。

[57] Louis Crompton, "Homosexuals and the Death Penalty in Colonial America," 1 *Journal of Homosexuality* 277, 287-288 (1976). 有关英国性法律实施，请看，Roger Thompson, *Sex in Middlesex: Popular Mores in a Massachusetts County, 1649-1699* (1986); Edmund S. Morgan, "The Puritans and Sex," 15 *New England Quarterly: An Historical Review of New England Life and Letters* 591 (1942).

如果 18 世纪英国比美国更开放的话，这个格局在 19 世纪第一次倒过
61 来了。美国受维多利亚性学影响，但不像英国那么大。美国女子比英国女子更少掩饰，更为直率。当时对男同也较少焦虑；美国独立后很少指控男同，更无死刑(58)（英国 1830 年还处死过男同）。在移民大潮中，女子一时短缺则催生了城市中的大规模卖淫。

美国内战后，出现了反动。这时期有考姆斯托克（Comstockery）* 和纯洁征讨运动，打击色情品、堕胎、避孕和卖淫。结果是各州和各地的法令反卖淫和反堕胎，联邦反运输避孕品、反邮寄淫秽书刊物品以及反跨州转运妓女（1910 年的《曼恩法案》禁止卖淫）。这些发展未扑灭先前的性革命之火（包括严格的生育控制），而是与之共存。(59) 然而，这些发展预示着英美两国性观念的最终分道扬镳，如今分歧已很明显。虽然英格兰也有自己的纯洁运动，时间和范围上都与美国相当，只是不像美国那么激烈。(60)

今天，在性问题上，美英或更宽泛一点，美欧的根本差异在于，由于
62 美国人来源极为多元，也由于联邦制度，美国比欧洲各国更为异质。由于有大量亚裔、黑人和西班牙裔，美国甚或比全部北欧国家加总还要异质，北欧国家只是语言更多样而已。美国的异质性一直延展到一些基本的文化维度，包括性习俗。许多美国人，源自北欧、世界观世俗、受过高等教育、生活富裕的城市人，分享了现代北欧人的性习俗。他们不认为婚前性行为是个问题，不认为教会的正统教义在性问题上有说服力（不论是否天主教徒）。他们认定生育控制和女子性快感没啥不妥，对青少年性行为、同居、离婚、堕胎、同性恋、手淫、裸体和大部分色情品一般也很宽容。他们更关注书报审查和打压，超过对滥交的关注，关注性滥交也只因其可能传播疾病，尤其是艾滋。

为反对这一派，两个想法类似的性保守群体牵手结盟，旁边还站着个立场略有差异的第三群体。第一群体的成员主要是接受罗马天主教正统教

---

(58) Crompton，前注(57)，页 285–288。

* 这一运动强调严格审查有伤风化的文艺作品。——译者注

(59) 有关道德改善和计划生育运动，请看，Linda Gordon, *Woman's Body, Woman's Right: A Social History of Birth Control in America* (1976); C. Thomas Dienes, *Law, Politics, and Birth Control*, chs. 1, 3 (1972).

(60) 关于这一英国运动，一个很好的讨论，请看，Judith R. Walkowitz, *Prostitution and Victorian Society: Women, Class, and the State* (1980).

义、数量时下递减的美国天主教徒。第二群体主要是摩门教徒,以及其他原教旨的或宗教保守的清教徒(加上正统犹太教徒),他们大都坚持宗教改革和犹太教关于性的传统观点,因此,不认为性快感之类的或(背离了传统)已婚夫妇用避孕品有啥问题,却强烈反对婚外性行为,包括同性恋,认为大多数堕胎就是溺婴。第三群体主要是些政治和社会保守主义者,他们没有特别的宗教信奉,只是把性自由同激进和无政府联系起来,或干脆不认可一些人的标新立异。这些性保守主义者,不论根据是什么,最反对女子性滥交,超过反对男子性滥交,但反对男同又超过反对女同。他们强调女子贞洁,反映了传统的双重标准,直接与传统的"女人社会定位"(women's place)相联系。

这幅拼图还不完整。有许多美国男子,无论他们先前是何族裔,都一直为我下面描述的硬汉性伦理主导。最后,还有激进女权,她们认为强奸、色情品、工作场所性骚扰、歧视女同和男子性虐女童都是男人广泛用以维系男权统治女子的工具。针对这些做法,女权运动要求颁布更严格的法律。有些女权者甚至倡导性别隔离,敦促女子与女同结合,去寻求性伴侣和性快感,以及女同家庭养育孩子(通过收养或人工授精)。

金西报告开创了美国人性行为和性态度问卷普查的先例,随后,美国人的性行为和性态度成了研究最多的性行为和性态度。让我概括一下那些不断重复的发现。[61] 首先是确认了我前面提及的美国文化的异质性。研究发现,性行为尤其是性态度的差异,与社会变量的差异,如宗教情感、收入、教育和城市化程度,有重大关联。[62] 虔信宗教的美国人,无论天主教

---

[61] 除了金西报告,又请看,Alfred D. Klassen, Colin J. Williams, and Eugene E. Levitt, *Sex and Morality in the U.S.: An Empirical Inquiry under the Auspices of the Kinsey Institute* (Herbert J. O'Gorman ed., 1989) (延迟发表的 1970 年对 3000 名美国人细致普查结果);Arland Thornton and Donald Camburn, "The Influence of the Family on Premarital Sexual Attitudes and Behavior," 24 *Demography* 323 (1987); John De Lamater and Patricia MacCorquodale, *Premarital Sexuality: Attitudes, Relationships, Behavior* (1979); Seward Hiltner, "Sex Patterns and Culture," in *Sexual Behavior in American Society: An Appraisal of the First Two Kinsey Reports* 175 (Jerome Himelhoch and Sylvia Fleis Fava eds., 1955); Robert J. Havighust, "Cultural Factors in Sex Expression,' in *Sexual Behavior in American Society* 页 191;Andrew M. Greeley, *Religious Change in America* 90-93 (1989); Tom W. Smith, "Classifying Protestant Denominations," 31 *Review of Religious Research* 225, 240-241 and tabs. 6 and 7 (1990);以及前注㉞-㊱所引研究。

[62] 除前注[61]所引资料外,请看,Alfred C. Kinsey, Wardell B. Pomeroy, and Clyde E. Martin, *Sexual Behavior in the Human Male*, ch. 13 (1948); James E. Smith, "A Feministic Religion in a Modern Society," in *Contemporary Marriage*, 前注㉞,页 273(讨论了摩门教徒的性习俗)。

徒、清教徒还是犹太教徒，性态度都比不信宗教者或偶尔的信教者更保守，在更弱程度上，他们的性行为也更保守。与性相关的自由不仅与缺乏宗教情感正相关，而且与年轻、受教育程度、更早了解性、政治自由主义、生活在大城市和成长于小家庭正相关。[63] 当然，这些因素有许多相互关联，与宗教情感也相互关联，因此很难归结其因果。性行为与社会阶层的关联也有很有意思，社会阶层本身很大程度取决于收入与受教育程度。手淫与前戏在上层社会比在下层社会更常见，社会上层初次性交的平均年龄更高，低龄性交频率更低。

整体来看，美国人对性不算开明。例如，美国人普遍反对同性行为，还不只是或主要不是因为艾滋病。认为同性成人间性关系"永远错"的美国人比例自1980年以来一直在70%–75%之间；自1973年以来的最低点是1974年和1976年的67%。[64] 然而在美国人口中，宗教保守主义者占比远低于70%。其他普查数据也确认了以下印象：尽管美国青少年怀孕率高得惊人，流行文化中的性暗示无处不在，同性恋权利运动惹人关注，但至少在性的问题上，美国人态度仍相当保守：46%的人认为男女婚前性关系"错了"，63%的人认为色情品导致道德崩溃，60%的人认为色情品导致强奸，37%的人反对学校对四到八年级孩子开展性教育。[65] 与最后一点一致的是，美国人对性不了解。例如，有25%的人认为（至少在1970年）性技能高超的女子能使多数男同"皈依"异性恋。[66] 许多美国青少年女孩愿意相信一些性神话，如女孩初次性交不会怀孕。许多美国男子认为男人生殖器大小与身高成正比，大阴茎容易让女子获得性高潮，以及所有男子阴茎疲软与勃起的长度比例恒定。

这些数据清楚表明，根深蒂固的清教遗产阻碍了自由、坦诚、客观、知情和公开地讨论性。令美国与众不同的或许是，瑞士除外（这是性态度

---

[63] 1989年的一项盖洛普民意测验例证了其中两点。当问及双方同意的成人同性关系是否应合法化，18–29岁的回答者有61%回答是肯定的，50岁以上的回答者仅32%回答肯定，有61%的本科毕业生回答肯定，而未完成高中学业的仅32%同意。Gallup Report n. 289, October 1989, 13。

[64] Smith, 前注[35], 页424。

[65] 同上注, 页422, 426–427, 429。但有些态度是自由的，例如有76%的人认为公立高中应当提供性教育，有85%的人认为青少年应当能够得到有关生育控制的信息。同上注, 页429–430。

[66] Klassen te al., 前注[61], 页170 (tab. 7-2)。

保守的另一堡垒(67)），不像其他国家既有大量天主教人口，又有清教背景。

最后要考察一下硬汉性伦理，这是美国性文化织锦中的另一线索。对这种伦理的最简洁描述是，自觉的竞争性硬汉气概。这意味着高度自觉，自己与女子有重大且根本的不同，优于女子，要努力通过性征服和咄咄逼人地，必要时还要以暴力，保护自己的女子（妻子、女友或女儿）免受其他男子性骚扰（advances）来展示自己的男人气概。有人提出，这种硬汉气概，无论张扬还是收敛，几乎是人类社会的普世特点之一，是男子自尊和成就之必需。(68) 不论这种说法是否真实，无疑，许多文化中都有这个因素。(69) 硬汉气概（Machismo）是我们熟悉的传统地中海文化的一个元素，傲慢、看不起女人且男人抱团，女子被隔离，男子妒意十足。这不仅是希腊、意大利和西班牙文化，也是北非和拉美文化。其最纯粹的表现是在西班牙，留给我们的不只是硬汉气概这个词，还有唐璜的风流韵事。在某些非洲部落，在波利尼西亚的某些岛屿，我们会看到，也可见其他形式的硬汉气概。这种硬汉气概在美国影响力相当大，绝不仅限于地中海血统的男子。(70) 这种硬汉性文化与现代北欧人和受过高等教育的美国人的性文化反差尖锐。在后一类文化群体中，大多数男人都有意打压男子攻击性的外露，而女子则享有相当大的自由。

硬汉气概表明性习俗韧性非凡，因为这种硬汉风格本质上是古希腊古
罗马的风格(71)，全然不顾天主教的教诲（还常常有法律支撑），这种习惯存 65
活至今两千多年了。本章一开始就指出古希腊性文化的特点是以男子生殖器为中心。女权者也许会指出，几乎所有社会都以男子生殖器为中心，也就是男子统治，趋于贬低女子的工作。但我用这个词更多是其字面含义。古希腊人认为，不仅男子的性欲望和性行为最重要，而且这种性欲望和性行为本身比其欲求和行为的对象更重要——并非所有男权主导的社会都必

(67) Popenoe，前注㊶，页 262-270。

(68) 在吉尔默的著作中（Gilmore，前注①），这都是讨论的主要问题。

(69) 一个很好的讨论，请看，Lee Rainwater, "Marital Sexuality in Four Cultures of Poverty," 26 *Journal of Marriage and the Family* 457 (1964).

(70) 请看，例如，George Autin Chaucey, Jr., "Gay New York: Urban Culture and the Making of a Gay Male World, 1890-1940" 77-97 (Ph.D. diss., Yale University, 1989). 强希描述了世纪之交的包尔利(Bowery)区的"狼"和"羊"文化与古希腊娈童和现代美国监狱的男同性行为的家族的相似。事实上，在三个文化中，同样的术语——"狼"和"羊"——分别指插入者和被插入者。

(71) Churchill，前注①，页 167-169。Cohen，前注②，强调了古希腊阳刚性文化与其他地中海社会的性文化之间的连续。

然得出这个结论。在今天看重硬汉气概的社会里，我们看不到男色崇拜，也看不到传统安格鲁-撒克逊社会对肛交的厌恶。(72) 一个总是主动插入的男子才是“真”男人，不是男同，无论他插入阴道，还是插入男子或女子的肛门。如果他既阴道性交也同性肛交，但只要他是插入者，他就不是男同或双性恋者，只不过是性欲太强，他自然也很得体地不挑剔那位满足自己欲望的对象。(73) 一个让他人插入自身的男子，或——不论其性偏好——有某种女子举止，则会遭鄙视。但他也不必担心，不会受惩罚(74)，甚或不会被骚扰，因为人们并不认为他是怪物，是什么第三性，只是某种女人而已(75)，是被插入者，因为他为真男人提供了第二个性出口。

因此我们有了一个以下各章讨论的悖论，这种硬汉文化，总体而
66 言，要比在其他方面性自由更大的安格鲁-撒克逊社会更宽容性不轨。另一个有待探讨的谜是，直到晚近，地中海社会的人们趋于否认他们当中有男同。

非西方社会的性习俗

现在我离开西方世界，非常肤浅地，简单说说广大非西方国家先前和当

---

(72) 一个很好的讨论，请看，Frederick L. Whitam and Robin M. Mathy, *Male Homosexuality in Four Societies: Brazil, Guatemala, the Philippines, and the United States* 132–135 (1986)；又请看，Stanley Brandes, “Like Wounded Stags: Male Sexual Ideology in an Andalusian Town,” in *Sexual Meanings: The Cultural Construction of Gender and Sexuality* 216, 233–234 (Sherry B. Ortner and Harriet Whitehead eds., 1981); Richard G. Parker, *Bodies, Pleasures, and Passions: Sexual Culture in Contemporary Brazil* 46–47 (1991).

(73) 关于拉丁文化中，直男间和男同间的肛交普遍，请看，例如，Nancy M. Flowers, “The Spread of AIDS in Brazil,” in *AIDS: AASA Symposia Papers* 1988 159 (Ruth Kulstad ed. 1988).

(74) 大多数拉美国家和地中海拉丁国家一样，均从拿破仑法典中得到启发，没把肛交定为犯罪。Whitam and Mathy, 前注(72)，页 131。

(75) Tripp, 前注㉜，也 134–136。又请看，Kari Ellen Gade, “Homosexuality and Rape of Males in Old Norse Law and Literature,” 58 *Scandinavian Studies* 124, 132–135 (1986). 美国也有个突出例证，一位很阳刚的男人认为自己插入的那种男孩似的被动男子都是“女人”，请看，David M. Halperin, “One Hundred Years of Homosexuality,” in Halperin, 前注②，页 15，38–39，文章描述了艾伯特(Jack Abbott)[被梅勒(Norman Mailer)友好款待的谋杀者]，在这一方面(以及其他方面)与其对应的法国人是基内特 (Jean Genet).

第二章 时代不同,风俗各异

今的性习俗。⁷⁶ 很大程度上,非西方就是非基督教的同义词,并且,除伊斯兰教这个可疑例外和共产主义的少数特例外,没哪个主要宗教或意识形态像基督教如此打压"性"。伊斯兰教采纳了《圣经·利未记》的禁令,严惩裸体、色情品、通奸和私通。执行宗教律法的伊斯兰国家,如伊朗和沙特阿拉伯,按现代西方标准说非常压制。但必须强调"现代"这一限定。伊斯兰社会历史上对男同比基督教社会更宽容⁷⁷,这是两者之间最小的差异。伊斯兰教不怀疑性快感,不像清教徒或维多利亚式那么古板,并且,与犹太教相似(两者在性问题上很类似),它否定独身。穆斯林不仅允许娶四个妻子,也承认妾,还允许临时婚(但只是什叶派允许),丈夫也可以随意休妻。穆罕默德本人有多个妻子,天堂也是个感官享受的地方。伊斯兰教一直允许避孕和宽容堕胎。⁷⁸

按西方标准来看,许多非西方文化都太淫荡了,这也是西方人宣称自己更文明的传统根据之一。比方说,印度教就赞美性技巧和色情舞蹈,因此许多印度教艺术按西方标准看就是诲淫诲盗。尽管萨摩亚群岛事实上不像米德(Margaret Mead)描述的那样,是青少年自由相爱的乐园⁷⁹,但诸

---

⁷⁶ 一些有益的普查,请看,Frayser, 前注①;Broude and Greene, 前注①;Barry D. Adams, "Age, Structure, and Sexuality: Reflections on the Anthropological Evidence on Homosexual Relations," in *Anthropology and Homosexual Behavior* 19 (Evelyn Black Wood ed., 1986); 还有两部较旧但还有用的著作,Clellan Stearns Ford, "A Comparative Study of Human Reproduction" (Yale University Publications in Anthropology no. 32, 1945), and George Ryley Scott, *Far Eastern Sex Life: An Anthropological, Ethnological and Sociological Study of the Love Relations, Marriage Rites and Home Life of the Oriental Peoples* (1943) (有关中国和日本的婚姻和性习俗)。

⁷⁷ Parker Rossman, *Sexual Experience between Men and Boys: Exploring the Pederast Underground* 116-124 (1976); Mernissi, 前注⑥,页 53; Vincent Crapanzano, *Tuhami: Portrait of a Moraccan* 34, 48, 109-110 (1980)。

⁷⁸ Mernissi, 前注⑥;Jamal J. Nasir, *The Status of Women under Islamic Law and under Modern Islamic Legislation* (1990); Madelain Farah, "Introduction," in *Marriage and Sexuality in Islam: A Translation of al-Ghazali's Book on the Etiquette of Marriage from the Ihya'* 3 (Farah ed., 1984); Abul A'La Maududi, *Purdah and the Status of Women in Islam* (1972); Shahla Haeri, *Law of Desire: Temporary Marriage in Shi'i Iran* 49-72 (1989); B. F. Musallam, *Sex and Society in Islam: Birth Control before the Nineteenth Century* (1983); Soraya Altorki, *Women in Saudi Arabia: Behavior among the Elite* (1986),特别是第五章。男子甚或女子手淫都不被认为是罪孽。*Sex and Society in Islam* 页 33-34。

⁷⁹ Derek Freeman, *Margaret Mead and Samoa: The Making and Unmaking of an Anthropological Myth*, ch. 16 (1983),讨论了米德的名著,*Coming of Age in Samoa* (1928)。

如萨摩亚这样的波利尼西亚社会确实惊人地背离了西方性规范。(80) 例如，在新圭亚那的桑比亚（Sambia）部落，就规定了某种强制性娈童。所有青春期男孩都被分派了成年男子当情人，男孩与之口交；摄取成人精液被视为男孩成熟之必须。(81) 这种信念与古希腊支持娈童肛交的理由之一相近：即这有助于强化男人与男孩的联系，有助于男孩长大成人。与此同时，与硬汉气概传统非常相似，桑比亚人否认自己社会中有任何形式的男同——也即我们认为的同性恋（终身强烈的男同偏好）。

在东南亚，总的说来，无论社会是否实际鼓励男同，几乎肯定都容忍
68 男同，比宽容的西方社会更少疑虑。例如，菲律宾人就非常宽容男同，尽管他受过，却可以推断，不是因为受了西班牙和美国的影响。(82) 西班牙征服者发现许多美洲印第安部落有公开的同性肛交，这一惊人发现给西班牙人灭绝印第安人提供了理由。在许多印第安部落，无论是北美、南美还是中美，有那种很女人化的男同，人类学家称他们为 *berdaches*，很光荣，甚

(80) “请考虑一下马歇尔的资料，有关中波利尼西亚群岛南部库克岛上曼伽亚人（Mangaia）的性行为，在那里，所有女子据说在性交中都到达高潮。13 岁或 14 岁的曼伽亚男孩要接受切开术（包皮上切一个纵向的口子），同时要接受切开术专家的性教诲。这些专家强调性交、舔阴、亲吻和吮吸乳房的技巧，使男子在射精前就让性伴侣几次高潮。据马歇尔说，曼伽亚人的性解剖学知识可能比大多数欧洲医生还广博。切开术后两周，有一次‘实际练习’，同一位较年长、有经验的女子性交。她会教练这位新手运用他从切开术专家那里获得的信息，尤其是延迟和把握射精的技巧，因此，可以与性伴侣同时达到高潮。” Donald Symons, *The Evolution of Human Sexuality* 85 (1979).

(81) Gilbert H. Herdt, *Guardians of the Flutes: Idioms of Masculinity* (1981); Gilmore, 前注①, ch. 7. “桑比亚”（这是赫德教授为其研究的部落起的假名，为保护其隐私）在这方面并非独一无二。赫德研究过的新圭亚那其他部落社会除外，“Ritualized Homosexual Behavior in the Male Cults of Melanesia, 1862-1983: An Introduction,” in *Ritualized Homosexuality in Melanesia* 1 (Herdt ed., 1984)，在其他几个非洲社会中也发现与古希腊娈童恋类似的现象［请看，例如，E. E. Evans-Prichard, *The Azande: History and Political Institutions* 183, 199-200（1971）］，以及在传统中国社会，尤其在泰国和日本社会也可以发现。Bret Hinsch, *Passions of the Cut Sleeve: The Male Homosexual Tradition in China* 10-11 (1990); Peter A. Jackson, *Male Homosexuality in Thailand: An Interpretation of Contemporary Thai Sources* 216, 230 (1989); Paul Gordon Schalow, “Male Love in Early Modern Japan: A Literary Depiction of ‘Youth,’” in *Hidden from History: Reclaiming the Gay and Lesbian Past* 118 (Martin Bauml Duberman, Martha Vicinus, and George Chauncey, Jr., eds., 1989); Ian Buruma, *Behind the Mask: On Sexual Demons, Sacred Mothers, Transvestites, Gangsters, Drifters and Other Japanese Cultural Heroes* 127-129 (1984). 参见，Jan Bremmer, “An Enigmatic Indo-European Rite: Paederasty,” 13 *Arethusa* 279 (180); J. Bottero and H. Petschow, 前注③，页 462（古近东的娈童恋）。

(82) Whitam and Mathy, 前注(72)，页 144-156。

第二章 时代不同,风俗各异

至享有社会特权。[83] 在一些初民社会中,双性人同样享有特权。[84] 在非西方社会,多配偶制相当普遍,表现为一夫多妻,或多妻制(多夫制,即一个女人多个丈夫,极罕见),因此可以视同规范。

西方通常认为,技术低下的初民文化和其他非西方文化中的性自由是这些社会落后的结果,甚至是其原因之一。有鉴于此,日本的性文化就特别有意思[85],因为这个国家的技术同世界任何国家同样先进。日本在性领域没挣脱西方的影响。日本于 1958 年禁止卖淫,这是为讨其保护者美国欢心的一个姿态。日本文化的根仍是本土的,它符合这样一个抽象命题:非基督教社会都不像基督教社会那样性焦虑。尽管正式取缔卖淫,但一直是在字面上,日本还是繁荣"娟"盛,其他形式婚外性关系同样盛行,社会也少有反对之声。对同性恋也很宽容[86],报刊出售地都公开出售色情书刊,大都是强奸和捆绑性交的场景。堕胎和避孕不受限制(例外是,以健康为由禁止避孕药),尽管青少年性行为普遍,没人在意婚生非婚生,但无论青少年生育还是非婚生生育都很低,离婚率同样很低。总和生育率非常低,甚至低于置换水平。裸体禁忌也比西方弱。[87] 日本在这方面与古希腊很相似。

2001 年 7 月 13 日译于北大法学院

---

[83] Walter L. Williams, *The Spirit and the Flesh: Sexual Diversity in American Indian Culture* (1986); Harriet Whitehead, "The Bow and the Burden Strap: A New Look at Institutionalized Homosexuality in Native North America," in *Sexual Meanings*, 前注[72],页 80。参见, Anne Bolin, *In Search of Eve: Transsexual Rites of* Passage 189–192 (1988) (非印第安文化的例子).

[84] Clifford Geertz, "Common Sense as a Cultural System," in Geertz, *Local Knowledge: Further Essays in Interpretive Anthropology* 73, 80–84 (1983).

[85] 关于这点,请看,Joy Hendry, "Japan: Culture versus Industrialization as Determinant of Marital Patterns," in *Contemporary Marriage*, 前注[34],页 197,尤其是页 215;Buruma, 前注[81],页 58–62, 100, 127–129; Samuel H. Preston, "The Decline of Fertility in Non-European Industrialized Countries," in *Below-Replacement Fertility in Industrial Societies*, 前注[41],页 26;Shigemi Kono, "Comment," in *Below-Replacement Fertility* 页 171。

[86] "同性恋从来未被视为犯罪或疾病。它是生活的一部分,很少讨论,若遵守社会习俗——如结婚——则完全许可。"Buruma, 前注[81],页 127。请看前注[81]中的引证,有关传统日本人与古希腊人对变童恋态度的相似。

[87] Scott, 前注[76], ch. 13. 关于日本人对色情文学的宽容,请看,同上注,页 189–190,并请记住,司各特描写的是近半世纪前的日本习俗。

第三章 性与法律

上一章讨论了性习俗多样,反映在法律上,就是对性习俗的多样化法律应对。最突出的当然是伊斯兰社会,在那里,刑法直接源自宗教法。然而,在多数社会,反应是扭曲的,也即,并非与社会习俗(mores)抵触的每种性行为都受该社会法律的惩罚,也不是法律许可每种与社会习俗不抵触的性行为。例如,古希腊人极度厌恶乱伦,但并没(就我们了解)将之定为犯罪。他们认为女同太淫秽恶心,也没将之定为犯罪。事实上,几乎世界各地均厌恶女同,却鲜有将之定为犯罪的。英国普通法规定严惩肛交,但完全不惩罚女同;纳粹当政时,德国法律也不惩罚女同。西方社会普遍反感卖淫嫖娼,但通常不惩罚,尽管只是法律上,实践中并非如此。此外,尽管传统天主教认为手淫比强奸罪孽更深,却从没把手淫视为犯罪,强奸却是犯罪。

这都是例外(后面章节会尽可能解说)。一般说来,法律会反映一个社会中最重要的性习俗,尽管不必然反映其法律的强制实施中。因此,惩罚严厉性提供了指数,我们可从中了解某种具体性实践激起的人们的恐惧和厌恶程度。字面上保留但没执行的法律,如今天美国许多州禁止通奸和私通的法令,也许只反映了少部分人观点,甚或纯粹反映了惰性。更重要的是,之所以严惩某种犯罪,原因之一是抓获这类罪犯的概率很低,而这与违法严重程度无关。就此而言,大多数犯罪难以察觉,是因为大多数罪犯费尽心机,逃避被抓,以及报应考量会强烈影响刑法的设计。由于这两点,我们应当预期,惩罚与人们感知的犯罪严重性至少大致成比例。

古希腊古罗马和现代斯堪的纳维亚社会的性宽容看来确实反映在其法律中,反映在其惩罚中,或者说反映在其不惩罚其他社会——甚至与之相同的社会曾经或仍然——视为不轨的一些行为。一个年轻时卖淫的希腊公

第三章 性与法律

民会丧失某些民事权利能力①,强奸其他公民的妻女会被处死(惩罚这种行为不是因为性行为不当,强奸奴隶或外来者就不犯罪,而是这种行为侵犯了男子公民——可能是丈夫或父亲——的财产权)。此外,在这些社会,很少惩罚现代美国人认为道德可疑的性和生育行为:无论是堕胎、溺婴、卖淫、私通、通奸、肛交(同性的和异性的)、娈童、公共场合赤身裸体、公共场合行为淫秽、色情甚或儿童性虐,都不受惩罚。只有强奸已是或接近青春期的受害人才犯罪,当时诱奸未成年人也不犯罪。② 不错,古希腊古罗马都惩罚或允许丈夫惩罚通奸的妻子(以及与之通奸的男子),或违背丈夫意愿堕胎的妻子,但这都是侵犯了丈夫对妻子和孩子的财产权。

关注不应限于刑法和其他类似法令,这并非影响性行为的唯一法律类型,特别相关的是有关结婚离婚的法律。在此,按我们的标准,古典时期仍很宽松。当时禁止乱伦婚姻,但不禁止乱伦关系。最低婚龄很低(古罗马女孩是12岁),这实际上就不可能要求女子的同意。丈夫的婚姻责任仅限于经济支持和偶尔的性生活。他可以随意离异妻子,丈夫这么做,妻子也不能对他或她的财产或婚生子女有任何进一步主张。因此,实际上,丈夫可以任意抛弃妻子,除退还嫁妆(如果有的话)或用嫁妆来养活她外,丈夫没有任何责任。禁止多妻,却不禁止纳妾,一个男子实际可能有几个妻子,婚姻与纳妾的唯一区别是,如果男子不承认妾的孩子是自己合法子女的话,妾的孩子就无权继承父亲财产。

现代斯堪的纳维亚国家的情况③不完全相同,尽管坚持常规性和家庭习俗的美国人看似完全相同。在北欧国家,堕胎不像美国联邦最高法院的若伊诉韦德案(*Roe v. Wade*)判定(目前正迅速受到侵蚀)的那样,女子

---

① 即男妓,因为只有男子是公民。几乎所有文化都一样,男妓的顾客是男子,而非女子。
② David Cohen, *Law, Sexuality and Society: The Enforcement of Morals in Classical Athens* (1991),这本书对古希腊性法律有最充分解说。他认为诱奸公民的女儿会被认定为傲慢罪,但戈尔登(Mark Golden, *Children and Childhood in Classical Athens* 58 (1990))的说法相反。且科恩确实说过"在古雅典法律中,没有现代意义的'性违法'"。*Law, Sexuality and Society*,页123。
③ 关于这个问题,请看,例如,Lena Johnsson, "Law and Fertility in Sweden," in *Law and Fertility in Europe: A Study of Legislation Directly or Indirectly Affecting Fertility in Europe*, vol. 2, 544 (Maurice Kirk, Massimo Livi Bacci, and Egon Szabady eds. 1975); Norman Bishop ed., *Scandinavian Research Council for Criminology* (1980); Patrick Tornudd, "Crime Trends in Finland 1950-1977," 28 (Research Institute of Legal Policy, Helsinki, 1978). 我的讨论忽略了斯堪的纳维亚各国法律的差异,瑞典、丹麦和冰岛要比挪威和芬兰更自由。

在怀孕头三个月（实际要晚得多）按其要求正式提供，但受到的限制很少。实际上，在北欧比在美国更容易堕胎，原因是美国对堕胎公共基金有法律限制，大多数美国医院也不愿堕胎（请看本书第 10 章）。在瑞典卖淫不犯罪，但过分招徕客人、开设妓院是犯罪，此外，销售色情品和成人间双方同意的同性关系也不犯罪。私通不犯罪，非婚生子女拥有"合法"子女的一切权利；事实上，他们就是合法子女。乱伦、强奸和诱奸未成年人是犯罪，但惩罚很轻。在瑞典，比方说，强奸最高刑仅 6 年，只有强奸造成严重伤害或在其他方面行为特别残忍，最高刑才会升至 10 年。同 15 岁（法定同意年龄）以下的孩子有性关系，最高刑仅 4 年，父女乱伦，最高刑 2 年；兄妹乱伦，最高刑降至 1 年。丹麦的惩罚表与瑞典几乎完全相同。

这些刑期按美国标准看都很轻，但我们一定要考虑这种可能性，即这些刑期反映了对罪犯普遍的轻刑，而不是特别宽容不法性行为。在瑞典，对谋杀、劫持或在人口密集区纵火的最高刑是终身监禁，但对大规模盗窃和抢劫最高刑仅 6 年，对无从重情节之纵火的最高刑为 8 年，比美国的相应最高刑都低得多。这种相对轻刑不一定反映宽容犯罪，我不认为瑞典人比美国人更宽容犯罪，这可能反映的是，在一个小国、一个同质性较高的社会中，容易抓获罪犯。这就是为什么测度不同国家对性犯罪的态度时，要根据该国刑法典的一般严厉程度差异做调整的重要原因。下面我很快就会做出这种努力。

在古典文化与现代斯堪的纳维亚文化之间，是基督教性伦理主导的时期，基督教性伦理塑造了西方国家有关性的法律。这些法律有许多不由世俗法院管理，而由教会法院管理，教会法院会施加一些独特制裁，如服苦役和革除教籍。这些惩罚对行为的实际影响也许低于神职人员的设想。④ 除了在某些神学社会中（如加尔文的日内瓦国），教会法院都不判死刑。但最令人担心的性违法，突出是肛交，被规定为世俗的违法，因此可以——也曾——施以死刑。⑤ 受基督教性教义启示的法律总体而言更严

---

④ 请看，例如，Ralph Houlbrooke, *Church Courts and the People during the English Reformation 1520—1570*, ch.3 (1979); F. G. Emmison, *Elizabethan Life: Morals and the Church Courts*, ch.1 (1973); E. William Monter, "Women in Calvinist Geneva (1550–1800)," 6 *Signs: Journal of Women in Culture and Society* 189, 190–198 (1980).

⑤ 除第二章的引证外，请看，E. William Monter, "Sodomy and Heresy in Early Modern Switzerland," 6 *Journal of Homosexuality* 41 (1981).

第三章　性与法律

苛,超出了人们(特别是农村人口)认为的,甚至超出了低层神职人员认定的情理(reasonable)。尤其是有关私通,结果是反私通执法很松懈。⑥ 这是整个人类史上性法律执法的一个特点。大多数性行为都发生在私下,双方同意,没有强迫,因此"无受害人"。即便情境再好,惩罚私人行为的法律也很难执行,如果没有目击证人提出指控,困难则加倍。特别是,如果由于人们不认为某种行为有威胁,因此,执法意愿很弱,那么惩罚无受害人的私下犯罪就不大可能有效,除非此种被禁行为过于招摇了,这是个重要限定,我稍后讨论。

我还想把瑞典、丹麦同其他发达国家做一比较,之后再转向现代美国,因为与其他国家相比,美国情况更复杂,复杂在于大多数性犯罪由州法规定,不是联邦法规定。在其他国家,至少外观来看,英国惩罚最严厉。比如,对女子、16 岁以下男孩以及动物的肛交,最高刑是终身监禁;年龄21 岁以上双方同意的男子肛交不犯罪(但要注意,双方同意的成人肛交,如果一方是女子,则是犯罪)⑦;如果一方 21 岁以上,一方不足 21 岁,即使双方同意,也有最高刑 5 年的监禁;对强奸的最重惩罚是终身监禁,这也是法定强奸 13 岁以下女孩的最高惩罚,如果女孩 13 岁以上,不足 16 岁(同意的年龄),最高刑就降至 2 年;乱伦最高刑 7 年。但这些惩罚的严厉可能证明的只是英国刑法典一般说来比瑞典更严厉。例如,在英国,终身监禁不仅是谋杀和劫持的最高刑,也是纵火(无论有无加重情节)、抢劫和加重盗窃的最高刑,一般盗窃的最高刑也有 10 年。当然,这种比较不可能解说与之分离的对男同行为的惩罚,也解说不了为什么异性肛交和兽交也是犯罪。更重要的是,销售色情品在英国被认定为犯罪,在瑞典则不认为是犯罪。

与英国类似,法国也有严厉的刑法典。一般纵火,最高刑可以是终身监禁;对各种形式的一般盗窃,最高刑同样非常严厉;但诸如肛交之类的行为不犯罪。与英国一样,同年龄 21 岁以下的人的男同行为是犯罪,但最高刑是 3 年而非 5 年。强奸最高刑是 20 年,当法定强奸的受害

---

⑥ 请看前注④的引证;又请看,J. A. Sharpe, *Crime in Seventeenth-century England*, ch. 5 (1983); G. R. Quaife, *Wanton Wenches and Wayward Wives: Peasants and Illicit Sex in Early Seventeenth Century England* (1979),例如,页 179,245。新英格兰情况似乎不同:在那里基本反私通法也得到了强力执行。Roger Thompson, *Sex in Middlesex: Popular Mores in a Massachusetts County, 1649-1699* 31-33 (1986)。

⑦ In re Harris, 55 Crim. App. 290 (1971),确认了一对相互同意的男女肛交罪,入监 18 个月。

人年龄 15 岁以下，最高刑是 15 年，但如果受害人是被告的孩子，最高刑就增至 20 年。

如果用一国对主要的非性犯罪的惩罚除以该国对性犯罪的惩罚，得出一个指数表，可以了解该国法典对性犯罪惩罚的严厉程度。我制作了表一，除我讨论过的国家外，还加了日本、德国和意大利三国。以头三行之和除以下三行之和，即为最下面一行的比率。为把终身监禁换算成监禁年限，我把终身监禁定为大致相当于 30 年徒刑。有的法域对某罪名有一般罪与加重罪之分，我用了对一般罪的惩罚；在严重盗窃情况下，我用了最轻违法。由于不同法域对犯罪界定不同，因此这里只能是个概略比较。

表一：各国性犯罪法典的严厉程度

犯罪	最高监禁刑（年）					
	英国	法国	意大利	日本	瑞典	德国
强奸	30	20	10	15	6	15
法定强奸	16[a]	10	10	15	4	10
乱伦[b]	7	20	6.5	没有[c]	2	3
纵火	30	30	7	15	8	10
抢劫	30	30	10	15	6	15
盗窃	10	10	3	10	2	5
比率	0.76	0.71	1.33	1.13	0.75	0.93

[a] 如果受害者年龄在 13 岁以下，一般是终身监禁，如果受害人在 13—16 岁之间，一般是两年。

[b] 不包括兄妹（姐弟）间。

[c] 计算日本的比率时，我专断认定对乱伦的惩罚同对强奸和法定强奸的惩罚相同。我未发现日本对乱伦有惩罚。

表一表明，在性宽容社会（cultures）与性压制社会之间，刑法差别不在于惩罚性犯罪的严厉程度，而在于惩罚哪些行为。瑞典比英国更少把性行为定为犯罪；一旦对惩罚严厉程度差异作了调整，使之反映整个社会的惩罚哲学，就会看到瑞典惩罚性犯罪的严厉程度与英国大致相当。当然，一个社会对被禁性行为界定越仄，它对该行为的惩罚越严厉；禁止范围界定较仄，只表明仅惩罚最严重的不当性行为。但这一点与法国、意大利和德国社会的数字不一致，这些社会在性问题上都不如瑞典随意。

表二是美国 11 个州的类似图表，见表二（在考查各州性犯罪法令前）将之挑出来以便反映不同地区的状况。表最右一栏与前表最下面一行对应。

表二：美国一些州性犯罪法典的惩罚严厉程度

州名	最高监禁刑（年）						
	强奸	法定强奸	乱伦	纵火	抢劫	盗窃	比率
纽约	25	7[a]	4	15	25	4	0.82
加利福尼亚	8	1	30	6	6	1	3.00
伊利诺伊	15	7	15	7	7	5	1.95
马萨诸塞	20	30	20	20	30	5	1.27
得克萨斯	20	20	10	20	20	20	0.83
佛罗里达	30	15	5	30	15	15	0.83
佐治亚	30	30	20	20	20	10	1.60
明尼苏达	25	25	10	20	10	10	1.50
宾夕法尼亚	20	10	10	10	20	7	1.03
内华达	30	30	10	15	15	10	1.75
俄亥俄	10	10	10	10	15	5	1.00

[a]. 受害者年龄为 14 岁以下。

与表一类似，表二表现出一个州惩罚性犯罪的严厉程度与其惩罚非性犯罪的严厉程度高度相关。例如，加利福尼亚州和伊利诺伊州惩罚性犯罪相对于表中的其他州很轻，佐治亚州相对于其他州，惩罚最重，但相对于对非性犯罪的惩罚而言，佐治亚州惩罚性犯罪比加利福尼亚州和伊利诺伊州都重。

把这 11 个州当作美国性犯罪法律的基本构成（没按人口来评断各州，尽管那会更好），把 6 个外国作为其他发达国家性犯罪法律的基本构成，可比较一下美国与其他国家的惩罚严厉程度。这就是表三。

表三：性犯罪法律的国际比较

犯罪	最高刑期（年）	
	美国	其他国家
强奸	18	16
法定强奸	16	11
乱伦	10	7
纵火	14	17
抢劫	14	18
盗窃	8	7
比率（性/非性）	1.41	0.94

表三显示，美国法律一般对性犯罪，特别是法定强奸和乱伦，同我抽样的外国相比，惩罚更重，但在非性犯罪上的惩罚轻于外国。结果是就性与非性犯罪的惩罚相对严厉程度而言，美国这些州与其他国家抽样比，差别显著。这一比较，限于对美国与外国法域的非随机抽样，也仅限于比较最高刑，不是比较平均刑（没考虑受惩罚者的受惩罚概率和实际服刑期）。⑧ 由于我说的强奸、法定强奸、乱伦等没有标准化的定义，缺陷更大，因此对这一比较，解释一定要非常小心。但只要它还有效，就表明美国人比其他发达国家对性犯罪处罚更严。

如果精细考察哪些行为被定为犯罪，也会强化这一结论。在这方面，美国与外国有重要差别。在美国，性交同意年龄一般更高，有时高达18岁，而欧洲是15岁或16岁。在抽样中，除4个州外，其他州都将肛交定为犯罪，双方同意的成人肛交也不例外。但在其他州，有3个州法院通过解释法令或宪法，使反肛交法不能实施。在这些州中，刑期最高的达20年，而在我抽样的这些外国，都（英国也许部分例外）没把双方同意的成人肛交定为犯罪。我的抽样中，11个州中有5个州规定通奸是犯罪，4个州规定私通也犯罪，当然，都很少实施；但同这5个州（几乎占美国抽样的一半）形成反差的是，抽样的6个外国中只有2国（法国和意大利）认定通奸犯罪，各国都不认为私通犯罪。进一步的是，卖淫在全美都非

---

⑧ 事实上自20世纪50年代以来美国的性犯罪指控下降了，强奸或乱伦除外，判性犯罪监禁已很罕见。Roy Walmsley and Karen White, *Sexual Offences, Consent and Sentencing* (1979).

第三章 性与法律

法,内华达州有几个县例外,该州把卖淫是否合法交由地方决定。⑨ 还有部联邦法律——曼恩法案(Mann Act)(更晚近),直接针对的就是卖淫。

即便承认我这个研究的所有局限,也会得出这样的结论,即美国比其他发达国家更多把性行为定为犯罪,其他国家也定犯罪的,美国则惩罚更严(相对于对非性犯罪的惩罚)。在立法机关和公民之间,若没有美国法院的缓冲,这种差别甚至更大。正因联邦最高法院的若伊诉韦德案判决,全美对堕胎才采取了自由政策,也正因联邦最高法院把宪法第一修正案适用于色情品,"软"色情在各州才合法化了。这是众所周知的。人们不太了解的是法院的另一作用,通过法律解释弱化了一些限制"性"的立法的实施力度。⑩

一个例子就够了。在19世纪后期纯洁运动中,1873年通过了考姆斯道克法案(Comstock Act),这部联邦法规禁止(除其他禁止外)进口"任何避孕品"。⑪ 这种表述可以说再明确不过了。但1930年间,三位杰出的联邦法官组成审判庭,法官奥·汉德(Augustus Hand)(勒·汉德法官的堂兄,两人都参与了该审判庭)撰写的司法意见认定这一禁令对外科医生从业进口的避孕品不适用⑫,仅适用于为了"不道德"的目的进口的避孕品。⑬ 有外科医生作证说,"客户不想怀孕时",她会推荐避孕品,但很明显,这不属于怀孕危及客户健康——无论是身体或精神健康——的情况。⑭

勒·汉德附和了其堂兄的意见,但很勉强。他说:"在我看来,似乎很有理由说,该法禁止的就是避孕品,无论是否外科医生推荐,都没有合法使用避孕品问题。60年来,在这些问题上,许多人脑瓜变了,但这部法案依旧禁止类似行为;如果投票时公众情感还不足以改变一部法令,该法就仍然成立,直到公众情绪的动力足以改变它,如果调查民意,则可能要很

---

⑨ John F. Decker, *Prostitution: Regulation and Control*, ch. 3 (1979). 对外国卖淫控制的描述,请看,同上注,ch. 4。在西欧国家,这种卖淫不犯罪,但拉皮条和强拉硬拽是犯罪,仅德国仍有持照经营的妓院。

⑩ C. Thomas Diens, *Law, Politics, and Birth Control*, ch.4 (1972); Comment, "The History and Future of the Legal Battle over Birth Control," 49 *Cornell Law Quarterly* 275, 283–285 (1964).

⑪ 这实际是修订后的1930年运输法案第305(a)款的语言,19 U.S.C. §1305(a),但与1873年的原考姆斯道克法案的第3款基本相同,17 Stat. 598。

⑫ United States v. One Package, 86 F. 2d 737 (2d Cir. 1936).

⑬ 同上注,页739。

⑭ 同上注,页738。

长时间才可能被多数人废除。"⑮ 然而,他还是附和了该司法意见的主要部分,因为他们法院先前有判例,对考姆斯道克法案禁止邮寄避孕品的规定作过类似解释。他堂兄在多数意见中提出了类似技术要点,还提到另一点:该法还禁止进口旨在"造成非法堕胎"物品,其寓意是当怀孕威胁母亲健康时可以用药堕胎。那么依据什么理性根据,能禁止意图相同的避孕品呢?这一意见支持的避孕品使用并不非常有限。我认为非常重要的是,多数意见还说:"我们满意的是,这一制定法……只包含了这样一些避孕品,即只要国会理解其使用的全部条件,就会谴责其为不道德的物品。"⑯ 也许,这里的"国会"应当读作"我们这些开明法官"。(1971年国会撤销了考姆斯道克法案。)

纯洁运动的另一重大法律纪念碑是曼恩法案,该法就没能有类似的灵活解释。该法禁止为"不道德目的"跨州运输女子,至于什么是"不道德的目的"⑰,未予界定。该法案的正式名字,直到新近修正前,一直是《白奴运输法》,指的是跨州和跨国偷运妓女;该法案主要或唯一目的就是惩罚跨州运送妓女或雇来或拐卖(coerced)为妓女的女子。然而在大多数州不再认真执行反通奸私通的刑法后很久,联邦最高法院还认定,尽管不涉及卖淫,该法仍禁止,为了性的目的,跨州运输非被告妻子的女子。⑱ 国会1986年全面修订该法,这个解释争议点已没有实际意义了。该法更名为《非法性活动和相关犯罪运输法》⑲,不限于运输女子。最重要的是,删去了"不道德目的"。如今该法案禁止跨州和跨国贸易中运送任何个体,如果"运送目的是让个体卖淫,或进行任何可能受刑事指控的性活动"⑳。

由于美国法院可以随心所欲地解释制定法,也是含糊不清的宪法教义的便利执行者,修改或撤销过时法律的压力都弱化了,因此,这些法律可

---

⑮ 同上注,页740。
⑯ 同上注,页739。
⑰ 18 U.S.C. §2421(在其1986年修改之前如此)。
⑱ Caminetti v. United States, 242 U.S. 470 (1917); 又请看, Cleveland v. United States, 329 U.S. 14 (1946). 考虑到性道德标准的变化,在 United States v. Wolf (787 F. 2d 1094, 1100–1 (7th Cir. 1986))案中,我质疑这一解释是否还有生命力,不久,该法就修订了。又请看, Cleveland v. United States, 反对意见,页24–29。
⑲ 18 U.S.C. ch. 117.
⑳ 18 U.S.C. §2421。但在那些通奸或私通仍为犯罪的州,凯米内蒂案(Caminetti)仍不受触动。

第三章 性与法律

能令人们对当下的立法意见有错误印象。然而，即使联邦最高法院谢绝对《曼恩法案》作现代解释后，该法仍保留了多年，未有修改。如果没有若伊诉韦德案，各州堕胎法无疑也会逐步自由化（若伊案判决时，这一运动已经起步），使我们时下更接近欧洲的自由模式；但也只是更接近而已，考虑到激烈的反堕胎运动，仍会有差距。美国立法者包括联邦立法机关成员，比其他发达国家的立法者，对性的态度更保守，反映了其选民的意见。即使表2所示的自由化的州，如加利福尼亚、纽约和明尼苏达州（该州有大量斯堪的纳维亚人）也是如此。事实上，在这3个州中，有两个州（纽约和明尼苏达）的刑法甚至禁止双方同意的成人异性肛交（尽管英国也如此）。

反不当性行为法执法不力，会让人说这些法律几乎没什么实际影响，乃至人们没动力废除、清理这些不合时宜的立法。甚至会有人论称，性刑法执法最松的法域，也许性刑法规定最严厉；而在这些法域，更新升级法律的压力也最弱。这都过于简单了。即使未大力（类似在打击贩毒和公共腐败中常用的"钓鱼执法"）执法打击无受害人之犯罪，如双方同意的肛交和法定强奸，或受害人说不清或不愿说（许多儿童性虐和强奸犯罪的受害人）的犯罪，刑法仍可能打压了此类行为的组织化、制度化的公开表示。政府没投入多少力量来禁止男同行为，但此类法律可能还是阻碍了男同亚文化出现，并且这就减少了男同活动数量，或许减少了还不少。即使今天，对双方同意的成人私下行为不执法，但这些法律存在并被认定合宪，这本身就强化了想限制男同的人和机构（如美国国防部）的论点。禁止堕胎的法律，哪怕执行很稀松，也会把有声望的外科医生赶出堕胎行当，堕胎成为一种危险手术，或只有增加旅费才能获得，增加了堕胎费用，减少了堕胎数量，尽管，在第七章会看到，这种后果容易夸大。甚至人们普遍认为美国荒唐的性法律（例如，美国联邦最高法院1965年废除的康州法律，该法把已婚者使用避孕品也定为犯罪），也有关闭该州全部计生诊所的效果，后果完全可能是增加了人们不想要的孩子的数量。因此，即使社会中有许多性犯罪法不咬人，一个社会有关性行为的刑法的影响力也不是无足轻重的。

最后还要说说当今和以往英美普通法为性违法规定的民事救济，离婚或丧失孩子监管权除外。[21] 强奸，主要是使用强力，但有时不涉及强

---

[21] *Prosser and Keeton on the Law of Torts* 917-923, 926-930 (W. Page Keeton et al. eds., 5th ed. 1984).

力,只是有重大欺骗(如掩盖自己有性病、冒充某女子的丈夫或情人),这构成侵权法上的殴打,受害人可以对殴打者提起诉讼,要求损害赔偿,既是补偿性的也是惩罚性的。如今许多州已废除有关离间感情的侵权之诉,此前这是对通奸的主要民事救济之一,尽管实际上不限于破坏性关系。直接针对通奸,向配偶的情人提出民事救济,即通奸(criminal conversation)侵权之诉,如今许多州也已废除。诱奸侵权之诉允许未婚女子(先前是其父或其他监护人)——通常是但不总是处女——从诱奸者那里获得损害赔偿,只要后者骗取她的同意,发生了性交。大多数州也已废除了这种侵权,它与违反婚约之诉有交叉。提出后一诉讼的通常是因结婚许诺而同意婚前性行为的女子,如今这种诉权也普遍废除了。

在这些家庭关系的侵权诉讼中,由于被告很少有大量财产用于支付,这些诉讼就不是有效的救济。一旦允许因通奸离婚,通奸侵权就开始萎缩。随着贞操失去价值,诱奸侵权也衰落了,与之紧密相关的违反婚约之诉,在大多数人看来,麻烦更多,不很有价值。这些诉讼的震慑效果从来也不大,今天已消失,就因它们给法院体系带来的成本和不确定性。

2001年7月5日星期四译于北大法学楼

第二编　性态理论

第四章　性生物学

第二编的几章是本书最理论化的部分。在这几章,我试图剥离一些道德和情感暗示、前见、迷思、习惯态度,因为这些因素使我们这些社会中的人,无论受过何等好的教育,都很难把性,把对性的法律或社会习俗规制作为不带情感色彩的科研题目。我提出"与道德无关的性"（morally indifferent sex）概念。这是假定我们把性作为事实问题,就像吃饭或开车那样。尽管如此,性仍会是公众关心的问题。世界上对食物和驾车都有各种公共规制,因为这些活动可能给第三方施加了成本（最明显是驾车）。与性相比,这些活动对我们来说与道德无关,完全缺乏情感因素。对这些活动,什么才是恰当的规制？很大程度上可以令人颇为满意地以功能术语（在今天,大致就指经济学术语）来表述。我们可以比较农业、饮食业、出租车行业或交通安全规定的不同成本收益,以此为基础,决定采取哪种规定。一项法规通不过成本收益检验标准,却被采纳,我们可以求助于丰富的公共选择理论来解释最佳选择与实际选择之间的分歧。我就想这样来处理性。当然,这样做是假定,性行为是理性的。在此,理性的含义不必是有意为之（conscious）,只是指行动很好适应了行动者的目的。因为在经济学分析中,规制被视为通过价格制裁改变激励的问题。行为因激励会有适当回应,无论行为者本人是否意识到这一点,这就是理性。因此,动物和人一样都是理性的。我将论辩,在这种非精神论的意义上,性行为是理性的。

无论何时,只要有人试图对非市场行为（也不是全然没有明确的市场,在性领域,突出的是卖淫）运用功能的、手段目的的、理性的——换言之,经济学的——理论,就会听到一片抗议。说经济学只适合分析市场,用于分析其他领域则文不对题,最多只是给老生常谈贴了些新标签而已,用的则是些让人莫名其妙的术语。还有人说,这是非人化的、意识形态的、自鸣得意的、帝国主义的、反动的分析;它不但明显如此,而且明显错误,彻底不道德。这些指控,等于全盘拒绝今天最有意思的一个社会科学领域。对此,我有过细致回应①,在此重复没有意义。并且,说到底,究竟是不是梨子,不在论证,而是你得尝一口。等本书结束时,读者自能判断,我在性和性规制上运用经济学分析结果成效如何。

但我想就方法论问题做两点说明。首先,容易被敌视经济学的批评家嘲笑为"重贴标签"的做法至少可能是一种建构努力,即想用一套统一的术语来讨论不同学科以各自令人眼花缭乱的术语讨论的东西(其实是同一现象),读者会发现,这套术语比较简单,不那么技术化。重贴标签就是想从多样性中发现统一性,这是本书的主要努力,是这项工程中的一个阶段。人们容易嘲笑这种做法是"简约论",但对看上去互不关联的现象力求一种俭省的解说,这值得。(糟糕的简约论是本体混乱的产物,它从错误的地方寻求解说,比方说,用伦勃朗油画的化学公式来解说伦勃朗的艺术。)我认为,几个变量就可以来解说性行为和性习俗的跨文化和跨时代变异,如性别比(要比通常认为的变化大多了)、城市化程度,以及首先是女子职业角色的变化等。女子角色转变转而是婴儿死亡率、孩子的价值、避孕技术、家务劳动出现省力设备(从奶瓶到洗碗机),以及经济生活中有了无需太大体力和耐力且报酬不错的工作等因素共同作用的结果。所有这些因素降低了女子进入市场工作的成本(包括机会成本,即放弃诸如家务这种生产活动的成本)。

但解说甚或理论本身并非科学的唯一——我要说,不是其主要——工作。其主要工作是增加可用以控制自然和社会环境的人类知识。在此背景下,理论就是可验证假说的渊源之一:当直觉假说未通过检验,或反直觉的假说通过了检验,人类知识就增加了。在理论讨论中,我特别强调从理论生发的、经验数据无法否证的反直觉假说(其中一些列于本书《引论》)。

我方法论的第二点直接指向本章主要内容,向读者介绍性生物学的一些基本命题。因为在我看来,如果性经济学分析还值得一试,就一定要把有关性的一切——包括偏好和实际行为——都解说为受意志指导,都是

---

① Richard A. Posner, *The Problems of Jurisprudence*, ch. 12 (1990).

第四章 性生物学

选择,这很荒唐。② 事实上,这不是必须。在分析理性选择时(本书说的经济学就是理性选择分析,更精细地说,是一套用于分析理性选择的有用术语和技术),经济学家理解的选择都受一些与经济学无关的环境制约。对衣着和居所的经济学分析并不忽视天气,例如,它不认为北方居民之所以偏好房屋保暖是经济学分析后的选择。经济学分析把这种偏好视为给定,重点是满足这一偏好的不同方法的成本收益。

性的经济学分析也有些重要给定条件。性欲望本身就是之一。我们有理由认为这是我们给定的生物特性,或许也是我们的发育——即我们从小到大所受影响——给定的(这是发育心理学的领域)。同样,可能潜在的性行为很大程度上也取决于生物和发育。但性欲望对象——无论男女,甚或恋物,以及究竟与哪个男子或女子(或物)——则部分是给定,部分是选择。因为(我要说的是)当成本相同时,一个人偏好哪类可能的性对象(男子、女子或其他)是给定的,不是选择的,但在决定进行某具体性行为时,也即在所有相关成本收益条件下按偏好行动时,却是选择问题。

要确定性行为的决定与选择间的界限,这就要考察性生物学③,在性生物学大旗下,我包括了发育心理学的相关内容。本章主题就是这一讨论;

---

② 这是传统基督教男同观的一个因素,即一个人就像选择背叛那样选择了男同。如今,天主教和许多其他基督徒,只要不是基础主义清教徒,都区分男同偏好(非选择的,因此不再罪孽深重)和男同行为(自己选择,因此罪孽深重)。有些基督教派如贵格派,甚至已不再认为男同行为是罪孽了。

③ 有帮助的讨论,请看, Donald Symons, *The Evolution of Human Sexuality* (1979); Symons, "An Evolutionary Approach: Can Darwin's View of Life Shed Light on Human Sexuality?" in *Theories of Human Sexuality* 91 (James H. Geer and William T. O'Donohue eds., 1987); Glenn Wilson, *Love and Instinct: An Evolutionary Account of Human Sexuality* (1983); Raymond E. Goodman, "Genetic and Hormonal Factors in Human Sexuality: Evolutionary and Developmental Perspectives," in *Variant Sexuality: Research and Theory* 21 (Glenn D. Wilson ed., 1987); Wilson, "The Ethological Approach to Sexual Deviation," in *Variant Sexuality* 页 84; Jane B. Lancaster, "Sex and Gender in Evolutionary Perspective," in *Human Sexuality: A Comparative and Development Perspective* 51 (Herant A. Katchadourian ed., 1979); Richard D. Alexander, "Sexuality and Sociality in Humans and Other Primates," in *Human Sexuality* 页 81; Robin Fox, "The Conditions of Sexual Evolution" in *Western Sexuality: Practice and Precept in Past and Present Times* 1 (Philippe Aries and Andre Bejin eds., 1985); William Irons, "Human Female Reproductive (转下页)

下一章引介经济学模型。

我料到可能会有两点误解。第一是说我赞同决定论与自由论的天真区分,前者是生物学领域,后者是经济学领域。事实上,经济人模型和生物模型都是决定论的;理性人的行为朝着成本与收益平衡的方向。其间的决定因素也没什么根本不同;生物机遇和制约很容易用收益成本术语来表述。其中的差别只是经济学分析会把文化的因此是地方性的收益成本类型带进这一分析图画,因此可以解释我们这个生物上统一不变的物种在性习俗和性态度上为何非常多样化。

第二,读者容易认为性生物学理论是经济学理论的基础。非也。我认为关于性的一切因素都是文化的,不是生物的。但即使我错了,也不影响我的经济学分析。经济学分析的领域事实上也许还扩大了。把性生物学带进分析的原因,在于这本身是个重要理论(我试图折衷),(一个相关要点是)它生发了一些其他理论未能生发的假说,生物学进路与经济学进路有给人启发的分析相似性,两种进路相辅相成,结合起来可能构成一种比它们各自更强有力的理论。

(接上页)Strategies," in *Social Behavior of Female Vertebrates* 169 (Samuel K. Wasser ed. 1983); Robert L. Burgess and Patricia Draper, "The Explanation of Family Violence: The Role of Biological, Behavioral, and Cultural Selection," in *Family Violence* 59, 74-80 (Lloyd Ohlin and Michael Tonry eds., 1989); Steven J. C. Gaulin and Alice Schlegel, "Paternal Confidence and Paternal Investment: A Cross Cultural Test of a Sociobiological Hypothesis," 1 *Ethology and Sociobiology* 301 (1980); Middred Dickemann, "Paternal Confidence and Dowry Competition: A Biocultural Analysis of Purdah," in *Natural Selection and Social Behavior: Recent Research and New Theory* 417 (Richard D. Alexander and Donald W. Tinkle eds., 1981); Laura L. Betzig, *Despotism and Differential Reproduction: A Darwinian View of History*, ch. 4 (1986).

在法律上最早运用演化生物学的研究者是贝克斯托罗姆(John H. Beckstrom)。请看,他的著作,*Evolutionary Jurisprudence: Prospects and Limitations on the Use of Modern Darwinism throughout the Legal Process* (1989). 我的学术同事埃波斯坦在演化生物学也有过有趣的短促突击。请看他的论文,例如,Richard A. Epstein, "The Utilitarian Foundations of Natural Law," 12 *Harvard Journal of Law and Public Policy* 713 (1989), 以及 "The Varieties of Self-Interest," 8 *Social Philosophy & Policy* 102 (1990). 但他没有讨论性态规制问题。贝克斯托罗姆著作的关注点也不是性态,尽管对控制强奸和儿童性虐如何运用生物学见解,他提出过很有意思的建议。

第四章 性生物学

"正常"性行为的生物学基础和特点

首先,为什么要有性?④ 创造第三者必须有两个生物合作,这使生育大大复杂了。如果有丝分裂(mitosis)或其他形式的单性繁殖,就简单多了。虽然不是所有演化生物学家都接受,但最有道理的答案是,有性繁殖增加了物种存活的概率。这有两个方面。其一是,基因不同的生物比基因等同的生物更少可能分享基因的弱点,因此有性繁殖增加了基因的多样化,每一代都基因重组。就物种衍续而言,有性繁殖是一种低风险战略,这就如同一个投资商持有不同股票,一场灾难可能摧毁某公司甚或某行业,却打不倒他。低风险,不必然等于高回报。但(支持性生育的第二点)也许也有高回报。基因重组造就的后代品质不同。它使种群多样化了,这造就了可供自然选择的更广阔领域。因此,有性繁殖加快了进化速度,赋予有性繁殖的物种一种竞争优势,优于变化缓慢的单性繁殖的物种。

后代分化也有利于填补社会或生态空间中一切可能获得的位置。一个家庭,由于成员基因有别,适合从事不同工作,该家庭就比成员基因相同、只能从事一种工作的家庭更容易在某地为其全部家庭成员都找到有用的工作。在生存斗争中,如果家庭支持很重要,这可能就是个优点;当然也有不利的一面,即如果整个家庭生活在一地,乱伦危险增大,会失去地域多元化。

这些论点并非支持双性繁殖,只是支持非单性繁殖。然而,如果生育必须有两种以上性别,性行为的交易费用就会大大增加。

下一个问题是,为什么要有性别分化?为什么有男有女,而不像某些动物那样雌雄同体?如果我们每人身上都有两套功能正常的性器官,生育会大为简化,就像一位维修工带着工具箱,有插头也有插座,电器维修就容易了。一个回答是,由于必须赋予每个受精卵两套性器官,这会使受精卵细胞发育成人的过程大为复杂。人类的妊娠期和婴儿期已经相当长

---

④ 这是演化生物学的一个长期的迷。George C. Williams, *Sex and Evolution* 129–139 (1975); Harris Bernstein, Frederic A. Hopf, and Richard E. Michod, "The Evolution of Sex: DNA Repair Hypothesis," in *The Sociobiology of Sexual and Reproductive Strategies* 3 (Anne E. Rasa, Christian Vogel, and Eckart Voland eds., 1989).

了，就因为人的机能太复杂，如果还有额外复杂的发育，时间一定更长。会使人类社区更容易受伤。

另一回答更有趣，性别分化有利于人类基本任务的专门化，如防卫和繁殖，广义的繁殖包括了养育。这种广义的界定也很恰当，因为如果后代长不大，不能开始新的繁殖轮回，繁殖就失去了目的。正因为男子没有女子的性器官，他无须担心怀孕导致行动不便。他可以用全部时间专门从事更要求体力的活动，如狩猎和防卫。在人类到达目前进化阶段的那个时代，这些活动对于生存至关重要⑤，怀孕会妨碍这些活动。男子无须具备女子的那些要件，如宽臀（有剖腹产之前，这对于女子分娩存活至关重要）和乳房，这些特点都影响奔跑或投掷。相比之下，没有男性器官，没有男子难以置信的生殖力，以及无须投身狩猎或防卫（社区中有男子专长于这类活动），女子既有激励也有机会专一于繁殖，因为在我勾勒的这一男女劳动分工中，男子在生育上投入的时间很少。对于繁殖至关重要且耗费时间的怀孕和哺乳均由女人完成，不由男人完成，表明女子专长于生育。

男女性器官差异转而规定了两性有不同但互补的最佳性战略（当然，最佳在此是指从演化的视角即从传播某人基因的视角看，因为趋于被自然淘汰的战略不是最佳战略。并且，战略也没有精心盘算的寓意。这是个隐喻，仅指手段符合目的；就此而言，它类似于经济学的理性概念⑥），这就是男子广泛播殖，女子精心养育。男子生育潜能巨大，在生育中他唯一绝对不可或缺的作用就是让女子受孕，这只是几分钟的事（几分钟，不是几秒，因为这包括勃起和插入所需的时间），他还可以频繁扮演该角色，精子不会实质性减少。单个女子的生育能力则大受限制，在试管婴儿出现前，一辈子生20个孩子就是现实的最大值（试管婴儿，将受精卵植入另一女子子宫，原则上看，会使一位女子每次排卵都能有一个孩子），这使一个男子仅有一个性伴侣，无法实现他的全部生育潜能。如果想生物繁殖数百名孩子，男子就必须实践某种形式的多妻制⑦，由此，他还必须喜欢各式各样的性伴侣。在我们社会中，一个沉溺于这种喜好的人，人称花

---

⑤ "狩猎采集生活方式是人类取得的唯一稳定且持续的适应性变化。" Symons, *The Evolution of Human Sexuality*, 前注③, 页35。

⑥ Posner, 前注①, 页169-170。

⑦ 一夫多妻制（polygyny）指有多个妻子，这是更常见的多偶（多配偶）形式，因此，我常常会把这两个词当作可互换的词使用。多夫制（多个丈夫）很罕见，但我们在下一章中会遇到一个例子。

第四章　性生物学

心滥交者。我们应预见,许多男子花心,如果不是行动上,至少也是偏好上。

一位女子,如想最大化自己的生育成功率,她的性偏好一定要比男子挑剔。她必须努力使每次怀孕都作数:在理想层面,她每次受孕都一定要有合乎情理的概率生一个孩子,并能长大成人。因此,尤其在有生命危险的人类演化阶段,女子必须强烈关注配偶是否具备潜在父亲的品质。(自己受孕后,他是否会不离不弃?他是否有意愿并有能力保护她和孩子?)换言之,如果她能合乎情理地确信,自己的孩子会长大到生育年龄,她就必须比男子更挑剔。因此,如果一位女子喜好各种性伴侣,这会降低她的包容生殖成功率(所谓包容,即要把她孩子的生育成功率也计算在内)。由于性欲太强可能刺激人们偏好各种性伴侣,至少更难坚持挑剔性伴侣的战略,因此有理由预期,自然选择对性欲过强的女子不利。对男子来说,花心滥交也不是全无风险,因为这使他必须同其他男子竞争,可能导致暴力。我们也会考察乱交对女子有利的个案。但一般说来,乱交对女子风险更大,不仅因为乱交可能使她不甄别求爱者,也因为男子不愿保护一个可能最终怀上他人孩子的女子。

有很多证据都表明,事实上,女子(当然是,一般而言,并非每个人均如此)确实比男子性欲要弱。[8] 例如,平均而言,女同伴侣比异性伴侣性交更少,而男同伴侣比异性伴侣性交更频繁。即使有些社会(例如,现代北欧国家)女子富裕且独立,光顾卖淫者很容易,那里也没有专为女子服务的任何性别卖淫者。当然,也许部分原因是,既然男子天性更爱寻花问柳,男子间的竞争令女子必须为性支付的价格降为零了。但这与我的主要观点一致,即男子确实比女子天性更爱寻花问柳。

---

[8] Donald Symons and Bruce Ellis, "Human Male–Female Differences in Sexual Desire," in *The Sociobiology of Sexual and Reproductive Strategies*, 前注④, 页 131, 及其引证的研究; Douglas T. Kenrick and Melanie R. Trost, "A Biological Theory of Heterosexual Relationships," in *Females, Males, and Sexuality: Theories and Research* 59, 81(Kathryn Kelley ed., 1987); Wilson, *Love and Instinct*, 前注③, 页 3 和第 6 章; Alfred C. Kinsey et al., *Sexual Behavior in the Human Female* 458 和第 6 章(1953); John F. Deccker, *Prostitution: Regulation and Control* 311 (1979). 这里限定的"一般而言"在男女比较时至关重要。许多区分之所以令人反感就是因为未承认,即使在这两个群体中,分布中值也许有别,或许会有重叠。有些女子性欲望比某些男子强,就如同某些女子比某些男子更高、更重一样,也就像有些男子比有些女子更忠实、更爱孩子一样。

有女权者认为，男子比女子性欲更强是一种文化现象，但她们的证据很弱。希拉格（Laurie Shrage）⑨ 提及了一个研究作为她的单一证据。这一研究发现——我得承认非常令人惊奇——新几内亚达尼部落的男女生一个孩子后，要禁欲4-6年。⑩ 这一研究有点误人子弟，因为必须遵循的这一禁欲，仅限于孩子父母之间，没规定禁止他们同其他人有性关系。此外，达尼部落的男孩喜欢画异性性器官，达尼部落的女孩却不。⑪ 尽管如此，达尼部落的男子性欲看来确实很弱。但这一切也许只证明了，无论哪种性别，人的性欲都可能因社会环境减弱。明显的是，女子性欲更容易减弱，因为达尼文化中，没有维多利亚文化强加于女子的那种性麻痹。

谢菲（Mary Jane Sherfey）比希拉格走得更远，她论辩说，如果不是受男子打压，女子性欲本来会更强。⑫ 她的主要证据是，女人同男人不一样，她们可以有多次性高潮，无间歇地。问题是，有没有能力到达性高潮是一回事，有没有到达性高潮的欲望则是另一回事。⑬

同样是看异性性器官或性器官图画，为什么男子比女子更容易激动？生物学解说比文化解说更有说服力。⑭ 对视觉刺激的这种回应保证了男子不会失去让女子受孕的机会，充分利用这种机会是最大化男子生育成功率的必需。但随机交配不是女子的最佳性战略，如果她一看到男子性器官，就激动起来，这对她不利。可以预期，真正激发女子的信号会同男子

---

⑨ "Should Feminists Oppose Prostitution?" 99 *Ethics* 347, 353-354 (1989).

⑩ Karl G. Heidr, "Dani Sexuality: A Low Energy System," 11 (n.s.) *Man: The Journal of the Royal Anthropological Institute* 188 (1976).

⑪ Symons, *The Evolution of Human Sexuality*, 前注③, 页 176-177.

⑫ *The Nature and Evolution of Female Sexuality*, 122 (1966).

⑬ 对谢菲的其他批评，请看 Symons, *The evolution of Human Sexuality*, 前注③, 页 91-92。

⑭ 同上注，第六章，汇集了支持这一命题的证据。又请看，Symons and Ellis, 前注⑧, 页 143; Wilson, "The Ethological Approach to Sexual Deviation," 前注③, 页 101; Jennifer C. Jones and David H. Barlow, "Self-Reported Frequency of Sexual Urges, Fantasies, and Masturbatory Fantasies in Heterosexual Males and Females," 19 *Archives of Sexual Behavior* 269 (1990); Bel Kutschinsky, *Studies on Pornography and Sex Crimes in Denmark* 47-48, 50 (1970); F. M. Christensen, *Pornography: The Other Side* 4 (1990); Symons, "An Evolutionary Approach," 前注③, 页 102-106（区分了为女观众表演的男脱衣舞和为男观众表演的女脱衣舞）。事实上，当女子向一位男子展示性器官时，该男子通常会理解为一种邀请，而男子的类似展示则可能被女子理解为一种威胁。*The Evolution of Human Sexuality*, 前注③, 页 181。有关为女观众提供的男脱衣舞和色情物，相关描述，请看，Barbara Ehrenreich, Elizabeth Hess, and Gloria Jacobs, *Re-Making Love: The Feminization of Sex* 111-117 (1986).

第四章　性生物学

保护她和后代的能力相关。

男女的不同生存战略,反映的不仅是性器官以外的生理差别(如臀部和乳房),还有心理差别。除了直接同性相关的差别,在抚养孩子中,女子扮演了主要角色,这也许导致一种自然选择,即自然选择会偏爱那些爱孩子并忠诚的女子。⑮ 男子在狩猎和战斗中扮演主要角色,这也许导致自然选择偏爱勇敢且进取的男子。⑯ 男子对女子的竞争也朝着同一个方向。这种竞争激励不仅在于一个男子的生育能力,可充分利用多个女子的生殖力,而且在于适宜生育的女子外表各不相同。女子的性吸引力与其生殖力关联。大多数男子都感到外观健康的育龄女子比年幼或年长或外观不健康的女子更有性吸引力。在所有已知人类社会中均如此。(这一生物模型隐含了,这些和其他性态度有明显的普适性。⑰ 比方说,女子挑选男人比男子挑选女子时更少注重外貌,更少强调贞洁,这些普适特点为支持这一理论模型提供了主要经验根据,但不支持一切性行为均为社会建构的理论模型。) 大多数男子会觉得"体形好"的女子比其他女子更有性吸引力。这里的体形就是由臀和胸造就的,在剖腹产和人工喂养出现前,这两者对于生育成功意义重大。例如,人工哺乳的能力与乳房大小正相关(尽管不强)。⑱ 男子比女子更看重异性的视觉外观可能不仅反映了男子比女子更喜欢多种多样的性伴侣,而且反映出体形改变,以及由此而来的外观改变,是女子青春期的主要外在标志,而男子青春期的主要外在标志只是声

---

⑮ 女子比男子更关心他人,更爱孩子。换言之,更多利他主义,这是吉利根一本著作的主题,请看,Carol Gilligan, *In a Different Voice: Psychological Theory and Women's Development* (1982). 至于这种差异是否基因决定的,她没表示立场。

⑯ "男子咄咄逼人,女子富有爱心,这种僵化分类,无论有多少歪曲,有多大局限,都有一些经验支撑。" Carol Gilligan and Grant Wiggins, "The Origins of Morality in Early Childhood Relationships," in *The Emergence of Morality in Young Children* 278 (Jerome Kagan and Sharon Lamb eds., 1987). 我引证了一些支持证据,请看,Posner,前注①,页411注30;又看看,Douglas T. Kenrick, "Gender, Genes, and the Social Environment: A Biosocial Interactionist Perspective," in *Sex and Gender* 14, 15 (Phillip Shaver and Clyde Hendreck eds., 1987). 基因推动了男女心理差异,比方说,冒险,这有职业和其他社会寓意,超出了性态和家庭领域,有关的论辩,请看,Epstein, "The Varieties of Self-Interest," 前注③。在这个问题上,我谁也不支持。

⑰ David M. Buss, "Sex Differences in Human Mate Preferences: Evolutionary Hypotheses Tested in 37 Cultures," 12 *Behavioral and Brain Sciences* 1 (1989); Gwen J. Broude, "Extramarital Sex Norms in Cross-Cultural Perspective," 15 *Behavior Science Research* 181 (1980).

⑱ F. E. Hytten, "Clinical and Chemical Studies in Human Lactation—VI. The Functional Capacity of the Breast," 1 *British Medical Journal* 912, 914 (1954).

音的音高变了。

男子垄断一定数量有生殖力的女子,即不让其他男子性接近这些女子,因此可以确信该女子生育的是他的孩子,这就是在追求他的基因适应最大化,当然,他还必须能保护自己的后代。一个女子因此面临着一种交换,一方面是个弱男子,他会倾其一切来保护她和(他们的)孩子;另一方面,是个强壮男子,有多个配偶,只能以他的部分资源来保护她及其子女,但这部分资源的绝对值可能仍比那个弱男子的全部资源更多。一位男子投入资源保护自己家庭的某成员必然会减少他保护其他成员的资源投入,但如果这种减少的数量越小,且他的诸多妻子相互间越能有效合作,例如,合作抚养孩子,一个女子就越可能喜欢多妻制的丈夫而不是一夫一妻制的丈夫。[19]

男子生育潜能巨大,因此有性伴侣多多益善的欲望,这些因素就基因适应性来看似乎是不安分的而非建设性的因素。但请思考下面这种情况,一个出色男子——其出色至少部分由于他的基因天赋——可以使大量女子受孕,这就加快了人类进化的进程。可以将之类比为一位有效率的销售商,扩大其市场份额,比他仅同已有顾客做生意,更能广泛传播他的出色效率带来的收益。此外,男子滥交还降低了乱伦风险。某个男子不满足于一个性伴侣,而这个性伴侣也许碰巧是近亲;因此该男子性伴侣越多,伴侣全都是近亲的情况就越不可能,因为一个人的近亲数量有限。乱伦的另一天然防范是——仅限于同辈乱伦——儿时一同长大的人相互间少有性吸引力。有人猜想,这种排斥机制是基因决定的。我会在第七章讨论这个问题,还会讨论乱伦的基因伤害。

注意,男子最佳的养育投入与男子乱交,或与女子乱交,均成反比。如果父亲的支持和保护对于子女长大成人至关重要,那么男子就有很强激励把自己的繁殖精力集中在一位或少量女子身上,他会像鹰那样牢牢看护这些女子,确保她们怀的是自己的孩子,这样,他就不可能白白浪费自己成本很高的保护努力,延续其他男子的基因。而一位女子——如同我已强调的——也会有很强激励,精心挑选求偶者,只挑选那些既有意愿也有能

---

[19] Stuart A. Altmann, Stephen S. Wagner, and Sarah Lenington, "Two Models for the Evolution of Polygyny," 2 *Behavioral Ecology and Sociobiology* 397 (1977). 关于这些因素在非人灵长目动物中的作用,请看, Linda Marie Fedigan, *Primate Paradigms: Sex Roles and Social Bonds* 240, 254 (1982).

第四章 性生物学

力保证她的孩子长大成人生儿育女的求偶男子——孩子携带了她的基因，也携带了配偶的基因。但如果父亲的最佳养育投入很低，可能为零，甚或负值（即父亲在场实际上更可能危及孩子），那么男子的最佳性战略就是乱交。女人最佳性战略也是如此。她也许会尽早也尽可能频繁性交，只要她的情人健康强壮（这可以说证明他基因好）。她无须担心对方是否适宜成为忠实有效的保护者，保护她或她的子女。然而，男子有激励约束女子，不让她们乱交，以确保生物上的父子（女）关系。在男子乱交的社会，由于父亲的最佳养育投入很低，每个男子都有激励让众多女子受孕。通过竞争对最多女子建立排他的性权利，这个公式适合乱交男子。换言之，这个公式适合一夫多妻制。

因此，我们预期，父亲的最佳养育投入越高，多妻现象就越少，但不必然为零。然而，如果多妻的最佳数量为正，人们会奇怪，为什么男女出生数量如此接近。当有些男子不止一个配偶时，为什么不是有更多女子出生，为所有男子提供配偶呢？（事实上，出生的男婴多于女婴，但这只足以补偿男孩容易因病或事故死亡的差额。）[20] 答案也许在于，你很难想象一个男女数量长期不平衡的进化机制。[21] 每个人都有一对男女双亲。如果世界上（比方说）女多于男，女子的平均生育率就一定低于男子的平均生育率。那么平均而言，一个有女儿的人会比有儿子的人有更少的孙辈。因此，与更易于生儿子的基因相比，更易于生女儿的基因会变得稀少。这个过程会减少女子在种群中的比例，直到与男子的比例相等。（性别可以相反，但结果不变。）然而，该论点假定的是，产生一个成年雄性或雌性后代所需的资源是相同的。但如果不相等，那么基因就注定生育更多常见但"更便宜"性别后代的个体能生更多孩子，以此来补偿自己每个孩子的下一代都更少的情况。

即使性别比不同也可能是一种均衡，这种均衡也可能并非最佳。并且我也已说了为什么这可能是一种均衡，尽管可以推定这只对性别二态性（即两性在身体大小、体重以及其他与生产和抚育孩子长大成人所需资源有关的特征的差异）更大的物种才会如此，而人类的特点并非如此。如果孩

---

[20] Goodman，前注③，页29。

[21] R. A. Fisher, *The Genetical Theory of Natural Selection* 158-160 (1929); David O. Conover and David A. Van Voorhees, "Evolution of a Balanced Sex Ratio by Frequency-Dependent Selection in a Fish," 250 *Science* 1556 (1990).

子需要父亲保护，多妻制就只可能在男子财富很不平等的地方才兴盛起来，而这种情况在人类史前进化阶段可能并不常见。如果没有这种不平等，就没哪个男子能保护一个以上女子及其子女。这似乎隐含的是，为最大化父亲保护，男子出生率应高于女子出生率。但危险在于，男子对女子的过度竞争；男子为此耗尽精力，乃至不利于群体的生存。我们很快就会考察，在实际导致男子过剩的多妻制条件下，如何避免这种过度竞争。如果这种过剩更大，过度竞争也许不可避免，因为出生的男子多于女子。而且，在人类生活的进化阶段，当时还没有复杂的社会机制来管控侵略行为，这种竞争尤其难以避免。

我想强调男子在保护后代方面的作用，在这方面，男子与公猫非常不同。人类婴儿与其他动物婴儿相比，怀孕女子和哺乳母亲与其他怀孕和哺乳的动物相比，前者都长久易受伤害，这就要求有一些至关重要的机制，诱使男子在性交后甚至孩子出生后，甚至出生后很久，还一直与女子长相厮守，以便保护该女子、胎儿、婴儿和儿童。换言之，要有些机制限制男子乱交。在这种基因的生存斗争中，碰巧有这种长厮守基因倾向的男子就有优势。至少是，他待在女子身边，不会危及自身和家庭的安全，或许也没放弃让其他女子受孕的全部机遇，他就有这种优势。也就是说，男子的最佳性战略也许是混合型的，保护一个或几个女子，同时又与其他女子乱交。也许还有其他不同的性战略，取决于其他禀赋，对有些男子是家中厮守，对另一些男子则是乱交。这第二种战略，碰巧隐含了男子更偏好通奸而不是未婚私通。如果你能让某人的妻子受孕，该男却不知道，他会像保护自己的孩子那样来保护这个孩子；这个孩子的父亲不必自己花费资源来确保孩子的存活。这就是布谷鸟（cuckoo）战略，也是绿帽子（cuckold）一词的来源。

女子的性特点也鼓励了男子长相厮守。与其他哺乳动物不同，女子不只是每月仅有的几天排卵期而是整月都可以有性生活。大自然鼓励生育，令男子有持续的性欲，而且性欲满足快感强烈与生育无关。女子受孕后，孩子出生后（这时，女子和孩子特别需要保护），男子长相厮守，会受女子持续奖励。因此，同其他灵长目动物相比，人类的性交更频繁，看起来像是浪费，其实是人类婴儿比其他灵长目后代更易受伤的结果。㉒

㉒ John Hurrell Crook, "Sexual Selection, Dimorphism, and Social Organization in the Primates," in *Sexual Selection and the Descent of Man 1871–1971* 231, 247–154 (Bernard Campbell ed., 1972)，他认为男人和女人的许多生理特点都为便利频繁和愉悦的交媾,建立配偶间亲密关系。

第四章 性生物学

由于受孕和妊娠都在女子体内发生,男子看不见,男子必须监督女子的活动,以确保女子怀的是他的孩子,而不是他人的。对这位父亲来说,因此有额外的激励,不离左右,不仅在孩子出生前,而且在孩子出生后,因为这个孩子出生后就是他下一个孩子的出生前。这里也就有了男子性嫉妒的生物学解释,就此而言,男子的性嫉妒比女子更强。㉓ 男子性嫉妒是适者生存的反应,它降低了男子协助复制一个与自己无关的其他男子基因的可能。

马林诺斯基对美拉尼西亚人的性信仰和实践的著名研究表明,性嫉妒确实有基因的解释,不是纯文化解释。他研究的部落不相信生理学上的父育;当地人认为性交的唯一功能就是扩张阴道,因此精灵可以把胎儿植入子宫。尽管如此,当地男子还是嫉妒,并且强烈——有时以暴力——禁止通奸,与理解男子生育作用的社会一样。㉔

还有个现象,根子也能追溯到人类婴儿容易受伤这一点,这就是性爱(love)。性爱与性欲(desire)不同,前者是发现一个独一无二的具体人,有吸引力,值得欲求。㉕ 因此性爱为一种长期但不必是永久的关系提供了更强的粘合剂,在这种关系中,男子会保护女子和他们的后代,那可不是性冲动独自可能完成的。㉖

"异常"性行为的生物学

到此为止,我讨论的都是"正常"性行为(阴道性交,为了生育后代,或是为了奖励男子保护已出生的后代)以及为促进生育而发生的正常

㉓ Martin Daly, Margo Wilson, and Suzanne J. Weghorst, "Male Sexual Jealousy," 3 *Ethology and Sociobiology* 11 (1982); Symons, *The Evolution of Human Sexuality*, 前注③,页 244-246;Symons, "An Evolutionary Approach," 前注③,页 117。Gregory L. White and Paul E. Mullen 在其著作中,虽然对嫉妒的社会生物学理论持怀疑态度,却还是承认男子比女子嫉妒心更强;女子的嫉妒集中于对总体关系的威胁,而不是对自身排他性权利的威胁。请看,*Jealousy: Theory, Research, and Clinical Strategies*, ch. 3 (1989),特别是页 127-128。这附带有以下意味,在离婚容易的社会中,女子一般说来更嫉妒,因为这种社会中的婚姻关系更脆弱,更可能因丈夫通奸受威胁。

㉔ Malinowski, *The Sexual Life of Savages in North-Western Melanesia* 179-195, 459 (1929).

㉕ 一个有趣讨论,请看 Robert Nozick, *The Examined Life: Philosophical Meditations*, ch. 8 (1989).

㉖ 这是弗兰克强调的,请看,Robert H. Frank, *Passions within Reason: The Strategic Role of the Emotions* 196-199 (1988).

的性行为制度，诸如求偶和结婚（无论一夫一妻还是多妻）。在处理对于物种存活，尤其是对于我们这个物种的存活（人类机体之所以复杂，根子就在于人类的性特点），占据中心地位的生殖和"生殖保护"的性行为制度时[27]，我们不应惊奇，基于演化生物学的一些解说很有说服力。但有许多性行为与繁殖似乎连间接关系都没有。想想手淫、同性恋、观淫癖、暴露狂、诱奸儿童和恋物癖。生物学（当然，这无须是进化生物学），或发育心理学，又在其中扮演了什么角色呢？

这些不同形式的性不轨有两个共同点。其一，这在男子中比在女子中更常见。[28] 其二是，这些现象很少或完全不与成年异性成员互动。这两条线交织纠缠。强大的男子性欲引发男子竞争女子，甚至导致权势更大的男子对大量女子拥有排他的性权利，其余男子则竞争供给不足的女子。当一些男子无法获得女子为性对象时，就需要一个或一些安全阀来满足男子性欲。手淫、同性恋、恋物癖和偷窥癖就是这种安全阀。这些做法并非"不自然"，至少在生物学意义上不是。相反，它们是生殖性行为的外围。一个社会，如果有一半男子对全部女子拥有排他性权利，剩下的男子不是与性行无关了（asexual），而是会手淫、男同和其他非阴道性行为，这一点也没啥不自然的。并非不自然的另一理由是，假如为每个育龄女子分配一位男子，即使有男子甚或许多男子不育，也不会限制（limit）出生率。男子不轨行为对社群或种族的存活几乎不构成威胁。

如果女子不轨则不然。女子避开男子，会降低出生率，因为影响出生率的是子宫的数量而非阴茎的数量。因此，在没有人工授精的人类进化年代，女同偏好也趋于被淘汰。这也是预期女子出偏差会比男子更少的理由之一。还有个理由是，男子性欲更强，就需要更多排遣渠道。第三个理由是，在胎儿时期，男子性器官生成过程比女子性器官生成过程更复杂，出问题概率也更大。确实，女同不如男同常见（本书第十一章），尽管先前可能低估了女同的数量，因为许多女子被迫结婚，不管她们的性偏好。

即使一夫一妻制社会，也可以预期会有性不轨，特别是男子。除非有

---

[27] 我用这个笨拙说法指那种奖赏男子同女子长相守的阴道交媾，这就增加了女子存活到育龄结束、其孩子活到育龄或更久的概率，这样一来，他们的孩子就成人了。注意，在异性交中，肛交和口交也可能是繁殖保护的，因此并非我在此使用的那种"不轨"。

[28] Pierre Flor-Henry, "Cerebral Aspects of Sexual Deviation," in *Variant Sexuality*, 前注③，页49, 54-55。

第四章 性生物学

即时寻欢和完美配对，否则，总会有些男子没有性伴侣。他们的状况就像一个繁荣却并非无摩擦的市场体制中的失业者。刚刚性成熟的男孩就像初次进入就业市场的青年男女。与永久失业者对应的则是那些因种种原因对女子没有吸引力的男子。他们接近育龄女子特别难，因为这个阶段的女子是最为男子竞争的。对年轻女子来说，较年长的男子是更有效的竞争者。不涉及异性的性排遣渠道由此缓解了男子为获得女子展开的激烈竞争，节省了竞争中的资源消耗。这就容易理解，为什么手淫在男子中比在女子中更常见，以及为什么它集中在（当然，不限于）青春期男子。男子性欲比女子更急切，也比年轻女子也更少有机会接近性伴侣，手淫"浪费"了精子却不降低男子生殖力。

难题在于如何解释那些实际阻碍繁衍的性行为的基因倾向。满足于手淫或同性恋的男子不大可能生育，因此，可以预期，自然选择不利于这类男子。事实上，很少有男子满足于手淫，那只是权宜之计，一种临时的性交替代。有些男同也是如此。在我们社会中，至少有许多趋于被归为（他们不自认为是）男同的男子认为，当缺少年轻女子时，如在监狱和海军舰艇上，以少男或年轻男子作为替代可以接受，尽管这些替代都不如年轻女子。认为年轻女子与男孩可互换的倾向，在巴肯（John Buchan）（最著名作品是《教士约翰》和《39级台阶》）充满"硬汉气概"的冒险故事中就有例证。小说《斯坦法斯特先生》中，主人翁汉奈最后坠入情网，他一再把情人比作男孩。第一次看到她时，他评论"我盯着她走过草坪，记得她脚步轻灵，犹如一位爱好运动的男孩。"㉙ 后来，他意识到自己——此前"一直像僧侣一样，对女子不在意"——爱上了"一位女孩，满头金发，又像个男孩强健、苗条和优雅"㉚ "我记得她笑的样子，仰着头，像豪爽的男孩""我喜欢看着她，仆人走后，她双肘在桌上，像个上学男孩。"㉛

正如直男有时也会与男子发生性关系一样，有些男同有时也会与女子发生性关系，要么因为没有男子（或因男同会受严惩），或是想要孩子，这种欲求补偿了性快感的降低。即使有的男子偏好同性大大超过异

㉙ John Buchan, *Mr. Standfast* 22 (1918).
㉚ 同上注，页106。
㉛ 同上注，页208, 252。

性，却也很少在异性性交中无法勃起和射精。㉜ 但这仍没能解释男同现象。解释可能是基因遗传。㉝ 首先是，动物中就有相当多真正的同性恋——不仅仅是主导——表达行为，尤其是，正如我们预料的，生活于多配偶制群体中的动物（主要包括了灵长类动物），那里没有足够雌性动物，同性恋就提供了安全阀。㉞ 但支持同性恋基因基础的最强证据来自至少一人是同性恋的双胞胎研究。㉟ 在 57 对同卵孪生男孩中，其中一人是男同时，有 50 对（88%）性取向一致，即两人都是男同。㊱ 当然，这一数字的意义取决于全部男人中的男同发生率。但正如我们会在第十一章看到的，全部男人中，男同发生率不大可能超过 4%，有可能更低。有别于同卵孪生，异卵孪生就像普通兄弟一样，基因大约 50% 而不是 100% 相同，两人性取向一致性不大于无亲属关系的人。鉴于大多数孪生兄弟，无论同卵或异卵，在同一家庭长大，这些数据不利于男同发育说，但我们很快会看到，这并非结论性证据。

男同基因何以存活下来的呢？对一些男子来说，传播其基因的最佳战略也许不是与某女子结下强烈的甚或任何形式的依恋，而是保护自己近亲属的后代，因为他们分享了许多共同基因，保护亲属增大了其后代活到育龄的概率，因此间接传播了他的基因。㊲ 一个家庭如果有种基因预定其某

㉜ Marcel T. Saghir and Eli Robins, *Male and Female Homosexuality: A Comparative Investigation* 102 (1973).

㉝ 关于同性恋的各种相互竞争的理论，一个细致综述，请看, Michael Ruse, *Homosexuality: A Philosophical Inquiry* (1988).

㉞ R. H. Denniston, "Ambisexuality in Animals," in *Homosexual Behavior: A Modern Reappraisal* 25, 34-35(Judd Marmor ed., 1980). 又请看, Fedigan, 前注⑲, 页 142-143；Robin Fox, "In the Beginning: Aspects of Hominid Behavioral Evolution," in *Biosocial Man: Studies Related to the Interaction of Biological and Cultural Factors in Human Populations* 1, 8 (Don Brothwell ed., 1977). 动物中，雌同性恋很罕见（请看, Denniston 页 31, 33），这进一步支持了性的社会生物学理论。

㉟ *Twins and Homosexuality: A Casebook* (Geoff Puterbaugh ed. 1990). 最有提示意义的是, 那些为改变男同性取向, 曾尝试过许多治疗战略都失败了。Richard Green, "The Immutability of (Homo)sexual Orientation: Behavioral Science Implications for a Constitutional (Legal) Analysis," 16 *Journal of Psychiatry & Law* 537, 555-568 (1988). 为什么仅仅是提示？原因在于这种性取向可能是先天缺陷，没遗传因素。也许出生时，或多或少就有些稳定比例的新生儿出了什么意外，尤其是男孩，因为男子生育系统更复杂。

㊱ Geoff Puterbaugh, "Introduction," in *Twins and Homosexuality*, 前注㉟, 页 xi, xiii。

㊲ James D. Weinrich, "A New Sociobiological Theory of Homosexuality Applicable to Societies with Universal Marriage," 8 *Ethology and Sociobiology* 37 (1987).

些（当然不是一切）成员会成为男同，在基因生存竞争中，这个家庭可能胜出无此基因的家庭。然而，针对这一点，有人论称，男同亲属会在男同活动中耗散其资源，而且大多数父母都非常反感成为男同的孩子，这表明男同几乎不可能促进包容适应性。[38] 此外，关于女同，基因解释也很弱，因为在当年显然以高度的人际暴力[39]为特征的进化过程中，就孩子存活的机遇而言，多一个男子保护显然要优于多一个女子保护。因此，不奇怪，上述孪生兄弟的证据不支持女同的遗传理论。[40]

这种男同的基因解说仍然确实有点道理，还有这个孪生兄弟研究支持。在男同的人生记忆中，一个典型但并非统一的二元组合是，父亲的敌视或冷淡与"娘娘腔"男孩的阴柔。在一项值得关注的研究中，格林（Richard Green）不是依赖成年男同的回忆（这可能靠不住，因为当知道自己男同偏好且被父亲排斥后，他会把这种排斥回溯到童年），而是15年跟踪研究了一组早年即有明显性错位表现的男孩和一个为实验设置的对照组。3/4的"娘娘腔"男孩长大后是男同或双性恋，而对照组中，56个男孩只有一位男同。[41] 如何解说？让我们假定，因先天激素异常[42]，有小部分男童生来缺乏一些男子的典型特质，如勇敢和进取（或他们就是虚弱），这使他们长大成人后对女子相对缺乏吸引力，尽管人们不意识到这一点。父亲反感男

---

[38] Robert Trivers, *Social Evolution* 198 (1985). 其他对同性恋基因理论的批评，请看，Douglas J. Futuyma and Stephen J. Risch, "Sexual Orientation, Sociobiology, and Evolution," 9 *Journal of Homosexuality* 157 (1984). "总和适应性"在此不是指某具体个体的存活（有多少孙辈后裔不大可能对他的存活有很大影响），而是指一个具体基因的存活，这种基因会在一定数量的关联个体——如一个男子和他的孙辈后裔——中自我复制。

[39] Symons, *The Evolution of Human Sexuality*, 前注[3], ch. 5。

[40] Elke D. Edckert et al., "Homosexuality in Monozygotic Twins Reared Apart," in *Twins and Homosexuality: A Casebook*, 前注[35], 页123；该研究发现女同当中没有孪生一致性，这导致作者猜想女同也许是后天获得的，而不是先天遗传的。但是，他们的孪生女样本太小了（才四对）。

[41] The *"Sissy Boy Syndrome" and the Development of Homosexuality* (1987). （但是，请看，同上注，页384，对第二个发现的限定。）孩子生理性别(sex)和社会性别(gender)不相符，是个很好的——无论男女——同性恋预示，其他证据请看，Allan P. Bell, Martin S. Weinberg, and Sue Kiefer Hammersmith, *Sexual Preference: Its Development in Men and Women* 188–189 (1981). 当然，大多数性别不相符者长大了都成了同性恋，这一点不意味大多数同性恋孩提时都性别不相符。

[42] 对此，有一些证据，但证据不多。Goodman, 前注[3], 页36–38。

孩阴柔和"娘娘腔"㊸，对此的反应是男孩把爱转向母亲，从母亲身上寻找榜样。母亲也许很喜欢，把他当作女孩养。虽然几乎没有证据，但有人猜想，母亲对最小的儿子更可能这样。无论如何，他越来越多以别于典型男子的方式来看待自己。在青春期，他发现自己对女孩确实没吸引力，这加剧了他厌恶模仿父亲。最终，他发现自己喜欢的性对象是男子。㊹

关于男同发生的这一叙述混合了心理、发育、激素和遗传因素，但基因是首要的。据推测，激素异常会增加男同偏好的概率，进化也消除不了这一现象。因为尽管男同可能比异性恋的兄弟姊妹孩子更少，甚或没有孩子，但他有更多时间和资源投入保护兄弟姊妹的孩子。有间接证据表明，在多妻制社会中，姐妹妻制——一个男子娶了两姐妹或更多姐妹——很普遍。姐妹互助抚养孩子不仅是交换服务，也直接帮助了与自己有共同基因的孩子。㊺ 这与男同协助抚养兄弟的孩子完全类似。

父母对有早期男同端倪的孩子反应不同（这完全可能是基因决定的），会促使这个孩子进入与其天生倾向兼容的男同生活模式，这样他就不用花费过多资源却没有结果地竞争女子。㊻ 有些证据证明父母的角色主要是反应的，不是因果的。证据是孪生兄弟，其中一人成为男同，他们回忆父亲的态度，对同性恋孩子冷漠、不上心，对异性恋孩子则不然。

由于叔伯如今不再扮演关照侄儿的重要角色，促使某些家庭不时出现男同的基因也许最终会彻底淘汰。随着家庭规模缩小，支持同性恋的这一遗传理由会衰落。可以预期孩子越少，父母引导孩子成为直男的动力越强。极端例子是独生子，他就没法充当兄弟姐妹的孩子的保护大叔。（这个分析隐含的是，一个人哥哥姐姐越多，他就越可能成为男同，但数据没得出这种结果。）㊼ 还有一点，下一章讨论，就是在如今发达国家占支配地位

㊸ 尽管我互换使用了"阴柔"和"娘娘腔"，但"前同"（prehomosexual）男孩不大可能有如着女装这类跨性别行为，通常只是行为不阳刚而已。Stewart L. Hockernberry and Robert E. Billingham, "Sexual Orientation and Boyhood Gender Conformity: Development of the Boyhood Gender Conformity Scale (BGCS)," 16 *Archives of Sexual Behavior* 475, 485 (1987).

㊹ 在动物界，有类似讨论，请看，Denniston, 前注㉞, 页 37–38。

㊺ Gordon D. Jensen, "Human Sociobiology," in *Medical Sexology* 106, 109 (Romano Forleo and Willy Pasini eds., 1978).

㊻ Richard C. Friedman, *Male Homosexuality: A Contemporary Psychoanalytic Perspective* 63 (1988). 又请看，同上注，第五章，就男同与其父的典型紧张关系的反应理论与因果理论之争，讨论其中的一般性争点。

㊼ Bell, Weinberg, and Hammersmith, 前注㊶, 页 70。

的伴侣婚制度中,男同更少可能结婚,也更少可能生育。根据这三点,我们应预期人类社会中男同偏好会逐渐减少。但这一趋势很容易因人工生殖的发展而被阻止,最引人关注的当然是克隆繁殖。

同性恋的其他解说都更强调双亲和社会的影响,不强调基因和激素。例如,在古希腊,男孩由男奴而不是母亲养大,或男孩裸体摔跤,有时被视为古希腊流行同性恋的原因(或原因之一)。[48] 同样的道理,人们也许可以说,女子的着装、发式、妆扮、步态和职业生涯越像男人,男人就越容易用男人替代女人作为性对象。但针对这一点,也可以说我们今天见证的文化单性化(cultural homosexualization),即传统两性在外观、态度和活动上的差异正消失,使有男同倾向的男子更容易用女子替代男子作为性伴侣。针对男奴抚养导致男同的假说,则可以提出以下观点,驱使大男子主义社会中的男子成为男同的是这种社会中母亲很容易对儿子挥霍的那种令人窒息的爱。[49] 母亲从儿子身上寻求丈夫未给予的那种情感亲密,这使得儿子很难将自己的爱转移到另一女子身上。这些论证不仅相互抵销,而且不清楚这些论证是与男同偏好有关,还是与在大男人社会,年轻直男因缺乏接近女子的便利渠道而发生的机会型男同行为有关。

还有一种常识观点认为,我们的偏好往往是在童年形成的,对大多数人来说那是最幸福的时光。因此,一个被某男子诱奸(不是强奸)的男孩,成年后,可能期望寻求类似的遭遇。此外,还有后天偏好、上瘾以及边做边学等概念,即一个人童年或青春期男同经验越多,似乎成年后他就越趋于享受同性关系。但证据反对这些假说。[50] 最强的证据是间接的。如果男孩有过同性行为成年后就趋于男同,那么为什么——在第十一章我们会看到——宽容男同的社会比打压男同的社会并不明显有更多的"真"男同,即更偏好同性的人?为什么在法定强制肛交的桑比亚人中,成年男同

---

[48] Sigmund Freud, "The Transformations of Puberty," in Freud, *Three Essays on the Theory of Sexuality* 96 (James Strachey trans. 1949); David F. Greenberg, *The Construction of Homosexuality* 143 (1988).

[49] Ira L. Reiss, *Journey into Sexuality: An Exploratory Voyage* 159–161 (1986).

[50] Bell, Weinberg, and Hammersmith, 前注[41], 页101; 以及本书第11和14章的参考文献。新近关于男同和直男的大脑有生理差别的证据, 若为进一步研究所证实, 会大大强化同性恋是固有的而非文化的观点。请看, Ann Gibbons, "Is Homosexuality Biological?" 253 *Science* 956 (1991年8月30日), 该文讨论了Simon LeVay的著作(请看, LeVay, "A Difference in Hypothalamic Structure between Heterosexual and Homosexual Men," 同上注, 页1034)以及其他有关大脑的研究。

极为罕见？(51) 容忍甚或鼓励娈童肛交的古雅典人可能错误地认为成年男子间同性关系很少见，但没迹象表明古雅典男同关系发生率比美国社会更高，而美国社会强烈谴责娈童肛交。

第十一章会进一步讨论自然和文化原因在男同偏好发生中的相对重要性。在此重要的是强调一个区别，一是那些更偏好男人作为性对象的男同，另一是那些虽偏好女人但因性欲过强因此紧缺时也接受男子替代的机会型或情境型男同。在古希腊市民阶层中，女子一直缺乏，在其他地中海和拉丁社会中也一直如此。

我们社会的许多人将这两类混同了，将其不加区分地都装进“男同”范畴，但从科学视角看，两类是不同的。真是这样的，在性的问题上，一些人仅偏好异性，另一些仅偏好同性；两者间有个连续体。金西曾创建从 0-6 的度量范围，0 代表仅偏好异性，6 代表仅偏好同性，3 代表对两性无所谓——完美的双性恋。(52)（双性恋有时指我所谓的机会型男同，这种用法会令人迷糊。）金西 1 男子对女子偏好很强但非唯一，紧缺情况下，他会以男子替代；金西 5 男子对男子偏好很强但非唯一，紧缺情况下，也接受以女子替代。我们预期，在众多金西 1 和金西 2 男子中，会有些机会型男同，在金西 4 和金西 5 中，会有些同异性结婚的男同。金西 3 则会完全基于个人理由来选择，同魅力不足的女子比，他更偏好有魅力的男子，但同魅力不足的男子比，他又更喜欢有魅力的女子。

当同性关系与异性关系存在着某种替代，也就是假定我们既不是金西
106 0 也不是金西 6，那么，即便同性偏好是天生的（我认为如此），各社会中男同活动数量也可能变化不定。在我们社会通常理解的意义上，古希腊可能比我们社会更多“男同”，但在金西天平上的分布，古希腊男子的分布与现代美国男子的分布也许等同。

同性恋研究不仅本身重要，而且也大大有助于理解男女的不同性战略。(53) 我已经提及男同、直男直女和女同的相对性。有个常见的观察是，即男同和直女比无论直男还是女同都更讲究衣着。因为在性上，男子比女子更容易接受视觉暗示，我们因此预期，在着装上，无论是对男子感

---

(51) Robert J. Stoller, *Observing the Erotic Imagination*, ch. 6 (1985)（该章与 Gilbert H. Herdt 合作）。

(52) Alfred C. Kinsey, Wardell B. Pomeroy, and Clyde E. Martin, *Sexual Behavior in the Human Male* 638-641(1948).

(53) Symons, The *Evolution of Human Sexuality*, 前注③，页 292-305。

第四章 性生物学

兴趣的男子还是对男子感兴趣的女子都比对女子感兴趣的男子或对女子感兴趣的女子更讲究衣着。

不轨性行为，更好的表述是"替代的"或"边缘的"性行为（这会少点规范意味），对那些由于不同原因难以接近女子的男子来说，是个安全阀。这就指出了暴露狂、恋童癖（对未发育的儿童有性欲）与强奸的共同点。对不被喜欢的男子、过度羞怯的男子、不知何故就是难以甚或无法与成人建立相互同意的性关系的男子来说，这些做法提供了性满足替代。暴露狂未同其暴露对象交涉；恋童癖"交涉"的孩子太小，不可能知情同意；强奸者则把自己强加于受害者。毫不奇怪，暴露狂和恋童癖往往是羞怯男子，强奸者常常缺乏性吸引力。[54] 这意味的是，与本文探讨的理论一致，许多强奸和性骚扰都是社会能力或性能力不足的男子的情境型或机会型反应。[55]

但性变态（如此称呼涉及强迫或欺骗的性行为是正确的，表明无保留地反对）远不只是对双方同意性行为的简单替代。如果仅涉及这些，那么，在即便暴露狂这种相对无害的强制性行为人也会受刑事惩罚的我们社会中，我们预期可能的反常者会经常嫖妓而不会冒被监禁的风险，尤其是与妓女性交比变态性行为更接近正常性交（从生物学上看，这就是正常性交）。无疑，是有这种替代，甚或很多；但有人太穷，无法以与其性欲相称的频率光顾妓女。但明显的是，许多人对变态性行为有根深蒂固的，甚至是强迫性的偏好，即使预期受惩罚成本很高，他们仍会如此行动。男子性偏好（如同我们所见）的多样或流变有进化意义，但这种偏好偶尔固定

---

[54] Frank G. Bolton, Jr., Larry A. Morris, and Ann E. MacEachron, *Males at Risk: The Other Side of Child Sexual Abuse* 65-66 (1989); Wilson, "An Ethological Approach to Sexual Deviation," 前注③, 页 89; Lee Ellis, *Theories of Rape: Inquiries into the Causes of Sexual Aggression* 52-53 (1989); Linda Brookover Bourque, *Defining Rape* 63, 288-289 (1989); David Lester, *Unusual Sexual Behavior: The Standard Deviations* 212 (1975). 然而, 请看, *Erotic Preference, Gender Identity, and Aggression in Men: New Research Studies* (Ron Langevin ed., 1985) 第 6 和第 8 章, 他们质疑了关于恋童癖大都个性羞怯的大量文献。说强奸者"不具性吸引力"时, 我不是指他们相貌不好看——在大多数女子眼中, 这不是个很大缺点——而是指作为潜在配偶, 他们缺乏基本社交手段, 有病或在其他方面价值低, 无论事实如此还是外观如此。

[55] Anne E. Pawlak, John R. Boulet, and John M. W. Bradford, "Discriminant Analysis of a Sexual-Functioning Inventory with Intrafamilial and Extrafamilial Child Molesters," 20 *Archives of Sexual Behavior* 27, 28-29 (1991). 对强奸的进化论理解, 最完全的表述, 请看, Randy Thornhill and Nancy Wilmsen Thornhill, "Human Rape: An Evolutionary Analysis," 4 *Ethology and Sociobiology* 137 (1983).

了，尤其是固定在既不直接也不间接生殖的性形式上，则没有进化的意义。

另一例外是男同。即使是完全的男同，对那些最适合帮助兄弟姊妹抚养孩子而不是自己组建家庭的男子来说，这也许是最佳进化战略。另一例外可能是强奸。由于女子趋于限量供应性机会，我们预期，自然选择更有利于那些更进取的男子（尽管不能过分进取，否则的话，女子对基因适应性的筛选就受限制了）。一个强化因素是男子进取的生存价值，在诸如狩猎和防卫活动中很有用，因此，让进取心强的男子获得女子芳心可能会促进基因适应性。进取心分布的尾端也许还包含了一些性进取极强的男子，乃至很难震慑阻止他们不对女子施暴。

结论和批评

本章为一种性的理性选择或经济学理论作铺垫。事实上，经济学语言
108 已悄悄进入了这一讨论。这应该不足为奇。本章讨论的生物学主要分支——演化生物学，与经济学分析并行不悖。(56) 两者都分析手段符合目的的理性行为，差别在于演化理论中，理性最大化者是基因，在经济学理论中，则是个人或厂商。这一差别并非微不足道。可以说，基因几乎是一心一意关注在人类亲属中的自我复制，在亲属细胞中碰巧发现它自己，而理性人则会平衡基因的主张和其他的要求，他感到基因的牵引，但不总是屈从于这种牵引。如果没这种平衡，就没法理解为什么许多人不要孩子

(56) 例证是，经济学家贝克尔运用了经济学理论来解释非人类物种的家庭行为，Gary S. Becker, *A Treatise on the Family*, ch. 9 (enlarged ed., 1991)；经济学家阿尔钦运用进化理论来解释竞争，Armen A. Alchian, “The Basis of Some Recent Advances in the Theory of Management of the Firm,” 14 *Journal of Industrial Economics* 30 (1965); 经济学家弗里德曼用经济学术语对费歇尔（R. A. Fisher）的性别比研究重新予以系统表述，David D. Friedman, *Price Theory: An Intermediate Text* 16–18 (1986); 在讨论演化生物学时大量运用经济学术语，一个很好例证是，Marion Blute, “Reply” (对她文章的评论，请看后注(58)的引证，“The Sociobiology of Sex and Sexes Today”), 25 *Current Anthropology* 207, 210 (1984); 还有些生物学家实际借用了经济学理论。关于这种借用的列表，请看，Jack Hirshleifer, “Economics from a Biological Viewpoint,” 20 *Journal of Law and Economics* 1, 5 (1977), 一个突出的例子，请看，Michael T. Ghiselin, *The Economy of Nature and the Evolution of Sex* (1974). 经济学与社会生物学相互借用的例证，Arthur M. Diamond, Jr., and Luis Locay, “Investment in Sister’s Children as Behavior towards Risk,” 27 *Journal of Economic Inquiry* 719 (1989).

第四章　性生物学

了，少数个案除外，即理性人希望（当然不必有意的）把更多时间和资源用于其他潜在生殖的亲属身上。进化生物学解释人类性行为趋向，它不解释行为本身。

尽管有这些免责声明，用生物学术语来解释人类社会行为，包括性行为，还是争议巨大。社会生物学（等于社会的生物学、社会互动的生物学）是个招惹是非的词，特别是用于行为有别于动物或植物的人类身上。争议有两个层面。一是在科学层面。关于进化的一些命题，有关过往的事，经验上无法证实或否证。这导致基因解释有猜想意味，尤其是在社会领域，至今尚未发现其设想的社会行为的基因——有关同性恋（或有关父亲讨厌有男同端倪的孩子）、有关利他、有关忠诚等的基因复合体。进一步的难题在于，由于这些社会基因——人们也许这样称呼它们——，人们认为仅创造了行为倾向，因此，很难检验社会生物学的假说。如果人的行为不像该理论预测的那样，这也许不是因为理论假，而是因为这些人扛住了基因的牵引。此外，在一个包含了人类史前不存在的特征的环境中，基因很容易被愚弄。我们没看到有谁急于传播自己的基因，砸破精子库的大门，或放弃避孕的性交。尽管如此，如果将社会生物学一笔勾销，将之当作伪科学[57]，那也是个错误，就如以类似理由勾销古生物学、宇宙论和经济学一样。

第二层次的争议是政治的。由于社会生物学似乎为各种不公正制度（就当下而言，最重要的是女子的双重标准和从属地位）设定了基因基础，使社会不可能改革这些制度了。[58] 这种表象（社会生物学普及者须为此承担责任）[59] 误人子弟，我们不必停下来，考虑一下，科学是否应坚持政治正确。社会生物学辨认影响行为的因素，而不是行为的决定因素。如果基因趋于令女子采取比男子更保守的性战略，我们仍会看到在女子不依

---

[57] 关于社会生物学的科学地位，有些很好的讨论，请看，Michael Ruse, *Sociobiology: Sense or Nonsense?* (2d ed., 1985); Florian von Schilcher and Neil Tennant, *Philosophy, Evolution and Human Nature*, ch. 2 (1984); Robert L. Simon, "The Sociobiology Muddle," 92 *Ethics* 327 (1982); Richard D. Alexander, *The Biology of Moral Systems* (1987). Alexander(页5-6)抱怨了社会生物学这个词，因为它错误表明自己与主流进化生物学无连续性。社会生物学进路的唯一新颖之处就是有个总和适应性概念，这个概念同进化生物学的基本假定完全兼容。

[58] 因此，对社会生物学的一些最敏锐批评都是女权者提出来的，这不奇怪。一个例子是，Marion Blute, "The Sociobiology of Sex and Sexes Today," 25 *Current Anthropology* 193 (1984).

[59] 这是西蒙斯(Symons)指出的，请看，*The Evolution of Human Sexuality*,前注③,页42-43。

赖男子的文化中，有许多女子抵制了这种基因倾向，放弃了保守战略。许多社会习俗，如羞涩、高跟鞋时尚（象征女子行动不便，因此不大可能离开男人）、男子为约会付费（借此筛选供应能力不足的男子）等，说来似乎扎根于社会生物学家提出的女子保守性战略，如今正迅速被人忽视。更重要的是，就男女差别而言，社会生物学中唯一可靠的部分就是男女性战略不同。想由此推断男女受教育的潜能或职业天赋的差别，如因为女子性战略比男子更保守，就认为女子不像男子更能承担商业风险，那就是过度猜测了。

我准备为性的社会生物学辩护，反对社会生物学的贬损者；但如果社会生物学被彻底推翻了，也不影响本书的大多数分析。在达尔文之前，人们就认识到，男子和女子在传统上追求不同的性战略，与两性的不同繁殖能力有关，性吸引力与生殖健康有关。[60] 无论这些行为本身是遗传决定的，或只是对基本物理事实的社会回应——事实都是，而非理论上，男子一般要比女子有更大的生殖能力，即便社会建构主义的特点是对性的生物与文化边界含糊其词。[61] 但从经济分析视角看，这是个细节。这个细节并非无关紧要，它与性行为和性习俗适应社会条件、信仰等变化的速度和程度有关，与我们对具体性行为或性倾向（如同性恋）的普遍性或地方性预期有关。但无须接受社会生物学，读者就能发现本书主要论点的说服力。

1998 年 7 月 29 日译于北大蔚秀园

---

[60] 休谟关于贞洁和谦和的讨论就是很好例证，请看，Hume, *A Treatise of Human Nature*, bk. 3, pt. 2, §12, 此外还有叔本华关于性的论文, Schopenhauer, "The Metaphysics of Sexual Love," in *The World as Will and Representation*, vol. 2, 531 (1958)，特别是页 542。又请看康德富有洞察力的讨论，有关兄弟姊妹间的乱伦禁忌, Kant, *Lectures on Ethics* 168 (Louis Infield trans. 1930).

[61] 一个例证，请看, Leonore Tiefer, "Social Constructionism and the Study of Human Sexuality," in *Sex and Gender*, 前注⑯, 页 70。

第五章　性与选择理性

本章和下一章提出一种关于性行为的实证经济学理论,来展示何以可能用对机遇和制约的理性回应,来解说不同性行为的类型和频率,有别于性驱动和性偏好(倾向、导向)。性行为的理性选择模型强调,不同性行为的目的、性搜寻成本和婚姻性质(伴侣的或非伴侣的)是性实践和性态度的决定性因素,同时起作用的还有城市化,尤其是女子就业和经济状况。第七章提出一个规范经济学理论,如果性与道德无关,就可以从中演绎出一个最优的性行为规制模式。

性的收益

我们首先考察性所服务的诸多目的,然后考察服务于目的的手段,即性实践本身。我把目的分为生育、享乐和社交三大类。第一类显而易见。第二类再分为两部分:一是缓解急切的性欲,就好像挠痒,或口渴喝水。二是情色艺术(ars erotica),有意培养性快感的能力;类似培养高雅音乐或美酒的雅趣。第三类社交,是最不明显的。它指用性来建立或强化与他人的关系,如夫妇或朋友的关系。罗马天主教的"婚姻债务"(配偶双方有义务接受对方的性请求)就与此吻合。但这种关系也可以是明确的商业关系;妓女追求的就属于我的社交范畴。许多不视为卖淫的性关系也有很强商业成分,例如,为钱结婚。但经济交易不必须是商业的。婚姻就是一种交易关系,配偶双方动机基本不是为钱,甚至完全不是为钱,却仍可以用经济学术语来建模。超出了男人友谊,有了(同)性关系,进而强化友谊,这种理念就是古希腊男同理论要素之一;在柏拉图《会饮篇》

中，就能看到这一点。

社交因素是理解伴侣婚和非伴侣婚差异的基础。（为简单起见，我把"陪伴"视为一个二分变量；它其实是个连续变量。）在非伴侣婚中，丈夫与妻子在情感上几乎是陌生人，他们的性关系不比陌生人间的性关系更有价值。对丈夫来说，妓女、妾、偶尔的情人，甚至（在稍后探讨的特定情况下）青春期男孩都可以提供婚内性关系的很好替代，如同情人替代妻子那样。因此可以预期，非伴侣婚会使配偶双方都出现婚外性行为，与之相随的还有丈夫不断努力——出于本能嫉妒，或自觉担心养的不是自家孩子——防止妻子婚外性行为。实现该目的的手段包括把妻子隔离在家、贬低女子的性和伤害女子性器官，以此削弱女子获得性快感的能力，弱化她们寻求性快感的激励。①

在伴侣婚中，婚内性行为有了感情因素，因此创造了"社会情感的亲密和交流"，不仅仅是"心理生理的愉悦和释放"。② 这些因素会影响许多男子，使婚外性行为成了婚内性行为的低等替代（至少不是优等品），或成为一种昂贵的替代品，因为伴侣婚的妻子更容易嫉妒，因此丈夫必须花费资源掩盖自己的寻花问柳。即使某些婚外性关系，如养情人，有别于找妓女，与婚内性行为有同样的情感价值，但这种婚外性关系，若同那种低替代品——同妓女之类的人的偶尔性关系——相比，还是很费时间和其他资源的，不只是掩盖的费用。

我顺带讨论另一种可能的性动机，女权文献、灵长类动物同性恋文献以及监狱同性恋文献都强调过，即断言插入者对被插入者的支配。③ 有人屡屡援引说这是异性或同性肛交的动机，是强奸的动机，在某些激进女

---

① Lee Rainwater, "Marital Sexuality in Four Cultures of Poverty," 22 *Journal of Marriage and the Family* 457 (1964)，这是一个关于非伴侣婚的典范研究。还有个非常切题的研究是，Fatima Mernissi, *Beyond the Veil: Male-Female Dynamics in a Modern Muslim Society* (1975). 又请参看，David Cohen, *Law, Sexuality and Society: The Enforcement of Morals in classical Athens* 169-170 (1991). 顺便说一句，阴蒂切除不仅是非洲部落的做法，维多利亚时代的医生也用作（有时甚至全切除卵巢）治疗女子手淫的最后手段。Susan S. M. Edwards, *Female Sexuality and the Law: A Study of Constructs of Female Sexuality as They Inform Statute and Legal Procedure* 87-90 (1981).

② Lee Rainwater, "Some Aspects of Lower-Class Sexual Behavior," in *Studies in Human Sexual Behavior: The American Scene* 177, 182-183 (Ailon Shiloh ed., 1970).

③ 请看，例如，Alan J. Davis, "Sexual Assaults in the Philadelphia Prison System and Sheriff's Vans,"同上注，页330。参见，Cohen，前注①，页186-187。

第五章　性与选择理性

权思想中，甚至是双方明确同意的阴道性交的动机。后面章节还会考察这个支配问题。但这里提及灵长类性行为是相关的，这表明人类性行为的社交维度可能有基因基础。性行为巩固配偶关系，有助于确保雄性不离左右，保护雌性和后代免受饥饿和被捕食。但我们一定要小心。一方面，雌性享受性行为，要比她无所谓，更能密切与雄性的关系，有更深的相互感情。但另一方面，这关系又更弱了，因为一旦意识到性愉悦之可能，雌性就越容易被其他雄性勾引。了解了这一点，其配偶就会多疑、嫉妒、警惕并设限；相互的感情会受损。诸如此类的考量引发了质疑：女子性高潮以及，更宽泛地说，人类女子持续的性交能力，是否真的有利于生存。④

让我们把种种可能的性行为与先前确定的服务目的匹配一下。很明显，这些手段都不可互换；有些手段更适合这一目的而不是另一目的。例如，无避孕阴道性交很适合繁殖，但除非是想要很多孩子，这就不大适合追求性快感：生下一个意外的孩子就是为了性快感而支付的一笔重税。同样的原因，无避孕阴道性交也还会削弱性作为婚姻关系粘合剂的作用；对伴侣婚可能事实上至关重要的是要控制生育。⑤ 对那些把性行为当成挠痒痒的人来说，手淫会是性交的出色替代，因为这便宜，无论就时间还是染病以及其他成本而言均如此。男同性交毫无生育的价值，对偏好异性交的人，其快感也差一截。但即使对偏好异性交的来说，男同性交就强化关系而言也许能得高分，作为释放性欲的手段之一也还成。如果找不到异性，同性性交甚至还能获得快感。就此而言，同性行为的适宜度取决于行为人在金西测度表上的位置。

各种性行为的替代作用，这一点的例证是，艾滋病出现后男同行为的变化。艾滋病增加了同多个性伴侣无保护肛交的成本，男同的反应是减少性伴侣数量，增加避孕套使用，以比肛交更少可能传播艾滋病的口交和其

---

④ Donald Symons, *The Evolution of Human Sexuality*, chs. 3-4 (1979).

⑤ Angus Mclaren and Arlene Tigar McLaren, *The Bedroom and the State: The Changing Practices and Politics of Contraception and Abortion in Canada, 1880-1980* 26-27 (1986).

他做法作为替代。⑥ 这个例子表明，尽管性偏好不可选择，但性行为的理性选择领域还很大。这种替代不限于性行为方式，也包括性对象（如用异性伴侣替换同性伴侣）替换、用非性行为替换性行为，以及他各种性交易形式如强奸、姘居和嫖妓的替换。

"安全性行为"无法完美替代不安全性行为；如果可能，在艾滋病传播前，男同就会普遍采用安全性行为了，因为众所周知，不安全性行为感染其他性病的风险也很高。⑦ 由于安全性行为并非完美替代，因此，我猜想，艾滋病必定令男同行为成本更高了（无论是感染艾滋病代价太大，还是转换为安全性行为代价更小），从而男同行为数量减少了。人们会预期，在上一章称为"机会型"男同中，这种现象会特别明显。因为男同行为对于他们来说收益不如对"真"男同的收益大，因此，当此种行为成本加大时，他们会有更大回应。但前提是他们的成本增加幅度相同，也可能更小些。因为就艾滋病来说，风险最大的是肛交接受者；而机会型直男*通常是插入者。

我还猜想，艾滋病传播会导致非婚生子女数量减少。避孕套的功能有二：避孕和防止疾病。由于艾滋病既可能阴道交传播，也可能肛交传播，而使用避孕套会大大降低感染风险，因此艾滋病出现增加了直男和

---

⑥ Heather G. Miller et al., *AIDS: The Second Decade* 82–83 (1990); Marshall H. Becker and Jill G. Joseph, "AIDS and Behavioral Change to Reduce Risk: A Review," 78 *American Journal of Public Health* 394 (1988); Ron D. Stall, Thomas J. Coates, and Colleen Hoff, "Behavioral Risk Reduction for HIV Infection among Gay and Bisexual Men," 43 *American Psychologist* 878 (1988); National Research Council, Committee on AIDS Research and the Behavioral, Social, and Statistical Sciences, *AIDS: Sexual Behavior and Intravenous Drug Use* 132, 134–136 (Charles F. Turner, Heather G. Miller, and Lincoln E. Moses eds., 1989); Dennis Altman, "AIDS and the Reconceptualization of Homosexuality," in Altman et al., *Homosexuality, Which Homosexuality? International Conference on Gay and Lesbian Studies* 35, 44 (1989); R. W. Connell and Susan Kippax, "Sexuality in the AIDS Crisis: Pattern of Sexual Practice and Pleasure in a Sample of Australian Gay and Bisexual Men," 27 *Journal of Sex Research* 167 (1990). 在艾滋发病率低的城市中，保护措施不很普遍；请看，Miller et al. 页 83; John S. Moran et al., "Increase in Condom Sales Following AIDS Education and Publicity, United States," 80 *American Journal of Public Health* 807 (1990). 从经济学视角看，这不奇怪，因为在这些城市不安全性行为的预期成本较低。

⑦ 请看第6章。许多男同认为安全性行为快感不如不安全性行为且成本更高，相关的直接证据，请看，Miller et al., 前注⑥，页110。

* 从上下文来看，这里更准确地表达当为"机会型男同"或"直男在机会型男同行为中"。——译者注

男同使用避孕套的收益。可以预期，异性性交中，使用避孕套会增加，⑧ 副产品之一是不用避孕品的阴道交会减少。婚生子女出生数量可能不会减少太多，因为在美国，大多数已婚夫妇都用避孕品，只有想怀孕时才破例。事实上，婚生子女出生人数有可能上升。因为婚内性行为比非婚内性行为更安全，因此，艾滋病增大了婚姻的收益，且已婚者也比未婚者更可能要孩子。艾滋病会使非婚生子女在全部出生中的比例下降，比非婚生子女出生数量下降更快。依据类似推理，我们应预期，艾滋病发生率越高，社会通过未成年儿童家庭救助之类的福利项目补贴非婚生子女会越多，因为这种补贴降低了避孕性交的收益，有望减少避孕套使用。当然，所有这些预测都假定其他相关变量不变。

在各种性行为的联系中，我把这些性行为均视为实现前述目的的手段，分析了这些性行为的收益。所谓同性恋偏好就是觉得同性性交比异性性交收益更大，这里的收益指快感，或许也有社交因素。想要孩子的人，会从无避孕的阴道性交中获益更大，大于有避孕的阴道性交的获益。性收益可以是私人的，也可以是社会的，取决于社会对这些性行为服务目的的态度。

性的成本

不同性行为有成本差别，当然也有收益差异，我分析的重点就是这些差异。例如，有生育能力的夫妇无避孕阴道性交的成本是否高昂，这取决于他们想不想要孩子，以及如果不想要，能否以合乎情理的成本获得有效避孕。如果想少要孩子，避孕措施却不确定，那么，可以预期，如马尔萨斯预测的，婚龄会提高，性交频率会降低（这与婚龄无关）。⑨ 近年来有

---

⑧ 有关避孕套使用增加的证据，请看，Jacqueline Darroch Forrest and Susheela Singh, "The Sexual and Reproductive Behavior of American Women, 1982-1988," 22 *Family Planning Perspectives* 206, 213 (1990). 直男回应艾滋病的其他例证，请看，Gina Kolata, "Drop in Casual Sex Tied to AIDS Perial," *New York Times*, May 15, 1991, A12; Michael R. Kagay, "Fear of Aids has Altered Behavior, Poll Shows," *New York Times*, June 18, 1991, B5。

⑨ 相关经验支持，请看，Paul A. David and Warren C. Sanderson, "Rudimentary Contraceptive Methods and the American Transition to Marital Fertility Control, 1855-1915," in *Long-Term Factors in American Economic Growth* 307, 335-338 (Stanley L. Engerman and Robert E. Gallman eds., 1986).

效、安全和舒适的避孕可能已抵消了后一结果,虽然对孩子的需求降低了,性交成本的净降低导致了性交数量增加。这一预测已被数据确认。⑩同样可以预见,年龄较大者和孩子较多者更可能选择绝育,因为他们的自身特点提高了生育更多孩子的成本(或降低了孩子多的收益),从而降低了永久不育的成本。这一预测也得以证实。⑪

这些例子都表明,私人成本与私人收益平衡可能决定了不同性行为的相对频率。这种平衡在不同社会,在同一社会的不同时期一定不同,因此不同性行为的频率在不同社会和不同时期变化显著。制度配置,如惩罚,将影响私人成本与私人收益的平衡,影响不同性行为的频率,但我现在暂时摘除惩罚甚或社会谴责。

用生物学和心理强迫而非理性选择的术语来思考性,这种倾向更强调服务不同性目的之手段的性实践可相互替代。这里有更多例子。

1. 手淫在中产青年中比在下层青年中更普遍(请看第二章以及本章注⑦),因为前者初次性交的平均年龄更高。

2. 在不赞同婚前性交的宗教社会中,比在性交普遍的宽容社会中,通过爱抚获得性高潮和早婚更为普遍。⑫ 宽容社会中,人们甚至可能认为"过度爱抚"不道德,并自认为是道德楷模。他们会奇怪居然有青春少女为保持贞操而接受肛交,这种做法在美国并不陌生,在南美尤为常见(请看本书第六章)。

3. 有关同性恋的经验研究文献有个很好记录的发现是:一个社会越不宽容男同,男同结婚比例就越高。⑬ 不宽容使男同行为的代价增大,因此会偏向以异性性行为作为替代品。更重要的是,社会越不宽容,用婚姻掩

---

⑩ Charles F. Westoff, "Coital Frequency and Contraception," 6 *Family Planning Perspectives* 136 (Summer 1974); Westoff and Norman B. Ryder, *The Contraceptive Revolution* 67–70 (1977); James Trussell and Westoff, "Contraceptive Practice and Trends in Coital Frequency," 12 *Family Planning Perspectives* 246 (September/October 1980). 参见,Ronald Demos Lee, "Target Fertility, Contraception, and Aggregate Rates: Toward a Formal Synthesis," 14 *Demography* 455, 465–466 (1977).

⑪ Westoff and Ryder, 前注⑩,页117–118,128。

⑫ Harold T. Christensen, "Scandinavian and American Sex Norms: Some Comparisons with Sociological Implications," 22 *Journal of Social Issues* 60, 72 (April 1966). 具体比较的是摩门教老家犹他州和丹麦。

⑬ Michael W. Ross, *The Married Homosexual Man: A Psychological Study* 110–111 以及 tab. 11.1 (1983). 例如,美国男同的结婚比例大约是瑞典的两倍。

第五章 性与选择理性

盖男同的价值就越大,掩盖的收益也越大。从这种观点看,异性恋实际上可以是同性恋的补充(就这一术语的经济学意义而言,本章稍后讨论),也是一种替代品。

但如果结论认为在宽容社会中,男同结婚率在各地总是很低,那也太简单了。男同成本(或男同被曝光的成本)并非唯一考量;男同还必须考虑异性婚姻的代价。在某些宽容社会中,突出的如古希腊,对一个男同来说,婚姻很便宜。偶尔性交除外,并不要求他同妻子关系亲密。确实,那时结婚的社会压力很强,人们会怀疑那些老光棍,还不是因为人们认为他们是男同,而是认为他们逃避相应的社会义务。这些社会压力,以及对老光棍的怀疑,也许只反映了男同可以轻松结婚。如果他真不结婚,他就真成为一个怪人了,因为他放弃了生育孩子的机会,没有任何回报。古希腊的非伴侣婚并非同性关系的替代,它要求的时间和情感投入很少;它不强迫男同选择。在宽容社会中,伴侣婚成了常态,我们才应当预期男同结婚比例很低;现代瑞典就是个例证。

在性的问题上考虑替代时,我们一定要小心,不要将分析限定于用某种性行为替代另一种。这不切实际地预设了,个体的性行为总量甚或一个社区的性行为总量是稳定不变的。禁欲,隐含的是用非性行为替代性行为,这也可能是对性成本增加或性收益减少的回应之一。这一点就隐含于早先提及的观点,即有效避孕增加,导致性交频率更高。还请回想马尔萨斯认为养育孩子成本高了,会导致婚姻推迟,常常伴随着婚前禁欲。一个人性冲动越强,性满足的来源就越可能多样,就越不可能以禁欲来回应其偏好的性行为的成本增加和收益减少。避孕方法完善,降低了异性性交的主要成本,也降低了禁欲的收益。

有人可能不赞同我强调的替代,理由是这种说法使所有的性关系,事实上是所有的家庭关系似乎都商业化了,扭曲了它们。这种说法似乎还隐含了,例如,在我们允许离婚的法律制度下,每个婚姻美满的男人和女人还都一直在市场上寻找着更好的配偶。事实上,没有这种寓意。我们在前一章就看到,可以赋予爱情一种精确的经济学含义,排除下面这些令人难以置信的假说:爱情就是为他人无可替代的特点吸引,该特点根据定义就不可能在任何他人身上发现并替代。这就是为什么在伴侣婚中,婚外性行为通常是婚内性行为的劣质替代。理性选择和经济决策并非商业交换的同义词。

爱情例证了，在性的问题上，生物经济学进路与纯经济学进路的差别。所爱者独一无二，这是在动物和人类环境中都曾观察到的绑定（bonding）和铭记（imprinting）*，例证是各物种的母子密切关系。纯经济学分析会强调，搜寻新配偶成本很高、离异对孩子的影响并经利他主义分析对父母的代价成本，以及信守承诺有声誉收益等因素。然而，这些因素都不能解说爱情关系的情感特点。这些因素的意义在于其可能预测在各种情况下这种联系会持续多久。

因此，就字面意义而言，爱情是自然的；当文化切入时，爱情偏移、升华、侵蚀，或以其他方式影响爱情。如果配偶选择对两位预期配偶的家庭很重要，两家会努力引导甚或当必要时否决这一爱情的发展。⑭ 由于爱情在伴侣婚中比在非伴侣婚中更重要，因此，人们可以预测，一个社会中，家庭力量越大，伴侣婚制度就越羸弱。

应区分两类情爱（erotic love）。一种是奔放、激情洋溢、浪漫，且通常短暂（人称为热恋），这种情爱有可能扰乱伴侣婚制度，因为它阻止了理性的婚姻搜寻，同时热恋消退后配偶容易被通奸诱惑。对非伴侣婚来说，这倒还没什么危害，因为婚姻本就可能是由配偶双方家庭包办的；没期望丈夫忠实；妻子则可能一直受监督。还有一种情爱，伴随了亲密情感、价值分享和长相厮守的关系，情爱既强化了这种关系，也为这种关系所强化。

非经济学家也许认为，我过于强调性实践、性对象和性交易形式的可替换，经济学家则可能认为，我断然区分了性行为和性偏好，低估了性的可替换。可以想一想吸烟。一个人也许因关心自身健康，戒烟了，但他的吸烟欲望并未衰减。这就像一位男同，可能因害怕惩罚或疾病，不敢有男同行为。但大多数吸烟者，戒烟一段时间后，吸烟兴趣会降低，他们的偏好会随着其行为改变而改变。（直男和男同的）性偏好是更像吸烟呢，还是更像左撇子？这是个经验问题。左撇子可以强迫自己用右手，却总感到不自在。第四章的讨论以及此后几章详尽展开的证据令我信服，性偏好更接近"用手习惯"，而不是吸烟。

---

* 心理学术语。指人/动物出生第一次见到人/动物后随即发生的追随和依附此人/动物的长期稳定的行为态势。

⑭ William J. Goode, "The Theoretical Importance of Love," 24 *American Sociological Review* 38 (1959).

第五章　性与选择理性

然而，金西测度表可能看似隐含了偏好和行为均可替代。尽管为明晰阐述，我常把世界分为异性恋和同性恋，但金西无疑是对的，即许多人同时有异性和同性的偏好。事实上，许多主要偏好异性的人某些情况下也愿以某种同性性行为作替代，可以认定这意味着他们有某种程度的同性偏好或倾向。我接受金西测度表是表述异性和同性偏好分布的一种有用方法，但我认为一个人在表中的位置不大会受社会因素影响。这一位置决定了一个人有多大可能以同性性行为替代异性性行为，但这不意味着一个人可以从这个位置挪到哪怕相邻的位置。一个人的行为也许会从位置6移到位置0，但他偏好的位置会一直在6。

核心是搜寻成本

现在必须考察性行为涉及的不同类型的成本，以及与这些成本相关的主要因素。其一是搜寻成本。[15] 就手淫而言，如果是个人活动，其搜寻成本为零，这是手淫最廉价的原因。（这里的限定很重要，因为"相互手淫"，无论直男还是男同，都是非阴道性交，搜寻成本都为正。）我没说（个人）手淫必然简单，无须成本。除少量时间成本外，如果社会不赞同手淫，他就会有掩盖手淫的成本，且常常还会有犯罪感这种成本。

经济学的搜寻理论有助于解说这种让人奇怪却又很好确证的发现，婚前同居，然后结婚，这种婚姻不比未同居就结婚的婚姻更稳固；即使校正了同居者和非同居者的其他差异，也是如此。[16] 道理也许是，那些需要更多对方信息的情侣会先搁置婚姻，用同居获取这种信息，而那些已有必要信息的情侣则会省略试婚。尽管如此，这两类型情侣在结婚之际，仍可能有同量信息。如果禁止或阻碍婚前同居，那么，前一种情侣的婚姻搜寻成本会更高，并可能导致一些不那么令人满意的婚姻。

搜寻成本也解说了为什么街头妓女提供的性服务质量最低，应召女郎

---

[15] 经济学上有关这个主题有大量文献，有些与婚姻搜寻有关，并与就业市场上的工作搜寻有类比。除第一章引证的贝克尔的著作外，又请看，Dale Mortensen, "Matching: Finding a Partner for Life or Otherwise," 94 *American Journal of Sociology* S215 (1988); Michael C. Keeley, "The Economics of Family Formation," 15 *Economic Inquiry* 238 (1977). 关于搜寻经济学的清晰介绍，请看，George J. Stigler, *The Theory of Price* 1-5 以及 ch. 14 (4th ed., 1987).

[16] 请看，例如，Alfred DeMaris and Gerald R. Leslie, "Cohabitation with the Future Spouse: Its Influence upon Marital Satisfaction and Communication," 46 *Journal of Marriage and the Family* 77 (1984).

提供的性服务质量最高。⑰ 与酒吧女郎、妓院或按摩间工作或陪伴服务的妓女以及尤其是应召女郎不同，街头妓女对于潜在嫖客来说几乎无任何搜寻成本，因此，她们的全部服务成本最小化了。如果搜寻成本相对于服务质量不变，那么服务质量越低，搜寻成本在全部成本中占比就越大，并因此其他服务成本也越低。服务质量越低，人们就越不情愿承担搜寻成本，而服务质量越高时就越情愿承担。

也可用运输成本做类比。高价值物品比低价值物品更可能运到远方销售，因为就高价值物品而言，运输成本对其最后价格影响更小。男人愿意花费很高搜寻成本寻找应召女郎（当然，找情人或妻子，成本更高），但很少乃至没人愿意花这么高的成本获取劣质性服务，即街头妓女——搜寻成本为零的妓女——提供的服务。与此类比，劣质物品自家消费，根本不外运。

就任何类型的互动性行为而言，搜寻成本都为正，且有时搜寻成本实际是无限大。在管理严格的监狱中，要发现异性伴侣，搜寻成本趋于无限大。但这还是搜寻成本吗？你会认为，如果一位（男）囚犯了解狱中没有女人，他搜寻异性的成本就为零，而不是无限大。但如果对"搜寻"的理解不仅包括寻求，还包括制造一个对象，那么第二种概括即搜寻成本无限大就更确切。

并非所有监狱都管理良好。囚犯可以努力收买狱警，带进一位女子；他可以努力越狱；他还可能试图袭击女雇员。有些监狱甚至允许夫妻生活探访。尽管如此，异性恋搜寻成本，以及因此而来的异性恋性行为成本，对囚犯来说还是比自由人高太多；因此我们可以预期，狱中男同关系比监外更常见，即便因犯中男同偏好分布同自由人中的分布完全相同。⑱ 我们同样可以推测，早期基督教禁欲生活的兴起是引发神学家关注手淫和男同的因素之一。

概括一下监狱的例子。可以设想这样一个男子，他设定与一位一般女子的性行为价值为20，与一位男子替代（也许是一个脂粉气男子或一位女

---

⑰ 关于美国今日卖淫市场之结构，一个很好的描述，请看，Miller et al., 前注⑥，页263-269。

⑱ 关于监狱中男同行为发生率，请看，Richard Tewksbury, "Measures of Sexual Behavior in an Ohio Prison," 74 *Sociology and Social Research* 34 (1989); D. J. West, *Homosexuality Re-Examined* 233-240 (1977); C. A. Tripp, *The Homosexual Matrix* 222n. (1975); Mikhail Stern, *Sex in the USSR* 217 (1980); Shakuntala Devi, *The World of Homosexuals*, ch. 8 (1977); Davis, 前注③。至于同性恋偏好分布在监狱内外是否相同，下一章考察。

第五章 性与选择理性

装男子)的性行为价值为 2。(我用这些设定值来反映该男子在性关系以外时间的全部使用。)如果与某女子性行为的成本是 30,而与某男子性行为的成本是 1,这位设想的男子就会更情愿与男子而不是与女子的性行为,哪怕他强烈喜欢女子超过男子(这表明他是直男)。即使他本可以低于收益的成本同某些女子有性行为,他也会选择这一替代。假定他本可以 0-1 之间的成本同他认为价值仅为 1 的某女子有性行为,他也情愿同男人有性行为。当然,一位性偏好更直的男子也许认为与男子的性关系价值为 0。但我们知道,尽管有不少男子非常偏好(相应的)女子为性伴侣,不喜欢男子,他们也愿意接受男子为性伴侣。

若进一步概括,可以认为,我们设定的这位男子对异性性行为的需求曲线向下倾斜。需求曲线向下倾斜,不仅因为性的边际效用递减,还因为男子性偏好多样化隐含了:一个男子越是腻味了异性恋行为,就越可能以男同行为作为异性性行为的更好替代。异性性行为成本越高,该男子就越愿意用其他行为作为替代,其中有些与性无关如看电视,或是其他的性行为如手淫,或是同厕所相遇的陌生人口交。

一个人如果对某一类潜在性伴侣来说越有吸引力,他的性伴侣搜寻成本就越低,他不必太多搜寻就能找到两情相悦的性伴侣。我们因此可以预期,丑男会比帅男更多嫖娼,并且,如果我们假设,阴柔男子通常不如硬汉对女子有吸引力的话,那么阴柔男子——即便他是直男——一般说来也比硬汉更容易参与同性恋。

阴柔男子,即使并不比其他男子更偏好同性恋,平均说来,也会有更多男同行为,这一说法与直觉不一致,值得细细说明。这种说法能否成立的关键在于阴柔的含义。这个词在有关男同的讨论中时常出现,很为男同抵制,因为这个词有贬义(尽管我没用作贬义),也因为这个词拿男同与女子比,把男同归为今天我们社会处于从属地位的性别。女权者还会说,这就是为什么这个词带贬义。这个词也很含混,就我的目的来说,这是个更严肃的问题。然而,C. A. 特里普(Tripp)提出了阴柔的分类:"娘娘腔"(nelly)、"女人做派"(swish)、"无聊"(blasé)和"做作"(camp)。[19] 这些词大致分别指女化、拙劣模仿女人、奢华(像时装模特)、非常做作。特里普写作是在 20 世纪 70 年代中期,今天人们也许会加上第五类:孩子气、

---

[19] Tripp,前注[18],页 177-190。

双性人，长不大的彼得·潘式的男子。他说的是男同，但有些直男也符合这五种类型之一。

当你从常规的阳刚移到阴柔时，男同比例就会增加，如果女子不能确定哪位阴柔男子是直男时，她们趋于对所有阴柔男子都打个折，特别是在如今艾滋病流行的时代，结果是一般的阴柔男（但直男）就得比其他直男支付更高的异性搜寻成本。[20] 他不得不搜寻更久，更努力，找到一位女子，建立婚姻或其他性的关系，这会增加他以男子替代的可能性。可作类比的是两个人，他们同样喜好香草冰激凌超过巧克力冰激凌，喜好程度也一样。如果价格相同，他们消费香草冰激凌都会超过巧克力冰激凌，超过比例也相同。但如果香草冰激凌的价格对于前者来说上升了，他就会比后者更少买香草冰激凌，多买些巧克力冰激凌，即便他更偏好香草冰激凌。

为避免任何误解，我强调一下，我这里说的是边际现象。我没说每个阴柔直男都搞过同性恋，我只是说，如果有性偏好完全相同但并非固定不变的两拨男子，一拨比另一拨更阴柔，那么前一拨会有更多男同行为。

更进一步的寓意是，一般说来，英俊直男要比不英俊的直男多些男同行为。从上一章就知道，男子通常比女子更觉得脸蛋漂亮有性激发力。[21] 这对男同也适用。[22] 因此，相对来说，男同比女子更青睐英俊男子。结果是，相对于异性恋的成本，英俊男子同性行为的成本比不英俊男子的类似成本更低。同样的道理，相对说来，其貌不扬的女子大概［比其貌不扬的男子］有更多的同性恋机遇，而不是异性恋机遇，因为女子一般不像男子那么看重性伴侣相貌。

还有点寓意就是，有两位直男，性冲动更强的男子比性冲动略弱的男

---

[20] 大多数女子确实更偏好长相阳刚的男子，有些证据，请看，Paul J. Lavrakas, "Female Preferences for Male Physiques," 9 *Journal of Research in Personality* 324, 329, 331 (1975); Edward K. Sadalla, Douglas T. Kenrick, and Beth Vershure, "Dominance and Heterosexual Attraction," 52 *Journal of Personality and Social Psychology* 730 (1987); Michael R. Cunningham, Anita P. Barbee, and Carolyn L. Pike, "What do Women Want? Facialmetric Assessment of Multiple Motives in the Perception of Male Facial Physical Attractiveness," 59 *Journal of Personality and Social Psychology* 61, 68-70 (1990).

[21] 与生物学理论无关的额外证据，请看，Jeffrey S. Nevid, "Sex Differences in Factors of Romantic Attraction," 11 *Sex Roles* 401 (1984), 及其引证的文献。

[22] Judith A. Howard, Philip Blumstein, and Pepper Schwartz, "Social or Evolutionary Theories? Some Observations on Preferences in Human Mate Selection," 53 *Journal of Personality and Social Psychology* 194, 196-197 以及 tab. 2 (1987).

第五章　性与选择理性

子可能有更多男同行为。所谓更强和更弱，我指对性需求更大或更小，在经济学意义上，价格给定，如果A比B购买更多，那么A对该物的需求就大于B；但在我当下的语境中，价格包括了时间、染病风险以及其他非货币成本。可以猜想，一个男子性冲动越强，他回应性刺激的范围就越广泛。㉓ 面对一个漂亮男孩，缺乏激情的直男就可能无动于衷，但对一个热血沸腾的直男来说，这是个可接受尽管不理想的性欲释放渠道。㉔ 这好比吃苹果。太想吃的人就比有节制的人更可能认为，哪怕有虫，或熟得太过，苹果也比桔子更好吃。如果把这里的苹果换成性行为，把桔子换成电视，我想表达的就很清楚了。热血沸腾的直男也许找不到足够女子满足其性欲望，因此当面临手淫和男孩的选项时，他会选择男孩。

从另一角度看，则很可能是，若这个性欲最强的直男也是最为女子青睐的，那么他的异性恋搜寻成本就更低，可能平衡他更强烈的性需求。但在两种非阴柔的男子中，性冲动更强的男子也许更少为女子青睐。㉕ 因为这种男子更可能寻求多个性伴侣，这就减少了他为某一性伴侣及其子女可能提供的保护。如果他对女子的吸引力因此降低了，这会进一步降低相对于他的直男行为的男同行为的成本。

㉓ Glenn D. Wilson, "The Ethological Approach to Sexual Deviation," in *Variant Sexuality: Research and Theory* 84, 92–93 (Wilson ed., 1987). 这也许可以解说朗代尔提及的色情品消费与性经历正相关，请看，Richard S. Randall, *Freedom and Taboo: Pornography and the Politics of a Self Divided* 101–104 (1989).

㉔ 关于直男以男孩替代女子，请看，例如，Randolph Trumbach, "Sodomitical Assaults, Gender Role and Sexual Development in Eighteenth-Century London," in *The Pursuit of Sodomy: Male Homosexuality in Renaissance and Enlightenment Europe* 407 (Kent Gerard and Gert Hekma eds., 1989); George Austin Chauncey, Jr., "Gay New York: Urban Culture and the Making of a Gay Male World, 1890–1940" 77–97 (Ph.D diss., Yale University, 1989); Alan Bray, *Homosexuality in Renaissance England* 78 (1982); James M. Saslow, "Homosexuality in the Renaissance: Behavior, Identity, and Artistic Expression," in *Hidden from History: Reclaiming the Gay and Lesbian Past* 90, 92 (Martin Bauml Duberman, Martha Vicinus, and George Chauncy, Jr., eds., 1989); Mernissi, 前注①, 页 53; William H. Davenport, "An Anthropological Approach," in *Theories of Human Sexuality* 197, 232 (James H. Geer and William T. O'Donahue eds. 1987). 有关寄宿男校是男同行为的温床，请看，John Chandos, *Boys Together: English Public Schools 1800–1864* 307–311 (1984); Vern Bullough and Bonnie Bullough, "Homosexuality in Nineteenth-Century English Public Schools," in *Homosexuality in International Perspective* 123 (Joseph Harry and Man Singh Das eds., 1980). 关于机会型男同性冲动确实比纯男同和纯直男更强的证据，请看，Glenn Wilson, *Love and Instinct* 197, 199 (1981).

㉕ 有关证据，请看，Sadalla, Kenrick, and Vershure, 前注⑳, 页 737。

女子一般觉得阴柔男子和高度性感的男子不如其他男子有吸引力，这说法有点悖谬，但只是表面如此。这两类男子都属极端型，前者未发出明确的直男偏好和能力的信号，后者的强性欲信号可能损害他对女子的承诺。艾滋病传播则放大了这两种不利因素。

同性偏好与同性行为之间的关联很松弱，这一点有助于解说有关性恋的流行看法中有奇怪的两元论。在性随意社会，人们一般认为男同主要是对同性关系偏好太强；而在性压抑社会，同性偏好概念本身很弱，甚至就是没有，人们可能认为男同其实都是异性恋，只因其欲望低下或有其他邪恶，才有了非自然的行为。为什么？解说如下。在性随意社会，直男性交机会很多。㉖ 因此，机会型男同行为，也即直男的男同行为会很罕见。同时，男同可以自由结识，减少了搜寻成本，形成了可见的男同亚文化，直男从这种亚文化中了解到这个世界上还有男同偏好。在性压抑社会，男同的压力很大，总想（比如通过结婚）掩盖自身的偏好，无法形成男同亚文化，或总是偷偷摸摸的。这两点都阻碍了人们察知世界上有男同偏好，有时男同自己也不自觉。与此同时，性压抑社会的典型做法是，把年轻未婚女子锁在闺阁中减少了直男的机会，但促进了机会型男同行为。结果是，性压抑社会中占主导的男同一般是机会型男同。甚至有可能，由于机会型男同只是偶尔参与男同市场的交易，掩盖男同活动的手法也不高明，因此他们更可能比"真"男同容易被抓获。㉗ 在这种情况下，在性压抑社会中，因男同行为受惩罚的人中也许大多数是直男，这样一来，男同是因为意志邪恶的理论也就很有道理。当惩罚男同肛交的插入者比惩罚被插入者更重时，通常还就是如此，就进一步强化了这一惩罚制度的倒错（从打压男同偏好的立场看，是倒错）㉘，因为，事实上，被插入者（如果是成人）更可能是"真"男同。

这些讨论可以解说为什么同性恋这个词新近才出现（1869年才有），也有助于反驳可以预见的、针对我的说法：阳刚的比不太阳刚（但也不阴

㉖ 当然,这假定该社会放任女子和男子的性行为。如果这里双重标准很强,即社会放任男子的性行为,打压女子的性行为,文中的分析就会改变,会像我们将在第6章看到的那样。

㉗ Michael Schofield, *Sociological Aspects of Homosexuality: A Comparative Study of Three Types of Homosexuals* 148-149 (1965). 但请看，Paul H. Gebhard et al., *Sex Offenders: An Analysis of Types* 357 (1965).

㉘ Guido Ruggiero, *The Boundaries of Eros: Sex Crime and Sexuality in Renaissance Venice*, ch. 6 (1985).

柔）的直男更可能有同性恋行为。这个批评就是，阳刚直男的自我认同，如果有意义，那就是比其他男子的自我认同更趋于拒绝碰同性恋。其实不一定。无论古希腊还是现代南美的经验，如福柯以及他人论辩的，作为一种规范而非描述性范畴的同性恋，是文化的，而不是自然的。如果某人一身阳刚，那他确实不是相公（fairy）、兔儿（poof）或基佬（faggot）；但与男孩肛交，这是否相公、兔儿或基佬的行为，则取决于一些文化因素，比方说，他身边有没有同一社会阶层的年轻女子。

搜寻成本中，一个重要决定因素是市场化程度。这不仅重要而且根本。上面说到的监狱和阴柔的例子都可以归为搜寻成本。这不仅解说了一个明显事实，即人兽交在农村比在城市更常见，还解说了一个不太明显的事实，乱伦同样农村更常见。[29] 特定类型的潜在性伴侣数量越大，搜寻者越容易找到，搜寻成本就越低。在监狱中，可接近的异性潜在性伴侣可以说是零，在阴柔的例子中，阴柔的男子比不阴柔的男子数量更少，而在乱伦例子中，可接近且非亲属的异性数量在农村比在城市更少。

城市化

当社会中某一特定类型的性伴侣整体上罕见时，城市化对这类性行为的搜寻成本影响最大。假定某个100人的村庄有一位男同，那么，只要他在村里待着，他搜寻男同的成本就会无限大，除非有其他男同来访。他当然可以到其他村庄去，但搜寻成本很高，因为这时搜寻成本包括了外出成本。因此，即便起初城市住民中男同比例并不高于村庄住民中的男同比例，但男同村民移居城市，他就更可能以合乎情理的成本找到一位男同伴侣。因此，他很容易移居。结果是男同向城市迁移，这进一步扩大了城市的男同市场，使城市对男同更有吸引力。这里也许有一个男同2000人的10万人城市（2%），而不是一个仅有一位男同的百人小村（1%）。殖民时期的美国大城市很少，这也许可以解说当时关于男同的普遍印象，即同英国相比，美国男同非常罕见。[30] 更进一步的是，城市比农村多了些相互匿名

---

[29] Joseph Shepher, *Incest: A Biosocial View* 129 (1983); D. James Henderson, "Incest: A Synthesis of Data," in *Traumatic Abuse and Negelect of Children at Home* 423, 424 (Gertrude J. Williams and John Money eds., 1980); Neil Elliott, *Sensuality in Scandinavia* 211 (1970).

[30] David F. Greenberg, *The Construction of Homosexuality* 346 (1988).

意义上的隐私，非法性行为更难被人察觉，这也降低了预期的受惩罚成本。㉛

城市化增加了性行为少数群体的人数，他们可以从中低成本搜寻性伴侣，这一点对男同而言可能尤为显著，因为如我将在第十一章中探讨的，男同很少形成近似老派婚姻的永久关系。他们若是结下了这种关系，男同连理比翼都撤出这个市场了，对于那些尚无依附的男同来说，市场就缩小了，甚或大为缩小了。鉴于艾滋病鼓励比翼双飞，今天的城市对男同来说不像从前那么诱人了。

城市化便利了形成同性性行为的市场，这不仅影响男同行为的地理分布，也影响了此类行为的数量。由于没有潜在的男同，乡村的男同就没法实施同性恋。迁到城市后，他就可以了。就如同常规商品市场的创立会导致该商品供应增加一样，同性恋市场的创造也会（附有下文说的一个限定）增加男同的供应。随着城市增多，社会中活跃的（practicing）男同总数也会增加㉜，在一种部分成立的意义上，使同性恋看来就像是经济发展和现代性的副产品。即使某个城市，吸引了大量男同，不再扩展了，男同仍会因该城已有大量男同而继续向这个城市迁徙。这样的话，该城市的男同比例还会继续上升。即使导致这个城市停滞的某种因素对直男和男同的影响完全相同，也会这样。可以想见，直男会以比男同更快的速率离开该城，因为在性的问题上直男待在此地没什么好处。纽约和旧金山，一般认为是美国男同的两座中心城市，很久以来人口一直停滞，这与我的分析是一致的。另一点证据是，美国天主教神职人员中，男同比例自20世纪60年代以来明显增加㉝，而同期，全国天主教神职人员总量一直持平。㉞ 在下一章我们会看到，神职人员中男同比例明显过高。

我已说过，城市化增加了男同践行者的人数。它不增加有男同偏好的人数，甚至不增加男同行为的数量。随着城市兴起，机会型男同应当说是

㉛ 参见，Bray，前注㉔，页43。

㉜ Alfred C. Kinsey, Wardell B. Pomeroy, and Clyde E. Martin, *Sexual Behavior in the Human Male* 455–459, 630–631 (1948).

㉝ A. W. Richard Sipe, *A Secret World: Sexuality and the Search for Celibacy* 107 (1990).

㉞ 同上注，页7 (tab. 1.1).

第五章 性与选择理性

下降了,因为城市生活的隐私便利了婚外的异性性行为,包括嫖娼。㉟ 确实,机会型男同接触的搜寻成本更低了。但我认为这类机会对所有"真正的"直男来说都是次佳,只是这对少量真双性恋者不是次佳。如果我的分析不错,那么所谓城市化滋养了同性恋的精确含义是,城市化增加了"真"男同的同性性行为总量。

城市化对同性恋的影响也解说了男同权利主张者何以可能提出一个有点可信但肯定夸大了的说法,即所谓有10%的美国人是男同。没人知道任何社会中有多少男同,因为"男同"概念本身就很含混,因为究竟以行为还是以偏好算也没法定,以及可能的偏好范围怎么定。在第十一章我们会看到,成年男子中男同偏好强烈的(这就排除了机会型男同,这些人自认为是直男),最大估值也就在3%-4%之间,而成年女同仅为1%,平均起来也就在2%-2.5%之间。由于同性恋集中在少数城市,是城市人口的重要部分,由于我们对同性恋地理分布的印象受大众传媒影响,而媒体又集中在一个城市(纽约),也还由于残留的性禁忌阻碍了有关性行为的确切信息传播,公众很容易相信,整个社会中,同性恋数量远比实际情况多。

从经济学立场看,卖淫嫖娼是与同性恋并存的一种现象。请考虑有这样一个社会,那里单身汉数量很大,起因可能是多妻制、结婚成本太高、溺女婴、分娩死亡率高从而使女子成人死亡率高于男子,或是这些因素的组合。在中世纪欧洲,多妻除外,这些因素都有,因此,当时年轻单身汉比例很高就不足为奇了。㊱ 为什么婚姻成本很高?假定这个时代,避孕知识有限,婴儿死亡率高,没有奶瓶喂养,由于频繁怀孕、母乳喂养,已婚

㉟ 关于妓女集中在城市,请看,例如,Mary Gibson, *Prostitution and the State in Italy, 1860-1915* 102-103 (1986); Richard J. Evans, "Prostitution, State and Society in Imperial Germany," 70 *Past & Present* 106 (1976). 除城市有更多隐私外,城市里还有更大量的流动男子,这增加了对妓女的需求。不利于这一观点的因素之一也许是,在农业社区中隔离女子的成本更高,女子作为农业劳动力很宝贵。请看,后注㊲及相关正文;以及,K. J. Dover, *Greek Popular Morality in the Time of Plato and Aristotle* 98, 209 (1974). 但隔离女子使其丈夫在外可自由追求越轨的性活动。因此,女子被隔离的社会,按我们的标准可能是淫乱的:再想想古希腊的例子。

㊱ 中世纪女子缺乏及其原因,请看,John Boswell, *The Kindness of Strangers: The Abandonment of Children in Western Europe from Late Antquity to the Renaissance* 258, 409 n. 34 (1988); "Medieval Cemetary Patterns: Plague and Nonplague," in *Medieval Demography: Essays by Josiah C. Russell* 148 (1987); Marcia Guttentaag an Paul F. Secord, *Too Many Women? The Sex Ratio Question* 54-55 (1983); David Herlihy, *The Social History of Italy and Western Europe, 700-1500: Collectd Studies*, chs. 13, 14 (1978); Jaques Rossiaud, *Medieval Prostitution* 18 (1988).

女子就无法外出从事有报酬的工作。在中世纪，事实上直到相当晚近，在城镇地区女子无法工作的程度比在农业社区更甚，在农业社区，女子还可以在靠近家的地方，时断时续地工作。[37] 一旦妻子不能工作，丈夫的收入不仅必须养活他自己，还要养活妻子和孩子，除非丈夫收入很高，或是女子结婚时带来了嫁妆[38]，丈夫要养活这么多人就不可能。穷人家还可能拿不出这份嫁妆，这种情况下，这个男子也许结不了婚，由于高收入男子很少，女子也结不了婚。

婚姻成本很高，女子还常常因生育死亡，这就意味着一个富有男子会同一系列年轻女子匆匆相遇，因生育失去第一位妻子，又结婚，再因生育失去又一位妻子，接着再结婚。这是事实上的多妻制。有意思的是，教会反对但不谴责；年轻单身汉也反对，这就是第二章提到的闹洞房。与其他各种形式的多妻制一样，其支撑都是财富的不平等。因为其他方面相同的两个男子，一个年长有先前婚姻留下的孩子，另一个年轻没结过婚，如两人资源相等，那么年轻男子为获得妻子愿意支付更多资源，因为他愿望会更强，无论是对孩子（假定孩子同其他东西一样，也是边际效用递减的），还是对性生活（假定却很现实，男子性欲会随着年龄增加而衰减）。但如果年长者更富有，那么，尽管他结婚的欲望不如年轻人强烈，却仍可能击败这个年轻人。结果是又一个郁郁寡欢的单身汉。

因此，卖淫进来了。大量年轻单身汉就创造了一种需求，用有偿性服务来替代婚内性行为；也有一定数量的未婚女子创造了一个供应链。看起来，每位单身汉都通过支付性服务来养活一位妓女，与婚姻相比，这并不省钱。但前提错了，不仅因为嫖娼者不会养活妓女的孩子（仅此，妓女也会采取极端措施，避免成为母亲），而且每个嫖娼者也只支付少许费用来养活这位妓女。因为妓女一般顾客很多，世界上妓女比嫖娼者少多了，这样，一些男子就分摊养活了这位女子，各自降低了成本。一位经常嫖娼的

---

[37] Herlihy，前注[36]，ch. 13，页 16；Rae Lesser Blumberg, "A Paradigm for Predicting the Position of Women," in *Sex Roles and Social Policy: A Complex Social Science Equation* 113, 123 (Jean Lipman-Blumen and Jessie Bernard eds., 1979). 更重要的是，孩子越珍贵，女子也越珍贵。而在农耕社区，孩子一般都很宝贝，因为他们从孩提时期就可以从事有用的农耕工作。请看，例如，Mark R. Rosenzweig, "The Demand for Children in Farm Households," 85 *Journal of Political Economy* 123 (1977).

[38] 有关嫁妆制度的运作，请看，Julius Kirshner and Anthony Molho, "The Dowry Fund and the Marriage Market in Early *Quattrocento* Florence," 50 *Journal of Modern History* 403 (1978).

第五章　性与选择理性

男子并非养活了两个人,更不是养活了一个家庭,他只养活了一个男人(他自己),加上也许是1%的女子。

我们在此看到了一种事实上的多夫制㊴,在中世纪,这种制度消除了部分过剩的单身汉,抵消了上面提及的连续婚姻带来的那种多妻制。当然,对于那些更偏好男子的单身汉来说,男同提供的替代比嫖娼更便宜,也更愉悦。但所有这些做法相互关联,有助于解说为什么英国有关性的公共政策辩论中将两者归为一类。例如,著名的沃尔芬登(Wolfenden)报告研究的就是反同性恋法以及卖淫规制法。㊵ 这种关系甚至更直接,顺带还支持了本章强调的性行为的可替代性:不必追溯到公元前4世纪的雅典,你就能找一些直男,他们认为男孩和年轻男子是可接受的妓女替代。㊶

女子的平均工资相对于男子的平均工资越低,可以预期,对卖淫的需求就越大,因为这时,男人更支付得起嫖娼费用。这有助于解说为什么现代曼谷的卖淫特别多,妓女的主要顾客来自工资水平比泰国农村女子高出很多倍的外国游客。㊷ 然而,若没有国际旅游业,社会试图以卖淫来应对单身汉过剩就会有麻烦。女子越是短缺,她们的收入(wages)就越高;因此,那里单身汉越多,就越少人有钱嫖妓。因此,我们可以预期,在男子与可获得女子的比率很高的社会中,会以机会型男同和卖淫来平衡性服务的需求和供给。(然而,我们后面还会考虑因多妻造成女子短缺时的一个重要限制条件。) 其他应对单身汉过剩的方法还有修道禁欲和阉人制度,前者是中世纪罗马天主教的特色,后者则是拜占庭东正教以及此后穆斯林后继者的特色。我下一章讨论修道禁欲。

㊴ "让少量女子来关照大量男子的需求,对军人和我们社会的大量陌生人、反常者以及生理上令人反感的人来说,这(卖淫)是最便利的性出口。" Kingsley Davis, " Sexual Behavior," in *Contemporary Social Problems* 313, 351 (Robert K. Merton and Robert Nisbet eds., 3d ed. 1971). "一个没合法妻子的年轻男子一定会用妓院低价女子来满足自己⋯⋯以允许年轻男子的无序私通来保证一种更高的秩序——家庭的稳定。" Madeleine Jeay, " Sexuality and Family in Fifteenth-Century France: Are Literary sources a Mask or a Mirror?" 4 *Journal of Family History* 328, 340 (1979). 边疆社会,如19世纪美国西部,也趋于有很多妓女,因为那里的男女比很高。John F. Decker, *Prostitution: Regulation and Control* 59 (1979).

㊵ *Report of Committee on Homosexual Offenses and Prostitution, Great Britain* (U.S. ed., 1963).

㊶ Chauncey, 前注㉔, 页 91-93。

㊷ Pasuk Phongpaichit, *From Peasant Girls to Bangkok Masseuses* 74-75 (1982). 19世纪美国的一个例子,请看,Christine Stansell, *City of Women: Sex and Class in New York, 1789-1860* 174-180 (1986). 马克思主义者——可以说,根据这些例子概括——通常说对妓女的需求来自中产阶级,而供应来自无产阶级。但这不完全确切,我们稍后会看到。

在单身汉过剩的社会中，说嫖妓是婚姻的替代，看起来忽视了一个根本区别：妓女同嫖客是“金钱”关系。但这个差别不重要。在婚姻这样的长期关系中，婚姻参与者可以互惠服务来补偿对方的服务，因此他们无须为每次服务定价、记账和操心。但在现货交易关系中，如同妓女的交易，就很难安排互惠服务。嫖客以妓女可用以购买他人服务的介质作为支付手段，更为效率。

现代社会中的未婚男子的比例，尤其是直男比例，与中世纪相比要低。
132 然而，卖淫仍然存在，尽管规模缩小了。卖淫衰落与经济模型一致，即当单身汉数量减少时，需求会下降，因为嫖娼对于单身汉来说比对已婚男子更有价值，也因为随着女子的替代工作机会出现，卖淫女子的供应也会下降。㊸ 我们还预期并且发现㊹，随着中产阶级向伴侣婚移动（比社会底层移动更快）㊺，对卖淫的需求也向社会下层转移了。这是因为不像在非伴侣婚中，嫖娼还是种性替代品，而在伴侣婚中，嫖娼是更差的性替代品。

鉴于性革命大大增加了一夜情的女子数量，居然仍有卖淫嫖娼，这令人吃惊。经济学模型提供了一个可能的解说。研究中世纪卖淫的学人观察到，那时的妓女为顾客提供“正常的”性服务；研究现代卖淫的学人则发现并确认了流行的印象，今天妓女专长于“变态的”性行为。㊻ 原因也许是，在中世纪，妓女的主要顾客是单身汉，而今天因无法以合乎情理的代价同未婚女子形成性关系的单身直男急剧减少，今天妓女的顾客大多是被

㊸ Vern L. Bullough, *The History of Prostitution* 90 (1964). 因此不奇怪，在瑞典几乎没有妓女，尽管在那里妓女不违法。Decker, 前注㊴，页 130–132。瑞典有相当程度的性自由，此外我们在下一章会看到的，女子的市场工作机会，在瑞典可能比任何其他国家都好。

㊹ Theodore N. Ferdinand, “Sex Behavior and the American Class Structure,” in *Studies in Human Sexual Behavior,* 前注②，页 166，174。

㊺ Rainwater, 前注②。

㊻ 请比较，Rossiaud, 前注㊱，第 8 章和 Lydia Otis, *Prostitution in Medieval Society:The History of an Urban Institution in Languedoc* 100–104 (1985)，与 Richard Symanski, *The Immoral Landscape: Female Prostitution in Western Societies* 66–68 (1981)和 Jennifer James, “Prostitutes and Prostitution,” in *Deviants: Voluntary Actors in A Hostile World* 368, 402–409 (Edward Sagarin and Fred Montanino eds. 1977). 詹姆斯还强调，与我的分析精神一致，残疾人、性无能者和旅行者更常光顾妓女，所有这些男子都是“自由的”性市场上永久或临时搜寻成本很高的男子。

第五章 性与选择理性

迫成婚的男子。㊼已婚男子和有稳定女友的男子在家中有了他们想要的"正常"性生活,基本免费,如果这些性关系是伴侣型的,那就比嫖妓更优。由于妓女的要价不能低于妻子和女友,因此妓女有动力推进服务分工,向已婚男子和有稳定女友的男子提供他们愿意支付但(免费)家中无法获得的类似服务。

如果城市吸引了妓女和男同,更重要的是,如果正如搜寻经济学理论提示的,任何一类少数人的性偏好(或就是任何少数人的偏好)在城市都能得到更好服务,并且这类偏好实践者会被吸引到城市来,这就好理解了,为什么"伤风败俗"传统上一直被视为一种城市现象,以及为什么一般都市人对性的看法要比非都市人更宽容和开放。㊽厌恶性随意或性不轨(在他们看来如此)的人一般会离开城市,他们的离去则会在性的问题上强化城市与乡间的道德和态度上的差异,更精确地说是,大都市与小城镇的差别。㊾更重要的是,在城市,性不轨者趋于聚集起来,以便降低搜寻成本。因此,哪怕没有分区规制,都市也会出现"红灯"区,使得不轨者更显眼,强化了城市伤风败俗的名声。此外,由于城市已婚女子更难找到工作,城市的结婚成本就比农村的结婚成本更高,这时,城里就不仅妓女和机会型男同行为更多,还会有更多"未婚同居"、堕胎和非婚生子女。㊿

㊼ Rossiaud, 前注㊱; Symanski, 前注㊻, 页 64, 73 (tab. 4.3); Decker, 前注㊴, 页 169, 218; David A. J. Richards, "Commercial Sex and the Rights of the Person: A Moral Argument for the Decriminalization of Prostitution," 127 *University of Pennsylvania Law Review* 1195, 1270 (1979). 罗西奥德指出(页 39-41)中世纪禁止已婚男子光顾妓院,妓女则把自己同嫖客的关系描述为"我们的一夜婚姻"。

㊽ 说明性研究,请看,G. Edward Stephen and Douglas R. McMullin, "Tolerance of Sexual Nonconformity: City Size as a Situational and Early Learning Determinant," 47 *American Sociological Review* 411 (1982); Thomas C. Wilson, "Urbanism and Tolerance: A Test of Some Hypotheses Drawn from Wirth and Stouffer," 50 *American Sociological Review* 117 (1985); 但请看, Mark Abrahamson and Valerie J. Carter, "Tolerance, Urbanism and Region," 51 *American Sociological Review* 287 (1986).

㊾ 不仅乱伦和兽奸在农村比城市更常见,农耕社会也更少隔绝女子,而且,我们马上还会看到,收入同性行为数量也许成反比,而乡下人常常比城里人收入低得多。由于所有这些因素,乡村的性道德——有别于城镇——依据中产阶级标准也许很宽松。G. R. Quaife, *Wanton Wenches and Wayward Wives: Peasants and Illicit Sex in Early Seventeenth Century England* 179, 245 (1979).

㊿ 参见, John R. Gillis, *For Better, For Worse: British Marriages, 1600 to the Present* 161-166 (1985).

收入与财富

在性经济学理论中，城市化是个很有解说力的变量，收入则是另一有解说力的变量。我已提到收入与婚姻的联系。但在那里，收入的影响还是间接的，贫困在一定程度内会降低结婚率。由于贫困增加了单身汉数量，就增加了对卖淫的需求，同时它也创造了将成为妓女的未婚女子的供应。收入还有直接的影响。有钱人比贫困者更能买得起任何东西，包括性，但有些物品经济学上称之为次品，意思是收入增加会——假定价格和质量保持不变——减少对这种物品的需求量。性活动也许就是这样的次品。(51) 性活动是时间集约的（time-intensive），因为时间是搜寻的重要组成部分，而搜寻又是性活动的重要组成部分，随着工作收入增加，时间的成本自然上升。

然而，这一分析很不完整。首先是，性是闲暇时的活动（工作时间不
134 能做），而闲暇通常被认为是一种优质品，即随着人们收入增加，对闲暇的需求会增加。应当肯定，性会同其他闲暇活动竞争；但由于性是时间集约的，因此，即便性活动在人们的闲暇时间总量中所占份额下降了，其绝对量可能还是增加了。

如果区分财富和（挣得的）收入，预测会更容易些。对闲暇——包括性——的需求是财富的一个不复杂函数，因为时间成本（也就是性的成本）不会随着财富增加而上升，不像时间成本会随收入增加而下降。一个富人，无论是继承的，还是他先前努力获得的，总之，他不必有以小时计的高收入，因此，他的性活动不会有很高的时间成本。（相反，穷人也许会缺乏性活跃所必需的健康和精力。）由于保持通奸的时间成本高于嫖娼或从妻子那里获得性，可以预期，富有的贵族男子会选择通奸、纳妾，以及共时或历时的多妻制，而不是选择一夫一妻和嫖娼，而中产男子会选择一夫一妻以及（或）嫖娼，而不是通奸。

---

(51) Staffan Burenstam Linder, *The Harried Leisure Class* 83-89 (1970). 应注意一个重要限定，工资太低的人，没有必备资金来活跃性生活。有人挑战林德著作的这一基本命题（现代人更少闲暇，因为时间成本太高），尤其是睡眠成本，请看，Jeff E. Biddle and Daniel S. Hamermesh, "Sleep and the Allocation of Time," 98 *Journal of Political Economy* 922, 939 (1990). 他们指出睡眠也产生效用，在这种情况下，随着人们收入增长，就可能“购买”更多睡眠（即放弃挤占其睡眠的挣钱行为），尽管睡眠“价格”（放弃其他活动）上升了。在稍后的正文中，我会考察有关性活动的类似可能。

第五章　性与选择理性

其他因素也导致人们预期：富人和非富人的性行为有系统差别，无论女子还是男子。非伴侣婚，特别那种为强化政治联盟或支撑家世衰颓的非伴侣婚，也更受富人和贵族（他们可能比普通人更富有）的青睐，却未必受中产阶级青睐；而且，非伴侣婚还会滋养婚外性关系。[52] 更重要的是，对各种潜在的性伴侣来说，富裕男子比普通男子更有吸引力，因此富裕男子的性搜寻成本实际更低，即便他的时间更宝贵。一个贵族女子，只要有财产，就不像中产阶级的妻子那么依赖丈夫，也不大容易顺从丈夫的愿望而守身如玉。[53] 古罗马上层女子喜欢通奸的明显倾向与她们财产安全（凭借有关嫁妆和继承权的罗马法）也许有关，特别是因为这些财富不是这些女子自己"流血流汗"积攒起来的，因此并不意味着她们的时间宝贵，进而风流韵事成本也很高。[54]

这一分析或可以解说1640年英国革命中爆发的中产阶级与贵族之间的紧张关系。清教主义是一种中产阶级的而不是贵族的道德。17世纪时中产阶级收入增长了，如果我的分析正确，这一点趋于加大这两个社会阶层在性态度上的分歧。因为中产阶级收入增加后，中产男子的时间价值也增加了，这会强化了他们的清教价值观。

我们还可以把这一分析延伸到当下，并预测：在压力很大的律所工作的年轻律师比那些继承了财富但机会成本较低的人更少婚外情，也更少通奸。宽泛点说，比起时薪更低的社会，特别是比起在财富分配上远不如动态资本主义社会平等的传统静止社会，高度竞争的资本主义社会更少浪漫氛围，更少性阴谋、悠闲的求爱和精致的调情。这同第七章探讨的问题是关联的，即性道德是否有宏观经济影响。

---

[52] "(贵族婚姻中)起决定意义的是家庭的利益，此外，还有阶级利益。婚姻这个崇高概念的冷酷、严厉和精打细算统治了每个健康的贵族制，对此我们会不寒而栗……正因为如此，发明了作为一种激情的爱——这个词的伟大意义——用于贵族世界，而在贵族世界中，对激情的限制和剥夺都最大。"Friedrich Nietzsche, *The Will to Power* § 732, 页 388 (Walter Kaufmann and R. J. Hollingdale trans. 1968).

[53] 参见, Julian Pitt-Rivers, *The Fate of Schechem or The Politics of Sex: Essays in the Anthropology of the Mediterranean* 45–46 (1977).

[54] Beryl Rawson, "The Roman Family," in *The Family in Ancient Rome: New Perspectives* 1, 19, 27 (Rawson ed., 1986); J. A. Crook, "Women in Roman Succession," in *The Family in Ancient Rome* 页 58, 68–69; Suzanne Dixon, "Family Finances: terentia and Tullia," in *The Family in Ancient Rome* 页 93; Sarah B. Pomeroy, *Goddesses, Whores, Wives, and Slaves: Women in Classical Antiquity* 163, 181–182 (1975).

但如果因此结论说，一个社会收入上升了，性活动不可避免地会变得更少或更匆忙，那就错了。除了前面已提及的闲暇是种优质品，以及性是健康的正函数而健康标准已改善这些事实，我们一定不能忽视避孕完善降低了性成本（与时间无关）。我们也一定不要忽视性活动的质量。若质量不变，工作收入的上升会导致对时间集约品的需求下降。但质量也许不会不变，因为质量需求本身是收入的正函数。人们挣钱更多时，他们并不只是购买更多的汽车，还会购买更好的汽车。再想想孩子。养育孩子是时间集约的活动，随着收入增加，每家的孩子平均数下降了，但孩子的素质上升了，这就是父母对孩子的关切和教育更多了。我们可能会同样预期，当其他因素不变时，收入增加会减少社会中性活动的数量，但会提高其质量。这也许是伴侣婚增多的重要原因之一。

有效性别比

在我强调搜寻成本时，隐含的是强调有效性别比对于解说性习俗的意义。
136 性别比是人口总量中的男女比率。所谓“有效”性别比，我是指男子与可以得到的女子之比。有效性别比越高，男子异性性行为成本就越高。搜寻成本之所以更高，是因为每个男子都要花费更长时间来找个还“没主”的女子，这就好比在一个没多少鱼的池塘中垂钓。更重要的是，因为需求者更多，这也就抬高了每个女子的“价格”。并且，如果不用价格出清市场，预期就是排长队，例证就是，多妻制社会中，大多数男子长期打光棍。

纯性别比与有效性别比的差异可能巨大。纯性别比也许只是 1，但如果一半的女子都是某个男子的妻子，那么有效性别比就是 2。这就会出现这样的趋势，即男子相互间拼命竞争妻子，同时反对一夫多妻。弱化这种竞争从而强化多妻者稳定地位的方法，则是鼓励或至少容忍卖淫嫖娼和男同，为未婚男子提供了安全阀。(55) 因此，可以预期，其他因素相等，越是

(55) 高性别比鼓励了男同行为，人们经常提到这一点。请看，例如，J. M. Carrier, “Homosexual Behavior in Cross-Cultural Perspective,” in *Homosexual Behavior: A Modern Reappraisal* 100 (Judd Marmor ed., 1980).（因此，人们毫不奇怪地发现，古希腊古罗马似乎有过且一直都有大量男子剩余。Pomeroy, 前注(54)，页 164-165，227-228。）关于希望保留多妻制的老人对男同行为的容忍，请看，Barry D. Adams, “Age, Structure, and Sexuality: Reflections on the Anthropological Evidence on Homosexual Relations,” in *Anthropology and Homosexual Behavior* 19, 21-22 (Evelyn Blackwood ed., 1986). 关于卖淫需求是性别比的一个函数，请看，Decker, 前注㊴，页 72。

多妻的社会，此类行为，特别是男同行为（由于下面的原因）会越普遍。可用来检验这一假说的是多年前福特（Clellan Ford）和比奇（Frank Beach）收集的——主要在初民社会——多种性行为数据。⑯ 在报告了必要数据的83个社会中，有53个，几乎是2/3，常见或认可男同行为。但在10个严格一夫一妻制社会中，男同行为比例最低（50%）；在30个有少数人多妻的社会中，男同行为的比例较高（60%）；而在43个普遍多妻的社会中，男同行为的比例最高（70%）。这一序列正如预测的那样，尽管更充分的研究还会对多妻和同性恋所谓容忍度作更精细的区分，控制其他潜在解释变量，如性别比以及结婚时配偶的平均年龄差（代表伴侣型的或非伴侣型的婚姻）。

人们也能料到（也有证据）：多妻制家庭中，更一般地说，在任何女子没有男子陪伴的环境中，就会有机会型女同，因为多妻的男子可能忽略某些妻子。⑰ 但在多妻制社会中，机会型女同总量可能还是少于一夫一妻制社会，因为多妻社会，老姑娘少，女子平均婚龄更低。这一点刚好也有助于解说，为什么多妻制社会中，男子的安全阀首选是男同行为而不是嫖娼。在这种社会中，嫖娼可能昂贵（除非是奴隶社会，且禁止与奴隶通婚）。多妻制增加了对女子的需求，降低了女子平均结婚年龄和未婚女子的比例，进而减少了卖淫女子的供应。可以预期，这会大大提高嫖娼的价格，并进而令其他替代更有吸引力。

我们不应认为性别比天经地义该是1。在许多社会，溺女婴都常见，有时导致性别比严重失衡⑱，进而扭曲有效性别比。在今日美国，黑

---

⑯ Clellan S. Ford and Frank A. Beach, *Patterns of Sexual Behavior* 129 n.1, 130 n.2, 268–292 (1951). 我已用《人类关系分区档案》的数据补充并在某些地方纠正了福特和比奇的数据。对报告正文的发现实在不应全信，不仅因为正文未校正其他变量，而且因为人种数据对如何恰当概括某个社会对待男同行为和（或）多妻制的态度常常有分歧。比较一下福特与比奇的概括，还有，John W. M. Whiting, "Effects of Climate on Certain Cultural Practices," in *Cultural Anthropology* 511 (Ward H. Goodenough ed. 1964) 和 Gwen J. Broude and Sarah J. Greene, "Cross-Cultural Codes on Twenty Sexual Attitudes and Practices," 15 *Ethnology: An International Journal of Cultural and Social Anthropology* 409 (1976).

⑰ Evelyn Blackwood, "Breaking the Mirror: the Construction of Lesbianism and the Anthropological Discourse on Homosexuality," in *Anthropology and Homosexual Behavior*, 前注⑮，页1, 11–13。

⑱ 请看，例如，Lloyd deMause, "The Evolution of Childhood," in *The History of Childhood* 1, 25–29 (deMause ed. 1974). 在本章最后一节，我讨论溺婴。当我说"扭曲了"，我只是说大于或小于1，在某种社会意义上，一个溺杀女婴的社会会认为性别比为1才是"扭曲了"。

人女子数量大大超过了可得到的黑人男子。这部分因为黑人的胎儿和婴儿
死亡率都高于白人，这转而又归因于黑人孕期和新生儿护理通常较差与男
婴比女婴更容易受伤的相互作用。还有部分则是因杀人导致黑人男子高死
亡率和高监禁率。(59) 此外，白人女子更可能同黑人男子约会（或相反），超
过白人男子可能同黑人女子约会。(60) 经济学分析预测，这种有利的有效性
138 别比，使得（监外）黑人男子比白人男子更少为机会型男同或嫖娼，但更
可能有多个性伴侣，性行为更早，并带来非婚生子女，这都令黑人男子似
乎比白人男子更爱眠花宿柳。(61) 同样，摩门教多妻制的解说就是回应女多
男少，因为许多摩门教男子都外出传教了。(62)

139 我的理论生成了另外两个假说：即，在调整了解说犯罪率差异的其他

---

(59) 在年龄25–44岁的黑人中，性别比为0.87；而白人是1.01。U.S. Dept. of Commerce, Bureau of the Census, *Statistical Abstract of the United States 1987* 17 (1986) (tab.18). 应当肯定，这一差别有很大成分可能得归结为对年轻黑人男子统计不足。Kristin A. Moore, Margaret C. Simms, and Charles L. Betsey, *Choice and Circumstance: Racial Differences in Adolescent Sexuality and Fertility* 112–114 (1986). 但性别比只是有效性别比的决定因素之一。全部黑人男子中，有3%进了拘留所或监狱，可以推定相应的黑人女子比例要小多了，因为各州监狱囚犯中女子低于5%，拘留所中女犯低于10%。U.S. Dept. of Commerce, Bureau of the Census, *Statistical Abstract of the United States 1990* 187 (1989) (tab. 323, 325). 更重要的是，大多数囚犯是年轻人，例如，州监狱中90%的囚犯在18到44岁之间（25到44岁之间的超过50%）；请看，187 (tab. 325). 由于这些以及其他原因，几乎毫无疑问，美国黑人的有效性别比要大大低于统一的性别比。Moore, Simms, and Betsey 页112–114；Osei-Mensah Aborampah, "Black Male-Female Relationships: Some Observations," 19 *Journal of Black Studies* 320, 321–322 (1989); Guttentag and Secord, 前注㊱, ch.8。

(60) Martin S. Weinberg and Colin J. Williams, "Black Sexuality: A Test of Two Theories," 25 *Journal of Sex Research* 197, 214 (1988), 及其引证的文献。尽管有63%的黑白通婚涉及黑男白女，仅37%涉及白男黑女。Guttentag and Secord, 前注㊱, 页225 (tab. 8.8) (1970年数据).

(61) 关于黑人的机会型男同行为以及黑人嫖娼，我没有证据。然而，其他行为差异有很好的记录，即使控制了教育和收入等变量后，这些差别还在。Guttentag and Secord, 前注㊱, 页215–220；Moore, Simms, and Betsey, 前注(59)；Weinberg and Williams, 前注(60)；Sandra L. Hofferth, "Recent Trends in the Living Arrangements of Children: A Cohort Life Table Analysis," in *Family Demography: Methods and Their Application* 168 (John Bongaarts, Thomas K. Burch, and Kenneth W. Wachter eds. 1987); Thomas J. Espenshade, "The Recent Decline in American Marriage: Blacks and Whites in Comparative Perspective," in *Contemporary Marriage: Comparative Perspectives on a Changing Institution* 53 (Kingsley Davis ed. 1985); Ira L. Reiss, "Premarital Sexual Permissiveness among Negroes and Whites," 29 *American Sociological Review* 688 (1964).

(62) William Lawrence Foster, "Between Two Worlds: The Origins of Shaker Celibacy, Oneida Community Complex Marriage, and Mormon Polygamy" 223–224 (Ph.D diss., University of Chicago, 1976).

第五章 性与选择理性

变量后，黑人男子比白人男子更少强奸异性，因为黑人搜寻异性的成本比白人低；另一假说是，黑人男子比白人男子更少可能性侵儿童。前一个假说可以用埃利希（Isaac Ehrlich）解说犯罪率的各潜在变量（包括种族）做回归分析来验证。检验结果不支持这一假说，非白人变量与强奸的相关系数为正，这与埃利希的所有犯罪研究相同；然而，在强奸案上的相关系数比其他任何人身犯罪的相关系数都低了很多。[63] 第二个假说（黑人男子比白人男子更少性侵儿童）得到了数据支持，表明在所有收入水平上，黑人确实比白人更不可能性侵儿童。[64]

古藤塔克（Marcia Guttentag）和希考德（Paul Secord）关于性别比的著作（前注㊱）可谓雄心勃勃，努力从性别比失衡中推出有关性习俗

---

[63] "Participation in Illegitimate Activities: An Economic Analysis," in *Essays in the Economics of Crime and Punishment* 68, 96–97, 100–101 (Gary S. Becker and William M. Landes eds., 1974) (tabs. 2–5). 例如，其中的一个回归分析中，强奸的相关系数为0.065，谋杀的相关系数为0.542（请看，页101 tab.5，这些数据碰巧都是1960年的），这意味着黑人数量增加1%，谋杀数量会增0.5%以上，但强奸数量只增加1%的1/15。在埃利希的研究中，侵犯人身的犯罪，除谋杀和强奸外，就是伤害和抢劫。埃利希把抢劫分类为财产犯罪，与他研究中的另两种财产犯罪盗窃和偷车一样，没把抢劫作为侵犯人身的犯罪，与谋杀、伤害和强奸归为一类。实际上，抢劫属于后者。抢劫是以威胁或以暴力夺去他人财产。在偷窃和偷车案中，有关非白人变量的相关系数更低。正文中的限定——"在对其他解说犯罪率差异的变量调整之后"——非常重要。没这些调整，黑人的强奸率要比白人高多了。1988年，三分之一被定罪的强奸者是黑人，但黑人在美国成人中只占11%。Patrick A. Langan and John M. Dawson, "Felony Sentences in State Courts, 1988" 4 (Bureau of Justice Statisitics Bulletin, U.S. Dept. of Justice, December 1990) (tab. 5). （在该研究中，黑人在所有犯罪中的定罪比例都更高，在抢劫中高达到63%。）需要对其他变量作调整的例子是这样一个事实，强奸常常是一件非性犯罪——如抢劫和入室行窃——的附带事件。Diana Scully, *Understanding Sexual Violence: A Study of Convicted Rapists* 141–142 (1990). 这隐含的是，由于黑人犯这类罪大大超过了其人口比例，他们的强奸成本因此低于白人。需要区分原始数据与解释后的数据的另一例证是，尽管我猜想黑人男子中的机会型男同比白人中更少见，但美国黑人男子因男同接触感染艾滋病的人均发生率是美国白人男子的两倍。"Centers for Disease Control Statistics," 4 *AIDS* 1307 (1990). 但这是在就其他与男同引发的艾滋发病率有关的因素——例如对这种疾病的了解——调整前的数字，黑人社区对这种病的了解完全可能低于平均数。Becker and Joseph, 前注⑥, 页405–406。

[64] U.S. Dept. of Health and Human Services, Office of Human Development Services, "Study Findings; National Study of the Incidence and Severity of Child Abuse and Neglect" 28–29 and fig. 6 (DHHS Publication no. (OHDS) 81–30325, September 1981). 这一研究承认这种可能性，即黑人向当局报告的儿童性虐案不如白人频繁，但它仍得出结论认为，校正了转移差别后，不影响该研究的结论。还必须承认这样一种概率，即黑人社区的强奸报告也不足。

(mores)的寓意。⑮但作者的努力因为缺乏令人信服的人类行为理论而被削弱了。他们推测：男女性别比越低，女同就越常见；男女性别比越高，男子就越可能把女子关在闺阁中。这种观点是，男子对女子的需求太大会增加未婚男子为获得女子——无论已婚或未婚——的"价格"，使女子更难守身如玉。这些猜想与经济学分析意趣相投，却与作者的性别比失衡决定社会的性习俗特点（女子短缺会导致专制或至少古板的社会性习俗，男子短缺则会导致自由或宽容的社会性习俗）这一基本论点不兼容。性别比也只是成本收益中的决定因素之一。依据这一古分析逻辑，古藤塔克和希考德就得预言古希腊和正统犹太教性习俗相似（这两种文化一直都是男子过剩⑯），事实却非如此。

尽管如此，性别比，尤其是有效性别比，与性的经济学分析仍高度相关，特别是适于解说在校正了收入、教育程度和其他非种族变量的差异后仍存在的白人、黑人的性行为差异，黑人婚外生育率更高、初次性交平均年龄更低、每个黑人男子的性伴侣平均值更高，以及黑人性侵儿童发生率更低。此外，黑人男子比白人男子更不太可能接受自愿绝育或使用避孕套，黑人也比白人更少寻求治疗不育，黑人男子也比白人男子更反对男同。⑰由于黑人男子稀缺，在同黑人女子的交易中，他们就占了上风，他们可以把避孕的责任转嫁给黑人女子。由于不育对女子而非男子伤害更大，有多个女子可选择的男子就可能决定放弃未同他生育孩子的女子，而不是合作解决这个问题。事实上，支持多妻制的传统理由之一就是，多妻

---

⑮ 又请看，Moore, Simms, and Betsey, 前注㊼, 页136; David M. Heer and Amyra Grossbard-Schectman, "The Impact of the Female Marriage Squeeze and the Contraceptive Revolution on Sex Roles and the Women's Liberation Movement in the United States, 1960 to 1975," 43 *Journal of Marriage and the Family* 49 91981); Grossbard Schectman, "Marriage Squeezes and the Marriage Market," in *Contemporary Marriage*, 前注㊽, 页375。

⑯ 关于古希腊，请看前注㊾的参考文献。有关犹太教，请看，Guttentag and Secord, 前注㊱, 页42和第4章。

⑰ Elizabeth Hervey Stephen, Ronald R. Rindfuss, and Frank D. Bean, "Racial Differences in Contraceptive Choice: Complexity and Implications," 25 *Demography* 53 (1988), 尤其是页67; Larry L. Bumpass, "The Risk of an Unwanted Brith: The Changing Context of Contraceptive Sterilization in the U.S.," 41 *Population Studies* 347, 350 (1987); Debra S. Kalmuss, "The Use of Infertility Services among Fertility-Impaired Couples," 24 *Demography* 575, 582–583 (1987); Gregory M. Herek and Eric K. Glunt, "AIDS-Related Attitudes in the United States: A Preliminary Conceptualization," 28 *Journal of Sex Research* 99, 111 (1991); Harlon L. Dalton, "AIDS in Blackface," 118 *Daedalus: Journal of the American Academy of Art and Sciences* 205, 213 (1989).

制是一种不用离婚和再婚就能避免女子不育的办法。最后，在男女性别比很低的社区中，也就不太需要以男同行为作为安全阀，在这样的社区里，男同行为更可能被显得不自然。

宗教和教育

如同我在第二章提到的，宗教情感是解说性态度差异的一个有力变量，尽管只有在主流宗教反对某些特定体性行为（例如，基督教，尤其是罗马天主教，以及更弱程度上的犹太教和伊斯兰教）的社会中，认定某些性行为会受超自然制裁或会惹恼上帝的人，要比不信教的人更少可能有这类性行为，至少不大可能赞同这类行为。为什么在性的问题上，教育程度高的人比教育程度低的人更宽容，这可能是原因之一，因为在我们社会中，受过教育的人更少信教。⑱

另一原因也许是受过教育的人一般更了解人类性行为的多样化。他们会听说过弗洛伊德和米德（Margaret Mead），甚至可能听说过马林诺斯基。如果一个人知道詹姆斯一世、培根、王尔德、詹姆斯、普鲁斯特（Marcel Proust）、斯泰因（Gertrude Stein）、沃尔夫（Virginia Woolf）、凯恩斯、E. M. 福斯特、柴可夫斯基、桑塔利亚、T. E. 劳伦斯、图灵（Alan Turing）和维特根斯坦都是男同，* 而索福克勒斯、苏格拉底、柏拉图、莎士比亚、马洛、亚历山大大帝、恺撒和"狮心王"理查也许是男同，他就不大可能认为男同只是一种可怕的疾病。⑲ 此外，也如同这份名单所提示的，确有一些知识分子的文化英雄是男同，但他们不是非知识分子的英雄。（然而，非知识分子会提及另外一些男同，蒂尔登（William Tilden）、波特（Cole Porter）和哈德森（Rock Hudson）。*）在性行为和性态度层面，受教育者与未受教育者存在分歧。例如，受教育者据说比未受教育者更多手淫，因为

---

⑱ 请看，例如，Gallup Report no. 259, April 1987, 11, 14。

　* 斯泰因（1874—1946年）移居法国的美国著名女作家；普鲁斯特（1871—1922年）法国著名小说家；图灵（1912—1954年）是英国著名数学家。

⑲ 然而，这些明星人物中也许有些是机会型男同（因此，是"真"直男），或是真双性恋，而不是"真"男同。同性恋权利倡导者很容易依据少得可怜的证据就给一些名人贴上男同女同的标签，但《同性恋百科全书》[*Encyclopedia of Homosexuality*（Wayne R. Dynes ed., 1990）] 对这种标签的有利和不利证据的考察保有适度的慎重。请看具体人名下的内容。

　* 蒂尔登（1893—1953年）美国著名网球运动员；波特（1892—1964年）美国著名作曲家和抒情诗人；哈德森（1925—1985年）好莱坞明星。——译者注

他们的想象资源更多，这使想象的性行为成为真实性行为的更好替代。⑦

宗教究竟是个终极变量，还是如同这篇关于教育的简单讨论提示的，可能只是个副现象变量？如同在本书第一章中看到的，在《旧约全书》和《福音书》文本中，基督徒对性的典型态度的基础并不坚实。性也不在希伯来先知或耶稣的首要关切之列。当然，《圣经·利未记》中有禁止男同和通奸的禁忌，但自基督教放弃《利未记》的其他许多禁忌后，那些仍保留下来的禁忌就不大可能凭着文本的权威而继续保留了。当然，文本并非一切。文本的沉默可能寓意丰富。十戒就没禁止乱伦，但我们不应据此推论说，古犹太人就纵容这种做法，正如我们不应仅因婚姻法作者未规定配偶的性别就推断该法意图允许同性婚姻。尽管如此，基督教的性观念是发明出来的（比方说，基督教强调耶稣基督（明显的）独身，就仅仅是个决定），就可以看到的目的而言，很可能都是现实的。但这些目的有可能是什么，经济学分析很难回答。我不想假装有完整答案，但其中的某些因素——围绕教会在推进伴侣婚中的作用——会在下一章出现。

性行为的互补

如果一种物品的价格下降增加了对另一种物品的需求，就可以说一种物品是另一种物品的互补品。在性领域内，互补品的例证之一就是避孕和阴道性交。如果我们不把避孕视为物质的"产品"，而是视为避免生育的服务，从而根据避孕品的有效度、舒适度和名义价格作出调整，我们很快会意识到，如今避孕成本下降幅度惊人。这就是为什么有人预期，当其他因素相等时，阴道性交数量会增加，还确实增加了（请看注⑩）。因此，额外地，还可以用这些互补考量来预测社会变化和社会差异对性行为

---

⑦ Morse Peckham, *Art and Pornography: An Exeriment in Explanation* 166, 231 (1969). （比较一下有关色情品的讨论。）始终一致且记录良好的发现之一是，中产阶级青少年要比下层阶级青少年更多手淫。请看，除第二章的参考文献外，还有，Robert J. Havighurst, "Cultural Factors in Sex Expression," in *Sexual Behavior in American Society: An Appraisal of the First Two Kinsey Reports* 191 (Jereome Himelhoch and Sylvia Fleis Fava eds., 1955). 除两个群体的教育有别外，在下层人士中，初次性交的平均年龄也更低些。最后，教育对有效使用避孕品的影响，请看，Robert T. Michael, "Education and the Derived Demand for Children," 81 *Journal of Political Economy* S128, S140–S161 (1973).

第五章 性与选择理性

的影响。

堕胎似乎是一种避孕替代,确实是但也是对避孕的补充。通过支持避孕,堕胎降低了阴道性交的成本。如果法律规制令堕胎非常昂贵,而由于避孕并非百分之百有效,因此,一对夫妇也许会用某些非阴道性交(如肛交)甚或禁欲作为替代。相反,如果堕胎很便宜,阴道性交就会更频繁,并且,取决于人们对避孕的了解,以及避孕方法的有效程度,频繁性交也许会带来更多不想要的怀孕,即便并非所有这类怀孕都会导致堕胎。这应当有助于理解为什么在我们社会,避孕措施低廉、堕胎频繁,而意外出生率却还是很高,但后面的章节会对此有更精致的分析。

还有个相关理由,令人相信堕胎数量夸大了,超过了因堕胎而失去的生命净数目,这就是当堕胎用作家庭计划(规划一个家庭)的方法时,它更多是影响孩子出生的时间,而不是孩子出生的数量。因为堕胎影响出生率,会导致孩子的平均质量上升;也因为如同第七章指出的,现代人倾向于(因婴儿和儿童死亡率下降促成的)用优生替代多生。我们也就可以理解,为什么近几十年来,反堕胎的道德论点说服力弱了。"更多关爱孩子,鼓励生育控制,这个说法显然吊诡"[71],但在经济学上是说得通的。

同堕胎相似,把溺婴视为,也应当视为一种家庭计划生育方法[72],而不是视为一种无动机的恶行,溺婴减少的人口总数就不是被溺婴儿的数量。因为在贫穷社会中,一个女子的孩子越少,这些孩子就越可能活下来,长大成人。[73] 哪怕被溺的大多是甚或全是女婴,这也还是种"有效率的"溺婴,因为它限制了未来人口的增长。[74](男子数量减少不一定会减少下一代的孩子数量,因为一个男子就能令很多女子繁殖后代。)在女子结婚要嫁妆的社会中,一对夫妇也许不得不选择,或是溺杀一个或更多女儿,或是孙辈后裔很少甚或全无(因为要养活所有女儿会使这个家庭无法给她们任何

---

[71] Andre Burguiere, "From Malthus to Max Weber: Belated Marriage and the Spirit of Enterprise," in *Family and Socieyt: Selections from the Abbakes Economics, Societies, Civilisations* 237, 239 (Robert Forster and Orest Ranum eds., 1976).

[72] 很清楚,这是人类占支配地位的溺婴形式。请看有关研究和参考文献,*Infanticide: Comparative and Evolutionary Perspectives*, pt. 4 (Glenn Hausfater and Sarah Blaffer Hrdy eds. 1984).

[73] 来自日本的证据,请看,Susan B. Hanley, "The Influence of Economic and Social Variables on Marriage and Fertility in Eighteenth and Nineteenth Century Japaness Villages," in *Population Patterns in the Past* 165, 176, 199 (Ronald Demos Lee ed., 1977).

[74] Susan C. M. Scrimishaw, "Infanticide in Human Populations: Societal and Individual Concerns," in *Infanticide*, 前注[72],页439,454。

人置办嫁妆)。因此——当然不是今天,而是在早期社会非常不同的社会条件下普遍存在——溺杀女婴并不意味着敌视或蔑视女子,这就如同修剪树木并不意味蔑视树木。⑦⑤ 从基因的观点看,父亲完全不在意女儿的潜在生育力,因此对她们的生死也无所谓,那才是非理性。

虽然避孕与堕胎是互补也是相互替代,溺婴与堕胎则是相互替代。倡导堕胎权的人不喜欢以这种方式来理解看待溺婴与堕胎的关系,因为在我们社会人们憎恶溺婴。但两者互补是不错的,两者都是怀孕后不让意外怀上的孩子出生的方法。然而,如果情况如此,问题就来了,为什么溺婴这种比堕胎更残忍的方法,直到晚近才更常见了呢?显而易见的答案是,此前,堕胎对于女子一直很危险。但这个回答还不完整,因为直到晚近,分娩也很危险。更微妙的答案是,如果只是不想要女婴且无法产前辨识胎儿性别,那么,平均而言,堕胎杀死的婴儿要比溺婴杀死的婴儿多1倍,不想要的婴儿只是其中的一半。

替代与互补的互动还有其他例证,这就是避孕与卖淫之间的关系。一方面,有效避孕降低了妓女怀孕的概率,这就降低了卖淫的成本,也降低了卖淫的价格;另一方面,由于有效避孕降低了婚姻成本,避孕鼓励了早婚,这就为更多男子提供了性满足的另一来源,从而降低了对卖淫的需求。色情品是另一种对于性行为既是替代也有互补的物品。在手淫时结合色情品一同使用,创造了一种更接近幻想的性交替代,而手淫本身做不到。色情品因此成了性交的替代,减少了对性交的需求。⑦⑥ 但当用来激发性欲时,色情品也会增加性交数量。在关色情品对强奸起了什么作用的论辩中,焦点就是如何平衡这些后果,我在第十三章讨论。

2001年7月8日星期日译于北大蓝旗营

---

⑦⑤ 日文表示溺婴的词 *mabiki*,与修剪植物的词一样。Hanley, 前注⑦②,页176。
⑦⑥ 同样的道理,有人说,随着先前仅对男子销售的色情品如今越来越多地向女子出售,会有更多的女子手淫,转而导致女子更关注独特的阴茎性形式,而不是西方女子特有的更弥散的性兴趣。John H. Gagnon, "The Interaction of Gender Roles and Sexual Conduct," in *Human Sexuality: A Comparative and Developmental Perspective* 225, 242 (Herant A. Katchadourian ed. 1979). 这是一个典型的建构主义假说。相比之下,社会生物学家认为色情品——着重描绘性器官的色情文学——在女子中永远找不到大市场。经济学家在这个问题上是中立的。

第六章 经济学视角中的性态史

本章系统阐述有关性态的实证经济学理论,辅以些许个案研究,把伴侣婚和女子职业状况作为性行为和性态度改变的突出原因。最后一节讨论这两个显著因素之间的因果关系。

古希腊的爱与男色制度化

在柏拉图和亚里士多德时期的雅典公民中,男孩和女孩分别抚养,男孩上学,女孩不上学。禁止一夫多妻,但因为已婚男子与第三者同居,非正式多妻盛行。由于这一因素以及其他原因,包括因溺女婴导致女子缺乏,女孩很小就结婚,丈夫通常比妻子大许多。由于年龄差异、女孩平均婚龄很低(大约 16 岁)、普遍包办、男女授受不亲(sequestering women)以及夫妇受教育程度不同,婚姻是非伴侣的。夫妇并非因爱情、信任关系,以及因分享利益、价值和经验而结合的好友。他们不一起社交,甚至不一起吃饭。也别指望丈夫对妻子忠实,只是说他别把同居者带到家里来就行了。请记住,性的功能之一就是强化关系。夫妻之间的关系越单薄,就越不需要用性来强化。

依据第二章了解的情况,说男女授受不亲有点夸大,特别是不应从字面理解"授受不亲"。但这一描述大致准确,经济学可以解说它的四个乍看起来也许是偶发或至少不相关的特点。这些特点是:人人结婚;广泛容忍男同行为(看起来几乎制度化了),通常是一个 25-30 岁的男子与一个青春期男孩;认为男同是所有男子的一个发展阶段,而不是某些男子的持久偏好;以及有一群有文化、有才智的名妓(hetairai),有别于普通妓女，当然后者也很多。

在非伴侣婚的社会中，男子会在家庭以外寻求爱情寄托①，或是同一阶层的其他男子，或是一些女子，如果与他们不同一阶层，专门提供陪伴。性有时就用来甚或常用来强化这些关系。因此有了与公民阶层男孩的男色，以及与名妓的异性关系。由于男子很容易形成并保持非伴侣婚，这就阻碍了独特的同性恋亚文化出现，甚至阻碍了人们敏锐意识到有些男子确实偏好男同（即他们不是机会型男同）。似乎男同与直男都想要孩子，强度相同。但在一个社会中，女子期望丈夫不只是财政保护者和偶尔性交者，而是最亲的人，男同就很难婚姻成功，许多人努力过，少有成功。②

当婚姻是非伴侣型之际，这难度就小多了。妻子没指望丈夫亲密、忠诚、关爱等，她指望的一切只是财政扶养和偶尔性交。并且，如同我在第四章提及的，大多数男同都能阴道性交，只是不觉得很有快感或情感满足。在古希腊，男同非常容易是位成功的已婚男子，同时他还追逐年轻男孩，使男同看上去与直男没啥区别，不像在我们这样的伴侣婚文化中。差别非常小，人们很少注意，就像我们今天不注意左撇子一样，因为这对一个人的社会角色没有意义。卖淫当时同样不是问题，因为它不威胁婚姻的任何根本特征。

由于公民阶层的女子"授受不亲"了，男子结婚又很迟，因此，可以想见，在其精力最旺盛的岁月里，雅典公民阶层的直男都是光棍一条。他们四处寻找替代女子的性对象，频频盯上了青春期男孩。为什么是男孩而不是男子呢？为什么是男孩而不是妓女呢？

在身体上，青春期男孩比成年男子（他有胡子并嗓音低沉）也比未发育的男童（还是个孩子）更像年轻女子。因此，可以预期，机会型男同——许多没机会接近女子的单身汉也会变成机会型男同——会追逐青春

---

① 请看，例如，Richard G. Parker, *Bodies, Pleasure, and Passions: Sexual Culture in Contemporary Brazil* 32-34 (1991).
② Marcel T. Saghir and Eli Robins, *Male and Female Homosexuality: A Comprehensive Investigation* 96-98 (1973). 但也有些比较成功的婚姻，有关报导，请看，Catherine Whitney, *Uncommon Lives: Gay Men and Straight Women* (1990).

第六章 经济学视角中的性态史

期男孩③,他成人早期会这样,等到结婚年龄时,他的目光会转向女子(妻子、名妓和姘居者),这意味着他有了赡养女子所必需的财政资源。

相对男孩来说,妓女和女奴提供的是低成本替代,也是经常使用的替代。但妓女和女奴来自更低的阶层,她们不能完美替代那无法接近的公民阶层的女孩。男孩的很大劣势是,他不是女孩,但男孩的优势是,他们与公民阶层女孩属于同一社会阶层。若是在一个并非男女授受不亲的社会中,这些年轻男公民本来会与这些女孩浪漫相爱。并且,这些男孩受过教育,这一点甚至公民阶层的女孩也不具有。我们无须假定男孩的这些优势完美抵消了男孩的劣势。在古希腊文献和艺术中,青春期男色很突出,但没人知道实际发生率是多少,并且即便在年轻男公民中,这也可能只是少数人的嗜好。

由于绝大多数男子是直男,如果机会型男同行为在直男中很普遍,那么机会型男同的品位就会成为这里的整体文化的基调。观察者会结论认为,在这样的文化中,过渡型男色,我们可以这样称呼它,是占主导地位的男同形式。然而,如果我的分析不错,无论这种过渡型男色有多普遍,也没理由认为男同偏好在古希腊比在现代美国更普遍。

就如同在第二章中看到的,男色是男子发展过程中被认可或至少是被

---

③ 请回想,前一章提及用男孩替代女子;又请看,Parker Rossman, *Sexual Experience between Men and Boys: Exploring the Pederast Underground* 14, 16-17 (1976). Camille Paglia, *Sexual Personae: Art and Decadence from Nefertiti to Emily Dickinson* 109-125 (1990),他追随弗洛伊德,强调古希腊的理想男子美有双性品质——基本无毛的小阴茎、羞怯屈服的姿态等;女孩式的男孩品质。弗洛伊德说:"很明显,古希腊大多数阳刚男子都是男同,激发一个男子之爱的不是男孩的阳刚,而是他的身体与女子相似,以及女性精神品质:羞怯、谦虚且需要指导和帮助。一旦男孩长成男子,他就不再是男人的性对象了。" "The Sexual Aberrations," in *Three Essays on the Theory of Sexuality* 13, 22 (James Strachey trans. 1949). 但我们不应担心,像威特曼那样[John Weightman, "Andre Gide and the Homosexual Debate" 59 *American Scholars* 591, 595 (1990)]担心"(古希腊)女子会如何看这一点(即变童恋),尤其是那些年轻女孩,她们的同龄——13-23岁——男伴被剥夺了。"这些年轻女孩或被关在父母家中,或嫁给了23岁以上的男子;正因缺乏女孩,年轻直男才觉得变童恋诱人。当然,这并不是说所有有变童行为的人都曾是或就是直男。事实上,在美国这个不隔绝年轻女性的社会中,我们预期,直男中罕有变童行为。但即便今日,有人估计,美国有变童行为的人50%以上都结婚了(Rossman,页6),这个数字是(全部)已婚美国男同比例的两倍。Michale W. Ross, *The Married Homosexual Man: A Psychological Study* 10-111 以及表11.1 (1983).(这些估计都太粗略。)同样不令人吃惊的是,在罗斯曼(Rossman)的样本中,所有非洲人都结婚了。Rossman,页6。非伴侣婚在非洲比在美国更常见,因此,一个非洲男同或男双(性恋)要比一个美国男同或男双结婚更容易。

容忍的一个阶段,这种观点还并非古希腊独有。其极端形式是新几内亚的桑比亚人。我敢肯定,桑比亚人性态的首席研究者赫德(Gilbert Herdt)也不敢说桑比亚人的仪式化男色是机会型男同。他认为桑比亚人的男色是把乖孩子打造为无畏勇士的做法之一。④ 也许如此,但在赫德的出色研究中,吞咽精液与变成自信且咄咄逼人的硬汉之间的联系太复杂了,还是让我提出一个更简单的替代解释。在勇士文化中,古希腊文化与桑比亚文化很接近,作战年龄的男子常常不在家。由于男子妒忌,感到必须把女子同男子(父亲和丈夫除外)隔离开来,而不是让父亲和丈夫一直在身边照看她们。这种男女有别减少了年轻男子的异性恋机会,由此创造了一种可能以男色来满足的替代需求。同时,通过阻滞伴侣型婚姻,这种隔离也创造了容忍男同行为的氛围。

我对赫德发现的这种解说实际上可能是互补的。桑比亚人的母爱令人难以忍受,这也许反映了她们被隔离的状态。正如我关于古希腊婚姻的讨论中可以了解到的,这种男女授受不亲降低了婚姻的陪伴,如果还无法通过婚外情排遣,就会激起妻子从其他地方寻求强烈的情感关系,比方说,关爱自己的孩子(我不是说乱伦)。可以想见,强烈的母爱会令男孩难以获得武士精神。而武士文化要生存下去,这个社会就要演化出一种习俗:把男孩从他母亲身边夺走,让他适应和融入一个男子的社会环境。在这种环境中,异性恋的机遇很少。

不仅男色不是男同的同义词,而且,同没有异性恋机遇的直男相比,"真"男同是否觉得男色更有吸引力,也没法确定。机会型男同喜欢男孩而不是男人,因为男孩更近似年轻女子。一个真正的男同不会感到年轻女子有性吸引力,他只是被男子(常常还是直男)吸引。⑤ 那么,为什么机会型男同会感到作为年轻女子之替代的男孩有吸引力呢?我们必须区分男孩(比如 13-15 岁)和年轻男子(比如说,16-25 岁)。[低于 13 岁,我们就是在谈论儿童了,属于恋童癖(pedophile)而不是这里说的男色领域了。请看第 14 章。]就如同大多数直男感到年轻女子比年老女子更有吸引力一样,大多数男同感到年轻男子比年老男子更有吸引力。(这证明,除性伴侣的性别外,男同都更像男子,不像女子。)但大多数直男——我不是说青春少男——对青春期少女并不非常着迷,这些男子迷青春期少

---

④ Gibert H. Herdt, *Guardians of the Flutes: Idioms of Masculinity* 302-325 (1981).
⑤ Jeffrey Weeks, *Sex, Politics and Society: The Regulation of Sexuality since 1800* 113 (1981).

男也只因为他们可获得的最近似年轻女子的替代,而且,我们也不应预期大多数男同会对青春期少男着迷。因此,我们预期机会型男同更喜欢男孩,而真男同则更喜欢年轻男人,尽管在 16-17 岁范围内,两者会有重叠。与这一点一致的是这样一个事实:当男同确实追逐(更年轻的)男孩时,这常常因为对男子的竞争太激烈了;男孩是稍次的替代品,那些不太有吸引力的男同是不得已才追逐这类次替代。⑥

我认为直男可能会像男同那样(甚至更)狂热追逐男孩,这似乎与许多男同有女人做派这一事实不一。可以推断,有女人做派的男同,对男同仍然是有吸引力,而如果是这样,男孩不也应对男同有吸引力?这里被忽视的是搜寻成本。即使一个男同更愿找一个"真"男成人作为性对象,但他从成年直男中要比从成年男同中更难找到性伴侣,他也许就不得不满足于一个女人气的男同。这不是他的第一选择,却并不意味由于男孩不如成年男人阳刚,男同就一定要喜欢男孩。

更重要的是,尽管许多男同幼年时有过一个女化阶段,且许多女化的男子是男同,但不清楚的是,在男同中这种女化男子有多大比例。确实,有许多直男认为(believe)多数男同都女化。但他们之所以这样认为是因为女化是可以观察到的,但男同偏好是观察不到的,也还因为女化的男同会很容易被人辨认,要掩藏自己以免被他人视为直男,他得比那些阳刚的男同耗费更多,因此,他更少极力掩盖自己的男同特征。还有就是,男同也许会以这种女化来发布自己是男同的信号。对女子来说,男子很容易辨认,对男子来说,辨认女子也一样容易,因为自然选择使男女之间在体形、步态、肤色和嗓音上差异突出。男同外观上与直男更类似,超过男女间的类似。辨认男同很难,因此采用一种好辨认的"男同"举止就便利了识别。女化也许是一种减少性搜寻成本的设置。

如果我对男色的分析不错,这就显示了,在那种既大力谴责男色又珍视女子贞操的、标准"保守主义"性观点,肯定徒劳的,说到底甚至无法自圆其说。可能得到并满足男子性欲望的年轻女子越少,男子就越趋于以男孩来满足这些欲望。与此类似,天主教传统的性保守派也既憎恶异性(当然,也痛恨同性)肛交,也憎恶避孕和堕胎,认为这都是些"不自然"性行为。但是,如果避孕和堕胎受阻,以异性肛交替代阴道性交的需求就会增加,因为

---

⑥ Paul H. Gebhard et al., *Sex Offenders: An Analysis of Types* 321-322 (1965).

肛交无生育。⑦ 既想打压一种活动，也想打压此种活动的替代，如抢劫和偷窃，就算这并不自相矛盾，但让人放弃犯罪还是要比让人们放弃性行为容易多了。保守派应当对人性现实一点。自控从何时开始是可靠的规制手段呢？阿奎那纵容卖淫（请看第七章），在他那个时代，难道不很现实吗？我们时代的现实主义难道不要求宽恕更大范围的不合教规的性行为吗？

修道、清教习俗和基督教性伦理

我在上一章评论了中世纪通常条件下婚姻的高成本。这种成本注定会，也确实造就了大量单身汉。由于教会禁止多妻并努力阻滞同居，婚姻的高成本还造就了大量老姑娘。（教会禁止离婚有两个相互抵消的后果：婚姻成本增加了，增加了未婚者数量，但会减少因婚姻结束而未婚的人数。）修道院，以及更普遍的独身神职人员和女修道院，可视为吸纳剩余单身汉和老姑娘的机构，就为减少对限量婚姻额度的竞争。但如果假定进入修道的单身汉和老姑娘——就其性偏好和机遇而言——是随机的，那就太天真了。一个家庭，如果有一个儿子多病或是男同，可以预期，这个家庭会引导他去当神职人员，因为他特别不适合做丈夫，特别是当时的教会鼓励伴侣婚；而一个女儿如果多病且恋家，可以预期，她的家庭会引导她进女修道院。⑧ 在后一种情况下，另一考量是，一个姑娘越有吸引力并更适合抚养孩子，女孩的家庭为吸引合适的女婿而必须提供的嫁妆就越低。

一个类似解释或可以解说为什么男同现象在舰艇上比在陆军中更常见。⑨ 海军服役就像修道，这涉及的不仅是与其他男子并肩战斗（其他军种服役也如此），还有在和平年代长期被剥夺异性恋机遇，这种剥夺对男同

---

⑦ 在天主教国家,肛交被视为异性避孕形式之一,请看,Parker, 前注①,页 128-129。

⑧ John Boswell, *The Kindness of Strangers: The Abandonment of Children in Western Europe from Late Antiquity to the Renaissance* 240-241 (1988).

⑨ Arthur N. Gilbert, "Buggery and the British Navy, 1700-1861," 10 *Journal of Social History* 72 (1976); C. A. Tripp, *The Homosexual Matrix* 222-227 (1975); Mikhail Stern, *Sex in the USSR* 217 (1980); Theodore R. Sarbin and Kenneth E. Karols, "Nonconforming Sexual Orientations and Military Suitability" B-2, B-3 (Defense Personnel Sexuality Research and Education Center, Rep. No. PERS-TR-89-002, 1989 年 12 月). George Austin Chauncey, Jr., "Gay New York: Urban Culture and the Making of a Gay Male World, 1890-1940" 77-97 (Ph.D. diss., Yale University, 1989), 描述了纽约保尔利街上一帮名声不佳的人,在那里,由于没有女子,海员和 (转下页)

第六章 经济学视角中的性态史

显然比对直男成本低多了。英国海军远航期间之所以男同行为特别多（我甚至想论辩，很可能，不一定都出于男同偏好），另一理由也许是船员中有许多男孩，他们对那些剥夺了异性恋出口的直男很有吸引力。吉伯特（注9）报道的多数案件都涉及成年船员同男孩的肛交。我的分析隐含的是，海军要比在其他军种，无论是真男同还是机会型男同都更常见。

早期新教徒对罗马天主教会的指控之一是，修道院都成了同性恋温床。这一指控也许有助于解说，为什么多数天主教国家都不再迫害男同后，新教国家仍在继续，尽管是时断时续地。没人知道中世纪修道院中男同究竟有多普遍；但如果比整个社会更常见，不会令人吃惊⑩，就因这是性隔离机构的一个可预期的特征。然而，有意思的地方还不是，这些修道士就像全男机构的囚犯，被剥夺了异性恋渠道。这很明显，相关的是更多的男同行为，而不是男同偏好。真正有意思的是，一般而言，选择当神职人员，特别是修道的人，趋于（并非教会意图或渴求这个结果）更多的是那些婚姻前景相对不妙的男子；在这些男子中，男同——真男同——比例会更高。⑪ 与这一推测一致的是，教会一般都保护自己队伍中的男同⑫，与此同时，教会的顶尖神学家对男同和手淫表现出看起来过度的关切。鉴于天主教的性教义，这种关切也许并不真的过分，因为男同和手淫在独身机构中确实比其他地方更可能发生。

（接上页）移民就以男孩和年轻男子为替代；此外，J. Dunbar Moodie, "Migrancy and Male Sexuality in South African Gold Mines," in *Hidden from History: Reclaiming the Gay and Lesbian Past* 411 (Martin Bauml Duberman, Martha Vicinus, and George Chauncey, Jr., eds., 1989), 描述了无法接近女子的矿工间的同性"矿山婚姻"。

⑩ 一些证据，请看，David F. Greemberg, *The Construction of Homosexuality* 283, 286 (1988). 中世纪教会肯定关切修道士的男同问题。请看，例如，Peter Damian, *Book of Gomorah: An Eleventh-Century Treatise against Clerical Homosexual Practices* (Pierre J. Payer trans. 1982).

⑪ 一个替代的但并非不一致的假说是，罗马天主教会的仪式对那些有男同偏好的人曾（或许如今仍）特别有吸引力。参见，Peter Gay, *The Tender Passion* 236-237 (1986) (*The Bourgeois Experience: Victoria to Freud* 一书的第2卷)，该书讨论了纽曼大主教和英国的天主教运动。如同我们将在第十一章看到的，这些人趋于为涉及装饰的工作或艺术和戏剧表演所吸引，因此他们可能比一般直男更感到传统天主教辉煌礼拜——色彩丰富的牧师服装、洪亮的拉丁语调、教会音乐和熏香——很有吸引力。当然，即使这是真的，其中的因果关系也可能与我的说法相反：男同倾向的教士可能影响了礼拜仪式的设计和制作。

⑫ Luiz Mott and Aroldo Assuncao, "Love's Labors Lost: Five Letters from a Seventeenth-Century Sodomite," in *The Pursuit of Sodomy: Male Homosexuality in Renaissance and Enlightenment Europe* 91, 99-100 (Kent Gerard and Gert Hekma eds. 1989); Guido Ruggiero, *The Boundaries of Eros: Sex Crime and Sexuality in Renaissance Venice* 141-144 (1985).

如果教会能够对其神职人员保证全面禁欲，所有这些也就相对不重要了。但教会做不到。然而，我们可以假定，修道院内的性行为当时（现在也是）比外界更少。但我们应当预料，一旦发生，其中有很大部分就是男同。事实上，修道院内的天主教神职人员会比在修道院外天主教神职人员的男同行为还要多，因为后者有更多异性恋机遇。也正因为完全自我禁欲不现实，才导致不仅新教教会，而且犹太教会和伊斯兰教会都鼓励神职人员结婚，结婚就是提供了一种替代，由此降低了非婚性行为（包括同性性行为）的收益。

今天，独身神职人员中男同比例比中世纪高还是低呢？我想会更高，因为今天的异性恋机遇，无论婚内还是其他都更多了，从而降低了神职对于直男的相对吸引力。也恰恰因为这类机遇很多，那些看起来性不活跃的单身汉就会被人怀疑是男同，除非他们那一行当要求独身。神职因此成了男同藏身的好地方，特别是当婚姻变得也不便藏身自己，因为男同很难让如今的常规伴侣婚正常运转。当然，如果天主教会不遗余力筛除那些有志于成为神职人员的男同申请人，也许会抵销男同的自我选择。但天主教会似乎没这样做。教会并不像某些男同权利倡导者描述的，是个"恐惧男同"的机构。数十年前，《新天主教百科全书》就这样说过，男同"需要一个服务于上帝和人类的职业，神父可以帮助他找到这个工作……只要真诚努力，在天恩帮助下，控制自己的不轨倾向，男同会像直男一样令上帝欢心。"⑬ 这种升华了的男同一直受神职欢迎。⑭

在天主教神职人员中，男同比例增加的假说无法直接验证。没人知道中世纪或今天神职人员中男同比例有多少。可以说的只是，今天，这个比例看来非常高。确实，我们只能有限相信 1989 年的一个研究，该研究发现至少有 50% 的美国天主教神职人员和神学院学生是男同。⑮ 但这一研究的方法很成问题。它是向大量天主教神职人员寄了问卷，仅有 101 位承认自

---

⑬ "Homosexuality," in vol. 7, 页 119 (1967). 这部《新天主教百科全书》有华盛顿特区天主教大主教的出版许可。

⑭ 一位天主教教士乔金赞许地讨论了独身男同的爱，请看，Donald Goergen, *The Sexual Celibate* 188-196 (1974). Roger Scruton, "Sexual Morality and the Liberal Consensus," in Scruton, *The Philosopher on Dover Beach: Essays* 261, 269 (1990), 此文为禁止男同行为辩护，理由是这鼓励了男同加入教士队伍并将同性恋升华了。他认为升华了的男同自然适合当教士。

⑮ James G. Wolf, "Homosexuality and Religious Ideology: A Report on Gay Catholic Priests in the United States," in *Gay Priests* 3, 60 (Wolf ed. 1989) (表 15)。

第六章　经济学视角中的性态史

已是男同的神职人员回复了,这个 50% 只是他们对男同神职人员的估计。该研究大量引用了的长篇（essay type）回复表明回复人都是些有思想的男子,他们不大可能有意夸大。但无疑,这里有下意识的夸大。夸大了多少? 男同权利运动的领袖常说美国总人口中有 10%——有男也有女——是同性恋,我们在第十一章中会看到,这数字完全可能夸大了 4 倍。假定男同神职人员的比例也同样夸大了,那么,如果 12.5% 的美国天主教神职人员是男同,这意味着神职人员中的男同比例会是整个男子人口中男同比例的 4 倍多。

还有个研究,研究者是位已婚的前神职人员,也是位精神病治疗师。根据他对 1500 多名神职人员及其性伴侣的治疗记录和访谈,估计有 20% 的美国神职人员有男同倾向,其中有一半是性活跃的男同。⑯ 其他估计与此类似。⑰ 有些数字还高一些:"估计天主教神职人员中男同比例大致在 20%-40% 之间。"⑱ 圣母大学神学系主任在出色的天主教《公益》（Commonweal）杂志上撰文问:"男同大主教是否有意无意地优先选择了男同候选人担任神父和教区职位?"⑲ 据估计,神学院学生中男同比例高达到 70%。⑳

关于男同神职人员,还有最后三点:

1. 一个社会对男同越宽容,神职人员中男同比例就越低。因为用神职

---

⑯ A. W. Richard Sipe, *A Secret World: Sexuality and the Search for Celibacy* 133 (1990).

⑰ Robert Nugent, "Homosexuality and Seminary Candidates," in *Homosexuality in the Priesthood and the Religious Life* 200, 203 (Jeannine Gramick ed. 1989); Andrew Greeley, "Bishops Paralized over Heavily Gay Priesthood," *National Catholic Reporter*, 1989 年 11 月 10 日, 页 13。Sipe, 前注⑯, 页 132, 此文引用了一些高估数。关于某大主教主要管区内教士同性恋的一个简单介绍, 请看, Bill Kenkelen, "For Philly's Gay Priests, Life in the Shadows: Some Clergy Live Straight by Day and Gay by Night," *National Catholic Reporter*, 1990 年 10 月 5 日, 页 5。

⑱ Paul Wilkes, "The Hands That Would Shape Our Souls," 266 *Atlantic Monthly* 59, 80 (1990 年 12 月)。又请看, Jason Berry, "Homosexuality in Priesthood Said to Run High," *National Catholic Reporter*, 1987 年 2 月 27 日, 页 1。

⑲ Richard P. McBrien, "Homosexuality & the Priesthood: Questions We Can't Keep in the Closet," *Commonweal*, 1987 年 6 月 19 日, 页 1。

⑳ Jason Berry, "Seminaries Seen to Spawn Gay Priesthood," *National Catholic Reporter*, 1987 年 3 月 6 日, 页 20。根据一篇关于教士和神学院学生的艾滋病检测（如今这在美国很常见）论文, 教士中艾滋病的发病率至少相当于普通人口中发病率的 27 倍。Rose Marie Arce and David Firestone, "Church Deals with AIDS—Among Priests," *New York Newsday*, 1990 年 9 月 16 日, 页 4（新闻栏）。

来减少单身男同嫌疑的收益也更小。更重要的是，宽容还使人容易意识到许多神职人员是男同，这种意识越强，借神职藏身的效果就越低。这一分析还隐含了，允许神职人员结婚会减少男同神职人员的数量，会增加直男神职人员的数量。

2. 第五章关于城市化对男同的影响的研究隐含了：即使神职人员总数稳定甚或下降，男同神职人员的数量也许仍会增加。"随着许多神职人员辞去传教工作，常常结婚了，神职人员中男同的相对比例增加了。随着男同相对比例增加，似乎有更多男同被吸引到天主教全男子神职人员生活中——就因为对其他男同来说，男同在场的情况显然增加了。"[21]

3. 由于监禁是非自愿的，担任神职人员则是自愿的，因此，我们应当预期，神职人员中的男同比例会比囚犯中的男同比例更高。（海军服役，另一个性别隔离的机构，有时是非自愿的，但更多是自愿的。）确实，剥夺异性恋机遇，这对于男同要比对直男成本更低，因此，当其他因素相等时，监禁对于男同应当是成本更低的，并因此，对他们来说，犯罪的成本也更低。据此，我们应预期监狱中男同比例更大。但其他因素并不相等。男同也许预见自己会被其他囚犯虐待。（有多少女子希望自己被关进男监？）并且，由于男同的受教育和收入水平均趋于高于平均水平（这些特征都与犯罪倾向负相关），因此，监禁成本的任何轻微减少，由此带来震慑力的任何轻微减少，都可能因犯罪的机会成本增加而扯平，也包括因监禁带来的合法收入减少。我现在知道，没有任何证据证明，收监的男子中，男同比例特别高，并且，也让我们假定这个比例确实不高。但在独身神职人员中，男同确实是占比比较大。但在修道院、女修道院、神学院或其他罗马天主教神职人员社区中，男同行为的数量也许比在同样规模的监狱中更少，因为教会坚决反对男同行为。因此，经济学分析——经常被人批评，被认为是一种糟糕的简约论——认为，作为全男子机构中男同例证的这样两种常常不加区分地混在一起的现象，其实区别重大。

天主教文化对男同的宽容度普遍高于新教文化，这可能还有个理由：天主教国家大多在南欧，新教国家在北方。一般说来，北方各国的婚姻，特别是传统上最敌视男同的英格兰比南方各国更可能是伴侣型的。英格兰虽

---

[21] Berry，前注[18]，页16。

第六章 经济学视角中的性态史

没发明伴侣婚,却也是先锋。㉒ 从亚当和夏娃的故事开始,《圣经》中就强烈暗示了伴侣婚。㉓ 在古典世界中,也有些知识分子敦促伴侣婚,还在罗马帝国时期取得了进展。㉔ 这些暗示和运动也得到了教会的鼓励。在此后几个世纪里,非伴侣婚(通常是一位青春少女与一个老男人的包办婚姻)仍很常见——可能还是主导。即使今天,那种硬汉气概——宣扬双重标准、对女孩和已婚女子实践男女有别授受不亲、坚信女子天生不如男、随时准备以青春男孩替代年轻女子作为性对象——在地中海沿岸和南美的拉丁文化中仍破坏着伴侣婚。

伴侣婚和废除修道院(这是英国宗教改革的另一遗产)为看得见的男同亚文化出现带来了压力。这转而创造了一种男同与直男截然不同的感觉,引发了对男同的敌视和歧视。对男同的传统指控之一是,他们太自私、太自恋,他们不愿付出努力同女子建立亲密关系。在一个没有男子努力与女子建立伴侣关系的非伴侣婚的社会中,这种指控不会有多少反响。非伴侣婚以种种方式培养了对男同的宽容——甚至是彻底的无视。㉕ 今天,最赞美伴侣婚文化的,继英格兰之后,是美国;而美国可能是最不宽容男同的西方国家。

男同行为,在伴侣社会要比在非伴侣婚社会更可能受惩罚。这不仅因为在伴侣婚中男同行为更异常,也因为男同对伴侣婚威胁更大。即使是

㉒ Lawrence Stone, *The Family, Sex and Marriage in England 1500-1800* 543-545 (1977); Jean-Louis Flandrin, *Families in Former Times: Kinship, Household and Sexuality* 167-169 (1979); Niklas Luhmann, *Love as Passion: The Codification of Intimacy* 130-131 (1986); Roderick Phillips, *Putting Asunder: A History of Divorce in Western Society* 354-358 (1988); Edmund Leites, "The Duty to Desire: Love, Friendship, and Sexuality in Some Puritan Theories of Marriage," 15 *Journal of Social History* 383 (1982). 与法国情况的对比,请看,William F. Edmiston, *Diderot and The Family: A Conflict of Nature and Law* 5-6 (1985); Charles Donahue, Jr., "The Canon Law on the Formation of Marriage and Social Practice in the Later Middle Ages," 8 *Journal of Family History* 144 (1983). 伴侣婚是中产阶级的创新,过分关注联姻的贵族婚姻是非伴侣婚的,而穷人缺乏创造和培育伴侣关系所必须的隐私和自主。John R. Gillis, *For Better, for Worse: British Marriage, 1600 to the Present* (1985),特别是页 13-14。

㉓ Christopher N. L. Brooke, *The Medieval Idea of Marriage*, ch. 2 (1989).

㉔ Michael M. Sheehan, "Choice of Marriage Partner in the Middle Ages: Development and Mode of Application of a Theory of Marriage," 1 *Studies in Medieval and Renaissance History* 1 (1978),特别是页 7-8。

㉕ Weeks,前注⑤,页 101-102; Antony Copley, *Sexual Moralities in France, 1780-1980: New Ideas on the Family, Divorce, and Homosexuality: An Essay on Moral Change*, ch. 1 (1989).

异性恋主导的已婚男子有时也会受到小鲜肉（pretty boy）的诱惑。一个社会越是主张男子性克制，该社会就越在意任何形式的婚外性行为。这也许可以解说第五章描述的异常现象，即对肛交插入者的惩罚更严厉，尽管被插入者更可能是"真"男同。在伴侣婚社会中，真男同其实更不正常，因为他不适合伴侣婚；但机会型男同的危险更大，因为作为直男，他在伴侣婚中是位真实或潜在伴侣。

伴侣婚通常会培育清教态度，因此英美性文化中有清教成分不稀奇。丈夫通奸第一次令人反感了，因为破坏了爱和信任，减少了他陪伴妻子的时间，这是伴侣婚的要素而不是非伴侣婚的要素。已婚男子嫖娼也是通奸，同样令人反感。此外，嫖娼这种男女关系明显缺乏爱和信任，其特点是非人格的现场交易，与抛弃了非伴侣婚商业模式的社会不协调。但由于嫖娼是对伴侣婚威胁最大的各种婚外性行为的一个替代，因此它既是伴侣婚的补充，也是伴侣婚的替代。社会坚持伴侣婚的后果并非直接谴责而是质疑（problematize）嫖娼，这一在非伴侣婚社会中不被视为问题的制度。

清教主义回应了伴侣婚中的根本紧张关系，即前面提及既鼓励又打压女子性愉悦。若打压这种愉悦（这是天主教教义的倾向），婚姻关系会受损；但如果鼓励，婚姻关系也会受损，因为女子会更容易接受婚外性机遇，男子则会加倍努力防止通奸。伊斯兰教的解决办法是，一方面已婚女子"男女有别"，并严惩通奸；另一方面正面看待女子的性愉悦，两者结合。以面纱隔离，不故作止经。清教的解决办法则是，强调灌输道德价值，替代身体的隔离。像犹太人和穆斯林一样，但不像此前的天主教或此后的维多利亚人，清教徒并不系统地贬低女子的性。他们对女子的性不太热心，重要的只是将女子的性表达权限于婚内。他们谴责激情（第五章称之为"热恋"），这构成了英国人与法国人的强烈态度反差。英国人视激情是通奸的诱因，会威胁婚姻。法国人也认为激情与通奸有联系，只是不认为问题太大，因为通奸严重威胁的是伴侣婚，对非伴侣婚则不构成严重危险，在从非伴侣婚向伴侣婚转变的进程中，法国人落后于英国人（请看注㉒）。

基督教性道德，通过伴侣婚与女子的地位联系起来了。如果女子地位非常低，认为女子就是简单的繁育者和苦工，不予教育，也无法教育，就不会认为女子适合与男子共同建立基于爱和信任的如伴侣婚关系。基督教试图提高女子地位，比古希腊古罗马异教社会中女子的地位更高。努力有

第六章 经济学视角中的性态史

多种形式。其一，与昔日异教形成鲜明反差的是[26]，禁止溺婴，此前一直主要针对女婴。(然而，从第五章我们了解到，溺女婴减少了女子数量，女子稀缺会增加幸存女子的福利。) 其二，禁止离婚，在古希腊古罗马社会，离婚通常是丈夫说了算，也没赡养费，出现了大批被抛弃的贫困女子。[27] 更重要的是，丈夫扣住孩子，离异女子甚至没有探视权。确实，如果妻子结婚时曾带来嫁妆，那么只要离婚不是妻子有过错，甚或即便妻子有过错，丈夫就有或也有义务返还嫁妆（至少要用嫁妆扶养她）。[28] 但由于女子很少有大量嫁妆，因此只有少量顶层已婚女子才能享有这种安全保障。

天主教会还以其他方式强化了女子的地位：鼓励男子把女子当作自家姊妹[29]，不只是性对象和生育者；（与此相关）使老姑娘享有可理解且事实上受尊敬的地位，这就增加了女子的选项；既禁止丈夫通奸，也禁止妻子通奸；以及婚姻必须经双方的同意，却不必须有他们父亲的同意（不像罗

---

[26] William L. Langer, "Infanticide: A Historical Survey," 1 *History of Childhood Quarterly: The Journal of Psychohistory* 353, 354–355 (1974). 然而，根据恩格尔斯的研究，古典时期，"根本不可能每年有 10%新生女婴溺杀，几乎可以肯定，任何时期这一比率也没超出新生女婴的百分之几。"请看, Donald Engels, "The Problem of Female Infanticide in the Greco‐Roman World," 75 *Classical Philology* 112, 120 (1980).

[27] 今天的无过错离婚——实际上是随意离婚——已有颇类似的后果。"离婚法革命的主要经济后果就是离异女子及其孩子的系统贫穷化。"Lenore J. Weitzman, *The Divorce Revolution: The Unexpected Social and Economic Consequences for Women and Children in America* xiv (1985). 又请看, Lloyd Cohen, "Marriage, Divorce, and Quasi Rents; Or, 'I Gave Him the Best Years of My Life,'" 16 *Journal of Legal Studies* 267 (1987), 特别是页 277 和注 30。变化越多,不变也越多(Plus ça change, plus c'est la même chose)。

[28] Sarah B. Pomeroy, *Goddesses, Whores, Wives, and Slaves: Women in Classical Antiquity* 63 (1975); Roger Just, *Women in Athenian Law and Life* 73–74 (1989); David M. Schaps, *Economic Rights of Women in Ancient Greece*, ch. 6 (1979); Alan Watson, *The Law of Persons in the Later Roman Republic* 66 注 3 (1967); W. W. Buckland, *A Textbook of Roman Law from Augustus to Justinian* 108–111 (2d ed., 1932); 以及第 5 章注[54]的参考文献。对被离异的妻子予以补偿是犹太婚姻法的基本特点之一。Louis M. Epstein, *The Jewish Marriage Contract: A Study in the Status of the Women in Jewish Law* (1927); Reuven Yaron, *Introduction to the Law of the Aramaic Papyri*, ch. 5 (1961). 依据古希腊古罗马法也一样，丈夫必须归还妻子的嫁妆。Epstein, 页 196–197。但这假定是有嫁妆，且离异赔偿的前提是过错方占有或控制着财产。根据传统犹太法，丈夫可以随意离异妻子，妻子却不能以任何理由离异丈夫。Epstein, 页 194–196, 200。

[29] Pat Caplan, "Celibacy as a Solution? Mahatma Gandhi and *Brachmacharya*," in *The Cultural Construction of Sexuality* 271 (Caplan ed., 1987), 描述了甘地用来努力提高印度女子地位的一种类似战略。

马法)。㉚

这一法律和社会的改革方案的许多内容,在几个世纪里,一直都只是追求,而非成就。㉛ 其中许多反映并继续了古罗马文化中可察知的一些趋势;这一追求与根深蒂固的有时甚至邪恶的敌视女性的态度共存。但我描述的这些在当时都是女权措施,天主教会也努力鼓励伴侣婚,与这些措施携手并进。

对丈夫感兴趣的女子,也会对其他男子感兴趣——也更容易为后者得手,因为授受不亲与相濡以沫不可兼得。若男子要确保亲权,提高女子地位,适合成为男子伴侣,就必须伴随有性道德的普遍提升。更具体地说,是要提升男子性道德,因为威胁这些为妻者之贞洁的都是男子。这样看来,在分析教会的性政策时,就无须把基督教性伦理的拘谨(这一点因其宽容嫖娼——作为神职制度无法完全吸纳的单身汉最重要的安全阀——而有所缓和)当成给定因素。这也许是伴侣婚的后果之一,而伴侣婚转而也许是教会提升异教社会女子现有地位的后果之一。但为什么教会当年会有此努力呢?下一章会简单讨论。

瑞典的性随意(*permissiveness*)

如果说伴侣婚使同性恋第一次成了个问题,那么,如何解说在现代瑞典,更普遍的是在斯堪的纳维亚各国,特别宽容同性恋和其他违反基督教性道德的行为呢?我转向第三个个案研究,顺便介绍性的规范经济学分析。

㉚ Buckland, 前注㉓,页113;J. A. C. Thomas, *Textbook of Roman Law* 420-421 (1976); John T. Noonan, Jr., "Marriage in the Middle Ages: I—Power to Choose," 4 *Viator: Medieval and Renaissance Studies* 419 (1973); Brooke, 前注㉓,页129-130。女子独身,无论基于宗教还是世俗的,都是替代了溺女婴。Mildred Dickemann, "Female Infanticide, Reproductive Strategies, and Social Stratification: A Preliminary Model," in *Evolutionary Biology and Human Social Behavior: An Anthropological Perspective* 321, 348-349, 353-357 (Napoleon A. Chagnon and William Irons eds. 1979)。女子独身降低了父母的预期嫁妆费用,也降低了人口增长率。

㉛ A. H. M. Jones, *The Later Roman Empire 284-602: A Social Economic and Administrative Survey*, vol. 2, 970-979 (1964); Noonan, 前注㉚; Charles Donahue, Jr., "The Policy of Alexander the Third's Consent Theory of Marriage," *Proceedings of the Fourth International Congress of Medieval Canon Law* 251 (Stephan Kuttner ed., 1976); Mary Ann Glendon, *The Transformation of Family Law: State, Law, and Family in the United States and Western Europe* 16-28 (1989).

第六章 经济学视角中的性态史

斯堪的纳维亚文化与南欧硬汉文化——由此对男同相当宽容——是对立的。我将只讨论在瑞典数量很少的非伴侣婚。如果还能期望有什么能促使婚姻更多陪伴,同时减少婚姻中某些"井然有序"(businesslike)的收益(如劳动分工以及由此而来的工作专业化),那就是瑞典男女受教育程度和职业状况的平等,要比任何其他国家更接近这种平等。

首先要注意的是瑞典的宗教衰落。1981年一个盖洛普民意调查,让15国(除美国、日本和南非外,全是欧洲民族)人,以1-10打分评判上帝在其生活中的重要性。瑞典名列最后,得分是3.99;丹麦倒数第二;日本倒数第三;美国正数第二,仅次于南非,得分是8.21,略高于爱尔兰。[32] 这一民意调查还直接探讨了信仰上帝,但由于某些原因,只报道了丹麦人的回答,没有瑞典人的回答。与有71%的美国人信上帝形成反差,仅有26%的丹麦人信上帝,瑞典人的比例看来不可能更高。[33] 如果基督教教义在瑞典衰落,我们就不可能期待,基督教反对"不自然"性行为的观点在那里会有多大影响。我们想从其他地方寻找瑞典人性态度的原因。与之类似的是美国高利贷法。在美国,今天没人认为借钱还利息有罪;基督教的这一传统教义死了。我们必须从其他地方——从利益群体政治、经济学无知或其他——寻求解释,为什么法律仍限制最高利息。同样,我们必须从其他地方,而不是从基督教教义中,寻求任何可能导致瑞典人不赞同同性恋和其他不轨性行为或性偏好的理由。世界上一直有敌视同性恋的意识形态(不源自基督教义),突出的是纳粹,但这些意识形态在瑞典全都没有立足之地。在瑞典,社会主义和不抵抗主义势力强大,但除了我很快提及的一个重要特例,这些意识形态似乎都没有性政策的内容。

---

[32] Gallup Report no. 236, 1985年5月,页50。

[33] 同上注,页53。又请看,Neil Elliott, *Sensuality in Scandinavia*, ch. 5 (1970); David Popenoe, *Disturbing the Nest: Family Change and Decline in Modern Societies* 138 (1988); Theodore Caplow, "Contrasting Trends in European and American Religion," 46 *Sociological Analysis* 101, 102 (1985); Lynn D. Nelson, "Religion and Foreign Aid Provision: A Comparative Analysis of Advanced Market Nations," 49 *Sociological Analysis* 495, 545 (1988). 至少1970年,有人估计仅10%的瑞典人周日去教堂,相比之下,美国人几乎是50%。Richard F. Tomasson, *Sweden: Prototype of Modern Society* 76 (1970). 汤玛森报道说,1968年一个普查把瑞典排在西方各国信仰上帝的最末。Tomasson, 页78。以对男同态度自由闻名的另一欧洲国家——荷兰,据说有西方世界最大比例的"正式的不信仰上帝者"。R. W. Ramsay, P. J. Heringa, and I. Boorsma, "A Case Study: Homosexuality in the Nehterlands," in *Understanding Homosexuality: Its Biological and Psychological Bases* 121, 123 (J. A. Loraine ed., 1974).

我们这样就可以随意猜想，也许瑞典就没想打压某种具体的性活动形式，除非有个务实的理由必须如此。不像虔诚的天主教徒，认定性充满了深厚的道德寓意，在瑞典人看来，性很像吃饭或驾车，受利益群体压力影响偶尔也会偏转，通常则只有当可能危及第三方，或引发其他实用主义或功利主义的理由时，社会才（直接通过法律或间接通过社会态度）予以规制。在现代瑞典这样的社会，很难找到令人信服的实际理由——我们会看到，即便艾滋病流行——来消除双方同意的成人（当然，这里的成人定义有点麻烦）男同。可以设想，如果社会不催促男同结婚，同时如果（这个如果很重要）还不允许每位直男让一个以上的女子受孕，就会对出生率有负面影响。这种影响肯定微不足道。我还没看到有哪个人口研究深入考虑过社会对男同的态度可能对出生率有可测度的影响。㉞ 法国人很是在意本国人口出生率太低，想将之归罪于任何事，从养贵宾犬到骑自行车㉟，但也没打算归罪于男同。㊱ 此外，尽管瑞典人口出生率很低，但美国人口出生率也很低，而后者对男同更多敌意。还有，瑞典可以通过减少移民障碍（就像美国那样），把本国人口保持在它想要的水平。无论如何，没迹象表明瑞典人想要更多人口，或确实对人口可能下降颇为沮丧。㊲ 但对这一人口统计学观点的更深层的反对意见是，瑞典女子不想和男同结婚或建立任何类型的性关系。

你可以说，如果不打压男同，那些摇摆于男同边缘的青春期男孩就可能堕落为男同。但这个论点隐含了，同不容忍男同的社会相比，容忍男同的社会有更多男同，还都是真男同不是机会型男同。但没人知道任何社会，过去或现在，究竟有多少男同，因此，这一假说无法证伪。就算有人知道，世界上也没任何证据支持这一假说。至少就男同的偏好形成而言，似乎深深根植于遗传、激素和（或）发育因素，纯粹社会影响不大可

㉞ 例外的是，马尔萨斯简单提及了土耳其人的肛交行为，我在第一章中有过评论。

㉟ Joseph J. Spengler, *France Faces Depopulation: Postlude Edition, 1936–1976* 135 注 1 (1979).

㊱ 相反的是，法国 20 世纪 20 年代为了增加出生率，立法禁止避孕和堕胎（同上注，页 127, 240 注 48），就和 20 世纪 60 年代罗马尼亚一样。

㊲ Popenoe, 前注㉝, 页 150; C. Alison McIntosh, "Low Fertility and Liberal Democracy in Western Europe," 7 *Population and Development Review* 181, 184–187, 200–201 (1981). 然而，"二战"之前，瑞典同欧洲其他国家一样人口出生率下降，令人担忧。Allan Carlson, *The Swedish Experiment in Family Politics: The Myrdals and the Interwar Population Crisis* (1990).

第六章　经济学视角中的性态史

能抵销这些因素。㊲

最后是艾滋病问题㊴，以及更普遍的性病问题。传染病是经济学外在性概念的标准例子。如果我拒绝接种天花疫苗，染上了天花，拒绝接种的成本就不只是我个人承担，因我而感染天花的其他人也承担了这一成本。因此，当我决定是否接种疫苗时，没把接种疫苗给他人带来的收益算进来。为迫使我提供这点好处，社会会规定接种疫苗是义务。在艾滋病出现之前，男同也比直男更多得性病㊵，主要就因为男同往往有更多性伴侣。

有人可能说，男同有强烈的自我利益，使用避孕套，避免致命疾病，他也很容易把男同感染艾滋病的危险降至很低，因此，以艾滋病作为限制男同行为的理由太单薄了。事实上，同其他非致命性病相比，可以说，以艾滋病作为限制男同行为的理由更单薄，因为比起非致命性病，如（当今的）梅毒或淋病等，致命性病使男同有了更强激励自我保护，同时也就保护了性伴侣（以及性伴侣的其他性伴侣）。避孕套防范的疾病越是致命，避孕套对于使用者就越有价值。但也可以反过来争辩说，那些知道或认定自己已染上艾滋病的男同，就没有激励用避孕套了。确实如此。但他的性伴侣使用避孕套的激励没降低，除非其性伴侣也已染上了艾滋病。这种情况下，两人间的无保护性行为不会显著增加艾滋发病率。

还有个理论上很有意思的观点是，与通过水或空气传播的普通传染病

㊳ 请看第四、十一、十四和十五章的讨论。

㊴ 有关背景，请看 John Mills and Henry Masur, "AIDS-Related Infections," 263 *Scientific American* 50 (1990 年 8 月); *AIDS: Etiology, Diagnosis, Treatment and Prevention* (Vincent T. DeVita, Samuel Hellman, and Steven A. Rosenberg eds. 1988). 对其中的财政维度有很好的讨论，请看，Henry T. Greely, "AIDS and the American Health Care Financing System," 51 *University of Pittsburgh Law Review* 73 (1989).

㊵ Allan P. Bell and Martin S. Weinberg, *Homosexualities: A Study of Diversity among Men and Women* 118 (1978); D. J. West, *Homosexuality Re-Examined* 228–233 (1977); A. J. King, "Homosexuality and Venereal Disease," in *Understanding Homosexuality*, 前注㊳，页 187, 189–192; Arno Karlen, *Sexuality and Homosexuality: A New View* 197 (1971); Kingsley Davis, "Sexual Behavior," in *Contemporary Social Problems* 313, 358–359 (Robert K. Merton and Robert Nisbet eds. 3d ed., 1971). 所有这些著述都早于艾滋病流行。但人们不应匆忙得出结论说，性乱交必定不健康。古代世界就有性病，但性随意的社会，如古希腊古罗马，看来却不是因此被摧毁的。性病的首次致命打击——梅毒——在东半球公元 15 世纪末才出现，并且最可能（学者意见并不一致）是被哥伦布的水手们从新大陆带到旧大陆的。Edgar Gregersen, *Sexual Practices: The Story of Human Sexuality* 305–306 (1983); Claude Quetel, *History of Syphilis*, ch. 2 (1990), 特别是页 38; Danielle Jacquart and Claude Thomasset, *Sexuality and Medicine in the Middle Ages* 177–178 (1988); Charles Clayton Dennie, *A History of Syphilis*, ch. 6 (1962).

不同，艾滋病是通过自愿接触传播的，例外（这不意味着不重要）是从父母、输血或不知或掩盖了自己是携带者的人那里感染了艾滋病的患者。因此，对艾滋病，自我防护是比对其他传染病更务实可行的措施。这意味着，支持强制疫苗接种和其他公卫措施的传统经济学论证，即外部性因素，就性病而言，削弱了（但没有消除，因为自我保护不是无成本的）。这里的奇怪寓意是，与通过空气和水传播的其他疾病相比，艾滋病数量可能更接近经济学上的最优水平。

即使退一步（鉴于艾滋病疫情严重性及其对不知情地承担感染风险的人构成的危险，我认为我们必须退这一步），承认艾滋病确实迫切要求公共干预，却也不清楚地意味，恰当的干预形式就是重新捡起清教的性道德——如果我们很现实地认定，这种努力不可能100%成功（如果可能，性病早就消失了）。如果只是部分成功，后果之一是人们对性的了解减少了，包括对性病和以避孕套预防性病的了解。后果二是会阻滞了男同向公卫部门报告性病。后果三也许是，由于阻滞了自愿的婚外性活动，卖淫嫖娼会增加；以及后果四，可能会刺激肛交（这比阴道交更容易传播艾滋病毒）增多，因为年轻女子被隔绝（这培养了机会型男同），也因为避孕品和堕胎受限。后果五是会增加男同与异性结婚数量，进而危及女子和儿童。后果六是社会会把精力和关注从可行的防控措施转移到禁欲说教。所有这些因素，最后两个除外，都会加大传播艾滋病[41]，并且这些因素（连同后两个因素）在美国都比在瑞典更常见，尽管瑞典对性更随意，艾滋病发病率却低很多。[42] 宽容性行为的氛围实际上可能迟滞而不是加快性病，尤其是艾滋病的传播。

更重要的是，尽管艾滋病流行可怕，直接公共规制性行为从费用角度上看也不太合理。如果异性恋群体有同样可怕的性病肆虐，不会有人建议

---

[41] 请看，例如，Nancy M. Flowers, "The Spread of AIDS in Rural Brazil," in *AIDS: AAAS Symposia Papers* 1988 159 (Ruth Kulstad ed. 1988); Richard G. Parker, "Sexual Culture and AIDS Education in Urban Brazil," 同上注，页169。[肛交是古老的避孕方式。请看，例如，James Woycke, *Birth Control in Germany, 1871–1933* 10–11 (1988)。]美国黑人因男同感染艾滋病之所以非常高，也许因缺乏相关知识，而这种缺乏部分因为同性恋禁忌在黑人中要比在白人中更甚。Marshall H. Becker and Jill G. Joseph, "AIDS and Behavioral Change to Reduce Risk: A Review," 78 *American Journal of Public Health* 394, 405–406 (1988)。

[42] 1987年，瑞典有73件艾滋新病例。Appendix 1 to *AIDS: AAAS Symposia Papers*, 前注[41]，页412。美国的对应数字是21846件。同上注，appendix 2，页416。瑞典的数字表明其发生率为0.09‰，相比之下，美国是0.89‰。

第六章 经济学视角中的性态史

禁止异性性交,或想要孩子的人就接受人工授精。有人可能敦促鼓励人们婚前自我节制,婚后避免一切婚外性行为;但不会有多少人认为,将这些应对规定为法律,以足够严厉的制裁和足够充分的执法来根除婚外性活动,是可行甚或原则上是可取的。对于男同性行为的类似规制看来并不可行。此外,如果男同确实不可能变成幸福的直男,那么就其有效性而言,打压男同性行为的努力就会,给男同施加了巨大的负效用(disutility)。

宽容男同只是瑞典人应对性的方法与不太宽容社会的区别之一。在瑞典,不崇拜处女,也不认为婚前——即便青少年——性行为可耻。出于很实际的原因,瑞典人不希望未婚少女生孩子,但有效的阻滞措施是家庭内外深入细致的性教育,以及向青少年广泛分发女用和男用避孕品。这降低了有效避孕的成本,结果是,尽管瑞典女孩初次性交的平均年龄比美国女孩早 1 年[43],但美国青少年怀孕率比瑞典高出 1/3 多。[44] 因此,瑞典的堕胎率也低得多[45],堕胎对瑞典女子来说也更便宜,因为美国有许多州,部分反映了联邦法的限制,不允许以公共基金支付堕胎费用。[46] 由于结合了避孕和(某些)堕胎,瑞典青少年生育比美国低很多。

这不是说瑞典的非婚生率(有别于青少年生育率)就低。瑞典非婚生育率还是非常高,比美国高。因为婚姻给瑞典女子带来的收益很少。广泛的社会福利体系,包括公共财政支持的婴儿看护中心、长时间且收入不错的产假等福利[47],不分已婚或未婚,单身妇女或家庭妇女。在这里,纳税人实际承担了先前由丈夫扮演的保护者角色。瑞典的高非婚生率是选择的结果而非意外,证据是,瑞典的意外(unwanted)生育的百分比还不及美国的一半。[48]

---

[43] Charles F. Westoff, "Perspectives on Nuptiality and Fertility," in *Below-Replacement Fertility in Industrial Societies: Causes, Consequences, Policies* 155, 168 (Kingsley Davis et al. eds., 1987).

[44] Popenoe, 前注[33], 页 290。

[45] 例如,瑞典 15-19 岁女孩堕胎率为美国同龄女孩堕胎率的 40%。计算根据,Elise F. Jones et al., *Pregnancy, Contraception, and Family Planning Services in Industrialized Countries* 241 (1989) (app. B). 美国性教育之贫困见上注,页 110-113。

[46] 同上注,页 96。

[47] Popenoe, 前注[33], 页 202-206; Siv Gustafsson, "Equal Opportunity Policies in Sweden," in *Sex Discrimination and Equal Opportunity: The Labor Market and Employment Policy* 132 (Gunther Schmid and Renate Weitzel eds., 1984); Carolyn Teich Adams and Karthryn Teich Winston, *Mothers at Work: Public Policies in the United States, Sweden, and China* 50-54 (1980).

[48] Jones et al., 前注[45], 页 243 (app. B.).

尽管一般认为——也没错——瑞典社会比美国更社会主义，其广泛的儿童福利制度就是标记性差异之一。但在与性相关的问题上，它可能比美国更接近自由市场社会。性在瑞典很大程度上属于契约自主的领域，同美国住房市场一样，而瑞典对住宅市场规制更多。美国对性的规制比瑞典重得多，第三章提到过，美国有禁止肛交、色情之类的法律，对性犯罪惩罚也更为严厉。

但不应忽视瑞典性政策中的社会主义成分。瑞典的儿童福利制度没想刻意改变性习俗，只是它有这种效果。尤其是，它可能降低了瑞典女孩初次性交的年龄，也降低了结婚率。我们预期，男子保护女子和儿童的角色越重要，社会就会越强调女子贞洁；因为只有确信是自己的孩子，男子才愿意成为保护者。如果女子和孩子均无须男子保护，她们就没必要迁就男子的这一偏好㊾，女子性行为更自由、更活跃的成本降低了。第四章强调的生物学差异可能不会完全消除在性态度上的男女差异，但对消除此种差异的社会基础一定有些效果，效果或许还很大。

在美国的黑人贫困社区，可以看到类似现象。尽管我们的儿童福利制度按瑞典标准看很糟，但对生活贫困的女子来说，可以说还是很慷慨的，因为她们挣钱养家的能力非常有限。更重要的是，黑人贫困社区的男子一般不是很好的供养者，部分因为其本人贫困，也有部分由于他们能获得多个性伴侣。我们因此不应奇怪，这些社区中非婚生率与瑞典相差无几，事实上是更高，或许因为性别比更低。

但瑞典和美国的福利政策有重要差异，这有助于解说为什么瑞典青少年生育率更低。瑞典的母子保育福利同母亲就业挂钩，这激励了母亲在生

㊾ 这是社会学家索利曼（James Soleman）很久前指出的。"Female Status and Premarital Sexual Codes," 72 *American Journal of Sociology* 217 (1966). 男子作为家庭生活来源越次要、对女子性表达的限制就越少，相关的跨文化证据，请看，Kenneth W. Eckhardt, "Exchange Theory and Sexual Permissiveness," 6 *Behavior Science Notes: HRAF Quarterly Bulletin* 1, 9-10 (1971). 记住，在瑞典，发放母婴津贴不经手父亲，而是直接发给母亲，从而使母亲和孩子都不依赖男子。Carlson, 前注㊲, 页195, 197。此外，婴儿看护费与收入成正比。由于几乎所有瑞典女子都工作，因此结婚夫妇的看护费要高于单身者。Jan Trost, "Married and Unmarried Cohabitation: The Case of Sweden, with Some Comparisons," in *Beyond the Nuclear Family Model: Cross-Cultural Perspectives* 189, 193 (Luis Lenero-Otero ed., 1977). 在瑞典这样的高累进所得税制下，夫妇提交联合税单会有税收好处，但这种制度于1971年废除了。Carlson, 前注㊲, 页201; Popenoe, 前注㉝, 页148。

育之前就要在就业市场上站稳脚跟，这提高了瑞典女子初始生育的平均年龄。(50) 我们的福利制度中，没加进这种激励。

在美国，单身女子及其子女可获助于《未成年孩子家庭援助》以及其他福利计划（医疗援助也是其中之一），加上限制了年轻男子就业机遇的最低工资法，共同助长了滥交或非婚生育，或兼而有之。长期以来，对这些项目的主要批评就针对了这些问题。(51) 在此，分析的意外是，在这一现象中别仅看到一种低成本怀孕，因此也看到了一种低成本非避孕性交，还要看到促使女子改变性战略的诱因。在性的经济学分析中，女子把性自由交给男子并非（或不仅是）出于利他或生物倾向，而是为得到男子的保护。如果她们无须男子保护，即纳税人取代了男子，她们就没那么多理由放弃自己的自由，并分享对孩子的控制。如果国家接管了父亲的经济角色，“我们会看到传统道德的彻底崩溃，因为母亲完全没有理由在意孩子的父亲确实是谁。”(52)

这不仅关系到性自由，还关系到对子女的控制。传统女子角色非常强调婚前贞操和婚后贞节，这阻碍了女子受教育和就业，乃至性别平等。这 169

(50) Gustafasson，前注㊼，页 136；Gunther Schimid, “The Political Economy of Labor Market Discrimination: A Theoretical and Comparative Analysis of Sex Discrimination,” in *Sex Discrimination and Equal Opportunity,* 前注㊼，页 264，287-289 以及表 5。

(51) 请看，例如，Arleen Leibowitz, Marvin Eisen, and Winston K. Chow, *Decision-Making in Teenage Pregnancy: An Analysis of Choice* (1980), 以及 Kristin A. Moore, Margaret C. Simms, and Charles L. Betsey, *Choice and Circumstance: Racial Differences in Adolescent Sexuality and Fertility* 110 (1986). 对此有些怀疑者，请看，Sandra L. Hofferth, “The Effects of Programs and Policies on Adolescent Pregnancy and Childbearing,” in *Risking the Future: Adolescent Sexuality, Pregnancy, and Childbearing,* vol. 2, *Working Papers and Statistical Appendixes* 207, 257-259 (Sandra L. Hofferth and Cheryl D. Hayes eds., 1987)，以及，Daniel R. Vining, Jr., “Illegitimacy and Public Policy,” 9 *Population and Development Review* 105 (1983). 关于这些政策助长了非婚生育的最完全、最有说服力的例证，请看，Michael S. Bernstam and Peter L. Swan, “The Production of Children as Claims on the State: A Comparative Labor Market Approach to Illegitimacy in the United States, 1960-1980” (Working Paper in Economics no. E-86-1, Hoover Institution of Stanford University, 1986 年 1 月)(*Population and Development Review* ，即出)，显然，霍菲斯(Hofferth)不知道这一研究，威林(Vining)则更不可能知道。

(52) Bertrand Russell, *Marriage and Morals* 9 (1929). 女子实际是以贞洁换取男子保护她及其(他们的)孩子，这一观点是作为一个生物学公式提出来的。请看，Susan M. Essock-Vitale and Michael T. McGuire, “What 70 Million Years Hath Wought: Sexual Histories and Reproductive Success of a Random Sample of American Women,” in *Human Reproductive Behavior: A Darwinian Perspective* 221, 229 (Laura Betzig, Monique Borgerhoff Mulder, and Paul Turke eds., 1988).

种角色引出对女子身体或至少是精神实行隔绝。为了贞节，“有意让女子无知，并因此无趣。”(53)

读者可能会质疑我把婚前贞操与婚后贞节相提并论。为什么男子希望妻子忠实呢？答案很明显。如果不忠实，她生的孩子就可能不是这个男子的，男子的生育战略就失败了。(54) 但为什么他希望女子结婚时是处女呢？这道理就不明显了。当然，如果不是处女，她可能怀着其他男子的孩子，但只要婚前将新娘隔离两月就可以消除这种担心了。要点在于，处女更多是对婚后贞节的一个预测。婚前就抵抗不住性诱惑的女子，与婚前抵抗了性诱惑的女子相比，婚后更可能也扛不住性诱惑；如果扛不住，她就可能怀上其他男子的孩子。至少，男子会担心这种行为，因为我们知道，自然界的雌性动物有时有动机给配偶戴绿帽。(55) 要求新娘是处女，男子由此降低了婚后监视妻子性行为的费用。人们甚至可以将贞操崇拜的功能归结为识别潜在的淫乱女子，将她们从适婚女子中剔除，转入卖淫。但在一个绝大多数女子婚前性行为都活跃的社会中，以贞操作为筛查手段不很有效，贞操崇拜会消失。

这一分析应有助于理解，为什么妓女通常来自早早失去童贞的女子。(56) 其中有些女子可能就喜欢有多个性伴侣。但其中多数人如此选择职业的一个可能更合理的解释是，她们在婚姻市场上的机会降低了。可以预期，随着婚前处女越来越少，不仅卖淫会越来越少，妓女与其他女子的背景和特征的区别也会更小。

美国城市的贫穷黑人区，男女性别比低，还有可能因女子独立于男子
170 而带来的高非婚生率，两者结合给人一种多妻制的意味。限制多妻制的因素是养活多个妻子所需的费用，如果妻子全都不工作，这费用通常会高到无法持续。但假定这种情况，妻子们都不工作，全由国家养起来了，就如

---

(53) Russell，前注(52)，页 27。这个观点既不新奇，也不大男子主义。请看，Mary Wollstonecraft, *A Vindication of the Rights of Women* (1792).

(54) 这一点也没啥新奇的。请看，Just，前注㉘，页 67–68。

(55) 对这一问题的研究现状的很好描述，请看，Natalie Angier, “Mating for Life? It's Not for the Birds or the Bees: Among Animals, Infidelity is Rife and Females Often Have the Wandering Eye,” *New York Times*, 1990 年 8 月 21 日，页 B5。

(56) Jennifer James and Peter Paul Vitaliano, “Multivariate Analysis of Entrance into Prostitution,” in *Medical Sexology* 181 (Romano Forleo and Willy Pasini eds. 1978); Jacques Rossiaud, *Medieval Prostitution* 29–32 (1988); Samir Khalaf, “Correlates of Prostitution: Some Popular Errors and Misconceptions,” 4 *Journal of Sex Research* 147, 160 (1968).

第六章 经济学视角中的性态史

同农业社会的女子那样,这些妻子把母亲角色和有实在(不必是金钱)收入的农业劳动结合于一身。在非洲部落社会,常见多妻制,部分因为多妻者的每位妻子既工作也生育,这就降低了多妻者的成本。[57] 解说斯堪的纳维亚女子性自由有时就会提及这一点,即在实现工业化之前,北欧一直是农业社会,尤其是渔业社会。在渔业社会中,妻子大部分时间独自一人承担了更多操持家务的责任,比其他社会的女子更独立。[58]

作为一种极限情况,我们可以想象一个社会,女子承担了那里的全部工作,男子的唯一职能就是授精;这个社会只需要很少男子,除非社会希望保持基因多样性。也许,美国最贫困的黑人街区就正趋向这一男子可有可无的模式。[59] 在那里,少数男子使许多女子受孕,就因他们无须扶养女子及抚养其孩子,也能确定孩子或至少其中相当一部分能长大成人。这些女子就像是嫁给了国家。在经济学意义上,她们的非婚生子女就是国家的孩子。这个类比不成立的地方是,在此,并非少数男子垄断了大多数女子。毫无疑问,这些男子倒是希望,或至少他们的基因希望他们能垄断;但由于禁止多妻制和女子解放,他们无法垄断。

这些例子很极端,但反映了一种一般趋势。随着女子就业机遇增加,女子对男子的经济依赖降低了,结果是女子的性战略变了。男子提供的保护如今对女子价值不再,因此女子不太愿意提供用于购买保护女子贞节的服务商品。事实上,女子贞节的衰微是性革命的最戏剧化的表现。[60]

男子该如何回应女子的性战略转变呢?这种转变对他们来说代价可能非常高。不夸张地说,这隐含的世界是,男子不知道谁是自己的子女,更别说有任何权利接近子女。在这个世界中,男子的唯一角色是授精者——就这还没考虑女子新增的机遇,即人工授精创造的女子追求独立的性战略。

---

[57] 请看第九章引证的文献。关于多妻制需求与女子在家庭收入中贡献的价值正相关的严格证明,请看,Gary S. Becker, *A Treatise on the Family* 89-104 (增订版,1991)。

[58] Tomasson, 前注[33], 页 193-194; Adams and Winston, 前注[47], 页 112-113; Kingsley Davis, "Wives and Work: The Sex Role Revolution and Ins Consequences," 10 *Population and Development Review* 397, 402-403 (1984)。

[59] 关于这一点,请看,Clyde W. Franklin II, "Surviving the Institutional Decimation of Black Males: Causes, Consequences, and Intervention," in *The Making of Masculinities: The New Men's Studies* 155 (Harry Brod eds., 1987)。

[60] John De Lamater and Patricia Maccorquodale, *Premarital Sexuality: Attitudes, Relationships, Behavior* 230 (1979); Carlson, 前注[37], 页 200-203。

男子的回应之一也许是婚内资源再分配：除了男子的市场劳作收入，妻子们会接受男子承担更多家务来补偿她们放弃独立生育的战略选项。或是，国家会扩大离异或未婚父亲的监护权，就像瑞典现在那样。(61) 请注意这一分析中的有趣预测：随着时期推移，女子的全部收入——她们自己的市场收入加上男子提供的现金和服务收入——预计会比她们的市场收入增长更快。

然而，会有四个因素起相反作用。第一，可以预期，随着女子收入增加，法院在离婚判决中会降低离婚抚养费的给付。毫不奇怪，瑞典法院就很少判决支付离婚抚养费。(62)

第二，对那些与男子共同生活且因家庭共同消费而获益于男子收入的女子来说，政府对男子（和女子）的收入加税，用以支付日托以及其他主要针对女子的福利计划，会降低女子和男子的消费。(63)

第三，随着政府取代了父亲，可以预期，政府会在家庭中承担此前留给家庭执行的规制职能。瑞典就是这种状况，还很出名。在那里，国家严格实施了一套子女对抗父母的细致复杂的权利。(64) 因此，即便是瑞典 1979 年禁止父母打孩子的法律也可能有个经济学上的道理！

第四，生育能力是女子的一项资产，而随着女子的活动关注从家庭转
172 向市场，这一资产的价值降低了。（瑞典离婚抚养费支付的衰落——以上第一点——就是个兆头。）可预期的是，男子付给作为妻子的女子之“报酬”会越少，因为婚内子女数量更少了，且女子在身体和情感上均未被隔绝，更难保证孩子是男子亲生。我们不能肯定女子市场收入的增加是否会超过她们作为母亲的隐性收入的减少，我们也就不能肯定她们的全部收入是否真的增加了。在美国，对这一问题最彻底的研究发现，在 1960–1986 年，女子的经济福利与男子的经济福利相比并没增加。(65) 当然，这一期

(61) Tomasson, 前注㉝,页 172;Adams and Winston, 前注㊼,页 225。

(62) Adams and Winston, 前注㊼,页 225。

(63) 男女经济上的相互独立,因此很难把男子的收入再分配给女子,这是我以下论文的主题,“An Economic Analysis of Sex Discrimination Laws,” 56 *University of Chicago Law Review* 1311 (1989)。

(64) Adams and Winston, 前注㊼,页 205–212;Popenoe, 前注㉝,页 197–199,216 注 24。

(65) Victor R. Fuchs, *Women's Quest for Economic Equality*, ch. 5 (1988), 尤其是页 76。性自由降低了女子作为潜在的母亲的价值,这一点可以解说传统型女子为何敌视堕胎权。Augus McLaren and Arlene Tigar McLaren, *The Bedroom and the State: The Changing Practices and Politics of Contraception and Abortion in Canada, 1880–1980* 68–69 (1986).

第六章 经济学视角中的性态史

间,除了从生养孩子转向就业市场,发生了其他很多事,如实行无过错离婚,但对妻子通过家务劳动对婚姻的投资贡献未规定充分补偿。尽管这一时期美国女子的市场收入一直上升,从而增加了她们生育的机会成本,也增加了——如果想娶妻生子——男子以有利于妻子的家庭消费方式支付的数额,但没有有效机制防止孩子成年后,丈夫背弃自己的隐含契约抛弃妻子。⑯瑞典显然没出现这种情况,瑞典妇女离婚后的收入是她们离婚前收入的90%(远高于美国)⑰,这表明瑞典女子的市场工资增长并没因家庭解体率高引发的不安所抵销,而在美国则很可能发生了。

无论女子的全部收入是否因其就业结构变化而增加,这种变化都预示她们的性自由会持续增加。在女子主要经济功能就是生育的社会中,男女隔离,无论身体还是精神的(如不让她们受教育),对男子造成的损失与确保其亲子关系的好处相比微乎其微。⑱但是,如果女子的经济功能转向需要外出工作和旅行,要受教育,还要从事同男人交往的职业,那么保证男女隔绝的成本就会上升。因此我们预期男女隔绝的情况会更少,女子会有更多性自由。伊斯兰文化例证了女子受教育程度与男女隔离程度的关系,在这个趋于隔离女子的文化中,识字女子与识字男子的比例非常低。⑲

经济学家讨论过委托人防止代理人卸责的措施。⑳妻子如果与丈夫以外的男子生了孩子,她就像卸责的代理人。监视代理人的身体,如让其成为雇员,置于为主管可监视的地方,是防止卸责的方法之一。在性的市场上,类似方法就是隔离妻子的身体。随着监视费用的上升,无论在就业市场还是性市场上,可以预期,监视的数量会下降,卸责的数量会上升。

---

⑯ Weitzman,前注㉗;Glendon,前注㉛,页86—91。
⑰ Popenoe,前注㉝,页315。尽管事实上瑞典很少判付离婚赡养费,无疑这也是一个主要原因。波皮诺(Popenoe)还引证了一些证据表明,在瑞典,离婚对男子的代价比对女子更高,与美国经验相反。同上注,页230。
⑱ 强调这一点的,请看,Fatima Mernissi, *Beyond the Veil: Male-Female Dynamics in a Modern Muslim Society* (1975).
⑲ Nadia H. Youssef and Shirley Foster-Harley, "Demographic Indicators of the Status of Women in Various Societies," in *Sex Roles and Social Policy: A Complex Social Science Equation* 83, 91 (Jean Lipman-Bulmen and Jessie Bernard eds., 1979).
⑳ 请看,例如,Michael C. Jensen and William H. Meckling, "Theory of the Firm: Managerial Behavior, Agency Costs and Ownership Structure," 3 *Journal of Financial Economics* 305 (1976); *Principals and Agents: The Structure of Business* (John W. Pratt and Richard J. Zeckhauser eds., 1985).

性伦理革命的三阶段

我现在打算解说讨论瑞典性习俗时提及的那个悖论：在瑞典社会，伴侣婚与性自由正相关，不像在中世纪欧洲是负相关。

如果女子角色只是简单地生殖，伴侣婚就不大可能；没有伴侣婚，诸如嫖娼、通奸和男同这些"不道德"行为就可能盛行。这是性道德演化的第一阶段。如果女子的职业角色扩大到除生殖外，还要养育子女和陪伴丈夫，伴侣婚就有了可能，就会转而谴责那些"不道德"行为。因为在伴侣婚条件下，这些做法更不正常，作为安全阀收益很少，对婚姻危害更大。这是第二阶段。在西方文化中，这种情况在罗马天主教主导的时代很流行，实际上一直流行到大约20世纪中期。

上述两个角色都强烈以家庭为导向，而不是市场导向，确保父亲的亲子关系考量最重要。但如果女子角色进一步扩大，覆盖了市场就业，那么即便仍是伴侣婚，结婚也会减少；其他性关系形式就不再被视为不正常；为促进伴侣婚而用以培养婚前贞操和婚后贞洁的政策会失去很多意义了。这一角色扩展过程是性道德演化的第三阶段，在瑞典比在任何其他国家进展都大。[71] 几乎3/4的瑞典女子出门就业，相比之下，美国的相应比例还不到60%；而且，瑞典女子平均工资是男子的90%，比美国高出了1/3。[72]

---

[71] Eschel M. Rhoodie, *Discrimination against Women: A Global Survey of the Economic, Educational, Social and Political Status of Women* 167–186 (1989). 格尔布观点有所不同，他强调在诸如家务和政治影响力领域中长期存在的不平等，请看，Joyce Gelb, *Feminism and Politics: A Comparative Perspective* (1989), 例如，页 199–200。

[72] 请比较，Rhoodie, 前注[71], 页 167 (tab. 19), 172 (tab. 22); Glen Cain, "Estimating the Impact of Labor Market Policies on Women: A Discussion of the Four-Country Studies on the Employment of Women," in *Sex Discrimination and Equal Opportunity*, 前注[47], 页 249, 252; 以及 June O'Neill, "Women & Wages," 1 *American Enterprise* 25, 26 (1990年11-12月) (68%), 以及 Louis Uchitelle, "Women's Push into Work Force Seems to Have Reached Plateau," *New York Times*, 1990年11月24日，页1, 18。在25岁至44岁的群体中，90%的瑞典女子就业，相比之下，美国女子就业仅74%。Uchitelle, 页 18。Gelb, 前注[71], 页 144–145，还提出一个限定，这里比较的是全天工作者的工资，而大多数瑞典女子工作半天。又请看，Gustafsson, 前注[47], 页 133。但如果这么做是她们的自我选择，可以推定她们的境况因此更好了些。然而，格尔布(Gelb)认为瑞典女子是被迫工作半天，因为男子不愿干自己那部分家务和孩子看护。Gelb, ch. 5 ("Sweden: Feminism without Feminists?").(关于这是被迫还是自愿(转下页)

第六章 经济学视角中的性态史

在第三阶段，就像第一阶段，与第二阶段则形成反差，男子享有几乎完全的性自由。第一阶段与第三阶段的区别在于，女子在第三阶段也享有完全的性自由，在第一阶段则没有。因此，如果我的分析没错，维多利亚时代顽固的性保守应当与女子出门就业数量减少相关。也正是如此。[73]

因此，在瑞典这样的性自由社会，基督教控制松弛，可能不是这些社会性自由的原因，而是结果。一些人会认为基督教性教义对自己不适用因此拒绝，也可能拒绝基督教的其他教义，还可能不再是信仰并修行的基督徒了。当然，另一可能性是宗教信仰弱化逐渐削弱了与这些信仰联系的性道德；这两种可能性并不相互排斥。在我考虑可替代的经济学假说时，我应提醒读者，第二章的证据表明，斯堪的纳维亚社会的性自由有深厚历史根源。但正如我们看到的，这可能反映出，这些社会的女子与当时其他欧洲社会的女子在职业角色上不同。此外，也不能确定这种斯堪的纳维亚性道德传统究竟有多独特。订婚，无论是视为为确定这对夫妇能否生育的试婚，还是视为婚姻的"真正"开端因此双方有权发生性关系，这都不限于斯堪的纳维亚。例如，在18世纪和19世纪的英格兰，这就常见。[74] 不管怎么说，直到20世纪50年代，瑞典的性道德与美国的性道德一直很类似。[75] 现代的分道扬镳始于20世纪60年代，经济学分析给出了最有说服力的解说。

性道德演化从第二阶段向第三阶段过渡的根本原因相当明显。这就是婴儿死亡率下降、女子分娩死亡率下降、避孕方法改善和轻体力就业机会增加，这些因素共同降低了让女子留在家中的收益，（无论私人的还是社会的）成本却增加了。从第一阶段向第二阶段的过渡，女子从简单生殖者到成为孩子养育者加丈夫伴侣，根本原因更为模糊。一种可能是奴隶制衰亡。这种制度到查理曼大帝（Charlemagne）统治末期在西欧就大多消失了，妻

(接上页) 选择，可以辩论。）格尔布和古斯塔夫森（Gustafsson）都注意到，瑞典女子集中在公共部门工作，还注意到其他可能的职业隔离迹象。

[73] Gillis，前注[22]，页242-246。

[74] 同上注，页114-115，126-127；Alan Macfarlane, *Marriage and Love in England: Mode of Reproduction 1300-1840* 305-307 (1986). 又看看，Peter Laslett, *Family Life and Illicit Love in Earlier Generations: Essays in Historical Sociology* 12 (1977) (tab. 1.1). 某些美洲殖民地时期的"捆扎"（18世纪北美新英格兰等地，经女方父母允许后，求偶男女的身体接触。——译者注）也属于这种性质。John D'Emilio and Estelle B. Freedman, *Intimate Matters: A History of Sexuality in America* 22 (1988).

[75] Popenoe，前注[33]，页132-134；Thomas D. Eliot et al., *Norway's Families: Trends, Problems, Programs* 223 (1960).

子在丈夫家中起到了更大作用（回想一下，在古希腊，男孩由男奴抚养长大），或换种说法，增加了把妻子限定在奴隶社会的有限角色的成本。当然，若有奴隶或其他仆人包括奶妈，可能会有相反效果，女子就可以自由外出工作。现代的省力设备和奶瓶哺乳（在技术上替代了仆人），也产生了这种效果。但如果禁止女子在市场上工作，那么大量仆人也许会使女子生养更多孩子，并卸去家庭生产者的责任，把女子更是牢牢锁在家中。这或许可以解说，南北战争前，美国南方中产和上层阶级白人女子的高出生率和被隔离状态。⑯

我的关于仆人影响性道德的假说似乎会被以下事实推翻，即古罗马家庭也曾有许多奴隶，包括奴隶家庭教师⑰，然而，古罗马帝国女子比公元前5和前4世纪的古雅典女子地位更高，承担责任更多。但是，帝国鼎盛时期最富有的古罗马家庭无疑要比类似时期最富有的古雅典公民拥有更多奴隶，但不清楚的是，普通古罗马公民家庭是否如普通古雅典家庭那样有3或4个奴隶。⑱

唯一清楚的是，古罗马的妻子们要比古希腊的妻子们更少被隔离（有些受教育程度甚至与古罗马男子相近）⑲；她们在性方面更自由；伴侣婚在帝国时期也有进步⑳，为基督教接受这一制度铺平了道路。还有两个可能的解说。第一点，古罗马结婚时配偶的年龄一般来说比古希腊社会更接近。㉑

---

⑯ Sally G. McMillen, *Motherhood in the Old South: Pregnancy, Childbirth, and Infant Rearing* (1990). 皮特-瑞沃斯在其他地方曾对此评论说，仆人可能降低女子的权利，Julian Pitt-Rivers, *The Fate of Schechem or the Politics of Sex: Essays in the Anthropology of the Mediterranean* 39 (1977).

⑰ Pomeroy, 前注㉓, 页 169-170; Joseph Vogt, *Ancient Slavery and the Ideal of Man* 110-111 (1975). 对古罗马家庭中"孩子看护者"的重要性，请看，Keith R. Bradley, *Discovering the Roman Family: Studies in Roman Social History*, ch. 3 (1991).

⑱ M. I. Finley, *Economy and Society in Ancient Greece* 102 (Brent D. Shaw and Richard P. Saller eds. 1982). 参看, W. K. Lacey, *The Family in Classical Greece* 137 (1968).

⑲ Pomeroy, 前注㉓, 页 169-170; Just, 前注㉓, 页 29; Vogt, 前注⑰, 页 111; Angus McLaren, *A History of Contraception: From Antiquity to the Present Day* 45 (1990).

⑳ McLaren, 前注⑲, 页 44, 55, 64-65。

㉑ Beryl Rawson, "The Roman Family," in *The Family in Ancient Rome: New Perspectives* 1, 21 (Beryl Rawson ed., 1986), 该文说"可能最常见的"是结婚时是 5 岁。在古希腊，差 10 岁甚或 15 岁看来都属于正常。Just, 前注㉓, 页 151; Lacey, 前注⑱, 页 106-107；以及第二章的其他引证。Brent D. Shaw, "The Age of Roman Girls at Marriage: Some Reconsiderations," 77 *Journal of Roman Studies* 30, 43 (1987), 该文估计平均差 10 岁，妻子一般 20 岁上下。然而，这使古罗马新娘通常比（公元前 5 和 4 世纪的）古希腊新娘年长，因此更适合伴侣婚。

第六章 经济学视角中的性态史

这有利于伴侣婚，不利于隔离。第二点，古罗马鼎盛时期要比公元前5和前4世纪的古希腊更富足，我们了解最多的就有关古罗马贵妇的信息。父亲给女儿嫁妆总想保证——尤其是在允许随意离婚的社会——女婿不挥霍或卷走女儿的嫁妆，因为一旦女婿去世或是与女儿离婚，女儿就需要这些嫁妆。罗马法非常注意保护妻子及其父亲在嫁妆方面的利益[82]，因此，嫁妆丰厚的女子一定程度地经济上独立于丈夫。这降低了她在性方面不服从（或其他不服从）的代价，就像现代女子那样在家庭之外有很好的就业机会。

我认为女子角色的变化引发了伴侣婚运动，伴侣婚转而带来了性道德的变化。但是，会不会首先是性道德变了，再引发了伴侣婚运动呢？当然可能。一个不赞同男同、通奸和堕胎的社会会鼓励伴侣婚，以便减少对这些物品（goods）或称恶品（bads）的需求。某种程度上，这种事就发生了。教会鼓励伴侣婚，部分为减少通奸，而在非伴侣婚制度下更可能出现通奸。诚然，伴侣婚观念及其有限实践确实先于基督教性伦理的发明和实施，但伴侣婚是在基督教时代才成气候了（gain momentum），教会支持可能是个关键因素。在下一章，我会就教会为什么支持，推断一个可能成立的经济学理由。

把女子社会地位与该社会的性道德联系起来，有助于解说，为什么瑞典著名社会主义者米达尔夫妇支持对传统家庭放松规制（deregulation）。部分是出于下一章讨论的不合理的人口原因，部分则是为提高妇女儿童的生活水平（这也是减少瑞典社会收入不平等的更大计划的一部分）。米达尔夫妇认为女子应摆脱对男子的依赖。他们帮助创建了促使女子独立的项目[83]，结果促使瑞典女子改变了婚姻战略和性战略，趋于更加自由。这种自由既来自传统习俗，也来自公共规制。当然，前者影响了后者，在更小程度上，后者也影响了前者。两者结合则向道德无涉的性模型迈出了一大步。

我已强调了女子职业角色变化对女子性自由的影响，但对男子的性自由也有影响。（这就是为什么我前面顺便提及，从第二到第三阶段的过渡涉及男子和女子的性自由扩大，尽管这只是恢复了第一阶段男子享有的自

---

[82] 请看，前注[28]以及本书第五章注[54]所引文献。
[83] 相关描述，请看，Annika Baude, "Public Policy and Changing Family Patterns in Sweden 1930-1977," in *Sex Roles and Social Policy*, 前注[69]，页145。

由。）首先，对这些新近解放了的（异性恋）女子来说，必须有男伴，男子婚外性行为的成本因此下降了。更微妙的一点是，作为女子解放的副产品之一，婚姻对男子和女子的好处都减少了，因此男子不大愿意避免那些可能危及婚姻的婚外性行为。如果如我相信的，传统性道德是伴侣婚的一种功能，那么弱化婚姻纽带或降低（伴侣）婚姻率的种种力量也会促使人们背离传统道德。尽管方式不同，古代雅典和现代瑞典在各方面都不是伴侣婚规范占主导的社会：在古代雅典，占主导的是相反的规范，非伴侣婚；在古代瑞典，由于结婚率太低，结婚收益太有限了。

　　这里的因果链错综复杂。例如，避孕完善直接减少了男女的婚外性成本，也间接减少了这一成本，即它减少了女子（因连续怀孕）对男子的依赖，进而减少了女子以保持贞节来换取男子供养的激励。但关键变量——女子的职业地位、作为男女关系组织原则的伴侣婚强度，以及社会中的性自由度——之间的关系似乎是明确的。即使在容忍男同问题上也是如此（这是瑞典性态度的突出特征之一），即便表面看来，这是个女子不感兴趣也与其社会角色无关的问题，但这个问题"表面看来"是迷惑人的。

　　首先是社会角色。女子更独立会降低结婚率，这就使男同不那么反常了，因为既然结婚的少了，最不可能结婚的男同也就不那么醒目了。再看看女子的兴趣。女子不希望男同被迫进入婚姻市场，他们进来，会浪费女子时间，偶尔还会把女子骗进太不值得的婚姻。女人们也承认，敌视同性恋与普遍敌视婚外性行为有关，因为那既威胁直女也威胁女同的性自由。此外，某种程度上，基督教性道德是一个整体，分解其中某些因素，如禁止避孕、堕胎和未婚私通，就可能破坏其余部分。最后，如有女子想建立女同关系，她们会希望自由结成这种关系，不能对别人一套，对自己另一套。

　　提及女同，是想提醒我们，同性恋并非一元现象。部分由于女同比男同少太多，部分则由于在传统社会几乎看不见女同（不仅因为在这种社会中，无论性偏好如何，大多数女子只有结婚这一选择，也还因为女同性活动不像男同那么频繁，性伴侣也少，因此更容易掩藏她们的同性恋），她们一直不为社会关注。[84] 当年英格兰以死刑严禁男同肛交，却没有针对女同的法律。

---

[84] Judith C. Brown, "Lesbian Sexuality in Medieval and Early Modern Europe," in *Hidden from History*, 前注⑨, 页 69。

第六章　经济学视角中的性态史

但男同女同之间的更相关的区别在于，女同看起来比男同更有供给弹性。尽管男同行为有可能随着有无、有多少女子，以及同性与异性性行为的相对成本收益等决定因素的变化而波动，女同活动对成本收益格局改变可能会更敏感。因为，如果女子性欲确实比男子弱，那么自然应得出结论认为，女子用性来强化关系而非释放和愉悦的动机就应比男子强。因此，如果环境使女子与其他女子而非男子结下亲密关系更有利，女子把性兴趣转向同性的概率就比类似情况下男子把性兴趣转向同性的概率更大[85]；就因前者成本更低。因此，有人说，随着性革命为女子提供了更多异性恋渠道，女同已衰微[86]；推动女同是某些激进女权群体的政纲要目之一，或妓女和脱衣舞女中女同率极高[87]（这两种职业都令她们难以同男子建立持久且有价值的关系），就都不奇怪了。简而言之，我们预计，相对于"真"同性恋，机会型女同比机会型男同更常见。

这一点看来与前一章论点——性欲超强的男子通常比其他男子更可能搞机会型男同，不一致。但这种不一致只是表面现象。男女在性欲和性战略上的差异，令女子比男子更容易找到异性恋释放渠道，女子不大可能因性释放渠道不足而搞女同；这肯定不是妓女的动机。最后一点是，女子对性需求越不强烈，她同男子讨价还价的地位就越强，就不可能仅仅因男子满足了她的性欲就充分补偿了她。[88] 我们由此可能理解某些女权思想中的反（异性）性交与女子地位变化的关系。

---

[85] 有人引用一位女同的话："如果性伴侣或性境况有其他合意的品质，就可能忽视这位性伴侣的自然性别。" John H. Gagnon, "Gender Preference in Erotic Relations: The Kinsey Scale and Sexual Scripts," in *Homosexuality/Heterosexuality: Concepts of Sexual Orientation* 175, 195 (David McWhirter, Stephanie Sanders, and June Reinisch eds., 1990).

[86] Mervin B. Freedman, "The Sexual Behavior of American College Women: An Empirical Study and an Historical Survey," in *Studies in Human Sexual Behavior: The American Scene* 135, 148 (Ailon Shiloh ed., 1970).

[87] Jennifer James, "Prostitutes and Prostitution," in *Deviants: Voluntary Actors in a Hostile World* 368, 400 (Edward Sagarin and Fred Montanino eds. 1977); Copley, 前注[25], 页 88; Karlen, 前注[40], 页 251; Nanette T. Davis, "Prostitution: Identity, Career, and Legal Economic Enterprises," in *The Sociology of Sex: An Introductory Reader* 195, 213–214 (James M. Henslin and Edward Sagarin eds. rev. ed., 1978); James K. Skipper, Jr., and Charles H. McCaghy, "Teasing, Flashing and Visual Sex: Stripping for a Living," in *The Sociology of Sex* 页 171, 188–190; D. Lester, *Unusual Sexual Behavior: The Standard Deviations* 14–16 (1975).

[88] Donald Symons, *The Evolution of Human Sexuality* 262, 265 (1979).

* * *

瑞典经验的教训是，20世纪的性革命，向性随意方向的发展，最终归功于女子。这不是因为她们的政治力量增长了（尽管确实增长了，但这可能是她们不断变化的社会经济地位的结果，而非原因），也不因为（一个持续很久的男子迷思和担心）女子的性比男子的性更强烈（如果这里的"性"指对性有强烈欲望的话，那么情况似乎恰恰相反），而是因为传统性道德以女子依赖男子为基础。随着这一依赖弱化了，传统道德就削弱了。这一道德的功能是保护男子的利益确信：子女确实是他的骨血。只有当女子如此行动会得到补偿之际女子们才会同男子合作来确保男子的这一利益，就因为她们需要男子保护才能生孩子，而凡不涉及孩子的职业对她们一律关闭。随着生育角色弱化和市场机遇增加，女子需要的男子保护更少了，得到的男子保护也更少了。

1998年8月21日凌晨译于合肥省立医院

第七章 性的最优规制

前两章试图发现影响性态度和性行为的经济规律。在第六章，我开始转向规范分析，考察支持社会干预性领域的一些可能的经济原因，如外在性（externalities）。这一点现在需要展开论述。焦点是，依据自由放任的性进路（即把性视为道德无涉的问题，因此，只有在经济或其他效用考量要求时才限制性自由），什么样的性规制才恰当。我承认，当将经济学视为社会政策指南时，以及功利主义，其本身就是道德理论。规范分析无法回避道德问题。但是，充满道德意义地思考性，与在自由至上或自由放任国家理论中，仅作为规制争议点的渊源之一来思考性，两者是不一样的。

考察规范问题，即从经济学观点对性自由应予以什么限制，这需要考察性规制的实际效果，此类效果对规制的成本收益至关重要。它还会引导我们考察性规制的原因，试图解释：在我们社会中，对性的最优规制和实际规制为什么不重合。

道德无涉的性模式

在我们社会中长大的人很难认为性与道德无涉。也不是一直没有主张这种立场的杰出人士；其实是有的，如罗素。① 也不是这一立场的血统不显赫，这本质上就是当年古希腊古罗马人的立场。② 瑞典也是如此，如在

---

① Bertrand Russell, *Marriage and Morals* (1929).
② 福柯在这一点上相当雄辩，尤其是在他的《性史》第二卷中，Michel Foucault, *The Use of Pleasure* (1985). 科恩也曾强调，对于古希腊人，性属于私人领域而非公共领域的一（转下页）

前一章看到的；日本也如此。但对我们大多数人来说，古希腊古罗马人太远了，无法提供贴切的先例；日本似乎在文化上同样遥远；美国对瑞典也没啥兴趣或了解；罗素倡导我说的这种道德无涉的性行为，在美国只赢得了"自由恋爱"的名声。但道德无涉之性并非自由恋爱。现代西方社会很少有人认为吃饭（只要不是吃人肉）充满了道德意味的活动，但每个人都承认，这是一种活动，应适当注意健康、费用、时间和得体等考量因素。"承认"有诸如食欲过盛、厌食症等饮食失调症状；太贪吃或太挑食会受批评；美食家有别于贪食者，烹饪有别于食物，健康饮食有别于不健康饮食；还有吃相的说法。因此，吃饭不是个道德主题（素食者和恪守宗教饮食规定的人除外），但也不是什么都可以不顾；它受美学因素和审慎因素指导。在"性与道德无涉"的社会中，性也是如此。③ 明智者理解，这是在应对一种强烈欲望，必须将之保持在适当位置，不能允许它支配或危及自己的生命。不应由艾滋病来传授这一课。但并非每个人都明智或能自控，而当一个人未有他人明示或暗示同意进行伤害他人的性行为，就要求社会干预。我想探讨的就是这种情况。

以暴力或欺诈方式夺取他人财产，这种颠覆产权制度的做法是最少争议的干预市场的经济理由。第十四章引证的一篇确实太晦涩的文献论辩说，特定情况下，强奸也许是有效率的（我要说，这种情况几乎为零），但有证据表明，普通施暴的强奸者实际是个性窃贼，因此，禁止强奸不仅与性的规范经济学分析一致，而且是性的规范经济学的分析结论。这些证据包括强奸发生率与男子平均结婚年龄正相关，强奸发生率与年轻男子参与劳动负相关。④ 这后一个相关特别有意思。不工作的男子一般没有必要的资源来吸引女子，因此在性关系上更有激励绕过市场。

(接上页) 一个"道德无涉"的主题谈论时，说的就是道德的公共或政治的一面，也即（本来只是）私人事务邀请公共干预的那一面。

③ 罗素也注意到了性与食物的类比，请看，罗素，前注①，页 291。在有些社会，吃饭也充斥有某种道德意味，就如性在我们社会那样。Bronislaw Malinowski, *The Sexual Life of Savages in North-Western Melanesia* 441–443 (1929).

④ Kevin Howells, "Coercive Sexual Behaviour," in *The Psychology of Sexual Diversity* 115 (Kevin Howells ed., 1984); Isaac Ehrlich, "Participation in Illegitimate Activities: An Economic Analysis," in *Essays in the Economics of Crime and Punishment* 68, 104–106 以及表 6 (Gary S. Becker and William M. Landes eds., 1974). 关于强奸是自愿性关系的替代之一，第四章中曾提及了一些例证，第十四章会有更多证据。

第七章 性的最优规制

性欺诈的主要例子是诱奸儿童，即使不使用暴力，也正确地为法律禁止。然而，对性领域的暴力和欺诈与对其他市场的暴力和欺诈，法律处置不完全对称。直到近年，婚内强奸才被认为是犯罪。许多蒙骗型强奸（有别于暴力强奸）至今不认为是犯罪。我们会在第十四章考察，这一传统区分在经济学理论上可否正当化（首先，婚内强奸，可能无法原谅。其次，大多数蒙骗强奸，或许可以原谅）。

我预想到有人反对把强奸视为一种盗窃财产，把诱奸儿童当成是蒙骗财产，这会把强奸者和诱奸者都当成"正常"人了，并因此忽略了许多罪犯的病理特征。这种反对意见混淆了两群人。一群男子是，如果法律不禁止这些行为，他们就会强奸女子或诱奸儿童。正如在古希腊和古罗马，就没有这种法律，除非是受害人是公民的家庭成员，但法律禁止公民的此类行为。这些男子，我认为，大多是正常的。另一群男子是，在我们这样的社会中，即使对如此行为并被抓获的人施加重刑，他们仍会如此行为。这个不受震慑且足够愚蠢并因此被抓获的群体，很可能是一些心理紊乱或有精神缺陷的男子。

性的外在性

欺 诈

正是知情的成人间两厢情愿的——但常常是婚外的（nonmarital）——非阴道性交产生的外在性，使得对性习俗做规范分析特别有趣，也有挑战性。如前一章所述，外在性是一种（有益或有害的）影响，造成该影响的人，在决定是否或在多大程度上参与会引发此种影响的活动时，没把这些影响纳入自己的考量。性病是个明显例子（尽管如我在有关性病那一节解说的，这例子夸大了），没必要在此多说，一句就够了：对性伴侣隐瞒自己有性病，这是严重性欺诈，将之视为法律过错很没错。⑤ 更微妙的例子是，在婚外阴道性交泛滥的社会中，确认亲子关系的成本增加了。男子希

---

⑤ Crowell v. Crowell, 180 N.C. 516, 105 S.E. 206 (1920). 请看短论，"Liability in Tort for the Sexual Tansmission of Disease: Genital Herpes and the Law," 70 *Cornell Law Review* 101 (1984), 该文主张对过失传播性病——有别于明知有性病而传播——追究责任。正是明知有病还性交——如同克洛维尔（*Crowell*）案那样——使这种行为成为一种侵权伤害。

望能得到保证，抚养的孩子是他的，但如果妻子通奸，这保证就没了。因此，如果婚姻是自由讨价还价的结果，那么每个未来的丈夫都会坚持婚约中要写进妻子不得与其他男子性交。法律惩罚女子通奸（即便只是给了戴绿帽的丈夫一个离婚理由），都可以理解为从婚"约"中读出了这一隐含条款，为违反这一条款规定了制裁。这样的法律因此降低了婚姻的交易费用。⑥

婚外性对被戴绿帽的丈夫明显不公。这里的外在性在于，通奸的妻子及其情人把成本强加给了第三方，即这位丈夫：其预期成本有，如果知道孩子不是自己的他就不会支付的抚养费，还有他失去的生育自己孩子的机会成本。用标准经济学术语，我称这些为预期成本，因为只有当女子怀孕时，这种成本才实在化；因此，这都是可能的但并不确定的成本。这些成本不取决于丈夫发现妻子通奸，但如果丈夫真地发现了，他还要承担额外的情感成本，那是性嫉妒的结果。

丈夫通奸则是相对轻的犯罪（在早期法律中，则根本不是犯罪），因为在非伴侣婚中，妻子最多只是损失了一些可用以抚养她和孩子的资源。（的确，这里还有个更大风险，即她可能染上性病，但妻子通奸也会给丈夫带来这种风险。）因此，传统上一直认为，妻子通奸比丈夫通奸更严重⑦，这并不是重男轻女或性别歧视的确凿证明。然而，在伴侣婚中，当一方有外遇时，损害了双方的相互陪伴，因此成本接近对称。这就不仅清楚解释了为什么基督教反对男子通奸是历史上的创新（请记住，教会鼓励伴侣婚），而且解说了现代社会这种双重标准为什么受侵蚀了，为什么如今女子的性嫉妒已与男子难分伯仲，尽管女子嫉妒中具体的性嫉妒成分更少些。⑧ 但这没改变以下事实，除婚内不忠令受骗一方有情感代价外，在基因适应性上，丈夫的代价要比妻子更高。如果性嫉妒有基因根源，并因此男子性嫉妒比女子更强烈（第四章就说过，情况可能就是如此），那么丈

---

⑥ 法律降低交易费用的功能，这是法律经济学分析的无处不在的主题之一，请看我的 *Economic Analysis of Law* (3d ed., 1986)，尤其是第 2 部分。

⑦ 如在法国，直到 1975 年废除惩罚通奸时，均如此。Antony Copley, *Sexual Moralities in France, 1780-1980: New Ideas on the Family, Divorce, and Homosexuality: An Essay on Moral Change* 87 (1989).

⑧ Kingsley Davis, "Sexual Behavior," in *Contemporary Social Problems* 313, 327 (Robert K. Merton and Robert Nisbet eds. 3d ed., 1971); Peter N. Stearns, *Jealousy: The Evolution of an Emotion in American History*, ch. 5 (1989); 以及第四章的其他参考文献。

第七章 性的最优规制

夫的情感成本也就更大。

假定，现在发明了一种便宜且绝不出错的亲子鉴定（无疑会发明），男子很容易就能确定妻子所生的是否是自己的孩子。通奸给他带来的基因成本会由此降低，尽管不会为零，因为这种检测会阻止一些通奸（除震慑妻子外，也会震慑其情人，因为这个情人也有风险——命令他抚养自己的非婚生子女）。此外，丈夫也可以离婚，因为出生的不是他的孩子。这种情况如果会降低丈夫的情感成本，降低也不多。这些成本是由通奸本身造成的，而不是由通奸的生殖后果造成的。人类的这种情感发生于人类史前进化阶段的一般条件下，比避孕和亲子鉴定早很多。当时，对通奸的愤怒对于男子的包容适应性至关重要，今天也仍是男子对妻子通奸的通常反应。

确保亲子关系还有另外一面。仅因男子有理由确信孩子是自己的，这并不确保他就想抚养这个孩子。如果有其他替代抚养，也许他更愿意逃避责任。尤其是在有慷慨社保网络保证没有父亲抚养的孩子也能存活的社会中，男子的最佳生育战略也许就是把其有限资源用来抚养自己的婚生子女，同时生一些自己完全无须抚养的非婚生子女，甚或把自己全部生育资源都用于非婚姻的市场，把他本来必须承担的全部抚养子女的负担均转移到纳税人身上。（因此，这种社保网络激励了男女婚外性行为，这是福利社会与乱交的另一联系。）要防止或更现实地限制这种成本外在化，可能就要求社会将大量资源用于亲子关系诉讼并强制执行儿童抚养令，这种设想的无差错亲子鉴定会使资源配置更经济并减少通奸发生。

这一分析提出了一个可能的经济学基本理由，支持反通奸，也支持反嫖娼，大致可以视这些法律是保护儿童的措施。经常嫖娼的男子消耗了本可用来抚养孩子的资源。当然，试图把外在成本内在化的法律不能保证该法律就有效率。必须权衡嫖娼对妓女和嫖客的收益以及对孩子的成本。然而，这里还有其他成本：即伴侣婚中妻子的成本，婚外性行为削弱了婚姻（已婚男子嫖娼就是通奸，妓女则是他花钱雇的帮凶）以及性病的成本，多偶制会比一夫一妻制传播性病更快。因此伴侣婚比例更大，性病发病率更高更严重，以及父亲抚养孩子的最优投资越高，就越可能努力遏制嫖娼。

但所有这些都假定了，嫖娼只是婚姻的替代，但嫖娼也还是婚姻的补充之一。一个人若在性的方面对婚姻不满足，如果把他嫖娼的路也堵死了,这也许会促使他同妻子离婚,或是养情妇;结果可能是他转移了更多资源,不养孩子。这一直是主张规制而非禁止卖淫的论点之一,这个论点曾说服了奥古斯丁和阿奎那。⑨ 卖淫的唯一"害处"因此就是传播性病,我因此预测,公共干预卖淫的主导因素是性病发生率和严重度。这一预测也有根据(请看注⑨)。

无须深入,就可以看出,这个性道德无涉的理论模型不必然导致性的公共规制仅限于强迫的性行为,如强奸和儿童性虐等。自由至上(libertarian)与放荡(libertine)并非同义词。

儿 童

最需要考虑的可能是性行为对儿童的外在性。大致说来,这既有微观的,也有宏观的后果;所谓微观是指与儿童福利有关,宏观则与人口数量和质量有关。例如,为什么努力阻止青少年生孩子,可以辩解说,这种孩子的生命前景相对而言会贫穷。人们甚至可以说,如果能事先就同这种孩子商议,他们自己也会情愿晚点出生,那样,他们会有更幸福、健康和富裕的生活前景。同样的原因,他的兄弟姊妹也会情愿他晚点出生,这样父母会有更多资源抚养其兄弟姊妹,甚至根本不生他,他们得到的资源会更多些。

然而,一个不鼓励青春期少年生孩子的社会,无论是鼓励避孕、允许(甚至补贴)堕胎、惩罚未婚私通、提高性交的法定同意年龄或是宣传节欲,与鼓励青少年生孩子的社会相比,前者出生率会更低,而且可能还不是将某些怀孕推迟到女子的生育后期了。混杂孩子福利和孩子出生数量,使性的规范经济学分析非常复杂。我们该如何计算——由于阻止青春期少年生育的公共政策——那些不只是晚出生而是根本就没出生的人的福利呢?我们可以避开这样的问题,只考察规范分析中要考虑其偏好的那些

---

⑨ Mary Gibson, *Prostitution and the State in Italy, 1860–1915* 224 (1986); David A. J. Richards, "Commercial Sex and the Rights of the Person: A Moral Argument for the Decriminalization of Prostitution," 127 *University of Pennsylvania Law Review* 1195, 1211 (1979). 理查兹(Richards)就卖淫非罪化提出了一个强有力理由。鉴于艾滋病流行,他是否会重新考虑其理由,我不知道,但可能不会(也不应)。显然,很少有人从妓女那里感染了艾滋病,即便妓女艾滋发病率很高,此种高发病率是因为许多妓女静脉注射毒品。Heather C. Miller et al., *AIDS: The Second Decade*, ch. 4 (1990),尤其是页 262。从历史上看,如同人们想象,反卖淫运动一直同性病发生率上升相关联。John F. Decker, *Prostitution: Regulation and Control* 45–46 (1979); Judith R. Walkowitz, *Prostitution and Victorian Society: Women, Class, and the State* (1980),处处。

第七章 性的最优规制

活人,那通常会把胎儿和潜在人类的生命排除在外。但从规范立场看,除非有些理由无视社会不希望其出生的人的福利,否则这样划分就很专断。而如果我没夸大当代伦理话语的不确定性,那么对于碰巧当今活着的那部分人类来说,其唯一理由就是他们的偏好,而偏好本身是武断的。

本书最后一章会简单讨论贝克尔和墨菲(Kewin Murphy)的提议,在确定额外出生的人数是否最优时,询问未出生的人是否愿意且能够就其额外出生给已出生者带来的费用增加,补偿已出生的人(特别是其双亲和兄弟姊妹)。但这太难测度了。此外,还有个不很明显的问题是,如果不实际支付补偿(使已出生的人得以改善或至少不更糟),这一提议的有效性则取决于两个假定:其一,在确定最佳人口总数的政策时,未出生的人也属于应当考虑其偏好的那个社区;以及其二,未出生的生命"属于"(belong to)已出生的人,因此,未出生的人要想获准出生,就必须补偿那些已出生的人,而不是有权就自己推迟出生或未能出生要求补偿。(当然,这些未出生的人也许会希望自己晚出生,但这不确定。)这两个假定都无法从经济学理论或任何极具争议的哲学前提中推出来。

然而,无须认为这一分析的寓意是支持多生育(pronatalist)。如果偏爱已出生者而不是未出生者(或是偏爱某些未出生者,而不是某些已出生者)根据不足,那偏爱未出生者而不是已出生者就同样根据不足。我们不能以假定不同群体的利益和谐一致来排除这些不确定,因为他们的利益并不一致。例如,第十章会考察避孕和堕胎会使婴儿更健康、但婴儿数量更少的证据。

如果有人问,有没有一个现实可行的理由努力让孩子都在婚内出生,同样会引发如何界定社区边界的难题。但我们可以把这个问题最小化,即假定(比少女怀孕的情况更可信地假定)强有力的婚姻政策的效果就是鼓励人们结婚,而不只是鼓励他们少生孩子。事实上,年轻人结婚时很少不想要或不期待孩子,而且一般说来已婚者也比未婚者有更多的孩子[10],因此,结婚率上升就更可能提高而不是降低出生率。因此,如果我们假定一项支持婚姻但不限制人口增长的政策,但还假定(更令人怀疑

---

[10] Susan M. Essock-Vitale and Michael T. McGuire, "What 70 Million Years Hath Wrought: Sexual Histories of Reproductive Success of a Random Sample of American Women," in *Human Reproductive Behavior: A Darwinian Perspective* 221, 228–230 (Laura Betzig, Monique Borgerhoff Mulder, and Paul Tuke eds., 1988).

地）这项政策也不是鼓励人口增长,即不大大提高出生率,那么,这个规范问题就成了孩子是在双亲家庭中还是在单亲家庭中长大成人更好。更确切地说,这个问题是,社会强制孩子在婚内出生的收益是否足够大,乃至大于强制双亲关系更紧密更持久对于双亲的成本。因此,儿童福利问题就同最优出生率问题分离了。前一个问题应该能回答,我们会很快考察一些答案。瑞典人的回答是否定的,但许多瑞典人可能没意识到瑞典政府的政策补贴了非婚生育,而并非对选择完全不予约束。纳税人承担了养育孩子的大部分费用,这种补贴降低了婚姻对于女子的收益,使婚外生育比在纯自由市场条件下的生育更诱人,因为在纯自由市场的条件下,女子必须自己(或与某个男子)掏钱养育孩子。

但我是否真的成功表述了这个问题呢——鼓励婚姻,令其承担起婚姻的责任,是否是件好事?我的假定之一有问题:支持婚姻的政策不会大幅提高生育率。但如果这个假定不正确,分析就应考虑该政策对额外出生者的福利有什么影响,我们就又回到了我说过的很难解决的规范问题上了。

也许看起来,如果婚姻对孩子有利,父母对孩子的爱就足以导致婚内生育;婚外性行为对孩子的外在代价会在父母的决策过程体现出来。如果父母无私,当决策会影响孩子时,总是最大化孩子的福利,情况确实会这样。如果父母之一对孩子是完全利他的,也即像孩子本人那样珍视自己的福利,情况也会大致如此,因为利他主义首先会决定这位父亲或母亲一切可能影响孩子福利的决策,无论是婚姻伴侣选择、是否离婚或什么条件下离婚、是否再婚、同谁再婚以及其他。但事实上,父母都有自身利益,即便对自己的孩子可能有这里说的利他主义(他们自身的福利是其子女福利的正函数),但他们不大可能完全不考虑自身利益。他们的利益与孩子的利益常常有分歧。[11] 换言之,父母也许不是子女的最佳监护人。这就造成了这样的可能,即旨在鼓励婚姻、阻滞非婚生育的社会干预也可能增加社会福利。但这还只是一种可能,或许可能性还很小,除非是父母虐待或完全不管不问孩子。在其他情况下,由于管理福利项目的人有私利,他们不了

---

[11] 关于家庭中的利他主义,请看,Gary S. Becker, *A Treatise on the Family* (rev. ed. 1991). 对家庭利他主义的福利效果的强调,请看,Marc Nerlove, Assaf Razin, and Efraim Sadka, *Household and Economy: Welfare Economics of Endogenous Fertility* (1987), 例如,页85-86。父母的利他主义不完美,证据是父母常常低估了离婚对子女的影响。David Popenoe, *Disturbing the Nest: Family Change and Decline in Modern Societies* 315 (1988).

解他人孩子的需求和潜能，以及由于——这是第一点的变化——他们对与自己无关的孩子缺乏利他精神，就会缺少有效的社会干预。最后这一点假定了，亲属要比非亲属更多些利他主义。支持这一假定的不只是人们的常识：社会生物学的一个基本寓意，就是人们对分享自己基因的人（尤其是那些有或会有繁殖力的人）会有更多的利他主义。

性教育问题

如果有父亲在家，孩子成长会获益良多，那么认为性教育很糟的性保守主义者也许就是对的。性教育的后果之一就是让青春少年清楚意识到婚前性行为可行，还向这些青少年——尤其是女孩——展示如何可能预先计划，把怀孕和染病风险降至最低。这后一方面的性教育就是避孕和预防染病的教育；因此，免费性教育降低了青少年性活动的成本，如果他或她无知，就可能升高怀孕和染病的风险。瑞典的经验显示，性教育的净后果是确实降低了婚前性行为的成本，增加了其发生率。由于婚前和婚内性行为的相互替代，因此，前者的增加导致了后者的减少，当其他因素不变时，随之而来的就有婚生子女向非婚生子女的转变；这也是瑞典的经验。因此，保守派把性教育同乱交和家庭观念衰落联系起来，并不像自由派认为的那么荒唐。

但这不意味保守派反对性教育就对了。婚前性行为减少并非阻滞性教育的唯一后果。它的另一影响是增加了部分（较小的一部分）青少年的怀孕率和性病率，这些青少年未从性教育中获益，但性活跃起来了。在此，瑞典经验给人启迪。瑞典青少年怀孕率和性病率都比美国青少年低很多，这种低（部分）是性教育的收益（第十章会有更多证据）；但瑞典的婚生非婚生比很高，高于美国，这是性教育的代价之一。这些相互抵销的效果，权重如何，很不确定。在瑞典，更多非婚生子女来自同居家庭，而非独身女子的家庭，并且，同居，原则上可能像高离婚率社会中的婚姻关系那么稳定。但通常并不如此。瑞典家庭解体率可能在发达国家中最高，离婚率略低于美国，加上同居分手率非常高，它的单亲家庭率在发达国家中最高，比美国还高。[12]

有父亲在家，孩子会有什么收益，这就变得重要了。值得注意的

---

[12] Popenoe, 前注①, 页173-174。

是，瑞典没有这方面的研究。⑬ 波皮诺（David Popenoe）猜想瑞典青少年不轨率高与家里没父亲有关⑭，但他从瑞典令人惊奇的家庭结构中没发现其他恶果。⑮ 美国人会为此震惊。美国人的确信之一是，黑人贫困的社会病理就是父亲指教的缺失。影响这一确信的是一些离婚恶劣影响美国儿童的研究成果⑯，但影响最大的也许是导致离婚的那些冲突，而不是离婚本身。瑞典离婚率比美国低，同居者分手也许不像离婚对孩子有重大创伤。尽管很多证据表明，在美国，非婚生子女的生活前景比婚生子女黯淡得多⑰，但在美国非婚生子女更多在穷人家⑱，这就使如何解释前景复杂化了。有研究发现，校正了诸如低收入（在美国社会，但不是瑞典社会，低收入与父亲离家出走正相关）等因素后，没有父亲对美国儿童的负面影响并不大。⑲

---

⑬ 同上注，页 314。

⑭ 同上注，页 318–319。

⑮ 例如，他指出，瑞典年轻人自杀率仅为瑞士的一半（同上注，页 317），而瑞士性道德较保守。同上注，页 262–270。但在随后的一篇论文中，与前作一致，波皮诺评论说"问题的最明确证据就是青少年违法数据"，又说，"有很多讨论和硬数据都表明，瑞典年轻人的焦虑显著增加，与抑郁症、自杀和酗酒等问题相关。"请看，Popenoe, "Family Decline in the Swedish Welfare State," *Public Interest* 65, 76 (1991 winter). "有关焦虑……硬数据"这是矛盾修辞，有关自杀的评论也与其书中数据不一致。

⑯ 例如，请看，*The Impact of Divorce, Single Parenting, and Stepparenting on Children*, pt. 3 (E. Mavis Hetherington and Josephine D. Arasteh eds. 1988). 再婚也没弱化这种糟糕的后果，某些情况下反而加重了。Nicholas Zill, "Behavior, Achievement, and Health Problems among Children in Step-families: Findings from a National Survey of Child Health," 同上注，页 325。

⑰ 请看，例如，Beth Bekov and June Sklar, "Does Illegitimacy Make a Difference? A Study of the Life Chances of Illegitimate Children in California," 2 *Population and Development Review* 201 (1976).

⑱ 同上注，页 208。

⑲ Elsa Ferri, *Growing Up in a One-Parent Family: A Long-Term Study of Child Development* 120, 134, 139 (1970). 无须多言，仅此研究不足以得出结论。Zill, 前注⑯，页 363，发现低收入家庭中前配偶的子女比中等或高收入家庭中前配偶的子女行为问题更多，但差异很小；高收入无法彻底消除家庭破裂的遗痛。然而，与菲利相似，还有篇论文将离婚对子女的恶劣影响归为，减少了儿童可能获得的经济和社会资源，这隐含的是，在离婚并不大大减少母亲收入的社会，如瑞典，这类影响会很小；请看，Verna M. Keith 和 Barbara Finlay, "The Impact of Parental Divorce on Children's Educational Attainment, Marital Timing, and Likelihood of Divorce," 50 *Journal of Marriage and the Family* 797 (1988). 又请看，Susan Maidment, *Child Custody and Divorce: The Law in Social Context* 161–176 (1984). 有关家庭破裂对子女的主要影响是父母减少了养育投资的假说，进一步的支持，请看，Yochanan Peres and Rachel Pasternack, "The Importance of Marriage for Socialization: A Comparison of Achievements and Social Adjustment between Offspring of One- and Two-Parent Family in Israel," in *Contemporary Marriage: Comparative Perspectives on a Changing Institution* 157, 174–175 (Kingsley Davis ed., 1985).

第七章 性的最优规制

在评估这些研究时，要记住恰当的比较应当是父亲与父亲之替代——纳税人和福利机构——的比较。父亲的性格或资源越差，就越难参与抚养孩子。为未婚母亲及其孩子提供的社会服务越是慷慨和明智，就越没必要采取阻滞非婚生的公共政策，降低无父子女的比例。瑞典的相关社会服务远比美国慷慨；这可能就是瑞典的性随意文化看来比美国的性文化破坏力小的原因。当然，慷慨的社会服务代价会很高；瑞典人纳税远比美国人重，他们的大部分税收用于社会服务。对瑞典人来说，性自由的代价惊人，只是形式与美国不同而已。

这一讨论表明，评价为儿童和青少年提供（或不提供）性教育等政策时，必须辨识、测定和比较众多变量。这包括性教育对乱交并进而对非婚生的影响、非婚生的社会成本、性教育对性病和意外怀孕并进而对意外（主要是非婚）生育的潜在抵消作用、旨在减轻意外出生和无父的不利影响的政策会有什么样的财政后果，以及这些财政措施有什么激励效果和其他分配效果。

这些变量间的关系可能很微妙。例如，长期看来，用以改善贫困黑人胎儿和新生儿的保健措施，也许会减少而不是增加非婚生子女出生的数量，因为从第五章我们得知，此类保健不足会降低性别比，而低性别比同社保网络相伴，会提高非婚生的出生率。如果非婚生母亲的福利不降低，但以该女子全部或部分就业为前提（像瑞典那样），那么少女怀孕率就会下降，因为女子有了推迟生育的激励。

人口总量

现在，我把关注点从性行为对个别儿童的影响转到对总人口的影响。人口有质量和数量两个维度，这里的分析限于后者，前者留待最后一章的优生学讨论。

总人口每增多一个人就会给社会其他人带来某些成本。但孩子的父母不会这么想，因为这些成本被总人口分摊了，父母实际承担的费用微不足道。如果一个社会人口太多，人口增加会带来拥堵或污染等实际代价。在美国担心人口过剩就推动了计划生育，尽管这种担忧看来夸大了。[20] 相反，人口增

---

[20] 有效的论说，请看，Julian L. Simon, *The Economics of Population Growth* (1977), 以及, Simon, *The Ultimate Resource* (1981). 但西蒙与其对手"人口零增长"学派一样，都有很多（转下页）

加也会带来外部收益。㉑ 在普法战争与"二战"之间，法国人就担心（也有道理）低出生率会削弱法国相对于德国的军力。㉒ 但这种担忧不会导致某一理性的法国夫妇多生孩子。即使生个男孩，长大成人，其父母对法国军力也贡献极小，养孩子的费用却都要由他们自己承担。同样的情况是古希腊古罗马家庭，溺女婴时，不会考虑对家里的男婴能否娶妻（女子数量越少，男子在婚姻市场上的竞争就越多），或对家中剩下的女孩有没有丈夫会有什么累积影响，更不会考虑是否影响其他人家的孩子有没有配偶。

因此，在理论上，这就有了支持公共干预争取最佳人口规模和性别比的理由。这种干预一直有。例如，一些亚洲国家近年来担心人口过剩，就采取一些降低生育的严厉政策，在过去一段时间内，担心人口不足，许多欧洲国家都以诸如家庭补助和禁止堕胎的政策来提高生育。不仅法国，而且纳粹德国，都有过提高生育率的强力政策。纳粹惩罚男同的理由之一就是男同降低了出生率。其论证是，有200万德国人死于"一战"，加上（粗略估计，可能夸大了）200万德国男同，德国总共就少了400万有生殖力的男子，这对人口有灾难性影响。这一论证荒诞不经。限制出生率的不是男子的数量（除非男子数量太少，仅为女子总数的很小一部分），而是能生育的子宫总数。纳粹更应该担心女同，而不是男同，但纳粹没惩罚女同。

眼下，在西方国家，无论是从额外人口的外在收益还是外在成本来看，都很难证明性规制的合理性。有一点很重要，历史的教训是，无论提高还是降低生育率的政策，对人口的实际影响往往都可以忽略不计，至少仅有财政上的激励或反激励政策，情况会是如此，即便采取更

(接上页) 意识形态因素，后一学派的代表是，Paul R. Ehrlich, *The Population Bomb* (1986)，我很怀疑西蒙的肤浅断言——人口增长会减少能源消耗，因为"人更多就意味着想象力更多"，创造更多，并因此会有更多节省能源的装置。*The Economics of Population Growth* 页 476。

㉑ 对人口总量的正和负外在性的一个细致分析，请看，Robert J. Willis, "Externalities and Population," in *Population Growth and Economic Development: Issues and Evidence* 661 (D. Gale Johnson and Ronald D. Lee eds., 1987).

㉒ Joseph J. Spengler, *France Faces Depopulation: Postlude Edition, 1936-1976* (1979); Michael S. Titelbaum and Jay M. Winter, *The Fear of Population Decline* 17-30 (1985). 犹太人传统上一直关注人口不足，这也许可以解释犹太性伦理支持生育率的特点。David M. Feldman, *Marital Relations, Birth Control, and Abortion in Jewish Law* 51-53 (1968).

第七章 性的最优规制

直接的强制手段,也常常如此。提高生育率的政策尤其是徒劳。㉓ 补助必须来自更高的税收,这可能(这取决于税的形式)诱使更多女子进入劳务市场,提高她们生育的机会成本,由此会降低出生率。补贴越大,这种影响就越大。如果为最小化对税收的影响实行低补贴,就不大可能诱使多少孩子出生,因为相对于这些许补贴,孩子的养育成本更高,甚至巨额补贴也未必奏效。到 1938 年,法国把 2% 的国民收入用于补贴家庭和其他提高生育率的政策,但收效甚微。㉔ 有人估计,要把美国的出生率提高到更替水平,每年须补贴 3800 亿美元。㉕

更有意思的是,尽管有人散布了许多歇斯底里的言论,在西方人口不足可能不是个严重问题,人口过剩已开始自我矫正(我仍只谈西方)。就这一命题的前一部分而言,战争中技术因素的增长已大大弱化了人口与军力的关系,国际贸易增长则降低了繁荣的国内市场足够大对于生产者实现最佳规模经济的意义。此外,一个国家越拥挤,它必须处理拥挤的外在性(交通堵塞、污染和其他)也越大。

对于一个人口总量停滞或下降的民主国家来说,一个潜在问题是,这会导致政治权力向老人转移,老人的时间视野不长远,可能令他们会围绕"单一议题"投票,这可能不符合社会的整体利益。但受制于老人对儿孙的利他主义,这种趋势可能不会过分。要解决人口不足问题(就算有这个问题),也不再要求提高生育率。如果某西方国家希望人口更多(更年轻),无须操纵出生率,只须放松移民限制。通过筛选潜在移民的智力和性格特征,一个国家在实际增加其人口数量的同时还提高了其人口质量,提高出生率做不到这点,即便本书最后一章会考察某些优生建议。如果一个

㉓ Jerome S. Legge, Jr., and John R. Alford, "Can Government Regulate Fertility? An Assessment of Pronatalist Policy in Eastern Europe," 39 *Western Political Quarterly* 709 (1986); William J. Serow, "Population and Other Responses to an Era of Sustained Low Fertility," 62 *Social Science Quarterly* 323, 327 (1981)。从 1966 年开始,罗马尼亚试图提高出生率,禁止堕胎,禁止制造或进口避孕品。在起初强力执法和生育率短期增长后,这一努力失败了,但罗马尼亚仍不时努力复活这一项目。请看,William Moskoff, "Pronatalist Policies in Romania," 28 *Economic Development and Cultural Change* 597 (1980)。请看,本书第 15 章,注 8。

㉔ Spengler, 前注㉒,页 255。请比较,Leslie Whittington, James Alm, and H. Elizabeth Peters, "Fertility and the Personal Exemption: Implicit Pronatalist Policy in the United States," 80 *American Economic Review* 545 (1990)。

㉕ Thomas J. Espenshade and Joseph J. Minarik, "Demographic Implication of the 1986 US Tax Reform," 13 *Population and Development Review* 115 (1987)。

社会希望降低人口平均年龄，它还可以向年轻移民提供财政激励并阻止老人移民。

至于人口过剩，西方社会今天的人口出生率很低（在许多国家，已低于更替水平[26]），已无须什么积极的阻滞生育的政策来校正人口增加带来的任何可察觉的外在成本了。确实，在人口出生率下降到更替水平之后很久，即使没有移民，人口总量仍可能继续增长。人口出生率取决于育龄男女（尤其是女子）的数量，而不是由孩子的数量决定。但最终，当"出生不足"的孩子成为生育人口，如果他们的孩子数量少于其父母的孩子数量（甚至仅更多一点），人口就开始下降了。

我不是说，因为人们担心人口过剩，人口出生率才下降。反对这种说法的是下面这个说法：如果法国真的人口不足，法国夫妇就会自愿多生孩子。出生率降低是因为婴儿死亡率降低了（对一个家庭来说，无须像以往生多个孩子，才有大概率让一定数量的子女长大成人），也因为孩子的成本增加了。孩子成本上升的部分原因是女子外出就业的机会改善了，她的家务劳动的机会成本增加了，部分原因则是对孩子的要求从数量转向了质量，还有部分原因是女子闲暇增加了。[27]女子外出就业机会改善不仅因为或主要不是因为这些工作对体力的要求（长期以来女子一直从事很要求体力的工作）降低了，还因为孩子少了，有了节省劳力的设备，女子干家务的时间价值降低了，外出工作的机会成本也随之降低了。

尽管任何降低婚姻吸引力、促使女子外出就业的因素都会助长性随意，但性随意本身并非人口生育率下降的原因之一。人口生育率下降只是女子就业机会改变的后果之一，与人口生育率下降同样，就业机会改变增加了女子生育的机会成本，也降低了女子对男子的财政依赖。

我的结论是，目前在富国，没有强有力的经济论据支持提高生育率或降低生育率的政策，也没有强有力的经济论据支持通常基于其他理由（如堕胎和同性恋）争论的提高或降低生育政策的正当性。就我们社会目前担心人口太多而言，一个人可以看到，就像古希腊人一样，他们骨子里总是

---

[26] *Below-Replacement Fertility in Industrial Societies: Causes, Consequences, Policies* (Kingsley Davis et al., eds., 1987).

[27] T. Paul Schultz, *Economics of Population* 160, 166-168 (1981)。请注意对孩子的质量要求增加可能导致（在无法律禁止的情况下）堕胎和溺婴需求增加，避孕需求也会增加。贝克尔强调了孩子质量与数量的交换关系,前注⑪, ch. 5。

担心人口过剩（例如，据说宙斯"挑起了特洛伊战争，就为缓解这个世界的人口过剩"㉘）我们为什么比传统犹太人更容忍男同，他们骨子里老是担心人口不足。并且，我们应警惕那些后果未可预期地提高或降低生育率的政策。针对穷人的儿童福利项目，如"有孩家庭援助"，会刺激穷人生育，而旨在便利中产女子进入就业市场的政策却可能降低中产生育率。这种组合可能会使社会的总和生育率不变，全部人口却会更贫困。

进　步

也许还可以猜想性习俗的另一宏观经济影响。有人观察到，西方国家整体来说一直比世界其他国家生产力和创新力都更为巨大，在性的问题上也更多规矩。可否把这些特征联系起来，尤其是，后者是否是前者的原因之一？*也许西方人把本来消耗于多妻和私通上的精力都导入了技术创新和经济生产的渠道；或许性节制促成了一种比性随意更适合经济活动的人格。但一般说来，我们不认为压缩个体可参与活动的范围会促进技术创新，推动经济生产和增长。恰恰相反，如同从某些国家了解的，人们的消费机会越受限，人们就越少激励为获得消费所必需的资源而努力工作。对性愉悦采取最强硬路线（这是罗马天主教会的路线），与支持自由市场和经济进步没有关联，与蔑视物质进步反倒有关联，这种蔑视可能弱化了，起码是没加快天主教国家的经济增长。一夫多妻制似乎没怎么阻碍摩门教教徒，或起码看起来不比不太禁欲的新教派别更阻碍清教徒，去推动经济进步。

关于"清教即进步"猜想，最强有力的反证是日本。对性愉悦一直持保留态度的犹太/基督教，在日本没多少追随者，但这并不阻碍日本人有比西方还强大的工作加节约的伦理。很明显，一个民族不是必须有基督教性伦理才可能繁荣。确实，日本的离婚率和非婚生率都很低，按美国标准看，日本女子在的性问题上特别保守㉙，但这无须与性顾忌有关。因为外

㉘　L. P. Wilkinson, "Classical Approaches – I. Population & Family Planning," 50 *Encounter*, 22, 23 (1978)。

*　在相当程度上，这一节的很大部分是，以相关经验证据，证伪韦伯在《新教伦理与资本主义精神》中提出且为后世学者演绎的假说。——译者注

㉙　Samuel H. Preston, "The Decline of Fertility in Non-European Industrialized Countries," in *Below-Replacement Fertility in Industrial Societies*, 前注㉖, 页 26, 36–37; Shin'ichi Asayama, "Adolescent Sex Development and Adult Sex Behavior in Japan," 11 *Journal of Sex Research* 91 (1975).

出就业的日本女子相对少㉚，同西方发达国家的女子比，日本女子更多依赖男子支持；这可以解说为什么日本非婚生率很低。堕胎（如第五章提到的，直到晚近一直溺婴）、避孕、男子通奸和色情品在日本都盛行；出生率非常低；也容忍同性恋。㉛ 日本明显与古希腊相似。

与日本不同，瑞典在性问题上很随意，经济上停滞不前。但因果关系似乎与"清教即进步"声称的方向相反。由于大大降低了女子对男子的生活依赖，瑞典复杂细致的福利体系造就了非婚生率居高不下。但这个福利体系是阻碍该国经济发展的社会福利主义的产物，而不是性随意的产物，性随意很可能（至少部分）是降低瑞典女子依赖男子的社会政策的后果之一。

令"清教即进步"的观点看似有道理的不是什么理论或历史证据，而是一系列令人误解的关联。首先是刚才提到的，一些社会福利政策既迟滞了经济发展同时促进了性自由，这在经济增长与性自由之间造成了一种隐含但误导的反向因果关系。其次，正如在第五章看到的，忙碌的人，即时间机会成本很高的人，有可能在性生活上相当节制，因为大多数性活动都是时间集约的。那些最常见的，如绯闻不断，肯定如此。并且，繁荣社会的人一般都比停滞社会的人更忙。人们性节制是因为他们富足，其富足却不是因为他们性节制。如果我们将注意力从富足转向需要持久努力的社会成就，如智识和艺术创造、政治能量甚或是军事才能，那么只须以古希腊为例，就可以驳斥任何关于犹太/基督教性伦理是取得这些成就的先决条件的说法。瑞典的例子也表明，这些伦理也不是温和平均主义价值观的先决条件。

另一令人误解的关联则有关市场活动耗费的时间与可测度的国民产出的关联。重新配置时间，从市场活动转向闲暇（如性活动），不要求大量市场投入，却会降低可测度的国民产出，即便这可能增加了实际经济产出，实际产出会把货币化的和非货币化的成本收益都纳入考量。

最后，性自由碰巧常常是左翼运动的政纲核心之一，左翼敌视自由市场，如果他们掌权，会采取阻碍经济增长的政策，有时甚至是灾难性的政策，就如同近年历史所例证的那样。20世纪60年代激进学生既反对传统性道德也反对资本主义。斯大林掌权之前，苏联起初最激进的时期也如此。但政治激进主义与性随意的关系并不确定。激进者倾向于先混淆然后反对

㉚ Preston, 前注㉙, 页 37。
㉛ "在性这方面，日本男子不仅比其妻子更自由，也比美国甚或欧洲男人更自由。"Asayama, 前注㉙, 页 109。并请看第二章的参考文献。

第七章　性的最优规制

现状中的任何突出要素：先混淆，再反对那些被一股脑归在"资产阶级道德"名下、其实却与他们反抗的社会不相关的特征。支持这一猜想的证据可见于古巴革命。在卡斯特罗之前，巴蒂斯塔政权是资本主义的也是性随意的；卡斯特罗曾是（现在仍是）社会主义者和清教徒。还有其他例子。新中国也是清教式的，反对国民党政权的显著特征——宽容卖淫和其他社会腐败。伊朗巴列维政权与取而代之的伊斯兰革命政权的关系也与此类似，前者是资本主义的且（按伊斯兰标准）性随意，后者则反资本主义且性压制的。加拿大左派对计划生育一向模棱两可，因为传统上支持计划生育的都是新马尔萨斯者，而马尔萨斯反动大名可谓鼎鼎。[32] 在性随意与性压制之间有各种立场，与不同经济体制都兼容。政治保守派不一定是性保守派。并非所有的政治保守都一定性保守。[33]

乱伦和厌恶

我前面提到，即使对通奸和未婚私通这些小罪过，也有经济学的关注理由，因此令人惊奇的是，性法律的一个基本禁令，禁止乱伦，至少在经济学理论上不像人们想象的那样，很容易为之辩解。这不是说乱伦不坏。是有生物学家认为一定程度的近亲繁殖是好事，因为这保持了基因的适应性组合，但他们也不建议太近的亲属结婚。[34] 这一乱伦禁忌还有其他价值，最小化家庭/族内的竞争，避免内部政治不稳定。可以推论，这些价值

---

[32] Angus McLaren and Arlene Tigar McLaren, *The Bedroom and the State: The Changing Practice and Politics of Contraception and Abortion in Canada, 1880–1980* 72–73 (1986).

[33] 请看，例如，Ernest van den Haag, "Sodom and Begorrah," *National Review*, 1991 年 4 月 29 日, 35, 36; 他论辩说"社会没有令人信服的利益表明禁止甚或立法规制同性恋是正当的，"并敦促军方放弃排斥男同的政策。海格（van der Haag）并非彻底的性自由派。请看他的论文，"Pornography and Censorship," 13 *Policy Review* 73 (1980 夏)，第 1 章讨论过。

[34] William M. Shields, *Philopatry, Inbreeding, and the Evolution of Sex* 196–198 (1982). "Philopatry"（恋巢）指的是大多数人都不愿意接受游牧生活方式，这种生活方式可以最小化与亲属交配的概率。还有一点，虽然与保留适应组合的有限近亲繁殖的原理会有些抵触，但近亲繁殖促成分类交配(同类交配)，可以创造更大代差，从而为此后各代自然选择创造更大机遇。但必须强调这里近亲繁殖的限定词"有限"。近亲繁殖，如兄妹甚至第一代表亲间的婚姻也有很高基因残缺率，即便他们很快会为自然选择淘汰。I. Michael Lerner and William J. Libby, *Human Evolution and Society* 370–373 (2d ed., 1976); Ernst Caspari, "Sexual Selection (转下页)

也解说了为什么这一禁忌常常延及姻亲,即那些基因无关联的人。㉟ 我不再进一步讨论这一延伸。

麻烦在于惩罚乱伦,鉴于已有的自然厌恶和重叠的刑事惩罚。先考察后一点,我们可能希望将父母或其他成年亲属强奸或诱奸孩子的乱伦排除在外,因为这类案件属于在性和其他关系中普遍禁止胁迫的范围。与此相反,可以争辩说,乱伦诱奸有生育能力的女孩比一般诱奸儿童更有害,因为前者会生育不健全的后裔,还由于家庭隐私很难察觉,也就很难实施逮捕。两者都是加重惩罚的充足理由,但没必要单立个罪名。

排除了胁迫乱伦案后,剩余的乱伦主要就是兄妹姐弟乱伦和近亲通婚,还有某些父亲与成年女儿的乱伦;如果合法的话,这类乱伦会更多。㊱ 兄妹姐弟乱伦的情况,即使不禁止也罕见,因为自小一起长大的人很少觉得相互有性吸引力(请看注㊱)。但有些兄妹姐弟不是从小一起长大,其他从小共同长大的也没回避的本能。一旦兄妹姐弟成年,为什么禁止他们有性关系和结婚呢?明显答案是,他们的孩子可能有病或畸形。但这个答案不令人满意。因为我们并不禁止携带同样危险隐性基因的人结婚。在这两种情况下,后代都有危险,但法律和禁忌只干预乱伦。更有甚者,反乱伦禁令不只是反对生育,而是反对性交;甚至前一禁令也可能并非必要,因为大多数兄妹/姐弟夫妇都害怕生孩子。避孕和堕胎技术的改善已弱化了禁止此种乱伦的理由。

(接上页) in Human Evolution," in *Sexual Selection and the Descent of Man, 1871-1971* 332, 340 (Bernard Campbell ed. 1972); Eliot B. Spiess, *Genes in Populations* 276-278 (1977); Philip W. Hedrick, *Genetics of Populations* 155-160 (1983).

㉟ 关于乱伦禁忌的生物功能和文化功能,请看,例如,Nancy Wilmsen Thornhill, "The Evolutionary Significance of Incest Rules," 11 *Ethology and Sociobiology* 113 (1990); James B. Twitchell, *Forbidden Partners: The Incest Taboo in Modern Culture* (1987), 尤其是附录, "A Synopsis of the Biological, Psychological, and Sociological Approaches to Incest," 页 243; Carl N. Degler, *In Search of Human Nature: The Decline and Revival of Darwinism in American Social Thought*, ch. 10 (1991). 时而也有些呼吁将乱伦非罪化。请看,尤其是,Herbert L. Packer, *The Limits of the Criminal Sanction* 314-316 (1968).

㊱ 可能不会太多。Pierre L. Van den Berghe, "Huaman Inbreeding Avoidance: Culture in Nature," 6 *Behavioral and Brain Sciences* 91, 96-98 (1983), 他提出理论和证据表明,孩子在儿童时期可能就会"烙上了"一种厌恶,厌恶与生活在一起的人发生性关系。这就是兄妹乱伦罕见的原因。父女乱伦更常见,因为只有女儿有此印记,且作为孩子,她更软弱,更依赖父亲。但一旦成年,甚至更早,她就可能也会离家出走。事实上,离家出走的少女常常是为逃离与父亲的乱伦关系。

第七章　性的最优规制

对近亲通婚要比兄妹姐弟乱伦处理更宽大。在许多社会，包括美国近半数的州，根本不禁止近亲通婚。（英国人当年曾认为姻亲结婚是乱伦，一等表亲间结婚则完全正当。）这是个谜。尽管表亲结婚比兄妹通婚对后代危害小多了，但后一种乱伦大多会因本能而避免；前者不会，因此是更常见也更大的社会问题。和前面一样，可以说，既然我们不要求夫妇性交前做基因筛查，禁止一等表亲性交因此太恣意武断。但不启动普遍的基因筛查，只挑选并禁止某一类可能生育不健全后代的两性结合，这没啥专断的。这一禁令的效果只是重新规划了表亲间生育的渠道，令其不可能生育残疾后代。结果是婴儿更健康，数量也不少，表兄妹姐弟可能有的性伴侣数量也只是略有减少而已。

所有这一切都假定父母对自己孩子并不是完美利他的，也不承担其生育基因受损的孩子的全部成本。如果没有这一假定，乱伦就不是外在性的来源。但这一假定是现实的。

我们有关乱伦的讨论，以及先前的许多讨论应该清楚表明：即便性是个道德无涉的话题，也仍然会有性规制，还会有鼓励和支持这种规制的社会态度。但是，这些规制和社会态度的基础都是对性的外在性的关切，对以暴力或欺骗来满足性欲的务实、具体且非道德的关切。鉴于就禁止色情品、婚前性交和双方同意的肛交，很难给出（此后各章有更多讨论）有说服力的正当理由，而防范此类和其他无实际受害人犯罪的成本还很高，经济上的最佳规制体系就不大可能像今天美国许多地方那么广泛。除避免补贴生育非婚生子女外，最佳规制体系会与瑞典制度相似。

然而，被忽略的最大外在性可能是：我们社会中，有太多人一想到乱交和性不轨就深感厌恶。为什么乱伦犯罪，却不担心遗传适应性，也不担心负责监护的人对未成年人的胁迫？看来更好的解说是内心厌恶。从《俄狄浦斯王》到《唐人街》*，乱伦一直令人非常厌恶，这与两个携带隐性危险基因但无亲属关系的人之间的性关系不一样。㊲ 男同性交激发了众多直

---

* 《俄狄浦斯王》是索福克勒斯的古希腊悲剧；《唐人街》是1974年美国电影。——译者注

㊲ 乱伦禁忌的核心——禁止与核心家庭成员的性关系——看来在所有人类社会，无论过去或当下，都相同。George Peter Murdock, *Social Structure* 284–285 (1949). 然而，有少数社会允许皇室或其他特殊人物乱伦。David M. Schneider, "The Meaning of Incest," 85 *Journal of the Polynesian Society* 149 (1976). 对乱伦禁忌的生物学基础的彻底讨论，请看，Van den Berghe 的论文，前注㊱；又请看，相关评论，作者回应以及参引文献，全集于，6 *Behavioral and Brain Sciences* 102–123 (1983); 以及，Joseph Shepher, *Incest: A Biosocial View* (1983). 我将在第 14 章进一步讨论乱伦。

男的厌恶，要比男同性交的外在影响，更能解说为什么反肛交法存活至今。艾滋病流行几乎没影响人们对男同的态度也证明了这一点：艾滋病的影响之一可能增加了人们对男同的同情，但也增加了对男同的恐惧，两者可能相互抵销。㊳

从原则上看，哪怕厌恶不理性（厌恶乱伦却并非不理性），一个致力于经济效率的政治体也没理由拒绝承认厌恶是值得注意的外在成本。当年不少案件曾判定殡仪馆是民事妨害，就因为它降低了邻近住宅的价值，尽管在这些案件中，导致价值损失的原因很愚蠢，人们像鸵鸟一样不愿联想到死亡。㊴ 可以说，一个自由政治体只能原封不动地接受这些偏好，如果多数人憎恶男同或未婚私通者或恋脚癖，这些人就只能自认倒霉［只要他们被惩罚或被放逐的负效用（disutility）小于多数人得知法律谴责为多数人憎恶的做法所获的效用即可］。

也许如此；但密尔这位最伟大的古典自由派认为，以"推断伤害"（密尔描述这些人的感受是，"我厌恶的行为就是对我的伤害"）作为公共规制的基础很糟。㊵ 他指出，"在干预个人行为时，［爱管闲事的公众（the busybody public）］很少思考，只想着其与公众的行为或感觉差异巨大。"㊶ 如果允许人们下令"任何人不得享用他们认为错误的愉悦"（哪怕，除了激起愤怒，这种享用没伤害任何人），这就为迫害敞开了大门，迫害的本质就是惩罚冒犯惩罚者的那些思想或行为。㊷

即便说服不了读者，读者也应记住，我试图从性的道德维度中抽象出

㊳ 盖洛普测验回答者中，赞同将双方同意的成人男同关系合法化的百分比，在1977至1982年间从43%上升到45%，1985年降到44%，在1986和1987年则急剧下降到33%，但到1989年已上升至47%。Gallup Report nos. 244-245,1986年1-2月；Gallup Report no. 289, 1989年10月,13。

㊴ 请看，例如，Williams v. Montgomery, 184 Miss. 547, 186 So. 302 (1939); 参见，Everett v. Paschal, 61 Wash. 47, 111 Pac. 879 (1910)。

㊵ John Stuart Mill, *On Liberty* 76, 78 (David Spitz ed., 1975)。

㊶ 同上注,页78。

㊷ 同上注,页81。对密尔"有关自我"和"有关他人"行为的著名区分有个说明,请看,C. L. Ten, *Mill on Liberty*, ch. 2 (1980). 在密尔看来仅后者是社会谴责的恰当对象,而不论公众认为受质疑的有关自我的行为多么"不道德",也不是社会谴责的对象。详尽的重要文献,请看,Gertrude Himmelfarb, *On Liberty and Liberalism: the Case of John Stuart Mill*, ch. 4 (1990),以及 Harry M. Clor, "Mill and Millians on Liberty and Moral Character," 47 *Review of Politics* 3 (1985). James Fitzjames Stephen, *Liberty, Equality, Fraternity* (1873), 该书抨击了密尔的《论自由》,在性规制的道德论传统中,这是份核心文件,我下一章讨论。

第七章　性的最优规制

来。如果性真是个道德无涉的主题，就很难想象有人想惩罚双方同意的成人间私下的男同行为，这与想惩罚那些以为没人看见便用手抓饭或挖鼻孔的人有何区别。为澄清性变态概念，奈格尔（Thomas Nagel）提出了"美食变态"概念，例子是有人吞食一份有食品图片的杂志。[43] 这说服不了我。一个如此行为的人（如果不是开玩笑），会令人怜悯，也许会引发一丝反感甚或警惕，但没人会说他不道德或认为他该受惩罚。

确实，在许多问题上，厌恶——无论是否套上了道德的标签——都是政策制定者不能忽视的严酷事实。例如，它可能影响受性虐儿童的心理（在告知人们要厌恶这种虐待的社会中，可以认定，这种心理影响会更大）；就像在第十一章会看到的，这可能影响军队决定是否禁止男同，即便决策者本人认为厌恶男同并不理性。但是，如果这种想象的道德维度不知为何消失了，对待性就像对待吃饭一样道德无涉了，那么就不应省略对性规制恰当范围的考察。

要重复的是：如果在了解了与性变态有关的全部事实后（他可能选择地看待这些事实），他仍然深深厌恶，仍渴望国家干预并惩罚这些行为人，也愿承担实施惩罚的他那一份公共支出，那么，除了他该重读《论自由》第四章，我没别的话对他说了。但开头的那个限制，"如果……后"至关重要。我们对不同于我们自己的性行为所以厌恶，很大程度上反映了我们对性及其后果的无知。这是可以理解，甚至是理性的，就因为在我们社会中这个题目是个禁忌。（一般来说，迫害的历史就是无知的历史。）如果驱除了这种无知，我们会更快迈向道德无涉的性模式。

如果我们忽略支持规制性行为之理由的道德厌恶和所有人口影响，我们仍然会面临性教育讨论中提及的一些复杂事实问题，以及下一节讨论的、涉及性规制执法的另外一些同样复杂的事实问题。即使像我正做的那样予以简化，性规制的规范经济分析仍然是一项艰巨任务。

性规制的功效

最佳规制体系并非只是试图予以规制的种种实践的社会成本的，也还

---

[43] "Sexual Perversion," 66 *Journal of Philosophy* 5, 7 (1969).

是有效规制之成本的一个函数（无效规制可以很低廉地获得）。历史和当下的做法似乎告诉我们，性规制法律没啥效果，因为大多数性犯罪，在法律上或在事实上，都是无受害人的犯罪。所谓无受害人，不是说这些犯罪没造成伤害（它们可能造成了伤害，也可能没造成伤害），而是指如果有受害者的话，也无法查清，或不愿或不能扮演指控的证人。在双方同意的成人间，无论什么关系，包括未婚私通、通奸、卖淫以及同性或异性肛交，都是传统的"无受害人"犯罪的例证，与销售色情品一样。就务实意义上看，双方自愿参与，这些行为肯定无受害人。也许，更好的表述是，在这种犯罪中，无法确定的不是受害人而常常是受害事实。诱奸儿童和许多强奸，在这一严格务实的意义上无受害人，即受害人不大可能向权威机关起诉。受害人可能不意识到自己是受害人，因为他或她太年幼，不是可信的起诉人或证人；也许她无法提供确证（强奸案中长期存在的难题是受害人未受伤）；可能为名誉而不愿起诉；或许受害人死了，除犯罪当事人外，没人知道，就如同非法堕胎的情况一样，当然，后者的主要受害人是胎儿。无论法律意义上的还是事实意义上的无受害人犯罪，并不因此不属于政府有权惩罚的范围。但就像我们从禁酒和"毒品战"中了解到的，调查起诉无受害人犯罪要投入巨量资源，才可能获得非常有限的收益。

当年社会团结一致强烈谴责诸如肛交这种无受害人犯罪，那时执法技术太原始乃至无法抓获许多违法者。这就是对此类犯罪予以野蛮惩罚的两个独立的原因。由于违法者的预期惩罚成本是惩罚概率与惩罚力度的乘积，因此，加重惩罚力度——至少某种程度上——可以弥补惩罚的低概率。但这并非灵丹妙药，有人道主义的反对意见。我们知道，在抓获谋杀者概率且死刑概率都很高的时间和地方，死刑威胁也还是无法使谋杀率降为零。我们不应奇怪，对作奸犯科者很少被抓获的一种犯罪（因为无受害人，也因社会没有有效技术来抓获这类犯罪者），死刑可能只有适度的震慑效果。即使当年对男同可能会处死刑，似乎仍有很多男同活动。

但当年可能比如今少。人们容易夸大性法律的不管用。格利斯沃德诉康州案（*Griwwold v. Connecticut*）（第十二章讨论）推翻了康州禁止避孕品的制定法，但这部法律并非像鲍克说的，就是个笑话。[44] 对该法的理解

---

[44] Robert H. Bork, *The Tempting of American: The Political Seduction of the Law* 95–96 (1990).

第七章　性的最优规制

是，该法不适用于为防止疾病的避孕品使用。因此该法并不影响避孕套甚或子宫帽的销售，因为子宫帽偶尔用于保护受损组织，也不曾针对为女子提供避孕建议和设备的私人医生强制实施该法。但该法使该州不可能开设生育诊所，因为生育诊所无法掩盖或重新描述自身违反该法的活动。这与当年《谢尔曼法》的效果类似，当时，对违反该法之行为的制裁以及调查起诉资源都太弱了，无法震慑隐蔽的卡特尔，《谢尔曼法》只是把卡特尔打入了地下。㊺ 在康州最高法院 1940 年认定禁用避孕品合宪后，康州全部生育诊所都关闭了。㊻ 直到 1965 年，联邦最高法院宣布该法无效，生育诊所才重新开张。㊼

就性规制的效力而言，与生育诊所最相似的就是堕胎诊所。禁止堕胎法禁不了堕胎。但即使执法资源投入很少（当年用于执行反堕胎法而投入的资源也确实很少）㊽，相关法律会迫使堕胎转入地下，因此更危险㊾，或是迫使怀孕女子到合法地堕胎，因此成本更高（推迟堕胎也有危险意味，因为怀孕后期堕胎风险更大）。无论怎么样，堕胎的成本都增加了，因此可以预期这一时期会比堕胎合法时更少堕胎。但少了多少？换言之，究竟有多少堕胎可实际归因于联邦最高法院的若伊诉韦德案决定？没人知

㊺ George J. Stigler, "The Economic Effects of the Antitrust Laws," in Stigler, *The Organization of Industry* 259 (1968).

㊻ State v. Nelson, 126 Conn. 412, 11 A. 2d 856 (1940).

㊼ 尼尔森案（*Nelson*）后关闭诊所的有关问题，请看，Mary L. Dudziak, "Just Say No: Birth Control in the Connecticut Supreme Court before *Griswold v. Connecticut*," 75 *Iowa Law Review* 915 (1990); Comment, "The History and Future of the Legal Battle over Birth Control," 49 *Cornell Law Quarterly* 275, 280 (1964); Alvah W. Sulloway, *Birth Control and Catholic Doctrine* 33 (1959); *Griswold v. Connecticut* 案上诉方提交联邦最高法院的诉讼摘要的第 6 页（格里斯沃德案中该州与被告在这一点上意见一致，即法律导致了这些计生诊所的关闭）。鲍克声称"教授们难以安排一个测试案，但还是安排了两位提供计生信息的医生被当作从犯罚款 100 美元；"Bork，前注㊹，页 95。鲍克的说法似乎没有根据。在为测试该法是否有效而创立的纽黑文计生诊所开张不久，某市民投诉该诊所违反该法，警方突击搜查了诊所，讯问抓获的诊所主任和医疗主任，获得逮捕证后，逮捕了他俩。他们随后被登记、起诉、审判并定罪。Comment，第 29 页，又请看，Dudziak。在格利斯沃德案的口头辩论中，关于该法是否实施以及诉讼是否真实的问题，有过详细追究。此案辩论诉讼摘要和记录见于, *Landmark Briefs and Arguments of the Supreme court of the United States: Constitutional Law*, vol. 61,3 (Philip B. Kurland and Gerhard Casper eds., 1975).

㊽ Kristin Luker, *Abortion and the Politics of Motherhood* 53-54 (1984).

㊾ 联邦最高法院撤销各州禁止堕胎法规后，堕胎致死率急剧下降了。Christopher Tietze, *Induced Abortion: A World Review* 106 (4th ed., 1981)(tab. 25).

道，因为在若伊案之前（以及之后），没人知道非法堕胎的数量。更重要的是，我们不知道有多少州追随了当时"个人选择"的大潮流，因为在若伊案前的一段时期内，这个大潮正蓄势待发。从 1969 年到若伊案决定的 1973 年，美国合法堕胎数量增加了 30 倍。[50] 这一立法趋势令人们无法确定若伊案究竟有多大增量效果。但无论通过立法还是司法，我们也许能对堕胎合法化的效果说点什么。在若伊案前，非法堕胎的估值（说"猜测"更确切）支持这样一个结论：即使堕胎非法，当今有 70% 的堕胎仍会发生。[51] 这意味着，堕胎合法化除降低了堕胎成本和死亡率外，还使堕胎数量增加了 40% 以上，可以推断是因为堕胎更便宜也更安全了。

这些数字是根据——我已说过——对若伊诉韦德案决定前的非法堕胎估算得出来的，有人认为这个数字太高了。[52] 即便如此，可以说，请神容易送神难，如今有了大量堕胎诊所，有数千位专长于堕胎的医生和护士，还有咄咄逼人的女权运动，若再次禁止堕胎，肯定会有大量非法堕胎。更重要的是，即使推翻了若伊诉韦德决定，转由各州管控，许多州也不会禁止堕胎，因此，对于生活在禁止堕胎的各州的大多数女子来说，获得合法堕胎的时间和旅行成本仍会很低。

在对双方同意的成人男同行为惩罚缓和后很久，即便没有任何现代国家，无论纳粹德国还是共产主义古巴，系统努力发现和惩罚私下的男同行为，刑事惩罚的存在仍某种程度上减少了男同行为量。除非这种惩罚完全不执行（事实上，这已成为只在法典中保留惩罚男同的美国各州的常规），否则这种法律的存在至少会带来轻微的预期惩罚成本，更重要的是，这些法律会鼓励以秘密方式搜寻同性伴侣，增加了搜寻成本。任何增加活动成本的因素都会降低该活动的数量，就同性恋而言，也不仅是对机会型男同。也许不会影响同性偏好，但同性偏好并不决定同性关系的发生频率。同性关系的成本越高，其发生频率就越低。因此，如果有令人信服的理由减少社会中的同性恋，那么保留刑罚，轻度处罚且执法力度较弱，就有道理，尤其是保留刑罚加执法很弱，这对纳税人来说成本微不足道。只是这个"如果"很关键。此外，这种说法还忽视了对刑法执法不力

---

[50] 计算的根据来自，Gerald Rosenberg, *The Hollow Hope: Can Courts Bring about Social Change?* 180 (1991) (tab. 6.1).

[51] 同上注，页 355。

[52] Germain Grisez, *Abortion: The Myth, the Realities, and the Arguments* 42 (1970).

第七章　性的最优规制

的传统反对意见：给了执法官员太大的裁量权，会导致执法歧视。

上述分析可能有助于解说，为什么手淫（至少独自和私下的）从未定为犯罪，即便无论在基督教早期，还是在维多利亚的英格兰（以及美利坚），手淫均被视为——与今天非法使用毒品很相似——严重违反善良道德，是对未出生后代的犯罪，是预示行为人可能性犯罪的因素之一，也是一种自杀未遂，是所有这一切的混合。但要发现这种行为，费用极高，若要有效震慑，就得野蛮惩罚。当时很少有人想到，惩罚应与违法的实际严重程度相称，特别是考虑到手淫者主要都是些未成年人。我承认，在提出这些观点时，我既放弃了报应正义在刑罚设计中的角色，也忽略了即便实施极度不力的法律仍会影响行为（可以推定这影响不太大）。后一点会被这类法律的歧视性执法的社会成本所抵消。在性法律实施上，歧视看来是关键。自王尔德受审以来的一个世纪中，谁能想出，还有哪位显赫的男同，即使他非常招摇，因男同被起诉？[53]

几乎无执法投入，法律仍有很大——甚至可能是误导性的——震慑效果的无受害人性犯罪例证之一是重婚（即同时与两个以上的人结婚）。结婚是一种公共行为，相对难以隐瞒；有两个以上妻子更难以掩盖。与此类似的是经营生育诊所，也难掩盖，与使用避孕品不同。但在一个不试图禁止通奸或未婚私通或剥夺非婚生子女重要法律资格的社会中，如果不拘泥于形式，人们可以很容易以同居替代第二个和任何其他婚姻，同居就是一种非正式婚姻。重婚受到了震慑[54]，但与之近似的一种替代[55]，一种似乎同样的恶（且不论这种恶是什么）未受震慑。也许这些恶不全相同。同居未触动妻子至高无上的地位。就重婚而言，尽管只有第一个婚姻有效，但头一个妻子无法确保丈夫对自己承担首要义务。

禁止重婚的最重要漏洞表现在美国犹他州公开的多妻制。多妻者在第

---

[53] 事实上，还有伟大的英国数学家图灵（Alan Turing）。他在1952年被定罪，但逃过了入狱，同意接受一年雌性激素治疗，降低男子性欲。一年显然安然无事的疗程结束后，图灵自杀了；但不清楚的是，起诉或治疗与自杀有无任何联系。他并未因诉讼或诉讼结果失去工作，其他方面似乎也没受影响。Andrew Hodges, *Alan Turing: The Enigma*, ch. 8 (1983), 特别是页 487–488。

[54] 当然不是都如此。Roderick Phillips, *Putting Asunder: A History of Divorce in Western Society* 296–302 (1988).

[55] Jean-Louis Flandrin, *Families in Former Times: Kinship, Household and Sexuality* 181 (1979).

一次婚姻后，就不再申请任何结婚，以此避开重婚罪。(56) 此后的婚姻从技术上看都是同居，他因此是通奸者。但起诉通奸，即使在犹他州，也很罕见。这些非正式婚姻的孩子都是非婚生子女，但我们下面会看到，如今婚生与非婚生子女的权能没啥差别。确实，妻子们（头一个妻子除外）失去了常规的配偶福利：医疗保险及其他。但多妻家庭的成员不享有婚姻特权，与多妻者被视同罪犯予以惩罚，两者的震慑效果区别很大。今天把重婚定为犯罪的意义可能主要是震慑这样一种欺诈：某男子称同某女子结婚，但该女子不知道他已婚，因此他同该女子无法建立有效的婚姻。

《纽约时报》关于犹他州一夫多妻制的文章（前注(56)）引用了一些多
209 妻者的自我辩解，其中提到如今越来越多的美国人，无论同性恋还是异性恋，以同居替代婚姻。他们提到了一点，法律与公众舆论相关。不合规矩的“婚姻”（unions）越是为公众舆论接受，当犹他人用婚姻加同居复制多妻制时，检察官就越可能视而不见。

刑法在性领域并非全然无效，但如今在西方世界普遍通行的境况下，要根除诸如未婚私通、卖淫和同性肛交这类无受害人犯罪，或显著降低其发生率，成本都很高，乃至想靠刑法协助应对诸如性病，尤其是艾滋病，这类婚外性行为带来的毫无疑问的外在性问题，看来太不切实际了，就像堂吉诃德。将之定为犯罪实际上可能削弱抗击性病的努力。私下进行双方同意的性关系本质上超出了法律管辖的范围。但是，一旦这种关系的参与人，妓女或妓男、通奸者等，提出了投诉，或是拜访了医生或医院，他或她就进了法律管辖的范围。此外，规定此类行为为犯罪也阻碍有关活动的准确风险信息的传播和流转。

沿着这一思路，一直有人认为，定期接受性病检测的持证妓女对社区的危害要小于那些不受规制的招嫖妓女。因此，严格禁止卖淫的法律（但很难执法，因为卖淫是无受害人犯罪）会减少妓女数量，却会让继续存在的妓女传播疾病。原则而言，妓女许可因此是项有吸引力的政策；但根据欧洲经验来判断，实践上却非也。这个方案要求频繁的医疗检查，也太侵犯人，而且，一旦贴上了妓女的标签，有些人就没法兼职卖淫了（许多人更愿意这样），这就迫使多数妓女进入了非法市场。结果是，1958 年，意

(56) Dirk Johnson, “Polygamists Emerge form Secrecy, Seeking Not Just Peace But Respect,” *New York Times*, 1991 年 4 月 9 日，页 22。

第七章 性的最优规制

大利实施此方案的最后一年，只有 2560 名妓女依法登记。[57] 大多数国家，多年前就放弃了类似方案，因为徒劳。

与性相关的法律后果复杂，最说明问题的例证就是那些有关限制非婚生子女权能的法律，这些法律如今已被第十二章引证的联邦最高法院的决定大大减少了。乍一看，由于会有额外的成本，此类法律不仅会减少非婚生子女的数量（这些法律的目的可能就在于此），也会减少婚外性行为的数量。但两种效果都可疑。非婚生子女的主要标志是其没有继承人身份。但在英美法中，只有被继承人去世时未立遗嘱，这种身份才有意义。一个人可以通过遗嘱把财产留给自己喜欢的任何人，而所谓"heir"这类继承人只是在无遗嘱时继承财产的人。这意味着，一个人不仅可以把财产留给非婚生子女，还可以剥夺婚生子女的财产继承。因此，非婚生的成本很低。（如果将不可撤销的儿童福利包括进来，比如社会保障遗嘱福利，这个比例还会更高。）另外，尽管这种情况可能使一位女子不愿意婚外性交，却也可能使一位男子更渴望婚外性交，因为他知道这种关系生下的后代不会继承其财产，他甚至不必费心明确剥夺这些后裔的继承权，只要他不希望非婚生子女分享自己的遗产（这很可能），他就会这样做。当然，如果所有美国人都有遗嘱，这种麻烦也就无足挂齿；但许多美国人都没立遗嘱。

在迈克尔诉吉拉德案（*Michael H. v. Gerald D.*）[58] 判决中，联邦最高法院提出了以婚生（legitimacy）概念来阻滞非婚内性交的最强理由。加州有项法令规定，女子婚内生的孩子就是她丈夫的也是她自己的孩子。有位男子曾与某已婚女子有过一段关系，亲子检验也显示他几乎就是孩子的父亲，该男子提出了探视权之诉，声称该法剥夺了他的亲子利益，因此违

210

---

[57] Gibson，前注⑨，页 224；又请看，同上注，页 106-107，128。这种卖淫许可制有些古怪。例如，19 世纪的意大利，有女孩可以 16 岁登记为妓女；但如果没父母的同意，她只有满 20 岁才能结婚。同上注，页 54。因此，毫不奇怪，废除这种许可制，以禁拉客不禁卖淫的制度取代，成为女权项目之一。同上注，页 44-45，224-227。然而，在德国，除 1927 至 1933 年间中断外，妓院一直许可。Richard J. Evans, "Prostitution, State and Society in Imperial Germany," 70 *Past & Present* 106, 128-129 (1976). 这也许证明德国公务员制的效率。并请看，一般论述，Decker，前注⑨，页 66，132-141。在美国，这一过程是登记，然后是隔离红灯区，再后是禁止。Joseph Mayer, *The Regulation of Commercialized Vice: An Analysis of the Transition from Segregation to Repression in the United States* (1922); 参见，Walkowitz，前注⑨。然而，内华达州的 36 个有执照妓院已设法确保其雇员不会感染艾滋。"Legalised Prostitution," *Economist*, 1991 年 9 月 7 日，页 28、页 29。

[58] Michael H. v. Gerald D. 491 U.S. 110 (1989).

宪。联邦最高法院认定该法合宪，至少适用于已婚夫妇想把孩子当成自家孩子养育的情况（恰如庭前此案）。令我惊奇的是，该决定居然不是一致意见，事实上，孩子是5：4。如果接受宪法赋予通奸者对通奸争议也有权利，这就要求为维护通奸者的利益而判定这孩子为"杂种"（bastard），还伴随一种有关性自由权的宪法理念，超出我们将在第十二章（"法院中的性革命"）会遇到的任何内容。

惩罚性犯罪的最优方案

由于性违法者多种多样和性行为的可替代性，这就令设计惩罚性违法的理性方案变得很复杂。请考虑一下儿童性虐者，恋童癖。有两类恋童癖（与两类同性恋相对应），一种是机会型的，这种人一时得不到成年性伴侣，便用儿童作替代；另一种是"真"恋童癖，他们专注于与儿童的性关系，不认为成人是可接受的替代，更非优质的替代。这两类违法者对惩罚严厉程度的变化，对用于抓获和惩罚的资源变化，回应会不同。[59] 哪种应惩罚更重呢？那偏好专一的违法者，看来应如此，因为他从违法中获利更大，因此更难震慑。但是，假定完全无法震慑他获得重大的主观收益，那么从震慑视角来看，对他的惩罚就是浪费。然而，从更开阔的控制犯罪的视角来看，就可能完全不是浪费。对于那些惩罚也无法震慑的人，可以用监禁来防止他服刑期间犯罪；监禁时间越长，防止的犯罪就越多。因此，总体看来，对强迫型（committed）违法者可能应比对机会型违法者惩罚更重。这一结论与我们的道德感知可能有点不对付，我们的道德感知趋于使我们想惩罚强迫型罪犯轻于惩罚理性选择型罪犯。然而，从经济学立场上看，无论机会型还是强迫型违法者的行动都是理性的。唯一差别就是他们的选择替代，以及由此而来的行为。

因此，犯罪对制裁的反应就不仅是违法者偏好的函数，也是其选择的函数。毫不奇怪，同强奸乱伦的违法者相比，违反反同性恋法的男同更多

---

[59] 经验证据，请看，Kevin Howells, "Adult Sexual Interest in Children: Considerations Relevant to Theories of Aetiology," in *Adult Sexual Interest in Children* 55, 80 (Mark Cook and Kevin Howells eds., 1981).

第七章 性的最优规制

是累犯。⑥⁰ 通常强奸乱伦违法者以合法行为替代非法行为的成本要低于男同用异性行为替代男同行为的成本。

设计有关性的刑事法典时,权衡取舍很复杂。如果婚前性行为受阻,就增大了肛交的激励;若严惩肛交,可以预测,不仅婚前性行为而且强奸发生率都会增高,尤其是如经济学分析所预见的,有研究发现强奸者的特点之一是他们的性欲高于平均水平。⑥¹ 也许看来明显的是,如果不阻止婚前性交,强奸发生率就会下降,与之相伴,惩罚强奸的最佳严厉程度可能也会下降。因为从强奸中获益越少,那么为震慑强奸所需的惩罚也就越轻。这种分析思路会令我们预期,在性随意的社会中对强奸的惩罚要比在性压制的社会中更轻。但还有其他一些因素应当考虑。在性压制的社会中,女孩甚至女子都被隔离了,强奸者的预期成本增加了,而在性随意社会中,男女自由混在一起,就给了潜在强奸者更多接近潜在受害者的渠道,这就降低了强奸的预期成本。再进一步,在性随意社会,更难证明发生了强奸,因为没有他人陪伴。异性交往导致了有些境况下,同意的表示不确定且有争议。因此,在性随意社会中,举证难度是降低强奸者预期成本的又一因素。

总之,在性随意社会中,强奸预期收益和预期成本都比在性压制社会中更低,因此最优惩罚可能相同。然而,还有另外两个考量,碰巧相互紧密联系,推动在性随意社会中对强奸的最优惩罚会更轻。没有贞操崇拜,对女子及其家庭来说,被强奸的代价就更低;同时,向警方报告强奸的代价也会更低,捕获强奸者的费用因此也更低,这都趋于抵销为证明没同意性交因此构成强奸的难度。这两个因素都降低了最优惩罚的严厉程度,导致人们预期在性随意社会惩罚强奸不会太严厉。本书第三章的图表显示的情况也就是如此。

对于废除破坏婚约之诉,我们不应感到惊奇,婚约之诉的作用主要是补偿女子失去贞操,订婚中常常发生这种失贞。⑥² 废除违反婚约之诉的实

---

⑥⁰ Paul H. Gebhard et al., *Sex Offenders: An Analysis of Types* 711-712 (1965). 尽管,在格普哈德研究之际,人们认为抓获男同的概率还会略高于抓获乱伦强奸者。同上注,页 800 (tab. 137).

⑥¹ Ron Langevin, Daniel Paitich, and Anne E. Russon, "Are Rapists Sexually Anomalous, Aggressive, or Both?" in *Erotic Preference, Gender Identity, and Aggression in Men: New Research Studies* 17, 33-34 (Ron Langevin ed., 1985).

⑥² Margaret F. Brinig, "Rings and Promises," 6 *Journal of Law, Economics & Organization* 203, 204-205 (1990). 诱奸侵权之诉与此类似,因此,不应惊奇,大多数州都已废除了这类侵权。

际功能——防止男子破坏婚约——被礼赠订婚钻戒取代了,人们的理解是,如果男子违反婚约,女子就可以保留这个钻戒。㊳

理性会突然出现在法律中一些奇怪的地方。殖民地时期的美国人会处死与动物性交的男子,担心这种性交会生下一些危险怪物。㊴ 当这种信念消退时,因此人们觉得此行为的社会代价降低了,惩罚严厉性也就降低了。同样不足为奇的是,有些社会认为肛交会导致地震,它们对此种性行为的惩罚自然更严厉。

色情品既可以作为强奸的替代,也可以作为强奸的补足。简而言之,色情品可能减少也可能增多强奸。正如我们将要看到的,其净效果仍然未知。由此,如果采取自由至上的温和立场,即如果没有充分理由,不应禁止自愿行为,把色情品销售定为犯罪的理由就很弱。然而,有相当不错的证据表明,色情品是对暴露狂、窥淫癖和性侵未成年人的替代(而非补充)㊵,干这些事的人通常都是些胆怯者,他们不希望与成人直接身体接触,可能认为一张图片是非常接近活生生的性对象的替代。我们越想防止这些违法行为,就越不应当试图压制色情品。

性规制的政治经济学

我们已经看到,有些性法律以及有些具有法律力量的性习俗,包括美国和其他安格鲁-撒克逊社会(从文化上看,而不是从种族上看,我们的社会仍是一个安格鲁-撒克逊社会)中各种看上去没意义、残留至今的性法律,若用经济学术语展开分析,都颇有道理(社会功能的道理)。不是说这些法律都好,那是个道德话题;而是说,它们都是为推进社会的目的的理性手段。例如,我们已经看到,婚姻法和离婚法(广义解释,则包括从通奸到肛交等婚外活动的规定)理性顺应了一般性道德的改变,而性道德本身又顺应了女子职业角色、实际性别比和经济学理论挑出来的其他相

㊳ 同上注,页213。

㊴ John D'Emilio and Estelle B. Freedman, *Intimate Matters: A History of Sexuality in America* 17 (1988).

㊵ Berl Kutschinsky, *Studies on Pornography and Sex Crimes in Denmark* 99–159 (1970), 尤其是页100 (tab. 1)。

第七章 性的最优规制

关因素的变化。下面几章还会提出关于这种顺应变化的额外证据，无过错离婚和不再承认婚内无强奸的辩解就是两个例子。美国还有约一半的州保留着刑事惩罚肛交的法律，顺应社会变化上的这种巨大滞后，不应湮灭不同时间和不同文化中的许多性法律具有的根本理性。即使是如今已不再起作用的反肛交法，一度可能也是理性的，就像我们在第六章中看到的那样，尽管传统上严惩肛交的根子在于非理性恐惧。美国许多州至今继续保留这些法令，从各种视角来看，都很可悲（请看本书第十一章），但想到这都是些不实际实施的法律，也就不那么怪异了，正式废除这些法律的压力也就松弛了。广而言之，尽管有不少例外，性规制的历史和跨文化格局与诸多研究的发现是一致的，这些研究发现许多法律，包括古代和初民社会的习惯法，都有效率的印记。⑥

但是，与个体决策的自我利益追求功能上近似的那一催生有效率的法律和习俗的机制究竟是什么？这个问题令许多法律经济分析者困惑不解，但在有些情况下，一种达尔文式的回答似乎成立。就以阴蒂割除这种习俗为例。假定在某初民社会，人们注意到阴蒂在女子性高潮中的作用，也注意到性快感能力高度发达的女子更容易被甜言蜜语所诱惑。多妻者，或是女孩的父亲，可能偶尔有了这样的念头，割除了阴蒂，妻子就更少需要丈夫监督。在婚姻市场上，这样的女子就比其他女子更有价值，可以要更多财礼或需要较少嫁妆，割除了全部妻子阴蒂的多妻者就会比其他多妻者更兴旺。因此，人们会察觉这种做法的好处，最终被一般化和衡常化，被理解为一种规范性的习俗。

许多性法律和习俗可能有效率，这种说法并不否认有改革的理由。应当以效率指导公共政策，这个假定是有争议的。并非所有性法律和习俗都有效率，而且，就像我们在本章已看到且在随后各章中会看得更清楚的是，经济学分析提供了一个杠杆，一个基于非常不完全的现有知识的温和杠杆，敦促愿意接受自由主义论证的人，对性采取更为自由的公共政策。（当然，我是指19世纪密尔的自由主义，不是现代福利国家的自由主义。）但这引发了一个问题：如果我们的性规制超出了自由主义国家理论可能的证成（justify），这种过度规制的原因又是什么？完全是无知？作为

---

⑥ 请看，例如，*Economic Analysis of Law* 前注⑥，尤其第 2 部分；William M. Landes and Richard A. Posner, *The Economic Structure of Tort Law* (1987); Posner, *The Economics of Justice*, pt. 2 and 3 (1981).

一个事实问题,这能够解说维多利亚时期担忧手淫吗?是保守的或宗教的意识形态?也许如此,可以肯定确实有部分如此。但当用校正外在性或促进经济效率的措施无法解说某些法律时,经济学家倾向于下一步考虑这些法律是否应某些利益群体的要求,意在财富再分配。⑰ 美国有些性法律似乎就是这种类型。一个例子是禁止重婚(多妻制),这就是限制了男子争夺女子的竞争,增加了年轻贫穷男子的性和婚姻机遇。这种禁令实际是对财富征收的一种税,因为只有富人才养得起多个妻子。此种税不直接产生收入,但通过降低娶妻成本,就把财富从富裕男子转移到不太富裕(数量更多的)男人手中了。

类似地,男同的逐步非罪化也许更少因异性恋群体的容忍度外生增长,更多因为城市化令男同数量增加了,在地理上集中了,比分散时更能有效组织起来,采取政治行动。这是政治影响力的供给方面。近年来,需求方面也鼓励了男同的政治行动:自有艾滋病以来,男同争取政府支持,比先前收益更大,获得了巨大财政援助抗击这一瘟疫。

最后,19世纪下半叶反堕胎运动产生了被若伊诉韦德案推翻的那些法律,这个运动获得了外科医生的很大支持。外科医生希望垄断医疗实践,而从事堕胎的通常不是外科医生,这标志着允许非专业人士提供医疗服务带来的道德和医疗风险。⑱

有如此多的性法律看来都有害于女子,起码是不在意女子的关切。人们容易认为,许多法律一定是男子努力的结果,把女子的(最广义的)财富再分配给了男子,这使得性法律与其他各种特殊利益立法很相似。但这种说法有几点说不通。首先是许多法律制裁甚或强制做法表面看是重男轻女,实际上却符合女子的最佳利益。最引人关注的例子就是,在严厉限制女子机遇(不必然是歧视的结果)的社会中,溺杀女婴。在这种社会中,溺女婴可能增加了得以存活长大成人的女子的数量和财富。这个说法的第二个问题是,就歧视异性而言,不仅全部男子的收益和成本会不

---

⑰ 请看,例如,George J. Stigler, *The Citizen and the State: Essays on Regulation* (1975); Gary S. Becker, "Pressure Groups and Political Behavior," in *Capitalism and Democracy: Schumpeter Revisited* 120 (Richard D. Coe and Charles K. Wilbur eds. 1985); Joseph P. Kalt and Mark A. Zupan, "Capture and Ideology in the Economic Theory of Politics," 74 *American Economic Review* 279 (1984).

⑱ James C. Mohr, *Abortion in America: The Origins and Evolution of National Policy, 1800–1900*, ch. 6 (1978) ("The Physicians' Crusade against Abortion, 1857–1880"), esp. 160。

第七章 性的最优规制

同，而且全部女子的收益和成本也会有别。女孩的父亲就不会从歧视女子中获益，我们看到，古希腊古罗马的嫁妆法想保护的就是父亲的这种利益。不允许女子从事某些工作，一些男雇员可能有所获，但男雇主可能因此有所失。有些女子可能得之于性自由，其他女子则可能失之于性自由。并且，在经济上或因利他主义与男子（丈夫、儿子的父亲、兄弟）利害与共的女子，可能因男子的财富被再分配给（其他）女子而受伤。既然男子与女子的利益有重叠，因此把特定法律全都归结为男子利益或女子利益就太简单化了。

通常很难确定某一具体法律的主旨是再分配还是高效率，当然也可能两者皆备。例如，虽然刚才我说过那些话，但可以想见，西方世界反对多妻制的禁忌可能都有个效率理由。这个理由不是多妻制婚姻会给第一个妻子或其他已有的妻子增加了成本；只要丈夫新娶必须获得现有妻子（们）的同意，就不足以拒绝这个反多妻制理由。最严重的第三方影响是对孩子，第九章中会贴近考察这一影响。在此仅指出，在父亲照看孩子很是重要的社会中，相对于一夫一妻制的父亲，多妻制的父亲对每个孩子的时间和资源投入都减少了，这就为规制甚或禁止多妻制提供了依据。（这还再次假定，这对双亲中至少有一人对子女不是完全利他的。）然而，多妻制禁忌本身与这一点可能全然无关。与之有关的也许只是这样一个事实：在伴侣婚制度下，多妻制是异端，因为一个男子不可能同许多妻子都同样的相互热爱和信任；还有一点已经提过，多妻制牺牲了众多男子，令少数男子获益。

正如上一章中提到的，在现代瑞典和美国黑人贫民区等地的文化中，正出现一种类似多妻制的制度。在这两个文化中，男子的育儿投入都降低了，取而代之的投入来自纳税人和以税收支撑的制度如瑞典公共财政支持的托儿所等机构。瑞典对父母履职的深入规制，例证了其几乎是名副其实的父权制政府。只要父亲的公共替代从孩子视角来看是充分的且便宜的，孩子就没什么损失；但如果公共替代不足或昂贵，或是两者皆备，就可能会是重大损失。

如果认为全部性法律都可以用效率或再分配的理由清楚解说，那又太夸张了。我们的基督教传统，尤其是美国人的基督教信仰比其他西方人（爱尔兰人也许除外）更根深蒂固，完全可能是我们一直保留着保守性法律的独立因素。但日本女子的性态度比美国女子更保守⑩,就不是因为什么基督教教义。还有就是,这个独立因素也不意味着它就不是经济因素了。仍然完全可以用经济学理由来解说为什么美国人宗教信仰更顽固,要害是美国宗教信仰的多样化,美国宪法保证的这种多样化,为每个人提供了他或她感到舒适的宗教定位,从而刺激了宗教的虔诚。而宗教的同质性,如存在一个确立的教会,会阻滞宗教多样性增长,从而抑制了宗教的虔诚。⑩ 早先有个研究就曾预见了这一点,它提到瑞典世俗化惊人,但瑞典有一个确立的教会,所有瑞典人均在其麾下,并得出结论认为"宗教的多样性似乎增加了宗教的显赫度。"⑪ 然而,这个因果关系也可能是相反的:在瑞典,人们对宗教的兴趣很有限,不足以支撑多个教会。

要解释许多美国立法者在避孕和堕胎问题上为什么持保守主义,也许可以跨出宗教传统的分散这一点。在康州和马萨诸塞州,有记录在案,是罗马天主教会率先引领大量天主教徒反对放开太多限制的避孕法令(为联邦最高法院于1965年和1972年先后撤销)。⑫ 1962年和1972年避孕和堕胎全国政策的统计研究中也可以证实这一点。最有解说力的变量是人口中罗马天主教徒的比例:比例越高,政策就越不自由。⑬ 还如我的理论预见的,研究还发现女子独立程度与一国的避孕和堕胎政策自由化正相关。⑭

本书无法充分探讨的一个非常有趣的可能性是,基督教性伦理在其起源时也许反映了基督教与异教和犹太教都在竞争获取女子的支持。⑮ 我们在前一章中就看到,这些伦理在当时代表了提高女子经济和社会地位的努

---

⑲ Asayama,前注㉙,页107–108。

⑩ Richard A. Posner, "The Law and Economics Movement," 77 *American Economic Review Papers & Proceedings* 1, 9–12 (1987年5月); Michael W. McConnell and Richard A. Posner, "An Economic Approach to Issues of Religious Freedom," 56 *University of Chicago Law Review* 1, 54–59 (1989). 这种"位置"理论在生物学上也有个对应:请回想第四章讨论的有性生育比非性生育的好处。

⑪ Richard F. Tomasson, *Sweden: Prototype of Modern Society* 85 (1970).

⑫ C. Thomas Dienes, *Law, Politics, and Birth Control*, ch. 5 (1972); Comment, 前注㊼, 页281–282; Dudziak, 前注㊼, 页927–931; Joseph L. Dorsey, "Changing Attitudes toward the Massachusetts birth-Control Law," 271 *New England Journal of Medicine* 823, 825 (1964).

⑬ Marilyn Jane Field, *The Comparative Politics of Birth Control: Determinants of Policy Variation and Change in the Developed Nations* 100–110 (1983), 尤其是100–101 (tab. 5.1, 5.2)。

⑭ 同上注,页187–189。

⑮ 与今天不同,早期基督教时期,犹太教一直劝人皈依。"Proselytes," *Encyclopaedia Judaica*, vol. 13, 1182–83 (1971).

第七章 性的最优规制

力,使其地位高于女子在同基督教竞争的其他宗教中的地位。基督教传教士积极寻求异教和犹太教女子的皈依,早期基督教社区甚至为女子提供了一些其他宗教拒绝给予女子的有权力的位置。⑯ 因此,基督教性伦理,即使在某些现代环境中功能失调了,仍可能反映了对更早时期经济机遇的适应。

在相当务实的基础上,这些伦理对许多女子,对那些专长于母亲角色的女子,一直有召唤力,其他女子在追求性自由时则破坏了这一角色。⑰ 一位女子没法做出不堕胎的约束性承诺,因此在禁止堕胎的社会中,她就无法以尽可能高的"价格"将生育能力"出售"给丈夫。总之,堕胎问题上的冲突,至少部分是利益的冲突,而不仅仅是意识形态的冲突(当然,意识形态能反映利益)。

最后一点是,在性的公共规制上,毫无疑问,无知起了重要作用。因为性,尤其是性不轨,是我们社会中的禁忌话题,儿童和青少年在相关问题上没接受扎实的教育,因此他们隐藏有许多将伴随他们成年期生活的错误信息,第二章就给了些例子。宗教虔诚以及对性的无知在西方文化中并存,因为传统的基督教不仅敌视性,而且敌视公开讨论性。在考察性教育争议时,我们就看到,这不是一种无理性的敌视。公众的无知是政治行动的普遍背景,因为公众个人很少在政府的具体政策措施中有重大利害关系。这种"理性的无知"——这不仅为利益群体的压力提供了购买力,还把一些随机因素带进了公共政策——在性行为公共规制中扮演了重要作用。

1998 年 8 月 7 日译于合肥省立医院南楼

---

⑯ Elisabeth Schussler Fiorenza, "Word, Spirit and Power: Women in Early Christian Communities," in *Women of Spirit: Female Leadership in the Jewish and Christian Traditions* 29 (Rosemary Ruether and Eleanor McLaughlin eds. 1979). 请看一般性介绍,Ben Witherington III, *Women in the Earliest Churches* (1988); 又请看,Robin Lane Fox, *Pagans and Christians* 308 – 310 (1987); Wayne A. Meeks, *The First Urban Christians: The Social World of the Apostle Paul* 81 (1983); Dimitris J. Kyrtatas, *The Social Structure of the Early Christian Communities* 132 – 133, 183(1987).

⑰ McLaren and McLaren, 前注㉜,页 68 – 69; Sandra Harding, "Beneath the Surface of the Abortion Dispute: Are Women Fully Human?" in *Abortion: Understanding Differences* 203 (Sidney Callahan and Daniel Callahan eds., 1984).

第八章 性的种种道德理论

道德理论可否证伪?

对性的行为、习俗和规制的经济学分析,这是性的功能理论家族中的新成员。所谓功能理论,我是指这些理论都视性现象有实现人生目标或社会目标的功能,是实现这些目标的工具。这种功能进路绝对是世俗的和科学的,无论广义或狭义,它们还趋于不用道德术语来看待性活动。在这个意义上,不仅第四章勾勒的社会生物学性理论,而且弗洛伊德的性理论(以及本章后面讨论的马库塞对弗氏理论的反转)都是功能主义的。当代女权的性理论以及关于性的各种社会生物学和人类学理论也是功能主义的。

这些例子应当有助于我们意识到功能主义也差别很大(heterogenity)。我可以花很多时间为经济学的性进路辩解,或是为这种宽泛理性行动者的进路辩解,反对功能主义中它的竞争对手;但花这种时间不值得,那表明功能主义内部分歧很大,实际情况并非如此。性的社会学和人类学进路与经济学进路高度兼容,实际上可以视经济学进路为对这些理论的一种富有成效的重新标签、重新解释、化约和拓展。至于性的进化生物学,如果不是我分析的基础,那同我的分析也是连续的。

甚至弗洛伊德的性理论很大程度上看来也与我系统表述经济学进路时所借鉴的生物学和心理学观点一致。例如,弗洛伊德强调,男同性偏好是婴儿期形成的,是父亲排斥和母爱过度的结果,对此可用现代生物学术语重新解释:从婴儿的某些迹象中,父母警觉到他不符合正常男子的发育,父亲便以排斥,母亲便以溺爱使其适应另一生活方式。弗洛伊德的理论之一,"原始群体"概念,即法律与习俗均被视为是儿子反抗父亲的产

第八章 性的种种道德理论

物,与经济学强调多妻制社会年长男子与年轻男子竞争女子的观点合拍,也与生物学强调的这一竞争协调。①

女权提出了一些有关强奸(以及一般性骚扰)、色情品以及其他性话题的具体假说,经验上可以检验,有些结果随后各章讨论。尽管就社会建构主义的细节、基调和信奉程度上,女权进路与经济学进路似乎相去甚远,却仍有些亲缘关系。从经济学立场来看,女权正确地把关于女子的传统社会角色归结为女子依靠男子保护自身和后代。它也正确预见了,随着这种依赖减少,女子的工作、性和婚姻战略会变化,如瑞典经验表明的那样。因此,经济学进路有助于详细解说令女权理论言之成理的种种联动。

要给经济学进路找到一个不受套套限制的真正对手,必须转向在功能主义以外,找到我所谓的性道德理论。这些理论的说教是,从根本上看,性就是个道德问题;从道德原则中,我们才能了解什么是恰当的性行为,也是从这些原则中,我们才能了解国家在这些性的问题上的恰当角色,甚至,促使人们具体性实践的原因也是这些原则。这些道德原则因此为反对经济学和其他功能理论的有关性的实证和规范理论奠定了基础。

但是,这难道不会陷入僵局?两种科学理论可以比较,用科学家选择不同理论时认为相关的标准,例如简单和有效(fruitfulness),但要比较两种道德理论,且不说在道德理论与科学理论间做比较,就没有公认的标准了。有关道德争论的大量文献似乎遮蔽了这一断言,然而,争论者根本无力参与诸如堕胎甚或离婚或避孕是否道德这类深刻问题的争论,更别说解决了。许多人认为这些文献全然无用(futility)。

这个判断也许为时过早。诚然,一位道德学者可以以一种自我封闭、无法证伪的方式陈述自己的理论,将其理论同理性分歧隔离。如果你说你有无法撼动的直觉:肛交违背了上帝之法,那就没有什么回答会——或应当——令你动摇。但大多数道德论者,特别是天主教传统写作的道德论者,不满足于信仰、直觉、启示,或不满足于只担任论证或反驳的保证人。他们还想提出一些事实断言,以及一些可证伪的断言,比方说,同性恋会引发地震(这在中世纪思想中常见)等。当他们这样做时,他们就进入理性主义者行列了,这就邀请他们把道德理论的理性优点与功能理论的优点

---

① Robin Fox, "In the Beginning: Aspects of Hominid Behavioural Evolution," in *Biosocial Man: Studies Related to the Interaction of Biological and Cultural Factors in Human Populations* 1, 15–16 (Don Brothwell ed., 1977).

做番比较。②

但结果并不明确,因为道德哲学家很少花时间研究有关事实的主张。当范博格(Joel Feinberg)或德沃金(Ronald Dworkin)为同性恋权利辩护时,他总是从对手观点中寻找逻辑漏洞,而不是辨认其中的事实错误。③ 道德理论往往在事实层面上最薄弱。我就从远离我的主题的一个例子——纳粹——开始。纳粹意识形态是一种道德理论,即一种关于正确与错误、善与恶以及势在必行的义务(imperative duties)的理论。在我们熟悉的种种意识形态中,与之最近的是社会达尔文主义。如果有某纳粹分子称自己有不可动摇的直觉:德国人应统治这个世界,世界上其他居民都应成为奴隶或尸体,我想没人可能有理性的分歧。然而,尽管纳粹大肆赞美直觉,贬低智识,它却不满足于仅基于直觉。与其意识形态不可分的是一系列事实主张,其中有:

1. 以德语为母语的人,犹太人除外,构成一个独特的生物种族——犹太人也如此。

2. 德国种族比其他种族,尤其比斯拉夫种族,更为优越(更强壮、更聪明、更勇敢、更坚定)。因此德国有望轻松征服俄罗斯,哪怕俄罗斯疆域辽阔人口众多。

3. 多种族国家明显劣于单一种族国家。因此,德国会因处决或驱逐犹太人而获益,基于同样的原因,德国不必害怕美国,一个由众多不同欧洲"种族"组成的国家,有许多增强(其实是弱化)了其力量的犹太人和黑人,是彻底"杂种化的"国家。苏联也有许多犹太人,这就是低估其军事能力的另一个理由。

4. 强大的意志(即希特勒的意志)可以抵消德国敌人的物质优势。不管怎么说,富裕民主国家的人民没有战斗精神。

5. 爱因斯坦以及其他犹太人作出重要贡献的科学理论一定错了。

6. 迫害男同会提高德国的人口出生率。

---

② Hilary Putnam, *Realism with a Human Face* 175 (James Conant ed. 1990),以类似口吻评论说,把事实主张与伦理主张"搅在一起",这为伦理批评提供了抓手。他的例子是阿赞特人的杀人祭祀,这种习俗部分基于后来被证伪的信仰。

③ Joel Feinberg, *Harmless Wrongdoing*, ch. 29 and 30 (1988) (*The Moral Limits of the Criminal Law* vol. 4); Ronald Dworkin, *Taking Rights Seriously*, ch. 10 (1977) ("Liberty and Moralism")。例如,有人称美国人10%是同性恋,范博格看来把这个明显夸大的说法当成了福音。*Harmless Wrongdoing* 页 75。

第八章　性的种种道德理论

即使是在"二战"之前，对了解科学知识的人来说，就相当明确，这头五个命题都是假的；任何剩下的怀疑，也被"二战"进程和结果驱除了。最后一个命题则难以否证，但我们已经看到，它没有理论根据，也没支持该命题的证据。

在这个例子中，我要做的就是重塑道德理论，使之成为一个能产生可验证之假说的科学理论。纳粹预言苏联会垮台，美国或会置身于战争之外或——即便加入——对军事也没有影响，原子弹不可能造出来等。这些预见都错了。我认为，是由于战争进程和结果证伪了这些预言，而不是揭露纳粹残暴，才使纳粹主义作为一种大众意识形态完蛋了。如果德国真打赢了战争，20世纪后半叶的道德舆论史也许会是另一番风景。

我们可以同样的进路来处理关于种种性的道德理论。让我们从这些理论中仔细搜寻一些有关事实的寓意，评估这些寓意准确与否，以这种办法来确定这些理论为我们的主题是否提供了充分的实证分析和规范分析。例如，康德认为手淫、肛交以及其他非阴道性行为都不道德，他的这一观点基于两方面理由：一是动物从没有此类行为；二是——性的唯一目的就是生育——非生育性行为因此违背自然。④ 相比之下，他认为适度饮酒不是问题，因为这促进社交，⑤ 但他不承认，非生育的性行为同样可能促进社交。而且，动物也有非生育的性行为，有手淫、肛交以及诸如此类的行为。康德还论辩说，性爱并非人类之爱，只是纯粹欲望，因此婚外性行为本身不道德，⑥ 但他依据的事实基础全都错了。就性是强化相互支持、相互利他关系的因素之一而言，性并不只是欲望，且与这类关系的合法形式无关。康德的性观点与他的基本伦理哲学观点一致，只因这些观点都基于一些错误的事实假设。作为一位自我节制的单身汉，康德显然不加批判地接受了他所在社区的关于性的官方立场。

把事实同道德价值混为一谈，有两个当代例证，来自布赖恩特（Anita Bryant）对福音派基督教征讨佛罗里达州达德县同性恋权利法令的解说。"同性恋不能生育，因此他们必定会征募新人。" "即便某人可能是男

---

④　*Lectures on Ethics* 170 (Louis Infield trans. 1930).
⑤　同上注，页159。
⑥　同上注，页167。

同……但他仍然可以深思熟虑做出选择，予以挣脱。"⑦ 第一句话是未根据前提推理（non sequitur）。即便接受以下假定：即就算男同看到自己这种人下一代会消亡，很沮丧，促使他们努力招募男孩或男子加入其行列，但这前提也得是，此类努力有可能成功，若不征募，几代后男同就消失了。这后一种情况尤其不成立。因为即使不征募，似乎每代人也都有些新生男同。同性恋偏好发生的因果关系还不清楚，但主要因素似乎是基因、激素或发育，或是这些因素的组合，而不是征募。至于布赖恩特认为同性恋可以"深思熟虑做出选择，予以挣脱"的说法，确实，一个男同是能决定不进行男同性行为；但这并非布赖恩特的意思。她的意思似乎是，即使张三有很强的男同倾向，也可以打定主意改邪归正。就绝大多数情况而言，这肯定是错的。证据之一是，婚姻并没降低男同偏好，尽管许多已婚男同之所以结婚就是希望能挣脱。⑧ 布赖恩特的命题错得几乎就像下面这个命题：任何异性偏好很强的直男，只要下定决心，就能让自己变成偏好型男同。

基督教和自由主义的性理论

布赖恩特反对男同权利有很深的基督教根源，现在我想比第二章更细致地考察这一点。我们把考察仅限于罗马天主教。不是因为新教徒，包括清教徒和福音派新教徒（如布赖恩特本人），对性道德没有某些独特的、总体而言是限制性的观点，而是因为其观点与那些伟大的天主教神学家，尤其是圣保罗、圣奥古斯丁以及阿奎那，系统阐述的观点，就根本而言，没有什么区别。新教抨击禁欲生活，也抨击一般神职人员的独身，很少是出于对性道德的意义看法分歧，只是出于确信这些制度都助长了不道德性行为。换言之，新教徒认为自己揭露了天主教在贯彻基督教性道德方面自相矛盾。对这个道德本身，他们当初很少争议，甚或完全没有争议，他们只是不像许多天主教神学家那样认为婚内性行为本质上丢人。集

---

⑦ Anita Bryant, *The Anita Bryant Story: The Survival of Our Nation's Families and the Threat of Militant Homosexuality* 62, 69 (1977). 布赖恩特的书不是学术著作，它还反映了广泛传播的有关男同的信念，包括一些为众多知识人分享却怕冒犯男同而不愿道出的信念。

⑧ Michael W. Ross, *The Married Homosexual Man: A Psychological Study* 121–122 和 tab. 12.1 (1983).

第八章 性的种种道德理论

中关注天主教立场还有个理由，这就是天主教徒比新教徒更倾向于为宗教信仰和实践提出些理由。

基督教性道德的概念根源是基督教（原初是犹太教）的神性概念。异教神祇通常是人格化的自然力，因此在异教社会，道德被理解为是一种人的建构，尽管在公元前5世纪的古希腊悲剧中，我们已经看到宙斯作为一个伦理存在而出现，他预示了基督徒的上帝（尽管宙斯的伦理还不是基督教的伦理）。柏拉图也追求某种超自然主义的神祇。性是自然界的一种强大力量，异教神祇在性的方面自我表达因此很自然。一神论的神不可避免地更为抽象，因为它代表的是比大海或雷电等特定自然力更巨大也更模糊的事物。这个神越是抽象，其在性方面的表达就越不自然。⑨ 虽然抽象，基督教的上帝却并非没有属性。当然，权力是其属性之一，但其他属性则是智识的和伦理的，上帝不仅全能，而且全知和全善，而理性和道德似乎正是人类与动物的区别所在。因此，基督教的上帝与动物本性相去最远。而我们人类是按上帝的形象创造出来的，自然受邀，事实上是受命，认为我们自己与动物非常不同，即便人总是处在堕入动物状态的危险中。

大多数西方知识分子如今不再信仰上帝了，但仍有许多人继续相信人是按上帝形象创造的这个隐喻，认为该隐喻抓住了一个重要真理，即我们不仅是有大脑的动物，而且是有特殊价值和尊严的生物，我们被赋予了一种道德感，有权要求同胞尊重我们。这就是康德的伦理学，在一些现代道德哲学中影响深远，尽管在一些细节上，现代道德哲学，如德沃金的平等主义道德哲学，与康德相距甚远。

尽管是按上帝形象创造的，人却要做很多动物也做的事，如吃饭、排泄和射精，因此是些不值得骄傲的事。就其对个体和人类生活不可或缺而言，这些事无可非议，但有些圣人总想尽量减少这类事。如果超出了不可或缺，人就变得太动物性了，就不自然了，也令人不愉快了。就此而言，性器官唯一适当的功能就是生育；任何避孕或阴道外性行为，如手淫或肛交，都不自然。就像刺激阴蒂一样不自然，阴蒂是一个（从天主教视角来看）与生育无关的奇怪的特别性器官。

---

⑨ David F. Greenberg, *The Construction of Homosexuality* 183 (1988).

更重要的是，女子和孩子也是按上帝形象创造的，因此也有权享有尊严和尊重。尊重她们的人性，这就要求将生育活动引入一个渠道——一夫一妻制婚姻并无离婚，至少不是异教那种的离婚，因为那常常，甚或其典型是，相当于丈夫抛弃妻子。这个渠道保护了女子，并给子女一种合乎情理的前景，在一个可能成为优秀基督徒的环境中长大成人。堕胎因此受到双重谴责：在胎动前，是一种避孕；在胎动后（或像现代天主教观点那样，在"赋灵"后，这更早发生，事实上，是在受孕之际）则是一种溺婴，本身被禁止，因为这杀害了一个按上帝形象创造的无辜者。甚至公开展示裸体也邪恶，是异教徒与基督徒态度上的显著差别之一。因为着装是人与动物的显著差别之一，是人类独特尊严的标志，也因为着装意味着我们共享的人文性（humanity）。[10] 有美丽和丑陋的身体，有年轻和年老的身体，有强壮和病弱的身体，有健壮和畸形的身体，但衣着掩盖了我们动物禀赋的差别，注意力从这些动物的部分转移到神圣的部分，即我们的灵魂上来了。在当今这个以服装来标记经济差异和强化动物性魅力的时代，已很难再现服装是平等和精神性的概念，但在少数仍要求学生统一着装的学校中，这样的概念还活着。

我在此描述的这套复杂细致的社会常规表达了一种道德理想，界定了对于人来说何谓"自然"，但也招来了且受到了相当程度的嘲弄。[11] 就像有男同笑话中说，"如果上帝想让男子成为男同，就会给他们屁眼。"这种嘲弄是乱来。我们确实有专门的生育器官，主要是阴茎、睾丸、阴道、子宫和卵巢。尿道也穿过阴茎，但这并不使阴茎成了一个双重功能的器官，因为男子没有阴茎也可以排尿。但没有阴茎，或者说在现代医学奇迹出现前，就不能授精。至于肛门也能性欲刺激而言，这确实是一个两用器官，但很明显，一个人即使不是男同也要有肛门。因此，说老天给我们的这套器官其功能是生育，以其他方式来使用这套器官，例如，与肛门等不具生育功能的器官结合使用，这违背了大自然的规划，这种说法并不荒谬。真正令一切性器官都是专用于生育的说法难堪的，并非肛门，而是阴蒂。

即便动物也有手淫和肛交，且不说滥交、不忠和杀婴了，我上面勾勒

---

[10] Peter Brown, *The Body and Society: Men, Women and Sexual Renunciation in Early Christianity* 315-317 (1988).

[11] 请看，例如，John Boswell, *Christianity, Social Tolerance, and Homosexuality: Gay People in Western Europe from the Beginning of the Christian Era to the Fourteenth Century* 11-15 (1980).

第八章 性的种种道德理论

的这一论点也不荒谬。因为对某种动物是自然的，对人甚或对另一种动物也未必自然。猫捉老鼠，很自然，但老鼠捉猫，就不自然了。某狒狒与另一狒狒肛交，也许很自然；一男子同另一男子肛交就不一定自然了。

然而，尽管对天主教性自然概念的传统驳斥很肤浅，天主教的这个概念本身却反映了对人类的性自然功能理解很不够。例如，女子持续的性交就不是生育的要求，因为每个月女子可能受孕的日子仅几天；这一特点的生物功能，在相当程度上，是要把男子系在女子身边，这样男子就更可能保护女子及其后代（本书第四章）。结果是，即使不避孕，人类的大多数性交都是非生育的，事实上，这还是天主教赞同经期避孕的基础。手淫和同性恋也属于管控男子竞争女子的天然方法。此外，某些男子的男同偏好也许间接有助于后代繁衍，因为这些男子能保护其兄弟姊妹的子女。避孕甚至堕胎也许都促进了教会鼓励生育"优质"子女的规划，足够开化和教育，从而成为出色的基督徒。而在像瑞典这类现代社会的普遍社会和经济条件下，坚持遵循基督教以婚姻为中心的道德，对于保护女子和儿童也许不再必要了。此外，早期教会非常简朴，后来却不再拒绝烹饪艺术，人们可能认为，从逻辑一致的要求来看，教会如今也应放弃对性欲艺术的拒绝，把性欲艺术视为一个把动物层面的性转化为精制独到的人类愉悦的系统，一种可以说会比教会圣父们隐含有时甚至明确推荐的那种偷偷摸摸、匆匆忙忙且毫无乐趣的交媾更表现了人类本性的系统。

想想天主教为什么反对通过手术/激素"重新分派"变性人，分到他觉得自己"真正"属于——但其生殖器并不属于——的性别。天主教并不是反对医学干预，改变我们出生状况。它不认为人类干预了自然，就不自然了。它的反对意见是，变性人获得新性别后并不生育，因此重新分派性别的目的只为便利非生育的性交，天主教认为这对男人是不自然的。[12] 这一反对意见太肤浅了。变性人觉得自己的社会性别和生理性别不一致，无法忍受，迫切希望校正这一点，无论他是否有意在新情况中变得性活跃。

---

[12] Oliver O'Donovan, *Begotten or Made*? 18-30 (1984). 我限定一下我常提及的天主教信仰，提醒读者，天主教思想并非铁板一块。一个突出例证，请看，Andrew M. Greeley, *The Catholic Myth: The Behavior and Belief of American Catholics* 93 注 3 (1990), 此文挑战了非生育的性行为不自然这个命题；作者是位神父，也是位社会学家。天主教的自然法传统包含了诸多资源，可以改造天主教传统教义，强有力的论述，请看，John t. Noonan, Jr., " *Tokos* and *Atokion*: An Example of Natural Law Reasoning against Usury and against Contraception," 10 *Natural Law Forum* 215 (1965). 又请看下个注。

即使他的动机就是性,我们也知道,大自然也没规定人类性行为的唯一目的就是生育,非生育的性交欲望就只能是不自然的。

关键点不是这种人性独特的观点错了或太空洞;而是说,这种人性观不再必然指向基督教性道德。不过,所要做的或许只是删除这个概念中某些无关紧要的、那些令婚内性快感也算是问题的细节。伊斯兰教,一个与基督教紧密相关,也有个抽象神祇的分支宗教,从一开始就删除了这些细节,犹太教和多数新教派别相当程度上也删除了。安斯康(Elizabeth Anscombe)为教皇保罗1968年的通谕《人生》(Humanae Vitae)的有力辩解,以及斯克拉顿(Roger Scruton)更详尽的性哲学研究,也都有此类删除。⑬

表面看来,这些著作的观点都是把自己的性精力纳入婚姻渠道的人比那些没这样做的人生活得更幸福、更丰富,也更充实。为什么同性恋错了?斯克拉顿说:"在异性恋行为中,可以说,我是从我的身体向他人的身体运动,是我一无所知的血肉之躯;但在同性恋行为中,我则被锁在自己的身体里,自恋地思考着另一个身体的激动,反映出我的激动。"⑭ 在他对卖淫的女权批判中,也表达了类似的思想:"能从市场上购买一个身体,其前提是有主人。卖淫就是公开承认男子是性的主人,把顺从作为商品在市场出售。"⑮ 两种说法的共同点是,这些非婚性关系本质上不如婚内性关系令人满足。

与一个与自己更相似而非不相似的人的性关系,为什么就应视为一定是令人不满足的,道理并不清楚,似乎只是这有悖于理想的伴侣婚。但假

---

⑬ G.E.M.Anscombe, "Contraception and Chastity," in *Ethics and Population* 134 (Michael D. Bayles ed. 1978); Roger Scruton, *Sexual Desire: A Moral Philosophy of the Erotic* (1986). 对于通谕和对安斯康的分别批评,请看,Carl Cohen, "Sex, Birth Control, and Human Life," in *Ethics and Population* 页119; Bernard Williams and Michael Tanner, "Comment" (on Anscombe's essay) in *Ethics and Population* 页155。遵循天主教会的路线,安斯康不认为婚内性快感有问题。*Gaudium et Spes* (1965年12月5日),第2部分,in *Vatican Council II: The Conciliar and Post Conciliar Documents* 948, 952–953 (Austin Flannery ed., 1975).

⑭ Scruton, 前注⑬, 页310。一个不断重复的主题是同性恋太自恋。请看,例如,John Simon, "Homosexuals in Life and the Arts," *New Leader*, 1974年10月28日,页14;参见,George F. Gilder, *Sexual Suicide* 227 (1973). 这不限于性保守主义者:请看,Sigmund Freud, "The Sexual Aberrations," in *Three Essays on the Theory of Sexuality* 13, 23 注1 (James Strachey trans. 1949),以及稍后讨论的马库塞的观点。

⑮ Carole Pateman, "Defending Prostitution: Charges against Ericsson," 93 *Ethics* 561, 564 (1983).

第八章 性的种种道德理论

定斯克拉顿是对的,男同的首选性伴侣是另一男子,这减少了两人的心理距离,令这一关系更像自恋,几乎是手淫。但一个有强烈同性偏好的人又能做什么?他可能不幸,被剥夺了太多,但为什么还不道德呢?大多数妓女无疑更愿幸福地结婚,她们的许多主顾,也许大多数主顾,也不情愿购买性服务,但我们通常不认为以次品替代自己的首选商品或服务是不道德的。使用助听器的人听觉不如听力正常的人,但我们不会因此就建议他扔掉助听器。

然而,从这种功利主义角度解读安斯康或者斯克拉顿,会错失他们的关键点,斯克拉顿的以下评论就很好表述了这一点,"在爱中,不是把对方作为手段而是作为目的;他的欲望和快乐就是我的欲望和快乐,而我的欲望和快乐——我希望——也是他的。"[16] 当然,卖淫的情况就并非如此;斯克拉顿或者还会说,同性恋交往也不是如此,因为他认为同性恋难免有自恋的特征。与这段引证一致,用利他而非占有的术语来构想爱非常符合基督教的观点,在现代知识圈内可能称为康德的观点,即人类有权享有平等的尊严和尊重:因此,有视其为目的而不只是手段。但也并非所有的性接触都必须出于或伴随着爱,以满足基督教的或康德的标准。妓女收费就是获得她认为必要或有用的资源,以实现她自己的——而非其主顾的——生活目的。在这一方面,自愿的性交易,不论有多少铜臭,都与其他市场交易没有区别。同性恋性交是否就没有利他的爱,这也不很清楚。古希腊人给出的肛交理由中,部分就是这有助于男孩长大成人做好准备。现代的肛交者也重复这种理由(请看第十四章),可能不令人信服,但它确实表明同性之爱不必然自私。除肛交外,有些成年男同就结下了持久的关系,如果社会像(通过婚姻制度)支持持久异性关系那样给予同性关系相同的支持,也会有更多成年男同这么做。

我结论说,基督教把我们的常规性道德"自然化"的工程是失败的。范博格、德沃金以及其他坚持启蒙运动传统的道德论者把性自由置于康德主义基础上,完全不管康德在此问题上的具体观点,不令人信服。他们的战术,德沃金在抨击德夫林(Patrick Devlin)时表现得特别显著[17],就是坚持认为,值得尊重的道德原则必须是反思的、说理的(reasoned);不允许性的法律规制建立在诸如偏见、憎恶、迷信、既有看法、个人反感、轶事、

---

[16] Scruton,前注[13],页159。

[17] Dworkin,前注[3],他批评了Patrick Devlin, *The Enforcement of Morals* (1965)。

怨恨、单纯的合理化或其他非说理的基础上。范博格和德沃金都谈了刑法的恰当限度；在这个被德夫林推到极致的道德论传统中的最伟大法律作者之一斯蒂芬（James Fitzjames Stephen），也会同意他们，即总的说来，刑法无论如何，都不是实施道德的适当工具。⑱ 但范博格和德沃金想说得更多：偏见、厌恶以及其他"不理性的"（irrationaal）反感不是任何公共政策的恰当基础，甚至可能不是任何道德情感的恰当基础。德沃金对一项支持海军有权拒绝同性恋者服兵役的司法决定（与刑法无关）的激烈批评中就隐含了这一点。⑲

然而，在此，我要重复前一章介绍的一点，即厌恶和其他强烈情感其实为道德情感提供了最坚实的基础。你不可能通过论证溺婴是件坏事而令某人信服。如果他要求一个论证很认真，不只是玩哲学游戏，这只表明，他与你不是生活在同一个道德世界，而不同道德世界之间没法辩论。现代美国人对溺婴的厌恶比他们给出的任何理由都深厚。⑳ 更清楚的例子是人与动物性交。我们社会大多数人都觉得这令人憎恶，但为什么，说不出个究竟。我们不顾忌涮羊肉，也不顾忌羊皮大衣；某人同羊交媾了，干吗操心？是伤害它们了，还是使它们堕落了？与动物交媾会使一个人变得残忍？这些问题都不着边际，因为我们感到的厌恶并非功利算计的产物。从道德无涉的性行为模式中推导不出来禁止人兽交媾。这个事实就表明这一模式，虽然对密尔的现代追随者（我是其中之一）很有吸引力，却与当代西方道德不协调，也不只是与这一道德的边缘不一致，而是——至少就此"兽行"而言——与其核心不一致。

对这一点的忽视，使得范博格对克利斯托（Erving Kristol）提出的一个假设性案例的苦思显得荒谬可笑。㉑ 该案例的本意就为反击，也确实有效反击了范博格和德沃金倡导的那种唯理主义伦理。某公司出售角斗赛门票，参赛者将角斗到死。心智健全的成年角斗士愿意参赛，并获得适当报酬，比赛观众也乐意支付报酬和其他比赛费用。基于什么理由可以认定该比赛不道德，且予以禁止？稍稍改了下克利斯托的案例，范博格提出了

---

⑱ James Fitzjames Stephen, *Liberty, Equality, Fraternity* 135-136 (1873).
⑲ Ronald Dworkin, "Reagan's Justice," *New York Review of Books*, 1984年11月8日, 页27。
⑳ 这印证了维特根斯坦的观点，也是《论确定性》[*On Certainty* (G. E. M. Anscombe and G. H. von Wright eds., 1969)]一书的主题，我们确定性的真正基础是直觉，而不是证据。在道德上的适用，请看，*The Problem of Jurisprudence* 76-77 (1990).
㉑ Feinberg, 前注③, 页128-133, 328-331。

第八章 性的种种道德理论

下面的情况：双方自愿，卖家向买家出售一颗睾丸。[22] 同样的问题：是否有任何理由禁止销售？

对了，人们可以想出好多理由，角斗的例子会比睾丸的例子更容易（有两颗睾丸的男子把自己的一颗睾丸出售给一个没睾丸的男子，我不觉得荒唐或反感）。尽可能减少人们直接了解死亡，这是个合理的社会政策；这使他们更娇气，因此更容易以轻微威胁来控制。"社区变得越和平，公民们就越懦弱；他们越不习惯忍受痛苦，世俗惩罚就越能起震慑效果，宗教威胁就会更快变得多余……在高度文明的民族中，最后甚至惩罚也应该变得非常多余；仅仅害怕丢脸，爱虚荣，就足以持续有效乃至于不会有不道德行为发生。"[23] 这种分析也许可以解说社会为什么要求人们温文尔雅。但如果我们碰巧发现这种说法是一种不令人信服的政治社会学，我们也不会因此而放弃格斗比赛的禁忌。或者是，我们会将这一禁忌归到反对自杀这个更大禁忌中为之辩护，说这种禁忌是一种自我保险，防止我们一时沮丧对自身造成无法挽回的伤害，如果阻止了这种冲动，这种沮丧就会过去。但这个论证还是合理化的，大多数人恐惧自杀的根源，要比我们能给出的种种理由更为深刻。

因此，如果卖淫、同性恋、未婚私通或任何其他冒犯传统基督教性道德的行为，激起了如同对溺婴、角斗比赛或自杀那样广泛且深刻的反感，那么这些行为就是不道德的。就这么简单，无须评论。要求道德辩护者为之提出证成，就只是个把戏。但是，由于在这些问题上必要的感受强烈和统一程度如今都不再了，这些行为不道德就可争议了（就像如今有关自杀的争议日增），如果争议者还诉诸西方道德传统，无论天主教还是启蒙运动的，都不会有结果。确实，传统性道德的某些片段仍保留有令人信服的道德权威：如禁止强奸，禁止某些形式的公开裸体，禁止重婚和我前面提及的禁止兽奸。对传统道德学家来说，挑战在于，从这些被视为无法动摇的道德直觉因此是道德论证的合适前提的禁忌中，如何推导出传统道德中保留至今的信条。没谁能回应这个挑战。迄今为止的最大努力就是以溺婴禁忌为基础建构的反堕胎论证，但这一建构崩塌了，因为无法确定人的生命始于胎动之前，甚或在胎儿可存活或出生之前。

---

[22] 同上注，页171。

[23] Friedrech Nietzsche, "Notes (1880–81)," in *The Portable Nietzsche* 73, 75 (Walter Kaufmann ed., 1954). 若真这样，那该多好！

把道德感觉当作数据而非推断，这种观点在为传统性道德的辩护中扮演了重要角色，对那些不相信基督教或是不希望自己的信息仅限于基督徒的人挺有用。作为一位功利主义者，哈特（H. L. A. Hart）觉得有义务接受不道德的性行为令人讨嫌（offensiveness）的观点，这就是惩罚此类性行为的基础，但他坚持区分在某种意义上那些私下的做法和那些公开的做法——招摇过市最讨嫌。这也就是为什么在批评德夫林时，他区分了重婚——一种公开的状态——与纯粹通奸。㉔ 根据这一逻辑，我们预期，哈特也会区分同性婚姻与双方同意的成人间私下的男同行为，禁止前者，不禁后者。

惩罚男同行为，功利考量是一方面，会激怒启蒙运动情感是另一面。在人们明确意识到男同偏好之前，惩罚男同符合启蒙运动的基本原则之一，即法律关注行为而非思想。但今天，对于恐同者来说，同性恋的真正恐怖之处就在于其偏好本身。一位直男，因没有异性恋机会，或是为证明在监狱中自己也据支配地位，沦为同性恋，他也许令人厌恶，但不可怕，因为他不是我们社会认定的"真"同性恋。真同性恋喜欢性伴侣与自己的性别相同。该死的就是这种自然倾向，而不是行为，尽管由于公民/自由至上论的某些理由，没人提出惩罚这种自然倾向，至少没人提出施加刑事惩罚（但这种自然倾向本身就足以把同性恋排除在军队之外）。如果你说，你想宰了甲，但你当然不会真的去做，因为你是个文明守法的人，没人会认为你更糟；但如果你（一个男人）说，想同那个漂亮年轻男子性交，当然你也不会行动，因为你守法，害怕艾滋病，或是其他什么原因，但你就得接受许多人在心里谴责你：你这个令人恶心的基佬。惩罚同性恋，即便徒劳，目的就为摧毁这种倾向。

如果我们是密尔的追随者，我们会倾向于反对道德厌恶是基本的、无须证成的主张，倾向于支持以下原则*，政府无权规制信仰、偏好甚或是行为——只要该行为是私下的。因此，在私有地产上的裸体聚居可以允许，但裸体者上大街游行就不允许。通过区分公共与私人行为中隐含的宽容，当对多数人仅有最小伤害时，可以进行冒犯多数人的社会试验。事实上，唯一的伤害是，大多数人中有些人一想到，也许数千英里之外，有拨

㉔ *Law, Liberty and Morality* 41 (1963). 哈特回应敌视前注⑰引证的德夫林著作的一个早期版本。

* 就字面翻译，这半句话意思恰恰相反，当为"倾向于反对以下原则"。——译者注

第八章 性的种种道德理论

人以令多数人厌恶的偏好行事,就非常愤怒。与视觉和听觉不同,思维没有物理边界,国家规制私人行为的主张没给生活实验留下保护带㉕,还助长了一种爱管闲事、不宽容、吹毛求疵和宗派主义的精神。

但法律只关心公共行为,即所谓的外在的人,这种观点只是自由主义传统的一部分。另一组成部分(与密尔也并不相左)是,法律的恰当功能之一就是使我们更文明。我们因此又回到这个问题了:即保持,或更现实地说,恢复传统基督教道德是否会有此作用。保守主义伦理气质的功利主义道德家,如斯蒂芬和德夫林试图证明会有这种作用。他们主要是想象,如果放松传统法律和习惯规范,不道德行为变得极为普遍可能导致的后果。斯蒂芬说,"让我们设想,"

> 法律尽可能令男女平等,舆论也听从法律。我们再设想一下,婚姻变成了只是个合伙,像其他合伙一样可以散伙;设想社会要求女子像男人那样自食其力;设想完全没有对不同性别予以适度不同的保护这种概念;设想男人对女人变得完全像对男人一样;设想我们从另一种秩序中继承下来的观点,在人所共知的弱点*面前心甘情愿认输,有义务为女子做各种事情(如果为男人做这些事,则是种侮辱),全都瓦解了;结果会如何?结果会是,女子成了男人的奴隶和苦力;女子会感到自身软弱,并接受最极端的后果。㉖

234

这些设想写于一个多世纪前,我们必须考虑当时的道德氛围。但斯蒂芬是针对密尔写作的,密尔认为如果女子从斯蒂芬名为自由的传统奴役中解放出来,天塌不了。密尔是对的。㉗

德夫林担心,酗酒或同性恋这类恶习若传播到1/4的人口中,可能带

㉕ 鲍克的一段文字将这一保守立场的寓意说得很清楚,"没有任何社会认为不道德活动是无受害人的活动。得知某种活动正进行,对于认定其很不道德的人,这就是伤害。"Robert H. Bork, *The Tempting of America, The Political Seduction of the Law* 123 (1989). 这恰恰是密尔——我认为正确地——拒绝将之作为政府活动基础的那种"伤害"。密尔还进一步,不仅不接受法律规制以对关系自我的活动不认同为基础,还反对以对此类行为的纯粹社会不满为基础;但我们无需追随他走那么远。

* 指爱情。——译者注

㉖ Stephen,前注⑱,页237;又请看,同上注,页212-219。

㉗ 这不否认斯蒂芬的核心预见,就如我们在第7章看到的,女子解放可能伤害专长于家务即生育孩子的女子。我认为,这是许多女子反对堕胎权的基础,也是女子贫困的因素之一。

来的家庭后果。㉘ 但是废除禁酒令并没造就一个酗酒的民族。既没有理论的也没有经验的理由预期,废除限制同性恋的法律和习俗障碍,我们就会变成一个同性恋民族。德夫林呼应了一个陈旧观点:普遍的性乱来(irregularity)会导致民族衰落,甚至更糟;"历史表明,道德约束松弛常常是(民族)解体的第一步。"㉙ 他没拿出任何证据支持这一命题,并且,我相信,世界上也没有他可以引证的证据。确实,按照基督徒的标准,古罗马人的道德很可耻,但在罗马共和国和罗马帝国早期的辉煌岁月,与其衰败时期,都这样——事实上,我们发现基督教性观念所预期的恰恰是古罗马后期,而不是古罗马前期。公元 4 世纪,罗马帝国成了基督教帝国,但到下个世纪就崩溃了。德夫林更宽泛的观点是,"对于一个社会来说,一种公认的道德就像一个得以公认的政府一样必要。"㉚ 如果我们在"公认的"与"道德"之间插入"性"一词,我们就会发现这一命题绝非不证自明。

与德夫林相比,斯蒂芬很少谈及性或其他恶习。事实上,他的一段最动人的文字已预见到美国联邦最高法院的诸多关于性自主的司法决定。"有这样一个边界很难界定却真实的领域,如果让法律和舆论侵入,会造成更大伤害而不是带来好处。试图用法律或舆论的强迫来规制家庭内部事务、爱情关系或友谊,或其他性质类似的事情,就好比试图用钳子夹出落入眼中的睫毛。也许眼珠子拔出来了,却永远夹不住那根睫毛。"㉛ 在下一页。斯蒂芬"以一种非常独断的方式肯定了一个与密尔先生绝对不一致且矛盾的原则,即世界上有如此重大、令人发指的邪恶行为,乃至于除了自我保护,必须不计违法者的成本尽可能防止,一旦发生,必须严厉惩罚,以儆效尤。"从上下文来看,他这里指的是肛交。㉜

要把这些引文协调起来,我们就得理解斯蒂芬与德夫林分享但是斯蒂芬表述更强有力的立场,这就是《自由、平等、博爱》一书的中心思想:

㉘ Devlin,前注⑰,页 14。

㉙ 同上注,页 13。这一点通常归在吉本名下,但吉本并没把古罗马人乱性列为罗马帝国垮台的原因之一。Edward Gibbon, *The History of the Decline and Fall of the Roman Empire*, vol. 7, 305 (J. B. Bury ed. 1902). 又请看,A. H. M. Jones, *The Later Roman Empire 284-602: A Social Economic and Administrative Survey*, vol. 2, ch. 25 (1964).

㉚ Devlin,前注⑰,页 11。

㉛ Stephen, 前注⑱,页 162。

㉜ James Fitzjames Stephen, *Liberty, Equality, Fraternity* 154 注 13 (R. J. White ed., 1967)(编者的注)。

第八章　性的种种道德理论

"所有经验都显示，几乎所有人不时都既需要希望的鞭策，也需要恐惧的约束，宗教的希望和畏惧就是一种有效的鞭策和约束……因此，如果美德是好的，那么在我看来，很明显，促进对宗教基本教义的信仰也是好的，因为我确信至少在欧洲这两者必定是荣辱与共。"㉝ 我由此认定斯蒂芬本质上持世俗世界观，是位边沁式——但不是密尔式——功利主义的有力解说者，认为基督教是欧洲社会控制体制的精髓部分，因此认定基督教的核心教义，不论其本身有什么优点，都值得深刻尊重，法律应给出某种支持。这有别于认为基督教性教义本身是好的，而德夫林似乎就是这样认为的，尽管至少在我看来，无论如何证据严重不足。

　　信仰基督教是不是如斯蒂芬认为的那样，对社会秩序至关重要？这个问题太大了，这里无法探讨。但至少就表面证据而言，并非如此。根据第六章提及的民意调查结果，宗教信仰最强的三个国家是美国、南非和爱尔兰（包括北爱尔兰），都是基督教国家，那里的暴力都超过平均水平。根据同一民意调查，宗教信仰影响最弱的三个国家，其中一个国家就不是基督教民族（日本），另外两个也只是名义上的基督教国家（瑞典和丹麦），这三个国家，暴力和其他社会病理都低于平均水平。在美国，犯罪率异常高，对基督教信仰的忠诚也异常高，两者结合一定令人质疑基督教狂热到底有无保持和平的效果。当然，有可能有少数不信基督教的人犯罪特别多，大大超出其人口比例。事实上，在我们社会中，宗教情感与犯罪有某种程度的负相关㉞，但这种负相关还不足以将美国的犯罪问题归结为不信基督教。此外，这一相关的因果意义也不确定。如果那些不服从世俗法律命令的人也趋于拒绝神法的类似命令，与拒绝这些命令相伴，也拒绝神性，这不应令人吃惊。依据对相关性的这一解释，导致犯罪的复杂人格特征或复杂机遇和约束同样造成了对宗教的拒绝。㉟ 不论可能性如何，为了强化以基督教为手段来减少犯罪，一个国家就应接受基督教的性道德。这种论辩如果要让人信服，就必须进一步论证基督教教义是笔一揽子交易（斯蒂芬显然这样认为）。来自斯堪

㉝　Stephen, 前注⑱, 页 70(引者的着重号)。

㉞　Lee Ellis, "Religiosity and Criminality: Evidence and Explanations surrounding Complex Relationships," 28 *Sociological Perspective* 501 (1985); Kirk w. Elifson, Daivd M. Petersen, and C. Kirk Hadaway, "Religiosity and Delinquency: A Contextual Analysis," 21 *Criminology* 505, 522–524 (1983).

㉟　参看, Lee Ellis and Robert Thompson, "Relating Religion, Crime, Arousal and Boredom," 73 *Sociology and Social Research* 132 (1990).

的纳维亚国家的证据完全可能如此，拒绝基督教性伦理可能导致更普遍的基督教教义除魅。然而，我想重复的是，不信神的瑞典比美国更安宁。

当然，一个人可以是位热心的基督徒，却不是位好基督徒，美国的问题也许就如此。但是，如果情况如此，就看不到有解决这个问题的办法。

在本章一开始，我就说了，性的道德进路不只构成一种规范理论，还构成一种关于性之行为、习俗和法律的实证理论；然而，直到现在我也没提及实证理论。这种实证理论似乎可以归结为这一点，即我们的性态度，以及由此生发并通过某些反馈过程强化或改变性态度的习俗和法律，都根植于宗教信仰的道德态度，而并非根植于上一章考察的功能因素的产物。支持这一点的是可以注意到，也如我研究表明的，性态度与宗教信仰的相关关系，以及一个国家的性法律与其宗教虔诚的相关关系。确信上帝已令我克制某些行为，这就为我的克制提供了一个强大理由，有时这个理由还会克服我如此行为的生物和社会动因。但宗教信仰本身可能是可塑的。有关性问题的宗教教义并非从权威文本中明确衍生出来的；回想一下，《旧约》和《福音书》中的有关教诲何等贫乏。宗教的性教义是宗教机构为回应社会关注而创造出来的，如早期基督教对女子地位的关注。宗教教义常常滞后于社会实践的变化，但当它确实滞后时，我们预料——也观察到了——不遵守教义的人就增多了。

宗教教义的弹性还有另一个维度；这有助于解说在美国，宗教虔诚与正确行为的分道扬镳。在第七章，我指出宗教的多样性似乎促进了宗教信仰。在此要补充一句，这种多样性可能同样会破坏宗教一直作为社会控制机制的有效性。如果有大量宗教教派可供选择，一个天性反社会的人就趋于接受最宽容、最原谅其特定恶习的宗教。一个竞争激烈的宗教市场会为这些恶人提供安慰，为强者规定纪律，尽管恶人才更需要纪律。市场给的是人们想要的东西，而非他们需要的东西。

概括而言，我们不能确信，从宗教中，或就此而言衍生于哲学的性教义，能为当代性行为提供一份精确索引，或能为保持或推翻今天陷入困境的传统道德提供一套充分的理由。

性激进分子

至此为止，我的讨论一直限于西方思想的主流。现在，我想简单论及

第八章 性的种种道德理论

对常规性道德的两个激进批评：对主张道德无涉之性的罗素的批评，尤其是马库塞（Herbert Marcuse）的批评。㊱ 罗素是位伟大的哲学家，但他的《婚姻与道德》与《数学原理》无法相比。这个评价出自一位智力很高、才华横溢的作者，但就我的理解而言，这本书与罗素的哲学思想或方法全然无关，除非哲学被理解为"能提出多种可能，扩大我们的思想，挣脱习俗的暴政"。㊲《婚姻与道德》不是个扎实的论证，只是一个辩驳。它认为常规的性观念很荒谬，宗教很卑鄙。它例证了那种即兴式的哲学主张，即性是非道德的，这也见于柏拉图的《理想国》和狄德罗的著述。㊳ 它还例证了我在第一章的评论，即性哲学是个很薄弱的领域。这些著作的价值在于质疑常规思想者，要求他们为自己的确定信仰提出理由。但我们知道这种叫阵可能反映了一种谬误：只有那种能给出理由的信仰才值得持有，但事实上，我们大多数最坚实的信仰，无论道德的还是认识论的，都是直觉的产物，而非推理的产物。

对罗素来说，常规性道德是宗教迷信强加于人的无端残酷。这不是个富有成效或很有意思的立场。马库塞和罗素同样蔑视道德，想想第一章中说的，马库塞如何反转了弗洛伊德，认定引导年轻人进入一夫一妻制的性压抑是种暴政，而不是文明。㊴ 但与罗素不同，马库塞提出了一些论证。尤其是他说，弗洛伊德的性观点，以及弗洛伊德之前基督教的观点——确实，弗洛伊德的观点与基督教的观点惊人相似——本质上都是政治的；他还说，弗洛伊德系统阐述了资本主义社会的性规范。从弗洛伊德那里，在此问题上也是从阿奎那那里，马库塞接受了以下观点，即一夫一妻制度下的生殖性行为是成熟的性形式。任何其他性形式都是幼稚和自恋的，是从现实向幻象逃避。在资本主义环境中，经济生产要求升华。工作就是升华。生殖化的性，释放了人的工作精力。生育性交间接地也强化了资本主义工

㊱ Russell, *Marriage and Morals* (1929); Marcuse, *Eros and Civilization: A Philosophical Inquiry into Freud* (1955). 罗素与马库塞之间可能的桥梁是，Wilhelm Reich, *The Sexual Revolution: Toward a Self-Regulating Character Structure* (1945). 关于性的"非道德化"，有一个不如罗素的雄辩，但某种程度上比罗素更现代也（因此）更露骨的呼吁，请看，Lars Ullerstam, *The Erotic Minorities* (1966).

㊲ Bertrand Russell, *The Problems of Philosophy* 157 (1912).

㊳ William F. Edmiston, *Diderot and the Family: A Conflict of Nature and Law*, ch. 3 (1985).

㊴ 下面是马库塞对弗洛伊德立场的尖锐概括："有序牺牲里比多，严格实施，使之偏向有用的社会活动和表现，就是文化。" Marcuse, 前注㊱，页 3.

作伦理,即性本身成为目的和工具,事实上成了一种生产形式——生产孩子。⑩ 父权家庭就是个小工厂(回想第一章,经济学家就这样思考!)。不轨性行为——非生殖的性行为,马库塞称之为"变态行为",将我们带进一个幻象王国,在那里颠覆性思想可以萌芽成长。"反对社会用性作为手段来实现某个目的,变态者坚持性本身就是目的,并因此挣脱了表演原则的统治,直接挑战其基础。变态者建立了社会必定排斥的种种力比多关系,因为这些力比多关系威胁要反转把有机体变成劳动工具的文明进程。"㊶

那么,资本主义又何以在 20 世纪的性革命中存活下来的呢? 要知道在 20 世纪 50 年代《爱欲与文明》出现时,这场革命已经很深入了。答案是资本主义已收编了"性",或用马克思主义的术语,则是把性"商品化"了。情色广告和大众文化已经把性变成一种消费,变成资本主义社会中又一种"不加思考的休闲活动"。㊷

尽管马库塞希望看到"生殖器至上观衰落",诸如"一夫一妻制和父权制家庭"等制度"瓦解"㊸,他还是意识到我们不可能有这样的一个社会,人们将全部时间用于自恋的性行为,却仍能存活。他认为,我们可能完全满足于较低生活水平,因为在富裕的资本主义社会中许多消费品都是多余的,只是"被操纵的舒适"。㊹ 但人们仍必须工作。然而,他认为,如果我们不再只关注生殖的性行为,整个人体和整个人类活动——重要的是也包括工作——就都会变得爱欲化了。我们还会工作,就因为我们喜欢工作。这是有成就感、有回报的工作,而不是资本主义社会的异化劳动。因此,多形变态会引领我们迈入理想社会(Utopia)的门槛。

太荒诞了。尽管马库塞与其他一些其实差异很大的杰出思想家,如奥古斯丁、弗洛伊德、奥威尔以及福柯等,共同分享了"性有政治颠覆的潜能"这样一个宽泛命题,但这个命题似乎仍是错的。只要女子就业地位不变,那么任何政治或经济制度看来就与任何性习俗制度都兼容;因为女子

---

⑩ 参见,Max Weber, *The Protestant Ethic and the Spirit of Capitalism* 158-159 (Talcott Parsons trans. 1958).
㊶ Marcuse,前注㊱,页 50。这种观点的文学对应是托马斯·曼的伟大长篇,Thomas Mann, *Death in Venice*。
㊷ Marcuse,前注㊱,页 94。
㊸ 同上注,页 201。
㊹ 同上注,页 151。

第八章　性的种种道德理论

就业地位才是一个社会性习俗之关键。马库塞并没完全忽视女子地位；他想象当初有过母权时代，特点就是"爱欲自由"和"一种低度压制型统治"。㊺ 如果历史上确有这样一个时期，那么，其特点可能也只是爱欲自由。至少，本书提出的性的经济学分析暗示了这一点。女子收入相对上升和她们就职状况的流变也许确实促进了爱欲自由，但并没动摇资本主义。

马库塞最有意思的观点是，资本主义有不可思议的能力削弱诸如性和艺术的潜在颠覆力。这种观点比较容易理解，就艺术而言，无疑还有些道理。著名艺术品的廉价复制，广泛传播，可能创造一层"厚重的熟悉，就像审美白内障一样，阻碍作品与我们交流"㊻，进而把伟大的艺术变成媚俗：这就是梵高的命运。对于美国大学生来说，梵高就是位好莱坞人物，他用色彩明亮的树林、花草和农间小屋的绘画，装点了学生寝室的墙壁；这就是《蒙娜莉莎》的命运，也是贝多芬《第五交响曲》的命运。但性的相应转换指的是什么？人们不太明白。我想马库塞说的是美国大众文化中琐碎无聊的性爱。大众文化是一种适合琐碎无聊的大脑享用的文化：它把其所触及的一切，都琐碎化了。确实如此，但后果如何？在不被美国大众文化支配的社会中，性是否有此种颠覆力？我想不出这样的例子。自马库塞写作以来，性革命一直在急速发展，生殖至上论、一夫一妻制和父权制全都衰落了，我们却并没更接近理想社会。晚期资本主义为更多资本主义铺平了道路。所谓多形变态是通向理想社会的大道，这个观点不比相反观点更令人信服。马库塞与持相反观点的人，就描述层面——而非规范层面——而言，有许多共同之处。持相反观点的人包括了天主教和维多利亚性教义的阐释者，而这些性教义都认定，性的道德理解于文明极为重要，只是这种道德理解是压制的，而马库塞同样的道德化理解却是放任的。

1998年8月12日译于合肥省立医院

㊺ 同上注，页65。
㊻ Arthur C. Danto, "Marc Chagall," in Danto, *The State of the Art* 95, 96 (1987).

第三编　性之规制

第九章　婚姻与性的引导

自基督教时期开始以来，性的公共政策史就一直努力将性活动限定在婚内。即使今天，如此限定仍是大多数美国人赞同的理想，而不论实际情况是何等不同。这一理想多大程度可能实现，部分取决于获得许可的性渠道之宽窄。如果允许多妻、乱伦或同性婚姻，婚外性活动就会减少；若禁止再婚，婚外性活动就会增加。因此，我首先讨论的话题是结婚限制。这个讨论并不穷尽。例如，禁止同性婚就会等到第十一章讨论。我也不讨论乱伦或异族通婚禁忌。关注点是限制再婚（因此集中于离婚规则）和多妻制禁忌。在讨论了诸多结婚限制后，我转向对婚外性行为（不包括胁迫的性行为，如强奸和诱奸儿童，这是下一章讨论的问题）制裁，这包括对通奸、未婚私通和卖淫的惩罚，还有非婚生污名。人们常常认为这些规则和做法都是盲目地基于传统、迷信或重男轻女，而我始终着力为这些规则和做法寻求功能性的解释。

结婚限制

结婚越容易，我们可以预期，婚外性交就越少。如果世界上不限制婚龄，不限制与亲戚结婚，不限制离婚（离婚视同再婚许可证）或不限制与一人同时结婚的人数，就很容易将人们的性活动纳入婚姻渠道。伊斯兰教严惩通奸，但它允许多妻和废妻（离婚依丈夫意志），仍便于把男子的性活动纳入婚姻，尽管丈夫废妻也不是无任何代价，他必须补偿妻子。① 中

---

① Jamal J. Nasir, *The Status of Women under Islamic Law and under Modern Islamic Legislation* 96-98(1990). 此外,被废的妻子通常对该婚姻的任何子女均保有监护权。

世纪罗马天主教会为减少手淫、未婚私通和同性恋，鼓励人们早婚，背后的理由就是对结婚的限制与婚外性行为数量正相关。在现代美国，社会下层年轻男子手淫率低于社会中层年轻男子，这差别就像我在第五章评论的，部分因为社会中层平均婚龄更高，这是另一正相关的例子。

然而，对消除婚姻限制以减少婚外性活动这一政策，显然有限制。如果不加任何限制，婚姻就会变成性交易合同，与其他任何合同就没什么差别了：妓女嫖客的关系也成婚姻了。什叶派许可临时婚姻，就近似此种边缘状态。这种婚姻可以在双方同意的任何时段内保持，可以是一个小时。这种临时婚姻没变成卖淫合同的唯一区别是，对女子进入这种婚姻的频率有些限制。② 这是"真"婚姻，因为其子女是婚生的；然而，当进入此种婚姻的男子是已婚的，这会让持传统价值的西方人吃惊，认为很不道德。

类似情况是，尽管古希腊古罗马对婚姻几乎没什么限制，但按基督教标准，这种社会都很淫乱，部分就因为婚姻规则太稀松了。它们对婚姻形式未有规定，也许不是偶然。一个合约后果越重大，就越需要以各种手续来保证双方了解他们达成的是一种什么关系。在讨论合同法中封印和对价的作用时，我们就很熟悉这点了。③ 因此，我们预期，婚姻手续越多，获准离婚的难度就越高。

最根本的一点是，要让婚姻是性行为唯一合法途径这一点有实质意义，婚姻就必须是一种合法界定的关系，具有某些不变属性，而不只是一种无穷可变之合约关系的名称。天主教会从一开始就对婚姻关系有实质性理解，即伴侣婚，这种观点为现代西方人继承，不论他们的宗教信仰如何。因此，我们考察一下建立伴侣婚，对合约自由必须有哪些限制。

其一是限制最低婚龄。教会希望人们早结婚，以便减少婚外性行为数量，但又不能太年轻，因为那样的婚姻也不大可能是伴侣婚。④ 在无法定同意婚龄（age of consent）的社会中，很常见，结婚时丈夫是成人，妻子却是青春少女，年龄差别会降低婚姻的陪伴。这既直接挤压了婚姻的陪伴，因为人年龄差距大了，爱好和兴趣会有不同，也会间接减少婚姻的陪

---

② 一般来说，临时婚姻必须期满两个月后，该女子才能再婚。同上注，页100。
③ Lon L. Fuller, "Consideration and Form," 41 *Columbia Law Review* 799 (1941).
④ 或由于深陷这两种相互冲突的渴求，天主教教会没改变罗马法表示同意的12岁法定年龄。W. W. Buckland, *A Text-book of Roman Law from Augustus to Justinian* 114 (2d ed., 1932).

伴，因为一方结婚时年龄越大，可以预期，就更可能因一方死亡而缩短这一婚姻。此外，婚姻一方或双方越年轻，婚姻就越可能是家庭包办的。在这种情况下，不般配的概率就很大。有关孩子的婚姻偏好，家长没有完美的信息，甚或就没有很好的信息。此外，家庭还会有其他利益，如想保证或巩固联姻，这会与子女的利益冲突。天主教教会努力限制包办婚姻，坚持配偶双方自由表达同意，还抛弃了一个传统要件，即新娘父亲的同意。我说"限制"，不是"禁止"，因为包办婚姻概念中有些地方很模糊。只要未来的配偶中任何一方有权否决婚姻，父母在"包办"亲事中的作用就与婚姻经纪人差不多了，并且，即使在某种意义上，这种婚姻是包办的，却仍可能是伴侣婚。

离婚问题

这项鼓励伴侣婚的政策，对离婚规则的寓意则很复杂。你几乎可以同样言之有理地论辩说，这种政策意味着"完全禁止离婚是可取的"，或是另一极端，允许随意离婚⑤，或是只允许基于特定理由——如精神错乱或通奸——离婚。在不许离婚的制度下，预期配偶更想细致搜寻婚姻对象，因为一旦出错，代价太高。这种搜寻越长久、越认真，就越可能匹配良好。一旦结了婚，在不允许离婚的制度中，夫妇会有很强激励，加大对伴侣婚的投入，因为要用另一婚姻来替代，成本无限大。

但凡事都有另一面。由于婚姻搜寻花费时间，并且搜寻者越成熟，婚姻就越可能成功，因此完全不允许离婚的制度隐含了平均婚龄很高，因此会有许多未婚年轻人。当其他变量相等时，这类人越多，婚外性行为也越

---

⑤ 即如今西方各国几乎通行的"无过错"离婚，Roderick Phillips, *Putting Asunder: A History of Divorce in Western Society* 561–572 (1988); Antony Copley, *Sexual Moralities in France, 1780–1980: New Ideas on the Family, Divorce, and Homosexuality: An Essay on Moral Change* 212–215 (1989). 无过错离婚并不完全是离婚随意，通常要求夫妻分居一段时间。但任何一方都可以离异另一方，在规定分居期满后，无须获得被离异配偶之同意，也无须证明对方违反了婚姻义务、有其他不法行为或其他可离婚的理由，即可获得离婚。关于西方婚姻和离婚的演进，有不错的讨论，除以上菲利普斯的著作外，还有，Martine Segalen, *Historical Anthropology of the Family*, ch. 4–6 (1986). 对有用数据的概述，请看，Hugh Carter and Paul C. Glick, *Marriage and Divorce: A Social and Economic Study* (rev. ed., 1976).

多。令这种影响增大的还有以下事实,即伴侣婚的搜寻成本很高,这对结婚率有负面影响。确实,禁止离婚会把一些本可能回归未婚群体的人囚禁于婚姻中,从这个角度来看,禁止离婚似乎肯定会降低婚外性活动发生率。但是,这种表象可能是骗人的。这个"监禁"隐喻意义重大。由于人类目光有限,注定某些婚姻会以失败告终,不论潜在的配偶在婚前多么仔细地搜寻,也不论婚后其有多大激励加大伴侣婚投入。因此,一个不许离婚的制度会罚一些人作苦役,接受非其所料的非伴侣婚,而如果允许离婚,这些人或能再婚,并且是伴侣婚。我们知道,非伴侣婚是滋长婚外性关系的温床,因为配偶们会从其他地方寻求伴侣关系。结果是,这种婚姻监禁会降低未婚私通的数量,因为这里没有离了婚的未婚者,却会增加通奸数量。当女子不再真像字面那样同男子完全隔离,不再被灌输对性的厌恶,不再——用罗素的话来说——因未受教育而愚蠢和缺乏情趣,这时,这种危险尤其大。⑥ 然而,如果保留这些防止女子通奸的手段,又无法实现伴侣婚。

非伴侣婚制度设计很糟,就在于其未能把性行为引入婚姻,这就为基督教偏好伴侣婚提供了另一解释,除渴望改善女子和孩子的地位并作为更广泛的人文主义和平等主义意识形态的组成部分外,也部分解释了异教的放荡。或许,这也还解释了为什么伊斯兰教让男子结婚非常容易;因为如果不这样,鉴于穆斯林婚姻传统上是非伴侣的,男子通奸的激励就极大。

我们还可以看到,伴侣婚加上禁止离婚,何以被视为天主教会改善女子地位同时不过度鼓励婚外性活动的努力。禁止离婚保护了女子不被抛弃;尽管其后果之一是鼓励了以通奸作为再婚的替代,或许也鼓励了未婚私通,就因为平均结婚年龄提高了,另一个后果是阻滞了以通奸和未婚私通作为再婚市场上的一种搜寻。⑦ 在一个允许离婚的社会,男子在同妻子离婚前就可以开始搜寻新妻;而在无离婚制度下,就不可能。但是,以感情为基础的理想婚姻会有压力,当配偶间爱情消失之际,要求有离婚这种安

---

⑥ 有关证据,请看,Robert R. Bell, Stanley Turner, and Lawrence Rosen, "A Multivariate Analysis of Female Extramarital Coitus," 37 *Journal of Marriage and Family* 375, 383 (1975); 又请看一般讨论,Anthony P. Thompson, "Extramarital Sex: A Review of the Research Literature," 19 *The Journal of Sex Research* 1, 10 (1983).

⑦ Gary S. Becker, Elisabeth M. Landes, and Robert T. Michael, "An Economic Analysis of Marital Instability," 85 *Journal of Political Economy* 1141, 1154 (1977).

第九章 婚姻与性的引导

全阀。⑧ 伴侣婚是一种太密切的关系,如果配偶间缺乏爱情,这种密切就令人无法忍受。在伴侣婚社会中,正是这一点使男同与异性结婚的前景黯淡,这一点也解说了为什么现代社会中,配偶的宗教或教育差异会加大婚姻失败的概率。⑨ 随着权威的崩溃,人们变得越来越个人主义,人与人的差异无疑会增加。鉴于后见之明,我们才能看到,天主教会鼓励伴侣婚,一不小心,不仅助长了同性恋难题,还助长了离婚难题。我们还可以看到,为什么欧洲新教民(英格兰是个重要例外)——同伊斯兰教一样,一直高度警惕宗教实践和制度可能无意造成什么非婚性行为激励——认定婚姻必须有离婚作为安全阀。⑩

尽管伴侣婚给离婚带来了巨大压力,最终使不许离婚的政策站不住脚了,但另一极端,一方想离就离,总体来看可能同等程度地削弱了伴侣婚。婚姻越容易解除,人们的婚姻承诺就越少。如果允许随意离婚,结婚者在婚姻搜寻上就会更少花费时间。结果是,夫妻更不般配,转而破坏伴侣婚,加大了离婚可能。由于离婚非常容易,夫妻俩还会更少花费时间来努力促使婚姻成功。在一方想离就离的离婚制度下,趋势因此会是一连串时间较短,甚或不再陪伴的婚姻替代了持久的单一伴侣婚。一方想离就离,还会带来中世纪欧洲女子经常因分娩死亡而出现的连续多妻制问题。随意离婚,还会引来年长男子同年轻男子竞争年轻女子;而在这一竞争中,年轻男子在经济上处于不利地位。

在决定离婚的财务后果时,如果法官以现实的观点看待婚姻财产,还可能略微减轻随意离婚的不良影响。一定程度内,判决给付离婚抚养费或财产,补偿妻子因结婚放弃的职业机遇,这会鼓励女子增加婚姻中的投入,突出的是生育孩子,因为保护了她们的投入。这也会遏制男子,不敢轻易离婚,因为离婚成本很高。就这两方面而言,婚姻都应该更稳定。当然,这里还有另一面,离婚时妻子损失越少,她追求婚姻成功的激励就越

---

⑧ 历史证据,请看,Robert L. Griswold, *Family and Divorce in California, 1850-1890: Victorian Illusions and Everyday Realities* 174 (1982).

⑨ 有关证据,请看,Becker, Landes, and Michael, 前注⑦,页1183。

⑩ Phillips, 前注⑤, ch.2; E. William Monter, "Women in Calvinist Geneva (1550-1800)," 6 *Signs: Journal of Women in Culture and Society* 189, 195 (1980). 在美国,清教的影响有助于解说美国殖民地承认离婚(Phillips, ch. 4), 而英国不承认。

小。但总体来说，法院的失败——在美国这很常见⑪——是对被离异的女子未予以全面补偿，使婚姻不稳定。这就像商业合伙分手时，法院对合伙人之一总是补偿不足，商业合伙就不稳定一样。

在不许离婚与离婚随意之间，还有两种可能。一是协议离婚（consensual divorce）。就如合伙可以经合伙人协议解散一样，婚姻也可以由夫妻协议解散。但这里有三个问题。在一个男子支配女子的社会中，丈夫可能强迫妻子"同意"离婚。⑫在任何社会，如果离婚必须双方同意，想离的一方通常可以胡搅蛮缠，搞得另一方不得不同意离婚。他（或她）也可以购买对方的同意，这种情况的离婚才是真正的协议离婚。但即便是真的协议离婚，它也会因降低了伴侣婚失败的成本，从而破坏了伴侣婚。

介乎其间的另一离婚是，依照婚姻失败的证据而准许离婚。但什么才算失败？这取决于婚姻的目标。在非伴侣婚中，唯一可能挫败婚姻目标的就是不育和女方通奸。令伴侣婚难以实现或无法实现的条件更多。其中包括配偶精神错乱、长期入狱、对配偶身体或精神的严重摧残以及一方配偶有通奸行为。（通奸作为离婚理由之一，会有其他附带收益，在敌视婚外性行为的社会，这一离婚理由会降低婚外性行为的发生。当婚外性行为使配偶有权离婚时，这就增加了婚外性行为的成本。）当不具备某个或多个条件而无法离婚时，就有望夫妻努力消除他们的问题，在婚姻伴侣关系中增加投入，他们也有激励加大投入，因为他们是拴在一根线上的蚂蚱。

在这个概述的框架中，基于理由的离婚制度的基本前提是，在具体案件中，法院有能力确认伴侣婚通常必备的那些条件是否仍然存在。如果这些条件还在，那么只要他们没有随意离婚的便捷出路，夫妻应当能实现伴侣婚的目标。但请注意，禁止离婚的实际后果主要是不能再婚（因为即使允许离婚，丈夫可能仍必须抚养前妻），因此禁止离婚只会改变渴望能自由再婚那一方的行为。还要注意，如不采取一些步骤，防止双方均渴望离异的夫妻相互串通，他们就可能编造证据，表明确有允许离婚的理由，从而实现其愿望。尤其是在如英格兰和美国的抗辩制度下，负责调查和举证的

---

⑪ 请看，例如，James B. McLindon, "Separate But Unequal: The Economic Disaster for Women and Children," 21 *Family Law Quarterly* 351 (1987), 以及该文引证的研究。

⑫ 日本承认协议离婚，但这一直都是问题。Max Rheinstein, *Marriage Stability, Divorce and the Law* 121–122 (1972). 伊斯兰也承认协议离婚。但由于丈夫可以随意离异妻子，因此，协议离婚的意义只是妻子用钱买条离婚之路。Nasir, 前注①, 页 78–81。

第九章 婚姻与性的引导

都是律师，法院没有好办法防止诉讼串通。因此，可以预见，当其他因素相等时，在这些国家，基于理由的离婚可能更早被无过错离婚替代，早于主要由法官承担确认离婚事实的纠问制司法的各国。

尽管为维持伴侣婚而限制（既不禁止也不许随意）离婚制度存在固有不足，但如果婚姻政策的唯一目标就是促进婚姻的话，那么在解除婚姻问题上，无论是不许离婚还是离婚随意，都不好理解。在离婚随意的制度下，即使法官对妻子的婚姻投入予以完全补偿，也不如基于理由的离婚更能有效促进伴侣婚。基于理由的离婚甚至可能是即将结婚的男女双方更愿接受的制度。让我们假定，大多数人都喜欢伴侣婚。他们都知道，要实现这一目标，部分取决于作为配偶的双方在婚姻中的投入多寡。这个婚姻越不易挣脱，双方投入就会越大。因此，从事前（即在结婚前）来看，他们可能更情愿接受难以解除婚姻的规则。这是有效率的预先承诺的例子之一。

如果我的分析正确，即基于理由的离婚比离婚随意更能促进伴侣婚，也许就可以解说，为什么离婚随意制度下离异的女子所获补偿通常较少了[13]，完全不考虑厌女症或司法错误难免等因素。在离婚随意的制度下，离异的女子在婚姻中会更少投入，因此对她们投资损失的最佳补偿会更低。

即使在基于理由的离婚制度下，推进伴侣婚也并非有关离婚法规的唯一目标。否则的话，为什么不孕不构成离婚理由呢？有孩子会增加配偶的离婚成本从而会促进伴侣婚。婚姻政策还有其他目标，不只是促进伴侣婚；促进伴侣婚可能是达到目标的手段之一，但不是目标本身。目标之一是保护孩子，这有助于解说为什么大家庭的社会，离婚常常更难。[14]

另一目标就是保护女子，这不仅有助于解说为什么基督教社会长期禁止离婚，而且有助于解说为什么不孕不育也不构成例外。在一个社会中，如果女子的主要资产就是生育能力，社会安全网络漏洞很多甚或根本

---

[13] H. Elizabeth Peters, "Marriage and Divorce: Informational Constraints and Private Contracting," 76 *American Economic Review* 437, 448-449 (1986); Lenore J. Weitzman, *The Divorce Revolution: the Unexpected Social and Economic Consequences for Women and Children in America* xiv (1985); Lloyd Cohen, "Marriage, Divorce, and Quasi Rents; Or, 'I Gave Him the Best Years of My Life,'" 16 *Journal of Legal Studies* 267, 277 以及注 30 (1987). 但请看，Herbert Jacob, "Another Look at No-Fault Divorce and the Post-Divorce Finances of Women," 23 *Law & Society Review* 95 (1989).

[14] Gary S. Becler and Kevin M. Murphy, "The Family and the State," 31 *Journal of Law and Economics* 1, 14 (1988), 重印于，Becker, *A Treatise on the Family* 362, 375-376 (enlarged ed. 1991).

没有,且强制履行法律责任(如抚养)的机制很弱或不发达,离婚就会把年老或因其他原因不再能生育且缺乏独立生活资料的被离异女子置于经济上极危险的境地。中世纪法律既承认被抛弃的妻子有权从丈夫那里获得赡养,又承认受虐女子有权与丈夫分居却仍由丈夫赡养。此外,禁止丈夫再婚(这是不许离婚的主要意义),这种遏制抛弃、虐待妻子且尽量减少干预的法律不仅注定笨拙,常常还无效。即使在现代美国,无过错离婚也意味着许多被离异女子的生活水准下降。

保护女子这一点可能还解说了,为什么阳痿是离婚理由,而女子不育却不是离婚理由。阳痿是妻子可以诉诸而非丈夫可以诉诸的离婚理由。从妻子视角来看,男子不育是离婚理由,女子不育却不是,这个规则更好。但在法律上,不育和阳痿的这一区别,可以追溯到阳痿几乎是男子无法生育的唯一公认症状的年代。通过剥夺男子以女子不育为由主张的离异权,社会可以为女子提供一份保单,一旦发现自己缺乏传统社会中女子的最重要资产时,她们可用来应对可能的后果。

根据定义,阳痿就是个只可能折磨男子的疾病。但我们要注意,事实上,这个离婚理由——我一直笼统且不准确地称之为阳痿——其实是生理上阴茎无法插入,而不论这种"不能"是男方还是女方的原因。因阴道或周边组织缺陷使插入不可能的情况很少出现,但因配偶一方无法性交而都允许离婚这种对称意义重大。尽管天主教频繁贬低非生育的性活动,但它仍一贯承认性交,即使是非生育的性交,对伴侣婚也非常重要;除生育的目的外,伴侣婚是天主教会希望鼓励的制度。[15] 但承认阳痿是离婚理由还有另一目的,就是要消除妻子通奸的一个强大激励。

对通奸,传统的法律处置,无论作为一种犯罪,一种"有罪性交"之侵权,还是作为一个离婚理由,都反映了丈夫通奸与妻子通奸有双重不对称。首先是人们熟悉的一点,即妻子通奸比丈夫通奸过错更严重。尽管妻子通奸可能使丈夫没有亲生的后代,但因丈夫通奸而使其妻没有后代几乎不可能,因为男子授精能力巨大,男子也不大可能为保护自己非婚生子女投入太多资源,乃至剥夺了对自己婚生子女的重要保护。正是与这一点相一致,在通奸构成犯罪的时代,妻子通奸怀孕会遭受更严厉的惩罚。[16]

---

[15] 与此相一致,如果男子结婚时年岁已高,阳痿则不构成离婚理由。Vern L. Bullough and James Brundage, *Sexual Practices & the Medieval Church* 137, 140 (1982).

[16] Phillips,前注⑤,页348-349。

第九章 婚姻与性的引导

第二点是，丈夫通奸可能比妻子通奸更随意。进化生物学隐含了这一点，即一个已婚男子可能为一个女子吸引恰恰因她不是他的妻子，而一个已婚女子可能为一个男子吸引则可能因为他会是她及其孩子更好的保护者，是更好的丈夫[17]；因此，妻子通奸对婚姻的威胁更大。这些考量可能解说前面的"双重标准"问题，这不只是个口号。在英格兰曾一度有这样的情况，妻子通奸，丈夫有权离婚，而除非丈夫犯重婚罪或是有其他加重情节，丈夫通奸，妻子只有权要求司法分居。然而，在这一点上，与异教先例截然不同的是，正统基督教的方针长期以来一直是，男子通奸是严重犯罪，不论有无重婚或其他加重情节。[18]

今天西方比此前更强调唯一有价值的婚姻就是伴侣婚，那么，在这种文化中，又如何解释如今几乎普遍向着随意离婚方向的运动呢？家庭经济学文献强调，在女子工作机遇改善并有交织紧密的社会安全网的社会中，婚姻的私人价值衰落了，婚姻的稳定性也随之衰落。工作机会改善（这是服务工作增加、儿童死亡率降低和节省劳力的家用设备出现等现象的一个函数）提高了女子家务活动的机会成本，明显包括了养育孩子。由此而来夫妇生的孩子更少，妻子也更少专长于家务。[19] 丈夫从婚姻中获得的收益减少了，为维持婚姻的投入也更少了。妻子经济独立性增加，无论因为她的市场收入增加了或因为她的社会收入增加了，都降低了她努力改善夫妇般配的意愿。[20] 结果是，离婚需求上升了，达到了这样的程度，离婚得有理由的主要后果是使想离婚的夫妇会花费资源来制造离婚的理由。如

---

[17] Donald Symons, *The Evolution of Human Sexuality* 207-208, 232-252 (1979). 请回想第四章讨论这两种生理性别不同的最佳性战略。

[18] Leah Lydia Otis, *Prostitution in Medieval Society: The History of an Urban Institution in Languedoc* 105-106 (1985). 对此双重标准的法律承认，请看，Phillips, 前注⑤，页348；Carmel Shalev, *Birth Power: The Case for Surrogacy* 27-28 (1989).

[19] 女子工作机遇对生育率的影响，请看，Gary S. Becker, "An Economic Analysis of Fertility," in Becker, *The Economic Approach to Human Behavior* 171 (1976). 依据这种观点，"二战"后"婴儿剧增"可以解说为，有几百万男子从军营回到工作市场，导致女子市场机遇降低，促使她们在家中重新配置时间，在这个"市场"上，主要产品是孩子。Michael S. Teitelbaum and Jay M. Winter, *The Fear of Population Decline* 74 (1985).

[20] 有证据表明，社会保险和福利项目增加，加大了离婚趋势，请看，John McDonald and Zane A. Spindler, "Benefit-Induced Female Sole Parenthood in Australia, 1973-85," 27 *Australian Economic Papers* 1 (1988); Jan H. M. Nelissen and Piet A. M. Van den Akker, "Are Demographic Developments Influenced by Social Security?" 9 *Journal of Economic Psychology* 81, 99-106 (1988).

果婚姻的根本价值是陪伴,那么不论法律结构如何,失去伴侣价值的婚姻就注定失败。在这一点上,法律制度的内部目标——最经济地利用司法资源和减少伪证,就成为支持协议离婚或离婚随意的决定性因素。

多妻制问题

伴侣婚理想对基督教文化的婚姻政策塑造的重要性,也许是解说基督教文化强烈反对多妻制(我一直用多偶制作为多妻制的同义词)的关键。如果从保护女子的立场来看,禁止多妻制可能没道理。多妻制增加了对女子的有效需求,导致了女子平均婚龄更低,且成婚女子比例更高。[21] 当然,不是所有女子都希望小小年纪就结婚,也不是所有女子都希望成为某男子的众多妻子中的一员,或者她们根本就不想结婚。但是,选项减少了,境况反而改善了,这种情况很少。禁止多妻制减少了女子的选项,她无法成为某人并非唯一的妻子。这样一来,就减少了男子对女子的竞争,因此降低了一个女子可能要求的显性或隐性价格,成为男子的妻子,甚至是其唯一的妻子。

但这种分析并不完整。在大多数多妻制文化中,女子无法签订一份可强制执行的合同,成为某男子的唯一妻子[22],而对契约自由的这条限制就降低了多妻制对女子的好处。她们有了多妻制选项,却失去了一夫一妻制选项。多妻制社会认为多妻制是好事,就像一夫一妻制社会认为一夫一妻是好事。我们必须考察为什么会如此,特别是为什么在信奉伴侣婚的文化中多妻制似乎很不自然。

基督教社会反对多妻制的禁忌根深蒂固,以致很少有人觉得需要为这种禁忌辩解,对这类辩解努力经常涉及的那些矛盾也就不敏感。在海德诉海德案(*Hyde v. Hyde*)中[23],一个英国法院面对的争议是,是否承认犹他州的摩门婚姻合法,而当时多妻制在犹他州是合法的。这一婚姻本身并非多妻。夫妇双方结婚时都单身,此后丈夫也没娶其他妻子;相反,他已放弃了摩门教信仰,和妻子一起生活在英格兰。他以妻子通奸为由要求离

---

[21] Becker, *A Treatise on the Family*, 前注⑭, ch. 3。
[22] 然而,现代伊斯兰社会有允许这类契约的趋势。Nasir, 前注①, 页 25-26。
[23] 1 L. R. 130 (Matrimonial Ct. 1866).

第九章　婚姻与性的引导

婚。英国法院拒绝了他的请求。理由是，不能认为依据摩门教婚姻制联姻的人是英国离婚法中的"丈夫"和"妻子"，因为"基督教世界理解的"婚姻"本质要素及其不变特征"之一就是一夫一妻。㉔ 但摩门教教徒也是基督徒，因此从基督教实践的普世性出发得不出这个论点。该法院又说，英格兰"没有基于多妻制的法律框架，也无法调整以满足多妻制的要求。"㉕ 这是个很好的论点，但不适用于此案，因为原告就只有一个妻子，他想根据英格兰和犹他州都认可的理由同妻子离异。他并没请求法院创造一部多妻制法律来管辖他的行为。

一个类似的美国案件是雷诺兹诉美国案（Reynolds v. United States）㉖，此案争议是，某联邦法律禁止犹他地区实行多妻制，这是否侵犯了美国宪法第一修正案保护的摩门教教徒的权利，即自由践行其宗教的权利。回答是否定的。"《宪法第一修正案》剥夺了国会针对种种看法的一切立法权，却许可国会对违反社会责任或颠覆良善秩序的行为采取措施。"㉗ 多妻制是对良善秩序的颠覆：多妻制不仅"一直为北欧和西欧国家憎恶，并且在摩门教确立前，多妻制几乎是亚洲人和非洲人生活的独有特征，"而且"事实上，根据承认一夫一妻制还是多妻制，我们看到治理这个民族，不同程度上所依据的一些原则。多妻制导致父权制……当适用于大社区时，会把人民束缚在固定的专制主义上，而这与一夫一妻制不可能长期共存。"㉘ 相反的说法可能更确切。多妻制有助于创立强大的家庭，抵销中央的力量。㉙

克利夫兰诉美国案（Cleveland v. United States）㉚ 中，多妻制问题再次来到联邦最高法院，指控被告违反了当时禁止出于"不道德"目的跨州运输女子的《曼恩法案》。被告是名摩门教教徒，尽管当时摩门教教会已

㉔ 同上注，页133。
㉕ 同上注，页136。
㉖ 98 U.S. 145 (1878). 雷诺兹是杨伯翰的私人秘书。
㉗ 同上注，页167。
㉘ 同上注，页164–168。
㉙ 有关证据，请看，*The Economics of Justice* 168 (1981) (tab. 2). 依据 Richard D. Alexander et al., "Sexual Dimorphism and Breeding System in Pinnipeds, Ungulates, Primates, and Humans," in *Evolutionary Biology and Human Social Behavior: An Anthropological Perspective* 402, 423–433 (Napoleon A. Chagnon and William Irons eds. 1979), 为什么强国全都是一夫一妻制社会, 作者论辩说, 并非偶然; 如果允许家庭增长到多妻制可能增长的那么强大, 政府就没能力有效控制一个人口众多的大国。照此观点, 一夫一妻制的要点就在于允许政治权力集中于国家。
㉚ 329 U.S, 14 (1946).

废除了多妻制，但他还一直信仰并践行多妻制[31]，带着他的一个妻子跨越了州界。联邦最高法院维持了对他的判决，未加详细展开，只评论说，"建立或维持多妻制家庭是臭名昭著的乱交范例之一。"[32] 然而，为多妻制的辩解之一——在伊斯兰教思想中很显著——就是，多妻制为男子提供了更多合法渠道，因此减少了滥交。

因此，从法院那里，我们得不到什么帮助，但是关于一夫一妻制与多妻制——摩门教或其他多妻制——的相对优点的文献很多，可以追溯到休谟，事实上直到阿奎那。[33] 支持的一方提到过我们已提及的一些要点：多妻制保证每位女人都有丈夫，减少了通奸、未婚私通和卖淫；《旧约全书》中提及接受多妻制为正常；允许再婚也就是允许多妻；多妻制还抵消了男子的缺乏；以及多妻制增加了孩子数量。至于摩门教的多妻制，有人还提出了以下观点，即多妻制弱化了丈夫与妻子的强烈情感联系，使丈夫能把更多情感精力投入教会。但这也正是对多妻制的大量批评之一。多妻制削弱了丈夫与妻子的爱情联系，就像阿奎那论辩的，多妻制与伴侣婚不一致。多妻制的丈夫要在众多妻子间分割自己的时间，一位妻子只是他的几位——有时甚至是许多——女子之一。她性生活匮乏、孤独、妒忌、钩心斗角且（尤其当她是第一位妻子时）地位会被贬黜。如果妻子可以与丈夫签合同，规定丈夫娶其他妻子时，必须获得她的认可，这些后果会减轻。但在摩门教社会，与其他多妻制社会一样，都禁止这种合同。

---

[31] 在犹他州，今天仍有数千摩门教教徒以多妻制公开生活，罕有被起诉。Dirk Johnson, "Polygamists Emerge from Secrecy, Seeking Not Just Peace But Respect," *New York Times*, 1991 年 4 月 9 日，页 A22。又请看，Potter v. Murray City, 585 F. Supp. 1126, 1129 (D. Utah 1984)，上诉维持了原判，760 F. 2d 1065 (10th Cir. 1985); Ken Driggs, "After the Manifesto: Modern Polygamy and Fundamentalist Mormons," 32 *Journal of Church and State* 367 (1990).

[32] 329 U.S. 页 19。

[33] 例如，请看，David Hume, "Of Polygamy and Divorces," in *Essays: Moral, Political, and Literary* 181 (Eugene F. Miller ed.1985); Jessie L. Embry, *Mormon Polygamous Families: Life in the Principle* (1987); Richard S. Van Wagoner, *Mormon Polygamy: A History* (1986); John Cairncross, *After Polygamy Was Made a Sin: The Social History of Christian Polygamy* (1974); Ndabaningi Sithole, *The Polygamist* (1972) （一部长篇小说）; Irving Wallace, *The Twenty-Seventh Wife* (1961) （也是一部长篇小说）; Gunar Helander, *Must We Introduce Monogamy?* (1958); *The Women of Mormonism* (Jennie Anderson Froiseth ed.1882); George Q. Cannon, *A Review of the Decision of the Supreme Court of the United States in the case of Geo. Reynolds v. The United States* (1879); T. B. H. Stenhouse, *Expose of Polygamy in Utah* (1872); James Campbell, *The History and Philosophy of Marriage* (1869).

第九章 婚姻与性的引导

多妻制还以其他方式削弱了伴侣婚。大量文献都谈到，多妻制的丈夫麻木不仁、残忍和暴虐；他是老爷和主人，对妻子就像对待财产、对待奴隶。这些控诉可能夸大了，但有理由让人相信有些指控是真的。首先是，丈夫与他的多个妻子（第一个妻子可能除外）年龄差距很大。同年轻男子相比，年长男子更可能拥有保持多妻所必需的资源。相对于妻子而言，丈夫越年长，就越可能给妻子留下暴虐的印象，妻子也就越可能给丈夫子留下天生低贱的印象。

其次，但更有意思的是，一个男子妻子越多，他就越可能以科层而非平等的方式来管理家庭（或各个家庭）生活。他也可能别无选择。必须协调的活动数量越多，通过谈判协调的成本就越高，事实上，这些成本的上升速度会超过了连接各方的链接数量。㉞ 交易费用越高，就越可能用科层替代交易来协调和指导。并且，任何科层间的关系都与主仆关系更相似。因此，我们发现，法律至今用"主仆"来描述雇主与雇工的法律关系。就像卖淫（我在第五章称其为多夫制，那本身就是一种多配偶制）趋于创造一种商业的、非个人的——现货市场的交易——关系一样，多妻制（这是更常见的多配偶制形式）创造一种趋于公事公办的管理关系而不是情感关系。

与此相关的是，隐含于多妻制婚姻的是缺乏伴侣关系，这促使妻子有婚外性行为，与此同时，多妻制也使她们拥有更多这种机会，因为她们大部分时间都被迫远离丈夫。由于婚外性行为对多妻者的妻子收益更大，成本更低，因此，多妻的丈夫就有动机深度监督并限制妻子们的活动，严惩任何调情或其他违反了严格忠诚的行为；妻子们则会认为这些措施暴虐专横。

那些可统称为"女子割礼"㉟的诸多做法 [主要是割除阴蒂、婚前一直缝合阴道口（infibulation）]，可能就并非偶然。据我所知，这都只见于多妻制社会。唯一例外的是，如第五章所见，维多利亚时期医生以阴蒂切除（clitoridectomy）作为"治疗"女子自慰的最后一招。（面帷，紧密控

㉞ 要把一个有 n 成员集的所有成员都联结起来,联系数量的计算公式是 $n(n-1)/2$。

㉟ 对此，请看，Janice Boddy, *Wombs and Alien Spirits,* ch. 2 (1989). 对中国人裹脚的分析,认为这是隔绝女子的手段之一,请看, Mildred Dickemann, "Paternal Confidence and Dowry Competition: A Biocultural Analysis of Purdah," in *Natural Selection and Social Behavior: Recent Research and New Theory* 417, 428–429 (Richard D. Alexander and Donald W. Tinkle eds., 1981). 狄克曼论文可谓多妻制社会男子防范女子出轨方法之大全。又请看，Lura Betzig, *Despotism and Differential Reproduction: A Darwinian View of History,* ch. 4 (1986).

制妻子的另一手段,也只见于多妻制社会,伊斯兰教允许多妻制。)切除阴蒂降低了女子性愉悦感受,因此降低了妻子通奸的风险。在多妻制社会中,通奸比在一夫一妻制社会中是更严重的风险,因为这里令妻子满意的婚姻更罕见。阴道缝闭则是婚前确保童贞的措施。

用第六章介绍的术语说就是,多妻制增加了婚姻的代理成本,促使丈夫/主人采取措施降低成本,可能会让妻子/代理人付出高昂代价,由此可能会使多妻制中的妻子本来可能有的自由成为泡影。在此,女子割礼就类似中世纪贞洁带,那是丈夫外出打仗时防止妻子通奸的措施之一,因为若用正常方法监督她,费用太高无法承受。

由此人们可以理解,在大多数女子社会地位提高的伴侣婚时代,为何多妻制看来不合时宜了,甚至是厌女的,尽管多妻减少了老姑娘的数量。但这一评价是否正确,也难说。有些女子会获益于多妻制,例如,会有些女子宁为富有男子的多妻之一,也不愿为非富有男子的唯一妻子或是一直独身。但其他女子则可能有所失,尤其对于在一夫一妻制社会中可能成为某富有男子唯一妻子的女子。如果为监督妻子,多妻的丈夫的措施让妻子们支付代价太大,从女子视角来看,就会倾向反对多妻制。从原则上讲,若能征得丈夫全部妻子一致认可的多妻制对女子无疑会是最好的婚姻制度,因为这扩大了她们的选择集。但前现代的法律制度可能没有能力确定这些妻子表示同意时是否真是出于自愿。这也许可以解说,就像我们看到的,在基于理由的离婚制度之前为什么都有个不允许离婚的历史阶段。㊱ 这种情况下,从女子视角来看,次佳选择可能就是不允许多妻。

在传统基督教社会中,有个因素强力支持一夫一妻制(这个因素可能还解说了,为什么在海德案和雷诺兹案中,法官如此确信地谴责多妻制),但在当代不重要,这就是多妻制从破坏了禁止离婚或仅有某些特别理由才允许离婚的婚姻法律制度。一个男子不喜欢妻子了却没有理由离异她,如果这时他可以自由迎娶另一妻子,那么禁止随意离婚的规则就基本无效了(并不完全无效,因为他可能仍需抚养他的头一个妻子),因为我们知道,离婚的主要意义是可以再婚。就如这点隐含的,允许多妻的伊斯兰教和非洲部落的法律制度使男子很容易离婚。社会要让离婚难,就必须禁止多妻,除非该社会让离婚难的唯一原因是要在经济层面保护女子;因

㊱ 复杂法律规则的出现取决于出现一个能克服折磨初民社会的高信息成本的法律制度,请看,Posner,前注㉙,ch. 6 and 7。

第九章 婚姻与性的引导

为娶更多妻子不会减少男人抚养现任妻子的义务。

有些文献还提及了与多妻制有关的其他社会关切,或很容易想到的一些问题。多妻制减少了基因库的多样性㊲,增加了乱伦的可能。即便多妻制使杰出男子的基因传播更广了,但与此同时,却降低了杰出女子的这类机遇,因为在多妻制下已婚女子的子女平均数要比在一夫一妻制下更少。㊳多妻制使一个个家庭成为一个个小国(当然,在缺乏有效治理的社会中,这可能是件好事)。在一个珍视婚姻贞洁的社会中,多妻制还会促成欺诈:男子会以承诺结婚来让女子同他性交,但不告诉她自己已婚。多妻制还会加剧男子间的财富和权力差距;这几乎等于把穷人都阉割了。它还减少了父亲为养育每个孩子所投入的时间和其他资源,因为有更多孩子竞争他的有限资源(多妻的丈夫比仅一妻的丈夫后代更多),也因为男子要花费更多时间同其他男子竞争女子。事实上,多妻制激起的男子竞争可能耗费大量资源。可以预见,随着社会中平等主义上升,社会变得更平和,以及社会从重视孩子数量转向重视质量(这个质量至少部分来自父亲在教养孩子上的投入),多妻制会变得似乎日渐反常和愚昧,无论这对社会中的典型女子是好还是坏。

最后,对于习惯一夫一妻制文化的人来说,多妻制文化看上去一定就是滥交,就像美国联邦最高法院在克利夫兰案认定的那样。请回想海德案判决非常明显地区分了唯名论与唯实论的婚姻概念。坚持唯实论婚姻概念——即婚姻概念是对性行为的限制——的人会认为,多妻制不过是改妾为妻,换了种说法而已,是对姘居的宽恕。临时婚姻更强化了这一印象。并且,临时婚姻也使伊斯兰教的四妻限额烟消云散:就因为临时妻子不记入限额。因此,一个男子就可以规定临时婚姻持续期为99年,事实上就能获得第5个妻子。此外,我们也看到,多妻制下的妻子比一夫一妻制下的妻子有更大的婚外性行为激励。与此相关的是,多妻制还创造了大量年轻单身汉,这会增加男子和女子的婚外性需求,并推动机会型同性恋。因此,从基督教视角来看,多妻制社会的性行为看上去必然很不正常。

多妻制的负面效果会有所缓解,在非洲部落社会[那里盛行多妻

258

㊲ Ernst Caspari, "Sexual Selection in Human Evolution," in *Sexual Selection and the Descent of Man 1871–1971* 332, 343 (Bernard Campbell ed., 1972).

㊳ Becker, *A Treatise on the Family*, 前注⑭,页86;Martin Daly and Margo Wilson, *Sex, Evolution, and Behavior: Adaptations for Reproduction* 289 (1978).

制，且彩礼（brideprice）很普遍] 先前㊴和今天那样㊵，除生育孩子外，女子还生产很多物品。女子承担全部工作、男人的唯一角色就是让女子受孕的社会，就很可能是一夫多妻的（只要男子拥有政治权力），因为一个男子可以使许多女子受孕。只有当男子为女子和孩子提供情感和物质支持时，伴侣婚——我一直论辩，这与一夫一妻制密不可分——才可能出现。情况很可能是，即便女子摆脱了对男子的经济依赖，孩子仍然会因为家中有父亲而实质性获益。而只要女子对孩子不是完全利他，那么，在决定是否结婚或继续婚姻时，她就不大可能充分考虑孩子因没有父亲陪伴的损失。

我们因此可以预料这样一种格局：在非伴侣婚社会中，会有法律上的或事实上的多妻制；在伴侣婚社会中，则是一夫一妻制。在现代西方各国则会是一夫一妻制与事实上的多妻制混合；在这里，婚姻是伴侣型的，但许多女子有婚外生的孩子，因为她们不再依赖男子了。此外，在这里，传统道德尤其是对离婚的限制衰落了，降低了人们对多妻制的不道德感，也即多妻制与该社会性法律规范的冲突。

古希腊古罗马代表了一个介乎其间的状态，它们的正式制度是一夫一妻，但有广泛的姘居补充而非替代婚姻（第二章曾指出这一区别），因此是一种准多妻制。对此的解说也许是，一方面，在这些社会中伴侣婚不常见，正是这个因素把古希腊古罗马人拽向了多妻制；另一方面，古希腊古罗马很大程度上是城市社会，至少我们现有有关古希腊古罗马的性与婚姻习俗的信息都关涉这两个社会的城市。直到现代，多妻制在城市都趋于因成本太高而无法实行，就因为与农业经济的非洲部落社会不

㊴ Jack Goody, *Production and Reproduction: A Comparative Study of the Domestic Domain* 33–34 (1976); Goody, "Bridewealth and Dowry in Africa and Eurasia," in Jack Goody and S. J. Tambiah, *Bridewealth and Dowry* 1 (1973). 聘礼(brideprice)或财礼(bridewealth)是男子必须交付新娘家庭以换得他们同意联姻的金钱或等价物。相反的是嫁妆，其寓意是该女子很能干。Posner, 前注㉙, 页186–189。

㊵ 因此，在犹他州,1991年一位多妻者的妻子说，"我认为它(多妻制)是女子获得职业和孩子的理想方式"，就不是句笑话。Johnson, 前注㉛, 页48。被提问的女子是位律师，也是个小城市市长的9位妻子之一。考虑到这个例子，我们社会是否应允许多妻制？密尔认为，如果犹他州不喜欢多妻制的居民可以自由移居，美国政府禁止犹他州多妻制就违背了自由主义原则。John Stuart Mill, *On Liberty* 85–86 (David Spiz ed., 1975). 密尔没详细讨论多妻制的全部可能的社会成本，其中许多似乎都是推测的；但反对多妻制的禁忌太深了，乃至不可能在美国任何州建议允许多妻制。尽管如此，大多数收益都可以通过合同实现，无须正式的婚姻；就此而言，读者应比较一下第十一章的同性婚姻讨论。

同，在早先城市中，已婚女子一般不工作，整个抚养负担都在丈夫一人肩上。

最后，我要提一下，人类与非人类灵长目动物的类似之处。有些灵长目物种是单偶的，有些则是多偶。单偶制具体表现为成年雄性对后代予以广泛照顾但不专长于防御的物种（专于防御会令其时间很少，也令其不适合在养育后代中扮演重要角色）。在这些物种中，雄雌个体大小差别不大，雄雌间的所有活动都密切同步（Synchrony）。㊶ 多偶制则见于雌性动物相互间凝聚力很强且有些雌性主导的物种中。在那里，雄性多年生活在全为雄性的群体中，且可以公道地概括说，成年雄性“某种程度上，是处于边缘状态或脱离社会的雄性生殖动物。”㊷ 所有这些特征，显著的生物二态现象（dimorphism）除外，在人类社会中都有对应。㊸

规制婚外性行为

将性引导到婚姻中来，这个公共政策看来可能隐含的是，惩罚婚外性行为是可欲的，或用经济学术语说，要让婚内性行为的替代因其成本高昂 261
而不那么有吸引力。这种战略在惩罚通奸的法律中很明显，在美国超过半数州的法典中，都保存着此类法律，但很少实施。㊹ 但惩罚婚外性行为的

㊶ Linda Marie Fedigan, *Primate Paradigms: Sex Roles and Social Bonds* 254 (1982); Ptricia L. Whitten, “Infants and Adult Males,” in *Primate Societies* 343, 345 (Barbara B. Smuts et al., eds. 1986).

㊷ Fedigan, 前注(87),页 240。

㊸ 对这种比较,有人提出一个谨慎的注释,请看, J. Patrick Gray and Linda D. Wolfe, “Correlates of Monogamy in Human Groups: Tests of Some Sociobiological Hypotheses,” 18 *Behavior Science Research* 123 (1984). Richard D. Alexander et al., 前注(75);他论辩说,男人女人的温和同种两态现象(dimorphism)表明人类有固有但温和的多偶倾向。

㊹ 有人估计几乎有 50%的已婚男子在其生活中有过通奸行为,且几乎有同样比例的已婚女子也有这种行为(Thompson, 前注(52),页 18),但诉讼很罕见,乃至这种诉讼会上报纸的头条: William E. Schmidt, “Treating Adultery as Crime: Wisconsin Dusts Off Old Law,” *New York Times,* 1990 年 4 月 30 日,页 A1。《纽约时报》报道的一个案件中,丈夫对妻子提出通奸的刑事诉讼,为在他们离婚和孩子监护大战中增加影响;但指控后来撤销了。积极实施康州通奸法 (Holly English, “Adultery Cases Prod State to Look between the Sheets,” *Connecticut Law Tribune,* 1990 年 10 月 29 日,页 1),只是使该法彻底完蛋。“Bill to Void Adultery Law Goes to Weicker,” *New York Times,* 1991 年 4 月 4 日,页 A12。威克(Lowell Weicker)州长签署法案,撤销了通奸法。

效果很复杂，尤其是在伴侣婚制度下。例如，如果对未婚私通和同性恋的惩罚都足够确定且严厉，有重大震慑效果，那么，平均婚龄会下降，男同（与异性）结婚的数量也会上升，但这两种现象都会部分降低伴侣婚。相关的一点是，有婚前性行为癖好的人群中会有相当部分不愿做出伴侣婚要求的那种承诺。在一个致力于促进伴侣婚的制度中，最好将这些人排除在婚姻市场以外。还有，在包办婚姻制度下，未婚私通似乎比在伴侣婚制度下违法更严重。在前一制度且仅在前一制度下，未婚私通还带来了第三方的成本，因为在包办婚姻制度下，女儿是家庭的资产，如果她不再是处女，其价值就降低了。

这些例子表明了传统基督教性政策中的紧张。未婚私通，在基督教教会鼓励的伴侣婚制度下，比起在教会试图阻滞的非伴侣婚制度下，是更轻而非更重的违法。总的来说，封闭所有的婚外性渠道，这样的政策会迫使那些不宜结婚的人也加入了婚姻市场，因此会鼓励非伴侣婚，而这与基督教教会推动伴侣婚的计划刚好相反。中世纪教会就承认这种紧张关系，一方面，它公开容忍卖淫；另一方面，暗中也宽容修道士同性恋和牧师姘居。伴侣婚理想加高额结婚费用，这就要求必须以某种方式包容大量单身汉的性需求。而在当时，伴侣婚还相当新奇，非伴侣婚的实践又相当顽固，嫖娼似乎也不像后来看起来很反常。

到19世纪下半叶，随着收入增加，几乎每个男子都结得起婚了，未婚男子数量减少了；随着伴侣婚更常见，卖淫就不再是那么必需的安全阀了。并且，随着单身汉减少，妓女们也作出回应，把服务市场日益转向已婚男子，这就为贞洁运动搭建了舞台，该运动的主要目标之一是根除卖淫。针对洲际转运妓女的《曼恩法案》就是这个运动的遗产之一。

对婚外性行为的传统担忧之一是，它带来了不可欲的副产品——非婚生子女。伴侣婚似乎会使非婚生子女问题最小化，因为它使婚外性行为成为婚内性行为的劣质替代。但并非必然。非伴侣婚加男女授受不亲，在这种制度条件下，男子的婚外性行为被限定在妓女、姘妇和其他男人（或男孩）身上，而只有第二种对象才会生育孩子。在伴侣婚制度下，在求偶（搜寻）过程中，未来的夫妇常常有婚前性行为；有些求偶虽然失败，也会有后代，这些后代就是非婚生子女。[45] 由此看来似乎是，女子结婚时平

---

[45] Peter Laslett, "Introduction: Comparing Illegitimacy over Time and between Cultures," in *Bastardy and Its Comparative History: Studies in the History of Illegitimacy and Marital Nonconformism* (转下页)

第九章　婚姻与性的引导

均年龄越高，非婚生子女就越多，因为婚前性行为的时期会越长。㊽ 是有这种可能，但不肯定。推迟婚姻隐含了推迟求偶。求偶的时长也许稳定不变，在此期间生育数量也可能稳定不变。如果因为求偶女子更年长、更成熟，求偶更少失败（即没以结婚告终）的话，那么，实际可能更少生孩子。

我说过，孩子出生了，父母却不想要这孩子，这既是婚外性行为引出的麻烦，也是反对婚外性行为的理由。但同样成立的说法也可以是，还可能很符合历史现实，之所以某些孩子被视为"父母不想要的"——污名私生子——就为阻滞婚外性行为。㊾ 当然，这里涉及的还不止社会污名。基督教最狂热时，非婚生孩子甚至无权要求父母任何一方抚养。直到相当晚近，非婚生子女还无权继承父亲的财产（除非其父将其名字列入了遗嘱），或是无权依据诸如社会保险这类福利项目获得遗属津贴。

从阻滞未婚私通的观点来看，否认非婚生子有权要求父母任何一方抚养，这有悖常理。因为这降低了未婚私通的成本。然而，在社会保障制度完善之前，只要拒绝非婚生子女有要求父亲抚养的权利，对进行婚外性行为的女子就必定是个有力震慑；因为抚养孩子的全部负担都在她身上了。仅仅否认非婚生子女享有与婚生子女同等的继承权，这震慑实在轻了点。

对于有婚外性行为的女子来说，非婚生子女的法定权利不完整对她来说，永远不是个主要威慑。主要威慑从来都是——在有亲子鉴定之前——极难证明谁是孩子的父亲，因此很难确认要求他共同抚养孩子的主张。今天，不仅非婚生子女的法权残缺问题已微不足道了，亲子认定也很容易了，在这两方面，对女子婚外生育的几种约束都弱化了。这些发展变化，加之女子经济上日益独立于男子（这既是由于女子工作机遇改善了，也是由于有了一个不再歧视非婚生子女的社会福利制度），在美国和其

(接上页) *in Britain, France, Germany, Sweden, North America, Jamaica and Japan* 1, 53-59 (Peter Laslett, Karla Oosteveen, and Richard M. Smith eds., 1980).

㊽ David Popenoe, *Disturbing the Nest: Family Change and Decline in Modern Societies* 93-94 (1988).

㊾ Jo Ann Jones et al., "Nonmarital Childbearing: Divergent Legal and Social Concerns," 11 *Population and Development Review* 677, 678 (1985).

他国家，非婚生激增就不令人惊讶了。㊽

这一讨论说明了，未婚私通与通奸有交换（trade-offs），据此我们可预测不同社会条件下这两种做法的相对发生频率。想象这样一个社会，在那里，很看重女子贞洁，没有亲子鉴定，未婚生育受刑法惩罚，避孕也不完善。在这里，男子就有强大激励，以通奸替代未婚私通，因为已婚女子怀孕不被人怀疑。此外，在这一假定条件下，通奸可能使该男子有个他无须抚养的孩子。对该女子来说，通奸成本也更低，因为丈夫无法证明她生育的不是自己的孩子，无法逃脱抚养孩子的义务。如果这里还禁止离婚，该女子的成本就更低了。并且，禁止离婚也会增加妻子的通奸需求，因为她也无法选择再婚了。但现代社会条件（有效避孕、亲子鉴定、离婚容易、非婚生子女权利残缺问题和贞洁崇拜均逐渐消失）则使未婚私通成为比先前的通奸更有吸引力的替代。因此，可以预期，这两种做法的相对发生频率已经反转，变得不利于通奸了。

我没讨论社会污名，我不否认社会污名会影响行为㊾，但多年前，非婚生子女的社会污名就已开始衰落，立法机关和法院已补全了非婚生子女的绝大多数残缺权利。这种社会污名的衰落也许是基督教教义放松了对国内外人们思想约束的长期变化的组成部分之一，但另一解说是——再次重复——女子的地位改变了。由于女子经济上更独立于男子了，女子的性战略和婚姻战略都转变了，引发了——其他后果除外——更高的离婚率。由于女子无须结婚就能抚养子女，也就有了更高的非婚生率。

看来，避孕和堕胎会抵消那些引发非婚生增多的因素。但即便避孕有
264 效、堕胎安全和便利均显著提高，足以让“意外生育”成为往事（现在还做不到），也不会消除非婚生育。“意外出生的孩子”不等于“非婚生的孩子”。一个女子可能想要孩子，但不想要丈夫；女子的日益解放使非婚生育

㊽ 美英的统计数据，请看，Daniel Scott Smith, “The Long Cycle in American Illegitimacy and Prenuptial Pregnancy,” in *Bastardy and Its Comparative History*, 前注(91)，页 362, 366 (tab. 17.1); Peter Laslett, *Family Life and Illicit Love in Earlier Generations: Essays in Historical Sociology* 113, 123 (1977) (图 3.1, 3.4); Phillips Cutright, Karen Polonko, and George Bohrnstedt, “Determinants of 1950-1970 Change in Illegitimacy Rates in Developed Populations,” 12 *Journal of Comparative Family Studies* 429, 430-431 (1981) (fig. 1, 2); U.S. Commission on Civil Rights, “A Growing Crisis: Disadvantaged Women and Their Children” 10 (1983 年 5 月) (tab. 2.4).

㊾ 有意思的讨论，请看，Robert Moffitt, “An Economic Model of Welfare Stigma,” 73 *American Economic Review* 1023 (1983).

第九章 婚姻与性的引导

日益成为一个可行选项。[50]

随着离婚随意在西方各国如今已成规则，婚生与非婚生子女的法律和社会差异已微不足道，以同居合约替代婚姻这种身份关系（一种不能以合约改变的法定权利义务关系）的基础已经奠定。合约同居案中的争议点就是"分居生活费"（palimony）。[51] 从实践立场看，无过错离婚把未生孩子的婚姻变成了可随意结束的婚姻合约；而从同样的立场看，消除非婚生子女的权利残缺则把有孩子的同居等同于正式婚姻。由于美国已实际除了累进所得税，因此，婚姻的纳税收益也大都消失了。（根据夫妇收入的确切数和分布，婚姻或许在纳税上还有些许好处或坏处。）今天，要建立真正持久关系，配偶必须通过合约或非正式承诺来创建，就像雇主与雇员可能用固定期限的雇佣合同取代格式化的普通法雇佣制度，或指定终止雇佣关系的后果，或采取其他措施来保证其关系的持久。

当对非婚姻的性行为不存在强烈宗教顾忌时，就很难有抓手来抵抗这种看来与20世纪不协调的从身份到契约的运动（20世纪目睹了，在很多领域中——从退休到选举再到房屋租赁——的反向运动）。在斯堪的纳维亚各国，用同居替代婚姻已相当发达。例如，瑞典实际上已为想同居的男女提供了一种正式合同，不用作出婚姻隐含的传统承诺。随着同居经此正式化，离婚随意和"非婚生"子女权利补足使婚姻在很大程度上已有了合约的性质，以同居合约关系同化婚姻这种身份关系，瑞典在这方面已经走得很远了。[52] 什叶派的临时婚姻，双方商定持续时长，是与之类似的制度。

---

[50] 关于公共福利使一些未婚少女选择了生育而非堕胎的证据，请看，Arleen Leibowitz, Marvin Eisen, and Winston K. Chow, "An Economic Model of Teenage Pregnancy Decision-Making," 23 *Demography* 67 (1986). 又请看，Robert D. Plotnick, "Welfare and Out-of-Welfare Childbearing: Evidence from the 1980s," 52 *Journal of Marriage and the Family* 735 (1990).

[51] 最著名的案件是，Marvin v. Marvin, 18 Cal. 3d 660, 557 P.ed 106 (1976). 请看，Lenore J. Weitzman, *The Marriage Contract: Spouses, Lovers, and the Law*, ch. 15 (1981); Carol S. Bruch, "Cohabitation in the Common Law Countries a Decade after *Marvin* : Settled in or Moving Ahead?" 22 *U.C. Davis Law Review* 717 (1989). Herma Hill Kay and Carol Amyx, "*Marvin v. Marvin* : Preserving the Options," 65 *California Law Review* 937 (1977). 有关普通法先例的讨论，Stephen Parker, *Informal Marriage, Cohabitation and the Law 1750-1989* (1990). 分居生活费之诉是明示或默示同居合约的违约之诉。

[52] Mary Ann Glendon, *The Transformation of Family Law: State, Law, and Family in the United States and Western Europe* 273-277 (1989), 特别是页276。

非洲部落社会离婚很容易，但会用嫁妆（brideprice）* 来强制履行婚姻义务。(53) 如果丈夫没有过错，妻子跑了，那么男方就会留下嫁妆；但如果是丈夫抛弃了或以其他不当方式对待妻子，妻子（或是其家庭）就有权要求归还嫁妆。在古希腊古罗马法律中，嫁妆有类似的平衡轮作用。如果婚姻让位给以性和生育为目的的纯粹合约，可以预料，我们社会就会出现一些类似制度(54)；这一变化的起点就是正式同居合约如今日益常见。(55) 甚至经这条路，多妻制也会抬头，至少在犹他州就是这样（请看注㉛）。确实，魏茨曼（Lenore Weitzman）的抽样调查中有 84%的同居合约规定了单偶制。(56) 但在其余 16%合同中，人们会看到多配偶制复活的可能，且不必然仅在犹他州。契约自由对正式婚姻侵入越深，社会就越难在法律上拒绝承认非常规的自愿性关系，包括多配偶和同性恋性关系。只是不称其为婚姻而已。

在所有这些问题中，大问题是核心家庭如今变得更容易解体、更脆弱
266 和临时，这对孩子有什么影响。本书第六章注意到，现代同居（甚至）不如现代婚姻持久，第七章曾简单浏览了无父家庭对孩子成长的影响。我们看到，主要后果可能是抚养孩子的资源投入逐渐减少，并在原则上，可以用瑞典那种慷慨的福利制度来补偿。但是，这个“原则上”是个重要限定。很少有国家像瑞典人那样无论什么都喜欢社会化，这给瑞典人带来难以承受的重税，甚至瑞典人时下也在反思。

但所有这些议论都太学术了。法律拒绝承认同居也不会扭转核心家庭变得越来越容易解体的趋势。就此而言，必须废除离婚随意制，恢复基于理由的离婚制。但这不是很现实的前景。在由个人主义的富裕人士组成的现代社会，法律不可能强迫夫妇违背意愿生活在一起。正是这种务实的无望推动了无过错离婚。法律拒绝认可同居，主要后果是使女子更难为自己和孩子获得合约保护，不被孩子父亲遗弃；从保护孩子利益尽量维护核心

---

* 这个英文在此直译是聘礼，即求偶男子支付女方家庭的金钱或财物。但译作嫁妆才说得通。——译者注

(53) Becker, *A Treatiese on the Family*, 前注⑭，页 44，129；Posner, 前注㉙，页 186-191。伊斯兰教的类似制度是财礼（dower），由丈夫交付妻子（而不是交付妻子的父亲，那通常是聘礼），在离婚时将由妻子保留。Nasir, 注 1，第 2 章以及页 96。

(54) 请回想第六章中布林格（Margaret Brinig）的订婚戒指讨论。

(55) Weitzman, 前注(51)，ch. 15。

(56) 同上注。

家庭的角度看，这种后果非常不合情理。

　　本章的首要教训是，总体来说，与婚姻相关的、规制性行为的法律从来是对社会种种条件的有效率适应。如禁止多妻制这样的奇异规定，可以说，就是要保证最优化双亲对子女的社会投入；又如禁止离婚，这等于断然拒绝了契约自由，但在当年产生并实施这一禁令的具体历史环境里，这一禁令保护了女子不被剥削。如果这正确描绘了这一领域的法律发展，那么我们可以预料，法律会继续变化，具体来说，是会增加对同居的认可。

1998年8月14日译于合肥省立医院

第十章 怀孕管控

避 孕

成 人

尽管有哈密斯（Norman Himes）的刻苦研究①，令人吃惊的是，我们对避孕的早期历史仍所知甚少。性交中断不花钱，也无须复杂技术，至少《圣经》时代人们就知道了。《圣经》中俄南不让寡嫂怀孕就用了这一技巧。这也是伊斯兰教从一开始就了解、讨论并采用的技巧。② 但罗马天主教教会从其诞生之日起就对避孕法采取了强硬路线（同样反对堕胎），哪怕已婚者也不例外。直到本世纪发现安全期避孕法后，教会才改变了立场，但也只允许这种实际上是最不可靠的方法。我们不清楚法国大革命之前，面对教会的强烈反对，已婚夫妇是否已广泛采用性交中断或其他什么避孕方法。③ 但如果我们根据卡萨诺瓦（Casanova）*的《我的生平》以及马尔萨斯提及的"防范不正常关系之后果的不当艺术"来判断，避孕在婚

---

① Norman E. Himes, *Medical History of Contraception* (1936). 又请看, Augus McLaren, *A History of Contraception: From Antiquity to the Present Day* (1990).
② B. F. Musallam, *Sex and Society in Islam: Birth Control before the Nineteenth Century* (1983).
③ P. P. A. Biller, "Birth-Control in the West in the Thirteenth and Early Fourteenth Centuries," 94 *Past & Present* 3 (1982); *Popular Attitudes toward Birth Control in Pre-Industrial France and England* (Orest Ranum and Patricia Ranum eds., 1972). 然而，17 世纪末，英国贵族家庭结合使用节欲、堕胎和中断性交来限制生育数量。Randolph Trumbach, *The Rise of the Egalitarian Family: Aristocratic Kinship and Domestic Relations in Eighteenth-Century England* 175 (1978).

    * 卡萨诺瓦（1725-1798），意大利冒险家和作家，浪荡公子；自传《我的生平》记述了起冒险经历，反映了当时欧洲社会状况。——译者注

第十章 怀孕管控

外私通,包括妓女关系中都很常见。

家庭总是能且常常趋向于,结合定期禁欲和堕胎或溺婴来限制生育力,其中也有些不可靠但也并非完全无效的避孕手段。④ 在现代之前,在家庭计划中,避孕的相对重要性还不为人知,其重要性可能也一直很小,法国除外,在那里,在大革命时期已婚夫妇就广泛采用了性交中断。麦克莱伦(Angus McLaren)提出,与我的分析精神很是一致,法国已婚夫妇比英国已婚夫妇更早使用避孕品与法国婴儿死亡率更高相关⑤,婴儿死亡率高意味着法国父母或是没有资源养育多个孩子,或就是不想多养孩子,因此,他们不避孕性交的成本比英国夫妇更高。

当市场出现有效避孕品,且人们也不再太想要大家庭时(部分因为婴儿死亡率下降了,这意味着一对夫妇不需要生太多孩子就能相对确定能有两三个孩子长大成人),许多天主教徒无视教会,开始使用避孕品。今天在美国,天主教徒使用避孕品的(西班牙裔天主教徒除外)至少与新教徒和犹太教徒同样普遍。⑥

不管是否有效果,天主教坚持伴侣婚,教会因此一直反对避孕品。这与坚持伴侣婚不一致吗,或是就此而言是中立的?一方面,由于避孕减少了孩子数量,避孕可能被认为降低了丈夫的婚姻收益,尤其是降低了妻子的婚姻收益。因为夫妻俩的孩子越多,妻子对丈夫的经济依赖,以及由此而来她保持婚姻的愿望,自然也就会更大。据此,避孕是导致婚姻破裂概率增大的因素之一。但另一方面,避孕降低了婚内性行为的成本,妻子更像伴侣了,她不需要连续怀孕,也不用全身心照看孩子乃至冷落了丈夫。

---

④ 请看,例如,Warren C. Sanderson, "Quantitative Aspects of Marriage, Fertility and Family Limitation in Nineteenth Century America: Another Application of the Coale Specifications," 16 *Demography* 339 (1979); Paul A. David and Warren C. Sanderson, "The Emergence of a Two-Child Norm among American Birth-Controllers," 13 *Population and Development Review* 1 (1987); 又请看第 5 章的溺婴参引文献。David and Sanderson, "Rudimentary Contraceptive Methods and the American Transition to Marital Fertility Control, 1855–1915," in *Long-Term Factors in American Economic Growth* 307 (Stanley L. Engerman and Robert E. Gallman eds., 1986), 把 19 世纪后期婚内生育率下降归结为婚内性交减少与各种避孕方法的合力。

⑤ McLaren, 前注①,页 165。

⑥ 这种汇合在 1970 年已实际完成。Charles F. Westoff and Norman B. Ryder, *The Contraceptive Revolution* 28–29 以及 tab. II.9 (1977). 然而,有个事实可能表明教会特别强烈反对绝育市场,这就是天主教徒中,为避孕而绝育仍不普遍。Larry L. Bumpass, "The Risk of an Unwanted Birth: The Changing Context of Contraceptive Sterilization in the U.S.," 41 *Population Studies* 347, 357–358 (1987)。

就此而言，避孕又鼓励和强化了婚姻，特别是伴侣婚。因此很难估计避孕对伴侣婚的净效果。但看来比较公道的猜测是，结婚的人会少了些，但伴侣婚的比例更大了。也许最好把教会反对避孕理解为教会反对婚外性行为的逻辑必然，因为避孕确定无疑地降低了婚外性行为的成本。⑦

从天主教的视角看，对避孕的更深拒绝是，它将性与生育分开来了。这使避孕成为获得快感和伴侣关系的工具。教会的立场，尽管并非始终如一，传统上却一直反对把性变成实现生育以外的——哪怕是促进伴侣婚——其他目标的工具。教会赞同安全期避孕看似削弱了这个以及其他任何反对人工避孕的理由。事实却非如此。我们可以把安全期避孕视为一种（周期性）禁欲。因此安全期避孕就不是自然与人为之争，而是禁欲与随性之争，由此区分了获认可的安全期避孕和被否定的其他避孕法。

青少年

即便有天主教教义，在现代西方国家，婚内和未婚成人几乎普遍接受避孕，乃至广泛讨论允许避孕的好处很多余。更具争议的是未婚青少年避孕。对此的分析与第七章有关性教育的讨论相像。使用避孕品增加了非婚性行为的频率，但降低了意外生育的概率。这也降低了堕胎的概率，堕胎是避孕的替代之一（主要替代）。有人认为青少年怀孕和堕胎比青少年性行为更糟、更坏，那么他们就应支持为青少年提供避孕品，除非他怀有不切实际的想法，认为社会可以强制青少年性禁欲，一举解决这三个问题，或是怀有另一不切实际的想法，如果禁了避孕品，青少年怕怀孕就会远远躲开性行为。前者不现实在于贞操已失去价值，且（一个相关要点）如今也不把少女锁在闺房里了；后者不现实则在于贞操崇拜的衰落降低了婚外生育的私人成本，堕胎（合法或非法的）越来越多被用作避孕的后盾，禁止任何避孕品都不可能阻止夫妇诉诸肛交、口交或性交中断。事实上，青少年就普遍使用这些不太可靠的避孕方法。⑧

---

⑦ 方便的避孕品导致婚外性行为增加的证据，除第五章的参引文献外，又请看，Elise F. Jones et al., *Teenage Pregnancy in Industrialized Countries: A Study Sponsored by the Alan Guttmacher Institute* (1986), 尤其是页 8–9 (tab. 1.2), 186–189。

⑧ Maris A. Vinovskis, "An 'Epidemic' of Adolescent Pregnancy? Some Historical Considerations," 6 *Journal of Family History* 205, 217 (1981).

第十章 怀孕管控

所有这些并不是说，避孕品已为那些认定少女怀孕比青少年性行为问题更严重的人提供了完整解决方案。有避孕品，青少年性交频率就会增加，这是决定怀孕风险的主要因素。⑨ 如果避孕品完全有效，且一直使用，就不会有怀孕风险。但这两点都不可能，尤其是当潜在使用者完全不了解性生物学以及各种避孕品的相对有效度时；而有许多青少年也确实不了解，尤其在美国。⑩ 有了避孕品，甚至可能增加少女怀孕数量。青少年可能夸大避孕品的有效性，认定怀孕风险很低，因此频繁性交，而如果他们理解此类风险就可能不会如此频繁。或者，青少年性交只是强烈回应了性行为成本的下降，而避孕品确实降低了性行为的成本。

这个问题因此是经验的，答案则似乎是，避孕品获得便利确实降低了少女怀孕发生率。在 20 世纪七八十年代，青少年非婚性行为数量急剧上升，青少年非婚生子女数量的增长远低于全部非婚生子女数量的增长，主要原因看来就是避孕（而非堕胎）。⑪ 计生诊所的工作就是发放避孕品，就如何使用避孕品提出建议。据估计，这些诊所避免了数十万少女怀孕（和堕胎），其中绝大多数显然未婚。⑫

瑞典的经验表明，积极且明确的性教育，加上向青少年积极提供避孕品⑬，在这个比相应的美国青少年性活跃更甚的青少年群体中，也能把怀孕率降到很低——这当然可能是避孕更有效的后果。我们不能确定，同样的努力在美国会像在瑞典那样有效，因为在瑞典，正式性教育强化了家庭

---

⑨ 请看，例如，Michael A. Koenig and Melvin Zelnik, "The Risk of Premarital First Pregnancy among Metropolitan-Area Teenagers: 1976 and 1979," 14 *Family Planning Perspectives* 239 (1982).

⑩ Jones et al.，前注⑦，页 52。又请看其他论文，in *Adolescents, Sex, and Contraception* (Donn Byrne and William A. Fisher eds. 1983). 为什么父母不告诉孩子有关性的信息呢？为什么这应当是国家行动的问题呢？有人猜想是乱伦禁忌阻碍了父母与孩子谈论性，这种禁忌使他们认为对方是无性的生物。A. R. Allgeier, "Informational Barriers to Contraception," 同上注，页 143, 151。但瑞典的父母和孩子就自由谈论性；这是为什么在瑞典要比在美国青少年避孕更有效的重要原因之一。

⑪ Vinovskis，前注⑧，页 216-218。有关青少年和其他类别的婚外生育统计数据，请看，U.S. Department of Commerce, Bureau of Census, *Statistical Abstract of the United States 1990* 67 (1989) (tab. 90).

⑫ Jacqueline Darroch Forrest, "The Impact of U.S. Family Planning Programs on Births, Abortions and Miscarriages, 1970-1979," 18 *Social Science and Medicine* 461, 462, 464 (1984).

⑬ 瑞典法律要求药剂师出售避孕品，并要求自动售货机出售避孕品。Jan Stepan and Edmund H. Kellog, *The World's Laws on Contraceptives* 48 (1974). 又请看，Jones et al., 前注⑦, ch. 8.

内部的非正式性教育（请看注⑩），如果没有非正式性教育，正式教育就不会那么有效。此外，公共项目还可能有某些递增影响，因为瑞典加大了性教育，在堕胎法自由化的同时，还增强了避孕品提供，这众多努力的结果是，尽管青少年性行为增加了，堕胎数却下降了。⑭ 美国的问题在于，支持性随意政策者与支持性限制政策者的政治均衡涉及很多问题：允许青少年购买避孕品，为怀孕并决定生孩子的少女（无论她们是否结婚了）及其孩子提供公共支持，甚至——尽管争议很大——允许她们堕胎，但不要求学校或其他机构提供性教育，提供性教育时也不要求课程包括避孕方法，或不要求学校或其他机构分发避孕品并提供正确使用的建议。这种政治平衡促成了独特美国组合，青少年性行为泛滥、高怀孕率、高堕胎率，以及大量青少年生育，其中大多是非婚生，许多还是意外生育。⑮ 另一影响因素是，在美国这种社会中，性有道德麻烦，许多少女认为，预先规划性行为并采取有效避孕措施，比现场屈服于性诱惑更不道德（因为在我们的道德判断中，意图是个重要因素）。⑯

　　清教主义可能事实上鼓励了青少年怀孕，鼓励了意外生育，这种观点让人很难接受，但这只因实际有效的清教主义，即那种诱导人们婚前性节制的清教主义，确实会产生相反的效果。同以道德无涉态度对待性行为相比，仅适度降低青少年性行为数量的清教伦理，更可能导致更多青少年怀孕和更多意外生育。至少，美国与瑞典的比较结论就是这样的。

　　诚然，即使决定性地转向瑞典模式，也没法把少女怀孕率降至零，因为在这两国，意外出生（unwanted）与非婚生都不是同义词。⑰ 但

---

⑭ Charles F. Westoff, "Perspectives on Nupatiality and Fertility," in *Below-Replacement Fertility in Industrial Societies: Causes, Consequences, Policies* 155, 167–168 (Kingsley Davis et al. eds. 1987). 又请看, Jones et al., 前注⑦, 页181, 187–201。但也许是父母的加倍努力。

⑮ Jones et al., 前注⑦, ch. 2; 又请看, 第6章的参引文献。

⑯ 同上注, 前注⑦, 页64; Donald L. Strassberg and John M. Mahoney, "Correlates of the Contraceptive Behavior of Adolescents/Young Adults," 25 *Journal of Sex Research* 531 (1988); Meg Gerrard, "Emotional and Cognitive Barriers to Effective Contraception: Are Males and Females Really Different?" in *Female, Males and Sexuality: Theories and Research* 213, 220–224, 233 (Kathryn Kelley ed. 1987); *Adolescents, Sex and Contraception*, 前注⑨, 处处。

⑰ Sandra L. Hanson, David E. Myers, and Alan L. Ginsburg, "The Role of Responsibility and Knowledge in Reducing Teenage Out-of-Wedlock Childbearing," 49 *Journal of Marriage and the Family* 241 (1987).

是，少女怀孕率会低些⑱，结果之一会是堕胎数量下降，对那些认为堕胎比非婚性行为罪孽更重的人来说，这应当是个重要考量。对某些人来说，这就是个重要考量。例如，一位著名天主教神学家就呼吁教会放松避孕禁令，以便减少堕胎数量⑲，而这就是我马上转入的题目。

堕　胎

反对堕胎的人都集中在认定堕胎就是溺婴的群体。这应有助于我们理解，为什么堕胎在古希腊古罗马，只要父亲同意，几乎没啥道德反响。⑳这些社会不认为溺婴是任何犯罪，更说不上是谋杀。在溺婴社会中，对溺婴确有疑虑的人可能认为堕胎实际是个道德进步，是种替代，在没有有效避孕的条件下，还是个重要进步。在认为溺婴是犯罪的社会中，例如，在从一开始就这样认为的基督教社会，情况则不同。更重要的是，由于未婚女子抚养孩子成本通常比已婚女子更高，可以推断未婚女子堕胎比已婚女子更普遍（我们会看到，有统计数据印证了这一假说），那么谴责非婚性行为的社会趋于把堕胎（不是因突如其来的强奸的结果）视为有错误行为的人为摆脱自己错误行为后果的努力。

因此，不奇怪，从一开始，教会就对堕胎持强硬路线；后来，甚至格外强硬。起初，要到胎动后，即能感到胎儿活动，才认为胎儿有灵魂了。此前堕胎就不算溺婴，尽管仍会被视同避孕而受谴责。因为生物学和神学的双重原因，后来，赋灵之际前移，推到了受孕的那一刻，由此导致，自 1869 年以后，对天主教徒来说，所有堕胎均为非法，只有（我们会看到）一个很窄也很含混的例外，即治疗性堕胎，人称间接流产。㉑

---

⑱ Laurie Schwab Zabin, "The Impact of Early Use of Prescription Contraceptives on Reducing Premarital Teenage Pregnancies," 13 *Family Planning Perspectives* 72 (1981). 请回想第六章，美国的意外人口出生率是瑞典的两倍。

⑲ Bernard Haring, "A Theological Evaluation," in *The Morality of Abortion: Legal and Historical Perspectives* 123, 134 (John T. Noonan, Jr., ed 1970).

⑳ Eva Cantarella, *Pandora's Daughters: The Role and Status of Women in Greek and Roman Antiquity* 165 (1987).

㉑ 天主教的堕胎教义演化，请看，John Noonan, Jr., "An Almost Absolute Value in History," in *The Morality of Abortion*, 前注 19，页 1；Roger John Huser, *The Crime of Abortion in Canon Law: An Historical Synopsis and Commentary* (1986).

在传统天主教思想中，赋灵后堕胎比溺婴更恶劣，因为后果可怕，把胎儿送到了地狱的边缘，因为未受洗的灵魂就会遭受这样的命运。这就提出了一个强有力论点，拒绝即便是间接堕胎。今天，天主教讨论中没人再说这一点了，因为人们相信胎儿流产前也可以受洗。放弃了这一点，天主教反对堕胎教义的唯一支撑就是溺婴禁忌了。确实，即便没有这一禁忌，在教会眼中，许多甚或大多数堕胎也是错误的，因为堕胎是一种生育控制，与使用避孕品一样（但可以说与安全期避孕有别），用来分离性与生育的联系。然而，当堕胎女子是强奸受害者时，这个理由就很单薄，只是天主教教义仍不认可这个例外。这就是为什么我说，将堕胎归为溺婴，这是天主教堕胎观的最本质的前提。

　　要想理解教会也承认的例外，一定要理解天主教的双重后果说。一个行为有两个后果，一好一坏，如果行为只是为了好后果，该行为就无罪。因此，如果你在只能载一人的救生筏上，有人试图爬上救生筏，你可以把他推开，无罪过，前提是你这样做就为了救自己，没想或还想到杀人。

　　这似乎是，只要为救母亲必须如此，就有理由堕胎。但这仍不是天主教的立场：

> 失去胎儿绝非医生的目的或意图，那只是为拯救母亲生命不得延误的、认真必要的治疗或手术的副产品，是间接的，依据双重后果说可证成。直接堕胎不同，那是目的本身，或是实现某个目的的手段，直接在胎儿可存活前中断怀孕，明显有直接攻击无辜生命的恶意，即便这也有益于母亲的健康。㉒

　　因此，如果怀孕女子患了子宫癌，不当即切除子宫，将有生命危险，双重后果说就允许切除，即便胎儿会死。这里的行为是子宫切除；有双重后果，而期望的只是好后果。但如果仅仅是该女子身体太弱，无法熬过孩子出生，就不允许堕胎，因为堕胎并非治疗身体虚弱的副产品。唯一行动就是杀死这个胎儿，在此，胎儿之死不是出于某目的不同之行为的未意图的后果。但这种区别有意义吗？我认为有。在前一情况下，这位母

㉒ "Abortion, II (Moral Aspect)," *New Catholic Encyclopedia, vol. 1*, 28 (1967). 又请看，Haring, 前注⑲，页125, 135-136；Huser, 前注㉑，页86-88；Noonan, 前注㉑，页26-34, 41-42, 46-50；Hans Lotstra, *Abortion: The Catholic Debate in America* 36-38 (1985).

第十章 怀孕管控

亲只是保存自己的生命不受疾病影响,就像救生筏上的男子为维护自己的生命推下了落水者,他没有意淹死后者。第二种情况就不能这样类比,因为该行为本身是杀死胎儿(不止推搡,死亡结果是意外),而且,也并非诡辩,这里还少了一个至为重要但未明言的条件,即优先权。允许母亲维护自己免受癌症侵害,是因为癌细胞无权侵入她身体。允许救生筏上的男子自我保护,不让落水者登筏,是因为在争抢救生筏时,认定先占者有优先权。人们可以质疑这一认定。因为尽管优先占有(possession)或占用(occupation)是产权配置的通常规则,但就救生筏而言,先占规则不具支配力,只是便利而已,先占规则只是让运气来决定谁先抢到救生筏。为什么让运气来决定谁能或不能活呢?就因为其他许多情况也都是这样决定的?但不论如何回答这些问题,就母亲身体虚弱的案例而言,这位母亲无法声称自己有高于这个赋灵胎儿的权利。母亲和胎儿地位同等。他们有同等的生命权。这位母亲无权夺去胎儿生命拯救自己。

因此,天主教的立场在逻辑上令人印象深刻[23],尽管我稍后会指出它可能的漏洞。但现代西方社会包括美国,几乎一致拒绝这个立场。在决定若伊诉韦德案时,三个州除外,其他各州堕胎法都明确规定了例外,支持或接受为拯救母亲生命所必需的堕胎,且不论这种堕胎是直接还是间接的。[24] 在美国生命权运动中,也仅有少数极端者禁止为拯救母亲生命(甚至是若怀孕足月会危及母亲生命)所必需的堕胎。该运动的立场与传统犹太人的立场相似(但今天只有犹太教徒才持这一立场),如果危及母亲生命,就允许堕胎,且这一允许也有明确优先,即现有的生命优先于潜在的生命。[25] 我肯定,这也是大多数美国天主教信徒的立场。

新教徒过去和今天都和天主教徒一样,敌视溺婴。尽管原初新教徒也谴责早期堕胎是避孕,认为避孕与上帝要求人们儿孙满堂的指令不一致,但由于他们一直没把赋灵追溯到受孕之际[26],他们也就没有天主教那

---

[23] 至少有人可能忽略了,因为我将忽略天主教立场的最奇怪特征:即便预期胎儿活不到出生,也直接禁止堕胎,那么母亲和胎儿就都会死亡。Daniel Callahan, *Abortion: Law, Choice and Morality* 424-425 (1970).

[24] Rodman, Sarvis, and Bonar, 前注[19], 页173-174。

[25] David M. Feldman, *Marital Relations, Birth Control, and Abortion in Jewish Law* 275 (1968).

[26] Noonan, 前注[21]。

么强烈的教义基础禁止怀孕初期的堕胎。㉗ 天主教把赋灵前移了，这首先反映了生物学的发现，即受孕发生在卵子受精的那一刻，这影响了19世纪立法禁止胎动前后的堕胎。㉘ 此前，没人确定知道胎儿生命究竟始于何时。其次，赋灵日期的改变也反映了圣母无瑕受孕的教义（doctrine of Immaculate Conception）（即圣母玛利亚生来没有原罪），教会宣布该教义后不久就扩大了其禁令，禁止流产未胎动的胎儿，而这一禁令本身也是重新理解受孕的一部分。很难设想，在完美受孕后的几周内，这个胎儿一直都没有灵魂；并且，尽管早期赋灵本来可能仅限于圣母玛利亚，但还是被传递给了所有人类胎儿。

在堕胎问题上，东正教与新教主流间的鸿沟越来越大。努南（John Noonan）编著的书中，收入了三位新教神学家的著作，其中两位愿意支持某些与拯救母亲生命无关的堕胎。改革派犹太人也如此。但是福音派和原教旨主义新教徒，就同大多数正统犹太教徒一样，不赞成任何非为拯救母亲生命所必需的堕胎。对于他们来说，生命始于受孕，与赋灵的任何细节无关。

19世纪末，堕胎医术改善了，由于基督教性道德松弛，非婚怀孕率上升，堕胎的需求和供给也增加了。但由于堕胎仍非法，堕胎增加的最可见后果就是堕胎女子死亡增多了，她们常常在非法的"堕胎作坊"中接受此类手术。㉙ 在我们从第七章中了解的在医学界鼓动下㉚，当时妇女运动的回应，就是要求以更有效的法律打击堕胎，加大教育和计生工作，旨在减少意外怀孕的发生。这种回应被证明还不够。婚外性行为频率上升，避孕不完美，这导致了堕胎需求增加。增加了的堕胎需求会同妇女政治权力的上升，导致反堕胎法的逐步放宽，尽管在美国还要联邦最高法院援助一臂之力。今天，在大多数发达国家，都可以合法获得堕胎，基本是有求即应（on demand），至少对早期怀孕如此（上限为12周或有时是18周）；据估

㉗ Martin Luther, "Lectures on Genesis," in *Luther's Works*, vol. 4,304 (Jaroslav Pelikan and Walter A. Hansen eds. 1964). 请看一般介绍，Grisez, 前注⑲, 页156-165。

㉘ Joseph W. Dellapenna, "The History of Abortion: Technology, Morality, and Law," 40 *University of Pittsburgh Law Review* 359, 404 (1979).

㉙ 一份令人不安的加拿大1926-1947年非法堕胎的死亡统计数据，请看，Angus McLaren and Arlene Tigar McLaren, *The Bedroom and the State: The Changing Practices and Politics of Contraception and Abortion in Canada, 1880-1980*, 51 (1986).

㉚ 不仅是在美国。McLaren, 前注①, 页190。

第十章 怀孕管控

计,每年合法堕胎超过 2500 万例,其中美国 150 万例。㉛

根据美国的数据,我们了解到,堕胎女子大多未婚(83%),1/4 年龄 20 岁以下。㉜ 91%略多在怀孕 12 周内堕胎。按世界标准来看,这并不糟糕。但在另一些国家,包括丹麦、瑞典、新加坡和匈牙利,早期堕胎比例更高。例如,在丹麦,比例为 97.6%。这一差别可能与以下事实有关:在美国,仅有 13%的堕胎在医院进行,在丹麦、瑞典和匈牙利,100%在医院进行。㉝ 堕胎诊所的地理分布不像医院那么广泛,堕胎的搜寻和旅行成本越高,堕胎时间就越晚。

由于非法堕胎的数据不纳入统计报告,因此很难衡量堕胎合法化对堕胎数量的影响,但无疑,影响为正值(请看第七章)。堕胎合法后,搜寻和旅行成本低多了,医学风险也更低。有人估计,1963-1968 年间(这一时期,在大多数州堕胎是非法的,在美国的大多数堕胎也都非法),每 10 万例堕胎有 72 例母亲死亡;到 1976 年,若伊诉韦德案(1973 年)令大多数堕胎合法后,这一数字降到了 0.8/10 万。㉞ 不应假定,所有非法堕胎的死亡都因手术操作者本人不称职。有许多人死亡可能就因为当堕胎非法时,更高的搜寻和旅行成本耽搁了堕胎,每耽搁一周,死亡率就上升 30%。㉟ 堕胎合法化后,堕胎的全部价格(不仅包括名义价格,还包括了旅

㉛ Stanley K. Henshaw, "Induced Abortion: A World Review, 1990," 22 *Family Planning Perspectives* 76, 78 (tab. 2) (1990). 基本是限制需求,这很重要。许多发达国家对堕胎的限制比美国在若伊诉韦德案制度下的限制更多。事实上,有人列举了除美国外,仅有 5 个西欧北美国家对堕胎是有求必应的,即奥地利、丹麦、希腊、挪威和瑞典;请看, Mary Ann Glendon, *Abortion and Divorce in Western Law* 151-154 (1987). 她研究的其他 12 国都要求有堕胎咨询或医生证明,或两者皆备 (Glendon, 页 145-150),但"实际上,在大多数这些国家……如今女子在头三个月合法结束任何意外怀孕似乎都相当容易。" Glendon, 页 13。

㉜ 本段的统计数字来自, Henshaw, 前注③, 页 82-83,85-86 (tabs. 4-7)。

㉝ 没有新加坡的数字。有关美国医院不愿堕胎的记载,请看, Gerald Rosenberg, *The Hollow Hope: Can Courts Bring about Social Change?* 189-195 (1991), 美国医院的状况反映了堕胎在美国争议很大。例如,1985 年,只有 17%的公立医院做过堕胎,相比之下,有 23%的非天主教私立医院做过堕胎。同上注,页 190, (tab. 6.2)。

㉞ Christopher Tietze, *Induced Abortion: 1979* 86 (3d ed., 1979); 到 1979 年数字甚至进一步降低了,低到 0.5。Christopher Tietze, *Induced Abortion: A World Review 1981* 93-94 (4ᵗʰ ed., 1981) (tab. 21). 因堕胎致死的数字下降当然小多了,因为堕胎更多了,但数字仍挺惊人:从 1953-1957 年间 14-44 岁的女子堕胎死亡率百万分之 6.9 降到 1973-1977 年间的百万分之 0.3。Tietze (1981) 页 106 (tab. 25). 头一个数字是个粗略估值,因为非法堕胎总数不清楚。堕胎死亡率(对于母亲来说)如今比生育死亡率低很多了。Rodman, Sarvis, and Bonar, 前注⑲, 页 65。

㉟ Tietze (1981), 前注㉞, 页 92。

行和其他如时间、医疗风险这些非货币代价）降低了，堕胎数量上升了，就像经济学理论预测的那样。

现在要考察一下决定堕胎的一些因子。有研究发现，女子，甚至少女，她们的决定很大程度也是基于诸多理性（这不是说，就都是道德上可接受的）因素。因此，如果女子未婚，如果她们不属于公共援助为之提供了诱惑的就业替代作为其财政来源的阶层，如果生活在城市（城市降低了搜寻和旅行成本），或是，如果她们还在上学；简单来说，如果相对于堕胎，养育孩子的成本更高的话，她们就更可能堕胎。㊱ 考虑到所有这些经济因素，天主教教诲就不是其决定堕胎与否的一个重要因子。㊲ 这个结果表明人类行为的经济学模型很有解说力。令生育成本增加的大多数因子对青少年的影响胜过对成年女子的影响，例如，中断学业，以及没有孩子父亲的协助，缺乏养育孩子所需的情感和物质资源。与这一观察结果一致的是，即便调整了性行为频度和生育率差异后（例如，这预测50岁以上的女子堕胎率非常低），未婚少女的堕胎率仍几乎是其他女子堕胎率的10倍。㊳

无论是胎儿母亲的健康——这是天主教信徒唯一许可堕胎的因子（再加上进一步限定，堕胎必须是间接的，且母亲一定要有死亡风险），或强奸、乱伦和胎儿可能畸形或有其他健康问题（这些情况会影响那些既反对对堕胎有求必应，又不愿把一切非治疗性堕胎都定为非法的人），都不是决定堕胎与否的突出因子。因此，新近对曾堕胎女子的一项问卷调查中，只有1%的人的堕胎理由是她们是强奸或乱伦的受害者，7%的女子说自己有

㊱ Arleen Leibowitz, Marvin Eisen, and Winston K. Chow, "An Economic Model of Teenage Pregnancy Decision-Making," 23 *Demography* 67 (1986); Eve Powell-Griner and Katherine Trent, "Sociodemographic Determinants of Abortion in the United States," 24 *Demography* 553 (1987); Robert M. Pierce, "Ecological Analysis of the Socioeconomic Status of Women Having Abortion in Manhattan," 15D *Social Science and Medicine* 277 (1981).

㊲ Leibowitz, Eisen, and Chow, 前注㊱，页73-74；Robert Y. Butts and Michael J. Sporakowski, "Unwed Pregnancy Decisions: Some Background Factors," 10 *Journal of Sex Research* 110, 115 (1974); 但请看, Dorie Giles Williams, "Religion, Beliefs about Human Life, and the Abortion Decision," 24 *Review of Religious Research* 40 (1982). 这都是美国的统计数据，但有意思的是天主教的意大利（或应说是名义上是天主教的意大利）堕胎率世界最高，比美国高得多。Elise F. Jones et al., *Pregnancy, Contraception, and Family Planning Services in Industrialized Countries* 7 (1989) (tab. 2.1). 很巧的是，在这些研究中，当控制经济因素时，种族和宗教的差别都趋于消失了。

㊳ Jan E. Trost, "Abortions in Relation to Age, Coital Frequency, and Fecundity," 15 *Archives of Sexual Behavior* 505, 508 (1986).

第十章 怀孕管控

健康问题，13%的女子说胎儿可能有健康问题。㊴ 这些数字其实夸大了这些因子的影响，因为大多数女子都给出了几个堕胎理由。最常提及的是，女子"担心有了孩子可能改变自己生活"（76%），"现在养不起孩子"（68%），"与男子的关系有麻烦或想避免单亲家庭"（51%），"还没准备好承担责任"（31%），"不想他人知道自己有过性行为或怀孕了"（31%），以及"还不成熟，太年轻，不能要孩子"（30%，但18岁以下的女子回答比例升至81%，30岁以上的女子这个比例降至4%）。无论这项调查，还是我看到的任何其他证据都表明，人们决定堕胎都不是基于无关紧要的理由，比方说，喜欢男孩或女孩。当然，也只是近年，才能尽早确定胎儿性别，以便早期堕胎。

就以这些美国堕胎的主要数据摘要为背景，让我们看一看可否解决一个规范问题——是否对女孩和女子的堕胎的权利有所限制——有所进展。首先，这个问题似乎取决于鉴于美国社会强烈的反溺婴禁忌，一个人是否相信婴儿生命始于受孕、胎动、可存活（胎儿可在母体外活下来）、怀孕其他阶段或是出生。而且，这是个宗教问题或形而上的问题，无法理性分析。至少，无法进行经济学或功利主义分析，因为经济学或功利主义划不出福利应最大化的那个社区的边界。试图用"理性"来确定这些边界只会导致一些荒谬命题，如"根据相关道德特点的任何公道比较……小牛、猪和备受嘲弄的鸡都比任何怀孕阶段的胎儿重要多了。"㊵ 但大多数主张胎儿生命权的人都愿意为救助母亲生命，必要时容忍堕胎，而且不管微妙的双重后果说。这表明，对人类生命始于何时的回答不必然决定——哪怕是在火药味十足的道德话语中——是否允许堕胎。

甚至早期天主教的立场也有内在紧张关系。首先，怀孕满月生下孩子是否真会导致母亲死亡，这一点通常并不确定；一般说来，一个人都是在胎儿即刻死亡的确定性与母亲不堕胎就可能死亡的高概率之间权衡。癌症是种神秘疾病，有些人没治也康复了。在胎儿无法独自存活前，切除患癌子宫，肯定会杀死胎儿，但不能肯定的是，如果不切除子宫，这位母亲就

279

㊴ Aida Torres and Jacqueline Darroch Forret, "Why Do Women Have Abortions?" 30 *Family Planning Perspectives* 169, 170 (1988) (tab. 1).

㊵ Peter Singer, *Practical Ethics* 118 (1979). 我特别喜欢这句话中两个"任何"、"远比"以及该书名中的"实践"等词。诉诸理性原则来决定谁在社区以内或以外的其他荒唐例证，请看，*The Problems of Jurisprudence* 339–340 (1990).

一定死亡。如果目标是最大限度地挽救生命，禁止一切堕胎，只有当胎儿确实无法救助时才允许例外，这个规则似乎更好。其次，堕胎的双重后果说没有考虑女子怀孕的理由。假定，怀孕通常是非婚性行为的后果，而在天主教教义中，这种性行为本身就是致命的罪孽。这样一来，该女子的生命与胎儿的生命的对称就被摧毁了。只有胎儿是无辜的。我们不允许一个人因不法行为给自己带来生命危险时还主张有权自卫。例如，我们不允许抢劫逃犯对追捕他的警察开枪，仅因他合乎情理地认为自己生命有危险。因此，(似乎) 不应允许一位因自身过错而怀孕的女子获得会杀死胎儿的医疗。

因此，哪怕看似不屈不挠的天主教立场也仍表现出对现实——更精确地说，两个现实——的某种妥协。第一是，哪怕女子生命受到威胁，也禁止她堕胎，这条规则无法遵守：简单说来，在这种情况下，堕胎的私人收益实在太大。第二个 (以及相关) 现实是，今天的天主教徒和非天主教徒都认为成人生命比胎儿生命价值更高。这第二点尤为重要，因为这个规则破坏了生命权运动的基本前提，即胎儿与孩子没区别。(这一运动甚至因此理由而不支持强奸案中堕胎：允许一位母亲因孩子是强奸的产物就杀死这个孩子，这不可思议。) 大多数人认为儿童生命与成人生命一样宝贵；因此，如果他们又认为胎儿生命不像成人生命那么有价值，那么，他们就一定是——如果前后一致——认为胎儿生命不像儿童生命那么有价值，也因此，胎儿不值得得到与儿童相同的尊重。即便宗教信仰深刻的天主教徒，在我这里论辩的意义上，也接受这一点。

如果我们从已为众多美国天主教徒忽视的东正教立场转向生命权主流派的立场，即如果母亲有生命危险就允许直接或间接地堕胎，这种意义就格外清楚了。后一立场对成人生命要比对胎儿生命的隐含定价高多了。让我们假定如果母亲不堕胎死亡概率为 10%。大多数生命权运动支持者认为这种情况下可以堕胎。其中寓意就是，一个母亲抵十个胎儿。我不认为他们会认为一位母亲比一个儿童更有价值。这隐含的是一个儿童也抵十个胎儿。我认为，如果生命权支持者希望自己信念前后一致，那么这就是他们承诺坚信的。

关于胎儿价值如何的另一线索是，当年堕胎为犯罪时，对其惩罚也不像对谋杀那么严厉。故意杀死婴儿过去和今天都是谋杀；故意堕胎却不是。当然，在决定惩罚的严厉程度时，犯罪后果并非唯一考量。另一考量是抓

第十章 怀孕管控

获和定罪的概率。当其他因素相等时,该概率越低,对该犯罪的惩罚就越严厉。按这个标准,惩罚堕胎就应当比惩罚杀婴更严厉,因为堕胎更难发现。事实相反,惩罚堕胎要轻得多。

我们社会有许多正派、正直的人都认为,畸形、重度智障或其他有严重缺陷的新生儿不如健康新生儿宝贵,尽管他们不大会直接这么说。表现存在这种信念的事实是,父母会与产科大夫协议让许多前一类婴儿死去(这是抛弃新生儿的一种方式,是传统的溺婴)。㊶ 这是一种得到了广泛默许宽容的溺婴。确实,生命权运动断然不同意这一立场,但我的意思是,当该运动,为了拯救母亲的生命,而认可它视之为溺婴的堕胎之际,就已损害了其立场。

这一讨论表明,我们社会中大多数人是情愿用胎儿生命来换取其他善品(goods),并不必然涉及另一无辜者的生命。这个斜坡既陡又滑,下一步要注意,哪怕堕胎决定是基于某些更低下的考量,如怀孕足月对母亲收入的影响,堕胎后果可能是为拯救另一生命,即便不是母亲的生命。如果没有堕胎,人口会更快增长(如果有效打压堕胎,几乎肯定如此)㊷,社会会更快到达人们感觉人口过剩的状态;出生率会下降;假如更早些允许堕胎,就会有些本来不会出生的孩子得以出生。这些就是因允许堕胎而得以出生的孩子。即便在短期内,堕胎减少的出生人数也并非堕胎数量。堕胎通常用来影响出生时间而不是(或以及)出生数量。此外,堕胎使女子提前(早于让她怀孕足月生下孩子)回到有怀孕能力的人口中,因此允许了更多完整怀孕(包括生育)。另一相关考量是,允许一位本来会丧命的女子堕胎,就挽救了这位女子的生育能力,就有了未来的生育,这是将双重后果说应用于间接堕胎的证成之一。㊸

基于这些考量,有人估计,1.83 个堕胎总人口才少一人㊹,这转而表明——至少在经济学家看来——一次堕胎也就算减少了半个孩子。不错,溺婴也有置换效果(即父母如果留下这个孩子,就不太可能再要一个),同样的论点也可以用来支持溺婴。事实上,就像我前面说过的,当婴

㊶ 请看,例如,Anthony M. Shaw and Iris A. Shaw, "Birth Defects: From 'Dilemmas of Informed Consent in Children," in *Moral Problems in Medicine* (Samuel Gorovitz et al. eds. 2d ed., 1983).

㊷ Jones et al., 前注⑦, 页 8-9 (tab. 1.2).

㊸ Haring, 前注⑲, 页 135-136。但请看前注㉓。

㊹ Stephen P. Coelen and Robert J. McIntyre, "An Economic Model of Pronatalist and Abortion Policies," 86 *Journal of Political Economy* 1077, 1097 (1978).

儿严重畸形或不健康时，美国社会也广泛容忍溺婴，这种情况下替代效应被最大化了。在此要注意，与堕胎争议相关，不宽容溺婴的长期增长似乎与一系列非常现实的因素有关，而不是突然爆发的良心发现。（因为，似乎在教会谴责溺婴后很长一段时间内，大规模溺婴都在欧洲持续，事实上，一直持续到19世纪。）⑤ 首要因素是婴儿死亡率下降。婴儿死亡越多，溺婴引发的共鸣就越少：无须溺婴，许多新生儿都可能死去，尤其是如果孩子有病的话。第二个因素就是新生儿医学的完善，矫治畸形婴儿，患病婴儿获得合理生活前景更容易了。鉴于传统上更多溺女婴而不是溺男婴，第三个因素就尤为重要，这就是女子就业前景的改善，这降低了养育女孩的费用，无论是嫁妆还是在家当老姑娘的生活开销。⑥ 第四个因素是避孕——以及堕胎——的改进，使夫妇更容易实现预期的孩子数量（婴儿死亡率下降也有助于此）。第五个因素是社会财富增加：父母亲可以放弃他们养不起的孩子，让国家或私人收养。

这其中有几个因素，直到晚近，在一个与反堕胎并行的趋势中都很重要，但当女子职业模式变化改变了传统女子的性战略，开始更强调性自由、更少要孩子和女子对生育的控制力更大，以及堕胎变成安全且廉价的手术时，这个趋势就反转了。在这一刻，人们对溺婴和堕胎的态度分道扬镳了，溺婴禁忌不再主导人们关于堕胎的思考了。

如果这些实际考虑因素，会如我认为的那样，大大影响我们对溺婴和堕胎这些感情浓烈问题的态度，也许我们就应继续冷静考察堕胎毁灭的生命之价值。我们应该注意到，例如，堕胎使父母在孩子身上投入更多

---

⑤ William L. Langer, "Infanticide: A Historical Survey," 1 *History of Childhood Quarterly: The Journal of Psychohistory* 353, 355-361 (1974). 确实，博斯维尔（John Boswell, *The Kindness of Strangers: The Abandonment of Children in Western Europe from Late Antiquity to the Renaissance* 111-113 (1988)）说许多被抛弃的儿童没死，而是被"回收"成了奴隶或妓女；奇怪的是，这种命运是否意味着对儿童利益的微妙考虑。

⑥ 这并不是说，如今所有地方都放弃溺杀健康女婴了。Yoram Ben-Porath and Finis Welch, "Do Sex Preferences Really Matter?" 90 *Quarterly Journal of Economics* 285, 307 (1976), 该文提出一些证据表明在孟加拉国，在出生于男孩多于女孩的家庭中的女孩更可能长大成人，而男孩存活的概率与家中女孩数量无关。这种有性别偏见的溺婴（偏向溺杀女婴）有个概述，请看, Sarah Blaffer Hrdy and Glenn Hausfater, "Comparative and Evolutionary Perspectives on Infanticide: Introduction and Overview," in *Infanticide: Comparative and Evolutionary Perspectives* xiii, xxxii-xxxiii (Glenn Hausfater and Sarah Blaffer Hrdy eds., 1984).

第十章 怀孕管控

了,以牺牲孩子的数量提升了孩子的质量[47],使用避孕品,推迟了怀孕时间,对孩子和父母都有利(他们的利益交织),从而增强了这一效果。一项有关因不许母亲堕胎而出生的瑞典儿童研究表明,成年后,他们卷入犯罪的数量高于常规,酗酒也高于平均数,其他方面的适应能力也不如一般瑞典人。[48] 今天世界上还有许多地方条件贫困,不许堕胎可能导致一对夫妇的一个甚或更多孩子挨饿。

所有有关生命交换的这一麻烦,以及依据双重后果说也无法清净的理由,就是它违反了基督教和康德的禁令,即把人视为目的而不是手段。我们这里说的是,为了其他孩子,有意杀害有无法理性反驳的根据视其为人的胎儿。因为即使婴儿出生数量不受影响(真的不会受影响),堕胎也并不只影响婴儿的出生时间。后来出生的并不是那些被流产的胎儿,他们永远不会出生了,出生的是另外一些人。[49] 只有在功利主义分析中,才能从道德上认可先前几段文字中讨论的那些交换。然而,如果我是对的,即使在天主教正统教义的核心中,更有理由在现代生命权运动的核心中,发现它们都拒绝将胎儿与孩子价值完全等同,那么——如果我是对的,即我们对溺婴的态度也是偶然的而非绝对的——就很难否认功利主义考量与堕胎辩论相关。即使接受生命权运动的大前提,把胎儿作为福利最大化之群体的一员,也无法认为,道德上正确的堕胎政策有可能与大多数西方国家趋同的方向大相径庭。

一旦承认功利主义考量,第七章提及的有关堕胎合法化影响堕胎数量的数据就变得十分重要了。如果禁止堕胎可能减少的堕胎数确实不超过30%,那么禁止的收益相对于成本来说就降低了,而成本包括那些即使堕

---

[47] 关于提供避孕和堕胎导致出生婴儿更健康的经验证据,请看,Michael Grossman and Theodore J. Joyce, "Unobservables, Pregnancy Resolutions, and Birth Weight Production Functions in New York City," 98 *Journal of Political Economy* 983 (1990); Joyce, "The Impact of Induced Abortion on Black and White Birth Outcomes in the United States," 24 *Demography* 229, 240 (1987) (tab. 5).

[48] Carolyn Teich Adams and Kathryn Teich Winston, *Mothers at Work: Public Policies in the United States, Sweden, and China* 40 (1980). 孩子均出生于20世纪60年代,早于瑞典1975年修改堕胎法,怀孕头18周内的堕胎基本是有求必应。其他有关母亲堕胎被拒后出生的孩子的研究得出了类似结论。这些研究的概述,请看,Paul K. B. Dagg, "The Psychological Sequelae of Therapeutic Abortion——Denied and Completed," 148 *American Journal of Psychiatry* 578, 583 (1991). 又请看,Natalie Angier, "Longtime Anger Found in Those Denied Abortion," *New York Times*, May 29, 1991, B8.

[49] 参见,Derek Parfit, *Reasons and Persons* 259, 364 (1984).

胎为非法仍会自行堕胎的女子的生命和健康风险，假定这些女子数量是如今合法堕胎女子总数的70%。当然，禁止堕胎还得有比在若伊诉韦德案之前更强有力的执法努力。这要求投入巨量资源才能大大减少非法堕胎数量，尤其是堕胎技术如今已广泛传播，"事后避孕片"（一种化学堕胎药）即将上市，此外还有这样一个事实，即预期有更多州会继续保留比当年若伊诉韦德案决定时更宽容的堕胎法。

让我们把这种功利主义分析再推进一步。就禁止堕胎的收益而言，目前堕胎胎儿中会有30%能得救。会是这样吗？当堕胎非法时，堕胎费用增加（在出行、延误、健康风险以及补偿堕胎提供者受罚风险的额外费用）的后果之一是增加了避孕和禁欲的好处，从而阻止了某些怀孕。因此，因禁止堕胎而减少堕胎数量的一种方式就是减少了怀孕数量。但可以预料，被禁令阻止堕胎的那30%女子中，有些人就不会怀孕，自然也就不会有胎儿得救。因此，我们再次看到，堕胎减少的孩子总数并非堕胎的数量。尽管如此，即便禁止堕胎法的实施并不比若伊诉韦德案之前更强劲，堕胎禁令仍会导致胎儿存量净增，尽管——在做了上述调整后——净增的数量会远低于今天堕胎数的30%。

对堕胎的下一步功利主义分析自然是比较收益和成本，一方面是这些救下来的胎儿的收益，另一方面则是这些胎儿父母的成本、父母的其他孩子的成本、为应对堕胎非法带来的更高堕胎费用，一些女子（和男子）被迫改变性或避孕方式耗费的成本，以及因非法堕胎死伤女子的成本。但这里立刻出现一个问题：如何估量这些胎儿的价值？是按——假如胎儿有意识——这些胎儿的自我估量，还是按这个社会对这些胎儿的估量？用前一种办法，如果有，那也几乎没法基于功利主义理由为流产任何健康胎儿辩解。但用这种手段会使我们坚持一种总体的功利主义，其目标不是最大化某一特定人类群体的幸福、快乐、偏好满足或其他什么东西，而是最大化包括胎儿在内的这个宇宙的幸福总量。这种进路的寓意是，赞同第七章认为可接受的一般人口政策。如果我们把福利最大化的相关社区仅限于已出生的人，并且如果我是对的，即社会甚至天主教会也认为胎儿的生命价值比儿童或成人的生命价值低很多，那么禁止堕胎的收益就得打折，甚或得大大打折。至少，怀孕早期堕胎会如此。功利主义分析表明，堕胎越晚，支持堕胎决定的法律理由就越弱。这种女子收益也越少，因为她已经承担了意外怀孕的某些成本，这时堕胎风险也更高了，因此堕胎的成本也

第十章 怀孕管控

更高了。但另一方面，人们也可能更好评估胎儿健康和生命前景，丧失生命前景的成本可能也更高了。因此，医学进步使怀孕期内更容易发现婴儿出生是否严重畸形或有其他健康毛病，这有助于解说为什么敌视溺婴与宽容堕胎能够并存㊾：因为堕胎越便利，溺婴似乎就越没理由。支持怀孕后期堕胎的最强理由是，只有到怀孕后期才能诊断出婴儿的严重畸形（有些还相当可怕），但这个问题最终可能会克服。即使今天，怀孕晚期（third-trimester）堕胎都罕见了。㊿

然而，如果说我的功利主义分析毫无疑问地支持了哪怕是最早期怀孕的堕胎权，这就错了。定量分析（有限的，因为在此领域一定只能是有限的）强调了这种不确定性（这是个悖论）。禁止堕胎的主要收益是每个没被流产胎儿的价值乘以没被流产胎儿的总数，这个总数是该禁令实际防止或遏制的堕胎百分比［我们设定这一百分比（可能夸大了）为30%］以及人口实际减一所需的堕胎数（我设定为1.83）的函数。因此，该禁令的收益就是 v（每个没被流产胎儿的价值）乘以 $0.16n$（$0.3/1.83 = 0.16$），这里的 n 是如果没有该禁令每年堕胎的平均值。此外节省的还有该禁令防止或遏制的堕胎成本。这个数很小，尽管肯定会被实施禁令的费用和非法堕胎比合法堕胎的更高成本完全抵消，因为，请记住，大多数堕胎是防不住的，只是被转移到非法堕胎市场上了。

在成本计算这方面，最显著因素是，同合法堕胎相比，非法堕胎中母亲的死亡风险增加，从定量上看几乎没有意义。有人估计，即使在20世纪60年代，当时美国几乎所有州堕胎均非法，堕胎死亡的风险也只有72/10万人，若伊诉韦德案之后，这个数字则低于1/10万人（请看前注㉞的正文）。这个72/10万人很不实在，因为这得假定我们知道当时有多少非法堕胎，事实是我们不知道，我们只是最粗略的估计。（我们可以略微自信地估计，在20世纪60年代，每年有不到400名美国女子因堕胎死亡。）○51 如果我们接受这个72/10万人，并假定若禁止堕胎，今天的合法堕胎会有70%以非法方式重现，且假定我们认为母亲的生命价值是胎儿生命价值的十

㊾ 参见，Suzanne G. Frayser, *Varieties of Sexual Experience: An Anthropological Perspective on Human Sexuality* 300–301 (1985).

㊿ Rodman, Sarvis, and Bonar, 前注⑲，页59–60。

○51 Christopher Tietze, "Abortion on Request: Its Consequences for Population Trends and Public Health," in *Abortion: Changing Views and Practice* 165 (R. Bruce Sloane ed., 1971).

倍,那么对母亲来说,死亡风险增加的成本将仅为 0.005v;这个数实在太小,对计算结果没有重要影响。由于禁止堕胎令女子怀孕足月再因分娩死亡的风险也很低,对计算结果也没重要影响。

我们可以忽略那些选择非法堕胎的怀孕女子的死亡风险,因为这种风险太小了;但不因为"这是认定某法——规避该法的人会遭罪——违宪的奇怪论点"。[53] 无论宪法分析还是立法分析,有些女子愿为堕胎冒风险都是相关的,因为这些风险确定了该法给这些女子施加的最低成本估值。如果该法执行非常强力,封死了她们规避的可能,成本还会更高。

因此,这一权衡(trade-off),就是以 v(胎儿价值)乘以目前堕胎数的 16%(或用 0.16v 乘以目前堕胎数,结果一样);以及对那些会合法堕胎但不会冒非法堕胎风险的孕妇的成本,以及对于这些女子眼下和未来的其他孩子的成本,这些成本都与死亡无关。如果早期堕胎的 v 估计值是 100,000 美元,那么禁止堕胎的年均社会收益就是,16,000 美元乘以如今美国每年的堕胎数量,但问题是那些意外出生的孩子出生后,社会成本是否会更高。要注意,那些生孩子的代价太大的女子都趋于选择非法堕胎,因此,代表完整怀孕的那 30% 往往是那些当母亲成本最低的女子。但这种趋势很弱,因为穷人和无知者,即便需要,也可能很难获得非法堕胎。

关键的不确定性是 v(想一下,估值为一百万美元或一万美元的影响),以及因堕胎禁令有些女子怀孕足月了而给她们带来的非健康成本。很难量化这些变量,要想在以胎儿名义提出的、因被告过失或其他过错导致胎儿死亡的诉讼中,依据法院判定的损害赔偿来推断胎儿价值,那将是个错误[54],因为这些胎儿都是母亲希望怀上的,在此受伤的既有母亲也有胎儿。

这种成本收益分析还有其他问题:

1. 我忽略了意外出生的孩子平均质量都较低,也忽略了禁止堕胎对怀孕率的影响。

2. 禁止堕胎实际降低了 30% 的怀孕率,这个推断看来夸大了,尤其是因若伊诉韦德案之后的变化。例如,所谓的事后避孕药、庞大的堕胎基础设施、许多医生强烈坚持堕胎权,以及尽管没有事后避孕药,现代堕胎程

---

[53] John Hart Ely, "The Wages of Crying Wolf: A Comment on *Roe v. Wade*," 82 *Yale Law Journal* 920, 923 注 26 (1973).

[54] *Prosser and Keeton on the Law of Torts* 367–370 (W. Page Keeton et al. eds. 5th ed. 1984).

第十章 怀孕管控

序的安全和简单。

3. 人口的外在性，无论是正值还是负值，都被忽略了。

4. 如果意外出生的孩子供人收养，那么不仅怀孕本身的成本，而且意外出生的孩子的成本，都可能归零甚或是负值。这可能有助于解说为什么在有些分析人士看来，胎儿存活力——胎儿能在母体外存活的那一刻，如今大约是在第24周——是中止堕胎权的一个诱人节点。如果胎儿已发育到了这一步，不再要求母体养育了，这时杀死该胎儿就特别没有道理。如果从母体内取出胎儿让其活下去，而不是杀死胎儿，这个女子会失去什么吗？在这幅图画中剩下的唯一成本就是养育成本。这成本并非微不足道，但这位母亲可以避免，她可以让他人收养或以其他方式放弃该婴儿。从经济学上看，这些解决方案很不同。收养不涉及净社会成本；养父母养育这个孩子的收益已抵消了其养育的成本，他们所以收养孩子就因为他们预期收养这孩子有净收益。放弃孩子则是把养育孩子的成本从母亲那里（可能还有父亲，如果能找到其父亲的话）转移到纳税人身上了。情况相同，当收养是堕胎的现实替代之一时，支持堕胎权的理由就削弱了。

因此，即使就其本身而言，对堕胎的经济学和功利主义（这两个词不是同义词，但关系紧密）的分析也不确定，尽管这类分析会展示堕胎权倡导者和反对者坚持的极端立场都不成立。我们还需要一盘决胜局，来配置那种无法说服的风险（the risk of nonpersuasion），如偏爱有限政府，这体现于密尔的原则，政府不应干预私人行为（本书第七章）。而如果——这一点争议最大——胎儿不是本社区成员的话，那么堕胎就是个私人行为。没有不偏不倚的决胜法。我们一定要注意别把不同层面的分析混在一起。联邦最高法院认为有宪法上的堕胎权，是否正确，这首先是个法律问题，而不是道德或经济学问题，我把这一点推迟到第十二章讨论。此外，在道德层面，还有些其他问题要讨论，例如，这关系到创造一个用医疗技术和医疗人员来杀人而不是治疗的先例。（这好比，为使死刑更人道，就用医生来执行死刑。）或者，还有与之相关的一些担忧，会不会造成一种舆论氛围：人的生命似乎很廉价，会不会削弱了我们大多数人对溺婴和安乐死——更宽泛点，清除那些不便者——的道德厌恶。然而，这种狭隘的功利主义分析——狭隘是因为以上提及的担忧都可以功利主义方式来表述——是值得的。不仅因为功利主义伦理学在我们社会有影响，也还因为即使从功利主义视角看，即使我们仅关注早期怀孕的堕胎，即使对胎儿的估价大大低于对母亲的估价（我认为即使虔诚的天主教徒因逻辑要求也会作此判断），也不能确定有求必应的堕胎是否一项明智合理的社会政策。

天主教教义和功利主义并非道德世界的全部，一个人愿意考虑其他竞争性主张也不要求他必须信奉成本收益分析。(55) 基于无义务救助身处困境的陌生人这一普通法原则，女权者就论辩说，禁止堕胎就是强求女子救助胎儿；又论辩说，与其说一位女子拒绝拯救其胎儿是“杀人”，不如说她只是未提醒行人别踩到香蕉皮摔倒。(56) 对此有很多反驳。(57) 首先，母亲并非一位陌生人。普通法确实要求陌生人协助（assist）他人，如果前者造成后者处于危险境地。医生从子宫壁上刮下或是用真空泵吸出胎儿，他毫无争议杀死了胎儿（是否杀死了一个人，则是另一问题），他这样做时，充当的是女子的代理人。

然后是溺婴的类比。我称其为禁忌，不是因为我想诋毁它是一种初民
289 的迷信，更不否认众多务实考量对它的影响（本章已经强调了这一影响），而是因为这是第六章提及的许多信仰之一，全都早于我们如今可能给出的理由；它是我们道德基础的一部分，而不是其上层建筑。从历史上看，堕胎和溺婴是相近的替代，这使溺婴一定意义上是延迟的堕胎。(58) 这两类从业者也用了类似的合理化技巧。溺婴社会有时会将人生之始定在孩子起名、首次喂奶之际，或是孩子的第一个甚或第三个生日，而不是出生

---

(55) 请看，Hilary Putnam, “Taking Rules Seriously,” in Putnam, *Realism with a Human Face* 193 (James Conant ed., 1990)，普特南论辩说，制定规则但承认例外的进路，无须沦为一种平衡进路或滑尺标准。也不该假定对堕胎的功利主义分析，必须采取与我相同的分析形式（即经济学的）；功利主义是一种相当多样的道德哲学。关于这一点的一个贴切例证，请看，L. W. Summer, *Abortion and Moral Theory* (1981).

(56) Judith Jarvis Thomson, “A Defense of Abortion,” 1 *Philosophy and Public Affairs* 47 (1971). 另一种说法则强调，法律禁止堕胎，致使女子的负担比男子的负担更重。第十二章讨论这种说法。

(57) 有关的勾勒，请看，*The Problems of Jurisprudence,* 前注㊵，页 350-352。

(58) Susan B. Hanley, “The Influence of Economic and Social Variables on Marriage and Fertility in Eighteenth and Nineteenth Century Japanese Villages,” in *Population Patterns in the Past* 165 (Ronald Demos Lee ed., 1977); Wulf Schiefenhovel, “Reproduction and Sex-Ratio Manipulation through Preferential Infanticide among the Eipo. In the Highlands of West New Guinea,” in *The Sociobiology of Sexual and Reproductive Strategies* 170, 184-186 (Anne E. Rasa, Christian Vogel, and Eckart Voland eds., 1989).

第十章 怀孕管控

之际,借此留出一段时间,在此期间,毁灭孩子不被视为杀死一个人。[59] 为有求必应的堕胎辩护的人论辩说,人的生命始于出生,与此类似。堕胎与溺婴类似,这使人们很难论辩支持允许选择孩子性别的堕胎;因为有不少溺婴就为了这个目的。

但溺婴类比应当推到多远呢?不让你杀死孩子,与强迫在你体内怀一个孩子(如果我们选择这样看待胎儿),两者是不一样的。不错,一旦胎儿达到了某一点,可以在母体外存活,这个差别就很小了,在这一点上,堕胎就不只是停止支持胎儿。但这也只是多了个反对晚期堕胎的理由罢了,而此类理由如今很多。真正棘手的问题是早期堕胎,这时将它同溺婴类比很弱。胎儿八周时还不到一英寸,十二周时才两英寸。而且,我们也别夸大溺婴禁忌的深度和广度。这一禁忌的核心,至少在我们社会中,在今天,很实在,但其边缘模糊。让一个严重畸形的新生儿死去,这是一种坏意义上的溺婴吗?在此问题上,人们意见分歧。一个刚受精的卵是否比严重畸形的新生儿有更大理由的生存权?仅仅反思溺婴不大可能为此提供答案。

科学已经令子宫对我们透明了。当我们对胎儿了解更多时,我们可能对胎儿就有更强的移情,看它更像婴儿(两英寸的胎儿就看出像人了)。简而言之,就会感觉溺婴类比的压力,会比先前更看重胎儿的主张,以前只是把胎儿看成一堆没固定形状的组织。胎儿的主张越高,就越不可能认为女子声称的困难高过胎儿的主张。但如果说有些科学正在削弱有求必应的堕胎,科学的其他部分则正在削弱反方。我提到了事后避孕药,这种药如果完美,在怀孕早期,禁止有求必应地堕胎的执法成本就会高到不可行(当然也可以禁止这种避孕药,但有"反毒品战"的例子,这种禁止会劳而无功),并使堕胎争议很大程度上只是个学术争议。或许,道德最终要等生物学来发声。

2001 年 7 月 24 日星期二译于北大蓝旗营

---

[59] Susan C. M. Scrimshaw, "Infanticide in Human Populations: Societal and Individual Concerns," in *Infanticide: Comparative and Evolutionary Perspective*, 前注㊵,页 439,441。

第十一章　同性恋：政策问题

同性恋现象再思考

自耶稣基督以来，西方文化对同性恋的社会政策史，是一部强烈反对、频频排斥、社会法律歧视有时甚至是严酷惩罚的历史。20世纪的性革命有一方面就是男同的政治、法律和社会命运逐渐改善。在北欧一些国家中（英国和爱尔兰共和国除外），尤其是瑞典、丹麦以及荷兰，男同今天几乎没有法律——以及相对而言更少的社会——权能限制；很大程度上，已赋予男同与直男同等权利，甚至同等尊重。在英语国家中，尤其在美国，情况不太好。具体到美国，不仅对同性恋（特别是男同）还敌意强烈的，同性恋者也苦于一系列法律权利限制。有近一半州规定肛交（sodomy）为犯罪，肛交定义常常包括口交和肛门交。通常，法律还不分同性或异性肛交，在此意义上，人们可能认为此类法律对这两种性倾向持中立。但从两方面来看，都不现实。首先，一般认为，尽管法律语词是这样写的，却只对男同肛交适用，或是，若对异性肛交适用，这些法律就违宪（请看第十二章）。其次，肛交对男同比对直男更重要，因为阴道交是接近肛交的替代，但只有异性恋才阴道性交。此外，即便有些州不把双方同意的成人肛交定为犯罪，男同的法定同意性交年龄也高于异性恋的法定同意年龄。军队还有一项没有任何回旋余地的政策，禁止男同女同，尽管执法飘忽不定。这还只是男同被正式、非正式地排除在政府工作以外的大量例证之一。事实是，许多工作都排斥男同，不允

第十一章 同性恋：政策问题

许他们从事涉及国家安全的工作，不能担任联邦法官①，不能在众多公立中小学任教。同性婚姻也不被承认。联邦和许多州的反歧视法律也不保护男同不受基于性偏好的歧视；但有些城市保护男同，这不奇怪，只要我们想想男同趋于集中在城市就行了。

这些法权限制的效果如何，是个很有争论的问题。反肛交法已不大实施了，就像同样常见的反通奸法那样。军队也没特别努力排斥谨言慎行的男同女同。同性配偶可以通过合约创立近似现代婚姻的制度，尽管成本更高些，因为小额优惠和社会保险对已婚者都比对单身者更慷慨些。在私人工作和住房市场上，以及在政府工作市场上，都歧视男同，但在同性恋集中的城市地区，这种现象比其他地方少多了。我们也已看到，为什么可以预期，由于一些与歧视无关的缘由，同性恋聚集于在各自社区中，似乎是自我隔离了。还有就是，许多男同很容易被当成直男"通过"，尽管他们为此还是付出了某些代价，尤其是心理代价。他们能做到这一点的原因之一是，那些最憎恶男同的人都特没能力发现任何男同，最招摇的男同除外，有时他们连这类男同也发现不了。就因为这些憎恶男同的人认为，男同是恶魔或可怕的人，他们只有在恶魔或可怕的人中，而不是在有些阴柔且不说那些外观完全正常的人中，才会遇到个把。

强加于男同的法权限制，意义也有限，反映这一点的是，同性恋的政治决断日益增强。就像其他少数群体一样，男同已成为一种必须认真对待的政治力量了，尤其在城市，他们是人口中重要的一部分。如今少有政客敢直接表示反感同性恋；在艺术界、学界、职业界、大众传媒和美国社会其他有影响的部门，批评同性恋或男同几乎就像批评黑人、女子或犹太人一样，是个禁忌。就像种族主义者这个词一样，恐同者（homophobe）就专门保留给那些病态恐惧或仇恨同性恋的人，很容易用来指代那些胆敢质疑同性恋的极端主张的表达者。男同已经说服了许多直男，用男同喜欢的称号——快乐者（gay，基佬）这个来自男同亚文化的暗语——来称呼他们。男同倡导者也相当成功地说服了美国人民，男同数量（可能不超过成年人口的3%）实际多很多（占成年人口10%），艾滋病威胁每个人（不只威胁那些离散的群体，最突出的是男同），因此联邦政府应提供大量津

---

① 金西研究所1970年的一个大规模普查中，77.2%的回答者认为应当禁止男同担任法官。Albert D. Klassen, Colin J. Williams, and Eugene E. Levitt, *Sex and Morality in the U.S.: An Empirical Inquiry under the Auspices of the Kinsey Institute* 175 (Hubert J. O'Gorman ed. 1989) (tab. 7.5).

贴，努力发现治愈艾滋病的良药。

本章讨论的问题是，是否应改变男同在美国目前的法律地位。（有两个专题——男同行为的同意年龄是否应降低直至令娈童关系合法化，以及是否应允许男同收养儿童——会推迟到后面章节讨论。）如果人们知道男同的范围，尤其是其原因，也知道目前限制男同法定权利的后果，会更容易回答这个问题。假定一个极端是，这世界上有大量"真"男同，即在本书一直使用的那种意义上的：全然出于生物禀赋，有人基本终身强烈偏好与同性他人发生性行为，而且，如果没有法律打压，除在最狭义的性行为上（性伴侣的性别以及同性伴侣在性行为上的差别），男同性行为与异性性行为无法区分。那么，就很难说那些"声明"反男同的法律是正当的；而反男同肛交法的当代主要意义也就在此，而且，也只有当年轻人是选择成为而不是注定成为男同时，这种反对才能说合理。同样也难以证成排斥男同从事某些工作的法律，这些法律的最终前提假定，都是男同与直男的区别不只是性偏好。即使没把男同纳入受联邦反歧视法保护的群体之列，这也很难辩解，因为根据激发歧视男同的畏惧和厌恶同样是非理性的假定，这种歧视本身就注定邪恶。

我们一定要以公认的不足知识为基础，努力估算以下假定与真相的接近程度。这些假定是——再次强调——世界上有很多男同，对他们的法律和私人歧视增加了大量总和成本；同性恋完全由生物学决定，无论男同征兆还是社会环境的任何其他特征都不影响男同数量；男同与我们其他人一样，只是性偏好和行为有别（甚至某些性行为差别，就像我们会看到的，可能有社会的而非生物的原因），因此没啥理性根据将他们从任何地方或活动中排除。

让我们从范围谈起。金西发现有4%的男子终身或多或少是彻底的男同，还有6%的人在16-55岁间至少有三年或多或少曾是彻底的男同。② 两个数字加总，4%加上6%，就是同性恋权利运动四处推销的10%。金西发现，至少有过一次涉及性高潮的同性恋经验的男子人数要多达37%，但我们知道，偶尔有这种经验的男子不会成为真正的男同，就像强烈偏好同性的男子不会因偶有异性性交就会变成直男。金西样本中有6%的人有三年或更短时间男同经验的，可能主要是直男，他们在青春期的男同行为是因为没有

---

② 这段文字中的数据源自，Alfred C. Kinsey, Wardell B. Pomeroy, and Clyde E. Martin, *Sexual Behavior in the Human Male* 650-651 (1948).

第十一章 同性恋：政策问题

女伴，再就是些囚犯，他们在金西样本中比例过高。

我们处理的是一种连续变量而非二元变量，因此不论怎么把全部男子分类为直男或男同，都不可能令人满意。如果一定要分，4%则太低，10%则太高。这些数字也只适用于男子。显然，女同数量少多了。金西报告的样本中，仅有13%的女子至少有过一次涉及性高潮的女同经验，而男子的这一比例是37%。③ 假定对金西统计数据的最好解释是，有6%的成年男子和2%的成年女子的性偏好或多或少完全是同性恋，那么，全部人口中同性恋的比例就是4%。但有关男同的大多数估值都比金西的估值低，甚至金西之后继任性学研究所所长的格普哈德（Paul Gebhard）也认为金西的数字太高，部分原因是囚犯人数太多。格普哈德估值是，男人中有4%，女人中有1%，主要是同性倾向，平均值则为2.5%。④ 许多有关男同估值更低，仅2%。⑤ 如果或多或少的纯男同真实数量仅2%，纯女同人数少得多，那么，全部人口中同性恋比例也许仅略高于1%，如果与我重新计算的金西数值平均一下，估值是2.5%。事实上，大多数对男同数量的估值都在2%-5%之间。⑥

也许看来，无论有什么理由畏惧男同，只要男同越少，他们的危险就越小，因此，社会也就越有能力别打搅他们。但硬币的另一面是，男同数量越多，我们限制其法律权利就会造成更多心理伤害。后一考量似乎要比前一考量更重要，至少考虑到以下事实，即同性恋倡导者一直要求人们接受一个显然高估了的男女同总数。他们这样做当然可能有其他

---

③ Alfred C. Kinsey et al., *Sexual Behavior in Human Female* 474–475 (1953). 又请看，F. E. Kenyon, "Female Homosexuality," in *Understanding Homosexuality: Its Biological and Psychological Bases* 83, 85 (J. A. Loraine ed., 1974); Donald Webster Cory, *The Homosexual in America: A Subjective Approach* 88 (1951); Susan M. Essock-Vitale and Michael T. McGuire, "What 70 Million Years Hath Wrought: Sexual Histories and Reproductive Success of a Random Sample of American Women," in *Human Reproductive Behavior: A Darwinian Perspective* 221, 229 (Laura Betzig, Monique Borgerhoff Mulder, and Paul Turke eds., 1988).

④ Paul H. Gebhard, "Incidence of Overt Homosexuality in the United States and Western Europe," in National Institute of Mental Health Task Force on Homosexuality, "Final Report and background Papers" 22, 27–28[DHEW Publication no. (ADM) 76-357, 1976; 最初出版于1972]. 格普哈德的论文引用了对欧洲男同数量的一些相似估计。

⑤ 金西自己也提到这点。Kinsey, Pomeroy, and Martin, 前注②, 页 618–620。又请看，Arno Karlen, *Sexuality and Homosexuality: A New View* 456 (1971).

⑥ Frederick L Whitam and Robin M. Mathy, *Male Homosexuality in Four Societies: Brazil, Guatemala, the Philippines, and the United States* 29–30 (1986).

重要打算。他们可能想夸大其潜在的选举实力，给政客们留下深刻印象。他们可能认识到，在一个多元社会中，道德与公众舆论没啥明确区别，因此，这类行为人越多，这类行为就越可能是道德上可接受的。

至于同性恋的原因，立场极化。一方说是生物决定的；另一方则认为，就男同而言，这是滥交和不负责任的男子自私和享乐主义的选择。称其滥交，就因为在男子中要比在女子中更容易找到性，称其不负责任，则因这是男子规避婚姻和亲长责任的手段之一。对女同来说，这要么是不受男子青睐的"女汉子"的次佳选择，要么是愤怒女权者的一种政治选择。持中间立场的则强调发育因素，主要是孩子与其父母的关系。在此利害关系很清楚，越能有说服力地把同性恋描述成诸如镰状细胞贫血或男子谢顶等生物条件决定的疾病，就越没理由为保护儿童不受同性诱惑而限制男同女同。而如果同性恋只是对邪恶生活方式的选择，那就应尽可能坚决打压。

前几章回顾的理论和证据都有力地，尽管还不是结论性地指向同性恋是被决定的，不是目标选择的结果。有关证据甚至比理论更强有力。同性偏好，特别是男同偏好，似乎很普遍；这或许是与生俱来的（同卵双胞胎研究以及晚近的大脑研究都有此寓意）；它存在于大多数甚或所有社会，无论这些社会是宽容还是打压同性恋；几乎完全，甚或就是完全，无法治愈；并且，在宽容社会中也不比在打压社会中更多见。最后这点当然是猜测，因为没人知道任何社会中到底有多少男同女同，也因为很小的比例变化也可能转为数量上的巨大差别：两个城市人口相等，甲城人口中男同为1%，乙城为3%，这就意味着乙城男同是甲城的三倍之多。野蛮惩罚加执法始终如一，无疑会大大减少同性恋行为，却仍然很难拒绝同性恋偏好顽固抵制社会影响的命题，尤其是在统计证据中加入同性恋体现与个体身上的特征模式时。在社会对孩子发育可能有某种言之成理的影响前很久，有很强男同倾向的男孩通常就表现出明显的"娘娘腔"（sissy）（这说的是男孩；若是女孩，那就是"假小子"），尽管并非所有"娘娘腔"或"假小子"长大后都同性恋，也尽管并非所有同性恋童年时都"娘娘腔"或"假小子"。相反，我们在第四章就看到，尽管桑比亚男孩被迫同成年男子口交，成年后却很少是男同。

同性诱惑通常萌发于青春期，在那些笃定成为"真"男同（无论他们年幼时有无跨性别行为）中，同性诱惑的感受会越来越强，似乎无法挣脱，直到完全主宰其个人性生活。在特别反感同性恋的社会中，或许在所

第十一章 同性恋：政策问题

有社会，因为可能没哪个社会不认为同性恋是个缺陷，典型的男同通常都会同自己的感觉苦苦抗争，常常甚至会同女子约会直至结婚。[7] 但极少数除外，这些努力就改变同性恋偏好而言似乎是徒劳的。

这里描述了一种很可能是遗传或是天生的病状，即便是发育的病状似乎也扎根于人生早期，且与社会态度无关。鉴于同性恋让我们社会中的个体受到的人身和社会不利，说有几百万年轻男女，就像选择职业、居住地、政党甚或宗教信仰那样选择了或将选择同性恋，这种说法看来是太不合情理了。

当然，虽然只有那些同性偏好根深蒂固的人才会在要支付很高代价的社会中"选择"同性恋，但如果废除男同法权限制，增大社会宽容，从而降低男同成本，本来位于同性恋和异性恋边缘的一些年轻人就可能跨过这道界，由此，同性恋人数可能增加。[8] 然而，宽容同性恋社会的经验似乎并非如此。[9] 就我所知，没人提出，更甭说提供证据，在瑞典和荷兰这些已废除男同法权限制的国家，以及很大程度上就是由此导致的这些社会的宽容度增长，导致了男同数量增加了。有人估计，20 世纪 70 年代的荷兰比金西研究的美国那时对同性恋的宽容不知要高出多少[10]，也仅有 2.5% 的男子是纯男同，与金西 4% 的比例反差明显；有过某些男同行为的人也仅占 5%。[11] 据说，同性恋在瑞典极罕见。[12] 在另一宽容男同的日本社会，对大学生的一项研究发现仅 1.5% 的男孩（和 0.9% 的女孩）有过任

---

[7] Michael W. Ross, *The Married Homosexual Man: A Psychological Study* (1983), 本书第五章引证过，此外，请看，Alan P. Bell and Martin S. Weinberg, *Homosexualities: A Study of Diversity among Men and Women* 162 (1978) (旧金山的一个男同研究中，有 20% 男同已婚); Marcel T. Saghir and Eli Robins, *Male and Female Homosexuality: A Comparative Investigation* 95 (1973).

[8] 有人辩称，宽容男同的氛围，或再加上女权对阳刚的贬斥，可能对那些不确定自己硬汉身份的年轻男子成为男同有些许影响。请看，George F. Gilder, *Sexual Suicide* 226-228 (1973), 并在该书后续版本中重申，*Men and Marriage* 72 (1986). 又请看，A. J. Cooper, "The Aetiology of Homosexuality," in *Understanding Homosexuality*, 前注③, 页 16。

[9] 同样没有令人信服的证据表明诱奸是男同偏好发生的渊源之一。请看，C. A. Tripp, *The Homosexual Matrix* 91 (1975), 以及第十四章更多参考文献。

[10] Rob Tielman, "Dutch Gay Emancipation History (1911-1986)," in *Interdisciplinary Research on Homosexuality in the Netherlands* 9, 13-14 (A. X. van Naerssen ed., 1987).

[11] R. W. Ramsay, P. M. Heringa, and I. Boorsma, "A Case Study: Homosexuality in the Netherlands," in *Understanding Homosexuality*, 前注③, 页 121, 130. 但有理由认为金西夸大了男同百分比，因此，据此比较，很难得出结论认为按百分比算荷兰的男同要少于美国。

[12] David Popenoe, *Disturbing the Nest: Family Change and Decline in Modern Societies* 178 (1988).

何同性恋接触。⑬ 金西的研究涵盖了数十年，他没有发现同性恋增加，尽管这一时期的社会和法律环境更宽容了。⑭

社会环境改变不导致同性偏好改变，此类证据表明，男同与直男是双峰分布，而不是成比例分布，金西测度表模糊了这一点，令人误以为每一度（从0-6）都代表了同等数量的人。事实似乎是绝大多数人是异性偏好强烈，尽管其中许多人无法获得首选的性对象时，也会以同性作替代；但他们能以低成本替代，并不意味他们的偏好变了。有少数同性偏好强烈的人，在成本收益比对他们来说转向异性恋更有利时，会有异性恋行为，但他们并不因此就成了直男，他们仍偏好男同。真正的双性恋似乎很少，我所谓的双性恋，指对性伴侣的性别全然不在意的人。因此，如果是男子，他偏好与漂亮女子而非其貌不扬的男子发生性关系，但也偏好与漂亮男子而非相貌平平的女子发生性关系。⑮ 真双性恋要比真男同更可能接受规劝，放弃男同关系，因为他有很好的替代。可以推定，文献报道偶有男同"治愈"的例子会来自双性恋的行列。⑯ 至于其偏好是否变了，则是另一问题。回想一下习惯左手与习惯右手的类比。大多数人习惯右手（约93%），其余人几乎都是左撇子，真正双手同样灵巧的人非常少。但如果左手写字成本很高，左撇子也会迫使自己用右手写字，即便很难。

尽管在美国社会，也许在任何社会，直男有种种个人的和社会的好处，但当考虑到让男同变成直男还是那么难（几乎不可能），我们就能正确看待同性恋引诱、征召或宣传等议题了。对男同来说，要让一位直男加入他们当中，一定非常难！也许有人会说，可能有些边际的男同，如果有

---

⑬ Shin'ichi Asayama, "Existing State and Future Trend of Sexuality in Japanese Students," in *Medical Sexology* 114, 127 (Romano Forleo and Willy Pasini eds., 1978). 该文讨论了其他普查,揭示出某些更高的数字,却仍大大低于我看到的任何美国估测。

⑭ Kinsey, Pomeroy, and Martin, 前注②, 页 631。男同宽容度在20世纪50年代可能降低了,因为这属于麦卡锡主义的目标,但金西有关男子性行为的报告是1948年发表的。

⑮ K. W. Freund, "Male Homosexuality: An Analysis of the Pattern," in *Understanding Homosexuality*, 前注③, 页 25,39; Bell and Weinberg, 前注⑦, 页 4-55; Ron Langevin, *Sexual Strands: Understanding and Treating Sexual Anomalies in Men*, ch. 5 (1983).

⑯ Richard Green, *The "Sissy Boy Syndrome" and the Development of Homosexuality* 213-217 (1987); Karlen, 前注⑤, 页 583-595; Karlen, "Homosexuality: The Scene and Its Students," in *The Sociology of Sex: An Introductory Reader* 223, 247-248 (James M. Henslin and Edward Sagarin eds., rev. ed., 1978); Joyce Price, "'Therapy' for Gays Questioned," *Washington Times*, February 5, 1990, A3。

第十一章 同性恋：政策问题

明智的告诫，他们就可能被推到直男这边了，若没有这种告诫，他最终就会坚定地站在男同那边。但这说的似乎不是确凿的双性恋，而是那些性别认同不确定且可塑造的人。如果在可塑期内他们与男同有联系了，也许就成了男同。这全然是个言之成理的、常识性的甚至直觉性的猜想，无法用逻辑或科学理由予以拒绝。只是尽管人们长期以来都在寻找支持该猜想的证据，一直都没找到。我们发现的与这一假说有关的确证，如孪生子证据、宽容不宽容社会比较、孩子发育证据等，都反对这一猜想。无疑，有个关于英国大学和知识圈内的男同精细研究表明，这些成员几乎全都从七岁开始就进了性别隔离的教育机构。与总人口中的男同比例相比，该圈内的男同比例确实很高〔凯恩斯、斯特拉齐（Strachey）、庇古、福斯特（Forster）、图灵*、布朗特（Blunt），这个名单看似可以一直继续下去〕；然而，直到晚近，英国大学一向歧视已婚男子，这就使大学比其他地方更适合男同。

我们更关心的也许是行为，而不是偏好。例如，如果我们对男同行为的唯一担心是肛交比阴道交更易传播性疾病，如艾滋病就是这种情况。但我认为，美国公众的更大担心是，如果放松了对男同行为的法律和社会制约，年轻男女会很容易被同性行为和同性生活方式哄骗上当。这种恐惧看来错位了，至少就男子而言如此；就女人而言，这种说法稍多点可能。虽不是男同，不喜欢女子的男子也不拒绝女子作为性对象。恰恰相反，就因为女权者不依不饶地提醒我们，男子很容易把性交视为男子支配地位的展示。但有些女子不喜欢男子，或是因为她童年时受过性虐，或大学或工作期间遭受过性骚扰，或因为她的职业是卖淫，看到男子最糟的一面，或因她们接受了（就因上述某些缘由）激进女权对异性恋的批判，这些女子可能放弃同男子的性行为，成为实践的女同。⑰ 这是一种机会型而非"真"女同；但有别于机会型男同，因为不是因缺少异性恋机会。这代表了对女同生活方式和爱的承诺，因此反映了比彻底男同更大程度的选择（有别

---

* 凯恩斯和庇古是 20 世纪上半叶的英国著名经济学家；斯特拉齐（1880-1932 年）是 20 世纪上半叶的英国著名传记作家、评论家；福斯特（1879-1970 年）是英国著名小说家和散文家；图灵（1912-1954 年）是英国著名数学家，计算机科学和人工智能之父。——译者注

⑰ Kenyon，前注③，页 93；Lillian Faderman, "The 'New Gay' Lesbians," 10 *Journal of Homosexuality* 85 (1984). 请回想第六章讨论的女同性恋，在那里，基于不同的理由，我猜想，与男同相比，女同的性偏好更多为自我选择左右。

本能使然)。却也因这种女同反映了更大程度的选择,因此,它应该会更多地受社会环境的影响。

吊诡的是,尽管女同似乎对社会控制更敏感,但社会施加于女同的压力远比对男同小。女同定罪的情况也远比男同定罪少多了,即使定了罪,惩罚通常也不那么严厉。[18] 社会反女同也弱于反男同。理由也许是(异性恋)男子主宰了法律、政治和社会规范,认为女同不像男同那么令人厌恶。因为尽管直男原则上倾向于认定在性的问题上任何被同性吸引的人都不自然,却几乎不会认为女人有魅力的想法令人恶心。因此,他更能想象自己是某女子的女同情人,而不是某男的男同情人。针对男读者的色情杂志就常常展示女子彼此做爱的场景。

提到了恶心,这让我想到评价同性恋的社会控制的第三个一般问题,这就是控制同性恋行为本身的影响。这种影响与我们该如何评价男同生活这一根本问题有关。

如果你问一个厌恶男同的人,究竟是什么令其厌恶男同,答案绝不限于两位男子间的情色吸引和表达,尽管这会是一部分。他反对的是男同的整套生活方式,涉及直男(无疑也有许多男同)痛恨的一些典型做派、行为、态度和生活目标:一种被认为渗透了阴柔之风的生活方式,包括身体纤弱和怯懦;滥交和诡计多端,突出地包括诱奸年轻人;专注于以时尚、娱乐、妆饰和文化为中心的少数非男性的职业行当,如戏剧(尤其是芭蕾)和艺术、美发、室内装饰、女装、女子商店、图书馆工作;常常偷偷摸摸、藏藏掖掖;刻薄、八卦、夸张、挑剔,甚至歇斯底里;他们很关注自身外表(相貌、年轻、穿着);身体或精神状况都不好,包括自杀和酗酒[19];老来境况悲惨;普遍不道德且不可靠;智商、受教育程度和收入水平都高于平均水平(这些特质使男同更具威胁性,更阴险、更具引诱力和

---

[18] 通常但并非总是。在殖民地时期的巴西,比方说,女同和男同的同性性交都是死罪。David F. Greenberg, *The Construction of Homosexuality* 342 (1988).

[19] D. J. West, *Homosexuality Re-Examined* 198-208 (1977); Paul Gibson, "Gay Male and Lesbian Youth Suicide," in *Report of the Secretary's Task Force on Youth Suicide*, vol. 3, *Prevention and Intervention in Youth Suicide* 3-110 (Marcia R. Feinleib ed., January 1989); Stephen G. Schneider, Norman L. Farberow, and Gabriel N. Kruks, "Suicidal Behavior in Adolescent and Young Gay Men," 19 *Suicide and Life-Threatening Behavior* 381 (1989); Bell and Weinberg, 前注⑦,页207;Saghir and Robins, 前注⑦,页132-136(发现直男与男同的心理差别,但不大)。

第十一章 同性恋：政策问题

操纵力）；当然了，他们还很自恋。[20]

重要的是要把这幅图画的诸多错误或夸大的构成因素分离出来；这些因素是美国和其他许多社会中男同的社会和法定权利残缺的后果，更别说历史遗留下来的更为严重的权利残缺了；还有些因素则表现了男同偏好的固有倾向。因为只有最后这类因素为社会担心男同偏好提供了坚实基础。

头两组因素相互关联。社会环境可能改变的不仅是男同的生活方式，而且是直男眼中的男同生活方式。就拿女性化来说，我怀疑这是社会控制的产物。男子"娘娘腔"，虽不全是男同，但很多都是宽容社会和不宽容社会的特征之一。例如，这些人就是美国印第安文化的男扮女装者（berdaches）。而男同在童年时期性别角色频频不一致，使人们有理由预期，无论有关男同的社会舆论或法律规制状况如何，"娘娘腔"在成人男同中要比在成人直男中更为普遍。女性举止的信号传递功能并非压制的产物，也不是专注于年轻、美貌以及穿着——这种专注趋于强化（但不会创造）"娘娘腔"的印象。[21]事实上，在一个打压男同的社会中，男同有掩藏自己性态的动机，而直男则趋于夸大"娘娘腔"男同的比例。（男同也可能这样。）[22] 道理是，由于娘娘腔的男同与非"娘娘腔"的男同相比，前者要支付更大代价才可能被人们视为直男，因此娘娘腔的男同会更少掩藏自己。这样一来，在已知的男同中，而不是在全部男同中，娘娘腔男同的比例会更大。

更深层次的问题是，对这种"娘娘腔"是否值得担心。我先前已说过，在我这里"娘娘腔"不带贬义；现在的问题是这个词无疑带有某种贬义，这是不宽容的产物呢，还是深深根植于欲望，就想把每个人分到两个毫不含糊的性别范畴，"阳刚"和"阴柔"，因此并非敌视男同或其他性"不轨"本身。我不知道答案。

现在，我们看看歧视男同如何很容易就改变其行为的一些例子。男同

---

[20] James D. Weinrich, "On a Relationship between Homosexuality and IQ Test Scores: A Review and Some Hypotheses," in *Medical Sexology*, 前注[13], 页 312; Michael Schofield, *Sociological Aspects of Homosexuality: A Comparative Study of Three Types of Homosexuals* 177 (1965); *Alcoholism & Homosexuality* (Thomas O. Ziebold and John E. Mongeon eds., 1982). 我勾勒的这幅男同生活方式复合图中，有些元素汇集在萨特的男同诱奸恐怖故事中，"The Childhood of a Leader," in Sartre, *The Wall and Other Stories* 157 (1948).

[21] Donald Symons, *The Evolution of Human Sexuality* 204 (1979).

[22] Michael W. Ross, "Retrospective Distortion in Homosexual Research," 9 *Archives of Sexual Behavior* 523 (1980).

被排除在一些特定职业外,这扭曲了他们的职业格局,更偏向"非男人"职业。在这些职业中,他们的存在不会刺痛直男的神经,就像黑人从事低下工作不会刺痛白人偏执狂的神经一样。隐藏男同性态的收益会鼓励这种自我掩藏的技能,但在那些缺乏此种技能的男同身上就会产生某种偷偷摸摸和焦躁不安。由于禁止同性婚姻,男同就缺了一种控制自己性欲的重要手段,因此他们在性的问题上就会比直男更乱。更重要的是,为隐藏他们的性关系,男同趋向于用可以在短时内私下完成的性行为替代公开且旷日持久的求爱。这实际上是用性行为来替换性前行为,会强化公众对男同滥交的印象。(以性行为替代性前行为,这是为什么有些美国人认为瑞典青少年不道德的因素之一。请看第五章。)并且,由于在大多数家庭和学校中,同性恋都是禁忌话题㉓,青少年男同发现很难了解性,了解性的唯一途径就是性行为。㉔ 性行为本身替代了有关性的阅读和谈论。这是男同滥交的另一诱因。此外,性态隐藏还提高了男同的搜寻成本,而搜寻成本增加的后果之一就是性伴侣更不般配。㉕ 这是认定不宽容令男同关系不稳定的另一理由。最后,尽管并非所有被鄙视的少数群体都会因多数人的敌意遭受深刻心理创伤,但有证据表明男同确实受伤了。㉖

虽然有上述观点,但消除有关同性恋的所有法权限制,教育每个直男宽容,男同生活方式也不大可能不再是一种独特的且在很大程度上一种不幸福的生活方式。

公道说来,男同的生活方式似乎与一个社会对同性恋的法律和社会宽

㉓ 这正慢慢改变。Gary Putka, "Uncharted Course: Effort to Teach Teens about Homosexuality Advances in Schools," *Wall Street Journal*, June 12, 1990, 1; Eric Rofes, "Opening up the Classroom Closet: Responding to the Educational Needs of Gay and Lesbian Youth," 59 *Harvard Educational Review* 444 (1989).

㉔ John Gagnon, "Gender Preference in Erotic Relations: The Kinsey Scale and Sexual Scripts," in *Homosexuality/Heterosexuality: Concepts of Sexual Orientation* 175, 197 (David P. McWhirter, Stephanie A. Sanders, and June Machover Reinisch eds. 1990). 在常规的商业经济学中,实践教学一直都是课程教学的一种替代。

㉕ Gary S. Becker, Elisabeth M. Landes, and Robert T. Michael, "An Economic Analysis of Marital Instability," 85 *Journal of Political Economy* 1141, 1147–52 (1977).

㉖ Michael W. Ross, "Actual and Anticipated Societal Reaction to Homosexuality and Adjustment in Two Societies," 21 *Journal of Sex Research* 40 (1985). 用作比较的是瑞典和奥地利;前者对男同要比后者更宽容。又请看,Ken Sinclair and Michael W. Ross, "Consequences of Decriminalization of Homosexuality: A Study of Two Australian States," 12 *Journal of Homosexuality* 119 (1985).

第十一章 同性恋：政策问题

容度没什么关联。㉗ 和大多数东南亚国家一样，菲律宾人（尽管他们受过西班牙和美国影响）就比美国人对男同宽容多了。但两国职业格局很相似。㉘ 菲律宾男同占据了电视业，垄断了美容美发业。他们形成了独特的亚文化，事实上似乎很普遍。㉙ 当然，并非所有男同都属于这个亚文化；也并非所有男同都有"创意"。但平均而言，男同似乎确实比直男更喜欢美容、装饰、装潢和舞台布景业㉚，还没有社会理论能解说为何如此。当年犹太人曾像今天男同一样被排挤在许多职业外，但很少有犹太人成为发型师。

因果关系也许如下：儿童时期明显的跨性别行为使男孩更倾向于男同；一般来说，那些女性化男同都有这样的童年经验；这些女性化男同通常也更富有创意、有艺术感、爱表演。㉛ 简言之，他们将自身的独特性赋予了男同生活方式。这表明，许多男同独特的职业天分是悄悄起作用的，不被社会影响触动。因此，即使整个社会对男同普遍宽容了，男同仍会扎堆在艺术和装饰性职业中。如果情况如此，我们可以预期，将所有因素放到一边，哪怕在完全宽容的社会中，男同也会比一般人更神经质一些，因为神经质是有艺术气质的人的职业病。㉜

㉗ Peter Ebbesen, Mads Melbye, and Robert J. Biggar, "Sex Habits, Recent Disease, and Drug Use in Two Groups of Danish Male Homosexuals," 13 *Archives of Sexual Behavior* 291, 299 (1984); Michael Pollack, "Male Homosexuality-or Happiness in the Ghetto," in *Western Sexuality: Practice and Precept in Past and Present Times* 40 (Philippe Aries and Andre Bejin eds., 1985). 参见，Karlen，前注⑤，页 243-247；Ramsay, Heringa, and Boorsma，前注⑪，页 137。

㉘ Whitam and Mathy，前注⑥，页 84-97。

㉙ 这是维特马和马西的著作（前注⑥）的主题。讨论了对男同宽容度不同的许多社会中普遍存在的这种跨性别行为和其他典型男同行为，请看同上注，ch. 2。在其童年，（未来的）男同对表演和美发等典型男同职业就有兴趣，有关证据，请看，Frederick L. Whitam and Mary Jo Dizon, "Occupational Choice and Sexual Orientation in Cross-Cultural Perspective," in *Homosexuality in International Perspective* 5 (Joseph Harry and Man Singh Das eds., 1980).

㉚ George Domino, "Homosexuality and Creativity," 2 *Journal of Homosexuality* 261 (1977)，他的发现，所谓"男同创造性不如直男"，缺陷严重，即使完全接受他对创造性的心理学测度。他用男同样本与职业分布完全相同的直男样本匹配，因此忽略了男同从事创造性（艺术等）职业的比例有可能高于直男，而情况似乎就是如此。

㉛ Green，前注⑯，页 256-258。

㉜ 请看，Robert Prentky, "Creativity and Psychopathology: Gamboling at the Seat of Madness," in *Handbook of Creativity* 243 (John A. Glover, Royce R. Ronning, and Cecil r. Reynolds eds., 1989)，全面回顾了心理反常与艺术创造力之关系的相关文献。一个说明性研究，请看，Peter G. Cross, Raymond B. Cattell, and H. J. Butcher, "The Personality Pattern of Creative Artists," 37 *British Journal of Educational Psychology* 292 (1967).

我强调了"一般"这一限定。因为并非所有男同都女性化了；直男，特别是宽容社会的直男，趋于夸大这个比例。但不论真假，估计有40%的男同举止有些女性化。㉝

男同趋于求职于艺术领域，这也许是为什么有人总说男同自恋这一点的核心。这一点是从下面一个命题中演绎出来的，即一个男子与另一男子性交，这几乎等于同自己性交；这是第八章考察的反男同道德分析中的一个很难令人信服的论据。这是个弗洛伊德心理学命题，似乎已名誉扫地了。㉞ 但如果说艺术家趋于自恋（浮夸、自我中心），说男同趋于成为艺术家，这看起来还有几分道理。

我承认，这里说的女性化与艺术家创造性的联系只是个推测。也许男同从想象中寻求庇护，以此抵抗异性恋世界的鄙视和敌视，而艺术家就是天才的幻想家。或者，同性恋的局外人身份给了他或她独特视角。事实是，似乎与男同相似，也有许多女同（她们恰恰是缺乏女人味）富有创意[斯泰因（Gertrude Stein）和沃尔夫（Virginia Woolf）就是著名例证]，这是反对女子气质说的证据。但另一种解释是，直到晚近，已婚女子都不大可能有事业，并由此推定，在全部未婚女子中，女同占了相当大的比例。（但沃尔夫是结了婚的。）

不论这些问题该如何梳理，有一点可以肯定，注定从事艺术事业并非世界上最糟的命运。事实上，同性恋可能增加一个人成名的机会。格泽尔夫妇（the Goertzels）研究过一些名人。名人的定义是，自1962年以来，英国出版了两本以上有关他/她的传记（如是外国人，但不是美国人，一本就成）。㉟ 样本总数317人，其中有82位女子。㊱ 格泽尔夫妇说，在这317人中，21位（14位男子，7位女子）是同性恋或双性恋。㊲ 据他们的讨论，似乎这21人中仅两人（均为男子）除外，其他人主要是男

㉝ Saghir and Robins, 前注⑦, 页106-107。

㉞ Richard C. Friedman, *Male Homosexuality: A Contemporary Psychoanalytic Perspective* 183 (1988); 参见, 同上注, 页229-236。

㉟ Mildred George Goertzel, Victor Goertzel, and Ted George Goertzel, *Three Hundred Eminent Personalities: A Psychosocial Analysis of the Famous* 2 (1978). 更精致的分析也许会按每个人的传记数来衡量结果，从而创建相对名声的测度指标。

㊱ 同上注, 页162。

㊲ 同上注, 页161, 202。

第十一章 同性恋：政策问题

同，另两人则主要是直男㊳，因此我们忽略这两人。剩下的 235 位男子中有 12 位男同，82 位女子中有 7 位女同；比例分别为 5.1% 和 8.5%。两个比例都超过了一般人口中男同和（尤其是）女同的比例。顺便说一句，在格泽尔夫妇的样本中，最著名的同性恋都是这样或那样的艺术家。

同性恋的最大天生（我指与氛围宽容不宽容无关）劣势是他对伴侣婚文化中家庭生活的影响。在伴侣婚文化中，女子希望丈夫是自己最密切亲近的朋友，而不只是偶尔性交者和财政支持者；但在这样的文化中，男同与女子结婚不幸福。同性婚姻也不解决问题。一对男人注定就更少可能形成一男一女的那种伴侣婚关系。这并非一个有关男子心理学的命题，也不是一个有关同性恋自恋的命题。这是个有关性和生育的生物学命题。如果法律允许（最后一章讨论这个问题），一对男同伴侣也可以收养孩子。但这些孩子不是这对男同伴侣的生物意义上的孩子；他们可以是其中一个男子的生物意义上的孩子，但要有技术能用两个男子的基因产生一个孩子，还得一段时间。由于对自己孩子的需求总是超过对收养孩子的需求，因此，平均而言，同性婚姻要比异性婚姻更少有孩子。孩子是婚姻的最强粘合剂，如果已不再是人老来的金钱支持，也仍是人老来的情感支持。还不止这些。男子喜欢各色各样的性伴侣，这种花心使同性婚姻比异性婚姻就性忠诚而言，前景更糟。"促成（婚姻）稳定的，并不是异性性行为，而是女子的存在。"㊴ 婚姻越不稳定，就越可能少生孩子，就会令婚姻越不稳定。

在女同结合中，性张力会少些，因此女同婚姻稳定的前景更好。一个额外考量是，尽管男子——无论直男或男同——一般都觉得年轻人比年长者更有性吸引力，但女子少有强烈偏好性伴侣比自己年轻。（第四章中考察过这种男女不同的生物学原因。）一个年长男子与一个年轻女子的关系是稳定的；一个年长男子与一个年长女子的关系，在女子一方是稳定的；但在两个年长男子间，关系则非常不稳定，因为无论谁都不容易觉得对方有性吸引力。年长男同的性机会贫乏，通常还没有孩子的安慰。

我没想让这幅画过于黑暗。对许多人来说，没孩子都是种失望，但不是所有人均如此，对少数人来说则是悲剧。无论男女，如今有越来越多的人不结婚了。没有家庭责任，会有财政或其他的补偿。如果年长男同一般

㊳ 同上注，页 204。
㊴ Cory，前注③，页 141。

比年长直男性机遇更少的话，那么年轻男同则一般是机遇更多；年轻男同乱交肯定不全是社会打压的产物。女同的总体画面肯定更光明，因为除已经提及的那些因素外，一件简单的事就是女同可以通过人工受精怀孕，男同则没这个选项。有些男同之间的关系也很持久，即便他们无法获得婚姻。⑩事实上，有研究发现，男同同居比直男同居更稳定，但不如直男婚姻稳定。⑪但这种比较误人子弟，因为希望关系稳定的直男很容易选择婚姻，而不选择同居，而男同没有此种选择。如果把异性婚姻和异性同居的数字汇集起来，异性关系要比同性同居平均持续期更长（请看注⑪）。另一研究发现，无论男同还是女同伴侣的"关系质量"都比异性同居（但未婚）伴侣更高，能与已婚夫妇的关系质量媲美。⑫这个发现不能当真。该研究中的全部异性夫妇都没有孩子一同生活，已婚夫妇平均只共同生活了52个月（相比之下，男同伴侣共同生活了42个月，女同伴侣共同生活了43个月）。⑬

因此我的结论是，即使在宽容社会，同性恋——当然不会每人如此，只是平均而言——尤其是男同的生活前景，也比在其他方面与之完全相当的直男更黯淡。这个结论使"快乐者"（gay）这个"同性恋者"——通常是男同——代称，有了一种反讽意味。⑭如果还有谁对此怀疑，就应反思一下荷兰派驻华盛顿的武官提切尔曼（Tichelman）将军1990年10月3日写给国会议员斯达兹（Gerry Studds）的信，回答了有关荷兰军中同性恋政策的提问。将军的回信附了荷兰国防部的一份正式声明，声明一开始就毫不含糊地断然声称："军方人事政策不以性取向为根据来区分。没有根据认定同性恋不适合服役荷兰军中……从军时的医学检验，不会询问应征者或志愿者的性取向。应征者主动提及时，也不纪录。"但这封信最后

---

⑩ David P. McWhirter and Andrew M. Mattison, *The Male Couple: How Relationships Develop* (1984).

⑪ Philip Blumstein and Pepper Schwartz, *American Couples: Money, Work, Sex* 594 (1983) (tab. 3). 令人吃惊的是，男同同居比女同同居更持久。平均年数分别为：婚姻（自然是异性的），13.9；异性同居，2.5；男同同居，6.0；女同同居，3.5。

⑫ Lawrence A. Kurdek and J. Patrick Schmitt, "Relationship Quality of Partners in Heterosexual Married, Heterosexual Cohabiting, and Gay and Lesbian Relationships," 51 *Journal of Personality and Social Psychology* 711 (1986).

⑬ 同上注，页713，714 (tab. 1)。

⑭ Karlen, 前注⑤，页526-532，601-602；Karlen, 前注⑯，页231-232。这种用法可上溯到1920年代，可能更早；它从来也不指快乐。Croy, 前注③，也107-108。

第十一章 同性恋：政策问题

称，"迄今为止，关于男同从军服役没什么已知的结构麻烦，但必须考虑的是大多数男同，出于害怕他人的反应，都隐瞒自己的性取向"。这是个宽容同性恋领先美国几十年的国家。⑮

诚然，这一切也许表明，要成为一个完全宽容同性恋的社会（也许是西方第一个），荷兰还有很长的路要走。但如果几十年的官方宽容也没能消除社会的不宽容，也许人们就会想，那种最终社会完全宽容的期待，是不是乌托邦。

如果我是正确的：即使在宽容社会，男同命运平均而言也可能不如与之相应的直男幸福，这本身仍不是为男同设置法律或其他社会障碍的理由。相反，这本身是消除这些障碍减轻其无谓痛苦的理由。只有打压可能以可接受代价变男同偏好——无论是初露端倪还是持久的——为直男偏好，使那些本可能成为或一直就是男同的人更快乐，才有理由打压男同。当下没有理由认为打压、心理治疗、行为校正和任何其他法律或医药技术可能在足够多的个案中做到这一点，值得法律和社会歧视强加各种成本，还不仅是强加给那些"未皈依的"男同的成本。

也许我们只应耐心，科学曾给了我们如此多的奇迹，也许有朝一日，甚至是很快，会发现某种"灵丹妙药"，根治同性恋。然而，我认为，那些已是同性恋的人都不想被治愈，不是他们不懂直男的好处，而是男同已成为其认同的一部分。（一直如此吗？福科认为这是现代人对性的痴迷的产物，并将之追溯到维多利亚时期。⑯ 也许在古雅典那样不在意男同的社会中，男同不会生动意识到自己是"男同"。因此"皈依"成本会更低，但这样一来收益也更低）。犹太人就了解皈依、改名和以其他方式尽可能抹去祖上痕迹的好处；如果被问到，许多犹太人会说，情愿出生在另一群体。但大多数犹太人没有皈依，因为（我猜想）犹太人已是他们自我认同的一部分，皈依因此有种死亡的意味，就像换了个身体，即便身体更漂亮了。但如果那种假想的同性恋治愈方法可以实施，在儿童还不意识自己的同性恋倾向时，无代价、无风险，也无副作用，则可以肯定。孩子父母会给孩子治疗，他们会认为，这对孩子更好，可能很正确，因为孩子还没认定自己的男同身份。

---

⑮ 例如，荷兰 1973 年停止歧视军中服役的男同。Ramsay, Heringa, and Boorsma, 前注⑪，页 127。

⑯ 请看，例如，Michel Fourcault, *The History of Sexuality*, vol. 1, *An Introduction* 43, 101 (1978).

说到"治愈"男同,可能有点吊诡的是,宽容也会降低男同偏好的发生,尽管可能只是略微减少。有关男同禁忌的讽刺之一是,父母对男同偏好的发展了解很少。他们可能警告自家男孩不要引发陌生男子的关注,却完全无视男孩童年时的性别角色偏离,在孩子青春期毫不犹豫地把他送进某个男校(如今这种学校已经不多了)。从一开始就劝阻偏离性别的行为(后来则为时已晚),也很少可能有效避免同性偏好的形成。㊼如果父母姑息婴儿时期的"娘娘腔"行为,可能使他在青春期更难成为正常男孩,如果把他置于没有女孩的环境中,他可能发现自己无法培养出吸引女孩的风格和个性。以上这些都是天马行空的想象,但英国的经验会有启发,我认为,其中还有点虽然悖谬但言之成理的寓意,即宽容男同社会中的父母,也许比因男同禁忌而不了解有何出路的父母更可能成功指导自家孩子踏上直男之路。宽容社会或许,如前几章提示的,比压制社会更能成功地减少因男同且在男同中传播的性病。

双方同意的成人关系:反肛交法和同性婚姻

上一节的分析似乎决定性地支持废除惩罚双方同意的成人男同性行为的法律,这不是说废除会给许多男同带来多少好处。这些法律如今已罕有执法(请看第十二章)。当然,最好别留着那些无知偏狭的法律;但如果不强行执法,它们几乎就不会有什么伤害,尽管有许多相反的说法。

派克(Herbert Packer)写过一本关于刑事制裁的名著,列举了不惩罚双方同意的成人间男同行为的理由:

㊼ Green,前注⑯,页 318-319,374,380-381,388 (1987);参见,John Money, *Gay, Straight, and In-Between: The Sexology of Erotic Orientation* 124 (1988). 这有别于以下说法,即精神治疗或性技巧高的女子可以治愈成年男同。没有说服力的支持这些命题的证据,Richard Green, "The Immutability of (Homo)sexual Orientation: Behavior Science Implications for a Constitutional (Legal) Analysis," 16 *Journal of Psychiatry & Law* 537, 555-568 (1988); Freund,前注⑮,页 32-33,尽管不时有人声称通过精神治疗成功地将男同变为直男了。Judd Marmor, "Clinical Aspects of Male Homosexuality," in *Homosexual Behavior: A Modern Reappraisal* 267, 276-278 (Marmor ed., 1980). 这也有别于另一说法,"若可能,我们一定要向孩子灌输对(同性恋)的厌恶感,指导他们踏上正常道路。"Roger Scruton, "Sexual Morality and the Liberal Consensus," in Scruton, *The Philosopher on Dover Beach: Essays* 261, 270 (1990).

第十一章 同性恋：政策问题

1. 很少执法，这造成了警方和检方的专断裁量。
2. 极难侦查这类行为，导致了警方采取一些不好的做法。
3. 这种禁止往往造就一种不轨亚文化。
4. 人们知道每天有成千上万人违反该法不受处罚，导致对法律普遍不尊重。
5. 无法表明这种行为可能有世俗伤害。
6. 理论上看，男同会受刑事制裁，这一点会被用来敲诈男同，警察腐败时有发生。
7. 大量证据证明社区道德感也不强烈要求刑事制裁。
8. 把双方同意的成人间私密的性行为定为犯罪不能有效推进刑事惩罚的功利目标。[48]

这份清单乍一看很像回事，其实不出色。第1、2点和第6点其实是一回事。一部法律很少执行会导致执法滥权，包括敲诈，警方、检方恶意行使裁量权。在反肛交执法中，这问题一直严重[49]，但只有执法时才会有这类问题。如今此类执法已降到很低水平，警方滥权也变得罕见，尽管下一章讨论的鲍尔斯诉哈德威克案可能表明仍有此类执法滥权。由于前面解说过的理由，第3点看来错了，同性恋亚文化不是法律造成的，更别说这些法律没实际执行。第5点和第8点其实是一回事：反肛交法，尽管不怎么执法，却不妨碍我们防范那些有充分理由防范的行为。几乎可以肯定，这些法律没遏制多少男同行为。至于这些法律是否"声明"了这个社会对同性恋的态度，并可能影响人，这首先取决于你认为法典中保留该法是否比不实际执行该法更重要，也即语词胜过行动。即使在有些事情上，语词确实可能比行动更有影响力，在男同问题上也不可能：即语词能影响男同偏好的形成或保持，或影响男同行为的数量。第7点当然对，这无疑是此类法律为什么没执法的理由之一（其他理由还有，执法费用、公民自由关切以及对执法的竞争需求）。但是，不执法也许就足以回应社区道德感了，即便各啬了点。第4点（知道法律屡屡被违反，导致人们对法律普遍不尊

---

[48] Herbert L. Packer, *The Limits of the Criminal Sanction* 304 (968). 又请看, American Law Institute, *Model Penal Code and Commentaries* (Official Draft and Revised Comments), pt. 2, 365-373 (1980).

[49] Project, "The Consenting Adult Homosexual and the Law: An Empirical Study of Enforcement and Administration in Los Angeles County," 13 *UCLA Law Review* 643, 690-720, 763-792 (1966).

重），这是律师爱说的观点，在下一章我们会看到，这一点缺乏理论和经验支持。确实，我们社会许多人违反了许多法律；但这只是换了种说法而已，表明社会普遍不尊重法律，至少"尊重"不仅停留于概念时是这样。但这种不尊重是否会像派克暗示的，导致对法律的进一步不尊重，这一点并不清楚。

派克没提支持废除反肛交法的另一理由，即男同能有更多机会进入那些如今大多排斥他们的职业。比方说，鉴于人们强烈（可能夸大了）相信"榜样"会影响他人行为，很自然，人们不愿任命男同出任法官，生活在肛交犯罪的州，他们的此类行为曾数百次甚至数千次犯罪。男同典型的性表达方式就是犯罪，此类行为的法律性质为其他种种排斥至少提供了口实。不是说这些排斥全都没道理；有或没有道理都是个有待讨论的问题。但废除反肛交法会消除支持此类排斥的一个糟糕理由，可以更干净地讨论那些合理关切。

如果应该废除反肛交法，逻辑上看，下一个问题就是，是否应该允许同性婚姻。将这两个问题连接起来的是这样一个事实，即两者都涉及双方同意的成人间同性关系。这使得他们不同于军队和其他职业是否应该排斥男同，也不同于禁止歧视的法律应否对男同适用。后一问题涉及男同与他人——主要是雇主——的关系。

自由至上论者要求主张限制同性婚的人承担举证责任，又补充说，有论证和教义支持把男同纳入婚姻范围。有了结婚权会提升男同的自尊自重。有助于哪怕只是边际性的同性恋关系的稳定，不仅使男同更幸福，而且会减少一般性病以及尤其令人有理由害怕的艾滋病传播。这都是允许同性婚姻的收益。而且，如果我之前说过，废除对男同的法权限制不大可能增加男同偏好的说法不错，那么代价也很低。如果同性婚降低了男同乱交，那么，与男同偏好断然有别的男同行为实际也会减少。

但惩罚肛交与仅直男才有结婚权有三点区别。首先，人们通常会把允许同性婚姻解释为认可同性恋，对肛交非罪化则不会作此解释，至少程度不可能完全相同。说一个行为不为罪不等于赞扬它；有相当多行为令人反感或不道德，或既令人反感也不道德，却不犯罪。然而，尽管只有天主教教徒认为婚姻神圣，我们社会大多数人都认为，婚姻不只是一份生育许可证，它也是人们可欲甚或高贵的一种生活状态。允许同性婚，则是宣布，更确切地说，会被许多人理解为宣布，同性婚是一种可欲甚或高贵的

第十一章 同性恋：政策问题

生活状态。我们社会多数人没这种信念；并且由于先前说过的一些理由，人们不得不承认，即便我们社会确实有不少异性婚姻既不稳定也无收益，但说同性婚可能会像异性婚那样稳定且好处多多，这也是误人子弟。我不认为，一旦政府宣告同性婚是幸福的，直男们就会重新反思自己的性偏好。我担心的是其他方面。允许同性婚会使政府不太诚实，传播同性恋生活状况的虚假图景。

针对这一点，可以辩称，随着异性婚越来越不稳定、临时化和无子女，关于异性婚与同性婚根本不同的说法变得越来越不能成立了。确实如此。但这一点并没支持同性婚，只是要抛弃婚姻制度，赞同一种明确的契约婚，这一进路会使人们看清也看穿当前的婚姻现实。

肛交与婚姻的第二个差别会使许多读者觉得是对第一点无关紧要的补充。这就是婚姻的定义越宽，婚姻这个词以及相关术语传递的信息就越少。当我们得知甲先生已婚或乙女士已婚时，我们当即知道甲先生的配偶是位女子，而乙女士的配偶是位男子。如果我们邀请人参加晚会，让他们带上配偶，我们知道每个男子或独自赴宴，或会带一位女子来，知道每位女子或独自赴宴，或是带一位男子来。因此，男同会只身前来，女同也将如此。如果我们不在意配偶以外的其他客人，我们让受邀者带的就不是配偶而是其"客人"。如果儿女告诉我们他或她打算结婚，我们就知道他或她未来配偶的性别。所有这些理解都会因承认同性婚而颠覆了。当然，这正是同性恋权利倡导者主张许可同性婚的理由之一。我想强调的只是这种做法的信息成本。

但这也有某种信息收益。拒绝男同结婚，这使同性伴侣无法向对方传递其承诺的强度信号。若废除婚姻，最短的与最持久的异性关系就没区别了，全都是异性同居了。如果真把联邦最高法院在拉维因诉弗吉利亚州案（*Loving v. Virginia*）[50] 决定中说的"婚姻自由"当回事，那么，对无权结婚的同性伴侣来说，这份剥夺份量很重；但，当然了，联邦最高法院想的是异性婚。

肛交与婚姻的第三个差别最重要。废除反肛交法几乎没啥副作用，尽管我曾提到会有一个，即男同更容易在目前对他们封闭的领域内找到工作。

---

[50] 388 U.S. 1, 12 (1967). 该决定废除了一部禁止人种混杂的州法。在随后的决定中,联邦最高法院继续把结婚权规定为"基本权利"。请看，例如，Zablocki v. Redhail, 434 U.S. 374, 383-386 (1978); Turner v. Safley, 482 U.S. 78, 94-99 (1987).

但仅仅因为婚姻是一种享有丰富权利的状态，允许同性婚就会有许多附带后果。它会影响遗产继承、社会保障、所得税、福利金、收养、关系终止后的财产分割、医疗福利、人寿保险、移民甚至出庭作证特权。（俄亥俄州丹维尔城的《商业新闻》就登过一篇文章，标题令人困惑，"男同因使用配偶证言在法院败诉"。这里的配偶是另一男子。）在设计婚姻的这些附件时想的都是异性婚，尤其是有孩子的异性婚。无论这些附件是否适合同性婚的情况，完全适合都很难。我们希望同性配偶与异性夫妇享有同样的收养和监管孩子的权利吗？某男同可能连续同一些病入膏肓的艾滋病人结婚，目的就想让这些病人有权获得配偶的医疗优惠，对这类情况，我们是否要未雨绸缪呢？这些问题都应一件件直面对待，而别把全部婚姻权利一次性赋予那些愿意接受婚礼的男同，用一锤子买卖来回避这些问题。

所有这些要点中，没有哪一点必定拒绝同性婚，将其汇总也无法拒绝。同性婚的收益也许大于其代价。尽管如此，由于美国公众敌视同性恋，且非常广泛，同性婚因此不可能是个现实的提议，即便权衡了成本后看很值得。也许应把关注点转移到某种居间的解决办法，能满足男同的大多数要求，同时也能回应我提及的那三点反对意见。

不奇怪，丹麦和瑞典就提供了这一模式。在丹麦称为登记合伙，瑞典称为同性同居，实际上就是一种合同形式，男同用来创造一种模拟婚姻。丹麦法律甚至比瑞典法律走得更远，它直接就把登记合伙放在《婚姻法》的全部条款下，只有与孩子有关的规定例外；尽管这还是提出了一个问题，即登记合伙者对其（他或她）合伙人的私人养老金是否享有与配偶相同的收益权。[51] 瑞典为同性同居者规定了准婚姻地位，允许他们选择，其主要特点是当他们散伙时平均分割美国称之为夫妻共同财产的东西。[52] 丹麦的进路则很机械，它认定有无孩子是区分异性婚和同性婚的唯一标志。

---

[51] Michael Elmer and Marianne Lund Larsen, "Explanatory Article on the Legal Consequences Etc., of the Danish Law on Registered Partnership." 这是1990年丹麦法律杂志 *Juristen* 发表的一文英译，可从哥本哈根（丹麦）全国男同女同组织（Landsforeninggen for Bøsser og Lesbiske）得到该杂志。碰巧，在该登记合伙法实施的头九个月，有553对合伙人登记，其中119对是女同。Letter from Dorthe Jacobsen to John A. Shop, November 14, 1990. 这一证据进一步证明女同确实比男同少。

[52] Ake Saldeen, "Sweden: More Rights for Children and Homosexuals," 27 *Journal of Family Law* 295, 296-297 (1988-89); Mary Ann Glendon, *The Transformation of Family Law: State, Law, and Family in the United States and Western Europe* 276 (1989).

第十一章 同性恋：政策问题

瑞典进路假定，我认为这种假定很务实，哪怕意愿持久的同性关系也更像异性同居，不像异性婚姻。因此，瑞典人努力规制的、该国极常见的种种关系形式为美国希望共同生活的男同提供了适当模式。实际上，它或许也为直男提供了一种越来越有吸引力的模式。

同性恋歧视，尤其是服军役

是否应该允许男同女同军中服役，这是更大问题的一部分，即是否应当禁止基于性偏好的歧视。所以提出这个具体问题，理由首先是，支持军队排斥同性恋的论点比支持其他工作排斥同性恋者的论点更强有力。如果前者的论证失败了，就为全面的非歧视原则奠定了基础。

反对军中同性恋的主要论证有四个[53]，我按其说服力从弱到强的顺序一一列举。

首先，同性恋者可能被敲诈，透露军事秘密。这个论点很弱。不仅不适用于那些承认自己是同性恋的人（成功隐藏自己的人，事实上可能升至军队最高统率层，就像一般政府那样），且只有很少军方人士能接触军事机密。

---

[53] 下面的讨论部分依赖了一系列国防部委托进行的但为国防部全部拒绝的顾问报告,研究是否允许男同在美军服役的问题。Theodore R. Sarbin and Kenneth E. Karols, "Nonconforming Sexual Orientations and Military Suitability" (Defense Personnel Security Research and Education Center, Report no. PERS-TR-89-002, December 1988); Michael A. McDaniel, "The Suitability of Homosexuals for Positions of Trust" (Defense Personnel Security Research and Education Center, Report no. PERS-TR-87-006, September 1987); McDaniel, "Preservice Adjustment of Homosexual and Heterosexual Military Accessions: Implications for Security Clearance Suitability" (Defense Personnel Security Research and Education Center, Report no. PERS-TR-89-004, January 1989)。又请看，Crittendon Report, "Report of the Board Appointed to Prepare and Submit Recommendations to the Secretary of the Navy for the Revision of Policies, Procedures and Directives Dealing with Homosexuals" (December 21, 1956-March 15, 1957)。国防部对军中男同的正式立场见于,32 C.F.R. pt. 41, App. A, H (1989)。这是一个简短的关切清单,国防部官员谢绝详细说明。加拿大空军的一项研究对这些关切有更详细的阐述,部分依据了美国军方的立场,建议继续禁止男同服役。Charter Task Force, *Final Report* (September 1986)。尽管如此,如同我们看到的,自那以后加拿大政府放松了这一禁令。还有人不时提出类似论点拒绝男同有权担任警官。Childers v. Dallas Police dept., 513 F. Supp. 134, 146-147 (N.D. Tex. 1981)。我认为是,这个意见捎带了,排斥男同就业公职的最糟论点："有可能,原告会被其工作伙伴骚扰。"同上注,页142。

第 2 个论点是，平均而言，男同不如直男稳定。这一点也许不错，但
315 这里的相关性不清楚，并且也有好几个方面。首先，有艺术气质的、常常女性化的、也最可能有心理调整问题的男同最不可能把军役视为有吸引力的职业，这是个决定性考量，因为像现在这样，所有军人都是自愿者，不是应征入伍。其次，如果说男同在心理上一般不如比直男更适合军事职业的话，那么女同一般又比直女更适合这一职业。[54] 与男同女性化相对应，区分普通同性恋与普通异性恋的特征之一，就是女同男化，而男化使她比其女性姊妹更适合当兵打仗。这也许可以解说，为什么女兵中的女同比例要大于男兵中的男同比例。[55] 第三，也最重要的是，军队雇佣士兵的原则并不是先来后到。军方会筛选申请人，决定他们是否适合从军。除非筛选某种程度上识别不了那些不适合当兵的男同，否则就没理由用更粗陋的装置，把全部男同统统排除。克利腾顿报告（Crittendon Report）（注[53]）中有个平实声明，显然是海军参谋长提出的，认为同性恋与个人能力或造诣之间没有相关关系。

反对允许同性恋服役军中的第 3 个理由是，若上级军官是同性恋，就
316 可能会胁迫下属为自己提供性便利；这是大西洋舰队司令敦促根除女同的理由。[56] 更宽泛的观点是，私密的性关系有可能降低有效军事运作。[57] 但军方不管同样的反对意见，接受了女兵，就跨过了这道沟了。其实，任何时候，只要上下级间有性利益，就会有性骚扰的潜在可能。很少有人把这种可能性当作支持性别隔离的一个重要理由。用这个理由来排斥同性恋，似乎更不成立。这不是否认海军和其他军中有女同团伙，有女同欺负非女同下属以及其他现象。性骚扰是现实。只是通常不认为这个问题严重到必须把一帮同事统统排除，尤其是像在海军服役的女同阶层，她们的能力似乎

---

[54] 一家报纸头条标题就说尽了这一点：Jane Gross, “Navy is Urged to Root Out Lesbians Despite Abilities,” *New York Times*, September 2, 1990, 9。又请看，后注[58]。

[55] Joseph Harry, “Homosexual Men and Women Who Served Their Country,” in *Bashers, Baiters & Bigots* 117 (John P. De Cecco ed., 1985).

[56] Gross, 前注[54]。担心发生性行为是反对男同在任何官僚、等级组织中工作的传统理由。Greenberg，前注⑱，页 438；Ralph Slovenko, “Homosexuality and the Law: from Condemnation to Celebration,” in *Homosexual Behavior*, 前注㊼，页 194，208。

[57] 有人据此提出，一国军队越强大，该国政府就越可能在全社会打压男同。请看，Christie Davis, “The Social Origins of Some Sexual Taboos,” in *Love and Attraction: An International Conference* 381, 384–386 (Mark Cook and Glenn Wilson eds., 1979).

第十一章　同性恋：政策问题

高于平均水平。㊽ 与此类似的还有这样的事实，即同事间的性利益可能令他们履职分心：这是小一号的马库塞观点，爱欲有潜在颠覆性。

支持排斥同性恋的第 4 个论点看似最糟，其实最好。这就是，如果允许同性恋参军，会损害直男士气，因此损害军队战斗力。这个论点看起来最糟，因为形式上看，这与支持军队中实行种族隔离（直到 1948 年才废除）的论点完全相同。既然白人不想同黑人并肩作战，那么黑人就应单独编队；既然直男不想与男同并肩作战，那么，就应把男同统统排除在军队外。有人可能认为，在对这一论点予以丝毫信任之前，我们应该调查一下敌视男同的根据是什么。是无知，还是偏见？是不是直男认为男同不能或不会打仗，或男同会强奸或诱奸直男，或同性恋偏好会传染？没理由相信，那些希望参军同时也通过军方招兵的全部身体、精神和心理测验的男同，在战斗力上，不如直男，会惹麻烦，或会以其他方式削弱军事绩效。人们知道，第二次世界大战、朝鲜战争和越南战争中都有许多男同在军中服役，研究一下他们的从军纪录，就表明他们的表现平均说来与直男同样出色。看来，他们一定是挑出来的，是个特别群体，因为他们能掩藏自己是同性恋。但事实上，参加或继续军中服务，并不要求男同掩藏自己；大多数情况下，只要他们别招摇就可以了。

尽管现在没有完整数据，但依据国会议员斯达兹（Gerry Studds）的一项研究，似乎在大英帝国以及曾一度是大英帝国的殖民地（包括美国、印度、澳大利亚、新西兰和加拿大）以外，多数国家都没把男同排除在其军队以外，包括法国、德国、瑞士和瑞典等受尊重国家的军队。㊾ "二战"

㊽ 大西洋舰队司令提到，对女同可疑者的调查常常是半心半意，因为"经验向我们展示，海军中的刻板女同形象是努力工作、职业导向并愿意长时间投身工作的人，都在司令部顶级职业军人之列"。我引证的是由国防部发布的海军司令公报中的文字。《时代》（前注㊾）周刊引用中有点小错误，如，用"履职人"替换了"职业军人"。

㊾ 不排斥同性恋参军的其他国家还有丹麦、挪威、芬兰、荷兰、比利时以及西班牙。我没有其他国家的信息，希腊除外，希腊是排斥的。有些国家不排斥但对同性恋也有限制，对直男似乎就没有类似的直接限制，如瑞士禁止同性恋在军中形成"团伙"。加拿大似乎也正背离其排斥同性恋的政策。根据一项加拿大已采纳但正进一步研究的临时政策，它不解雇那些发现有同性恋活动的军人，但对他们有些职业限制。我想，它不准已知的同性恋参军。然而，底比斯圣军——皮奥夏军中精锐，也是古希腊最好的军队——也并非支持自由化美军同性恋政策的贴切先例，且不说过去 2500 年间战争与社会的全部变化。这些圣军是由男人及其男孩情人构成的。Christie Davies, "Sexual Taboos and Social Boundaries," 87 *American Journal of Sociology* 1032, 1055–56 (1982). 如果我对古希腊同性恋的分析是正确的，那么这些男人（和男孩）中的大多数，按我们今天对这些词的用法，都是直男。

期间，德国军队就被认为是男同庇护所，不是因为德军不理睬纳粹对同性恋的迫害，而恰恰因为纳粹的迫害，军队指挥部太忙了，根本无心努力清除男同；很明显，男同没被视为有效军事行动的威胁。看来，所谓男同不会或不能打仗的说法是种谣传，与犹太人和黑人不会或不能打仗的说法一样荒唐。此外，即便军中存在男同确实降低了军队的表现，人们首先也必须问，到底降了多少，然后才能决定允许男同当兵的成本是否超过了收益。这些军队收益会包括，节省下来的实施排斥男同政策的成本、士兵供应增加了、应征时虚报自己是男同的动机下降了，以及由于认定男同适合有责任和危险的为国服务的岗位，因此提高了男同的自尊。

那么，为什么我又认为允许男同参军会影响直男士气这一点是支持排斥男同服役的一个很好论点，而不是应当即抛弃的一个可耻论点呢？因为士气问题与排斥男同是否值当（merits）问题是可以分开的。让我们假定，美国士兵已接受一个非理性却又无法动摇的信念，13号周五发起进攻是个灾难。那么，这个信念本身就是个事实，军事统帅在计划进攻日期时就有责任把这个事实考虑在内。如果13号周五发起进攻至关重要，那么，他可能就要努力教育士兵，摆脱迷信；但如果日期不是非常重要，或是这一迷信太顽固，他可能会认为，最好接受这一点。在同性恋问题上，情况也如此。1981年，荷兰人中，认为男同行为肮脏、不轨或反常的百分比降到了10%以下。⑥ 因此，他们不再排斥男同服役就不奇怪了。对美国人来说，根据本书第二章的统计数据，相应数字可能是70%。在一个抽样调查的样本中，有62%的直男老兵认为不应允许男同在自己军中服役，只有12%认为应当允许（其他则不确定）。⑥¹ 一个主要理由是，一想到

---

⑥ Tielman，前注⑩，页14。

⑥¹ Paul Cameron, Kirk Cameron, and Kay Proctor, "Homosexuals in the Armed Forces," 62 *Psychological Reports* 211, 217 (1988) (tab.4) (就非退伍军人而言，相应数字为41%和25%)。这个样本的代表性受人质疑。David F. Duncan, "Homosexuals in Armed forces: A Comment on Generalizability," 62 *Psychological Reports* 489 (1988); Myron Boor, "Homosexuals in the Armed Forces: A Reply to Cameron, Cameron, and Proctor," 62 *Psychological Reports* 488 (1988)。该调查提出的问题是别有用意的，例如："如果你赤裸着或在某公共场合（如厕所、浴室或浴房）生殖器暴露在外，你注意到与你同性别的某人看你，并从中感到明显性快感（比方说，因你的身体而'兴奋起来'），你会有何反应？"Cameron, Cameron and Proctor，页212。但如邓肯很现实地评论的，"如果美国公众的观点与卡麦隆等报告的现象很相似，我不会奇怪。"Duncan，页489。加拿大的研究建议，禁止男同在加拿大军中服役，这一建议完全基于对士气的考量，如当想到统率自己的军官是男同，直男就会不快。Charter Task Force，前注㉝，vol. 1, pt.4, 页8。

第十一章 同性恋：政策问题

会有某个男同看到自己赤身裸体，这些直男就很恼火。这个理由看起来很傻，但不管怎样，你没法简单认定，宣布男同适合服役，不会给士气惹出任何麻烦。请记住美国军队是什么时候才整合的，是军中单独编队的黑人在"二战"中证明了自己之后；也要记住，在美国军队中，某种程度上，女子今天仍然是被隔离的。此外，还要考虑更多公众：想到操纵核导弹发射井的某些士兵可能是男同，公众会不会变得歇斯底里？[62]

确实，并非所有允许同性恋服役的国家都像荷兰、丹麦和瑞典那样宽容。瑞士就持保守的性伦理，与美国很相似。芬兰也显然不像瑞典对男同那么宽容。[63] 西班牙在性的许多方面都很保守，却轻蔑地宽容了男同行为，就像我们知道的，这是地中海文化的特征之一。然而，这些军队在任何方面都不像美国军队那样强大，而这点差别可能就很重要（这就是"核按钮"论点）。总体来说，宽容度高的国家允许男同当兵，宽容度低的国家则不允许。美国属于最不宽容的国家之列。

美国军队政策的另一支柱是有种焦虑（这部分是我们社会敌视同性恋的结果），即许多直男很担心自己的异性恋。这里有种潜藏的恐惧：自己骨子里会不会就是他们中的一员。在军队这种传统全是男人的典型社会场景中（今天，在战斗群体中，仍然如此，女子仍被排除在外），这种担心更加剧了。在这种环境中，男人间会有强烈的情感纽带，尽管通常不是情色的。对他们来说，重要的一点是不能越界。任何"越界者"不得待在军中，这项官方政策有助于确保这条界限的维护。

但故事并不就这样结束了。1989 年的盖洛普问卷调查中，60%的回答者认为应当允许男同参军。[64] 警察是准军事组织，但纽约、旧金山和洛杉矶的警察队伍都已对公开的男同开放了，也没什么异常。大学校园内，男女同校的宿舍楼和共用浴室的经验都表明，废除性别隔离并不激发情色，还常常相反。

---

[62] William P. Snyder and Kenneth L. Nyberg, "Gays and the Military: An Emerging Policy Issue," 8 *Journal of Political and Military Sociology* 71, 81 (1980). 其中有些可能是男同，但可以说是非正式的。

[63] Thomas Fitzgerald, "Gay Self-Help Groups in Sweden and Finland," 10 *International Review of Modern Sociology* 15 (1980).

[64] Michael r. Kagay, "Homosexuals Gain More Acceptance," *New York Times*, October 25, 1989, A24, 该文讨论了 1989 年 10 月的第 89 号盖洛普报告。回答者中，仅 47%认为应当允许男同任教高中。Gallup Report, 页 15。

废止军中的同性恋禁令会带来很大的士气问题,这种说法令人生疑的最重要理由很简单,这就是已有大量男同在军中服役,并没什么明显难题。⑥ 有些男同女同对其异性恋战友和上峰隐藏了自己的同性恋行为,却也有许多人没隐藏。然而,他们大多被军队接受了,通常也没啥大惊小怪的,除非他们被抓了现行,或是其他方面行为不当,而直男也会因相应的不当性行为有麻烦。这种情况就像是,1948年前,有大量黑人士兵在混编连队服役,根据一种拟制:这些黑人其实是白人。

因此,有很好的论证支持废止排斥同性恋服役的禁令,但也有些糟糕论证,如有人说,这会有重要的教育效果,能更快消除直男士兵对男同的敌视,甚至会消除普通公众对男同的敌视。确实,男同不像直男预期的那样表现很糟,事实上可能表现与直男同样好。也有证据表明,同男同合作会促进宽容⑯,尽管这个证据很难解释,因为这里的因果关系可能是相反的:那些宽容的人更容易同男同一起工作。但削弱这一点的恰恰是,有相当数量的男同已经在军中服役了。正式承认他们参军合法的教育效果增量因此可能微乎其微。即使增量很大,这也只是提出了而不是回答了一个问题,即是否应当要求军队成为一个启蒙教育公众的机构,并以不可确知但可能的军事战力损失为代价。尽管美国军队在波斯湾战争中表现出色,但在实现军事效能方面美国军方长期存在麻烦,为此可能要付出生命和金钱的巨大损失。如果我们给军方分派一些社会工作,我们也就给了它未实现其战斗力一个借口,或许我们还会有其他风险,即让它尝试插手一般的非军事事务。

随便说一句,在军队是否继续禁止同性恋的论辩中,军事上的表现出色是柄"双刃剑"。一方面,它减轻了人们对美军战斗力的担忧,证明美军能把大量黑人、其他少数种族群体成员和女子整合进来,保持了战斗力,因此,为什么对男同不这样做,同样获得成功呢?(并且,无疑,远征波斯湾的美军中就有一定数量的男同,同样出色履行了任务。)但另一方

---

⑥ 事实上,有个研究发现,"二战"期间,服务美国军中的男同百分比与女同百分比相同。Harry,前注㊺。很显然,任何排除男同的倾向都会因男同的婚姻或父母豁免资格降低而抵消。在一个自愿兵役制的军队中,我们预期男同数量会低于,而女同数量会高于,有婚姻或子女豁免的义务兵役制军队。

⑯ Ramsay, Heringa, and Boorsma, 前注⑪, 页131。参见, William Paul, "Social Issues and Homosexual Behavior: A Taxonomy of Categories and Themes in Anti-Gay Argument," in *Homosexuality: Social, Psychological, and Biological Issues* 29, 47 (William Paul et al. eds., 1982).

第十一章 同性恋：政策问题

面，军队表现越好，平民就越有理由听从军方的判断，而军方的判断之一就是应当禁止同性恋参军。

尽管男同女同只要言行审慎，就可以在美国军中服役（即便有正式禁令），但废除这一禁令会大大有助于他们的自尊（说某人不适合为国服务是可怕的，除非他们真的不合适，但这里的情况并非如此），也向社会公正迈进了一步。但成本如何？没法就此给出任何令人确信的估计，因为这种分析有反事实（counterfactual）特点。我们需要一个实验，因此我建议采取加拿大的做法，在不放松禁止男同参军之禁令的情况下，允许他们一旦进来后可以继续待下去（附带或不附带某些职业限制），当然，前提是他们不得进行不当行为，也即是若是异性恋者有此行为也会被开除的行为。区分新申请入伍者和现役军人，就像大赦非法移民，就像对求职者——相对于在职雇员——可进行更大范围随机毒品检测一样。⑰ 经验会展示承认军中同性恋是否会影响士气或其他影响军力的因素，因此将为最终解决是否允许同性恋参军的争议提供指南。

无论我们该如何前行，至少我们都该放弃那些支持军队排斥同性恋的羸弱论据，因为有人用这些论据，更没道理地禁止男同从事其他工作。担心男同被人讹诈，担心他们不稳定，为拒绝男同进入有机密安全要求的职位——无论是在政府部门还是在私人部门——提供了传统理由。⑱ 这个理由，不仅理论上而且证据上，都很薄弱。因为当检索有关间谍、破坏和其他叛国罪的文献时，人们会发现——尽管说得耸人听闻⑲，有着同性恋与叛国密不可分的时代气息——却几乎没有证据表明同性恋在叛徒中

321

---

⑰ 比较以下两案，Harmon v. Thornburgh, 878 F.2d 484 (D.C. Cir. 1989), Willner v. Thornburgh, 928 R. 2d 1185 (D.C. Cir. 1991).

⑱ Gregory M. Herek, "Gay People and Government Security Clearances: A Social Science Perspective," 45 *American Psychologist* 1035 (1990); Note, "Security Clearances for Homosexuals," 25 *Stanford Law Review* 403 (1973).

⑲ "男同在政府工作的危险，通常给的理由都是，性倒错令他们更易受讹诈……希尔特（Schilt）医生，认为这个风险远不如该男同自身品质大。希尔特引用了米切尔（Mitchell）（叛逃苏联的一位国安机关雇员）为例，指向男同无负罪感模式，以及对超越权威和道德的更高人类秩序的归属感。" Sanche de Gramont, *The Secret War: The Story of International Espionage since World War II* 395 (1962). 参议员麦卡锡（Joseph McCarthy）也曾努力从政府工作人员中查出男同。John D'Emilio, *Sexual Politics, Sexual Communities: The Making of a Homosexual Minority in the United States 1940–1970* 41–49 (1983).

特别普遍。⑦ 很难提出很有说服力的论证：应当拒绝一位满足了安全机密要求的全部智识、心理和其他标准的已知（因此是无法敲诈的）同性恋者。

至于是否应当允许男同从事密切接触未成年人的工作，例如学校教学和体育教练，到第十四章讨论胁迫的性行为和诱奸时我再讨论。反对派的主要论点是，即使其行为完全正当，男同也不适合作为性认同尚不确定的直男青年的榜样；以男同为榜样，可能影响青少年成为男同。⑦ 从我前面说过的理由来看，这种处于剃刀边缘的青少年究竟有多少，值得怀疑。但无论如何，就是否允许男同收养或以其他方式获得儿童监护权的辩论而言，这是个考虑因素，我最后一章讨论这个问题。在所有这些问题理清之前，全面禁止针对同性恋的工作歧视可能还为时过早。

这就引出本章最后一个问题：禁止种族、性别和其他令人反感的相关歧视的法律，如1964年《民权法案》第七章⑦，是否应当扩大，包括同性恋。这种扩展不必然与同性恋可能不适合某些工作的信念不一致，可以有例外。事实上，就种族歧视之外的其他歧视而言，第七章已经有了一个全面的例外情况，即特定性别、种族、宗教等（除种族或肤色之外的任何其他）是相关工作的真正资格限制；异性恋偏好有可能就是某些工作的真正资格限制。

是否扩大反歧视法，把歧视同性恋也包括进来？可以有两种方法来处理这个问题。首先问，鉴于第七章和相关法律，有无任何理由把同性恋排除在受保护类别之外，已有的类别不仅有种族、宗教和族群，还包括女子、身心残疾者、40岁以上的工人，某些情况下，日子包括年轻健康男性"特

---

⑦ 平切尔就这样总结的，请看，Chapman Pincher, *Traitors: The Anatomy of Treason* 103 (1987). 尽管他得出了这个结论，但他推测，由于怨恨被称为不轨者和罪犯，事实上很可能诱发一些著名英国男同叛徒，如布朗特（Anthony Blunt）和伯格斯（Guy Burgess），犯下叛国罪。然而，显然有理由相信，在外交和特务工作中雇佣同性恋是有传统的。Tripp, 前注⑨，页216-221。[一本与此毫不相关的书还把被"当成直男"的男同比作"扮演双重间谍"。Brian Pronger, *The Arena of Homosexuality: Sports, Homosexuality, and the Meaning of Sex* 113 (1990).] 在此情况下，我们预期，有相当数量的叛徒是男同，不是因为男同天性比直男更容易叛变，而是因为特务工作更青睐他们。

⑦ 相反的论证，请看，Dorothy I. Riddle, "Relating to Children: Gays as Role Models," 34 *Journal of Social Issues* 38 (1978).

⑦ 42 U.S.C. § 2000.

第十一章 同性恋：政策问题

权白人"（WASPs）？⑬ 歧视同性恋是否比歧视任何这些类别的成员更少、危害更小或更少非理性因素？答案是否定的。⑭ 但解决这个问题的第二种办法是问，制定一项禁止就业歧视的法律是否是个好主意。我承认，对此我持怀疑态度。⑮ 要解说为什么怀疑，那就超出了这本关于性的书的适当范围，所以我只想说，是否为男同女同免受工作和其他生活领域的歧视提供法律保护，这是个更大问题的一部分，且与性偏好无关。但请注意，反歧视法鼓励（若不是解释为禁止）的平权行动政策，通过减少白人男子就业机会而挤压了白人男同，却没为男同提供任何保护使其免于成为就业机会减少的直接受害者。

2001年7月26日星期四译于北大兰旗营

---

⑬ 因为只要某种区别对待与真实的平权行动无关，一个白人就可以抱怨说自己受了歧视，优待了黑人。McDonald v. Santa Fe Trail Transportation Co., 427 U.S. 273 (1976); Rucker v. Higher Educational Aids Board, 669 F.2d 1179 (7th Cir. 1982).

⑭ Martin P. Levine, "Employment Discrimination against Gay Men," in *Homosexuality in International Perspective,* 前注㉙，页18。

⑮ 请看，Richard A. Posner, "The Efficiency and the Efficacy of Title VII," 136 *University of Pennsylvania Law Review* 513 (1987).

第十二章 法院内的性革命

在1965-1977年间的一系列判决中，联邦最高法院创造了一种有关性或生育自主的宪法权利，称之为隐私权。这些决定形成的格局类似本书讨论的"道德无涉的性"模式。后来，联邦法院削减了隐私权，削减到——写作本书时——隐私权的未来相当令人可疑。除了隐私案件，联邦最高法院在这个性自由至上的时期，依据其他各种宪法准则，如言论自由，还废除了对性自由的其他一些限制。

性自由至上主义在联邦最高法院的兴衰激发了数量惊人的法律刊物和著作的评论，其主要关注是，联邦最高法院的决定就宪法教义而言是否坚实。我对这个问题仅有附带的兴趣，因为这个问题不仅取决于有关性的事实和信念，还取决于对解释、先例的效力和联邦制度性质的种种观点。我的主要兴趣在于理解，联邦最高法院和其他法院中展示的有关性的争点，以及是什么动机或力量促使联邦最高法院率先成为性革命的旗手，随后却又迟疑起来了。①

从格里斯沃德诉康州案到若伊诉韦德案

第一个值得注意的案件是1965年决定的格里斯沃德诉康涅狄格州案。康涅狄格州（下文简称康州）规定任何人"使用任何药品、医药用品或器

---

① 关于这些案件的一个有用的介绍，请看，Bruce C. Hafen, "The Constitutional Status of Marriages, Kinship, and Sexual Privacy-Balancing the Individual and Social Interests," 81 *Michigan Law Review* 463 (1983).

第十二章 法院内的性革命

具预防怀孕"均为犯罪。② 已婚者也不例外。两位被告，康州计生联盟执行董事和该联盟为测试该法是否合宪而在纽黑文刚设立的计生诊所的医学主任，因向已婚者提供避孕建议，且为已婚女子开避孕药方，被认定有罪，并各自罚款 100 美元。联邦最高法院认定该法适用于已婚者违宪。大法官们提出了不同的司法意见（共6份），细致辩论了一个问题，美国宪法中有无任何规定可能赋权已婚夫妇使用避孕品。大法官道格拉斯的备受批评的多数派意见坦率承认，没这么一项规定。但道格拉斯注意到，有些宪法规定确实保护了某种形式的隐私，如宪法第三修正案限制和平时期在民宅驻军，宪法第四修正案保护人身、文件、财产和住宅不受不合情理的搜查和扣押，据此，他发现作为整体宪法文件中隐含有一种"婚姻隐私权"③。

奇怪的是，该司法意见对婚姻的目的，以及为什么禁用避孕品可能就干扰了这些目的，都保持了沉默。本书的分析应有助于我们理解，一项限制婚内避孕性交的法规可能削弱伴侣婚，因为那实际是对婚内性行为征了税；今天，甚至比《权利法案》颁布时更明显，伴侣婚是美国婚姻的主导形式；所谓婚姻，我们就指伴侣婚。因此可以说该法是反婚姻的。道格拉斯曾暗示了这一点，为把此案同宪法第四修正案紧密联系起来，他强调说"允许警方搜查婚室的神圣领地，查找使用避孕用品的迹象"，这太过分了。④ 但这是司法的夸大其词。因为这部康州法规 1937 年就已成文（承继了 1879 年通过的一部类似法规），从未对已婚人士甚或对任何其他避孕品使用者实施过。该法也不禁止制造、进口或销售避孕品；虽然原则上看，避孕品制造商、进口商和销售商都属于违法使用避孕品（避孕套例外，因为那既可预防疾病，也可避孕）的协助者和教唆者，但该法对供应商的执法力度不比对使用者更大，也不曾试图阻止医生开子宫膜和其他女用避孕品的处方。

该法的唯一用途，同禁止协助和教唆使用避孕品一道，就为阻止设立节育诊所。在这方面，就像第七章提到的，该法完全有效。这类诊所的主

---

② 381 U.S. 479, 480.
③ 事实上，这个术语是在一份附和意见中引入的。同上注，页 486。
④ 同上注，页 485-486。

要客户是社会下层女子。⑤ 中产阶级女子更喜欢向私人妇科大夫寻求避孕建议，开具避孕品处方。从来没人认为康州该法对中产阶级女子有丝毫影响。只是那些贫穷女子受影响。

大多数州对避孕品都有所限制，例如，只允许有执照的药店向顾客出售避孕品，但只是马萨诸塞州有与康州类似的法规，禁止避孕品使用。⑥ 这些法规的存活，主要因为这两个州的天主教会势力。确实，这些法规当初都不源自天主教。纯洁社会风化（Comstockery）并不是一场天主教运动，其实那还是个反天主教的运动。但到了20世纪60年代，多数新教徒都从反计生转向支持计生了。这时，就主要教派而言，只有天主教教会和忠实的天主教教民支持这部康州法规。⑦

联邦最高法院大法官都没谈这部康州法规罕见，没提该法有分配影响（即仅影响穷人），也没提天主教会对该法存留所起的作用。的确，许多法律人不认为教会在其中作用有多大。人们一般也认为，不能仅因某法规体现了基督教道德，就视之为建立宗教，是宪法第一修正案禁止的，因此该废除，这不讲道理。因为有许多无可挑剔的法律，如禁止谋杀，就是以基督教道德为基础。但这么说也不大对头。因为谋杀是道德过错，这既不是基督教的创造，也不是犹太圣经《十诫》作者的创造。所有社会都有谋杀概念，即无端（impermissible）杀人。若没这个概念，任何社会都不可能有效运作。但并不是所有社会都是犹太/基督教社会。基督教与异教文化的道德有差异，如在溺婴问题上，但这都是历史差异。今天，文明社会普遍禁止溺婴，并不只是基督教社会才禁止。在这一点上，基督徒也许是创新者，但这种创新已经广为传播，成了人类的共同财产。

禁止已婚者使用避孕品则不同。到1965年时，这只是天主教会这一宗

---

⑤ Norman E. Himes, *Medical History of Contraception* 357 (1936) ("美国计生诊所主要为工作阶层服务"); Linda Gordon, *Woman's Body, Woman's Right: A Social History of Birth Control in America* 288–289 (1976); Elise F. Jones et al., *Pregnancy, Contraception, and Family Planning Services in Industrialized Countries* 108 (1989). 我说的不是堕胎诊所；它们更晚出现。

⑥ 请看美国双亲计划联合公司的(在美国联邦最高法院)诉讼摘要，这是格利斯沃德诉康州案的专家证言，App. A., 页19A–27A，列举了全部制定法并概述了相关规定。稍后会讨论推翻马萨诸塞州法规的埃森斯塔特诉拜尔德案，后面还会讨论推翻一部看似限制不多的纽约州法的凯利诉国际人口服务案。

⑦ 除第七章的参引文献外，又请看，C. Thomas Dienes, *Law, Politics, and Birth Control* 142–147 (1972). 迪尼斯还指出，在20世纪60年代，天主教教徒支持法律禁止避孕品的组织化力量衰落了。同上注，页196–197。

第十二章 法院内的性革命

派的立场,大多数美国人都拒绝了,仅剩两个州还保留有法规,那里的天主教教会有足够力量阻止废除该法律——有足够力量阻止废除,却无力有效实施。但只要有最基本的执法就足以有效限制计生诊所了。(反对堕胎,也一直都有很强宗教意味,但其基础广泛多了;不能把反堕胎仅视为某个宗教教派的事业。)因此,这阻碍了穷人,可以说是那些最需避孕的人,获取有效避孕的必备信息和用品。⑧ 并且他们受阻是因为宗教教义,而不是为推进什么言之成理的世俗目标。此案中,没人说康州人烟稀少,大家庭比小家庭更幸福,或是已婚者了解避孕手段后通奸会增加。该法适用的广度也令人吃惊,但支持广泛适用的最好论点只是,如果对已婚者开了口子,实践中,就没法对私通者执法了(联邦最高法院从来也没质疑各州防止婚外性关系)。计生诊所会明里为已婚夫妇服务,其实为所有来访者服务。这些诊所还能逃脱协助者和教唆者的责任,只要形式上限定诊所仅为已婚夫妇服务,但不要求出示婚姻证明,就可以同时为未婚者服务,而该州对此则无能为力。

这是支持该法的最佳论据,却不是个好论据。不仅康州可以规定计生诊所要求客户出示已婚证明,就像要求酒吧让客人出示年龄证明一样,而且这个论据还声称(impute to)康州渴望有效实施该法,而康州似乎没多大愿望。康州检察官可能也为这不合时宜的法律尴尬,没怎么想实施该法。真受威胁的只是计生诊所,计生诊所就想标榜自己的性质是协助和鼓动避孕品使用的机构。在很大程度上,这部法规就是个声明,是个象征。这样说不一定是批评,却是拒绝以执法紧迫为由要求对已婚者执法的理由。对于那些执行不力或根本没执行的法规,有时,人们会辩解,那只表达了一些有劝说效果的道德原则。事实上,就像上一章讨论反肛交法时我们看

---

⑧ 计生诊所带来了来访女子怀孕成功率激增。Himes,前注⑤,页386 (1936)(成功率从55%增至90%),因为教育水平与避孕品使用强烈正相关。Robert T. Michael, "Education and the Derived Dmand for Children," 81 *Journal of Political Economy* S128, S140-161 (1973); Mark R. Rosenzweig and Daniel A. Seiver, "Education and Contraceptive Choice: A Conditional Demand Framework," 23 *International Economic Review* 171, 197 (1982)。并且,计生诊所实际为低收入——因此平均来说教育很差的——女子提供了一些教育补救。此外,当时若没有这些诊所,堕胎数量可能增加,因为堕胎和避孕互为(主要)替代。Theodore Joyce, "The Impact of Induced Abortion on Black and White Birth Ourtcomes in the United States," 24 *Demography* 229, 231, 241 (1987)。

到的，法律人相信法律有劝说效果，尽管这个命题很可能是假的。⑨ 但我这里想说的是，康州这部反避孕法唯一"声明"的是，在康州，天主教教会还有足够力量获得官方支持，坚持一种不受欢迎的天主教教义。别把这种力量等同于民主的偏好。激情满满的少数群体常常能够促成一部对多数人不利的立法的通过，甚至常常能阻碍撤销当年获得过多数支持但如今不再的法规。最后，只要该法规并不只是个声明，那它就是对穷人的压迫。

我并不是建议，由一个司法机构把各州和联邦刑事法典都清查一遍，有哪些法规的颁布和保留能追溯到宗教教派的压力，然后以"建立宗教"为由推翻这些法令。我也没兴趣加入进来，为格利斯沃德案决定找出个令人信服的法教义的论据。我怀疑当年有过这种理由。但难道这个法律分析就这样结束了？一部宪法，如果不能废除如此令人反感、压迫人、很可能不民主且带着宗教色彩的法律，这就暴露了该宪法本身有些重大漏洞。也许这就是我们的，甚或任何成文宪法的性质（nature）。但法院是有权的，至少它可以填补这些比较明显的漏洞。是否有人真的认为，对宪法就该仅做字面解释，乃至授权每个可以想象的法律都不违反宪法的某个具体条款呢？那会意味着，各州可以要求每人都得结婚，每人每月至少有一次性交，或可以夺走每对夫妇的第二个孩子，将其安置在寄养家庭。当然，没哪个州可能做这种事；如果有哪个州这么做，那也证明该国的道德观有了巨大改变，乃至我们现有的直觉成了个糟糕的向导。然而，我确实欣慰的是，即便有宪法创制者不曾预见且未明确禁止的具体暴政，还有法院站在我们与立法暴政之间。但分析也不能就此结束。正如我们很快就看到的，此后有关性自主的法理进程表明，在努力填补成文宪法的堵漏时，司法往往会突破所谓的填补空白和堵塞漏洞这类隐喻中隐含的那些温和限制。并且，如果当年联邦最高法院没介入，康州的这部法律很可能几年内就被废除了，因为当时全国有强烈反对这种法律的趋势，并且事实上（当然也许相关），天主教想保留避孕品的残余禁令的有组织的努力正失去动力（请看注⑦）。

7年后，有了爱森斯塔特诉拜尔德案（*Eisenstadt v. Baird*）决定⑩，格利斯沃德案的生成潜能变得清晰起来了。在拜尔德案中，被告被认定有

---

⑨ Richard A. Posner, *The Problems of Jurisprudence* 213-215 (1990). 人们拒绝从法律中获得提示的一个突出例子是，鲍尔斯诉哈德威克案判决没影响人们对男同的态度。请看后注㊶。
⑩ 405 U.S. 438 (1972).

第十二章 法院内的性革命

罪,说是在同一位未婚女子的交谈中,被告给了该女子一包杀精泡沫,因此帮助并教唆他人违反马萨诸塞州的反避孕品法,而自格利斯沃德案以来该法一直仅适用于未婚者的避孕品使用。为确定法律对已婚和未婚的区别处理是否专断,乃至未予以法律的同等保护,联邦最高法院首先追问,作为遏制私通的办法之一,这种区别处理是否有道理(justified),依据马萨诸塞州法律,私通是种轻罪。回答是否定的。因为该法允许为预防疾病同样向已婚和未婚者出售避孕品;已婚者也许——事实是通常会——在通奸中使用避孕品。并且,违反该法的最高刑为 5 年,这与私通最高刑为 90 天很不相称。联邦最高法院还暗示,怀孕并生下一个意外出生的孩子,这本身也是与轻罪不相称的惩罚之一。联邦最高法院结论认为,遏制私通"不能合乎情理地被视为禁止向未婚者分发避孕品的目的。"⑪

联邦最高法院的每一点都有漏洞。首先,惩罚非法物品或服务的提供者比惩罚购买者和使用者更重,这种情况司空见惯。相关例证是,依据很多禁止卖淫的法规,嫖客就不犯罪,对卖淫的惩罚因此比对嫖娼的惩罚重了无数倍。严惩私通很是荒谬,因其罪行轻微,最好是间接处理。其次,该州也没打算以怀孕和意外生育来惩罚私通;而是希望怀孕和意外生育的前景会遏制私通,尽管更可能发生的后果是促使私通者使用避孕套。至于未婚者可能私通但不违反该法,以及已婚者使用避孕品来通奸,这些事实则表明,就像大多数法规一样,该法并不以排除其他竞争的价值来实现其目的,因此不会特别有效。此外,该州似乎也没想豁免已婚者;只是格利斯沃德案之后,它别无选择。此外,避孕套例外,这也不危及该法的完整。预防疾病,防止私通,都是该州的利益,至于通奸,既非无受害人的违法,也是离婚的理由,震慑通奸要比震慑私通更容易,因此不需要阻止避孕;在此情况下,不必认为该法豁免了已婚者就毁了该法的目标。还有,避孕套并非每个人避孕的第一选择,艾滋病幽灵席卷美国前就更是如此,因此,一项阻止其他避孕品供应的法规就提高了私通成本,从而降低了私通发生率。

真正拒绝这部马萨诸塞法规,并非该法不能遏制私通。事实上,它会有所遏制,会远比把私通定为轻罪但无法实际执行的法规(无人质疑这样一部法规的合宪性)更能遏制私通。联邦最高法院剥夺了该州可能有效打

---

⑪ 同上注,页 450。

压私通的唯一武器。也许有人说，即使该法规确实遏制了私通，代价也太大，会有更多怀孕和意外生育；但这也不能真正拒绝避孕品禁用令。哪怕婚前性交导致怀孕的比例较高，但这类性交会减少；众所周知，这两种影响可能相互抵消，因此，怀孕和意外生育的数量保持不变，尽管瑞典的经验表明不是这样的。因此，真正拒绝这一法规的是，没什么好的理由要震慑婚前性行为，一般来说，那就是一种无害的快感来源，对一些人来说也是搜寻婚姻的重要阶段。（然而，这类反驳对禁止私通的法规同样适用，联邦最高法院也从来不曾质疑过此类法规的合宪性。）想阻止意外怀孕有很多好理由，但鼓励使用而非阻碍使用避孕品可能更有助于实现这一目标。禁用避孕品的法规收益很少，成本却很高。

由于联邦最高法院找不出什么合理根据不让未婚者获得避孕品，因此，它的结论认为马萨诸塞州法规否认了法律的同等保护。但最高法院一定有所困难，因为格里斯沃德案着力强调了婚姻隐私，其寓意是未婚者权利要少些。联邦最高法院当年多说了这么一句："夫妻并非一个有自己头脑和心脏的独立实体，而是两个个体的联合，各自有着独立的智识和情感构成。如果隐私权有任何所指，那就是个体权利，无论已婚还是单身，在根本影响一个人决定是否怀孕或生育的问题上，不受无端的政府干预。"⑫从字面理解，这段夸张的文字说的不过是政府不能强迫未婚者生育，就如同不能强迫已婚者生育一样，这个命题几乎没人反对，但从美国宪法文本或历史中不容易找到出处。然而，这里隐含了一个更进一步的命题，即，即便有这部不受质疑的私通轻罪法（很容易被人们忽视，因为该法完全没实施），未婚者仍有一种从事性交的宪法权利。因为如果他们没有这宪法权利，性交就是非法行为；那么州禁止出售在这种活动中使用的物品（避孕品），又何以可能违反宪法呢？现实的回答会是，反私通法就是一纸空文，没任何东西能令它生效。该州的真正目标是避孕；出于令康州法规继续有效的宗教派别的原因，该州希望在联邦最高法院允许的范围内尽可能地禁止避孕。

---

⑫ 同上注，页453（着重号是原有的）。这段文字中随意把婚姻关系等同于非婚姻关系，这与上一章看到的，在婚姻权案件中，以及在格利斯沃德决定中，联邦最高法院对婚姻的赞美之词，很不一致。联邦最高法院把已婚状态，即便以无肉体的形式，看得很高，乃至联邦最高法院认定囚犯也有结婚的宪法权利，尽管不能与他或她的配偶发生性关系。Turner v. Safley, 482 U.S. 78, 94–99 (1987).

第十二章　法院内的性革命

这一系列的下一判决是凯利诉国际人口服务案（Carey v. Population Services International）。⑬ 此案中，联邦最高法院推翻了纽约州法令规制避孕品的三项限制：不得向16岁以下者出售或分发避孕品；只能在获许可的药店出售；以及避孕品不能广告和展示。这第2条和第3条限制不仅被拜尔德案，而且在格利斯沃德案就给终结了，因为已婚者和未婚者都会感到这些限制的可预见后果，避孕品价格更高了，有关信息更少了。第1条限制则最有意思。公众反对孩子性交比反对成人私通更为强烈。这使国际人口服务案比拜尔德案更难，但再难也并非无法克服。公众反对更强烈的理由之一是，怀孕对于少女要比对于成年女子是更大的灾难，而这就是联邦最高法院推翻该法的杠杆。这一法律也许会阻止某些女孩性交，但一定程度内，这一遏制作用失败了，由此出现的不利后果总体而言甚至会比依据马萨诸塞州法规出现的情况更严重。此外，遏制还可能无效。青少年通常比成人更冲动，平均而言，他们对激励的反应要比成人更小（尽管第十章的证据表明青少年对堕胎行为仍是理性的）。他们还不成熟，成熟或有经验的标志之一就是会计算行动方案的全部后果。

甚至，该法维护支持了父母的权威，这也不足以为该法强力辩解。确实，大多数美国父母都不希望自己十来岁的孩子，尤其是女儿，有性行为。但即使在这些父母中，有许多人认为，告诉女儿如何避孕，是比相信她们自觉避开性交更为审慎的做法。因此，任何情况下都禁止向青少年分发避孕品的法规，其实削弱了孩子父母的权威。奇怪的是，该纽约法规中乍一看似乎最合乎情理的规定——不让孩子接触避孕品——实际上最不合情理的。

在拜尔德案和国际人口服务案之间，出现了若伊诉韦德案⑭，此案赋予女子有反对政府限制怀孕前三个月堕胎的绝对宪法权利，随后三个月内有权堕胎但要受限，最后三个月内，仅有为保护母亲生命和健康的堕胎权。⑮ 此案的多数派意见受到很多诟病，批评该判决意见冗长，离题万

---

⑬　431 U.S. 678 (1977).

⑭　410 U.S. 113 (1973).

⑮　在双亲计划诉单福斯案，联邦最高法院把堕胎权延伸到了未成年人。428 U.S. 52 (1976)，联邦最高法院依据凯利诉国际人口服务案支持了这一决定。这种堕胎"权"是形式的，意思是她一定得付得起堕胎费用。不存在由公共资金支持的堕胎权。Maher v. Roe, 432 U.S. 464 (1977); Harris v. McRae, 448 U.S. 297 (1980). 这一区分实践意义很大。其他除外，这有助于解说为什么美国意外生育率很高。

里，谈论了古波斯人以来人们的堕胎态度和规制历史；探求堕胎权的宪法渊源时很随意，还把怀孕期机械分成三个等份但法律后果不同的阶段。第一个和第三个批评都不恰当。相关历史展现了有关堕胎的态度和法律随时间和文化有很大变化；这段历史并非一直严厉谴责堕胎。相关历史还表明天主教的严苛立场不仅相对晚近，而且从来没被英美法接受。⑯ 相关历史也还展现了，法律对堕胎的制裁实际是到19世纪，人们担心堕胎作为医疗程序的固有风险（今天的医疗过程已消除了这种风险），才变得严格起来。因此，这一历史表明，堕胎禁忌，如果这样称呼的话，其实比溺婴禁忌更弱。证明了这一点之后，联邦最高法院就能有说服力地争辩说，当年并没把胎儿视同人，如果把胎儿视同人，堕胎就会被视同溺婴，以谋杀论，而事实并非如此。

联邦最高法院因此在把胎儿生命降至低于完整的人类生命，为平衡怀孕女子的堕胎利益与毋庸置疑的各州保护其公民（包括儿童）的利益扫清了道路。这些利益与堕胎的怀孕阶段有便利的反向关系。堕胎越早，母亲堕胎的利益越大，因为她可以避免更多的怀孕风险和不便，而各州防止堕胎的利益就越弱，因为这时胎儿与孩子相距最远。堕胎越晚，母亲的利益就越弱，既因为她已承担了更多怀孕负担了（这是堕胎也无法弥补的沉淀成本），也因为由此可推定，她本可以更早堕胎以最小化对州利益的影响。而州的利益现在更大了，因为胎儿更像孩子了。因此，各方利益的最佳兼容，或用经济学术语说，使堕胎和防止堕胎的共同成本最小化的最好办法就是滑动比例，即女子堕胎权利将随着怀孕时长增加而递减。但如此精致的滑动标准很难管理，就用一个简单的三阶段规则作为替代。

我的这一重述，如果没能忠实于布莱克门（Harry Blackmun）大法官的语词，却也是忠实于其精神的。在这一重述中，若伊诉韦德案就是一个社会政策表述，同性与道德无涉的模式一致，尽管不必然涉及该模式（请看第10章）。⑰ 并且，把若伊案同联邦最高法院后来决定的一些案件放在一起，包括把堕胎权延伸到未成年人（请看注⑮）、有关避孕品、同一时

---

⑯ 若伊诉韦德案废除的德克萨斯州法规包含了一个例外，即为救助女子生命无论直接或间接的堕胎。

⑰ 这样看来，该意见中最值得质疑的一点是，若母亲健康需要，允许第九个月的堕胎，而没坚持对母亲身体必须有重大危害。提出这一和其他深刻批评的是伊利的经典论文，John Hart Ely, "The Wages of Crying Wolf: A Comment on *Roe v. Wade*," 82 *Yale Law Journal* 920 (1973).

第十二章 法院内的性革命

期限制政府削减非婚生儿童权能之权力⑱、赋予未婚父亲亲权⑲以及色情品违禁主要限于硬色情⑳等案,可以论称,到20世纪70年代中期,美国联邦最高法院在与性相关的问题上,已把美国领上了与瑞典汇合的道路。我肯定,联邦最高法院从没想过让政府为婚外性行为和儿童养育提供补贴,就像瑞典极为慷慨的福利项目那样;毕竟,美国联邦最高法院仍允许各州和联邦政府拒绝为堕胎提供公共资金(请看注⑮),这就使堕胎"权"对穷人来说相当空洞。联邦最高法院似乎把瑞典有关补贴的性政策都交由美国国会和各州立法机关决定,它限定自身角色就是清除有关性自由的法律限制。

联邦最高法院为何会如此深入干预性的问题呢?原因还不清楚。我很赞同格雷(Thomas Grey)的怀疑论,认为这些大法官们实际上和罗素一样,认为性应当是与道德无关的,就像吃饭一样。格雷认为,这些大法官都认为性是一种伟大神秘的力量,必须有序且受控,都认为上面讨论的那些性隐私案都是专为让人们有能力(通过避孕和堕胎)限制怀孕成本从而来稳定性行为。㉑ 也许情况如此。但这一进路导致格雷1980年的论文错误预测,保守的联邦最高法院会废除打压肛交和私通的法令,以稳定日益常见的非婚性关系。格雷说,例如,"同性恋社区正在成为我们社会一个日益公开的社区。为有效治理该社区,就必须承认它合法。"㉒

格雷的预测仅六年就被证伪了。当我们试图理解为何如此时,考察一下以上4个司法意见的不同质会有帮助。最合常规的是拜尔德案和国际人口服务案的决定。法律同等保护的原则——政府对同样的人和事必须同样处理。换句话说,必须根据合理差别做不同处理——无可争议。因此,问题在于,就获取避孕品而言,区别对待已婚和未婚,或16岁以上和以下的人,是否合理;有人可以很有道理地说这些区分不合理。对这些决

---

⑱ 例如,Weber v. Aetna Casuality & Surety Co., 406 U.S. 164 (1972); Gomez v. Perez, 409 U.S. 535 (1973); Jimenez v. Weinberger, 417 U.S. 628 (1974),和 Trimble v. Gordon, 430 U.S. 762 (1977). 联邦最高法院在这些案件中强调,让这个孩子为因亲长的不当行为带来的惩罚付账,这太严厉了。对于这一点可以回答说,如果这个孩子赢了,那么其亲长的婚生子女就得为亲长的不当行为带来的惩罚付账,而他们同样无辜。

⑲ 这是 Stanley v. Illinois, 405 U.S. 645 (1972)一案的主要决定。

⑳ Miller v. California, 413 U.S. 15 (1973).

㉑ Thomas C. Grey, "Eros, Civilization and the Burger Court," 43 *Law and Contemporary Prolems* 83 (Summer 1980).在先前一个色情案决定中,联邦最高法院竟然把性描述成"人类生命中一个伟大而神奇的动力。" Roth v. United States, 354 U.S. 476, 487 (1977).

㉒ Grey, 前注㉑,页97。

定的最大反驳是，在对性规制和经济规制适用同等保护条款时，这些决定创造了一个自成一类的非理性区分。联邦最高法院要求性规制应当有道理（make sense）；对经济规制却没提类似要求。国际人口服务案废除的纽约州法令规定，只有持照药剂师才有权出售避孕品。联邦最高法院的司法意见曾支持对契约自由有过一个类似的限制：没有验光师和眼科大夫的处方，眼镜商不能更换眼镜框；表明联邦最高法院对这一自由根本不在意。并且，尽管此案决定是在性自由案决定之前，体现的却是自20世纪30年代以来联邦最高法院在经济规制面临同等保护挑战时的一贯政策。㉓ 为什么一个州提高避孕套价格要比提高眼镜价格会被认为更严重冒犯了宪法原则呢，这一直是联邦最高法院与性自由至上论擦肩而过的永恒之谜。如果有人提问，联邦最高法院可能回答说，性和生育自由是一项"基本"权利，经济自由不是，那只是给问题换个标签而已。可能有人认为自由至上主义是无法分割的。同样的论点一方面表明，应当允许人们在性与生育问题上自我选择，尽管要适当注意第三方利益；另一方面同样表明，在并非性的物品和服务上也应当允许人们自我选择。无疑，阉割比拒颁理发执照更严重地剥夺自由，但拒颁理发执照可能比禁止从自动售货机购买避孕套更严重。

如果美国宪法本身区分了性的市场和其他市场，那也足以回应将两类市场等同的建议。但美国宪法没做如此区分，甚或，宪法对产权的保护还超过对自由（例如，在契约和征用条款中）的保护。用隐私这个词来描述那些通常并非隐私而是自由的问题，这种奇怪的挪用是试图用语义的手法，让性自由看似占据了与经济自由不同的社会价值平台。㉔ 事实却非如此。

美国宪法文本并没规定性的自由优先于非性的自由，这其实是格利斯沃德案和若伊案的教训。大法官道格拉斯在格利斯沃德决定中，以令人耳目一新的坦诚，摒弃了每项宪法权利都必须有具体的文本出处的虚伪说法。这

㉓ Williamson v. Lee Optical of Oklahoma, Inc., 348 U.S. 483, 488–489 (1955). 又请看，Railway Express Agency, Inc. v. New York, 336 U.S. 106 (1949); Ferguson v. Skrupa, 372 U.s. 726, 729 (1963); City of New Orleans v. Dukes, 427 U.S. 297 (1976) (per curiam); Minnesota v. Clover Leaf Creamery Co., 449 U.s. 456, 464–470 (1981).

㉔ 我反对过这种挪用，*The Economics of Justice* 323–331 (1981). （我永远无法不感到惊讶，联邦最高法院在拜尔德案中居然说，如果隐私权还有任何所指，就是指在某种非法关系中使用避孕品的权利。）在古典自由主义中经济市场与非经济市场的相似，请看，例如，Aaron Director, "The Parity of the Economic Market Place," 7 *Journal of Law and Economics* 1 (1964).

第十二章 法院内的性革命

一点,加上他笨拙的修辞㉕,令他的司法意见容易被职业界尖锐批评,因为他所用的解释方法在法律职业界当时(和现在)有关美国宪法的思考中几乎没有地位。他用宪法文本和历史作为一般价值的渊源,由此建构一种非文本的权利,即婚姻隐私权。也许通过进一步阐述和运用,本来可以令这种解释技巧获得尊重,但联邦最高法院没有努力,而是转向了(在若伊诉韦德案中很明显)更常规但并不更令人满意的"实质性正当程序"理由,即哈兰(John Marshall Harlan)大法官在格利斯沃德案附和意见中敦促采纳的理由。㉖这种转变的原因之一也许是,格利斯沃德案的解释方法在该案的特殊情况下要比在若伊诉韦德案中更有意义。康州法规对已婚者也适用,如此荒唐和令人反感,不废除该法,就暴露了美国宪法不完整、受到了时代限制且漏洞太多,美国人不希望看到自家宪章如此掉价。若以堕胎案的场景类比,这等于把东正教教义写入法律,禁止堕胎(除非"间接"——请看第十章),即便为拯救母亲生命之必须,也不例外。自由和自主在18世纪的文件中可以说是显著的价值,完全可以以此为基础,认定该法违背了贯穿这一文件的精神。而且,我们也知道,文字是死的,精神赋予它生命——只要有人辩称,婚姻法没规定配偶性别,就是许可同性婚姻,那么性保守主义者当即会承认这一点。㉗

要把像若伊诉韦德案承认的普遍堕胎权同美国宪法文件精神联系起来,则困难多了,相应地人们还希望找到一个更坚实的文本抓手。但文本中有吗?宪法第五和第十四修正案都禁止全国政府和各州未经正当程序剥夺一个人的生命、自由和财产。因此说禁止堕胎是剥夺怀孕女子的自由,这没问题;但说这否认了法律的正当程序,就有问题了。这个术语的历史和语义都指向程序权利而非实质权利。确实,也有历史根据认为正当程序条款要求根据成文法适用制裁,认为宪法第十四修正案(或者说,如果不是该修正案的正当程序条款,就是其中的特权和豁免条款)是要让《权利法案》的某些甚或全部具体保证对各州的政府行为也适用。㉘但无论

㉕ Henry T. Greely, "A Footnote to 'Penumbra' in Greswold v. Conecticut," 6 *Constitutional Commentary* 251, 263-265 (1989).
㉖ 381 U.S. 页 499-502;又请看,Poe V. Ullman, 367 U.S. 497, 522 (1961) (Harlan, J., dissenting). 我在本章稍后会解说实质性正当程序。
㉗ Baker v. Nelson, 191 N.W. 2d 185 (Minn. 1971); Adams v. Howerton, 486 F. Supp. 1119 (C.D. Cal. 1980).
㉘ 关于正当程序含义的一个均衡讨论,请看,John Hart Ely, *Democracy and Distrust: A Theory of Judicial Review* 14-30, 189-201 91980).

怎么解释也得不出有性的自由权。如果要得出这种权利，你就得有一种纯粹的实质正当程序概念，联邦最高法院先前在一系列名誉扫地的决定中曾用过这个概念，其中最著名的是斯格特案（Dred Scott's Case）和洛克纳案（Lochner）。㉙ 那段历史也许能解说大法官布莱克门在若伊案决定中，为何以愧疚且敷衍的方式，把包括堕胎权的"个人隐私权，或对某些隐私领域和区域的保证"㉚，定位在正当程序条款中。㉛

布莱克门的若伊案意见，同道格拉斯的格利斯沃德案意见一样，未能满足法律职业界对司法意见的期待。若伊案决定高度关注堕胎历史，讨论堕胎权的宪法渊源时却漫不经心，这种失衡令法律人很是吃惊，法律人肯定认为探究后者要比前者更重要。但这个司法意见中的笨拙之处还很多。堕胎史，我前面说过，与本案是相关，但不值得那么关注，乃至该意见有种好古风和真诚的外行味。没下工夫，按第十章讨论的路线，用法定例外来解决为保护母亲生命所必须的堕胎问题，在胎儿生命与其他生命之间有所隔断。也没下工夫强化违背女子意愿迫使她怀孕到孩子出生会给她带来的困苦。该意见提到"成为母亲，多个孩子，会给女子带来困苦的生活和未来"㉜，还用了几句话阐明了这一点。但它没提被强奸的、贫穷或胎儿畸形的女子，没提女子因非法堕胎死亡。更没下工夫（尽管德克萨斯州法规对已婚女子堕胎也不允许例外）把堕胎权同格利斯沃德案承认的婚姻隐私权联系起来，或是同拜尔德案承认的避孕权（堕胎是避孕的后援）联系起来。整个司法意见文字从头到尾都缺乏生气。

因此，作为一份修辞——说服的艺术——来看，若伊诉韦德决定是砸锅的。但是，即便有一份修辞杰作也说服不了法律职业界，认为堕胎权牢牢扎根于美国宪法，因为显然并非如此。这也不是说，上面讨论的任何决定，作为宪法问题，都"错了"，这只是说联邦最高法院无法令人满意地证明其正确。由于联邦最高法院没做到这点，自然就令人生疑，这些大法官是按其个人价值和政治偏好投票的。此外，这些价值和偏好似乎——考虑到大法官个人和职业背景——同20世纪60年代激进学生的价值和偏好

㉙ Scott v. Sandford, 60 U.S. (19 How.) 393 (1856); Lochner v. New York, 198 U.S. 45 (1905).
㉚ 410 U.S. at 152.
㉛ "这种隐私权，无论是见于宪法第十四修正案的人身自由概念以及对州行动的一些限制，就像我们感到的那样，还是如同特区法院决定的，见于宪法第九修正案的保留给人民的权利，都足够宽泛，足以包括女子决定是否结束怀孕的权利。"
㉜ 同上注。

第十二章 法院内的性革命

出奇地一致。对于那些激进学生来说，性自由和政治自由就像对他们的精神导师马库塞（Herbert Marcuse）一样，是一枚硬币的正反两面，而经济自由，在他们看来，只是掩盖剥削的假面具。

美国联邦最高法院20世纪70年代的其他决定也都有马库塞风味。我只分析三个例子。厄兹诺兹尼克诉杰克森维尔案（*Erznozinik v. City of Jacksonville*）㉝，该案判定某城市禁令，室外电影屏幕不得出现在高速公路上也能看见的裸体镜头，违反了宪法第一修正案，因为并非裸体图像都淫秽。这点不重要；问题是，这种场景可能让开车人分神，也应让父母来决定什么是孩子可以看的电影。科恩诉加利福尼亚州案（*Cohen v. California*）㉞ 认定加州不能强制执行法庭着装标准，禁止穿印有"去他妈的征兵制"口号的夹克衫，该口号的风格和信息浓缩代表了当时的学生运动。此外，在考克斯广播公司诉考恩案（*Cox Broadcasting Corp. v. Cohn*）中㉟，联邦最高法院认定州不能阻止媒体播放强奸受害死者的名字。这些案件都有教义分析的色彩。它们让其他价值均从属于表达价值，特别是与性有关的表达（这三个例子中都有性的因素），而不论宪法第一修正案言论自由主张同与之竞争的其他主张——高速公路安全、父母权威、司法礼仪和个人隐私（原初意义的，而不是联邦最高法院那一类隐私），前者何等赢弱。就像我在其他地方说的，"联邦最高法院似乎感染了20世纪60年代后期和20世纪70年代初学生的激进主义，强调坦诚，牺牲隐私，它的口号是'管好你自个的事'以及'让其他都那样过去'"㊱，我还要加一句，隐含地它把性自由与政治自由等同起来了。

联邦最高法院并非不受民族精神影响，否则，又何以解说，从19世纪末到若伊案期间，有些宪法价值来了个180度大反转，从经济领域的自由放任和性领域的压抑变成了经济领域的压抑和性领域的自由放任？格雷可能说，法院承认两个领域都要有规制。但是这只是文字游戏。如果允许非婚姻性行为也算性行为规制的方法之一，那么废除经济规制，让市场来整顿经济秩序就同样是经济规制的手段之一。事实上，人们就常常提及市场的规制功能。

㉝ 422 U.S. 205 (1975).
㉞ 403 U.S. 15 (1971).
㉟ 420 U.S. 469 (1975).
㊱ *The Economics of Justice*, 前注㉔，页345。

不管怎么说，对联邦最高法院处理经济市场和性市场问题上的前后不一致，都有比格雷更简单的解说。在里根（Ronald Reagan）当选总统前，自由派的社会政策获得了两党一致支持。性自由案件就是在联邦最高法院试验废除死刑（这是自由派计划的项目之一）时期决定的，对经济自由则几乎没做什么（几乎没但也不是完全没，在这一时期，联邦最高法院对宪法第一修正案的解释是要限制政府的广告监管）。计生运动（该运动激发了对康州和马萨诸塞州避孕法的抨击）当时且至今都是自由派纲领中最少争议的议程之一，到若伊诉韦德案时，该运动获得了增长迅速且现代意义上不折不扣的"自由"女权运动的强力支持。联邦最高法院在经济战线上消极被动，却忠实地反映了现代自由派的观点。

里根的当选既证实了，同时也放大了，强大的民意潮流，在包括与性有关的各种问题上均拒绝现代自由派的立场。20世纪60年代学生的激进主义与性乱交的联系，即便是偶然，也进一步激发扩展了这一民意潮流。在各色各样的保守者看来，在若伊诉韦德案以及其他决定中，联邦最高法院追求自由派政策过程中陷入的法理困境，就是现代自由派立场的象征。这些决定无法在法律推理上给出强有力辩解。还有部分原因是激进学生使得性自由主义，在公众心中同福利国家自由主义（即平均主义），而不是同其应归属的经济自由主义联系在一起了。这些决定可以说很不容易地同时冒犯了司法保守主义者、社会保守主义者和自由至上论者。这就使这些决定特别容易动摇，只要联邦最高法院的成员有变；事实也是如此。这也使得最高法院的某些成员可能改变主意，至少有一位就变了（首席大法官伯格）。

第十章有些材料，可以在如今理解更透彻的功利主义基础上重建若伊诉韦德案（这主要归功于这一时期的经验研究）。然而，大多数法律人对此提议无动于衷，不仅因为这个分析本身不具结论性，而且因为美国宪法并未责令各州或联邦政府要在边沁的光辉照耀下前进。因此，维护若伊诉韦德案的法律人把关注点转移到同等保护条款，转移到以下论点，即禁止堕胎就是歧视女子，因为女子承担怀孕，男子却不用。㊲ 但你可能会

㊲ 这一论点的开始，请看，Judith Jarvis Thomson, "A Defense of Abortion,"第十章讨论过。有关阐述，请看，Sylvia A. Law, "Rethinking Sex and the Constitution," 132 *University of Pennsylvania Law Review* 955, 1016–28 (1984), 以及, Catharine A. MacKinnon, "Reflections on Sex Equality under Law," 100 *Yale Law Journal* 1281, 1309–24 (1991).

第十二章 法院内的性革命

问,这个进路能否实现这些法律人的美梦,即无需细细考察务实的、功利的和有经济学意味的法律规则的后果。区别对待,只要正当就不违反同等保护条款,特别是对男女的区别对待显然有正当理由,因为由于生物原因,男人和女人与胎儿生命的关系所处的位置是不同的。要证明这种区别从社会角度看没道理,就要考察胎儿的收益和他人的成本,因此功利分析就会从后门钻进来了。下列论点也无法关闭这扇门:无论禁止堕胎法有何正当理由,支持该法的人都想压迫女子,而立法目的令人厌恶就足以谴责该法。事实上,一个令人反感的立法目的只可能导致一部无关紧要的法律无效,如对潜在选民征投票税或进行文化测验的法律;法院不会剥夺对人们至关重要的法律保护,仅因支持该法律的某些人有不良动机。此外,支持反堕胎法的主要还不是厌女人士或"大男子"(唐璜式的风流男子更赞同堕胎有求必应,那会降低他的性行为成本),而是——无论是否罗马天主教——基于宗教理由认定胎儿生命神圣的普通人(当然其中许多是罗马天主教徒)。[38] 这不是一种歧视的或令人反感的信仰,哪怕这种信仰与对女子传统角色(女权者认为那是——也有许多史料支持——一种从属的角色)的信仰确有关联。其中涉及的不只是这种关联。对许多反堕胎人士来说,这是反对更广泛的做法和价值的一部分或一小块,即所谓女权。但是,当然了,对于许多支持堕胎者来说,堕胎有求必应就是女权的根本标志。在女权和反女权之间,联邦最高法院该选边站吗?

还有,在意识形态甚或宗教信仰的背后,也许藏有具体的经济利益。我们在第七章就看到,围绕堕胎的辩论,以及围绕更广泛的关于女子的性和生育自由的辩论,一定程度上,也是在此自由中有所失的女子与有所得的女子间的辩论。女子在性的方面越自由,男子的婚姻兴趣就越低,因此,那些专事家务而非市场生产的女子受到了伤害。在民主体制中,难道不是立法机关而是法院,才是仲裁经济利益冲突的适当场所吗?如果确有些反堕胎法帮助了某些女子,伤害了另一些女子,我们能正确地称这些法律一看就能认定(prima facie)歧视了女子呢?

---

[38] Kristin Luker, *Abortion and the Politics of Motherhood* 128-132, 146-147, 174, 186-187 (1984).

鲍尔斯诉哈德威克案及其他

当鲍尔斯诉哈德威克案㊴（挑战佐治亚州刑事惩罚肛交法是否合宪）来到联邦最高法院时，当年催生性隐私概念的政治氛围已经变了，保守派的声音更响了。大法官奥康纳（Sandra Day O'Connor），里根任命的第一位联邦最高法院大法官，取代了大法官斯图尔特（Potter Stewart），后者在格利斯沃德案中提出了反对意见，但加入了拜尔德案、国际人口服务案和若伊诉韦德案。此外，首席大法官伯格对自己加入的若伊诉韦德案也有了新想法。在大法官怀特（Byron White）撰写的司法意见中，以5∶4的投票结果，使联邦最高法院不仅拒绝了哈德威克对佐治亚州法规的挑战，而且冻结了宪法的隐私权。

哈德威克被捕情况有点特别。㊵ 获得睡在哈德威克与另一男子合住公寓客厅内的房客许可后，一位警官进入公寓，向哈德威克送达一份逮捕令，因哈德威克在公共场合酗酒。卧室的门半开着，警官推开门，看见哈德威克正同一位男子口交，该男子还并非哈德威克的室友，而是"一夜情"。警官逮捕了两人，理由是违反该州反肛交法，也还因哈德威克违反酗酒法以及警官在其卧室发现了少量大麻。（佐治亚州法规对肛交的定义包括口交和肛交。）两人关押12小时后释放了，没对他们提出指控，地方检察署决定不起诉。

目前不清楚的是，在此前四十年甚或更长时间里，佐治亚州是否指控过任何违反反肛交法但无从重情节的人。这段时间内，没有这样的案件报道。尽管没报道不能证明没人被起诉甚或定罪，但也没哪位与此案有关的人能找出一件此类案件。不管怎么说，地方检察官的政策是，对违反该法

㊴ 478 U.S. 186 (1986).

㊵ Recounted in Note, "Constitutional Law – An Inposition of the Justices' Own Moral Choices – Bowers v. Hardwick," 9 *Whittier Law Review* 115, 130-134 (1987). 又请看，Art Harris, "The Unintended Battle of Michael Hardwick: After His Georgia Sodomy Case, a Public Right-to-Privacy Crusade," *Washington Post*, August 21, 1986, C1. 这些"事实"基于哈德威克访谈；联邦最高法院的司法意见中没讨论，也不见于法院记录，或许还不完全精确。访谈中，哈德威克说，真假不定，警方逮捕他是因为有人看到他到过男同酒吧，他还说，当他和伴侣被带进囚室时，警察告诉其他囚犯他俩因肛交被捕。

第十二章　法院内的性革命

的相互同意的成人不起诉。㊶ 哈德威克提起诉讼,要求废除该法,他论称,自己打算继续违反该法,但担心被指控。显然,这担心没根据。哈德威克声称,也确有其事,自己因同性恋而受骚扰,因为他一开始被指控在公共场合酗酒,但他并没试图表明,未来他大概率因肛交被捕。警方纯属偶然看到他在家中秘密作案。

在此情况下,人们可能预期,联邦最高法院会依据先例㊷,以此案乃"无实际意义"(moot)为由,予以驳回。㊸ 尤其是考虑到这个问题争议太大,而通常只要争议太大,就可预料联邦最高法院就会尽可能找一个程序理由,避开决定案件的是非对错。联邦最高法院没这样做,也许因为最高法院想削减性隐私概念,想在一个部分大法官认为可用来削减性隐私概念的理想案件中这样做,对此概念来个实在的简化归谬。大法官怀特在司法意见开始时回顾了一些性隐私案例,认为"这些案件宣告的权利与本案主张的男同肛交的宪法权利无任何相似处,没提出家庭、婚姻或生育与男同行为间有任何联系。"㊹ 如果怀特大法官注意到,格利斯沃德案、拜尔德案、国际人口服务案和若伊诉韦德案除与家庭、婚姻和生育有关外,还都与性有关,他就不可能这么容易就把这些先例给打发了。而且,他也没讨论这样一个事实,至少就字面上看,佐治亚州法规定肛交为非法,即便是异性恋,甚至是已婚者,全都非法。

把先例都搁一边后,怀特开始考察,作为一个第一原则来说,是否有"一种同性肛交的基本权利"。㊺ 他解说到,那些不是从美国宪法文本中衍生出来的基本权利应仅限于那些深深扎根于美国历史和传统的权利;否则,司法的创造就没根据了。因此,有意无意地效仿若伊诉韦德案(怀特反对此案判决),怀特继续考察历史记录。他注意到"禁止这种行为源远

342

㊶ 这一限定很重要。在联邦最高法院判定鲍尔斯诉哈德威克案后不久,佐治亚州最高法院在 Gordon v. State, 257 Ga. 439, 360 S.E. 2d 253 (1987) 案中,就被告与16岁男孩的双方同意的肛交,支持判被告10年徒刑。关于这一地区检察官的政策的信息,源自《华盛顿邮报》文章,前注㊵。
㊷ 突出的有,City of Los Angeles v. Lyons, 461 U.S. 95 (1983),也是大法官怀特撰写的司法意见。
㊸ 有对异性恋夫妇曾质疑该制定法,被下级法院视为"假设"(moot)打发了。就文字而言,该制定法不限于男同行为,但从来没有异性夫妇被捕,因此他们的担忧很荒唐。
㊹ 478 U.S. at 190–191.
㊺ 同上注,页191。

流长"⑯,肛交,在普通法上,在批准《权利法案》时的十三个州,在批准宪法第十四修正案时的绝大多数州,乃至今日在美国一半的州,都是犯罪。"在这一背景下,声称有一种如此行为的权利,还'深深扎根于这个民族的历史和传统'或'隐含在有序自由的概念中',充其量滑稽可笑。"⑰ 或用首席大法官伯格的附和意见说,"要认定同性肛交几乎就像基本权利那样是受保护的权利,这等于抛弃了数千年来道德教诲。"⑱

这两份意见都忽略了一个事实,即普通法中,肛交不包括口交,而哈德威克是因口交被捕。在普通法中,肛交仅限于肛交。将此禁令延伸到口交是在19世纪,在《权利法案》和宪法第十四修正案之后。⑲ 尽管如此,怀特说男同性行为并非深深扎根于美国历史和传统的权利,是对的。如果不这样认为,那确实是"滑稽可笑"的。但对此前的性隐私案件,你也可以这么说(事实上,若伊诉韦德案中,怀特的反对意见中就说过这种话),哈德威克判决意见似乎是要把门关紧了,不允许性隐私权超出对先前决定的最窄理解。

怀特试图区分的那4件主要性隐私案的真实情况是,这4件案子都与实在的或可能的怀孕有关。事实上,可以认为这四项判决都是出于担心意外怀孕给女子带来的负担,这与妇女运动(women's movement)有了共鸣,因此与联邦最高法院依据同等保护条款废除性歧视法规的判决有关,但在同性恋权利领域内没有对应的关切。同样正确的是,联邦最高法院从未质疑各州有权禁止特定性行为。⑳ 只有对上述性隐私案件作广义解释,认为其主张"各州一定要有令人信服的理由才能限制性自由"㉑(这种

---

⑯ 同上注,页192。
⑰ 同上注,页194。
⑱ 同上注,页197。
⑲ Anne B. Goldstein, "History, Homosexuality, and Political Values: Searching for the Hidden Determinants of *Bowers v. Hardwick,* 97 *Yale Law Journal* 1073, 1082–86 (1988). 哈德威克案司法意见没说,佐治亚法禁止的是哈德威克的哪个行为。或许,联邦最高法院假定他希望能自由进行该法禁止的任何行为。
⑳ 相反,这种权利在 Paris Adult Theater I v. Slaton, 413 U.S. 49, 57–59 (1973)中得以确认,这一立场可能很难与拜尔德案的立场吻合。相比之下,新泽西州最高法院依据新泽西宪法废除了该州的反私通法,该州宪法汲取了《独立宣言》的内容,但美国宪法中没有相应内容,赋予人们不可放弃的追求幸福的权利。State v. Saunders, 75 N.J. 200, 381 A. 2d 333 (1977).
㉑ 对这一立场有个强有力论辩,请看,David A. J. Richards, "Unnatural Acts and the Constitutional Right to Privacy: A Moral Theory," 45 *Fordham Law Review* 1281 (1977).

第十二章 法院内的性革命

解释与这些先例肯定不冲突,但这些先例不必定要求这种解释),才可能涵盖哈德威克案。(要涵盖很容易:从自由至上论的立场看,禁止堕胎比禁止肛交更便于证成:堕胎可能影响第三方——胎儿,而肛交不会。)可以批评怀特太草率,无视先例,他本可以区分这些案例,提出一个比哈德威克获胜所需的更狭仄的原则。

但怀特大法官仍必须面对这样的论点,即刑事惩罚双方同意的成人男同行为,这就像康州禁止避孕品一样,冒犯了对政府恰当治理范围的当代理解;而联邦最高法院在没有性隐私先例可援引的情况下,就废除了康州法规。如果说创设男同权利违背了几千年的道德教诲的话,那么(格利斯沃德案中)创设避孕品使用权也是如此;道德教师其实是同一位,在这两案的情况下,这位教师的影响力都有所下降。半数州已废除了反肛交法,剩下那一半保留了,但也不再执法,除非有证据证明有强迫、有害风化、虐待未成人或有其他加重情节。因此在这些州,这些法律已简化为无争议性行为规制的后援。㉒ 不强制执行反肛交法有一个教训:如果不是挑战这种法的尝试已"无实际意义",那就是这些被视为刑事执法工具而非舆论报告的法律已不再反映民意。这不等于男同已被认可,远非如此。但把男同当罪犯来惩罚的意愿已经不再。

还有,前面已提及一个奇怪事实,佐治亚州这一法规没区分同性行为与异性行为,对已婚者也无例外。由于肛交和口交也是避孕方法,那么依据格利斯沃德案,可认定该法规无效。即便更现实地说,这些做法当今已被认为是丰富夫妇性生活的方法,而不是避孕方法,也可以把禁止此类行

㉒ 我找到的最晚近报道的,军队之外的案件,其中被告因男同行为受指控,但不涉及暴力、强奸、虐童以及其他明显加重情节。请看,State v. Walsh, 713 S.W. 2d 508 (Mo. 1986), 以及,Canfield v. State, 506 P. 2d 987 (Okla. Ct. Crim. App. 1973). 以及韦伯案(Webb),根据事实陈述摘要来看,似乎行为发生在街角或是在汽车中,而坎菲德案(Canfield),行为发生在汽车中。因此,在这两案中,都有点有伤风化的味道。我发现的异性配偶间涉及"不自然"行为的最晚近案件——同样没任何加重情节(事实上,两人是夫妇)——是,Cotner v. Henry, 394 F.2d 873 (7th Cir. 1968), 一件1965年因印第安纳州指控而发生的人身保护令案。然而,军方一直把有男同行为的士兵送上军事法庭,偶尔若被定罪,还会监禁他们。请看,如,United States v. Jones, 30 M.J. 849 (Navy-Marine Corps Court of Military Reivew 1990); United States v. Baum, 20 M.J. 626 (Navy-Marine Corps Court of Military Review 1990). 此外,请注意,大体而言,只有那些上诉的案子才会报告。不是所有被定罪的人都上诉。那些认罪的被告一般都无权上诉,因此尽管没有报告,却仍可能不时有人因双方同意的肛交被指控,并以认罪换得较轻惩罚。

为视为侵犯了格利斯沃德案谈及的婚姻隐私权,或可以视为对伴侣婚征了税。但这些论点都只是支持限制佐治亚法规的适用范围,就像联邦最高法院在格利斯沃德案认定的那样,反避孕法对已婚者不适用,却不触动该法其他部分。事实上,许多州法院解释与佐治亚州的类似法规时就是这样做的。㊼ 更中肯的考量是,该法规的广度揭示了立法者的动机。显然,颁布该法的佐治亚州立法机关关心的不是这种男同本身,而是主动或被动从事此类"非自然"行为的人。无论汇集了什么论据支持打压男同,也不能以此作论据来打压男女间的"非自然"行为——神学论据除外。而到1986年,也只有东正教教徒——数量也不多——才会提出神学论据,还很脆弱,不足以支持刑事惩罚。这些论据也质疑了大法官怀特的前设:佐治亚反肛交法基于"多数人对同性恋道德的看法"。㊾ 支撑该法的观点,并非明显是多数人的观点,与同性恋是否道德的关系也许更小,而与不按上帝规定的或上帝原谅的目的使用人体洞腔是否道德关系更大,但后者只是一个教派的道德。

　　哈德威克案的多数派意见和附和意见,很可能不小心都把口交与肛交等同了,也都有意忽略了佐治亚州法规的意识形态根基,暴露出其对性规制的历史和特点缺乏了解。同时对艾滋病年代美国男同的处境非常缺乏同情。(此案中,无论哪份意见都没提及艾滋病,诉讼摘要曾数次提及。)在这一点上,几份反对意见,就其枯燥的庄重和公式化概括而言,与多数派意见和附和意见没显著区别,它们都忠实反映了哈德威克诉讼摘要的语气和强调。如果说若伊诉韦德案太不关心法律教义的话,鲍尔斯诉哈德威克案则太不关心事实和政策了。

　　或许,支持哈德威克的最强论点是,把男同行为定为犯罪的法律表达了对这个长期受歧视群体的一种非理性的恐惧和厌恶,类似当年对犹太人那样。在中世纪的迫害中,男同常常同犹太人归为一类,受鄙视更多因为他们本身,而不是因为其行为。因此,这些法令有种不见于禁止堕胎或避孕品法令的不公。哪怕在宽容社会中(美国社会肯定不属此列),哪怕男

㊼　请看,Schochet v. Maryland, 320 Md. 714, 580 A.2d 176 (1990),以及那里引证的案例。

㊾　478 U.S. 页196。此外,艾滋病出现前,一个可能的论点是,对于未婚直男来说,口交和肛交是社会更偏好的性表达形式,胜过阴道交,因为前两种形式没有怀孕风险。有艾滋病之后,弱化了在这类情况下支持肛交的理由,因为肛交比阴道交更可能感染艾滋病病毒;但支持口交的理由强化了,因为它比阴道交或肛交都更少可能传播艾滋病病毒。

同处境再好，也很艰难；而更糟的是，即便不是更糟，法律把男同性表达的典型方式定为卑鄙罪行（佐治亚法律规定其最高刑为 20 年监禁）。佐治亚法因此是没必要、难以置信、残忍和卑鄙的，可以认定它与康州的反避孕品法令同类，即便事实上许多州都有类似佐治亚州的法规，只有一个州有类似康州的法规。

但是，要从这个角度来理解佐治亚法规，就必须对同性恋和打压同性恋的历史有所了解。依据哈德威克案的诉讼摘要和诸多司法意见来判断，律师和法官了解的主要只是他们的偏见，加上司法意见中包含的内容。确实，美国心理学协会和美国公共卫生联合会哈德威克案提交了一份专家诉讼摘要，有许多有关口交和肛交的数据，有异性恋的，也有同性恋的，还有有关同性恋的一般数据。但其中至少在大法官们看来，充满愚蠢的断言，诸如“口腔/生殖器的性行为导向更好且更幸福的关系”等，它假装男同及男同关系和直男及异性关系完全一样。

法律知识太窄，是老话，却是真话，尤其涉及一般的宪法裁决，特别是依据宪法第十四修正案的裁决。依据宪法第十四修正案正当程序和同等保护条款提出挑战的现象非常多，宪法律师和仅关注宪法争议的法官无法获得有关该修正案规制主题的必要专业知识，那是些与专业法律领域很不同的事。人们预期一位专长于宪法第十四修正案的专家很了解司法意见和法律教义的细节，但没人预期，也不可能预期，他们对性规制的历史、性质和实践有多少了解。(55) 在这一方面，性仍然是我们社会的禁忌话题，可谓有害无助。

法律人对这个题目了解越少，法官知道的也就会越少；而法官了解越少，他们就越可能按自己的偏见来投票。他们的决策因此就越像政治决 347
策，但由于联邦最高法院代表的政治观点样本要比立法机关代表的样本少多了。可以预期，联邦最高法院的观点与广大社会的观点的差别要比立法机关的观点与社区的观点的差别更大。

---

(55) 马尔兹引用了评论联邦最高法院鲍尔斯诉哈德威克案的 33 种法学著述，请看，Earl M. Multz, “The Prospects for a Revival of Conservative Activism in Constitutional Jurisprudenc,” 24 *Georgia Law Review* 629, 645 n. 95 (1990)，这只是对该决定的大量法律评论的部分例证。只有少数，如前注㊵和前注㊾引证的 *Wittier Law Review* 以及 *Yale Law Journal* 的文章没限于法教义分析。我对法官知识的概括并不完整，有例外，请看，Gay Rights Coalition v. Georgetown University, 536 A. 2d 1 (D.C. Ct. App. 1987)，以及，Jantz v. Muci, 759 F. Supp. 1543 (D. Kan. 1991).

一旦自由主义控制不住受过教育的美国人的思想，从不受欢迎的㊞同性恋就不大可能获得多少司法同情，尤其是保守派，即便自由至上的保守派，也很少有人主张经济自由与性自由之间的共通性。自哈德威克案以来，联邦最高法院成员有变，这种变化就已反映，撤销了若伊诉韦德案的理由，削减了若伊案、双亲计划诉单福斯案（Planned Parenthood v. Danforth）以及若伊案之后的其他决定㊞所赋予的堕胎权。这表明，可能还得等多年，联邦最高法院才会再次为性自由尽力辩解。即使自由派法官们也迟疑，是否再次进入这片丛林，因为对这个题目无知，宪法文本中也缺乏指南，某种程度上只能靠法官自己的资源，无论意识形态色彩如何，审慎的法官都感到不舒服。

然而，哈德威克案留下了一个悬而未决的问题，即佐治亚州反肛交法是否很容易遭受基于同等保护条款的攻击。有三种可能的角度。第一点，无论是在一般情况下还是如兵役等特殊境遇下，区别对待同性恋和异性恋都没有合理依据。

其二实际是第一点的变体，也说服过联邦第九巡回区的一个庭，但随后司法意见被撤销了㊞，即论辩说，根据人们的性偏好——这与性行为断然不同——而予以区别对待（如美军的做法）㊞，特别可疑。因为性偏好在很大程度上是不变的，与性别和种族类似；而依据同等保护的法理，用这

㊞ 1985年盖洛普民意调查报告说，有47%被调查者认为双方同意的成人男同关系不应合法化，1982年这个数字是39%，可以推定，这一差别反映出人们对艾滋病的警醒。同一时期，认为男同关系应当合法的人数占比从45%降到44%。Gallup Report nos. 244-45, January-February 1986, 3。联邦最高法院的鲍尔斯诉哈德威克案决定得到51%回应者的认可，有41%的人不同意。Gallup Report n. 254, November 1966, 26。然而在1986-1988年，盖洛普调查回答者认为双方同意的成人男同关系应为非法的百分比从54%降至36%，认为应为合法的百分比从33%上升至47%。Gallup Report no. 289, October 1989, 13。这个结果令人对比克尔（Alexander Bickel）法学的核心命题——联邦最高法院认定某法合宪会在公众心目中合法化该法体现的政策——产生了怀疑。Alexander M. Bickel, *The Least Dangerous Branch* (1962).

㊞ 在这方面特别应注意的是，Webster v. Reproductive Health Service, Inc., 492 U.S. 490 (1989).

㊞ Watkins v. United States Army, 847 F. 2d 1329 (9th Cir. 1988)，有关讨论，请看，Cass R. Sunstein, "Sexual Orientation and the Constitution: A Note on the Relationship between Due Process and Equal Protection," 55 *University of Chicago Law Review* 1161 (1988). 撤销该庭意见后，全员法院决定依据一个与同等保护无关的技术理由支持了维特金斯案。Watkins v. United States Army, 875 F. 2d 699 (9th Cir. 1989) (en banc).

㊞ Watkins v. United States Army, 847 F. 2d 1329, 1337-39 (9th Cir. 1988).

第十二章 法院内的性革命

两个特点——尤其是种族——作为区别对待的理由是很不被看好的。因此，这个又回到了论点一。用偏好而不是行为作为排除标准，本质上是为管理方便。要证明特定性行为太难了，因此，如果以一项规则禁止军方征募仅标榜自己是同性恋但未证明其确实有此行为的士兵，这就会掏空了军方排除（活跃的）同性恋的政策。

因此，我们一定要考虑歧视男同是否令人反感。有很强理由表明，确实如此。并且，人们可以想象一个能说服联邦最高法院的极端情况。假定一所公立大学把拒绝男同在法学院任教作为一项政策，理由是他们可能腐蚀法学院学生。这个规则太不合理，无法成立。但在哈德威克案中支持了佐治亚州的反肛交法，顶住了"性隐私"的挑战（名义根据是正当程序条款）后，联邦最高法院就很难掉头，再以同等保护为名推翻这些法令了，很难命令军队允许男同当兵或责令各州承认同性婚姻。联邦最高法院不那么迷恋精细的法律教义。（这就是为什么，如果驳回了若伊诉韦德案，不论多么有说服力，基于同等保护的分析也不可能让它复苏。）这显然表明联邦最高法院对男同的主张缺少同情。

第三种进路始于这样一个概念，即无论默示还是明示，无论是这样解释还是这样执行的，反肛交法对待直男和男同都是有区别的。这是个历史上的创新。在影响我们的性行为规范的基督教传统中，肛交与口交都不自然，无论行为人是同性恋还是异性恋。我们可以比较两个都喜欢肛交的男子。一位喜欢女子肛门，另一位喜欢男子肛门。我认为，从生物学立场上看，男女肛门没区别。但那位喜欢男子肛门的男子就不能从军，如果屈服于自己的偏好，他就犯了肛交罪。这种法律区分有什么意义？

意义如下。双方同意的性行为，不论形式如何，就我们了解的而言，都是强化关系的方法。异性伴侣的肛交，无论为避孕，还是——今天更常见——翻新花样，满足一方特殊嗜好，强化性快感，都强化了夫妇关系。男同肛交同样强化了男同关系。但联邦最高法院说得很清楚，它分享占主导的美国人对异性关系的偏好。联邦最高法院的诸多决定增加了避孕和堕胎渠道，可视为降低了避孕和堕胎的成本，保护和促进异性关系。联邦最高法院不想便利男同来强化男同关系，因此不能期待联邦最高法院会同情地看待下面的说法：肛交对男同关系比对异性关系更为重要，因为男同之间不可能有阴道交。

因此，男同行为引发的厌恶一定程度上反映了人们对不论是同性恋还是异性恋的特定行为的厌恶；这种厌恶从历史上看是真实的（这进一步弱化了哈德威克案的历史分析），但同样真实的是，现代人厌恶男同主要是厌恶男同的偏好。我认为，联邦最高法院多数大法官之所以认为同性恋与异性恋截然不同，就是因为某些男子是对其他男子有淫欲，而不是这种淫欲的表达形式。这个区别很大，乃至同等保护条款必须允许各州和联邦政府有广泛的范围，来区别对待这两种性取向，即便这些性取向均以类似的身体行为来表达。

联邦最高法院至今尚未成功提出一套融贯的宪法教义体系来裁决有关性自主的诸多争议。这是本章的负面教训。但也有些正面教训，即便不应教条式地适用。本章和前几章提出的一些理论和经验材料，可以为支持格利斯沃德案、拜尔德案、凯利案和若伊案的结果提供一个有说服力即便远非无懈可击的论证，也可以为反对哈德威克案的结果提供一个类似的论证，假定——这是个重要限定——这些论证是向有下面两种特定态度或倾向的法官表述的。其一是有从世俗精神来处理政策问题的倾向，愿意接受功利主义、实用主义和科学的论点。其二是愿意基于宪法理由废除州或联邦法律，不坚持废除必须有宪法文本分坚实基础。不分享这些态度的法官会趋于拒绝承认性自主是宪法权利，或至少拒绝将之扩展到作狭义解释的既有先例以外。

2001 年 8 月 7 日星期二译于北大兰旗营

第十三章　情色艺术、色情品和裸体

有关色情品和一般情色表达的学术文献数量巨大，但很奇怪，死气沉沉。这类文献集中关注了两个问题，淫秽品（the obscene）的社会后果，以及淫秽与非淫秽的界限。本章想把很大程度上被忽略的很多令人着迷的问题摆上台面。涉及色情品（pornography）和其他情色物（erotica）的使用；色情品的成因（换言之，影响色情品供求的诸多因素）；性打压的社会比性随意的社会对色情品需求是更大还是更小；淫秽概念的社会来源和功能；有关裸体的概念与态度的关系；以及为什么色情品如今似乎越来越暴力还越恶心。这都是些实证问题，不是规范问题，明显有别于淫秽的后果和定义问题，那是希望规制或减少规制情色表达的人关心的问题。但我也会讨论这类问题。

情色再现的经济学原理

术语和目标

情色（erotic）、色情（pornographic）和淫秽/下流（obscene）三个词有重合，令人困惑。我用情色这个词来描述那些——至少在某些观者看来，并在某种意义上——"有关"性活动的表现和再现。（表现与再现的根本区分是，前者是生动的表演，若广义界定，包括赤身漫步于裸体营内，后者是用语词或图片来描绘和激发这样的表现。有时我也会用再现这个词来泛指两者。）所谓色情，我指的是又一类（subset）情色表现和再现，其直截了当或其他令人反感或不安的特点，使许多人震惊或难堪。我用淫秽指法律试图打压的那类色情品。

我对色情和淫秽的定义是从当今流行的许多含义中挑出来的。例如，汤姆森（Robert Thompson）提出了这样一些定义：色情——旨在激发性；淫秽——旨在令人震惊或厌恶；下作（Bawdy）——旨在打趣；情色——旨在激发爱或恋。① 色情的含义特别丰富。除我用的这种含义外，也习惯用来指情色的、淫秽的、旨在激发和（或）满足性偏好、明确谈及性的和有意侮辱女子的，最后这种是女权者希望该词具有的含义。淫秽/下流是个复合词，有强烈反对的意味，会用在一些与性全然无关的英文句子中，如用来谴责屠杀犹太人或电椅，也不算错。

因此，一般范畴是情色再现，一个有用的切入点是，就像第五章中在谈及性活动本身时，问一问，这些再现可能有何目的。用吃饭作类比仍很有用。例如，它有助于我们看到情色再现的功能之一是隐喻、比喻和形式。就像塞尚静物写生中的苹果和梨，在相当深层的意义上，似乎并不"有关"水果（它们同荷兰风格的水果和其他食物的静物写生形成反差），有相当数量的情色艺术在深层意义上似乎也无关性。我想到的是艾略特《荒原》中一些关于性的片段，例如，诱奸儿童（"玛丽"）、阳痿场景（"风信子女郎"）、堕胎对话、独木舟上的诱奸、强奸翡绿眉拉（Philomela）、店员诱奸打字员、诱惑男同（"尤吉尼地先生"）。这些片段都是隐喻，代表了现代社会的腐朽和枯竭（例如，在打字员的场景，出现了提瑞西阿斯（Tiresias），一位古希腊神话人物，令人想起我们距离那伟大神秘的诱奸*已多么久远了），而不是用情色来激发性行为。当代艺术家菲切尔（Eric Fischl）对手淫、兽奸和肮脏性交的描绘也如此。② 甚或马普索普（Robert Mapplethorpe）的照片也是一样，大多数观众会认为这幅照片是色情的，照片显示一位男子正给一位仅穿着胸衣和长筒袜的女子舔阴。③ 照片是从女

---

① *Unfit for Modest Ears: A Study of Pornographic, Obscene and Bawdy Works Written or Published in England in the Second Half of the Seventeenth Century* ix-x (1979). 还有个令人反感的范畴，尽管与性无关，但对许多人来说是海淫海盗的继续，即粪石学（scatological），例证是塞拉诺（Andre Serrano）的获奖作品《尿中基督》（Piss Christ），这是幅照片，展示一幅十字架浸在这位艺术家的一瓶尿中。请看我的论文，"Art for Law's Sake," 58 *American Scholar* 513 (1989). 本书不讨论粪石学。

* 指的是帕里斯诱奸海伦，引发特洛伊战争的故事。提瑞西阿斯是古希腊底比斯城邦的一位盲人先知。——译者注

② Arthur C. Danto, "Eric Fischl," in Danto, *Encounters & Reflections: Art in the Historical Present* 25 (1990).

③ Robert Marshall, *Robert Mapplethorpe*, pl. 107 (1988) (Marty and Veronica).

第十三章 情色艺术、色情品和裸体

子头顶正上方拍摄的,两人站位姿态都是精心安排,因此如果把这幅照片对折,对折部分似乎完全重合。女子圆润乳房的洁白和光滑与胸衣的漆黑和质感的反差,更是强化了这幅照片传达的这种几何印象。(这是幅黑白照片)形式特点盖过了情色;似乎作者是用这些身体部分来创作了一幅抽象画。这就是我前面提及汤普森的"下作"那类,属于我所谓的性意象的形式化或形象化使用,为了他秘而不宣的幽默动机使"性"产生了非情色的效果。

情色再现的另一功能是提供信息。一份菜谱不是再现,只是个公式,是传达有关烹饪信息的方式之一。另一传达方式则是用图像,无论是口头的还是图片的:如果你严格遵循我的菜谱,你做出来的康沃尔蜜光鸡都该当这个样。尤其是,由于性在我们社会是一件私密的事,人们需要这方面的信息,这种需求部分是通过情色再现满足的,传达有关各种裸体、性器官不同形状和角度、可性交的不同位置以及不同性经验的信息,甚至包括由性行为产生的或与之相伴的或解释这些性行为姿势和表情的信息。

除提供信息外,情色再现,同其他再现一样,可能会——并不总会,但有时会——强化、破坏或改变观看者的思想,甚或价值,最后或许还会改变其行为,或至少寻求,或看似,去做这些事。④ 信息也会产生这样的改变,但我此刻关心的是通过情感而不是耐心累积事实产生的说服。《荒原》并没传达有关性的重要信息,但它确实让性看起来很恶心,尽管我已说过这只是艾略特的中介目的,他还别有所图。萨特(Jean-Paul Sartre)的短篇"一位领导者的童年"贬斥了男同行为,用的是文艺隐喻、非话语的方式。故事中的诱奸者博格,是位超现实主义者,他的艺术品包括一座与原型同比例的一堆粪便的雕塑。被博格诱奸的年轻男子鲁辛,上床之前,向他们所住宾馆房间洗脸池里尿尿。汇集了这些细节,萨特把男同同无序、不自然和不洁联系起来了。相比之下,马普索普的照片"皮衣男同"就没有"本着如实记录的精神⋯⋯确切地说,它们是在欢庆其主题,是为道德信仰和态度推动的艺术意志行为。他是参与者和信徒⋯⋯我们从("$10^1/_2$ 先生"照片之一的主题)其内部看到了一种男同感知,而这些作品的真正

---

④ 幸亏有了普通语言学派哲学家,尤其是 J. A. 奥斯丁(Austin),我们才看到语言,包括诸如艺术这种非话词语言,执行了信息交流以外的其他功能,如承诺、指挥、说服和激发情感。情色再现中的形式——或有人说是美学——维度是交流的(communicative),但在任何明确的意义上它都不是信息的(informational)。

主题就是这种感知,这种视界。"⑤ 女权者很担心有些作品,把女子描绘成很享受甚至渴望强奸以及性堕落体验,对男子会有什么影响。我们会看到,情色艺术的最强烈批评者和最强烈辩护者分享的共同点就是情色艺术的批评、颠覆、问题化、欢庆或贬低这类行为本身,这就再次例证了前几章提及的、令人奇怪的左派与右派的合流。

需要单独讨论的是情色再现有表演功能。这是激发——有时也是满足——性欲。用食品类比,这就是厂商广告中有一幅令人垂涎的食品图。(这一类比是激发性欲望,而不是以手淫来满足这种性欲望。)有些情色再现只是提醒性行为的观看者,让他想象性行为。有些情色再现作品则会激发一种弥散的性欲望。还有些会诱使生殖器勃起,有射精欲求;并且,产生此种效果的图象还会使手淫更有快感,图片帮助手淫者形成一个活生生的性交幻想,使手淫更接近性交替代。

我刚才从男消费者视角讨论情色的性欲激发功能,乃有意为之。让我们回想一下第四章讲到的,男子比女子更热衷消费色情品。就第四章论及的两个生物学观点来看,这一差别有道理:即同女子相比,男子性欲望更强,以及性感受的视觉提示对男子来说也更重要。但这一分析隐藏了一个错误,即这里的色情范畴都是从男子立场建构的。由于看到女子性器官,看到人性交,很激发男子的性欲,因此男子认为这些场景描述或图象是色情的核心——至今为止,男子不仅控制了色情品的生产,还控制了有关色情的话语。但如果从女子立场来看,一种更弥散的、不那么容易视觉化的情色活动描述,或许还伴随爱和痴情成分或永远相爱的承诺(我们会看到,这实际上可能减少图象激发男子情欲的效果),可能比展示男子性器官或性交的图象再现更有性激发力。许多针对女子但男子不屑一顾称其为"浪漫"文学作品对于女子的作用,也许与硬核色情对男子的作用相同。⑥ 如果作此修正,很可能女子的色情品需求低于男子的色情品需求,就其程度而言,仅因女子的性欲望低于男子的性欲望。

---

⑤ Arthur C. Danto, "Robert Mapplethorpe," in Danto, 前注②,页 211,213。
⑥ Ann Barr Snitow, "Mass Market Romance: Pornography for Women Is Different," in *Passion and Power: Sexuality in History* 259 (Kathy Peiss and Christina Simmons eds., 1989). 这是汤姆森的"情色"范畴(与我的不同)(前注①)。

第十三章 情色艺术、色情品和裸体

情色再现的最后一个功能是魔法,例证是那些繁殖舞蹈。⑦ 直到非常晚近,性对于家庭、民族和其他人类社区都至关重要,至少非常重要⑧,因此,人们自然会渴望巴结任何可能控制生育并因此控制性的神祇。

一旦区分了情色作品的这些功能(我称其为形式、信息、意识形态、激发性欲和魔法功能),我们就可以开始理解情色再现的历史、原因和花样,以及有关情色再现的争议了。⑨

情色和色情再现的历史

最早的情色作品,就像人们预料到的那样,似乎主要是起魔法功能。但到了古希腊古罗马时期,重点就已转向意识形态争论和激发性欲功能了。我正看着一幅相当典型的古希腊花瓶情色画(公元前5世纪)的照片,描绘的是一场狂欢。⑩ 画面上六位裸体男子,两位裸体女子,都很简略。最左边的男子抓着自己的生殖器,可能正手淫。最右边两位男子站着,生殖器勃起;其中一人手抓着自己的生殖器,并把自己的肛门对着另一男子。图画中央的男子,生殖器巨大且勃起;若按真人比例,该男子生殖器大约有18英寸。他左右两旁各有一对男女,正在肛交,可见部分男子生殖器。这种描绘,尽管生动易懂,却不真实,即使不考虑中间男子的生殖器长度怪诞;没什么立体感,绘画技术粗略,似乎匆匆了事。并且,如果不考虑主题,在习惯按与照片的相似度评判绘画的淳朴现代观者看来,这幅画就

---

⑦ Curt Sachs, *World History of the Dance* 85-104 (1937),该书描述了古代生殖舞,现代人则认为那是性的描绘。舞蹈中普遍流露出性主题,无论生殖舞、交谊舞还是芭蕾,有作者强调这一特点,请看,Judith Lynne Hanna, *Dance, Sex and Gender: Signs of Identity, Dominance, and Desire* (1988), esp. chs. 3, 7-8。

⑧ 重要但并非关键的是,因为各家庭原则上都可以通过收养而存活下去,各民族可以通过征服和移民存活下去,其他社区可以通过征招新成员存活下去。

⑨ 有助的描述、讨论和例证,请看,Thompson,前注①; Peter Webb, *The Erotic Arts* (rev. ed. 1983); Peter Wagner, *Eros Revived: Erotica of the Enlightenment in England and America* (1988); Peter Michelson, *The Aesthetics of Pornography* (1971); Phyllis and Eberhard Kronhausen, *The Complete Book of Erotic Art* (1978); Poul Gerhard, *Pornography in Fine Art from Ancient Times to the Present* (1969); Morse Peckham, *Art and Pornography: An Experiment in Explanation* (1969); Walter Kendrick, *The Secret Museum: Pornography in Modern Culture* (1987); David Foxon, *Libertine Literature in England 1660-1745* (1965); Charles I. Glicksberg: *The Sexual Revolution in Modern American Literature* (1971),以及,*The Sexual Revolution in Modern English Literature* (1973)。

⑩ 这是B51号盘,紧随页118,请看,K. J. Dover, *Greek Homosexuality* (rev. ed., 1989)。

是件儿童作品。

正如我们所料,鉴于古希腊人对性的态度,画中人物都被描绘为正在享受他们的狂欢,绘画者对此没有丝毫谴责。相反,绘画正面表现了这一狂欢,一种令人愉悦的经验,就像一场宴会或酒宴那样。由于古希腊人在性问题上普遍开放,这幅画也缺乏现实的细节,因此,看来,这幅画主要意图不大可能是提供信息;相反,似乎在于庆祝(因此,在我的专门术语中,属于意识形态功能)、激发性欲甚或是形式的功能。最后这一点似乎不大成立。但请考虑一下,在一个性被视为与道德无关或几乎无涉的社会中,狂欢与一场舞蹈或宴会相同,有可能唤起艺术家仅关注其形式特点。人们可能感到狂欢就是一个生动活泼的场合,伴随着运动的韵律,重复的主题曲,以及对称(请回想绘画中央人物两旁正肛交的夫妇)。画中的男子生殖器,除其他功能外,还起到装饰作用,如同阿拉伯的花饰。

请回想色情的定义——一种令人反感的情色作品,我很难想象,古希腊是否有这个概念;与此相似的是这种淫秽形式,它所以令人反感就因为它太直白了。当然,当时也有一些与性有关的做法,令古希腊人深为震惊,在他们看来是淫秽的。一个例子是,据传,亚西比德(Alcibiade)*把古雅典所有体面人家室外矗立的赫尔墨斯雕像的生殖器全给敲了。亚西比德的违法行为并不过分肆无忌惮。我们多数人相反会认为这些伤残雕像更少淫秽了。其实,如果不是赋予性太多道德意味,任何性的描述本身都不大可能令人震惊或尴尬,更不会有人呼吁公共规制,一幅表现我贪婪啃食火鸡腿的照片不会令你震惊或激发你呼吁公共规制。

我不想夸大古希腊人的性非道德。我们会想起他们反对女同,以及他们把良家女子都关在闺阁(本书第五章)。此外,尽管地中海地区夏季气候炎热,古希腊男男女女既不裸体外出,也不在公共场合性交。⑪ 奥德修斯被海浪冲上斯卡里亚(Scheria)海滩,光着身子,遇见瑙西佳,他小心遮掩自己。(然而,荷马刻画的那个社会,不像公元前5到公元前4世纪雅典那么开放。)但按照基督教标准,特别是早期教会的标准看,古希腊人对

---

* 古希腊雅典将领和政治家。——译者注

⑪ L. P. Wilkinson, "Classical Approaches – III. Nudism in Deed & Word," 50 *Encounter* 18 (August 1978); K. J. Dover, *Greek Popular Morality in the Time of Plato and Aristotle* 205–216 (1974).

第十三章 情色艺术、色情品和裸体

裸体和性爱都太随意了。⑫ 古希腊男子在锻炼、摔跤和公共体育比赛中都赤身裸体（奥林匹克竞赛就是例子），无所谓。更重要的是当时有年轻男子的裸体雕像；表达了对裸体美的崇拜；敬重普里阿普斯（Priapus）（生殖器男神）以及阿佛洛狄忒（性爱女神）（这都是情色作品魔法功能的例证）；有裸体舞女与裸体女演员的公开表演；阿里斯托芬戏剧中有淫秽话题和语言；寻欢者与长笛女狂欢的会饮（饮酒聚会）；以及，当然，还有表达情色的花瓶绘画。⑬

所有这一切，随着基督教教义的到来都改变了。裸体变成了禁忌，性欲望受到贬斥，随之而来的，或是努力刺激性欲，或是通过手淫满足性欲。教会的性意识形态没给情色再现留下任何空间。此外，哪怕情况再好，中世纪的贫困和文盲也限制了情色艺术和文学的生产和传播，尽管当时也有些著名的中世纪淫秽文学和少许情色绘画艺术品，有些还很直白。⑭

我们必须考虑到，基督教时期情色再现的衰落是否如本书讨论非常多的其他性习俗变化一样，与女子的地位改变相关，甚或是这种改变导致的。有这种可能。在基督教看来，女子和男人都是按上帝面目创造的，一个无性表达的上帝。因此，女子若裸体出现在公众面前，展现自己是性的对象，甚至在绘画中裸体展示，都降低了她的人格尊严。⑮ 此外，一种旨在用来激励、常常是为庆祝，至少也为唤起男子性欲的艺术再现形式，也

---

⑫ 这是基督教的官方标准；事实上，中世纪人在公众场合袒胸露臂相当随意，例如在去公共浴室的路上。Norbert Elias, *The History of Manners*, vol. 1, *The Civilizing Process* 164 (1978).

⑬ Wilkinson, 前注⑪, 页 23; Vern L. Bullough, *The History of Prostitution* 35 (1964); Fernando Henriques, *Stews and Strumpets: A Survey of Prostitution*, vol. 1, *Primitive, Classical and Oriental*, ch. 2 (1961). 有关古罗马和拜占庭早期的类似行为，请看，Henriques, ch. 3, esp. 101–103; Peter Brown, *The Body and Society: Men, Women and Sexual Renunciation in Early Christianity* 315–317 (1988); Carlo Maria Franzero, *The Life and Times of Theodora* 14–15 (1961). 题目中的狄奥多娜是拜占庭皇帝查士丁尼安的妻子。有关她的故事都来自普洛克匹厄斯的《秘史》，不能信以为真，但似乎很少怀疑的是，她是位妓女和情色舞表演者，甚或是位脱衣舞女。当然，在许多初民文化中，人们对公共场合赤身裸体甚至更为随意，见于一个引人注目的例子，请看，T. O. Beidelman, "Some Nuer Notions of Nakedness, Nudity, and Sexuality," 38 *Africa: Journal of of the International African Institute* 113 (1968).

⑭ Webb, 前注⑨, 页 105–107。

⑮ 很久之后，就基于这个理由关闭了舞厅。Gayle Gullett, "City Mothers, City Daughters, and the Dance Hall Girls: The Limits of Female Political Power in San Francisco, 1913," in *Women and the Structure of Society: Selected Research from the Fifth Berkshire Conference on the History of Women* 149 (Barbara J. Harris and JoAnn K. McNamara eds., 1984).

可能破坏伴侣婚，因为它会促使男子在婚床外寻求性快感。不错，尽管教会强烈谴责手淫，但神父们一定知道这对婚姻不构成什么威胁。但他们不会认为情色再现激发起的性欲都能由此得到无害的满足；他们认为手淫罪孽深重，但这与手淫可能对婚姻有任何影响无关。此外，即使色情品没诱发任何性行为，其存在，就如同同性恋的存在一样，已公开冒犯了伴侣婚。因为色情品存在的前提就是假定有一种性兴趣，与伴侣关系中某种程度被视为是独特的另一方无关。"淫秽物所以价值有限，就因为它关注的并非这个人（the person），更准确地说，是因为它涉及的人可替换。"⑯

这还只是推测，而这些推测碰巧对理解为什么文艺复兴时期情色艺术复兴会有些许帮助。以古希腊性神话人物——如阿佛洛狄忒、欧罗巴（Europa）、达佛涅（Daphne）以及达纳厄（Danae）——作幌子描绘裸体女子，在这一时期变得很受人尊重。这些绘画没刻画性交，也没刻画男子生殖器（塑像除外）。但这些绘画不仅描绘了一些肉感年轻女子接近赤裸的有时甚至就是完全赤裸的状态；许多绘画无疑暗示了性交。想想波士顿伽德纳博物馆收藏的提香（Titian）的《欧罗巴的强奸》⑰，那是艾略特《荒原》中暗中提及的神话中的性交之一。画中的欧罗巴衣不蔽体，非常凌乱，一头公牛驮着她。如果你知道该传说，你就知道那是宙斯自己变成一头公牛，劫持并强奸了欧罗巴。华盛顿国家美术馆收藏的提香《对镜的维纳斯》⑱，维纳斯上身全都裸着，对镜帖花黄，两个小天使服侍她，其中一位是丘比特，也即爱神。（我们确定这一点，是因为他脚下有箭筒。）观众无疑知道维纳斯在准备什么。

古典故事重新恢复的特殊地位似乎给了文艺复兴时期的艺术家一种特权，可以在其艺术品中赞美古代性习俗。因此，我们也发现，有许多文艺

---

⑯ Niklas Luhmann, *Love as Passion: The Codificaton of Intimacy* 119 (1986). 有人提出了同样的观点，请看，Ernest van den Haag, "Pornography and Censorship," 13 *Policy Review* 73, 79–80 (Summer 1980).

⑰ Harold E. Wethey, *The Paintings of Titian: Complete Edition*, vol. 3, *The Mythological and Historical Paintings*, pl. 141 (1975).

⑱ 该画又名为《维纳斯与两个天使在她的洗手间》。同上注，pl. 127; 还有页 57 之前的彩色盘子。在这一系列中，另一幅伟大绘画是《达纳厄和丘比特》，同上注，pl. 181，展示即将被宙斯强奸的达纳厄。又请看《维纳斯和狗与风琴手》，同上注，pl. 127，展示了全裸的维纳斯，只带着手镯与项链。

第十三章 情色艺术、色情品和裸体

复兴时期的绘画和雕塑，明显以认可的方式，描绘了宙斯强奸女子，描绘了他对侍酒小生伽尼墨尔德（Ganymede）的同性强奸。[19]

文艺复兴时期描绘的古希腊情色神话，无论色彩、动作还是构图都很丰富；因此，这些情色再现作品，有先前提到的形式功能，也有赞美和激发性欲的功能。但能激发性欲吗？若按现代标准来看，文艺复兴的裸体都很平和，并不刺激；但我很快会考察，为何如此。但是，在艺术文学中，性的清晰明确不是个绝对值，它相对于当时社会规范创造的特定预期。在一个人人裸体出行的社会中，裸行者一直提醒我们，裸体本身不再是有情色意图的信号。[20] 在这样的社会中，裸女画不再是情色再现，即人们不觉得它与性有关。但在像文艺复兴时期的社会，人们对女子的期待是着装齐整，只有最亲密的时刻才例外，那么即便描绘半裸女子也会被认为是情色的，只要有些微提示即可（甚或提示都不必要），例如《对镜的维纳斯》中的丘比特。[21] 考虑到古希腊与文艺复兴时期的意大利习俗不同，波提切利（Botticelli）、乔尔乔涅（Giorgione）和提香画笔下的裸女，就像我描述的古希腊花瓶画一样，可能带着很多情色意味，超过乳房半露但没有情色意味的米诺的维纳斯雕像。如果这种分析正确，那么，如果说有情色和形式意图的绘画和其他再现不是"艺术"，就是完全不懂行。

我们容易低估文艺复兴艺术中的情色意味还有另一原因，这就是从社会生物学立场来看，很令人吃惊的一点是，自文艺复兴以来，人们的情色理想已有变化。"直到 17 世纪后期，欧洲的情色想象才可能有大腹女子……文艺复兴时期和巴洛克时期所有著名艺术中的裸女，不论其身体其他部分何等丰满，她们的乳房都精致纤小。乳房硕大是丑陋老妇和

---

[19] James M. Saslow, *Ganymede in the Renaissance: Homosexuality in Art and Society* (1986).

[20] Howard C. Warren, "Social Nudism and the Body Taboo," in William Hartman, Marilyn Fithian, and Donald Johnson, *Nudist Society: An Authoritative, Complete Study of Nudism in America* 340, 353 (1970). 该书是我知道的有关裸体运动的最佳著作，对这一运动精神的最佳表述是罗素的话："（如果允许在阳光下和水中裸体），我们的美丽标准会更接近健康标准，因为人们会关心自己的身体和举止，而不只是面容。在这一方面，古希腊的做法值得推崇。"Bertrand Russell, *Marriage and Morals* 117 (1929). 这里提及的古希腊，以及罗素这一评论的更大语境（这是本关于性的著作），相当程度削弱了裸体主义者关于裸体主义与情色无关的断言。

[21] 有关 17 世纪的类似的例证，请看，Thompson, 前注①，页 183-187。其中一个是"绳索舞"。女子在高出舞台的绳网上跳舞，观众由此可以看到一点赤裸的大腿。

巫婆的特征……而另一方面，不论是在北方哥特式简朴作品中，还是在威尼斯的华丽作品中，腹部饱满都是柔弱处女和最诱惑妓女的特征。"㉒

因此，麦尔斯（Margaret Miles）可能是对的，艺术中的裸体一直只是作为男子性欲对象的裸女，贯穿了整个艺术史。㉓ 麦尔斯拒绝了克拉克（Kenneth Clark）在《裸体画：理想艺术之研究》（1956）中阐述的著名观点，即裸体艺术画升华了也超越了情色欲望。克拉克认为美学上有缺陷的裸体画是比例不当从而无法令男子感到性吸引力的绘画。克拉克的理想艺术裸体说到底是一种情色理想，逼真的裸女绘画会起到去情色的效果。麦尔斯强调裸体艺术有情色成分，他也就例证了情色与色情的连续性。

这并不是说情色与色情是一回事。事实上，文艺复兴时期以及此后，衣着和举止朴素的规范，创造了古希腊文化中似乎不曾有过的作为一个独特表达类别的色情空间，这种露骨表达性的情色艺术，按当时标准，令人震惊，结果是无法公开展出。拉斐尔（Raphael）——考虑到宗教绘画的纯洁，这很是反讽——启动了一个有众多著名艺术家参与的长期、半秘密的色情艺术传统，包括了卡拉奇（Carracci）、伦勃朗（Rembrandt）、华托（Watteau）、布歇（Boucher）、特纳（Turner）、库尔贝（Courbet）、（Rodin）、比尔兹利（Beardsley）、毕加索（Picasso）、克利姆特（Klimt）、（Schiele）、格罗茨（Grosz）、德尔沃（Delvaux）、巴尔萨斯（Balthus）以及奥登博格（Oldenburg）等。㉔ 这些杰出艺术家的色情艺术，在美学上，并不亚于他们其他作品的平均水平。（稍后我会给出一个例子。）这再次凸显了情色与色情的连续性。

人们可能认为19世纪是个情色再现迅速增长的时期。（或者，就是；但19世纪出售了多少色情品，没有统计。）文字进入下层社会，摄影的发明，大大降低了情色再现的成本，特别是根据作品的质量作了成本调整后。通常，这些发展本来会带来产量增长。维多利亚时期的假正经也一定创造了对性的信息需求，而情色再现可部分满足，也无疑确实满足了，这一需求。但另一方面，维多利亚时代恐惧手淫，伴随着安全地贬低女子性快

㉒ Anne Hollander, *Seeing Through Clothes* 98 (1978).

㉓ Margaret R. Miles, *Carnal Knowing: Female Nakedness and Religious Meaning in the Christian West* 14 (1989). 又请看，Gill Saunders, *The Nude: A New Perspective* (1989). 在文艺复兴时期，对那些并非古典神话的人物也如此，麦尔斯用作例证的是巴尔东（Hans Baldung）画的一个很情色的夏娃。Miles, 页134-136以及图22。

㉔ 请看，Webb, Gerhard, and Kronhausen, 前注⑨；又请看，Wagner, 前注⑨, ch. 8。

第十三章 情色艺术、色情品和裸体

感——因为发现女子无须性高潮也能受孕,增加了对书报审查的需求。利益的冲突就此把情色再现赶到了地下,尽管不是全部。尤其在法国,在雕塑中,这种情色裸体再现的传统继续着,例如马约尔(Aristide Maillol)的雕塑。与文艺复兴时期的先辈一样,19世纪著名艺术家们以时空距离来避开书报审查,即他们用神话、传说或异国情调的人物和地点来掩盖艺术家描绘当下社会情色行为的任何寓意。[25]

在这一时期,一个赤裸裸的色情品范例是比尔兹利(Aubrey Beardsley)的《希利西亚斯祈求迈尔西娜性交》(*Cinesias Entreating Myrrhina to Coition*)。[26] 这是比尔兹利1896年为阿里斯托芬喜剧《吕西斯特拉特》(*Lysistrata*)英译本创作的插图之一。喜剧讲的是雅典和斯巴达女子想通过性罢工说服自家男人结束伯罗奔尼撒战争。插图本是私下印刷的;公开印刷会招致刑事指控。这幅画上希利西亚斯急不可耐地追着妻子,他直挺挺的巨大阴茎有他的身体那么长,也几乎是身体那么粗,大得怪异,再加上希利西亚斯几乎穿着衣服(这进一步让人们注意到其阴茎),有效象征了性罢工导致性剥夺之严重。画面上的阴茎和睾丸还画得像解剖学那么精确,从一片阴毛中挺出来。希利西亚斯伸直的手臂抓住了迈尔西娜的外衣,将之拽开,我们看到她外衣下只穿着一双漂亮的黑色长袜,这只会让我们的目光投向她细致描画的隐私部。

这幅画很像我讨论过的古希腊花瓶画,因为它以轮廓形式画出来,没有什么立体感。但这幅画更详细,并且——除了希利西亚斯的性器官大得不成比例(古希腊花瓶画上的阴茎长度经常也很夸张)——更逼真。花瓶画与比尔兹利的画非常近似,两者都凸显了色情品的相对性。仅就刻画处于兴奋状态的性器官而言,这两幅图画处同一水平,但只有其中一幅在它产生的那个文化中属于色情画。

20世纪,尤其自20世纪70年代以来,色情品生产和传播有巨大扩张。原因与需求和供应都有关,尤其是与供应有关。就需求而言,手淫恐惧已消散,教育和中产价值的传播,可能增加了手淫数量(请看第五章),也

---

[25] Peter Gay, *Education of the Senses* 379–402 (1984) (vol. 1 of the *Bourgeois Experience: Victoria to Freud*);又请看其著作,页342至343间的一些插图。

[26] Simon Wilson, *Berarsley*, pl. 37 (rev. ed., 1983).

增加了与手淫互补之产品的需求，色情品就是此类产品之一㉗；但初次性交的年龄下降可能会减少手淫。在我们社会中，性继续属于禁忌，这就不可能降低对性信息的需求，色情品则部分满足了这种需求。然而，如今人们讨论性比往日自由多了，性功能失调方面的专家和咨询专家也多了。维多利亚时代对性信息的需求比今天更大，这一点吊诡地表明，打压性的社会可能比放纵性的社会对色情有更大需求。

在 20 世纪，影响色情品产出的一直是供方，而不是需方。色情品的成本已降低，因为执法者打压它的力度下降了，随着快速胶片（可以拍运动）、彩色胶卷、电影、电视、彩电、立体声彩电、立体声大屏幕彩电，以及最重要的是家用录像机，接二连三地到来，质量调整后的价格已急剧下降，人们如今可以在家庭私密环境中欣赏色情电影，如果他们想，也可以制作自己的色情电影。不远的将来会有全息摄影，电视能创造更现实的三维感受。

正是技术的进步，以及裸体禁忌的衰落（这种衰落源于传统基督教性道德的衰落，而后者又归因于女子职业地位的改变），使昔日的情色艺术今天看来很平淡。除了正式的以及可能还有意识形态的——这是情色艺术中最不情色的方面——视角，从所有其他的视角看，色情品都只是劣质替代，就如同用一个 T 模型代替一台莱克塞斯 ES-250 一样。因此，我们应当预期，只要放松色情图片禁令，就会导致非插图色情书籍销量减少。有关证据，可以到丹麦看看。在那里，1969 年废除了对色情图片的法律禁令（有关色情印刷品的禁令两年前废除），就摧毁了色情印刷市场。㉘

脱衣舞

脱衣舞的演变提供了一个生动例子，从中可以看出情色再现的规范变化。㉙ 脱衣舞的起源至今是个谜。与流行印象相反，《福音书》并没把莎乐美的舞蹈描绘为脱衣舞，也不是任何情色舞蹈；她舞蹈的性质究竟如

㉗ 例如，许多脱衣舞场所将头几排观众席心照不宣地保留给观看演出时手淫的观众。James K. Skipper, Jr., and Charles H. McCaghy, "Teasing, Flashing and Visual Sex: Stripping for a Living," in The Sociology of Sex: An Introductory Reader 171, 180–181 (James M. Henslin and Edward Sagarin eds., rev. ed., 1978).

㉘ Berl Kutschinsky, Studies on Pornography and Sex Crime in Denmark 13 (1970).

㉙ 一般介绍，请看，David F. Cheshire, "Eroticism in the Performing Arts," in Webb, 前注⑨, 页 297–306。

第十三章 情色艺术、色情品和裸体

何,完全不清楚。㉚ "七位蒙面女郎舞"显然是王尔德的创作,他的戏剧《莎乐美》的德文译本成了斯特劳斯(Richard Strauss)歌剧《莎乐美》的歌词,歌剧中首次表演了舞蹈。直到晚近,才演变成脱衣舞。在芝加哥抒情歌剧团表演的《莎乐美》中,莎乐美扔下一条又一条纱巾,舞蹈最后成了裸体(实际穿了透明紧身衣)。舞蹈表演中,女舞蹈演员肌肤部分赤裸的现代开端似乎是19世纪的坎坎舞和音乐歌舞队,后来演化成了百老汇和好莱坞音乐剧——例如《该死美国佬》——中高雅的脱衣舞,脱衣者边舞边脱直到仅着一件泳装,最后变成了舞者完全裸露的脱衣舞。

理解脱衣舞的关键是,前面提及的,裸体本身作为一种意图含混的信号。裸体要成为一种情色信号,就必须同性有关,因此性关系中的隐私规范意味着拒绝公开裸体,公开裸体反过来则意味着违反性规范。㉛ 当然,裸体的程度不同。裸体禁忌越强,也就是越期待人们着装完整,为暗示性语境并传递情色信号所需的裸露就越少。当裸露禁忌在我们社会非常强时,即便端庄的脱衣舞——甚至只是无线电城音乐踢踏舞女郎的裸露大腿——也会传达明显的情色形象。如今这类禁忌大大减弱,许多受人尊敬的女子每天上班的着装,在几代人之前,人们会视为裸体或妓女妆扮,一场舞者以泳装结束的脱衣舞也不传达强烈的情色信号。为此,还需要更多:完全裸体,至少也要暴露性器官。

这一分析应有助于我们理解,为什么当代色情品中,暴力、淫猥和怪诞如此多。㉜ 一个社会性态度越随意,情色再现越自由,裸露禁忌越弱,色情需求就越会转向那些仍为禁忌的性色描绘。与此并行的则是,妓女提供的性服务也会从"正常"转向了"怪异",这一点我在第五章中就说过。我们不应马上得出结论说,因为卖淫和色情都变得更邪恶肮脏

㉚ Mattheew 14:6; Mark 6:22.
㉛ "在要求仔细遮盖身体特别是阴茎部位的文化环境中,淫秽概念通常与展示阴茎相联。"John J. Honigmann, "A Cultural Theory of Obscenity," 5 *Journal of Criminal Psychopathology* 715, 733 (1944).
㉜ 任何怀疑这一概括的人都应当读一下书中的相关描述,Franklin Mark Osanka and Sara Lee Johann, *Sourcebook on Pornography* 19–42 (1989). 但若以为所有甚或大多数当代色情品都是这种性质,那就错了。大多数,比方说,并不暴力。F. M. Christensen, *Pornography: The Other Side* 59–60 (1990). 事实上,X级的电影(即硬色情)似乎比一般电影更少些暴力。Ira L. Reiss, *Journey into Sexuality: An Exploratory Voyage* 174–175 (1986). 且最大量的性色情描绘并不异常。Maurice Yaffe, "The Effects and Uses of Pornography: Recent Research Findings," in *Medical Sexology* 29, 31 (Romano Forleo and Willy Pasini eds., 1978).

了,性行为平均说来也更邪恶肮脏了。

回到脱衣舞上来,什么又是它具体的情色再现呢?毕竟,脱衣舞并不只是展示一位裸女。它是一种脱衣形式,是为性而脱衣,至少这是表演者试图通过姿态和面部表情传达的印象。它是裸体,加上有关情色意图或倾向的额外信号,就像《对镜的维纳斯》是裸体加丘比特在场的额外信号。这两种情况下,都有一个留待观者想象完成的含蓄叙事。这就是为什么脱衣舞不能以泳装结束的重要原因,因为泳装是游泳用的,不是供"性"使用的。如果脱衣舞女是位成功舞者,音乐伴奏质量也很高,那么脱衣舞可能就像一件艺术品,包含了一些形式特性,诉诸非情色的感受——也许就是一件艺术品。但是我描述的这种情色信号给脱衣舞注入了一种明确的、通常占主导的性欲激发效果。

脱衣舞的例子有助于说明,即使在后基督教社会,为什么色情品还是容易被认为至少有些越轨。有些人与传统天主教对性之怀疑全然无关,却仍然认为性是一种私人活动。然而,色情是公开的:它展示或暗示了陌生人前的性活动,有其内在的不妥,它挑战了社会的性规范。

与女子地位的关系

近年来色情传播引起了激进女权者的担忧,我会很快讨论她们的担忧。然而,无论对女子有何影响,这种传播都与西方社会女子地位上升正相关。㉝ 这是巧合吗?也许不是。尽管色情品市场一直主要是男子的市场,对性行为的担忧却集中在女子身上,打压色情的动力则来自这种担忧。例如,伊斯兰教就把强烈崇拜女子贞洁与大力打压情色再现结合起来了,旨在避免伊斯兰文化被注入某种情色特性,鼓励男女间增加联系。另一极端是丹麦,在那里,女子的地位高于世界任何其他地方,它是首先停止限制色情传播的现代西方国家。

古希腊的例子看来会摧毁女子解放会促使色情宽容之假说。因为在古希腊,一方面是情色再现不受限制,另一方面是隔离良家女子和厌女文

㉝ 对美国软色情杂志(对《花花公子》)的传播,曾有人做过回归分析,变量包括了女子地位指数,分析显示,这种传播与女子地位正相关。Larry Baron, "Pornography and Gender Equality: An Empirical Analysis," 27 *Journal of Sex Research* 363, 375 (1990). 类似结果,请看,Reiss, 前注㉜,页182-185。然而,讨伐色情品的一位领军女权者认为《花花公子》不仅是典型的色情品,而且比硬色情对女子更有害。Catharine A. MacKinnon, *Feminism Unmodified: Discourses on Life and Law*, ch. 12 (1987), esp. 269 n.36。

第十三章 情色艺术、色情品和裸体

化,两者并存。㉞ 不过,这些例子之间有一些区别。区别之一是,伊斯兰教,就像犹太教和基督教一样,认为所有女子都有人的尊贵,因此,如果把女子主要描绘成性对象,就很成问题。但在古希腊古罗马的意识形态中,只认为公民阶层的女子——如她们能从婴儿期活下来了——才值得追求。然而,为什么当女子地位非常低(古希腊)或非常高(现代丹麦)时,色情不大可能是个问题,而当女子地位处于中间状态时,就像在那些伟大的一神教支配的文化中,就麻烦重重?对此更根本的解释是,只有在这些一神教文化中,性才是个充斥强烈道德意味的话题。在一个性与道德无关的社会中,就像吃饭一样,不可能有我现在说的淫秽下流概念;在这样的社会中,情色再现不会引发什么震撼。

当女子的地位非常低时,就会像在第六章中看到的,言行拘谨可以提高女子的地位,打击色情毫无疑问也有利于女子。当女子的社会地位非常高时,或是,如果流行的性道德标准松动了,太一本正经就会伤害女子,因为这限制了她们受教育和就职的机会。然而,一本正经的衰落,为图像的性再现开辟了大路,女权者认为这对女子地位有负面影响。

色情品的社会后果

可以考察一开始时我说的因情色再现提出的最常见的规范问题了,即色情品的社会后果如何,以及如何在许可与被禁的情色再现之间画道线,后者属于我说的淫秽下流的范围。结束前我还要瞄一眼其他的规范问题,当把保护的焦点从情色作品的观众身上转到情色表演者自身时,就会有这些问题。有三个方面的攻击性情色再现,因为后果严重,要求公共干预打压。

强 奸

首先且最具体的是,有人说,这些色情再现伤害了女子,因为它们激发了男子去强奸女子。这或是因人们认定色情品有激发性欲的效果,或——如女权者强调的——是这些作品的意识形态后果。就激发男子性欲

㉞ 我们会看到,某种程度上,现代日本是个类似的例证。

而言，色情品确实增加了色情消费者追求性满足的概率，而强奸就是获得满足的途径之一，当然并非唯一途径。两厢情愿的性交就是另一途径。而最近似的途径是手淫，色情品可以使手淫获得更多快感。激发性欲，并使此种性欲可以独自满足，是色情品的双重效应，两者并不相互完全抵消。但这意味着，由于色情品便利了手淫，它实际上也许减少了强奸冲动：色情品的替代效果（即，以手淫替代性交的效果）也许主导了其互补效果（即，它激发了性交欲求，其中有些还是暴力的）。

然而，色情品仍可能总体上会增加强奸需求，因为它可能让色情消费者认定：女子喜欢被强奸，或是，没必要考虑女子喜欢什么。事实上，有很多可能是大多数色情品，哪怕并不那么怪异和暴力，也传达了这类信息。㉟ 由于色情行业既非铁板一块，也不是——大部分而言——由意蒂牢结者把持或执掌，色情行业的产品如果意识形态高度一致，看来会很奇怪。但如果我们考虑激发男观众性欲的再现作品都有哪些必备要素时，就不奇怪了。这些观众感兴趣的是幻想境遇中的性刺激和性快感；对这类性经验一定涉及与另一个人的复杂情感不感兴趣，对坚韧的现实世界的其他方面如阳痿、疲惫和身材平平也不感兴趣。我在讨论文艺复兴的裸体时就提到过这一点。这也许是供男子阅读的情色品的核心。在这类再现作品中最可欲的男子形象就是驾轻就熟手到擒来，最可欲的女子形象则是年轻、美丽、崇拜、顺从、臣服，以及她崇拜那些刻板的男子特征如，身强力壮，主动霸道。许多人曾反复指出，色情品缺少心理和生理上的现实主义，有"色情梦幻"（pornotopia）（即色情乌托邦）的

㉟ Don D. Smith, "The Social Content of Pornography," 26 *Journal of Communicaton* 16 (1976). 女权者对色情的批判，请看，MacKinnon, 前注㉝, pt. 3; *Take Back the Night: Women on Pornography* (Laura Lederer ed., 1980); Andrea Dworkin, "Against the Male Flood: Censorship, Pornography, and Equality," 8 *Harvard Women's Law Journal* 1 (1985); K. K. Ruthven, *Feminist Literary Studies; An Introduction* 87-90 (1984). 对这些批评的各种视角的批评，请看，Fred R. Berger, "Pornography, Feminism, and Censorship," in *Philosophy and Sex* 327 (Robert Baker and Frederick Elliston eds., 1984); Daphne Read, "(De)Constructing Pornography: Feminisms in Conflict," in Passion *and Power: Sexuality in History,* 前注⑥, 页277; Robin West, "The Feminist-Conservative Anti-Pornography Alliance and the 1986 Attorney General's Commission on Pornography Report," 1987 *American Bar Foundation Research Journal* 681; Richard A. Posner, *Law and Literature: A Misunderstood Relation* 334-337 (1988).

第十三章 情色艺术、色情品和裸体

特点。㊱ 我的意思是，这正是色情旨在激发性欲的功能（并非有意传达什么意识形态），它传达了——作为激发性欲的副产品———种可以解释为姑息甚或鼓励强奸的信息。

鉴于有这些功能相互冲突，色情品的净效果是否增大了强奸发生率，是否大大增加了，这是个经验问题。在这一点上，有各类相关证据，但各有其不足。

首先，执法官员大都认为色情确实增加了强奸发生率，强奸者似乎都热衷于色情品，执法官员对此印象深刻。但完全不清楚的是，这些人是否比那些其他方面类似但没强奸的男子更热衷呢？或者，如果他们更热衷，这究竟是他们性侵的原因呢，还是各种情境因素导致他们如此行为的结果呢？就像我在前几章提到的，如果强奸者通常是对女子缺乏吸引力的男子，在双方自愿的性行为市场上他们面对着高昂的成本，那么，这类男子强奸和色情消费比例都高于其他男子，就不足为奇了，因为强奸或手淫都是两厢情愿的性交之替代。或者，如果典型强奸者对女子有敌意，那么他消费那种传递了他认可的意识形态信息的色情品，也就不令人吃惊了。但由此得不出结论，色情品创造了甚或加剧了他对女子的敌视。还有一点，实际抓获并受惩罚的强奸者大多属于犯罪阶层，他们可能更容易获得非法产品。㊲

第二类证据是对在校大学男生的实验，为确定接触各类色情品是否使他们对女子更具进攻性，或更少尊重女子偏好。这类研究大多结论认为，暴力色情品——仅仅是暴力色情品——确实有可预见的后果。㊳ 但是，

㊱ 请看，例如，Smith，前注㉟，页 21–23；Michelson，前注⑨，页 29；Steven Marcus, *The Other Victorians: A Study of Sexuality and Pornography in Mid-Nineteenth Century England* (2d ed. 1974); Donald Symons, *The Evolution of Human Sexuality* 170, 177–178 (1979); Susan Griffin, *Pornography and Silence: Culture's Revenge against Nature* 36 (1981).

㊲ Paul H. Gebhard et al., *Sex Offenders: An Analysis of Types* 677 (1965). 当大多数色情品均非法时，这一点就格外重要。

㊳ Edward Donnerstein, Daniel Linz, and Steven Penrod, *The Question of Pornography: Research Findings and Policy Implications,* chs. 5–6 (1987); Linz, Donnerstein, and Penrod, "Sexual Violence in the Mass Media: Social Psychological Implications," in *Sex and Gender* 95 (Phillip Shaver and Clyde Hendrick eds., 1987); Attorney General's Commission on Pornography, *Final Report*, vol. 1, 322–351, 938–1035 (Department of Justice, July 1986) (The "Meese Report"); Letitia Anne Peplau and Constance L. Hammen, "Social Psychological Issues in Sexual Behavior: An Overview," 33 *Journal of Social Issues* 1 (1977). 对该数据的中立且细心的回顾，请（转下页）

这些后果也许来自暴力本身，而不来自其中的情色成份。㊴ 此外，从实验室境况下在校大学生的反应能否推论犯罪行为，也属未知，当然，这也不否认有些在校大学生是强奸者（尤其是"约会强奸者"）。

剩下的一类证据，也是前景最看好的证据，是比较证据，可以是同一管辖区内的跨时间比较，也可以是不同管辖区间的比较。

首先，录像机出现可能大大增加了美国优质色情品的传播，因此，人们也许预期强奸发生率会上升。但如同我在第一章提到的，实际情况是下降了。

其次，丹麦20世纪60年代后期废除了反色情法，这引发了一些严格的经验审视，最早是库钦斯基（Berl Kutschinsky）的研究（请看注㉘）。废除该法后，性犯罪大幅下降。但问题是，这两者间究竟有没有因果联系，也就是色情的替代效果是否主导了色情的互补效应，陷入了争执不休的境地。㊵ 如同我在第七章提到的，强奸发生率并没下降；下降的只是些轻微性犯罪率，对这类犯罪，色情辅助的手淫可能是一种接近的替代。考特（John Court）认为，（丹麦以及其他地方）废除色情禁令后，强奸率上升了，但他没有对其他有解释力的潜在因素作出校正，如总犯罪率增加。㊶

再次，巴伦（Larry Baron）与斯特劳斯（Murray Straus）的一项跨州比较研究，发现软色情杂志（唯一能获得发行量数据的杂志）流通量与强奸发生率强烈正相关。即使引入一些社会学因素作为额外解释变量，仍存在相关性。然而，两位作者还是怀疑这是否是因果关系。㊷ 当以经济数据

（接上页）看，Mary R. Murrin and D. R. Laws, "The Influence of Pornography on Sex Crimes," in *Handbook of Sexual Assault: Issues, Theories, and Treatment of the Offender* 73 (W. L. Marshall, D. R. Laws, and H. E. Barbaree eds. 1990)（顺便说一句，这篇论文还有一份出色的参考文献）; Hawkins and Zimring, 前注㉟, ch. 4. 又请看, Osanka and Johann, 前注㉜, 页 81－84。

㊴ Reiss, 前注㉜, 页 176－177。

㊵ 一些对比鲜明的观点, 请看, J. H. Court, "Pornography and Sex-crimes: A Re-Evaluation in the Light of Recent Trends around the World," 5 *International Journal of Criminology and Penology* 129 91976); Osanka and Johann, 前注㉜, 页 185－193; Ernest D. Giglio, "Pornography in Denmark: A Public Policy Model for the United States?" 8 *Comparative Social Research* 281 (1985); Berl Kutschinsky, "Pornography and Its Effects in Denmark and the United States: A Rejoinder and Beyond," 8 *Comparative Social Research* 301 (1985).

㊶ John H. Court, "Sex and Violence: A Ripple Fffect," in *Pornography and Sexual Aggression* 143 (Neil M. Malamuth and Edward Donnerstein eds. 1984).

㊷ Larry Baron and Murray A. Straus, *Four Theories of Rape in American Society: A State-Level Analysis* 186－187 (1989).

第十三章 情色艺术、色情品和裸体

而不是社会数据加杂志流通量作为解释变量时,(实际是用巴伦和斯特劳斯的色情杂志流通量为额外解释变量,重新计算埃利希的强奸回归分析),也仍有相关性。㊸ 但是,色情杂志流通量与强奸发生率的关系究竟是否为因果关系的问题仍未消除。另一可能性是,手淫(有色情品的辅助或强化)和强奸都是双方自愿的性机会不多之男子的发泄方式。

最后,一个有潜在的有重要意义的比较研究证据是日本的经验。一方面,日本的强奸犯罪率和其他犯罪率都很低;另一方面,日本的色情书刊出售比美国更公开和广泛,且大多与强奸或性虐(bondage)有关。㊹ 当然,日本与美国还有其他差别。但最重要的差别之一是,日本与古希腊一样,按美国标准来看,都是歧视女子的文化。如果色情增加了厌女现象,并间接增加了强奸,那么为什么日本的强奸率这么低呢?还有,为什么其他歧视女子文化的国家例如西班牙和葡萄牙,现代希腊和土耳其,以及意大利和阿根廷,也都强奸率很低,而不是——如果像预期的那样,强奸因素之一是敌视女子——强奸率很高呢?这些国家的低强奸率进一步证明了前面第七章中我的一个观点,强奸似乎是对双方同意之性行为的替代,而不是表现了对女子的敌视。

按美国标准来看,丹麦和瑞典强奸率低,但如果按希腊、意大利以及日本标准来看,其强奸率还是高的。㊺ 1984年,美国每10万人有35.7件强奸报警,瑞典和丹麦分别为11.9和7.7件,但在希腊、意大利和日本,分别仅为0.9、1.8和1.6件。瑞典和丹麦与美国一样,都是色情书刊自由发行的国家,与大多数歧视女子的国家——日本例外——不一样。令这幅图画更加扑朔迷离的是,在性的问题上,在保守的瑞士,强奸报警率比更自由的英国高出一倍多(5.8∶2.7),尽管瑞士比丹麦、瑞典或——当然了——美国更低。在英国,你到处都能得到色情品,但英国的强奸发生

㊸ 我说"实际",是因为埃利希德的数据是1960年的,而流通数据是1979年的,因此埃利希的数据必须更新。不幸的是,在更新过程中,我无法获得一个重要经济变量的数据——服刑时间(也即惩罚严厉性),而如果这个变量刚好与流通数据相关,那么这些数据与强奸发生率的相关性就可能不实。

㊹ Reiss,前注㉜,页188;Ian Buruma, *Behind the Mask: On Sexual Demons, Sacred Mothers, Transvestites, Gangsters, Drifters and Other Japanese Cultural Heroes* 55, 58–62 (1984); Paul R. Abramson and Haruo Hayashi, "Pornography in Japan: Cross-Cultural and Theoretical Considerations," in *Pornography and Sexual Aggression,* 前注㊶,页173。

㊺ 这段文字中的统计数来自 U.S. Department of Justice, Bureau of Justice Statisitics, "International Crime Rates" 3 (NCJ-110776 May 1988) (tab. 4).

率比丹麦或瑞典低很多。

在歧视女子的社会中，强奸发生率低的解说也许是，在这些社会中，一般会隔绝女子，这增加了强奸者的代价。（下一章，我会对各国间强奸率差异的因果关系有更多探讨。）究竟什么因素影响强奸率高低，这个隔绝的猜想要比色情品发行量少的说法更能成立，因为这些社会中有日本，在那里，即使按我们的标准来看，色情品通常也是非常暴力且强奸导向的，却自由流通。但这只是一个猜想。其他替代的解说还可能有，在歧视女子的社会中，强奸报警率太低，因为当局不同情受害者；或是在这些社会中，男子能以各种在进步文化中无法获得的方式来发泄他们对女子的攻击性情绪；或是女子都被隔离在家，因此强奸的代价令人望而却步。

即使承认所有这些不确定性，有关色情与强奸的关系之结论也必须是，未证明色情影响强奸发生率。[46] 然而，这个结论对公众政策没什么直接寓意，因为这个结论也没否认色情直接或间接引发强奸的概率。至少在美国，在统计学上，色情品销售（公认是软色情品）与强奸强烈正相关。尽管没确定是因果关系，但有这样的意味。如果色情品社会价值非常小，即使色情品有导致强奸的轻微危险，那也许会使天平倾斜，倾向认定色情品非法。[47] 只是也许——我们还得先考察一下，打击无受害人犯罪的执法成本大小，区分有社会价值的表达与无社会价值的表达的难度，宪法第一修正案的言论自由政策，以及色情品鼓励潜在强奸者以手淫为替代而实际降低了强奸发生的概率。我后面再考察这里的第二点和第三点，在此我首先考察一下与打压色情紧密相关的一个理由。

性骚扰与性歧视

有许多女权者认为，哪怕是色情品实际上没激励男子强奸，却还是令男子看低了女子，由此促成了性骚扰，以及其他或大或小的性别歧视和压迫。有这种可能，但这种说法与色情激发性欲的说法有紧张关系。色情品的观者感兴趣的是性刺激，不是性别政治。色情品确实是把女子当成了性

---

[46] Richard S. Randall, *Freedom and Taboo: Pornography and the Politics of a Self Divided* 106-114 (1989). Christensen, 前注㉜, 页138, 根基于一个细致回顾, 该研究进一步认定, 这些证据总体上反对色情物引发强奸的假说。Murrin and Laws, 前注㊳, 结论则稍稍倾向另一边。

[47] 这是桑斯坦的论证, 请看, Cass R. Sunstein, "Pornography and the First Amendment," 1986 *Duke Law Journal* 589。

第十三章　情色艺术、色情品和裸体

对象，但是，在性兴奋的那一刻，哪怕主张男女平等的男子，也会这样想象女子。一个特定男子的稳定色情消费当然会影响他。但在我看来，只有真正沉浸于此类色情品的男人才会影响他对女子恰当社会地位的看法；我们也一定要想想，对一个很容易沉浸于色情品的男子，不给他想要的这种沉浸，是否就能赎回女权。

提到了沉浸也许可以提醒我们，有各种繁多信息形成了塑造价值观和看法的环境氛围。那些看《花花公子》和其他伤风化杂志的人，被麦金农（Catharine MacKinnon）等女权者莫名其妙地视为对女子构成威胁的人，并不是色情瘾君子。他们是现代美国中产阶级男子，他们的价值观是父母、兄弟姊妹、同事同辈、学校老师、电视、电影、流行音乐和其他许多因素塑造的，文字材料甚或静态图片只占很少部分。麦金农谴责的这种男子态度，在《花花公子》出版前，就已根深蒂固。在禁止《花花公子》的伊斯兰文化中，也渗透了这种态度。麦金农对色情品的调查缺乏历史和比较的维度，这是其著述中一个突出缺陷。

色情品会影响了男子对女子的看法，这个命题同丹麦和瑞典的色情非罪化很难契合，而丹麦和瑞典是女子解放和女子政治权力的要塞（尽管我应提到，瑞典大部分女子都赞成禁止色情品）。[48] 并且，如果女权者在这一点上是对的，那么社会保守派（许多人还希望女子回到性革命前的从属地位）为什么如此反对色情呢？目的趋同本身不证明什么。许多保守派人士所以想打压色情，就因为他们认为色情促成了性自由及其伴随者——"解放了的"现代女子。此外，如果女权者是对的，又如何解说同性恋色情品的存在？很难看出这与男子威胁和贬低女子的欲望有什么关系。

败坏道德

与影响女子无关的打压色情品的另一理由是，色情品会败坏道德。事实上，这长期被认为是支持此类努力的主要依据。[49] 这种观点认定"观看色情品的人，哪怕时间很短，也受色情影响"；哪怕是"'软'色情，也会

---

[48] Joyce Gelb. *Feminism and Politics: A Comparative Perspective* 197 (1989). 戈尔博此书的主要线索之一是，瑞典的男子统治现状先发制人剥夺了女权争议，因此阻碍了一场有效的女权运动的出现。请看，例如，页 209-211。这也许可以解说为什么允许色情品四处流通。

[49] Louis Henkin, "Morals and the Constitution: The Sin of Obscenity," 63 *Columbia Law Review* 391, 406 (1963).

滋生性不满足，可能导致婚姻破裂。"㊾从这位基督教保守派人士的著作中，我们就可以听到这段话，呼应了马库塞的观点，即非生殖器官的性行为会破坏婚姻，马库塞认为这是件好事。但至今没有任何证据表明，色情书刊消费会破坏婚姻，如果确实破坏了，那倒会是件怪事。很少有人真的更喜欢手淫而不是性交，或是像皮格马利翁那样，更喜欢一张女子画像（皮格马利翁的神话中是座雕像），而不是一位真实的女子，即便其体态不像画中女子那么丰腴迷人。

考察一下克里斯托（Irving Kritol）的说法，就可以揭露他说色情品败坏道德实在鲁莽。㊿他的论证分为两步：第一步是证明色情有败坏道德的潜能。但是，关于这一点，他说的一切只是"如果你相信没人是被一本书败坏的，你就得相信没人被一本书改善了。"㊼事实上，我就是这样相信的。我曾在其他地方同克里斯托就此交过锋，这里我只想让读者知道有那场讨论。㊽即使我错了，即使书籍可以启迪人，也不自然而然地得出结论说，书籍也能败坏人。说到底，考虑一下下面的相反情况，从暴力电影引发了暴力行为这个事实（如果这是个事实的话）得不出和平电影会带来和平。

他论证的第二步是列举色情给色情消费者造成的道德恶果。克里斯托首先提到，"色情品与情色艺术的不同在于，前者的全部目的就是让人变得下作，剥夺了人特有的人性维度。"㊾克里斯托说的"色情"一定是指情色再现作品，其最重要功能就是激发性欲；因为他随后的解说是，色情品令人反感的特征在于它是"一种很怪异的人性观"，完全摒弃了人类性活动

㊾ Donald E. Wildmon, *The Case against Pornography* 21 (1986). "这位色情作家一直到处宣传——同陌生的匀称身体——滥交的潜在快乐不断激励原始的男子冲动，颠覆了维持一夫一妻关系的企图。"George F. Gilder, *Sexual Suicide* 40 (1973). 吉尔德认为女权者与色情作者沆瀣一气，企图破坏婚姻。他该当与麦金农（Catharine MacKinnon）先交换下意见。

㊿ "Pornography, Obscenity and the Case for Censorship," *New York Times Magazine*, March 28, 1971, 24。（顺便说一句，令范博格异常兴奋的"角斗士假说"就出自这篇文章。请看第 8 章。）克里斯托致谢伯恩斯的文章，Walter Berns, "Pornography vs. Democracy: The Case for Censorship," *Public Interest* 3 (Winter 1971).

㊼ Kristol, 前注㊿，页 24。我认为他想说的是道德上改善了，因为受教育者与腐败者并不对立。

㊽ Posner, 前注㉟，页 301-303，讨论了克里斯托的文章, Irving Kristol, "Reflections of a Neoconservative," 51 *Partisan Review* 856 (1984). 当然，我不是说书籍没任何影响。但一本书中的观点——信息与说服的来源——与这本书投射的价值或态度，两者间有区别。色情作品很少包含什么观点，但常常对社会不认同的性行为持肯定态度。

㊾ Kristol, 前注㊿，页 24。

第十三章 情色艺术、色情品和裸体

涉及的"情感和理想",只剩个壳,即"动物交配"。㊴ 说的没错。但那又咋了?人类性行为确实很像动物性行为,差别主要在于,人类性行为有时是嵌在一种更丰富的情感关系中,比配偶即便是单偶制动物配偶的典型关系也更丰富。色情则对这种情感关系不感兴趣。这一点使色情对一些人为"空",对另一些人是震惊,对色情消费者来说则更刺激。但是,为什么将人类性行为中的动物成分和情爱成分分离了,就有败坏效果,我是说,使一个人或一个社会的行为或态度变坏了,这令人费解。因此,克里斯托继续辩称,色情品"激发了一种性回归",实际回归到"婴儿的性",即手淫;并且,尽管手淫自然,"却恰恰因为它如此完美自然,如果不以某种方式控制或升华,它对成熟的或正在成熟的人就可能有巨大危险。"具体的危险在于,除非控制或升华,否则色情品激发的手淫会使男子"无法同女人发生成人性关系",因为他的性取向"固定在婴儿模式上,成了他的自我情色幻想的囚徒……这危及的不是其他,而是文明和人性。"㊵

克斯斯托在此签约加盟弗洛伊德和马库塞了(这是一组很出人意料的组合),他们各自认为,把性冲动纳入婚姻渠道是我们所知道的文明之基石。差别是,弗洛伊德和克里斯托希望保存这一文明,马库塞则想推翻它。这些关于性有宏观社会影响的信念其实都没有多少——如果还有任何的话——事实依据。依据同样不坚实的是,他把手淫同婚姻不稳定连接起来的推论。婚姻如今确实不太稳定,但原因根植于女子地位的变化,主要与女子工作机会改善有关。消灭色情不会使婚姻更稳定;不论婚姻稳定多么可欲,那也不是文明和人性的先决条件。

如果很多男子都认为色情辅助的手淫是一种比性交更好的替代,克里斯托的论证基础也许会坚实些。那会是极度自恋,让人想起前几章强调的那个区分:一种情况是看重性冲动,完全不考虑性对象,另一种则是看重性对象,这个对象已成了参与性行为的他者,这种转化也就把这种关系的特点从自私("自恋的")转变为移情。㊶ 但就任何已知情况而言,世界上这种男子数量不多。

请注意,女权者反对色情的理由与克里斯托的理由是相互削弱的。女

㊴ 这一引文和此后的引文都来自,同上注,页112。
㊵ Wildmon and Gilder(前注㊴),相比之下,担心色情书刊因激发了婚外性交而危及到婚姻。
㊶ William Simon and John H. Gagnon, "Sexual Scripts: Permanence and Change," 15 *Archives of Sexual Behavior* 97, 108 (1986).

权者担心色情品会导致强奸；克里斯托担心的却是色情会导致以手淫替代性交。既然强奸是一种性交形式，因此克里斯托就必须相信色情品会降低强奸发生率，女权者则必须相信色情品会降低手淫发生率。[58]

如果惩罚，该惩罚什么？

色情品在法院案件中提出的争点是，要求法院平衡争议作品的违法性和作品的社会价值，或用我的话来说，要平衡它激发性欲的属性和它的形式、信息和意识形态属性。然而，用平衡这个隐喻在此会误人子弟，因为它给人一种比较独特事物的夸张印象。在我们这样的社会中，性还属于禁忌，一件情色再现作品冒犯人（令人震惊、令人不安、令人不可思议、令人厌恶）的程度与其有意激发观者性欲的程度成正比。因其夹杂了其他信息，钝化了其冲击力，其性刺激就越弱，因此也就不那么冒犯人了。这假定的是，该作品的其他信息的作用与其性欲激发的作用会有交叉，但情况经常确实如此。如果一件看似色情的绘画含有一些形式格局，暗示了和谐和宁静，与性兴奋不一致，或提供了有关性危险的信息，或贬低了性（如同《荒原》那样），这件绘画就会失去很多性刺激。这就是为什么，强调众多芭蕾舞中那些毫无疑问的性暗示[59]，会误导人。芭蕾舞的形式和谐并没消除芭蕾舞的情色特点，但确实阻止了它产生强大的性欲激发效果。如果这些形式格局模仿了性的节律（如在脱衣舞中），如果作品传达的信息是有关性愉悦的新可能，如果其说教是有关性快感，情况就会很不同。因此，在色情品案件审理中，当专家证人谈论某情色作品的非激发性欲维度，他同时谈论的是作品的冒犯和社会价值。

重要的是要区分因感知情色品的性欲激发属性引发的冒犯有别于作品的意识形态引发的冒犯。长期以来，人们一直认为美国宪法第一修正案要保护作者或艺术家有权宣扬性的伤风败俗（immorality）。[60] 在马普索普男

---

[58] Randall,前注[46],页101,认为色情品只是增加了缺少性伴侣的男子手淫;对那些有性伴侣的男子来说,色情品激发性欲的效果导致了性交增多。

[59] 这种观点,请参见,Hanna,前注[7],页5—6;又请参见,同上注,chs. 7 and 8。

[60] Kingsley International Pictures Corp. v. Regents of the University of the State of New York, 360 U. S. 684 (1959); American Booksellers Associatin, Inc. v. Hudnut, 771 F. 2d 323 (7th Cir. 1985),确认了判决但没给司法意见,475 U.S. 1001 (1986)。

第十三章 情色艺术、色情品和裸体

同照片风暴——最终导致刑事指控辛辛那提艺术博物馆馆长（陪审团认定他无罪）——的背后，就是后一种令人不快。此外，还应注意，有些情色再现作品针对的是某个性偏好少数群体，评价这些作品的性欲激发属性时就会有个特别的难题，就说马普索普的例子，施虐受虐男同都特别喜欢皮革制品。如果你不是其中一员，马普索普的一幅照片，肛门里冒出一条牛鞭，或一男子把拳头插入另一男子的肛门，或一男子从头到脚穿着黑皮革，或一男子对着另一男子的嘴巴尿尿，就不大可能激发起你的性欲。尽管如此，你也许仍可以想象相应的异性恋情景，或许只是想象每幅照片中用一个女人来替代一个男子，这种想象练习的结果至少会使马普索普的某些男同照片成为硬核色情品。

但这忽略了摄影的一些形式特点。马普索普是一位艺术上有点——或许是相当——出色的摄影家。请忘了辛辛那提审判中那些艺术批评家的奢侈证词。这样的证词一文不值。[61] 当想为任何一位因淫秽受指控的艺术家辩护时，艺术批评家都会这样挺身而出，他们会告诉法官或陪审团任何证词，只要能让这位艺术家无罪释放。甚至在马普索普的男同摄影作品因受打压给他带来罕见名望，导致其摄影作品价格飙升前，马普索普的摄影作品的市场定价就很高。这是更好的证据，事实上是出色的证据，表明这些作品很有艺术价值。它们之所以是艺术品就因为其形式化属性，摄影的形式化属性减损了那些分享马普索普性取向之观众的单一激发性欲的冲动。

马普索普的性偏好，这是症结所在，也是指控的源头。就像我前面引用丹托（Arthur Danto）的一段评论马普索普的文字说的，马普索普的男同摄影作品投射了对被摄影记录的那种性行为的认同。如果照片投射出来的是反对，就可以把这些照片解释为是这些被诅咒者的肖像，就如同博斯（Hieronimus Bosch）的绘画那样；作品的冒犯属性会因其中有受人欢迎的信息而缓和。但由于宪法第一修正案不允许审查人们不赞赏的意识形态，很正确，我们就一定要无视这些摄影作品中的意识形态信息。

我说过了，形式属性可以弥补那些令人震惊的直白表现。但相反观点是否同样成立：即至少当到达色情程度时，情色会削弱一件艺术品的形式品质。答案在于，请比较一下大师们的色情和非色情绘画，如在世的最伟大画家之一巴尔萨斯（Balthasar Klossowski）。大多数美国人都认为巴尔萨

---

[61] *Obscenity and Film Censorship: An Abridgement of the Williams Report* 109–110 (Bernard Williams ed., 1981); Posner, 前注㉟, 页333。

斯的《吉他课》⑫是幅色情画。一位女子,吉他教师,坐在椅子上。一个大约12岁的女孩躺在她大腿上,那正是卢浮宫收藏的《圣母痛哀耶稣之死》(Pieta de Villeneuve-les-Avignons)⑬画中耶稣基督躺的位置。女孩的裙子被拉到肚脐以上,腹部和私部暴露在外。教师左手伸向女孩的私部,右手握着女孩的一绺头发。似乎这女孩是个大吉他,教师正打算弹奏。(吉他则躺在女孩前方,也强化了这一提示。)女孩左手上伸,拽着教师的短衬衣,露出教师的一个乳房。吉他课变成了另一课程。

在巴尔萨斯的绘画和素描中不断出现,甚至是纠缠不清的主题之一是前青春期女孩的性(sexuality)。这标志着这些画都很"病态",就像马普索普的男同摄影作品的标志就是摄影题材和其中隐含的艺术家的态度。《吉他课》一方面是猥亵和女同,它还进了一步,比巴尔萨斯的其他画作更明确地描绘了前青春期女孩的性行为,我们看到的是她即将开始前的那一刻。因此,其他除外,这也是幅儿童性虐画,还没有反对的意味。但这幅《吉他课》是巴尔萨斯的最佳绘画之一。身体与吉他并列,对基督教意象的回应,不仅赋予这幅画某种主题的共鸣,而且把这幅画与西方古典艺术传统联系起来了,四肢的角度醒目,格局的明暗反差(白色身体和黑色衣着)⑭,独特的巴尔萨斯式动与静、剧情与幻想水乳交融,两个互为反差的面部表情(女孩的超然和神秘;女子的几乎母性的情爱,都一再呼应了圣母玛利亚),两人身段优雅,这些要素本身都不情色,但正是这些要素共同作用,打造的美学强度,比肩巴尔萨斯其他更著名的、按时下标准毫无疑问非色情的标志作品,如《房间》⑮。

马普索普以及巴尔萨斯的情况⑯提出了一个处理某类色情艺术(或著作,但在美国,政府已不再审查任何印刷——这与绘画或言词不同——色情品的审查)经验规则。如果一位艺术家因色情品获得了一种声誉,那么

---

⑫ Sabine Rewald, *Bulthus* 30 (1984) (fig. 37).
⑬ 同上注,页29-30以及图38。这位女子头的倾斜角度与《痛哀图》中的玛利亚一样。我还察觉该女子与达芬奇《神圣家族》中的玛利亚两人的脸很相似。
⑭ 这幅图不幸是黑白两色的。这幅画本身是私人收藏(自然如此)的,我从来没见过。
⑮ Rewald, 前注⑫, 页119(pl. 32)。
⑯ 有人会反对把巴尔萨斯和马普索普归为一类,认为我忽略了一幅想象场景的绘画与一幅真实场景的摄影的区别。这不是范畴的区别,艺术家们常常根据模特绘画,也常常吸收照片场景(不仅在电影中),此外,有些绘画比有些照片更逼真。事实上,《吉他课》这幅画看来就很逼真,像一幅典型的马普索普摄影,似乎是根据实景绘制。

第十三章 情色艺术、色情品和裸体

就应当结论性地假定他的色情品有些艺术优点（因此，一旦向公众讲明了这一优点及其性质和来源，甚至不管怎样，都不会令人冒犯），法律就不应当打搅他。这向正确方向迈出了一步，但这也有一种相当势利的精英主义味道；它令人想起18世纪，当时下层社会贫困，且多为文盲，因此色情品的消费权实际上都限于上层社会。如果高雅艺术家制作的色情品是艺术的阳春白雪，为什么低级艺术家制作的色情品就不是艺术的下里巴人呢（仍然是艺术，仍享有宪法第一修正案的特权）？如果这个问题有答案的话，我认为，答案就是那些使这些色情品变成阳春白雪艺术的因素，即对格局、暗示、传统和和谐的关注，稀释了作品的情色冲击，减少了作品的冒犯程度。

努力区分"价值低"和"价值高"的表达会涉及一些疑难问题处理，这里应提到两种方法。其一是把保证言论、出版自由的宪法第一修正案的核心价值界定为保护政治表达，并把艺术，无论阳春白雪还是下里巴人，一律降为边缘地带，允许政府有广泛规制权。我尽管不快却还不得不承认，这种平庸的进路有一些甚至更多历史根据。美国宪法创制者当时关心的主要是如何保护政治表达，且今天看来限制这种表达也比限制艺术表达对民主更危险。但比较应当在边际上进行。禁止批评政府是比禁止情色表达更糟。但与此同时，强迫每个博物馆都给绘画和雕像加一块遮羞布和胸罩则比禁止某私立小学某班教授纳粹种族理论更糟。

如何决定社会价值问题的第二种处理方法是把关注焦点从观众的道德福利转移到表演者的道德福利上来。就儿童色情书刊而言，这种转移很自然，但不限于此。请考虑这样一个论证。除内华达州的几个县外，全国其他地方卖淫都非法。一个为了钱进行性行为的人就是卖淫者。因此，在色情电影中表演性行为的男女演员都是卖淫者，制片人则是卖淫的帮凶，就像拉皮条的男子或鸨母一样。

这种推理忽视了惩罚卖淫的主要目的就是保护婚姻，手段是阻止男子在婚姻以外追求性满足，也阻止男子在此追求中将其家庭需要的资源挥霍干净。在色情电影中，男演员不是购买性服务，他们都收了钱。他们的资源增加了，供各自家庭使用——如果他们有家庭的话。卖淫最多只是给色情演员的行为增加了一个类比，而就法律规制而言，用类比为基础不安全。

还有个拐弯抹角的做法，得到了联邦最高法院的判决支持，即美国宪法允许各州把裸体登场进行情色表演视为违反了禁止任何公共场合行为有伤风化的法规法令。⑰ 按通常界定,"公开场合有伤风化"这个术语包括了裸体出现在公共场合,对公共场所的界定有时不仅包括街道和其他室外场地,也包括任何向公众开放的地方,例如酒吧和剧场。即使这样解释,这些法令看来与艺术自由也没什么更不吉利的关系,其影响不超过某种铅笔纸张税对出版自由可能产生的影响。我们允许对性作品表达的一切输入征税,哪怕这提高了生产这些作品的成本。比方说,《莎乐美》中的裸体,如果这不是艺术表演的输入之一,那是什么?但这种类比很快就垮了。无法反驳铅笔纸张税的理由之一是,这不是很适合用来惩罚表达的设置,因为这种税不仅作者和出版商要承担,其他所有使用铅笔纸张的人也都要承担。当限制政府以普遍措施行动时,贱民的获益在于,即使高贵者也会感到法律的利害。⑱ 禁止一切裸体,包括裸体洗澡,这样一部法律就属于这种性质。但仅限于禁止公共场合裸体,这样一部法律就不属于这种性质,因为这一法律打击的,除裸体表演者外,还有露阴者、裸奔者以及在巷子里撒尿的醉汉,这些人则全都是贱民。

更进一步,尽管纸都是纸,无论是报社购买,还是礼物包装者购买,但露阴者的裸体与艺术表演者的裸体不是一回事(且与以下事实也有别,即露阴者暴露的常常是他们勃起的阴茎,这使其行为不只是一种公共场合裸体,也是一种淫秽行为,这是个独立于公共场合有伤风化的禁止理由)。这里的差别与艺术表演的质量无关,这里的差别就是密尔的有关自我的行为与有关他人的行为的差别。露阴者是把他的阴茎杵到一个不愿看的陌生人面前;而艺术表演者是向愿意接受的顾客出售自己的裸体。所谓裸体舞的"次要影响"——尤其是鼓励卖淫嫖娼(请看注⑰)——不一定能确定为一种真正的外在性(=有关他人的行为)。卖淫嫖娼本身是双方同意的行为,尽管可能有第三方影响,裸体舞与这些影响的联系似乎很薄弱〔巴尼斯案(Barnes)中也没有论辩这个问题〕。这种联系可能是为联邦最高法院有关脱衣舞的决定寻找一个功利主义的证成;但如果认为各州和地方政府惩罚这些行为的核心是担心脱衣舞或是最常见的"公共场合有伤风

---

⑰ Barnes v. Glen Theatre, Inc., 111 S. Ct. 2456 (1991)(请看《引论》)。然而,只有其中四位大法官赞同我正文中勾勒的这一进路。对于这一判决必须有第五票,大法官苏特(David Souter),投票支持州,因为他认为裸体舞的间接后果,如鼓励卖淫嫖娼(记住,脱衣舞艺人常常是妓女),即便只是猜想,也足以正当化对他认为是边际的、低价值表达活动的压制。

⑱ 这就是与同等保护和法治紧密相关的法律理念的基础。Richard A. Posner, *The Problems of Jurisprudence* 319-320 (1990).

第十三章 情色艺术、色情品和裸体

化"——醉汉在巷弄里撒尿——导致的具体伤害（如果有的话），那就太天真了。这些行为所以违法就因为它们违反了美国社会的裸体禁忌，由此我们应当考察的是这种禁忌是否有社会价值。一方面，早期基督教强调遮盖身体的部分也许是，至少部分是，在人和动物之间划清界限，阻止残酷和暴力；依据这种观点，反裸体同废除角斗相关。⑬ 另一方面，按照美国标准，现代瑞典对裸体非常随便⑭，但瑞典社会比美国社会更少暴力。今天，西欧普遍说来比美国对裸体更随意，也更平和。

即使我们的裸体禁忌不再服务于任何可理解的社会目的了，各州还应当可以自由禁止向不情愿看到裸体的陌生人展示裸体，即便这种展示并不淫秽。因为这些裸体展示都"有关他人"。毫无意义，这些行为给他人强加了某些成本，即便是非货币的成本；并且，如果这些展示有任何价值，将之关在室内，这些价值也保留着；而在室内，这些行为就不会给任何人强加任何成本，至少没有直接的成本，因为没人被迫观看。即使我们拒绝密尔的区别，因此，当仅向一群愿意看的观众展示裸体时，不愿看的人则看不到，以及当该展示是表演的组成部分，而由于表演有形式以及其他特点，使这种冒犯降低到社会宣布的淫秽水平以下，那么这种"公共"裸体的冒犯度就稀释了，即便没有彻底消除。⑮ 更重要的是，裸体表演的这些特点也许会给这种展示注入某些艺术价值⑯，因此使打击它比打击可适当称之为公共场合有伤风化的情况成本更高。对室内表演适用公共场合有伤风化的法律，等于把这些常常既不淫秽甚至不色情的情色再现当作淫秽来惩罚，这就会要求莎乐美在她的纱巾下穿上泳装。一场淫秽的脱衣舞，无须诉诸公共场合有伤风化的法律，也完全可以惩罚。

* * *

现在该把所有这些分析的线索归到一起，对是否以及在多大程度上应限制色情的问题，作一个结论了。我们可能要把涉及儿童模特摄影的儿童

---

⑬ Brown, 前注⑬, 页315-317。
⑭ Richard F. Tomasson, *Sweden: Prototype of Modern Society* 167 (1970).
⑮ 因此，有人可能会认为，一个认定卖淫——因其冒犯了路人——构成侵扰(nuisance)的社会会鼓励而不是取缔妓院。
⑯ 关于裸体在现代舞中的角色，请看，Walter Sorrell, *Dance in Its Time* 425-426 (1986).

色情品暂时放一边。这种打击明显是为保护色情表演参与者所必需的,对那些有成人模特身体受伤的色情表演,以及对不愿接受的观众展示色情,情况也如此。困难在于,其他色情品是否应视为非法。如果把色情的领地限定在那些主要有激发性欲的作品上,因此在美国宪法第一修正案的传统价值排行中比较低的那些作品,那么,可以论辩说,色情的危害——就其猜测的和不确定的伤害而言——应足以证成惩罚色情。作为一个宪法性法律问题,这也许是对的,但如果是作为一个坚实的社会政策来看,似乎错了。相对于运用执法打击的暴力以和其他严重无法无天行为的数量而言,美国社会愿意在执法中投入的资源总是有限的。我们不应将资源挥霍在打击那些也许像巫婆或异教徒一样无害的活动上。

如果拒绝了我的这一建议,那么退后一步,我敦促,一切淫秽文字作品、"老"照片、有名艺术家的作品以及(在可辨认的程度内)任何有艺术雄心的作品——这些范畴包括了艺术摄影,例如马普索普的施虐受虐狂的照片,以及《莎乐美》中脱光衣服——都应豁免于打压,但为保护那些不愿看的人和儿童无意看到了这些色情品,它们也不是完全不受规制。⑦³在美国文化中,这类情色再现作品激发性欲的效果很少。确实,属于这些范畴的一些作品常常表达了一种父权制和重男轻女的意识形态,就像尼德(Lynda Nead)指控文艺复兴时期裸体画起到的那种作用一样⑦⁴,但是这不是支持打压这些作品的理由。情况是相反的,因为意识形态再现位于美国宪法第一修正案保护的表达的核心位置。因此,尽管有些女权者会认为我的种种努力——区分"高等的"和"低等的"文化,并豁免前者不受色情指控——不过是为父权制辩解的最后一招,但她们拒绝这一区分就会危及全部色情指控。麦尔斯(Margaret Miles)认为所有情色作品都激发性欲⑦⁵,她的这种说法,美化了色情品。如果一幅《花花公子》的招贴画也属于文艺复兴风格的裸体画,那么,由于后者明显受宪法第一修正案保护,前者也就一定受保护。尼德说所有情色作品都是政治作品,这样一来,她就把情色作品都带到了宪法第一修正案的核心位置,是受保护的政治性表达。如果世界上"没有不受政治现实影响的避难所,没有美学或幻

---

⑦³ 请看,Piarowski v. Illinois Community College District 515, 759 F. 2d 625 (7ᵗʰ Cir. 1985).

⑦⁴ "The Female Nude: Pornography, Art, and Sexuality," 15 *Signs: Journal of Women in Culture and Society* 323 (1990).

⑦⁵ 请看前注㉓的正文。

第十三章　情色艺术、色情品和裸体

想的飞地,没有支持这种欲望游戏的岛屿,"⑯ 那么最卑鄙淫秽的色情垃圾也应受保护。也许情况应当如此。但如果情况不是如此,那么我提出的这一区分,如果人们接受了,就会起点作用,保护艺术品免于审查者的剪刀伤害。

2001 年 8 月 10 日星期五译于北大蓝旗营

---

⑯ Susanne Kappeler, *The Pornography of Representation* 147 (1986).

第十四章　强迫的性行为

本章说的是这样一些情形,在一个性活动中,一方没同意这一行为,或是由于参与一方精神不成熟或有障碍,或受了骗,或畏惧另一方的成人权威,而没给予有效的同意,即被社会尊重的同意。因此我的讨论分为两个部分。首先处理的是强奸,以及与之相关的对成人的性违法(如强奸未遂,以及以性骚扰知名的非罪违法)。我把讨论限定在男人强奸女子上;女子强奸男子或强奸女子的情况极罕见,就像在监外男同强奸极为罕见一样。① 本章第二部分,处理儿童性虐,主要是女童。与第一部分有关"实际同意"问题,第二部分有关我所谓的"有效同意"问题,两部分都用"性道德无涉"模型引导这一分析,对这一领域的一些主要对手也给予了某些关注。这些对手就是女权的进路(更确切地说是诸多女权进路),以及公民自由至上论进路,后者在讨论性和其他性违法时都强调保护被告权利。

本章这两部分的差别除受害者年龄外,还有其他差别:受害人性别,以及违法性质。尽管强奸男子很罕见,乃至监狱外面的人都忽略了,但性虐男童,尽管不像性虐女童那么常见,却不罕见,因此必须讨论。此外,还有一些不构成强奸的人身侵犯或强奸未遂(如果受害人是成人,会被认定为轻罪),如玩弄儿童生殖器,也是一种受严厉谴责的儿童性虐。最常见的是向公众自我暴露的犯罪,人称暴露狂。就像第五章中提到的,暴露狂都是些羞怯男子,他们向街头或其他公共场合的女子(有时是女孩)暴露自己的生殖器,令她们震惊,他们却由此获得性快乐。他们也不暴力。他们的行为却是侵犯性的,并且当受害人是儿童时,这种行为很

---

① Paul H. Gebehard et al., *Sex Offenders: An Analysis of Types* 791 (1965).

第十四章　强迫的性行为

令人不安。但没有证据表明这会造成长期心理伤害，哪怕是对儿童；并且，在我们社会的犯罪表上，这种行为看来也明显轻微。② 一般说来，这是种有伤风化的行为，是一种轻罪，受惩罚很轻，也应当很轻。事实上，更适当的做法也许是将之作为精神病来处理，而不是刑事处理。观淫癖会给受害者造成更大不安，因为人们认为这侵犯隐私更重，同暴力行为也相关联。由于这两点，这就该受，也受到了比暴露狂更严厉的惩罚。③

性虐成人

与许多女权者所持观点相反④，强奸似乎主要是一种对双方同意之性交的替代，而不是男子敌视女子的体现，也不是建立或维系男子统治地位的一种方法。⑤ 例如，西蒙斯（Donald Symons）就指出一些人类学的证据，这些证据表明，强奸发生率会随着彩礼数量的上升而上升；因此，获得婚姻性行为越昂贵，男子就越可能诉诸强力。⑥ 如果情况是这样，那么，男同在交往中不经常诉诸强力，甚至成人与未成年人的男同交往中也不常诉诸强力⑦，这类情况就使重男轻女是强奸因素之一的说法好像有点

---

② Ron Langevin, *Sexual Strands: Understanding and Treating Sexual Anomalies in Men*, ch. 10 (1983).
③ 同上注, ch. 11。色情照片消费——今天色情品的主要类型——在一定意义但并非相关的意义上是一种窥淫癖。这不侵犯隐私，窥淫者（消费者，不是摄像者）的位置置也远离"受害者"身体。
④ 请看，例如，Susan Brownmiller, *Against Our Will: Men, Women and Rape* (1975). 基于温和女权的立场，有关本章主题的一个有益回顾，请看，Deborah L. Rhode, *Justice and Gender: Sex Discrimination and the Law*, ch. 10 (1989). 从这一视角展开的最佳强奸研究，请看，Linda Brookover Bourque, *Defining Rape* (1989)，我将对此更多回应。关于刑事司法制度处置强奸案，一个特别好的研究，请看，Gary LaFree, *Rape and Criminal Justice: The Social Construction of Sexual Assault* (1989).
⑤ Leo Ellis, *Theories of Rape: Inquiries into the Causes of Sexual Aggression* (1989), esp. chs. 3, 5; Donald Symons, *The Evolution of Human Sexuality* 278–285 (1979); Edward Shorter, "On Writing the History of Rape," 5 *Signs: Journal of Women in Culture and Society* 471 (1977); Roy Porter, "Rape—Does It Have a Historical Meaning?" in *Rape* 216, 235 (Sylvan Tomaselli and Roy Porter eds. 1986); Randy Thornhill and Nancy Wilmsen Thornhill, "Human Rape: An Evolutionary Analysis," 4 *Ethology and Sociobiology* 137, 163–164 (1983).
⑥ Symons, 前注⑤, 页281。
⑦ Gebhard, 前注①, 页279。

可信,就像动物中罕有强奸,连最接近人类的动物——非人的灵长类——强奸也几乎闻所未闻。⑧ 但许多强奸的动机都是性,如果强奸不是犯罪,这一点会看得更清楚。因为根据定义,对被判强奸罪的人的研究主要针对的就是那些既未能被重刑遏制也未能逃脱惩罚的人。⑨

然而,从科学的角度来看,下一件好事是,强奸是一种漏报的犯罪。⑩ 当从强奸受害者的视角来研究时(无论是提出强奸指控的女子,还是填写了犯罪受害问卷的女子),就把许多未抓获的,包括根据强奸境况看也不大可能抓获的强奸者纳入了研究,我们因此更清楚地看到,如没有刑事制裁,可能发生的这一行为的性质;我们还发现这样一个得以确认的印象,即许多强奸者就想发生性关系,而不是想宣告或助长女子位于从属地位。⑪ 这不是否认强奸会吸引一些施暴者(他们倾向用暴力来实现其目

---

⑧ Symons,前注⑤,页 277-278;Barbara B. Smuts, "Sexual Competition and Mate Choice," in *Primate Societies* 385, 392-393 (Barbara B. Smuts et al. eds. 1986). 猩猩是非人灵长类动物的例外。Smuts,页 392。动物强奸的另一个例子,相关讨论请看,Susan Evarts and Christopher J. Williams, "Multiple Paternity in a Wild Population of Mallards," 104 *The Auk: A Quarterly Journal of Ornithology* 597, 600-601 (1987).

⑨ 强调这一点的,请看,Bourque,前注④,页 74。又请看,Mary P. Koss et al., "Nonstranger Sexual Aggression: A Discriminant Analysis of the Psychological Characteristics of Undetected Offenders," 12 *Sex Roles* 981(1985).

⑩ 但不清楚到底漏报了多少;有人估计高达——不大可能——95%。反差鲜明的观点,请看,Allan Griswold Johnson, "On the Prevalence of Rape in the United States," 6 *Signs: Journal of Women in Culture and Society* 136 (1980); Albert E. Gollin, "Comment on Johnson's 'On the Prevalence of Rape in the United States,'" 6 *Signs* 346 (1980); Diana E. H. Russell and Nancy Howell, "The Prevalence of Rape in the United States Revisited," 8 *Signs* 688 (1983); Russell, *Sexual Exploitation: Rape, Child Sexual Abuse, and Workplace Harassment* 35 (1984); Mary P. Koss, Christine A. Gidycz, and Nadine Wisniewski, "The Scope of Rape: Incidence and Prevalence of Sexual Aggression and Victimization in a National Sample of Higher Education Students," 55 *Journal of Consulting and Clinical Psychology* 162 (1987); Neil Gilbert, "The Phantom Epidemic of Sexual Assault," *Public Interest* 54 (Spring 1991). 吉尔伯特强烈抨击了他所说的"数字宣传"(页 63)。完全可能,他是正确的。承认官方数字太低,但他认为,根据私人调查得出的强奸、强奸未遂和儿童性虐的估值都太高了。这些调查大多是女权学者做的,和我们其他人一样,可能有些下意识偏见影响了其研究结果。

⑪ Ron Langevin and Reuben A. Lang, "The Courtship Disorders," in *Variant Sexuality: Research and Theory* 202, 218-219 (Glenn D. Wilson ed., 1987); Langevin,前注②,页 407-408;Bourque,前注④,页 74-75;Johnson,前注⑩,页 146。Langevin, *Sexual Strands*,前注②,该书第十二章很好地概述了有关强奸者的心理和其他已知特点。又请看,Thornhill and Thornhill,前注⑤,页 163-164。

第十四章 强迫的性行为

标)和施虐者(他们可能会从强奸受害者的痛苦中获得更多快感)[12]，因为对于这些男子来说，同非暴力也非施虐的男子比，强奸成本更低，而收益也更大。这确实表明，可以用一个"正常"人类行为的理性模型来分析强奸者的行为，包括他们对惩罚的反应。埃利希的犯罪行为研究（第五章讨论过）进一步支持了这一理性模型的适用，他发现强奸者对激励的回应程度接近侵犯财产者，如偷车和其他盗窃，因此刑罚威胁的威慑力也近似。[13]

然而，有人说，这个理性模型隐含了什么，与我们无法动摇的道德直觉相悖，即应当允许从强奸获得特别快感（性的或其他的快感）的男子去强奸，只要他从中获得的快感超过首先是所有其他替代（如同妓女的性行为，后者为钱，会同意该男子对她身体施虐），也多于受害人所受的痛苦。[14] 这个例子提出了一个熟知的功利主义问题，"效用恶魔"问题。效用恶魔，凭借其大大超过社会一般人的感受快乐的能力，似乎提出了占有更大份额社会物品的功利主义的道德主张。只有在此，效用恶魔才真是个恶魔，凭借其从施虐中获得快感的能力大于受害者感受痛苦的能力，他提出了允许他拷打、强奸和杀人的道德主张。

人类行为的理性模型确实与功利主义有关，两种进路都建立在人会权衡苦乐而行动这个假定上。但如果认为理性模型同功利主义同生共死，那就混淆了实证分析和规范分析。不管怎么说，有一点都应当清楚，允许诸如布鲁比尔德（Bluebeard）或萨德这样的效用恶魔强奸，不会真正实现效用最大化的，哪怕想想它给整个社区造成的恐惧，及其引发的自我保护费用。

---

[12] Langevin and Lang, 前注[11]，页 219。酗酒者难以控制其冲动，因此有相当数量强奸者酗酒不奇怪。Langevin, 前注[2]，页 410。

[13] Ehrlich, "Participation in Illegitimate Activities: An Economic Analysis," in *Essays in the Economics of Crime and Punishment* 68, 94–103 (Gary S. Becker and William M. Landes eds. 1974). 又请看，Keith F. Otterbein, "A Cross-Cultural Study of Rape," 5 *Aggressive Behavior* 425 (1979). 本书第4和第7章讨论过其他支持"性偷窃"强奸理论的证据。请看，本书页 106–107, 182–183。

[14] Gary T. Schwartz, "Economics, Wealth Distribution, and Justice," 1979 *Wisconsin Law Review* 799, 806; Dorsey D. Ellis, "An Economic Theory of Intentional Torts: A Comments," 3 *International Review of Law and Economics* 45 (1983). 对此观点的批评，请看，William M. Landes and Richard A. Posner, *The Economic Structure of Tort Law* 157–158 (1987), 以及, Richard A. Posner, "An Economic Theory of the Criminal Law," 85 *Columbia Law Review* 1193, 1198–99 (1985).

由于不知道有多少强奸漏报，因此对强奸的总体情况无法作出可靠估计，但美国的情况看来要比任何发达国家都严重，甚至比任何国家都严重。美国对强奸惩罚更严厉，但美国报告的强奸率高出瑞典或德国三倍，高出日本10-20倍，几乎高出法国20倍，比比利时则要高出40倍。⑮ 但是，当然了，美国大多数犯罪率都高于其他发达国家，而且强奸率——至少美国的——数据非常不可靠，若要同其他暴力犯罪率的国际比较联系起来，对强奸率作国际比较，结果非常令人质疑。⑯ 然而，有可能的是，你想象一下，像美国这样一个混合了性放任和性压制的国家，它确实会比一个一直放任或一直打压性的国家强奸更多。⑰ 在一个性随意的社会中，男人普遍可以得到性满足，以强力寻求满足的激励因素因此减少了。更重要的是，由于婚外性交不是耻辱，那么，如果女子被强奸了，她就不会不愿报告警方，这样一来，抓获和惩罚罪犯的概率就很高，震慑力也就增加了。在一个性压制社会，女子都隔离了，或至少不会同男人混在一起。不仅强奸机会减少了，而且也减少了（由于其他原因）普遍存在的那种意味含混但很难证明是强奸的社会境遇，即本章稍后讨论的"约会强奸"问题。此外，在一个看重贞操和贞洁的社会中，还有很强的、不向当局报告强奸的激励因素；这也许是为什么，就像我前一章提到的，在性随意的社会中，强奸报告率要比在性压制社会更高的主要理由。

但是，在美国社会中，一方面，在工作场合和社交场合，男女都混在一起，这就为那些恰恰难以证明的强奸创造了机会；另一方面，婚外的性

---

⑮ Ellis，前注⑤，页7,28；Arthur Frederick Schiff, "Rape in Other Countries," 11 *Medicine Science and the Law* 139, 142 (1971); U.S. Department of Justice, Bureau of Justice Statistics, "International Crime Rates" 3 (NCJ-110776, May 1988) (tab. 4).

⑯ 无论对错，强奸与其他人身犯罪——如杀人和抢劫——似乎都没有稳定关系。在美国，每起杀人有4.52起强奸，每起抢劫有0.17起强奸[也即强奸比杀人多出几倍，比抢劫则少好几倍（原文如此——译者注）]，在日本每起杀人则有两起强奸，几乎每起抢劫有一起强奸（精确点，是0.89）。根据"International Crime Rates,"前注⑮，页39 (tab. 4)(1984年数字)计算。因此，没法为了更有意义的国际比较，就用总合人身犯罪率来降低强奸率。

⑰ 参见，Kevin Howells, "Coercive Sexual Behavior," in *The Psychology of Sexual Diversity* 110, 114-115 (Howells ed. 1984). 相反的证据，请看，Duncan Chappell et al., "Forcible Rape: A Comparative Study of Offenses Known to the Police in Boston and Los Angeles," in *The Sociology of Sex: An Introductory Reader* 107 (James M. Henslin and Edward Sagarin eds., rev. ed., 1978). 更早期的犯罪率资料很差，但鲍特(Porter, 前注⑤，页220-223)提出了一个有说服力的论点，工业化前的英格兰，强奸率很低，按现代标准来看，完全可以说这是个性抑制时期。请回想第十三章中的强奸统计数。

第十四章 强迫的性行为

交在某些社会阶层中,包括产生了大部分警官和许多法官的那些社会阶层都是一种耻辱。这些执法官员同情那些被犯罪成员强奸的"体面"女子,但常常不同情那些性活跃并且是在有损名誉的情境中——例如约会中醉酒或仅穿少量内衣——被强奸的女子,或被丈夫强奸的女子。在这种境况下,执法官员可能会认为,女子的强奸指控是编造的,是想获得某种战略优势,比方说,图谋获得有利的离婚条件,或是打发人们对她怀孕的猜疑。执法群体对某一类犯罪受害人越有疑心,这类受害人就越不愿报告这些犯罪,这就增加了她们成为受害人的概率。因为这降低了强奸者的受惩罚概率,也就降低了惩罚的遏制效果。如果性侵证明失败,导致受害人本人被怀疑是真正的罪犯——是淫妇,是工于心计的妻子,那么不愿投诉的情况就会更严重。

这个问题比官员冷漠无情更大。强奸通常是私下进行的犯罪,躲过了任何目击者,与所有正常性交的区别就是缺少对方的同意,在没有身体伤害的情况下,你很难证明对方有没有同意,尤其是如果——根据当时当地的情况——也可能作出对方同意性交之推论的话。因此,人们不会奇怪,如果有目击者,有些"非自然的"行为,例如肛交(可以推定这更少可能获得同意),定强奸罪概率就高;而如果女子年轻,对那些人们认为不大可能强奸的"正常"男子很有吸引力,如果女子有过被捕记录,如果她未婚或报告过被丈夫强奸,如果她与被告是熟人,或这一行为发生在夜间且远离她家,定罪概率就会降低。[18] 在"熟人强奸"案中,很难提出令人满意的"不同意"证据,这是拒绝规定婚内强奸是犯罪的一个传统理由。[19]

---

[18] Kristen M. Williams, *The Prosecution of Sexual Assaults* 47 (1978) (tab. A.1); William Simon and John H. Gagnon, "Sexual Scripts: Permanence and Change," 15 *Archives of Sexual Behavior* 97, 113 (1986); LaFree, 前注④,页 202 (tab. 8.1)。

[19] 英国普通法认为婚姻是对强奸指控的完全辩解,即便该夫妻早已分居。Mary Lyndon Shanley, *Feminism, Marriage, and the Law in Victorian England, 1850-1895* 156-159 (1989); Michael D. A. Freeman, "'But If You Can't Rape Your Wife, Who Can You Rape?': The Marital Rape Exemption Re-Examined," 15 *Family Law Quarterly* 1, 8-15 (1981). 美国的强奸法规也坚持了这一立场(其他多数国家也都一直接受,Freeman,页 26-27),直到 20 世纪 70 年代各州爆发改革浪潮。一些州完全废除了这一辩解;其他州(英国同样)区分了分居的已婚夫妇和一起生活的已婚夫妇;还有些州规定婚内强奸比其他强奸罪轻。Sonya A. Adamo, "The Injustice of the Marital Rape Exemption: A Survey of Common Law Countries," 4 *American University Journal of International Law and Policy* 555 (1989). 又请看,Susan S. M. Edwards, *Female Sexuality and the Law: A Study of Constructs of Female Sexuality as They Inform Statute and Legal Procedure* 34 (1981); Bourque, 前注④, ch. 5。

此外，还有很多其他理由，一一列举出来，对人们会有所帮助。

1. 举证问题，刚才提到的。
2. 在一个看重婚前贞操和婚后贞洁的社会中，强奸的主要伤害就是摧毁了这些，而婚内强奸对此没有伤害。因此，我们不应感到奇怪，在这些社会中，诱奸已婚女子要比强奸她是更严重的犯罪。[20] 因为这更可能涉及一种持续的关系，也更可能生孩子，还不是丈夫的孩子。
3. 更重要的是，在这些社会中，几乎一个妻子献给婚姻唯一的就是性和生育的服务，并且，如果她试图剥夺丈夫得到这些服务，她就直接击中了婚姻的要害。确实，有权利要求得到什么东西，不能得出有权利以强力获得，但这仍可能冲淡人们感受的这种暴力的不恰当程度。
4. 一般说来，尽管不总是如此，离婚率越低，分居就越少；并且，如果已婚夫妇已经分居了，证明"不同意"的麻烦也就降低了。例外的情况是，就像直到晚近在天主教国家中那样，离婚被禁止，在那里，取代离婚的是正式分居，常常是永久性的。
5. 指控丈夫强奸妻子，婚姻就不大可能维系下去了。因此有人怀疑，婚内强奸指控为提出指控的妻子在离婚协议中提供了一根杠杆，也许是编造出来的。如果女子可以离婚，这个问题就不会发生。
6. 婚内强奸也许不常见，因为很少有妻子会拒绝丈夫的性交要求。因此，当规定婚内强奸为犯罪时，主要后果也许恰恰是前一点提出的，是增强妻子在离婚侃价中的立场。
7. 丈夫强奸妻子，这种伤害到底是什么性质，有点不清。如果她被打了，或受到了威胁，这都是可察觉的伤害，但这通常也都是殴打造成的一种伤害。尤其是由于贞洁和贞操都没有危险，因此同一个此前已发生过多次性交的男子再发生一次，这一次行为实际造成的伤害看来是边际的，尽管这次行为对把这一侵犯定为强奸至关重要。

这里列举了婚内强奸不定为犯罪的理由，大多随着时代变迁失去了说服力。举证难以递减，因为法院已变得或至少它自认为已变得，更擅长决

---

[20] Roger Just, *Women in Athenian Law and Life* 68 (1989). 普通法规定，诱奸某人妻子是对丈夫的双倍侵权——"疏离感情"以及"通奸"（criminal conversation）。有关废除这类侵权的趋势，请看，Fundermann v. Michelson, 304 N.W. 2d 790 (Ia. 1981)，这反映了女子日益增长的独立意识：丈夫有权对妻子的情人提出侵权之诉，阻碍了男子与她们发生通奸关系，从而减少了这些女子的机会。。

第十四章 强迫的性行为

定疑难事实问题了。[21] 随着女子更少依赖男子,其他麻烦也大多衰减了;很明显是第2—4点,微妙的是第5—7点(并请看注[20])。当离婚可以随时要求并获准,美国今天基本就是这种情况,第5点和第6点就不那么重要了。确实,离婚更容易对女子来说不都是好事,但就像在第九章看到的,美国女子在20世纪内独立性越来越强,降低了婚姻固有的稳定性,不可避免地使离婚更容易了。

第7点最有意思,也是它没明说的。女子独立日益增加的重要方面之一就是她们掌控了自己的性和生育能力。任何形式的非自愿性交都损害她的这种掌控。毕竟,婚内强奸可能导致她不希望的怀孕。还像当年女子那样,妻子把生育能力的全部控制权交给丈夫,换取他的保护,这已经没有意义了。但随着女子对男子的经济依赖递减,妻子与丈夫的交易条款可能改变,变得更有利于妻子了。部分因为她不那么需要丈夫了,女子(至少在工作市场上有不错机会的女子)不再为得到丈夫而被迫放弃对自己的性和生育能力的控制了。由此不可避免的是,婚姻不再是强奸的辩解了,尤其是丈夫对妻子经济控制力越衰减,丈夫就越可能对妻子诉诸强力来达到自己的目的。

然而,如果婚内强奸发生率事实上很低,那么废除这个辩解就可质疑,因为可能大多是虚假指控。婚内强奸发生率看来并不低,而是相当频繁,足以构成一个重要社会问题。[22] 更重要的是,与大多数男子可能认为的相反,婚内强奸的长期情感和心理后果要比陌生人强奸似乎更严重,而不是不严重;因为当一位女子被丈夫强奸时,这里还有了背叛和背信。[23]

女子地位变化的另一迹象是人们更关注约会强奸了。在传统社会中,女子是不约会的。而一旦无陪伴约会变得普遍了,就可能出现约会强奸,但不一定常见。一方面,起诉本身就一定很难,因为被告常常可以声称,也有足够可能引起合乎情理的怀疑,受害者曾同意或看似曾同意。这

---

[21] 我有本书的主题就有关这一趋势,Richard A. Posner, *The Economics of Justice*, pt. 2 (1981), 该书讨论了初民社会和古代社会的法律。

[22] Diana E. H. Russell, *Rape in Marriage: Expanded and Revised Edition with New Introduction* (1990); Russell, 前注[10], 页59(样本中有8%的强奸者是丈夫或前夫)。

[23] Irene Hanson Frieze and Angela Browne, "Violence in Marriage," in *Family Violence* 11, *Crime and Justice: A Research Review* 163, 188–190 (Lloyd Ohlin and Michael Tonry eds., 1989). 该书比较了丈夫和陌生人对已婚女子的强奸。强奸处女可能造成比强奸已婚或性经验丰富的女子更严重的情感或心理伤害。

可能会让我们预期，约会强奸会很常见。但另一方面，约会（在这一方面与婚姻相似）是一种自愿的关系，因此女子有机会尽其所能筛除那些潜在的强奸者，然而，其所能也许很有限。

我们可以预期，在一个性道德不统一的社会，如美国社会，约会强奸会比较频繁——显然就是如此。㉔ 理由不仅仅是那些性活跃女子与警官和法官在道德观念上有别，而且男子与他们的约会对象在道德观念上也有差别。假设，就像实际情况那样，我们社会中有些女子认为求爱的程序要求她们装作抵制男子的性要求；也有些女子并不羞涩扭捏，她们说不行时就是不行；还有些女子，她们像前一组人那么羞涩，却又不像前一组人那样始终没打算屈服于男子的要求；而且还有一些女子，她们穿着打扮和举止做派似乎都像是主动惹事的，事实上却坚持传统的价值。只要男子发现很难区分这些不同女子群组（这还是搜寻成本的问题），他们就会在对方是否同意问题上判断出错。㉕ 结果会是受害者一方认为是强奸的性行为，并在受害者调查中报告为强奸。是否为法律意义上的强奸，这取决于这个男子是否不仅真诚地而且合乎情理地认定自己已获得对方的同意。这一点有助于解说为什么人们认为强奸是一种大大漏报了的犯罪。它还提供了一个论据，鼓励特定性教育，旨在消除男子在女子对性侵态度上的错误印象。㉖

在工作场所，与约会强奸对应的是性骚扰。工作场所缺少隐私，实际强奸很少，但较轻度的性侵很常见，尤其是男领导对女下属的性侵。这样的女子常常不敢报告，害怕自己丢了饭碗；因为这里只有自己的一面之词，对一位被推定为更有价值的雇员的一面之词。性骚扰不作为犯罪处理，是作为普通法或制定法的侵权处理的，主要法律争议是，雇主应在多

㉔ *Violence in Dating Relationships: Emerging Social Issues*, pt. 2 (Maureen A. Pirog-Good and Jan E. Stets eds. 1989) ("Sexual Abuse in Dating Relationships"). 这不是什么新闻；约会强奸在二十世纪五六十年代显然常见。Kingsley Davis, "Sexual Behavior," in *Contemporary Social Problems* 313, 334-335 (Robert K. Merton and Robert Nisbet eds., 3d ed. 1971). 这既是无陪伴约会的时期，也是美国性习俗改变和多样化的时期。约会强奸一般比陌生人强奸更少暴力，但与婚内强奸一样，对受害人的心理伤害一点也不小。Mary P. Koss et al., "Stranger and Acquaintance Rape: Are There Differences in the Victim's Experience?" 12 *Psychology of Women Quarterly* 1 (1988).

㉕ Ellis, 前注⑤, 页 29-30；Bourque, 前注④, 页 65；David Lester, *Unusual Sexual Behavior: The Standard Deviations* 29, 35 (1975); 参见, Howell, 前注⑰, 页 125-126。

㉖ Howell, 前注⑰, 页 129。有证据表明，约会强奸的关键因素是这类错误印象，而不是某种犯罪或"精神变态"人格，请看, Koss et al., 前注⑨。

第十四章 强迫的性行为

大程度上,要为非其主管的一名雇员对另一雇员的无授权的骚扰承担责任。目前流行的回答是,如果雇主有理由认为工作团队中存在性骚扰,却没采取任何措施,换言之,如果他在此问题上有疏忽,雇主就要承担责任。㉗

约会强奸混在骗奸这个含混的法律范畴中。㉘ 法律通常对暴力和欺诈作对等处理,都予以惩罚,但对后者惩罚会轻些。持枪抢劫是犯罪;通过虚假言辞骗财也是犯罪,尽管通常轻一些。但是,一般来说,用虚假言辞诱使一个人发生性关系并不犯罪。㉙ 诱惑,即使如充满了谎言的蜂巢,如果目的是钱,就是欺诈罪;如果目的是性关系,却不构成强奸。这样的说法可能是,如果该女子不厌恶同某特定男子发生性关系,那么,如果有错,也错在这些谎言(我们通常不认为在社会场景下说谎是犯罪),而不是侵犯了她身体的完整。如果某男子不只把生殖器插入了女子身体,还冒充女子丈夫,或声称正给该女子治病,情况则不一样了。㉚ 在这两种情况下,如果该女子知道真实情况,这一行为本身就令人厌恶且羞辱,还不只是通常在约会和求婚中被骗的那种羞辱。

如何解释这些性侵的差异?父母都教育女儿要留心追求者的甜言蜜语;仔细筛选追求者也是女子最佳性战略的精髓,第四章指出此种性战略就根植于基因。平心而论,一般说来,法律不认为受害者有责任防止被骗;因为同受害者自我防范相比,潜在加害者不欺诈成本更低。尽管如此,一个做了蠢事的人因被骗而受的伤,就其感觉而言,会略少一点。要证明诱奸是虚假言词造成的,尤其是要通过诉讼来区分关于某人情感的虚假陈述与情感改变,极其困难,问题是证明,也是如何论证把虚假程度的差别定为

㉗ 请看,Guess v. Bethlehem Steel Corp., 913 F.2d 463, 464-465 (7th Cir. 1990),以及,Shager v. Upjohn Co., 913 F. 2d 398, 404-405 (7th Cir. 1990),解释了 Meritor Savings Bank v. Vinson, 477 U. S. 57, 72 (1986)。一般介绍,请看,Catharine A. MacKinnon, *Feminism Unmodified: Discourses on Life and Law*, ch. 9 (1987),以及页 395 的深入讨论。

㉘ Ellis,前注⑤,页 6。

㉙ Susan Estrich, *Real Rape* 103 (1987),该书论辩认为应构成犯罪。英国普通法中诱奸是轻罪,但它如今都成了违约之诉,这是一种主要针对诱奸的民事救济。Vern L. Bullough and James Brundage, *Sexual Practice & the Medieval Church* 146-148 (1982); Margaret F. Brinig, "Rings and Promises," 6 *Journal of Law, Economics & Organization* 203, 204-205 (1990). 美国至今仍有 1/3 的州保留了诱奸侵权(但不犯罪)。

㉚ Edwards,前注⑲,页 39;American Law Institute, *Model Penal Code and Commentaries (Officail Draft and Revised Comments)*, pt. 2, vol. 1, 275 (§ 213.1[2][c]), 330-333 (1980); Ernst Wilfred Puttkammer, "Consent in Rape," 19 *Illinois Law Review* 410 (1925).

法定类型的差别,用受害者自我防范来替换法定救济。在美国这样一个社会中,对大多数人来说,(成人)贞操已不再是高度珍视的物品了,以自我防范为替代是言之成理的。贞操价值的衰落也许能解说为什么会废除诱奸罪,废除违反婚约之侵权。

美国的强奸发生率可能不像一些人认为的那么高(请看注⑩),却还是相当高,需要认真考虑一些减少强奸的可能方法。那些旨在鼓励女子举报强奸的措施,如派更多女警官调查强奸案,相对说来,没啥问题,但总是有必要的是,以同样的资源能否购买到更多替代执法。如今美国几乎到处都在实行强奸受害者保护法(Rape-shield law)㉛,不让被告律师随便追问强奸受害者以前的性行为,在我们这个大多数女子性行为都很活跃的社会中,这个法律有道理。在这个社会中,不能假定,强奸受害人性行为活跃,她就一定滥交或是先招惹人的,并以此其中任何一点为根据认定,她不会拒绝同意,或至少表面同意了。

然而,有些打击强奸的措施,则有严重问题。

1. 对强奸的刑事惩罚还可以更严厉些。这会减少强奸发生率,这是埃利希研究的寓意。该研究展示了,强奸犯和其他罪犯一样,会对受惩罚严厉程度和概率的增加做出反应。㉜ 但这并不是唯一的影响。强奸受害者会因此有危险,因为强奸与谋杀的惩罚差别越小,强奸犯杀死受害者可能失去的就越少,因消除对己不利的关键证人的收益则越大。如果惩罚强奸比时下更严厉,也可能会有更多无罪判决。陪审团知道对某具体犯罪的惩罚越重,就越可能倾向于有利被告的方式来解决疑点争议。这是英国普通法指控强奸(如同其他重罪一样,是死罪)一直遇到的麻烦。㉝ 据说,由于重新恢复了伊斯兰法,这个麻烦在巴基斯坦几乎已成了丑闻。伊斯兰法律对强奸规定了非常严厉的刑罚(包括死刑),但围绕着实施惩罚,又有太多程序性保护措施,这个法律几乎无法执行。㉞

㉛ Frank Tuerkheimer, "A Reassessment and Redefinition of Rape Shield Laws," 50 *Ohio State Law Journal* 1245, 1246 (1989).

㉜ Ehrlich, 前注⑬, 页 101 (tab. 5).

㉝ Frank McLynn, *Crime and Punishment in Eighteenth-Century England* 106-109 (1989). 在普通法时期,英国反强奸执法普遍不给力,请看, Anna Clark, *Women's Silence, Men's Violence: Sexual Assault in England 1770-1845*, ch. 3 (1987).

㉞ Rubya Mehdi, "The Offence of Rape in the Islamic Law of Pakistan," 18 *International Journal of the Sociology of Law* 19, 27 (1990).

第十四章 强迫的性行为

2. 根据上一章回顾的现有知识，我们没有很好的理由认为限制色情品发行会增加强奸的数量，但也没有很好的理由认为限制发行会减少强奸。

3. 把诱奸（与骗奸类似）重新定为犯罪会转移人们对女子最害怕的强奸的注意力。

4. 最耐人寻味的建议是，在女子同意的问题上，废除合乎情理之错误的辩解。㉟ 根据现行法律；如果一个男子不认为自己已经获得女子的同意，或者是自认为得到了对方同意但如果就当时情况来看，人们认为他的自认为不合情理，那么他的性行为就构成强奸罪；如果他的自认为合乎情理，他就无罪。在这个同意问题上，废除合乎情理的误认为，不把这种说法视为法定辩解，后果是增加了约会强奸的预期惩罚成本，但增加的成本可能不大，因为强奸者总是可能称自己已获得了女子的实际同意；剩下的是双方各执一词，而要定他有罪，就必须让陪审团信服，是女方说的，而非男方说的，才是真话，且对此没有合乎情理的怀疑。废除这一辩解会使约会性行为——从男子视角来看——更危险了，因此这类性行为发生率会——微弱——减少。这一点令这类建议对那些对性问题持保守主义的男男女女很有吸引力，对那些认为约会强奸是威胁和征服女子的锁链的女权者来说，也很有吸引力。但是，持中间立场的女子是否会从遏制约会强奸的措施中有所获益，则不确定。由于这些措施增加了男子的约会成本，就会减少约会数量，因此会不利于异性恋女子。对于那些有关强化惩处工作场所性骚扰的建议，也可以提出类似的反驳意见。但这些反驳都不具决定意义。我们可以回想一下，女子性战略并非固定的，都是对各种激励因素的回应。如果法律变化使男子在起初的约会中不够大胆进取，我们可以预期，女子就会变得大胆进取，约会数量也许还是不会下降太多。

把性保守主义者同女权者归为一类，他们都赞同强有力的反强奸法律，也都反对公民自由至上论，这一归类比在色情出版物问题上他们的类似结盟更好理解些。英文强奸这个词是从拉丁文中的 *raptus*——意思是"绑架"——中演化过来的。传统上，强奸这种违法行为是剥夺了父亲或丈夫有价值的资财——妻子的贞洁或女儿的贞操。㊱ 性保守的男子和女子

㉟ 有关这一问题,请比较,Estrich, 前注㉙,页 103, 和 Lynne N. Henderson, "What Makes Rape a Crime," 3 *Berkeley Women's Law Journal* 193, 216 (1988), 与 Stephen J. Schulhofer, "The Gender Question in Crimina Law," 7 *Social Philosophy & Policy* 105, 130–135 (1990).

㊱ Bullough and Brundage, 前注㉙,页 141–142。

如今仍看重这些资财。性自由的男子则不很看重这些，他们也许更倾向看重被指控强奸的男子的权利，尤其是他们自己可能就属于这个阶层。女权者不大可能珍视贞操或贞洁，但她们认为强奸威胁到她们对生育能力的控制。因此，她们附和了保守派，把强奸视为最严厉的犯罪，尽管出于不同的理由。

儿童性虐

当把关注点转向性胁迫的第二大领域儿童性虐（包括儿童色情中儿童模特）时，困扰强奸法的举证问题更是放大了。但首先问题是，这种性虐究竟造成了什么伤害。总体伤害是两个因素的产物：此种性虐造成的平均伤害有多严重；以及这种性虐有多普遍。损害严重度不仅与确定最佳惩罚的严厉程度以及与在指控者与被告之间配置错误之风险有关，而且与确定意思表示有效的年龄有关。性虐规模还与应对这一问题的社会资源最佳投入有关。尤其是有充分理由担心虚假的儿童性虐指控，至关重要的就是我们必须确定，这种虐待对受害者是否造成了，如许多人担心的，那么大且那么广泛的伤害。

直觉上看，性虐显然给儿童造成了深刻的心理伤害。但也有些理由不相信这种直觉。首先，这可能反映了一种关于儿童性态的非理性禁忌。儿童应当对性一无所知，这种观点并非普世；事实上，这种观点相当晚近。我们可以确定在中世纪，儿童性虐造成了重大心理伤害吗？当时儿童性虐的观点尚未形成，儿童性虐很常见，程度令现代人震惊，却被宽容。㊲ 其次，且更微妙的一点是（仅限于对儿童的乱伦性虐，但我们将看到，这类

㊲ Lloyd deMause, "The Evolution of Childhood," in *The History of Childhood* 1, 43-49 (deMause ed. 1974). 德茅斯的证据都是传闻性质的，很能说明与之相关的疑虑的一份文献是，Jerome Kroll and Bernard Bachrach, "Child Care and Child Abuse in Early Medieval Europe," 25 *Journal of the American Academy of Child Psychiatry* 562 (1986). 但毫无疑问，人们对以孩子作为性对象的态度已经改变。例如，在1885年的法令把同意年龄提高到16岁之前，英国强奸法中的同意年龄仅为10岁。McLynn, 前注㉝, 页107. [与小孩(a younger child)发生双方同意的性交是轻罪，是比较小的罪。]儿童性虐在历史上有多频繁，除德茅斯的著作外，又请看，Diane H. Schetky and Arthur H. Green, *Child Sexual Abuse: A Handbook for Health Care and Legal Professionals* 24-29 (1988); Christopher Bagley and Kathleen King, *Child Sexual Abuse: The Search for Healing* 26-27 (1990).

第十四章 强迫的性行为

性虐很常见），某些可能促使家庭成员乱伦的心理因素甚或遗传因素，如果受遏制，也许会通过其他合法途径导致乱伦可能造成的同样的伤害。第三，与流行印象相反，儿童性虐很少是暴力的，或造成了持久的身体伤害，如果是幼儿，性虐就更可能是猥亵而不是性侵。[38]

直觉不可靠，但不意味它就错了。这只是意味着，我们不应停留于印象，要寻求证据。事实上，对儿童性虐已有大量心理学研究，一般结论是，性虐对儿童心理伤害很大，导致行为问题、学习成绩下降。研究发现，这种伤害会持续到成年，表现为焦虑和其他神经官能症、乱交、容易被招卖淫（男女）、吸毒、抑郁、难以形成并保持亲密关系，以及性自尊下降等。研究还发现，性虐者与受虐者关系越密切，年龄差距越大，性虐者施用暴力越强，伤害越严重。[39] 应当肯定，这些研究在方法上难题比比

---

[38] D. J. West, "Adult Sexual Interest in Children: Implications for Social Control," in *Adult Sexual Interest in Children* 251 (Mark Cook and Kevin Howells eds. 1981); Kevin Howells, "Adult Sexual Interest in Children: Considerations Relevant to Theories of Aetiology," in *Adult Sexual Interest in Children* at 55, 82; *Sexual Offences against Children: Report of the Committee on Sexual Offences against Children and Youths*, vol. 2, 687–688 (1984).

[39] Alision J. Einbender and William N. Friedrich, "Psychological Functioning and Behavior of Sexually Abused Girls," 57 *Journal of Consulting and Clinical Psychology* 155 (1989); William N. Friedrich, Robert L. Beilke, and Anthony J. Urquiza, "Children from Sexually Abusive Families: A Behavioral Comparison," 2 *Journal of Interpersonal Violence* 391 (1987); M. Gorcey, J. M. Santiago, and F. McCall‐Perez, "Psychological Consequences for Women Sexually Abused in Childhood," 21 *Social Psychiatry* 129 (1986); Shane M. Murphy et al., "Current Psychological Functioning of Child Sexual Assault Survivors: A Community Study," 3 *Journal of Interpersonal Violence* 55 (1988); Joan L. Jackson et al., "Young Adult Women Who Report Childhood Intrafamilial Sexual Abuse: Subsequent Adjustment," 19 *Archives of Sexual Behavior* 211 (1990); Brandt F. Steele and Helen Alexander, "Long‐Term Effects of Sexual Abuse in Childhood," in *Sexually Abused Children and Their Families* 223 (Patricia Beezley Mrazek and C. Henry Kempe eds., 1981); Diana E. H. Russell, *The Secret Trauma: Incest in the Lives of Girls and Women Sexual Abuse: New Theory and Research* 192–193 (1984); Drek Jehu, "Sexual Inadequacy," in *The Psychology of Sexual Diversity*, 前注[17], 页 135, 144–147; Mimi H. Silbert and Ayala M. Pines, "Sexual Child Abuse as an Antecedent to Prostitution," 5 *Child Abuse and Neglect* 407 (1981); Mark‐Daivd Janus, Barbara Scanlon, and Virginia Price," Youth Prostitution," in *Child Pornography and Sex Rings*, ch. 7 (Ann Wolbert Burgess and Marieanne Lindeqvist Clark eds. 1984); Richard Dembo et al, "The Relationship between Physical and Sexual Abuse and Tobacco, Alcohol, and Illicit Drug Use among Youths in a Juvenile Detention Center," 23 *International Journal of the Addictions* 351, 362–363 (1988). 这里列举的只是大量文献中的一小部分。一个很有用的回顾，请看，Angela Browne and David Finkelhor, "Impact of Child Sexual Abuse: A Review of the Research," 99 *Psychological Bulletin* 66 (1986).

皆是。⑩ 其中绝大多数研究的，要么是有法律麻烦的成年人或正进行精神治疗的成年人，让他们回顾童年；要么是受虐后很快引发执法部门或儿童福利机构关注的孩子。第一类研究可能过度依赖变幻莫测的回忆，因为人趋于把自己的失败归咎于外部原因，容易扭曲事实。如果问一位妓女的个人史，她也许会提出一个想象的或（更可能）夸大了的儿童性虐事件，为自己走上这条不光彩的路提供一个自我满足的解说。⑪ 研究受虐儿童本身没揭示有多大比例有永久后果，如果后果不是永久的，又会持续多久？这两类研究都很难建立一个合适的对照群体，后一群体的成员与性虐样本群体的成员特点完全相同，只是没遭受过性虐。

对照群体问题困扰着乱伦性虐是否比对非亲属性虐伤害更大的研究。在乱伦案中，没法确定究竟是乱伦本身造成了伤害，还是导致乱伦的那个家庭环境造成了伤害。最可怕的是父女乱伦，这通常发生在"婚姻不和，父母之间性关系恶劣"的家庭；"父亲不愿在家庭外寻求性关系""母女角色颠倒了，女儿成了家庭的核心女子，有责任满足父亲的需求"；以及"母亲有意无意宽恕了女儿与父亲的这种关系"。⑫ 第二个因素除外，其他因素都提到家庭关系不健康，可以想象，即使父亲心有忌惮没敢乱伦，这种家庭环境也会给女儿造成同样的心理伤害。⑬

尽管有这些问题，大量研究发现性虐给儿童留下深切且持久的创伤，这一点总体而言是令人信服的。尽管没法创建精确般配的对照群体，一个又一个研究都发现的实验群体和对照群体有种种社会和心理调节措施的差异，而差异的程度和持久性都表明，这种差异不是样本建构的产物。这些研

---

⑩ Patricia Beezley Mrazek and David A. Mrazek, "The Effects of Child Sexual Abuse: Methodological Considerations," in *Sexually Abused Children and Their Families*, 前注㊴, 页 235; Jon R. Conte and John r. Schuerman, "The Effects of Sexual Abuse on Children: A Multidimensional View," 2 *Journal of International Violence* 380 (1987).

⑪ 在我们社会无疑是这样的。卖淫是否天生名声不佳，也许值得怀疑。在一个视性与道德无关的社会中，可能就不这样。事实上，历史上有不少受人尊重的妓女[如第六章提及的古希腊交际花（hetairai）]。我说"可能"，是因为在许多社会，包括美国社会，对某些与性无关的市场交易，如卖血和出售人体器官甚或高利贷，都有道德上的反对意见。

⑫ Adele Mayer, *Incest: A Treatment Manual for Therapy with Victims, Spouses and Offenders* 25 (1983). 又请看，Steele and Alexander, 前注㊴。

⑬ 在此问题上的不同观点，请比较，Karin C. Meiselman, *Incest: A Psychological Study of Causes and Effects with Treatment Recommendations* 107 (1978), Denise J. Gelinas, "The Persisting Negative Effects of Incest," 46 *Psychiatry* 312, 330 (1983). 我暂且把乱伦怀孕问题放一边。

第十四章 强迫的性行为

究都支持了该假说是可能成立的。无论情况如何,美国社会都不是道德上对性漠不关心或是把孩子当成大人的社会,这意味着,性虐儿童的成人可能会感到并被灌输羞耻和恐惧。顺便这里也有个例子(请回想第十一章讨论过的问题,军队放松排斥男同对士气可能有何影响),表明道德感情本身是严酷的,无论决策者本人是否分享这种感受,他都必须考虑到这一感受。在乱伦问题上,一个额外因素是背叛和背信,至少孩子后来回想起来会有这种感觉;这使得乱伦与非亲属性虐的区别就像婚内强奸与其他强奸的区别。

父母对男孩不像对女孩管得那么紧,但这就便利了性虐男孩。㊹ 没有坚实证据,却有人猜想,性虐也许是导致某些男孩成了男同的因素。㊺ 然而,我还是重点讨论性虐女童,理由只是后者更常见。和强奸案一样且只会更严重,儿童性虐漏报得更多。许多性虐发生在家庭内,受害者大多胆怯、表达不清且可信度不高。也许多年后,某儿童才意识到自己曾受性侵。因此,对儿童性虐发生率的估计,一定不能全信,也不能不信;对一些女权者的过高估计自然得打个折。然而,加拿大政府有过一个精细的全国信函抽查(并有跟踪调查),确实印证了美国一些不够系统的研究,我们可以据此粗略估计,有20%的美国女子,也许是男子的1/5,18岁前受过性虐,其中1/3是被亲属常常是被父亲性虐。㊻ 当然,如今人们不大可能认为

㊹ Gebhard,前注①,页298-299。

㊺ Frank G. Bolton, Jr., Larry A. Morris, and Ann E. MacEachron, *Males at Risk: The Other Side of Child Sexual Abuse* 86-87 (1989); Adele Mayer, *Sexual Abuse: Causes, Consequences and Treatment of Incestuous and Pedophilic Acts* 61-63 (1985); Finkelhor, *Child Sexual Abuse*, 前注㊴,页195;Browne and Finkelhor,前注㊴,页71。有相当数量的好证据表明,性虐使一些年轻男子容易成为男妓。Janus, Scanlon, and Price,前注㊴。男妓的服务对象是男子,不是女子。但没有证据证明,一个人作为男妓就会从直男变成男同,一个不仅有男同行为的——这是男妓的定义——而且喜欢同性性对象的人。波尔顿、莫里斯和麦克伊奇隆著作的第3章回避了男童性虐的后果,似乎与性虐女童的后果类似。凑巧的是,性虐男童的男子似乎构成了男同的一个独特次群体,他们一般对非儿童的男子不感兴趣。Bolton, Morris, and MacEachron,页61。

㊻ *Sexual Offences against Children*,前注㊳,vol. 1, ch. 6,尤其是页175, 181; Russell,前注㊴,页10,61,63-72;Finkelhor, *Child Sexual Abuses*,前注㊴,页2,10。Bolton, Morris, and MacEachron,前注㊺,页35-38,他们提供的文献概述支持了我估计的20%。(Gilbert,前注⑩,没提加拿大的这项研究,事实上,他仅提及很少的一些研究。)一个明智且审慎的概括,请看,Bagley and King,前注㊱,页75,他们结论认为,有高达25%的女童和高达10%的男童是性虐受害人。又请看,U.S. Department of Health and Human Services, National Center on Child Abuse and Neglect, "Child Sexual abuse: Incest, Assault and Sexual Exploitation" 1-3 (DHHS Pub. No. [OHDS] 81-30166, rev. April 1981); James Gabarino, "The Incidence and Prevalence (转下页)

16岁或17岁的女孩还是个孩子;但当诱奸者是父亲和其他近亲长辈时,把她归类为受性虐儿童还是适当的。

这个问题的规模,加之有说服力即便非结论性的证据表明性虐儿童会造成严重且并非短暂的心理创伤,都要求我们积极寻找更好的防范措施。许多违法者性偏好正常——他们并非偏好上的而只是行为上的恋童癖,用儿童来替代他们想要但由于种种原因无法得到成年性伴侣[47](就像典型的父女乱伦案那样)——这让人们有望通过刑事惩罚来震慑这些违法者。问题在于,尽管对儿童性虐惩罚严厉,却仍有大量非强迫的机会型违法者显然没有被遏制,可以推定,是捕获和惩罚概率太低。此外,还有一些强迫型恋童癖,很难遏制。

尽管原则上,对儿童性虐的惩罚可以规定得更严,但这会更难有区别地惩罚乱伦与非乱伦的儿童性虐。我们希望惩罚乱伦更严厉,因为有证据表明,除有近亲繁殖的危险外,这种行为比非亲属性虐伤害更大。因此,我们想对性虐陌生儿童者减轻惩罚,使潜在的性虐儿童者放过自己的孩子。此外,乱伦的性虐也更难察觉。(注意,这些支持严惩乱伦的理由都与对乱伦犯罪的道德反感无关,唯一的例外是这种道德反感会因前面提及的机制——羞耻感和恐惧感从性侵者向受害人的转移——而加重受害人的心理创伤。)由于惩罚不可能无限加重,因此,如果对性虐陌生儿童处罚过严,我们就不可能实质性加重对亲属性虐的惩罚。

比进一步加大惩罚儿童性虐更严重的一个问题,我认为是,人们对证据是否可靠的担忧会加剧,这也很可以理解。儿童性虐的主要证据可能只是孩子的一面之词;而孩子并不总是可靠或可信的证人。虚假的性虐指控并不少见,常常是孩子在父亲或母亲诱使下提出的,他们想以此为武器,争夺孩子的监管权。[48] 在现代刑法领域中,也许这是唯一有"陷害"的重大危险的地方。然后,孩子也可能就误会了或迷糊了。用于从幼儿那里获取取证的设备,可靠性也令人怀疑。心理学家在游戏治疗中使用解剖

(接上页) of Child Maltreatment," in *Family Violence*, 前注㉓,页219。凑巧,性虐儿童者绝大多数是男子,不是女子。"Child Sexual Abuse"页3;Bolton, Morris, and MacEachron, 前注㊺,页52-56。

[47] 请看,第4章;又请看,Kurt Freund et al., "The Female Child as a Surrogate Object," 2 *Archives of Sexual Behavior* 119 (1972). 参看,Bolton, Morris, and MacEachron, 前注㊺,页47-48;Lester, 前注㉕,ch. 16。

[48] Schetky and Green, 前注㊲,ch. 6。

第十四章 强迫的性行为

正确的玩偶获得的证据,多大程度上可用于法庭,就有激烈争论。⑭ 举证难题则加剧了这个严惩难题。对犯罪惩罚越严厉,一旦出错,代价就越大,法院就越不情愿接受那些可靠性有疑点、但要说服陪审团定罪又不可或缺的证据。因此,就像对强奸案一样,惩罚严厉性的增加可能会被定罪概率的降低抵消了,结果是预期惩罚成本(惩罚概率与惩罚严厉程度的乘积)没变,甚至更低了。

研究儿童性虐中,一个突出事实是继父性虐继女的行为倾向远比生父性虐女儿大得多,这个发现令人吃惊,尽管生父性虐女儿的行为倾向也远不能忽略。⑮ 这一发现有生物学道理。人们会想到,基因决定的乱伦厌恶主要是血缘亲属感到的;此外,男子对继女也更少可能利他。我这里闪烁其辞("主要""更少可能"),是因为男子若是在孩子婴儿期就成了其继父,他就完全可能例外;我们会在下一章看到的,这可能骗过基因。但通常继父出现时,孩子往往已不再是婴儿了,是在母亲离婚或寡居后。

继父比生父更多乱伦,还有个与生物学无关的原因。只有母亲离婚或寡居后,女儿才有继父,而原有家庭破裂可能就反映了或带来了某些紧张,增加了性虐可能。根据这两点,离婚率越高,儿童就越可能被性虐。这其中的政策寓意很含混,因为根本不清楚可采取什么可行步骤来降低离婚率。如果离婚中,法院更宽待女子,她们会有更大激励在婚姻中加大投入,但离婚对她们来说代价更小。也许,这些效果会互相抵消,因此离婚率不变。

这些研究中凸显的又一事实是,不同族群,儿童性虐发生率也显著不同。例如,罗素(Diana Russell)发现,在她的样本中,童年受父亲性虐的女子比例在犹太人和亚裔中为零,在黑人中为4.4%,在西班牙裔中为

---

⑭ Daniel Goleman, "Doubts Rise on Children as Witnesses: Researchers Quarrel over the Suggestibility of Young Minds," *New York Times*, November 6, 1990, B5; Nelson v. Farrey, 874 F. 2d 1222 (7th Cir. 1989), 及其引证的研究; Robert J. Levy, " Using ' Scientific ' Testing to Prove Child Sexual Abuse," 23 *Family Law Quarterly* 383 (1989).

⑮ Russell, 前注㊴,页234,发现继父性虐(继)女儿是生父的七倍,其样本中有4.5%的女子被父亲性虐,大多是生父而非继父。同上注,页216,233—234。关于继父性虐的危险,又请看,同上注, ch. 17; Finkelhor, *Child Sexual Abuse*, 前注㊴,页25。参看, *Sexual Offences against Children*, 前注㊳, vol. 1, 页529—532,这一研究扩展了非亲属侵害人(dangerous nonrelatives)的范围,包括了监管人和家庭的朋友。

7.5%，而在美国印第安人中惊人地高达36%。[51] 这种差异不大可能用教育水平或收入水平的差异来解说。第五章讨论过黑人儿童性虐率为什么相对低，也提及有关性虐发生率差异的解说也许是不同族群的性别比不同。不论原因何在，儿童性虐发生率的差异都有助于我们了解，防范措施应集中于何处。

同意性交的年龄

在什么年龄，同意性交应该成为刑事指控的法定辩解？这个年龄是否应根据参与者的性别或性行为的性质而有所不同，甚或还可能有其他因素？在这一领域，最明晰的法定区分是乱伦与其他形式的性虐。乱伦没有法定同意年龄；对所有年龄的人，乱伦都违法。这很有道理，不仅因为少女（teenage）同父亲或其他亲属交往时不大可能像同非亲属交往那么独立，更重要的是，社会反对乱伦——这绝非某种盲目禁忌的产物——并不限于胁迫乱伦（请看第七章）。然而，在非乱伦性行为中，同意年龄就成了关键。同意年龄越高，就会有越多性行为被定罪；年龄越低，则会鼓励更多潜在的胁迫的性行为。这条线究竟画在何处，是专家的事。但我可以预测，一个社会越是性随意，女孩因此对性的了解越充分，这个同意年龄就应当越低。[52] 这还不是因为性随意社会对孩子的保护需求——免受强制性侵——不敏感，只因在性随意社会中，孩子对性的了解更多，更能自我保护。

一个男子同一个不到同意年龄的女子有性关系，构成法定强奸罪；但许多法律都豁免未满法定年龄的女子，哪怕她不比男伴年龄小——甚至比男伴年长——也不承担法律责任。联邦最高法院已认定，这种区别对待并非拒绝男子受法律同等保护。[53] 因为怀孕风险永远落在女子而非男子身上，女子有动力回避性诱惑，因此挣脱刑罚威胁，而男子没这样的激励。

在同意年龄问题上，最困难的是，同性性交的同意年龄是否应比异性
403 性交的同意年龄更高些。在一些将双方同意的成人同性性交合法化的外国（荷兰除外），以及美国法域，就是这样规定的。一个男子同17岁男孩性

---

[51] Russell，前注[39]，页254-255。

[52] 以下事实使这一预测复杂了，即性压制社会可能定一个较低的同意年龄，鼓励早婚，或承认父母有权包办儿女婚姻，而孩子越小，包办越容易。

[53] Michael M. v. Superior Court, 450 U.S. 464 (1981).

交，也许构成法定强奸，但如果是与 16 岁女孩性交，就不构成犯罪。你可以辩称，如果抛开所有有关同性恋的道德反对，这个差别应当相反，因为只有女孩才会怀孕。在此问题上的法律差别无疑源自担心同性恋诱奸青少年会使后者成为男同。这种担心看来基本，也许完全没有根据。看来很奇怪的还有，人们认为男子诱奸女孩会损害女孩的前景——长大后成为一位健康的异性恋，却认为男子诱奸男孩会使男孩成年后太容易成为男同。没有任何证据表明男同关系会伤害少男——有别于男童——的心理。想想有别于恋童癖的男色/肛交（pederasty），那就是指与少男而非男童的性关系。

令人好奇的是这样一个设想：如果把男同关系的同意年龄降低到 15 岁，这是瑞典女孩的同意年龄，那么大多数肛交就不再非法。这也许很有道理（尽管艾滋病使问题大大复杂化了），但这不是憋口气就能等到的改革。在美国人听来，"男色/肛交"简直令人无法入耳；这种行为激发了——肛交者除外——所有人的厌恶，比任何可能给出的理由都更深厚。如果调查一下，大多数美国人会认为这是犯罪，比婚内强奸更坏。没人能说服他们接受，这种行为对受害者可能伤害更小。

男同教职

由于缺乏证据证明同性恋是因诱奸、模仿或征募造成的，这不仅令人质疑为啥坚持同性恋的同意年龄要高于异性恋的同意年龄，也令人质疑为什么普遍禁止男同从事涉及儿童和青少年的工作，如教学。然而，只是说如果男同教师诱奸学生，可以解雇，若学生还不到法定年龄，还可以刑事惩罚，还不足以回应那些拒绝男同从事此类工作的人。因为抓获和举证太难了。赞同男同学在校任教的人还有个糟糕论点，这就是对于那些涉入男色肛交的男孩，即便他们是异性恋者，这类关系也有益健康，是一个人成熟的必经阶段。这不是主流男同权利群体的论点，但有些杰出的现代支持者，突出的有纪德（Andre Gide）以及古德曼（Paul Goodman）。前者根据古希腊的例子，在其著作《田园牧人》中就曾这样说过。王尔德在他的第二次审判中也说过。还有些可以一看但很不严格倡导男色的文献。[54] 这种论点认为，作为导师和向导，成年情人能帮助男孩迈过青少年的沟沟坎

---

[54] 一个例证，请看，Robert Ehman, "Adult-Child Sex," in *Philosophy and Sex* 431 (Robert Baker and Frederick Elliston eds. 1984). 一般论述，请看，Parker Rossman, *Sexual Experience between Men and Boys: Exploring the Pederast Underground* (1976).

坎，获得性的回报。很像那些古希腊的论点（非常相似），这个说法有把男色理性化的强烈意味，但没任何证据。虽不能排除师生间的这种情色可能有利于教育学生，但这意味着男同教师对女孩很糟糕，对男孩来说是位好老师；净效果如何，仍然不确定。

404 取消男同任教的禁令，一个更好的论据是，由于与诱奸或招募无关，对于男同，教师可能是更有吸引力的工作。在美国，教学，特别是学院或大学以下的教学，形象上少了点阳刚，这会阻碍和影响直男求职任教，却不大可能阻止男同。此外，男同也会很高兴同那些年轻因此不鄙视男同的人一块工作。如果男同觉得在学校任教很有职业吸引力，他也就不可能利用这个职位引诱儿童进入同性恋，这意味着，如果不打算排斥男同（除非是接受男同会使“直男都走了”的说法，有人会说这类似于，在性的问题上，“白人都走了”的说法），社会就可以较低的平均成本获得好教师。而美国也缺乏好教师，部分原因是在教学以外，女子的工作机会增多了。支持男同从事教学的另一理由是，许多男同在青少年时期是个危机重重的阶段，男同教师可能有助于他们克服危机。(55)

2001 年 8 月 1 日星期三于北大兰旗营

(55) Stephen G. Schneider, Norman L. Farberow, and Garbriel N. Kruks, “Suicidal Behavior in Adolescent and Young Adult Gay Men,” 19 *Suicide and Life-Threatening Behavior* 381 (1989); Eric Rofes, “Opening Up the Classroom Closet: Responding to the Educational Needs of Gay and Lesbian Youth,” 59 *Harvard Educational Review* 444 (1989).

第十五章　生育与性分离

本书很多部分都有将性与生育分离的寓意。换言之，有多种形态的非生育的性。但我之前都假定了，生育不可能同性分开。但通过人工授精的完善，现代技术使这一假定已经过时。即使在现代技术出现前，收养也实现了生与性的部分分离。从父母收养孩子的立场上看，收养就是一种非性的、人的再生产：无须通过性交生育，他们就可以有孩子。

但是，一场关于非性生育的讨论是否属于一本讨论性的著作呢？属于。我们会看到，非性的生育对人们的性观念、性习俗和性规制都寓意深刻。

收　养

收养是建立一个亲子关系，一方是某个人或夫妇，而另一方则是收养人（父或母或双亲）的——非生物意义上的——孩子，甚至不必是个未成年人。这是一种制度，在大量不同文化——古巴比伦、古希腊古罗马、印度、中国和日本①——的法律和习俗中都很突出。在古希腊古罗马，甚至在日本直至当今，许多被收养者都是（今天仍然是）成人。收养成人是一种无情的交易：被收养者获得继承权，作为交换，他要提供服务，例如，在收养他的双亲年老时赡养他们，或是死后祭祀他们。这种交换与本

---

① 有关的历史背景和跨文化视角，请看，*Adoption in Worldwide Perspective: A Review of Programs, Policies and Legislation in 14 Countries* (R. A. C. Hoksbergen ed. 1986); Leo Albert Huard, "The Law of Adoption: Ancient and Modern," 9 *Vanderbilt Law Review* 743 (1956); Jack Goody, "Adoption in Cross‐Cultural Perspective," 11 *Comparative Studies in Society and History: An International Quarterly* 55 (1969); Stephen B. Presser, "The Historical Background of (转下页)

书的关切太远,我将忽略,我集中关注婴儿收养。因此,摩西和俄狄浦斯要比恺撒与收养更切题。

尽管在我们看来,收养的最自然的形式就是收养儿童,但这仍是个谜。为何有人有兴趣养育他人的孩子呢?当把生孩子的愿望和性交的愿望分开看时,前者似乎就是由基因自我复制的"愿望"推动的。从这个角度来看,收养一个与自己毫无关系的孩子很没意义;最好是把自己投入在收养孩子上的资源用于兄弟姊妹,或侄女侄子,甚或堂/表亲身上。因此,虽然收养亲属与第四章描述的生物学模型一致,而在我们社会相当普遍的收养非亲属又似乎证伪了这一模型。并非如此。人类婴儿的保护需求导致自然选择更有利于这样一些人,他们不仅觉得婴儿可爱好玩,而且愿意与婴儿建立联系。因为人们觉得婴儿可爱,没孩子的夫妇就可能想要个孩子,一旦婴儿进了他们的家,他们就同婴儿建立起了联系,就像"自己的"孩子那样。所以基因被愚弄了。收养时孩子越小,基因受骗就越彻底;出生后就收养的,就像是亲生的孩子,比多年后才出现的孩子更接近自己亲生的。为什么对婴儿的需求总是远远大于对大点的孩子的需求,这是理由之一。其他理由(同样解说了为什么大多数人喜欢"收养"小猫或小狗,而不是大猫或大狗),还有,同大孩子更难建立密切关系,是因为也许来自一个虐待过他或她的家庭。此外,更换父母监护人也可能给孩子带来情感创伤,因此更难养育。

有关亲变(alloparenting)的文献支持这一分析。亲变是生物学术语,指的是在某物种中,由并非其亲生父母(non-genetic parent)的他者为幼婴提供养育。② 在有些动物中,亲变关系很像收养,但更像抚养(fos-

---

(接上页)the American Law of Adoption," 11 *Journal of Family Law* 443 (1971); G. R. Driver and John C. Miles, *The Babylonian Laws*, vol. 1, *Legal Commentary* 383–405 (1952); Roger Just, *Women in Athenian Law and Life* 90–95 (1989); Margaret Sanford, "A Socialization in Ambiguity: Childlending in a British West Indian Society," 13 *Ethnology: An International Journal of Cultural and Social Anthropology* 393 (1974); John Boswell, *The Kindness of Strangers: The Abandonment of Children in Western Europe from Late Antiquity to the Renaissance* (1988)(索引项"adoption"的参引文献); Taimie L. Bryant, "Sons and Lovers: Adoption in Japan," 38 *American Journal of Comparative Law* 299 (1990); Susan B. Hanley, "The Influence of Economic and Social Variables on Marriage and Fertility in Eighteenth and Nineteenth Century Japanese Villages," in *Population Patterns in the Past* 165, 173–174 (Ronald Demos Lee ed., 1977).

② Marianne L. Riedman, "The Evolution of Alloparental Care and Adoption in Mammals and Birds," 57 *Quarterly Review of Biology* 405 (1982).

第十五章 生育与性分离

ter care)或当奶妈。亲变有多种生物学功能,包括亲属协助(本书第四章,针对同性恋的基因理论,讨论过这种利他主义)以及互惠利他(交换关系);前者让我们想起亲属收养,后者则是见于古罗马和日本的商业性收养。此外,还有剥削性收养,人类历史上与之对应的是,收留被遗弃的孩子,在家当仆人或(和)性玩物③,在现代美国社会与之对应的是为性虐而收养孩子。还有些亲变显然是为亲变父母积累经验,为自己有后裔时早做准备。但世界上也还有生育错误,导致亲长(通常是雌性)可能深深记住了另一动物的幼崽。④ 这是与现代美国人收养孩子高度类似的动物收养。

有证据表明,基因并没完全被收养所愚弄。因为我们观察到,人有强烈偏好,要"自己的"孩子。尽管在有些社会,男子无法理性地确信孩子是亲生,他的这种偏好会弱化⑤:如果你都不能确定孩子确实是自己的,又干吗太操心有自己的孩子而不是别人的孩子?一方面,能自己生孩子,还是放弃,愿意收养孩子,即便收养的这个孩子各方面都比他可能生的孩子更优越,这种人很罕见。收养孩子的主要限于那些不育夫妇。无论男同女同都不生育,可以预期,他们的收养需求会尤为强烈,尤其是女同,因为女同关系可能比男同关系更为持久。因此,毫不奇怪,同性恋权利运动的主要目标之一就是要求承认同性恋有权收养孩子。

收养有两大问题。首先是,为什么在英美社会,正式收养——即在非亲生的父母与孩子间创立法定的亲子关系——相对新颖。普通法是不承认收养的。在19世纪中期,一些美国法规开始承认收养。英国是到1926年才有了第一部法规允许收养。为什么这么晚?昔日很多父母没有孩子,也有很多孤儿。然而在收养市场上,供需双方都有障碍,可能削弱了承认收养合法的压力。就供应而言,尽管孤儿很多,但他们一般由近亲抚养,而不是被他人收养;甚至今天也是如此,大家庭时代则更是如此。在19世纪与20世纪之交的性革命开始前,非婚生子女数量——这是今天供收养儿童的主要来源——相对较少。另一因素就是婴儿死亡率(有些是由于溺婴)和儿童死亡率都高,又普遍存在童工和学徒,都大大减少了——若在

---

③ Boswell,前注①,页225,420-421。
④ Riedman,前注②,页425-426。
⑤ Suzanne G. Frayser, *Varieties of Sexual Experience: An Anthropological Perspective of Human Sexuality* 323–338 (1985); Steven J. C. Gaulin and Alice Schlegel, "Paternal Confidence and Paternal Investment: A Cross Cultural Test of a Sociobiological Hypothesis," 1 *Ethology and Sociobiology* 301 (1980).

今天——可供收养或寄养的孩子。庄园，以及天主教国家的教会，收容了许多孤儿和被遗弃的儿童。

就市场需求而言，非婚生是个严重污名，很多夫妇在收养非婚生子女问题上会犹豫不决。祖先崇拜曾是促使古罗马人收养的主要动力之一，却随后被天主教教义给扼杀了。在非基督教社会中，多妻、纳妾和溺婴都是平衡婴儿供求关系的替代方式。在这些社会中，多妻或纳妾都是对无子女的标准救济，在《旧约》中也是常规做法。至于溺婴，我们知道，不仅前工业社会很常见，即使教会禁止溺婴后，在欧洲也持续了很长时间。这种做法表明，人们对幼童的看法不像我们已习惯的那么感情用事，因此，也就没多大欲求与自己没有亲属关系的婴儿建立联系。

我已提出了为什么即使在基督教社会，要求法律承认和便于收养的政治压力也不会很大的原因。但除此之外，在政治或意识形态上，人们对收养反感主要是，但我不认为仅仅是，希望打击非婚生育，以便进一步遏制通奸和私通。收养降低了非婚生育的成本，可以预期，会增加婚外性交数量。⑥ 甚至直至今日，如果想婚外性交的女子知道，自己万一怀孕，也不可能怀孕足月、生下孩子供他人收养，她婚外性交都可能会减少些。从将性纳入婚姻渠道的政策视角来看，收养令人担心的另一面是它鼓励了非婚同居。由于自己的非婚生子女可以由他人收养，同居中的男子就消除了迫使他结婚的主要压力之一。这一担心在当代几乎不见了，因为现代家庭法赋予了非婚生子女的双亲对该孩子的权利。这恰恰表明社会已大大偏离了当初将性行为强行纳入婚姻渠道的政策。

历史上有过的，但时下已不重要的，另一反对收养的理由是，收养有可能破坏一个政府软弱的国家的政治稳定。收养是一种可令大家庭增强自身实力的方法。在古罗马的收养中，这就是一个重要因素。豪门势族，在英国要比在美国，更是个严重威胁，加之19世纪的美国比维多利亚时代的英国在性的问题上更为自由，诸多因素或能解说为什么收养首先在美国获得合法地位。

婴儿买卖

收养的第二个大问题是，为什么收养的规制如此严格，不像其他自愿

---

⑥ 与这一点一致，天主教会传统上敌视收养。Angus McLaren, *A History of Contraception: From Antiquity to the Present Age* 110 (1990).

第十五章 生育与性分离

交易一样,由自由市场来管?[7] 在美国,对收养的规制很多(我下面的讨论都限于美国),结果就像经济学预测的那样,在大多数州,只有收养机构可以合法提供可收养的儿童。这些机构大都是私人组织,大多非营利(通常由教会赞助)。许多州限制这些机构向养父母收取费用,但最根本的规定是禁止这些机构"购买"儿童。所谓购买,在此定义是,向生母支付高于其怀孕、生育的医疗养育费用(食品、住宅等)。大多数收养机构的非营利特点,加上规制机构的监管,由此形成了收养费的成本加成(cost-plus)制度。结果是,对生母的支付限制被传递给了也抑制了收养费。收养机构筛选申请收养的夫妇,筛除收养机构认为不适合抚养儿童的夫妇,例如,收养机构认为申请收养的夫妇年龄太大。通过筛选的申请人通常要等候数年,收养机构才会把一个婴儿供他们收养。

有些州允许独立收养,即不必由收养机构安排收养。通常,收养安排者是位律师或是位产科大夫。如果是律师,他只能收取通常的文件费;如果是产科大夫,他只能收婴儿健康检查费。因此,与收养机构一样,独立收养安排者也不能"购买"——定义跟前面一样——供收养儿童。但由于独立收养很难监督(比监督收养机构难多了),因此独立收养的运作常常很像婴儿收养自由市场,支付生母的钱会超过她的医疗养育费用,再从收养父母那里收取更高费用补上。由此人们通常称独立收养为"灰色市场"。只因灰色是黑白两色的混合,独立收养是合法收养混合了"出售婴儿",后者构成一个非法市场(黑市)。

出售婴儿的说法,尽管不可避免,却是误导人的。一位母亲为了钱放弃亲权并不是出售她的孩子;这些婴儿不是财产,不能买卖。母亲出售的是她的亲权。当然,按这种说法,也可以说一个奴隶主出售的是他对某个奴隶的权利。但这种权利是所有权;而在我们社会中,至少亲权不是所有权。因此追求语言的精确,牺牲语言的生动,我在此把"出售婴儿"改称为"出售亲权"。

经济学中最可靠的假说之一——事实上,在东欧和苏联每天得以确认

---

[7] 我此前的两篇文章曾讨论过这个问题,如希望详细了解我的观点和更多参引文献,请看,"The Economics of the Baby Shortage," 7 *Journal of Legal Studies* 323 91978) (同 Elisabeth M. Landes 合作),以及,"The Regulation of the Market in Adoptions," 67 *Boston University Law Review* 59 (1987). 有关可收养婴儿的需求和供应,请看,Christine A. Bachrach, "Adoption Plans, Adopted Children, and Adoptive Mothers," 48 *Journal of Marriage and the Family* 243 (1986).

的——是，设定可合法收取的物品或服务的价格上限会导致排队（等待），也会造成黑市，只要这个上限低于自由市场的价格（否则就不是真正的上限）。我们今天在收养市场看到的，就是这种现象。把可支付给亲生母亲的钱限定为她的医疗养育费用，价格封了顶，结果就造成可收养婴儿的短缺。后果是收养机构和其他合法提供收养者客户盈门，为回应更大胆的需求者还出现了黑市。

这种供需不平衡正在加大。确实，不育症治疗进步减少了无子女夫妇的数量，也许抵消了婚龄上升增加的无子女夫妇数量（不育是女子年龄的正函数）。如果情况如此，那么对供收养的孩子之需求没有增加，但供应在减少。由于决定留下孩子而不是让孩子供收养的单身母亲增加了，因此，即使非婚生率的增加已超过出生率的降低，但由此带来的非婚生净增数量反过来又被单身母亲决定留下孩子自己带而不是供收养的比例增加超过了。后者增加似乎有两个原因：一是女子收入增加了，不那么依赖男子养活自己和孩子了，从而降低了非婚生的成本；二是堕胎便利了，降低了部分因意外怀孕导致的意外生育。⑧

可收养的婴儿供应减少了，需求却未衰减，加剧了价格封顶的影响。等候收养的队排得更长了，独立收养的数量——其中许多是黑市收养——增加了，受损的是收养机构，推高了亲权的黑市价格（市场最珍视的健康白婴，价格已达 25000 美元），收养机构要求更强有力的立法，禁止出售亲权和普遍禁止独立收养。

要解决因价格封顶带来的问题，简单办法就是取消价格上限。既然供收养的婴儿数量不断减少，价格封顶的经济后果显而易见，为什么收养市场上不取消封顶呢？就如同如今收养法影响了收养，当年反高利贷法也曾这样影响了借贷，并因此被逐步废除。大多数收养研究者会回答，婴儿收养自由市场的社会成本会超过现有的有监管市场的社会成本。然而，他们提出的支持这一命题的全部论证，要么糟糕，要么很容易满足——只须对

---

⑧ 关于可收养婴儿的供应，除前注⑦巴赫拉赫（Bachrach）的文章，又请看，Beth Berkov and June Sklar, "Does Illegitimacy Make a Difference? A Study of the Life Chances of Illegitimate Children in California," 2 *Population and Development Review* 201, 209-211 (1976). 巴赫拉赫强调供应减少集中在 1871-1976 年间，他把供应减少主要归结为美国堕胎的渠道在这一时期急剧改善。齐奥塞斯库统治罗马尼亚时期有零星努力防止堕胎，结果出现了大量弃婴，与经济学模型一致，被外国人以可推断压低了的市价买走了。"Romania Acts on Baby Trade," *Wall Street Journal*, May 17, 1991, A10.

第十五章 生育与性分离

一个本来自由的市场略施些小限制。

1. 富人会抢购了全部好婴儿，即使少数中等收入的夫妇有幸得到了好婴儿，收养成本也会剥夺他们好好抚养婴儿所必需的资源。事实上，在现有制度下，富人比在自由市场制度下更得利。富人关系多，要在一个受规制的系统中运作自如，关系至为重要。富有的夫妇总想插队，因此支付的实际价格（包括排队等候的费用和收养费）要比中等收入夫妇更低，后者要等上好几年才能得到婴儿。（即便上述比较中忽略了富人的关系费用。）

确实，黑市收养价格很高，尽管这还只是养育孩子全部费用中的一小部分。然而，黑市价格无法有效预测无规制的自由市场中的价格。黑市价格高，就因为必须赔偿卖方承担的受惩罚风险，也还因为非法出售者要掩盖自己活动不让当局知道而招致的高运营成本。怀孕女子间出售亲权的竞争本来会促使亲权价格下降，降到比怀孕的医疗养育费略高的水平。由于这些成本是由未怀孕女子节省的，因此购买已有婴儿之亲权的额外净费用，与生育一个婴儿的费用比，会很小，甚或是负值；这就像是怀孕机会成本很高的一位女子（可能因为她收入很高）购买了怀孕机会成本较低的一位女子的亲权。

事实可能是，出售亲权的女子大多不如购买亲权的女子富裕。但这意味着出售亲权有缩小财富差异的效果。

2. 从怀孕女子和不育夫妇的视角来看，亲权出售可能是价值最大化的；但从被收养儿童的视角来看，这很糟。在公共政策设计时，当然应考虑孩子及其亲生父母和养父母的福利，因为如果可以咨询的话，无论是亲生父母还是养父母在决定孩子的福利时，都不可能像孩子那样更了解也更重视自己的福利。收养机构为了孩子的利益会筛选收养父母，但这种筛选不是亲权市场固有的特性，就像这种筛选也不是独立收养的特性之一——至少不是其系统特性之一——一样。竞争孩子的夫妇是否相对合适，收养机构对此缺少很好的信息，尽管这些机构也采用了许多规则，如要求收养父母与婴儿父母宗教信仰相同（因为没法说婴儿的宗教信仰如何如何），或自动排除了40岁以上的夫妇，但这与孩子的利益不太一致。没有证据表明，独立收养的儿童，哪怕是从黑市获得的那些儿童，不如那些通过机构收养的儿童幸福、成功和适应，尽管得承认，这个问题似乎还没人研究。

3. 如何看待恋童癖为性虐儿童而购买孩子亲权的风险？考虑到上一章

讨论的控制儿童性虐问题，尤其是考虑到继父性虐儿童发生率更高，这种危险就更不可轻视。但这个危险可以最小化，甚或彻底清除，措施是禁止出售那些不再是婴儿的儿童的亲权，比方说6个月以上的孩子。很少有性虐儿童者对婴儿有性的兴趣；也很少有人为了5年、10年甚或15年后性虐儿童而购买婴儿；继父通常遇到继女时，继女就不再是婴儿了，这时要让继父形成一种会阻止他乱伦的亲长关系已太晚了，而养父收养孩子时，孩子通常是婴儿，而只要禁止出售非婴儿的亲权，那么养父就只能收养婴儿。因此，这里对亲权出售的限制建议是轻微限制市场，因为——鉴于前面已讨论的理由——收养超过婴儿期的儿童的需求很小，至少没有合法的需求。此外，还可以禁止有性虐儿童犯罪记录的人，或未与异性共同生活的所有男子购买亲权。

4. 任何情况下、因任何理由出售活人在道德上都是令人厌恶的，如果允许了，可能坏了禁止奴隶制的禁忌。拉丁（Margaret Jane Radin）就提出了此类论点之一⑨，这就是，她很自然地称其为销售婴儿，而这会促进"商品化"，而商品化——回想一下前几章马库塞的说法——是资本主义社会的特有趋势，即把商品和服务均视为可以通过市场交换的东西。这种说法不错，但我们有些人认为，美国社会和大多数社会可以更多——而不是更少——商品化，相信商品化会更全面传播市场导向的伦理价值观。例如，如果把清洁空气商品化，我们的空气污染就会比现在少。

然而，一个更好的回答是，把婴儿销售视为一种收养方法，这与出售一个人当奴隶的情况完全不同。"购买者"获得的对婴儿的权力不大于亲生父母对孩子的权力。事实上，这里出售的并非婴儿，只是生母存养（keep）该婴儿的权利，这就是为什么我认为"销售婴儿"的说法就错了。这种说法误导了拉丁。

5. 出售亲权会鼓励优生，以潜在危险的方式改变人类基因总库。市场促进创新；难道我们不应担心优生倡导者努力繁殖超男超女构成的种族？由于有选择地繁殖，人类之间差别太大有可能导致人与人之间在外表以及体力和智力上的差异，从而破坏合作，挑起冲突、剥削甚或种族灭绝。就像家畜的选择性繁殖那样，人类的有选择繁殖可能会导致有害基因变异，或像乱伦那样减少遗传的多样性。有三个理由，可以忽略这些危险。

---

⑨ "Market-Inalienability," 100 *Harvard Law Review* 1849, 1925-28 (1987).

首先是，这个市场不大可能吸引那些有繁殖力的夫妇。第二个（且有关联的）理由是大多数人都希望自家孩子——无论亲生还是收养——像自己，只有超男超女才想要超婴儿。这种偏好（这就是婴儿收养时的基因欺骗）有基因上的解说，即这种相似会增强确信，这就是你的孩子，而不是其他人的。此外，这种相似会降低父母与孩子冲突的可能。第三，等不到优生学家创造什么主子种族，亲生父母就会通过手术干预受精卵，改善自家婴孩了。

亲权出售会产生什么基因后果，最能成立的关切是相反的。这些孩子的母亲可能来自社会下层；如果贫困与智力负相关，这些母亲的智商就低于平均值，因此，社会的平均智商会降低，可能带来有害后果：公共教育成本上升、犯罪增加等。但是，即便在基因层面上，而非环境层面上，收入与智商强正相关，智商下降的危险似乎也不严重。其实不大可能，如果不育夫妇愿意购买高智商婴儿，就会出现相应供应，因为需求会受价格限制。实际情况是，在自由市场上收养的婴儿并非本来会被流产的婴儿，而是那些本来就会被未婚母亲留下来抚养的婴儿。仅这一阶层的母亲生下的婴儿数可能净增（稍后我还会讨论这一点），但增加数量很小。

6. 亲权销售如何运作？如果婴儿不像卖方保证的那么健康聪明，买方能否退货？这个问题难道不就反映了这样一个市场是个非常奇怪的智识建构，乃至不值当认真考虑？这个契约的标的是人，但这种契约在救济上并没提出什么独特难题，尽管通常的回应是要求修改救济措施，而不是废除市场。以某人在某一具体时段提供独家服务为标的的契约既合法，也能强制执行，但不能把他视为另一方的奴隶，甚或就此发一项禁令要求他继续为对方工作（这有别于禁止他为其他人工作的禁令）。因此，如果把收养留给市场，契约救济的常规原则必须有类似调整。事实上，在一些因收养婴儿有缺陷，养父母起诉收养机构和独立收养中介的案件中，已有必要的调整。也许为了婴儿，不应允许购买亲权者有退回缺陷商品的通常特权，正如不允许他销毁该商品一样，而应当限定他有权因卖方违反其给予的质量保证而获得损害赔偿。中介机构，今天收养机构的承继者，就会应运而生，为买家保证质量。

这个计划听起来很妙，也很怪，就像想象这些字面意义上的"额外婴儿"（bonus babies）长大后吹嘘自己父母在婴儿市场上为购买自己花了多大一笔钱一样荒唐，就像想象婴儿定价无疑有显著的种族因素那样荒唐和令人悲哀一样。因为黑人的婴儿收养需求不像白人那么强,而黑人婴儿供应量却大多了。因此,除非白人夫妇认为黑婴足以替代白婴,否则黑婴亲权的价格会更低。而大多数白人夫妇可能不这样认为,即便白人对黑婴的需求没有因黑人社区的反对而被人为压低。⑩

人们可能认为,性保守派会赞同亲权出售,因为这会增加收养儿童的有效需求,从而增加堕胎的机会成本。然而,他们不赞同,并且(从他们的立场看)他们不赞同可能是对的。因为对收养儿童需求越大,性行为成本就越低,性行为也就越多,尤其是会有更多婚外性行为。因为已婚夫妇很少会考虑放弃孩子,由他人收养。性保守派不喜欢非婚的性行为。此外,堕胎率可能也不会下降,因为堕胎率部分是婚外性行为总数的一个函数,如果收养对怀孕女子是更有吸引力的选项的话,那么,非婚的性行为数量就会增加。

我最后讨论贝克尔和墨菲(Kevin Murphy)对亲权出售的批评,这个批评特别重要,因为它来自经济学内部,而不是来自那些敌视市场制度或不了解市场制度运作的人。他们认为,"世界各国都禁止这种做法,强烈表明,出售婴儿会降低社会效用。急需钱的年轻未婚女子和贫困父母是最可能出售孩子的两拨人。有些孩子会被卖到想要孩子的富裕家庭,他们可能认为自己比一直待在生父母家中更好。但那些会遭受更多痛苦的孩子也可能被出售了,就因为他们没法子以补偿父母的方式让父母把自己留下。"⑪这里实际上是两个论点,不是一个。世界各国都禁止这种做法,这一点从逻辑上看与对孩子不利的论点无关。因为有人可能会认为,世界各国都禁止这种做法,这本身——根据达尔文进化理论——就是怀疑这种做法很糟的一个好理由,即使他提不出一个令人信服的为什么这种做法很糟的假说。

这两点都说服不了我。首先,这项禁令并不普世,即使我们忽略古罗马和日本的成人收养(这是直截了当的商业交换),理由是成人比孩子更

---

⑩ "1972年黑人社工全国联合会发表强烈声明,说跨种族收养是一种种族灭绝,这有助于人们重新思考跨种族安置问题。" Arnold R. Silverman, "Nonrelative Adoption in the United States: A Brief Survey," in *Adoption in Worldwide Perspective*, 前注①,页1,8。

⑪ Gary S. Becker and Kevin M. Murphy, "The Family and the State," 31 *Journal of Law and Economics* 1, 14 (1988), 重印于, Becker, *A Treaties on the Family* 362, 376 (enlarged ed., 1991).

第十五章 生育与性分离

能保护好自己的利益。古罗马不仅收养孩子,也收养成人,经常有金钱易手。⑫ 公元7世纪前,盎格鲁-撒克逊社会一直允许父母必要时出售自己的孩子,前提是孩子未满7岁。⑬ 确实,如今在美国以外的社会中,亲权出售似乎罕见(这也是美国成为主要婴儿进口国的原因之一,婴儿则来自罗马尼亚、韩国以及其他各国)。但在美国之外,收养也罕见,原因可能与法律制裁无关。至于在美国禁止这种亲权出售,漏洞很多,亲权出售事实上很常见,令批评者失望。究竟是言胜于行呢,还是行胜于言?美国几乎没采取什么措施来禁止亲权出售,因此人们可以质疑社会对这项禁令的承诺。

贝克和墨菲的第二个论点似乎设想被出售的不是父母对婴儿的亲权,而是对更年长的孩子的亲权。这幅图画是,父母亲判定自己已经养不起孩子了,承受巨大痛苦,决定放弃,把孩子给了陌生人。这种情况下,这种出售肯定有严重的第三方影响,即对孩子的影响,是该交易各方可能没完全纳入考量的影响。这是禁止出售非婴儿的儿童之亲权的另一理由,但这不妨碍婴儿亲权的出售。在这里,唯一的卖家是单身母亲;又有谁能说,婴儿(如果他完全知情)通常情愿让急于摆脱他/她的未婚母亲抚养,而不愿接受一对社会经济地位更高且急于抚养他的夫妇抚养呢?此外,还必须把这个孩子的福利损失同这一交易各方的收益做个比较。

如果没有令人信服的理由支持禁止出售婴儿亲权,那么为什么还禁止这种交易呢?我想有三个可能。首先是收养机构,在供求条件还没给亲权交易中间商创造诱人机会前,这些机构就已出现了,它们有自我利益,不愿出现服务竞争;制作"出售婴儿"粘贴签的就是他们。其次,集体主义意识形态一直影响所有西方现代社会包括美国,这就创造了一种意识形态反感,抵制将某种一直禁止买卖的物品或服务"商品化"。第三,婴儿交易市场会增加对非婚生儿童的需求,会鼓励婚外性行为,一些有影响的社会群体广泛反对婚外性行为。

---

⑫ Boswell, 前注①, 页65-69, 115-116; A. H. M. Jones, *The Later Roman Empire 284-602: A Social Economic and Administrative Survey*, vol. 2, 1043-44 (1964). 在20世纪前,日本收养儿童也如是。J. Mark Ramseyer, "Indentured Prostitution in Japan: Credible Commitments in the Commercial Sex Industry," 7 *Journal of Law, Economics & Organization* 89 (1991).

⑬ Frederick Pollock and Frederic William Maitland, *The History of English Law before the Time of Edward I*, vol. 2, 436 (2d ed., 1899). 我认为这里的"必要时"指没有足够资源抚养孩子。

同性恋收养

在收养的大标题下,我想讨论的最后一个问题是,是否应允许同性恋伴侣购买亲权。尽管形式有不同,这个问题是独立于亲权出售问题的。可以继续禁止此类买卖,但允许男同收养儿童,或可以允许亲权交易但剥夺男同作为买家的资格。但以市场术语探讨这个问题,有助于通过恰当的社会成本收益分析把其中利弊交换弄明白。当男同伴侣购买这种婴儿亲权时,他们一定是获益的(更精确地说是预期获益),否则他们不会购买;孩子生母也一定预期获益,否则她不会出售。因此,如果这个孩子境况改善了,情况没变糟甚或仅比禁止男同伴侣收养制度下的情况糟一点,那就应当允许他们收养。如果我们承认异性夫妇与同性伴侣在收养上可能竞争,这个分析会变得更复杂些。这就是为什么如果允许男同收养,孩子境况可能变糟的一个理由。至于在收养孩子的竞价中失败的异性夫妇,他们的损失会被竞价成功的同性伴侣和孩子生母的收益抵消了;如果买家间竞争,孩子生母收到的支付会更高。一定要把收养孩子的夫妇和孩子生母的净收益同被收养孩子的损失——如果有损失的话——放在一起比较。

大多数收养机构以及大多数家庭法院(收养要经它们批准)都试图阻止男同收养孩子。但也不都如此。而且,无论怎样,禁止男同收养也不能保证所有孩子的亲长都不是同性恋。许多同性恋人士,尤其是女同,都结了婚[14],也有孩子;并且,未婚男同也可能安排一位女子怀上自己的孩子,然后让她把孩子让给自己。就实际而言,不让女同有孩子不可能;她们可以人工授精,或是同某位愿意放弃亲权的男子发生性关系,得到孩子。此外,由于离婚一般把孩子的监护权给母亲,一个先结婚、有了孩子后,离婚获得孩子监护权的女同,从此就可能在女同家庭中抚养这些孩子。

因此,同性(主要是女同)家庭中抚养孩子成长的经验已有不少。尽管这方面的文献很多都毫无价值(如,搞通讯调查,让男同女同亲长评价自己与孩子的关系[15]),但也有几个仔细的研究。一个研究中,英国精神病

---

[14] 20 世纪 70 年代,旧金山同性恋抽样显示,有 20% 的男同——但超过 1/3 的女同——结了婚。Alan P. Bell and Martin S. Weinberg, *Homosexualities: A Study of Diversity among Men and Women* 162, 166 (1978).

[15] Mary B. Harris and Pauline H. Turner, "Gay and Lesbian Parents," 12 *Journal of Homosexuality* 101 (1986).

第十五章 生育与性分离

医生比较了 27 个女同家庭的孩子和同样数量的未婚直女当家的孩子。⑯ 两个群体中的大部分母亲都离了婚。有些女同是单过，其他则与同性伴侣一块。所有女同都坦承自己是女同。孩子最大的 17 岁，但大多没发育；然而，他们都在学龄期。研究发现，无论孩子的性取向，还是孩子的精神健康或社会适应，这两个群体都没区别，只有某些证据表明，在未婚直女当家的家中长大的孩子更多些精神问题。然而，该文作者承认，这项研究中大多数孩子还太小，不可能表现出明显的性取向，作者还承认，这一研究没有比较由女同伴侣抚养的孩子和由异性伴侣抚养的孩子。此外，几乎所有女同家庭的孩子，至少在出生的头两年，都有父亲在家相伴。

由于这些限制，这个研究不大能说明女同伴侣作为收养者的适合度，更不说男同了；对于后者作为亲长的能力人们几乎是一无所知。⑰ 但这确实令人怀疑那些自信的司法断言，同性恋亲长一定会影响儿童性取向，或一定会损害儿童的心理健康或福利。代表性的一段引文是：

> 如果自愿选择，同性恋也算是一种可以接受的生活方式，时下的说法是，"一种另类生活方式"，但谁会把孩子放在更可能成为同性恋的成长环境中呢？不同程度地，她可能因此注定有性取向困惑，注定受社会排斥、鄙视和不幸福。上诉人凯西强调布坎南博士

---

⑯ Susan Golombok, Ann Spencer, and Michael Rutter, "Children in Lesbian and Single-Parent Households: Psychosexual and Psychiatric Appraisal," 24 *Journal of Child Psychology and Psychiatry* 551 (1983). 有类似结果的类似研究，请看，Martha Kirkpatrick, Catherine Smith, and Ron Roy, "Lesbian Mothers and Their Children: A Comparative Survey," 51 *American Journal of Orthopsychiatry* 545 (1981); Beverly Hoeffer, "Children's Acquisition of Sex-Role Behavior in Lesbian-Mother Families," 51 *American Journal of Orthopsychiatry* 536 (1981); Richard Green, "Sexual Identity of 37 Children Raised by Homosexual or Transsexual Parents," 135 *American Journal of Psychiatry* 692 (1978), 以及 Green et al., "Lesbian Mothers and Their Children: A Comparison with Solo Parent Heterosexual Mothers and Their Children," 15 *Archives of Sexual Behavior* 167 (1986). 又请看，David J. Kleber, Robert J. Howell, and Alta Lura Tibbits-Kleber, "The Impact of Parental Homosexuality in Child Custody Cases: A Review of the Literature," 14 *Bulletin of the American Academy of Psychiatry and Law* 81 (1986).

⑰ Terry S. Stern, "Homosexuality and New Family Forms: Issues in Psychotherapy," 18 *Psychiatric Annals* 12, 15 (1988). 有研究表明，与男同父亲共同生活的孩子，除偶尔因有个同性恋父亲感到尴尬外，没有其他任何影响，Frederich W. Bozett, "Children of Gay Fathers," in *Gay and Lesbian Parents* 39 (Bozett ed. 1987), 但我对汇集于此书的这篇以及其他研究的强烈倡导语气感到不安。

的证言,时年10岁的孩子没表现出环境对她有任何不良影响。布坎南博士认为这孩子正常,适应力也很好。但本院无须等损害发生后,再采取行动。⑱

这不是个令人印象深刻的出色推理,但这不意味它就错了。我们没有足够科学证据证明允许男同抚养孩子后果会是如何,无法确信地嘲笑人们的普遍直觉:这是件坏事。我们由此也不应简单拒绝 *J.L.P.(H.) v. D.J.P.* 案,该案限制了离异父亲的探视权。⑲ 法院认定,这位父亲总爱带11岁的儿子参加男同社交聚会和"男同教会",这位父亲的证言也表明,他认为孩子成为男同是"很理想的"(desirable)。有一派女同拒绝女同母亲对女儿的性取向应保持中立的主张⑳,认为"我们的孩子,是爱女人胜过爱男人的女人的女儿。女同的女儿,要像世界各地的自由战士那样,从婴儿时期就征召其入伍,用言辞和行动保护她们不受直女侵害。"㉑ 不能自动认定有此种信仰并据此行动的女子就是位合适的亲长。

总而言之,用一道简单规则不允许男同监护儿童甚或收养孩子,这不可取。男同监护或收养争议通常是在某男同已与某儿童建立了一种亲权关系或亲权性质的关系之后出现的。该儿童也许就是男同的孩子,而另一方亲长也许因种种原因完全不适合作为监护人。或者是,这个孩子在多个寄养家庭间不断流转,同性恋收养也许是这个孩子过上家庭生活的唯一前景。出于此类考量,许多法院都拒绝了非黑即白的同性恋收养规则,转而采取

---

⑱ N.K.M v. L.E.M., 606 S.W. 2d 179, 186 (Mo. App. 1980). 类似的陈述,请看,In re Appeal in Pima County Juvenile Action, 151 Ariz. 335, 727 p. 2d 830 (Ct. App. 1986); Robers v. Roberts, 22 Ohio App. 3d 127, 489 N.E. 2d 1067 (1985); M.J.P. v. J.G.P., 640 P. 2d 966 (Okla. 1982), 及其引证的案例。然而,有个判决对有关同性恋父母的学术文献显然非常了解,请看,In re Opinion of the Justices, 530 A. 2d 21 (N.H. 1987). 对这些案件和争点的彻底讨论,请看,Nancy D. Polikoff, "This Child Does Have Two Mothers: Redefining Parenthood to Meet the Needs of Children in Lesbian-Mother and Other Nontraditional Families," 78 *Georgetown Law Journal* 459 (1990).

⑲ 643 S.W. 2d 865 (Mo. App.1982).

⑳ Baba Copper, "The Radical Potential in Lesbian Parenting of Daughters," in *Politics of Mothering: A Lesbian Parenting Anthology* 233, 239 (Sandra Pollock and Jeanne Vaughn eds., 1987).

㉑ 同上注,页240。并非女同均持这种观点。请看,例如,Kate Hill, "Mothers by Insemination: Interviews," 同上注,页111。

第十五章　生育与性分离

个案考察的方式②，这有助于获得更多有关同性恋监护对儿童的影响的信息，而目前对此了解太少。

人工授精和代孕

美国是1884年首次人工授精繁殖人的。这是最早的、人们最了解也是快速发展的技术家族中最常用的手段，用来应对无法治愈的不育症，即夫妻无法通过性交受孕。③ 其他仅以人工授精作为第一阶段生殖技术的有试管婴儿，即女子的卵子宫外受孕后，植入子宫，以自然方式怀孕生育；还有代孕，一位女子的卵子体外受精，然后植入另一女子的子宫——活孵化器。更常见的代孕是给一位女子人工授精，她同意在婴儿出生时放弃孩子，将之交给孩子的父亲和他的妻子。同简单人工受精相比，这里唯一的新颖处不在于其技术，而在于其契约，即与代孕母亲的安排。从生物学视角来看，这个"代孕"母亲其实是生母，是"真正的"母亲，尽管她是代孩子父亲之妻怀孕。女权者不喜欢代孕这一说法，说有消解生母中心（de-centering）之寓意，这很奇怪，因为反对堕胎时，她们曾拒绝生物范畴有相对于社会范畴的"特权"。

即使是老式的人工授精，也有丰富的社会寓意。我们已看到，作为一个现实问题来说，人工授精使女同监护权不再属于政府规制范围内了。此外，它还允许女子避免了必须同男子分享亲权的状况，因为献精者，无

---

② 请看，例如，In re Adoption of Charles B., 50 Ohio St. 3d 88, 552 N.E. 2d 884 (1990) (per curiam); Bezio v. Patenaude, 381 Mass. 563, 410 N.E. 2d 1207 (1980); M.A.B. v. R.B., 134 Misc. 2d 317, 510 N.Y.S. 2d 960 (S. Ct. 1986). 同样，犹他州最高法院也认定，多妻家庭不自动失去收养资格。In re Adoption of W.A.T., 808 P. 2d 1083 (Utah 1991).

③ 对技术引发的法律公共政策争议的有益讨论，包括，George P. Smith II, *The New Biology: Law, Ethics, and Biotechnology*, ch.9 (1989); Sherman Elias and George J. Annas, *Reproductive Genetics and the Law*, ch. 9 (1987) ("Noncoital Reproduction"); Walter Wadlington, "Artificial Conception: The Challenge for Family Law," 103 *Harvard Law Review* 1519 (1990). 一篇长文，请看，William Joseph Wagner, "The Contractual Reallocation of Procreative Resources and Parental Rights: The Natural Endowment Critique," 41 *Case Western Reserve Law Review* 1 (1990). 对不育治疗需求的细致考察，请看，Debra S. Kalmuss, "The Use of Infertility Services among Fertility-Impaired Couples," 24 *Demography* 575 (1987). 我说的生育是广义的，指生育健康儿童的能力；因此，有隐性基因可能生育畸形儿的重大风险，这也是不育问题。

论由女子的医生还是精子库提供,都匿名。㉔因此,这加快了经济权力从男子向女子转移,这一点第六章讨论过。此外,它还通过精子库的竞争,邀请了更多人类优生繁殖实验。1980年,有多位诺贝尔获奖科学家同意向物理学家格拉罕姆(Robert Graham)创立的精子库捐精,该库随后广告宣传自己的产品基因属性优越。然而,光顾该精子库的夫妇并不想要诺贝尔奖获得者的精子,因其过于年长;男(女)亲长越是年高,孩子出生缺陷的风险越大。该精子库此后不再有获诺贝尔奖的捐精者。但该精子库正发达起来了,用知名但较年轻科学家捐献的精子,且顾客似乎对他们的后代很满意。㉕

从社会角度来看,问题常见也更多的是下面这种代孕,即代孕者其实就是孩子的生母,而不是对孩子基因组合毫无贡献的活孵化器,这种代孕拓展了人工授精,从原来应对男子不育拓展为应对女子不育。这种代孕引发了激烈辩论,收养的经济学分析对此贡献颇多。㉖

代孕的需求很容易理解。这是收养的替代之一,并且政府收养规制减少了可收养婴儿的供应,低于价格体系不受阻碍运行可能达到的水平,这

㉔ 关于人工授精的制度安排,请看,Martin Curie-Cohen, Lesleigh Luttrell, and Sander Shapiro, "Current Practice of Artificial Insemination by Donor in the United States," 300 *New England Journal of Medicine* 585 (1979); Comment, "The Need for Regulation of Artificial Insemination by Donor," 22 *San Diego Law Review* 1193 (1985). 对其规模有所了解可能有所帮助。每年大约有 65,000 名人工授精的婴儿出生,近一半精子来自捐献者,其余的来自女子的丈夫或其他已知的性伴侣。这些婴儿中,试管婴儿大约 600 名,代孕出生的仅 100 名。Gregory Byrne, "Artificial Insemination Report Prompts Call for Regulation," 241 *Science* 895 (1988).

㉕ Wadlington, 前注㉓, 页 468 注 14; Note, "Eugenic Artificial Insemination: A Cure for Mediocrity?" 94 *Harvard Law Review* 1850 (1981); Katharine Lowry, "The Designer Babies are Growing UP: At Home with the First Children of 'Genius' Sperm Bank," *Los Angeles Times*, November 1, 1987, 7 (magazine section). 到 1987 年,该精子库已经生产 41 名儿童,但还未对他们系统研究。事实上,我还没看到有关人工授精女子所生孩子的系统研究。R. Snowden and G. D. Mitchell, *The Artificial Family* 80 (1983); Burton Z. Sokoloff, "Alternative Methods of Reproduction: Effects on the Child," 26 *Clinical Pediatrics* 11 (1987).

㉖ 对我的观点的进一步说明和支持文件,请看我的一篇论文,"The Ethics and Economics of Enforcing Contracts of Surrogate Motherhood," 5 *Journal of Contemporary Health Law and Policy* 21 (1989). 支持和反对(大多数支持)代孕的论文集,请看,*Surrogate Motherhood: Politics and Privacy* (Larry Gostin ed. 1990). 对代孕的强烈辩解,请看,Garmel Shalev, *Birth Power: The Case for Surrogacy* (1989); Lori Andrews, *Between Strangers: Surrogate Mothers, Expectant Fathers, and Brave New Babies* (1989); and Peter H. Schuck, "Some Reflections on the Baby M Case," 76 *Georgetown Law Journal* 1793 (1988).

第十五章 生育与性分离

就增加了对代孕的需求。(批评代孕的人应当支持收养法改革。)此外,代孕还可能是更好的替代,因为它使夫妻中的一方,至少男子,满足了基因复制的愿望,同时双亲与孩子有基因重叠也会减少家庭冲突。在同收养比较之后,有人批评说,代孕创造了一位处于劣势的儿童,即一位不是由亲生父母共同抚养的儿童,而收养为现在处于劣势的儿童提供了一个家。[27] 但这忽视了一个事实,收养降低了非避孕性行为的成本,从而增加了一些孩子出生并被人收养的概率,这些孩子——在这些批评家看来——处于劣势地位。

代孕批评者把怒火集中在让代孕者签法律可强制执行的契约,孩子出生之际就放弃孩子,交给孩子的父亲和其妻。但如果没有这样一份合同,这个父亲及其妻子就没法保证自己能从交易中真地得到一个婴儿。如果代孕者违约,他们没得到婴儿,这意味着他们为此损失了一年甚或更多时间,9个月孕期加上此前为代孕花费的不知多长时间。他们也无法保证下一位代孕者,甚或再下一位,就不会食言。即使这位代孕者不食言,她也有激励以食言相威胁,以便获得比她签约时同意接受的价格更高的价格。换言之,如果法律拒绝执行代孕合同,就等于授权代孕者敲诈。

确实,这种反悔会使这对夫妇仔细筛选未来的每位代孕者,确定她在孩子出生时放弃孩子的意愿表达是否真实;更仔细筛选的结果会是代孕者更少,她们或者可能认定自己不能忍受放弃孩子,或是认定自己应索要更高的价格。[28] 这样的筛选一定费用很高,效果却有限,这意味着,代孕对于交易双方的收益均降低了。例如,代孕者能得到的价格会更低,因为她的表现不确定。据此,长远来看,依据这个强化代孕者侃价立场(即允许废除她们签订的契约)的规则,代孕者只会有所失,而不是有所获。

由于代孕是生产婴儿的一种坦诚的商业安排(尽管有代孕者会为自己的参与提出一些利他的理由)[29],这招致了与反对亲权出售相同的众多批评。然而,在代孕条件下,有这样一个事实削弱了这些批评,即买家之一是婴儿的生父。这种情况很像一位父亲,同孩子母亲离婚了(或被对方

---

[27] Rosalind Hursthouse, *Beginning Lives* 322 (1987).
[28] Michael J. Trebilcock, "Commodification" 57 (University of Toronto Faculty of Law, January 28, 1991).
[29] Philip J. Parker, "Motivation of Surrogate Mothers: Initial Findings," 140 *American Journal of Psychiatry* 117 (1983).

离异了),再婚后获得了孩子监护权,他的新妻也收养了这个孩子,终止了孩子生母主张的监护权。在离婚后再婚的情况下,这最后一步,即终结生母对孩子的权利,从生母和孩子视角来看都很严厉,因为考虑到她两间的血缘联系。像代孕者那样,生母在孩子出生之际放权,问题就不那么严重。

当然,我们一定要考虑代孕对孩子和交易各方的影响。在此情况下这个影响,不像亲权出售,甚至更可能是正面的。另一选项是生母留下孩子,而在代孕情况下,如果未来的妈妈(mother-to-be)当初没签代孕合同,这孩子可能根本就不会出生。大多数人都从"活"本身中获得净正效用,包括被收养的孩子,平均而言,他们同其他孩子大致同样幸福、适应和成功。㉚ 代孕生下的孩子仅一半是收养。我同意,还必须考虑代孕对这位代孕者的其他孩子——当他们了解到妈妈把弟妹给了他人——的心理影响。㉛ 但这些孩子的这一心理代价(如果有的话),也一定要同他们因母亲收入更高了收获的好处,以及与代孕孩子的父亲、他的妻子和这个代孕孩子的收益放在一起权衡。

有人担心典型的代孕者受了剥削和欺骗,但证据不支持这一点。㉜ 如今有一些广为人知的案例,其中代孕者都为不得不放弃"自己的"孩子非常遗憾(最著名的是婴儿 M 案,我稍后讨论此案),但在全部代孕交易中,似乎这是很小一部分。大多数代孕者至少 20 岁㉝,都有孩子,还很少是穷人,就因为那些要孩子的夫妇担心贫困女子的健康,进而担心她能否成功怀孕并生下健康婴儿。

对剥削的担忧还混入了一些更弥散的女权关切:代孕的象征意义是出售代孕者的性,这种概括令人想起了卖淫。并非所有女权者都想取缔卖淫,也不是所有女权者都想取缔代孕。然而,少数除外,其他女权者都希望堕胎是有求必应。这会很奇怪,她们认为杀死胎儿没事,把胎儿的亲权出售给想让胎儿活下去的夫妇却不道德。然而,我要特别强调的一点是性行为与生育的区别。妓女出售的是性,代孕母亲出售的却是生育。以人工授精的方式让精子进入子宫,这种经验不比子宫颈检查更多性意味。这里

㉚ Lori B. Andrews, "Surrogate Motherhood: The Challenge for Feminists," 16 *Law, Medicine & Health Care* 72, 77 (1988).

㉛ Michelle Harrison, "Psychological Ramifications of 'Surrogate' Motherhood," in *Psychiatric Aspects of Reproductive Technology* 97, 103–105 (Nada L. Stotland ed., 1990).

㉜ Andrews, 前注㉖, chs. 16–17。

㉝ Martha A. Field, *Surrogate Motherhood* 6 (1988).

第十五章 生育与性分离

真正涉及的利益是，一个不育女子有权补偿有生育能力的女子帮助自己克服不育的开销（因为在竞争市场上，价格趋于低于成本）。我不理解规制这一权利何以可能不利于女子的整体利益。

我说过，人工授精是代孕的基础技术，它会进一步解放女子对男子的依赖。有些女权者同意这一观点㉞，但也有些女权者则持相反观点，并把这一观点扩展到了代孕。"代孕合同让男子能献给妻子一份最高礼物，一个孩子。"㉟ 合同使代孕者成了"夫权的下属"，因为这些代孕者对孩子不享有权利，甚至妻子的权利也不安全了，因为"归根结底，这孩子是这位父亲的"。㊱ 如果未婚男签订一份代孕合同，就不必与任何女子分享他的孩子了。㊲

有人认为人工授精以及诸如代孕等繁殖形式可能使女子摆脱对男子的依赖，也有人认为这些东西可以使男子摆脱对女子的依赖，这两种论点并不矛盾，因为任何切断生育与性之间联系的东西都会降低两性间的彼此依赖。但在男女的权利平衡中，权利的净转移可能有利于女子。想让单身男子或一对男子像单身女子或一对女子那样惬意地抚养孩子，还早着呢。而且，同未婚男子签约代孕契约的女子所获报酬也比捐精人所获报酬多很多，尽管得承认代孕成本更高。我们还不应忽视这种可能性，即单身女子还可以用代孕来进一步解放自己，摆脱男子。一位排卵但不能或不愿怀孕生育的女子可以冷冻受精卵（通过人工授精），植入另一女子体内。这种代孕形式可使繁忙的职业女子不用怀孕就有亲生子女。我的结论是，生育技术革命增加了并将继续增加女子相对于男子的全部收入。

看起来有点反讽的是，女权者竟然会担心母性衰落，因为长期以来人们都认为女权的目标就是要把女子从传统角色中解放出来。但这也不矛盾。生殖就是另一种资产，与一个专业学位或其他工作市场的人力资本一样。

㉞ 例如，Shulamith Firestone, in *The Dialectic of Sex: The Case for Feminist Revolution* 10-11 (1970).

㉟ Carole Pateman, *The Sexual Contract* 214 (1988).

㊱ 同上注，页 215-216。

㊲ 生育技术是否会令母爱(motherhood)过时？明确的担忧，请看，Barbara Katz Rothman, *Recreating Motherhood: Ideology and Technology in a Patriarchal Society* (1989).女权对此技术的一般观点，请看, Isabel Marcus, "A Sexy New Twists: Reproductive Technologies and Feminism," 15 *Law and Social Inquiry* 247 (1990), 这是篇很有用的评论文章；又请看，*Reproductive Technologies: Gender, Motherhood and Medicine* (Michelle Stanworth ed. 1987), and Patricia Spallone, *Beyond Conception: The New Politics of Reproduction* (1989).

奶瓶喂养降低了奶妈的需求。克隆，如果有一天可以复制人，就会降低作为母亲的女子的需求，就像开发了人工子宫那样。所有这类情况的结果都是（或将是）女子的全部收入下降。但在可见的未来，生育领域的技术和合约创新的净后果都可能是增加女子的全部收入。代孕提高了对女子服务的需求；体外授精治愈了女子生育问题；人工授精允许女子无须与男子有性关系就能生孩子。

梳理婴儿 M 案中新泽西最高法院的司法意见㊳，我们可以追溯司法对代孕的回应。此案中，代孕母亲怀特海（Mary Beth Whitehead）已婚、有孩子也不贫穷。合同约定代孕报酬是 10000 美元。合同另一方是斯特恩夫妇（William Stern, Elizabeth Stern），都是专业人士，比怀特海女士受过更好教育、经济更宽裕但不算富有。斯特恩夫人诊断患有多发性硬化症，她的医生对她说，患此病的女子若怀孕病情可能——但概率不大——恶化（但有些相当可怕）。怀特海夫人生孩子后，后悔了，决定留下孩子。下级法院强制执行了合同，把监护权给了斯特恩夫妇。新泽西州最高法院推翻了该决定，认定依据新泽西州法，代孕合同不可强制执行。它允许斯特恩夫妇保留孩子的监护权，部分理由是怀特海夫人出现过情绪不稳定的症状。但它赋予怀特海夫人广泛的探视权，而不是像斯特恩夫妇希望的那样，完全剥夺她的亲权。

无论这一决定的法律对错，也无论按照新泽西法律代孕合同是否可强制执行，还是什么才是最有利于婴儿 M 福利的监护安排（这些安排令人想起所罗门国王的判决，但没他的智慧）㊴，这一司法意见充斥着不合逻辑且欠缺信息的陈述。"一个婴儿，从其开始生活之际，就没有尽可能多的安宁和安全，反而发现自己被相互竞争的父母双方拔河争抢。"㊵ 但这种拔河争抢是法律不确定的产物。如果解决了代孕合同的强制执行问题，怀特海夫人就没理由挑战斯特恩夫妇的监护权了。"这个代孕合同的全部目的和后果就是摧毁这位母亲对这个孩子的权利，赋予父亲对孩子的专属权。"㊶ 但明显被忽视的事实是：若没这个合同，又哪来这个孩子呢？合同签订时，母

㊳ In re Baby M, 109 N.J. 396, 537 A. 2d 1227 (1988).

㊴ George P. Smith II, "The Case of Baby M: Love's Labor Lost," 16 *Law, Medicine & Health Care* 121 (1988).

㊵ 109 N.J. at 435, 537 A. 2d at 1247.

㊶ 109 N.J. at 436, 537 A. 2d at 1247.

第十五章 生育与性分离

亲同意放弃自己的亲权,情况并非当时就有个孩子在那里。合同的目的并非消灭一位母亲的权利,而是为另一女子的利益而诱使另一女子成为母亲。"这里没有咨询生母,无论是独立的或是其他的咨询,没有评估,也没警告。"㊷ 这口气也太傲慢了。我们不要求人们在签约或怀孕前都要接受咨询。这位代孕母亲"从来没作出一个完全自愿的知情决定,因为很明显,在婴儿出生前,任何决定都是——在最重要的意义上——不知情的。"㊸ 但由于所有合同都是在履行前而非履行后签订的,因此该法院是暗示,任何合同都不应可强制执行。"然而,最糟糕的是,该合同完全无视婴儿的最佳利益。"㊹ 该法院再次忽略了基本事实,即若没有这个合同,很可能就不会有一个孩子。该法院根本不理解合同的生产功能。它错误地认为,合同仅仅是重新安排既成事实的后果,就像它对婴儿 M 出生的安排那样。

"在代孕中,可以确定出价最高的人会成为养父母,不管他们是否适合。"㊺ 这里的寓意是,供应是固定不变的,就像现在被拍卖的凡高的画一样。但代孕的供应并非固定不变,可以预期,潜在代孕者的相互竞争会使价格降到成本水平,从而中等收入的不育夫妇也能获得代孕。事实上,代孕合同的实际成本一直在下降,因为向斯特恩夫妇要的这个价,一万美元,过去 10 年间一直未变,但 10 年来的通胀已大大降低了一万美元的购买力。

该法院担心"价格最高却不合适的收养父母"。㊻ 但在受规制的收养制度下,富人总是能插队,因此代孕才会改善那些财力有限的不育夫妇的前景。"对儿童的需求很大,供应很少。由于避孕、堕胎的便利,以及单身母亲也更愿抚养孩子了,这都导致可收养婴儿的短缺。如今情况是时候让中介进入市场,通过资金使用来增加供应,给这个市场带来某种均衡。"㊼ 确实如此。但这是一个支持而不是反对中介进入的论点。不应当仅因有些人是为挣钱做了些应对供需失衡的事就谴责他们。中间商全是寄生虫的观点反映了最基本的经济学无知,只应在苏联而不是在新泽西才遇到。"没有

㊷ 同上注。
㊸ 109 N.J. at 437, 537 A. 2d at 1248.
㊹ 同上注。
㊺ 109 N.J. at 438, 537 A. 2d at 1248.
㊻ 同上注。
㊼ 109 N.J. at 439, 537 A. 2d at 1249 (省略了引证).

钱，代孕就不大可能存活……这一结论同收养形成鲜明对比。显而易见的是，尽管禁止支付货币，这里仍有稳定的供应，尽管数量不足。"⑱ "尽管数量不足"泄露了该法院根本不理解市场机制。这种供应不足就因为禁止支付货币，导致不育夫妇转向市场寻求替代，如代孕。在收养上，市场失灵了；在代孕上，市场则没失灵。供应的"稳定"无法掩盖供应的不足。

"我们怀疑低收入阶层的不育夫妇能否找到高收入的代孕母亲。"⑲ 这是忌妒的法学（jurisprudence）。低收入不育夫妇，即便有人错误地认定他们可能永远付不起一份代孕合同，并没因限制高收入不育夫妇的政策选项而有所收获。"简言之，这里有一些价值，无论劳动、爱情或生命，社会认为比允许用财富去购买一切更重要。"⑳ 但拒绝执行代孕合同，如何服务这些更重要的价值，法院没给个说法。

该法院的推理是如此差劲，乃至对这个结果的解说就一定要从其陈述的理由之外的其他地方去寻找。这个"其他地方"可能就是敌视市场，这种态度是现代自由派知识分子的主要思想产品㉑，他们中有些人是法官；畏惧新奇，这是中老年人的共同特征，而法官正出自这些人。因此，我们不应奇怪，社会保守派表达了类似的担忧，他们不喜欢变化，不像古典自由派——密尔和弗里德曼的追随者——那样对市场友好。吉尔德（George Gilder）就是这个群体的代表。例如，他写道，试管授精"绕开了爱的行为……性交从其巅峰地位——既是最高的爱恋行为也是唯一的生育行为——降格了。一定程度上强化了下述倾向，即把性交仅视为传递和接受快感的一种方式。"㉒ 确实如此。由于生育与性的分离，任何形式的人工授精都凸显了一个事实，即除生育外，人类还赋予性以其他目的。人们这样做是事实，还是个好的事实，除非你是位错过了《牧职宪章》（Gaudium et

---

⑱ 109 N.J. at 438, 537 A. 2d at 1248.

⑲ 109 N.J. at 440, 537 A. 2d at 1249.

⑳ 109 N.J. at 440-441, 537 A. 2d at 1249.

㉑ 一个著名例证是提忒姆斯谴责血液市场，Richard M. Titmuss, *The Gift Relationship: from Human Blood to Social Policy* (1971).我在第一章引证了这位作者多年前与他人合作的一本著作，预测资本主义社会将因人们停止生育而死亡。"资本主义是一个生物性失败。"Richard Titmus and Kathleen Titmuss, *Parent Revolt: A Study of the Declining Birth-Rate in Acquisitive Societies* 116 (1942).

㉒ George F. Gilder, *Sexual Suicide* 255 (1973). 又请看, Gilder, *Men and Marriage*, ch. 16 (1986).

第十五章 生育与性分离

Spes)* 的罗马天主教徒（请看第八章）。

吉尔德还担心体外授精（他谈论的就是我说的最初的代孕形式）会淡化母亲角色，因为"受精卵不必须植入真正'母亲'的子宫。谁的子宫都成。"㊺ 他颠倒了问题。人工授精，是任何形式代孕的基础，是增强了母亲的力量，因为它减少了作为母亲的女子对孩子父亲的依赖。但很快表明，吉尔德真正担心的是人工授精以外的技术进步，例如克隆，这确实可能终结家庭。"个体不再与母亲、家庭紧密联系了，性变得更方便集权国家的介入了。"㊻ 何以此言？克隆的力量解放了男子，不依赖女子也能有后代，男子会变得过度阳刚。事实上，男子将得到解放，"就像古斯巴达人那样，庆祝一种暴力的、厌女的且自恋的情色观念"——海军陆战队新兵训练营就是其缩影。㊼

卡斯（Leon Kass）表达了对生育技术影响的另一担忧："没了家庭，我们就没有激励关心身后的人和事了。"㊽ 在此，我们可以听到传统认定男同的那种自恋的微弱但无心的回声；他们没有后代，他们必定只关心自己。但从伊丽莎白一世到詹姆斯（Henry James），从牛顿到卡夫卡，从霍姆斯到 T. S. 艾略特，许多没孩子的人似乎都很关心自己的成就是否持久和后人的评说。而且，不管怎么说，通过克隆繁衍的人也并非绝后。

在色情和强奸问题上，以及如今在生育技术上，社会保守派与激进女权同气相求并非偶然。社会保守派想保留传统的性别角色，因此反对危及这些角色的社会和科学变革。激进女权者认定男人死死控制了社会，包括技术，乃至于几乎任何变化，无论色情传播增加还是生育技术进步，都只是巩固了女子的从属地位。㊾ 但也不是所有的激进女权者都相信这一点，法斯东（Shulamith Firestone）就期待人工生殖会让女子从分娩的痛苦

---

* 即 1965 年 12 月 7 日天主教梵蒂冈第二届大公会议的决议文献《论现代世界的教会》，系统阐述了天主教的妇女、婚姻和家庭观。——译者注

㊺ *Sexual Suicide,* 前注㊼，页 256。

㊻ 同上注，页 257。

㊼ 同上注，页 258。

㊽ Leon R. Kass, "The New Biology: What Price Relieving Man's Estate?" in *Biosocial Man: Studies Related to the Interaction of Biological and Cultural Factors in Human Populations* 273, 287 (Don Brothwell ed., 1977).

㊾ 请回想第一章麦金农的看法，认为美国女子的生存条件不仅没改善，而且恶化了。*Feminism Unmodified: Discourses on Life and Law* 1-2 (1987).

经历中解脱,她称,分娩就像是"从肛门排出个南瓜"。㊺

优生学和人口

在人类生殖领域,对技术创新的最大担忧是它可能允许人类选择性繁殖。希特勒热衷于优生绝育㊾,给人类优生学留下了坏名声。在他之前,优生学是项挺受欢迎的事业,尤其在大法官霍姆斯和罗素等知识分子中。支持计划生育的动力大部分来自优生学。㊿ 著名英国遗传学家费希尔(R. A. Fisher)对上流社会的不育症深表担忧,认为这预示着人类基因库质量有显著下降。㉑ 要创造更好的世界,征召生物学入列似乎太合乎逻辑了。(柏拉图看似肯定如此。)然而,对此在经验和理论上都有严肃的反对意见。

经验的反对意见必定与优生学思考和实践的历史有关。从古希腊到现代新加坡,这个历史,在惊人的程度上,是种族主义的、种族灭绝的、普遍肮脏且彻底无能的。例如:

1. "消极优生学"最容易通过溺婴来实施。在斯巴达,"父母把新生儿带到部落长者那里;若长者判定他们没有前途,就会把他们扔进泰格图斯山脚下的深渊。"㉒

2. 在巴克诉贝尔案(*Buck v. Bell*)的著名司法意见中("三代白痴就足够了")㉓,霍姆斯支持了一项州法令,授权对有遗传性精神病或弱智

㊺ Firestone, 前注㉞, 页 227。

㊾ Robert Proctor, *Racial Hygiene under the Nazis* (1988), 处处; "Sterilization Law in Germany: Statistical Survey Concerning Obligatory Sterilization in Germany," 95 *Ecclesiastical Review* 50 (1936).

㊿ Linda Gordon, *Women's Body, Women's Right: A Social History of Birth Control in America* 274-290 (1976). 一般的人类优生学史,请看,Daniel J. Kevles, *In the Name of Eugenics: Genetics and the Uses of Human Heredity* (1985).

㉑ *The Genetical Theory of Natural Selection*, chs. 10-12 (1929). 关于两次世界大战之间的这类优生学讨论,请看,Michael S. Teitelbaum and Jay M. Winter, *The Fear of Population Decline* 49-54 (1985).

㉒ L. P. Wilkinson, "Classical Approaches – I. Population & Family Planning," 50 *Encounter* 22, 26 (April 1978). 请看一般的讨论,Emile Eyben, "Family Planning in Graeco-Roman Antiquity," 11/12 *Ancient Society* 5 (1980-81).

㉓ 274 U.S. 200, 207 (1927).

第十五章 生育与性分离

的人实施绝育,但显然,巴克(Carrie Buck)、其母或其女(三代人)都不弱智。[64] 后来——在希特勒时代——美国联邦最高法院对绝育法令采取了更为模糊的观点,认为"严格审查州绝育法规定的分类至为重要,"[65] 并以一个很勉强的理由废除了其审查的法令:该法授权对已被定罪的盗窃犯进行绝育,却专断地把贪污犯排除在外。

3. 当罗素在其杰出论战中,从我称之道德无涉的性行为模型转向优生学时,这位著名但有点偏执的进步思想家和才华横溢的哲学家变得可怕起来了,说什么,既然黑人不如白人,就有理由不允许他们繁殖。但他的结论是,即使不考虑人道因素,也应拒绝这个建议,因为在热带地区,黑人是比白人更好的工人。[66] 当然,人们必须考虑罗素写作时,当时在种族问题上流行的种种态度。值得注意的是,罗素不像同代欧美人那样,宣称白人优于黄种人。

4. 为受过教育的夫妇出生率太低所困扰,也认为基因决定了一个人80%的生活前景,1983年,新加坡总理李光耀启动了一项计划,鼓励大学毕业生提高生育率,同时通过慷慨资助自愿绝育,阻止低收入和教育程度低的人生育。[67] 当时阻力就相当大,但该计划几年后终究被一项决定取代,即新加坡总人口还太少,应鼓励穷人和未受教育者生育;因此,这削弱了新加坡人口政策中的优生学维度。[68] 评论者认为这个鼓励所有人更多生育的决定是个保护面子的做法,掩盖政府放弃这项极不受欢迎的优生政策。反对者中有受过良好教育的公务员,他们的父母既不富裕,也没受过教育。[69]

对人类优生繁殖在理论上的主要反驳是,这会降低基因库的多样性(这是克隆的明显效果之一),会增大人类种族、民族、阶级或家庭的差别,就像狗的繁殖差异那样,进而加剧人类的冲突。降低了基因的多样

---

[64] Paul A. Lombardo, "Three Generations, No Imbeciles: New Light on *Buck v. Bell*," 60 *New York University Law Review* 30 (1985).

[65] Skinner v. Oklahoma, 316 U.S. 535, 541 (1942).

[66] *Marriage and Morals*, ch. 18 (1929).

[67] J. John Palen, "Fertility and Eugenics: Singapore's Population Policies," 5 *Population Research and Policy Review* 3, 5-9 (1986).

[68] 同上注,页9-10。

[69] 除前注[67]帕楞(Palen)的论文外,请看,V. G. Kulkrani, "Rethinking on Mums," *Far Eastern Economic Review*, June 13, 1985, 25。

性，加大了人类的分化，这两点只是表面上不一致。人们仍可能变得更相似，只是在诸如智力等一两个显著方面有所不同。请注意，由于富人可能比穷人更早更充分地获得优生技术，因此，财富差异就可能转化为下一代的基因差异，从而成为永久性的差异。

如果吉尔德是正确的，那么如果我们允许不了解自己基因组合的人偏离自然繁殖（或许禁止乱伦所隐含的那种背离除外），我们就会站在一个滑坡上，覆水难收。伴侣婚就是鼓励相互匹配的交配，相似者选择相似者，以便冲突最小化。但配偶的联系越紧密，这种匹配就越具摧毁力，而匹配就是一种繁殖选择。吉尔德对人工生育的关切也太片面。他考察了让人类种族更健康、更聪明的可能代价，但没考虑可能的收益。人一定不能太畏惧变化，畏惧未来。先基因筛查，然后手术排除或中性化那些危险的隐性基因，对此类温和的选择性繁殖也歇斯底里，肯定错误。这种非溺婴的消极优生学的麻烦远小于积极优生学。对捐精人作基因筛查是常规程序，人们的批评更多是筛查还不彻底，而不是根本就别做。⑩

积极优生学麻烦更大。但由于其宏观社会影响是在未来数十年，甚或几个世纪，我们也不知道其总体后果是好是坏，所以，现在担心它似乎是闲着也是闲着。吉尔德忽略了这一点，因为他没有区分，允许自由市场回应个人非常不同的偏好与政府鼓励选择性生育政策；在民主社会，仅因人们不太关心下几代人的基因组合，这种生育政策也很难贯彻，因此也就没啥好怕的。如果唯一的优生繁殖就是精子库的客户，那么对人类基因库的影响，无论好坏，都是微不足道的。⑪

我主要担心人工繁殖对性的社会影响。这里的主要一点是，人工繁殖强化了女子与男子的谈判地位，由此预示着全社会的性态度和性行为都会进一步向瑞典模式转移。因此，吉尔德把人工繁殖与女子解放联系起来是正确的，尽管过分了。⑫ 瑞典模式意味着低生育率，因此我们就得考察一下，暂且不考虑优生学，人工繁殖有多大概率影响人口总量，并进而影响社会福利。这不是说可以将优生学和人口整齐分开。例如，贝克尔和墨

---

⑩ Comment, 前注㉔, 页 1201-4。

⑪ Hans Moser, "Population Genetics and AID," in *Human Artificial Insemination and Semen Preservation* 379 (Georges David and Wendel S. Price eds., 1980).

⑫ "科学家和妇女解放者能在世界释放出一代无亲属关系的孩子，充当全权国家红卫兵吗？" *Sexual Suicide*, 前注㊺, 页 262。激进女权者认为，这是个科学家与社会保守派——吉尔德这种人——的联盟。

第十五章 生育与性分离

菲说，穷人孩子太少了，不是太多了，因为穷人家孩子无法补偿父母抚养他的费用，可以通过富人家孩子减少遗产继承——遗产多少由父母控制——为此做点什么。[73] 但如果穷人往往基因不如富人，就像菲希尔、李光耀总理和其他人认为的那样，且降低社会基因库质量对社会造成的总伤害大于让穷人多生孩子的收益，那么这项资助穷人多生孩子的政策就并非最佳。并且，这还没考虑支持并管理这个资助计划的财政成本，包括高税收的抑制效果。此外，贝克尔和墨菲讨论的是在想象的自由放任经济中穷孩子的供应。而现有福利制度已经补贴了穷人生育，没有理由认为更多补贴会校正贝克尔和墨菲认为若没有补贴就会出现的扭曲。还有一点是，穷人现有的孩子数量已超过了他们想要的数量，因为未受教育的人（大多是穷人）发现很难采取有效的避孕措施。[74]

这个讨论强调了人口最优问题上的复杂性[75]，所谓人口最优是人口质量和数量的函数。即使仅从原则上也很难解决这个问题。还有其他因素，如试图影响生育率向任何方向变化的政府干预措施都效果惨淡、苦于人口太多或太少的社会都有自我校正的趋势会起作用[76]、国内和国外人口迁徙也能缓冲实际人口与最佳人口间的不平衡、未来主义的社会规划一般都很蠢，这一切加总则表明，在与性相关的问题辩论中，人口政策不应顶在前沿，尤其是人工繁殖不大可能在可预见的未来，明显影响无论是这个或其他社会的人口数量和质量。少数有严重基因缺陷的人除外，绝大多数有生育能力的人情愿继续以老派方式（怀上）获得孩子。[77] 因此，我就以本书反复提示的一点来结束本章：在性和生活的其他领域，都得当心政府的规制。

2001 年 8 月 4 日星期六译于北大蓝旗营

---

[73] Becker and Murphy, 前注⑩, 页 15-16 (Becker, *Treatise*, 前注⑪, 页 377).

[74] Robert T. Michael and Robert J. Willis, "Contraception and Fertility: Household Production under Uncertainty," in *Household Production and Consumption* 27, 74 (Nestor E. Terleckyj ed., 1976), 该文发现受教育较差的人比受过良好教育的人，有更大比例不想要孩子。但贝克尔和墨菲可能回答说，穷人不想要孩子只因这些孩子不能补偿他们抚养孩子的费用。

[75] 围绕这个问题，帕尔菲特的哲学小步舞很好揭示了其复杂性，请看，Derek Parfit, *Reasons and Persons,* ch. 17 (1984).

[76] 一个个案研究，请看，John Knodel, Aphichat Chamratrithirong, and Nibbon Debavalya, *Thailand's Reproductive Revolution: Rapid Fertility Decline in a Third-World Setting,* ch. 10 (1987).

[77] 斯特恩夫人位于居间状态。她并非不育，也没危险的隐性基因，她只是担心怀孕影响其健康。

结　语

　　我尝试以开阔的多学科进路处理一些相互联系的问题,首先解说了我们在历史上和不同文化中遇到的各种性的行为、习俗、态度和规制,其次是评估了诸多改变与性有关的法律和社会政策的建议。我把性行为视为理性行为,这样,我就能用经济学这门行为科学为我的研究提供共同术语和统一视角。经济学分析,以及经济学的有用概念——替代和互补、搜寻成本和信号、次品和外在性等——不仅可以以最低限度的假设来解说不同时代和文化中性行为和性规制方面的大量变化,可以把各种令人困惑的关于性的文献整合一体;还可以生发出一系列很有科学吸引力的假说,智识上有趣、理论上重要、与社会相关、反直觉且可以否证(因此可检验)。我们看到,仅少数社会变量,如性别比、城市化程度以及首先是女子就业格局和经济依赖度(所有这些变量相互关联),就解说了性行为和性习俗的很大变化以及许多谜团和特点,无论古代还是现代的,也无论是西方还是非西方的。即便它没解说一切。

　　一定程度上,这些条件通过对社会中占主导的婚姻类型——无论是伴侣婚还是非伴侣婚,本研究一直强调了这一区别——起作用来影响社会的性现象和观念(sexuality)。伴侣婚是当今西方各国的常规婚姻形式,在这种婚姻中——可回想前面的讨论——夫妻是最好的朋友,社交和情感密友,亲密伴侣。非伴侣婚是较古老的婚姻形式,这种婚姻中,丈夫为妻子提供偶尔受精和经济支持,换取她承诺的性忠诚,但不期望有亲密关系。我强调伴侣婚和非伴侣婚有些与性相关的重要区别。这里我只重提一点。非伴侣婚中,夫妇在情感层面上几乎是陌生人,因此,婚外性就是婚内性的一种非常接近的替代。据此可以预期,丈夫会纳妾和嫖妓,妻子则容易被情人的甜言蜜语打动,这意味着丈夫有激励把妻子隔离起来(如同古希腊和现代沙特那样）。在伴侣婚中，婚内性行为有巩固婚姻关系的额外功能。婚外性行为因此成了一种劣质替代，因此，丈夫更少通奸，也更少需要隔离女子防止她们通奸。我最大胆的主张是，伴侣婚与非伴侣婚的性差异提供了理解性道德从古希腊演进到现代瑞典的关键，尽管这一演进的最终原因是女子职业角色的改变，正是这些角色决定了一个社会中居主导地位（或至少最受重视）的婚姻形式是伴侣的，还是非伴侣的。

我把性行为视为理性的行为，这并不是说我一定否认情感和前理性之偏好的重要，或是夸大有意算计的程度。我们从基因，或许也从儿童早期发育中获得基本的性欲和偏好。然而，我们如何将这些欲望和偏好转化为实际行动，则取决于社会因素，包括机会、资源和制约条件。性是达到人类目的的一种手段，而令手段有效契合目的，无论是有意无意，都是经济学家的理性概念。

男同可以例证既定因素（determined）与选择因素的交互作用。在美国说到男同，我们通常指同性偏好强烈的人，而不是偶尔——可能是找不到女子，如在监狱和海军舰艇——有男同行为的人。我不认为同性偏好是可以选择的某个东西，像某人选择喜欢香草而不是巧克力冰淇淋那样。双胞胎研究、儿童发育研究、跨国统计学研究和其他资料都显示，同性偏好更可能是天生的，不是后天习得的。但同性偏好可能影响的只是决定了一个人愿为同性性行为/关系或异性性行为/关系所支付的代价，但支付不必然或主要以货币形式。如果香草冰淇淋价格大涨，即使你非常喜欢香草，却还是可能决定以巧克力冰淇淋作为替代。我认为，无论是男同或直男，从事同性性行为或异性性行为都是与之类似的选择：不仅受偏好影响，还会受纵容偏好的成本影响。在性领域内，有许多替代，用此种性行为替代另一种，用这种性对象替代另一种，用性前行为替代性行为，用这种性交易（如姘居）替代另一性交易（如婚姻），以及用非性的来替代性的活动。这就意味着，经济学家在此有许多解说工作可做。

经济学分析，以及更宽泛的，那种作为实证经济学基础强调尊重事实和明晰思考的科学态度，还有进一步的价值。它们可以揭露西方文化中普遍存在的，美国文化中特别突出的性道德说教都非常浅薄。这种批判可以为规范分析清理场地。在规范分析中，将依据实际效果来评判性规制，而不是以是否符合某些道德、政治或宗教观点来评判。无知、意识形态、迷信和偏见一层又一层地阻碍了对性的明晰思考，而经济学的强酸会帮助我

结 语

们彻底剥除这些积垢。

我这样说，似乎是承认性的经济学进路有不可避免的缺点。如果我们的种种性态度只是一套无知、迷信、偏见、传统和意识形态的组织，那么，这些性态度以及由此生发的行为，又有多大可能被解说为理性最大化的产物呢？回答是，尽管我不质疑宗教和其他意识形态的思想以及纯粹无知都会影响有关性的态度、习俗、法律和行为，但意识形态甚至无知本身在重要程度上也是对社会环境的理性适应。而诸如天主教会这样强有力的制度，在不同历史时刻，对社会环境有潜移默化的作用。

尽管我强调了经济学，但我的研究却是反专业化的①，即我并没仅限于经济学研究方法。我大量借鉴了其他领域的研究，尤其是生物学（乃至我的研究进路可称为生物经济学进路，而不是经济学进路），还有哲学、心理学、社会学、人类学、女性研究、历史，当然了，还有法律。我列举的这些领域与经济学，没啥根本不相容之处。如果说这是个专业化时代，那么这也是学科界限日益磨损的时代。因此，一个人如果害怕参考自身学科外的文献，他就很难公道应对性这个主题。长期以来，我一直认为，没有适度"剂量"的经济学，就无法理解或改善我的首要学科——法律。这一信仰激活了我多年来一直从事法律经济学交叉学科。哪怕只是为在法律层面公道地应对性这个话题，所需的也不仅是法律和经济学；但在这曲多学科的交响乐中，经济学可以继续持有指挥棒。然而，很明显，我不通盘接受相关文献的发现，尤其不愿全盘接受激进女权者和其他坚信人性可塑的人鼓吹的极端社会建构主义。② 然而，在我的分析中非常突出的伴侣婚概念，就是个社会学和历史学概念，而不是个经济学概念，尽管可以赋予它经济学含义，将之整合到理解性的经济学框架中来。

如果说，本研究展示了经济学的优点，那么，也凸显了其局限。我拒绝了性偏好本身出于选择的说法；我认为性偏好就其大部分而言是不可改变的。我已指出，经济学没法划定福利应最大化的那个社区的边界，因

---

① 我也因此进入了违背韦伯名言的危险境地："现代世界任何有价值工作的条件之一是，只做专业性工作，弃绝其所涉及的浮士德式人类共性。" Max Weber, *The Protestant Ethic and the Spirit of Capitalism* 180 (Talcott Parsons Trans., 1958).
② 因此，我有了第二个危险，被笼统归为反动的本质主义者，认为"若不大大牺牲效率，就不可能塑造个人适应如苏联那样的社会主义社会。" John M. Gowdy, "Bio-Economics: Social Economy Versus the Chicago School," 14 *International Journal of Social Economics* 32, 34 (1987), 嘲讽地引用了经济学家赫希莱佛（Jack Hirshleifer）在苏联崩溃两年前的文字。

此，它没法告诉我们，在评价影响胎儿的政策时，是否必须考察这些未出生者的福利。在有关自我的行为与有关他人的行为之间，也就是不宜公共规制的个人行为与很适合法律规制的公共（也即显然影响陌生人的）行为之间，经济学也划不出令人满意的界限。若要令人满意的划分这两类行为，要求有密尔在《论自由》第四章那种务实导向的、有充分历史根据的、基于常识即便不严密的分析。

鉴于性主题覆盖广泛、性经济学视角新颖以及多学科研究不可避免的缺点（对我试图勾连的如此大跨度的多学科，我没法说自己都胜任），因此，本书不可能完整可靠。还有其他理由：其一是，一个非形式化的理论必然缺乏逻辑的严谨。另一点则有关性的可靠数据相对贫乏③，因为该领域的经验研究者必然大量依赖"便利的"抽样（即志愿者样本）和未经证实的陈述，其中有些有关遥远的往昔（例如，幼儿期），也由于观察者缺乏独立性，还因为研究者本人的意识形态和个人承诺。最终一点则是理论提炼过程的固有局限，这一点需要详细论述。任何一组观察结果都可以适合多种理论。理论的选择取决于简单（"雅致"）、想象力、范围、整合能力、经验寓意的丰富和明晰等标准，但这些标准本身都不是真理的标准。仅按这些标准来看，性的经济学理论得分都还不错，但这并不能证明它正确。因此，本书不可能是终结，而只是个开端。我希望它能刺激进一步地探讨——经济学模型能否用于性行为和性规制。

因此，我最后想指出一些有望深入的研究方向。首先涉及第三章中提出的惩罚的严厉指数。通过把性犯罪最高惩罚除以对非性的人身犯罪最高惩罚，我建构了一国或美国某州惩罚性犯罪的相对严厉指数。该指数发现，不同国家和州，差异显著。对此差异还没有严格的解说。看来，这些差异与宗教信仰强度差异有关，但多变量分析可能揭示我的理性性行为模型中强调的经济变量解说力更重要。也许它们解说了宗教信仰，也解说了性行为和性法律。回想一下我评论美国宗教有自助特征的说法：美国人可能会选择一种适合其价值的宗教，而不是从其宗教中获得了他们的价值观。

对性犯罪法律的更丰富的研究要考察实际惩罚，而不是考察书上规定的惩罚。两者的差别可能很大。由于从现实角度看实际惩罚更重要，因此实际惩罚就会比书本上的法律更能展现其功能或政治的一贯性。

---

③ 有关这一点的细致讨论，请看，Heather G. Miller et al., *AIDS: The Second Decade* 393–419 (1990).

结 语

还可以进行其他研究，探讨性经济学分析挑出来的那些变量的意义。例如，就像第五章提及的，当把性别比和伴侣婚发生率等变量纳入分析后，应可以确定一夫多妻制发生率是否是对男同容忍度的重要预示之一。类似地，也应能确定美国黑人男子是否真比白人男子更不大容易性虐儿童；当其他因素不变时，女子割礼在一夫多妻制社会是否确实比在一夫一妻制社会更多；以及艾滋病流行是否确实导致了非婚生子女数量的下降。

如果要实现经济学进路的许诺，还要进行更广泛的研究。我说过，女子职业结构是决定性行为和性态度的主要因素，但我用作支持的证据仅限于少量个案研究。探讨这个问题，有许多可以做。例如，其他经济变量不变，可以比较斯堪的纳维亚各国的性习俗（我对斯堪的纳维亚习俗的分析仅限于瑞典），并与女子职业结构的差别联系起来。挪威在性问题上既比瑞典保守，女子就业比例也更低；而芬兰尽管在性问题上比瑞典保守，但女子就业比例却与瑞典同样高。这里显然既有支持的也有反对的例证，为什么，应当说出个道道；其他斯堪的纳维亚国家如丹麦和冰岛也要纳入这种比较。其他相邻的，或在其他方面可比较的国家，也都应该比较——例如，南欧国家，或拉美国家，或东南亚国家。或是新几内亚高地的各部落，它们对肛交的态度很不同——这些差别真如我猜测的那样，可以用年轻男子与女子交往渠道的差异解说吗？

卖淫史是可以从经济学视角研究的另一丰富领域。本书许多地方都触及了卖淫，引证了这个主题上的一些有用专著和论文，也提出了一些假说。例如，社会中单身汉比例下降会改变妓女提供的性服务；尽管多妻制社会中实际性别比很高，但这些社会中卖淫可能并不常见；以及妓女如今变得越来越像其他女子。我没尝试系统分析。系统分析可能不仅要集中关注实际性别比，当其他因素相等时（多妻制情况下，这些因素并不相等），性别比越高，对卖淫的需求越大，而且要注意性病流行率和致死率，以及城市化程度（这会降低搜寻发现的成本），把这些都作为决定社会中卖淫程度的关键变量。另一变量是婚姻性质，即伴侣婚或非伴侣婚，这可能很重要，但不明确。一方面，如果婚姻是非伴侣的，那么与妓女性交就是更接近婚内性交的替代；但另一方面，如果婚姻是伴侣的，那么嫖娼对婚姻的威胁就小于有情人或与他人之妻关系暧昧。因此，需要精心想出一个能囊括所有关键变量的有关卖淫的私人和社会成本及收益的理论模型。

性的经济学分析，不仅在实证方面，在规范方面同样有许多工作要做。

对那些很有规范意味的问题，如是否允许同性婚姻，军中是否结束正式排斥同性恋，以及对色情品（只要不使用儿童模特或以其他方式性虐色情对象并不向非自愿观众展示）是否一律取消限制，我优柔寡断。这不是因为羞于讨论，也不是有所畏惧，只反映了一个信念，我们还不充分了解对现行法律作此类修改可能会有什么后果，乃至在一本学术而不是想挑事端的书中无法给出认真负责的建议。例如，在同性婚姻问题上，一个人就不仅要精心研究丹麦的经验，研究丹麦给予男同女同的那种模拟婚姻，而且要列举该国所有因婚姻而来的法律事件（涉及税收，包括私人和社会保险附加福利、举证特权、移民和孩子监护），以期估测相关人士选择同性模拟婚姻引发的这一切法律事件的后果。需要深入研究的还有允许男同女同从军，对军人风纪和军事业绩有何影响（在宽容和不宽容社会中），并且我建议进行一次实验，就此获得更多数据。至于色情物品的后果，需要更多的统计研究，了解色情物品对强奸率的影响，如果有的话，无论直接或间接的，还要保持可能影响强奸发生的其他变量稳定，如惩罚概率、严厉程度以及年轻男女的性别比。

尽管以我汇集于本书的不完整且常常含混的研究为基础提议全面改变我国性法律是不负责任的，但我的分析寓意显然大多是古典"自由主义的"，即支持削弱政府的作用。在诸如禁止早期堕胎、刑事惩罚双方同意的成人同性行为、禁止男同担任教师、严禁男同监护儿童、阻止避孕和婚前性行为、寻求改变美国的出生率（在任何方向）、拒绝执行代孕合同、像美国那样严格规制收养、试图取缔卖淫和禁止公认艺术家的色情作品，按目前的知识来看，现有的理由都没说服力。然而，补贴非婚生孩子，就像美国福利计划——以及瑞典的更大规模的福利计划——那样，同样没说服力。但公共补贴向少男少女传播避孕建议和用品，进一步加大防范儿童性虐，在经济学上都有道理，因此，这一分析的寓意并非全然自由放任。还有，请回想一下，由于不能证明支持堕胎的理由比反对理由更强，因此需要一个能打破僵局的理由，比方说，一个反对政府干预的预设。这种打破僵局的预设会有很大政治争议。尽管如此，我分析中的一个合理寓意是，在性的领域，我们应当更少政府干预，尤其是那种禁止型的干预。

我偶尔批评了瑞典的福利政策，但总体而言，我认为可以从瑞典对待性的整体方法中学很多东西。从儿童早期就开始进行积极且明确的性教育，为少男少女们提供避孕用品，有条件地为在劳务市场上自立的母亲提供

结　语

慷慨的母幼福利，主动关注胎儿和新生儿的健康需求，结束歧视同性恋，所有这一切的结合也许就是一个现实（且不昂贵）项目的关键要素，可以应对美国的青少年怀孕、青少年母亲和艾滋病性传播问题。恢复清教性道德不现实，那些清教道德的布道者只是不愿直面这些政策难题而已。

我们当然应避免不加批评地接受瑞典的性政策。瑞典性政策中的补贴会使婚外养育孩子成本太低。此外，公共性教育是否有效，还取决于家庭内部的态度。事实上，有人告诉我，在瑞典，最有效的性教育是父母告知自己十多岁的孩子。美国人没有与此相似的态度，从政治角度上看，这就是为什么在可见的将来，向瑞典模式只可能迈进很少几步，不可能太多。我非常希望看到迈出这些步伐。

尽管在性领域内，何为公共政策的恰当范围和方向，仍有许多不清楚的地方，但从诸如若伊诉韦德案、鲍尔斯诉哈德威克案和婴儿 M 案的司法决定中，可以明确的一件事是，想以法律推理来指导行动，注定会失败。法律改革和社会改革一样，也同人类一般行动一样，通常需要的不仅是前见、传统和意识形态，还需要知识。在这方面，我们应当记得，理论思考的最终目标不是检验理论，而是扩大我们的知识，提高我们的预见和控制能力。用孔德的话来说，就是"*Savoir pour prevoir; prevoir pour pouvoir*。"④ 理论思考提出新的因果关系，进而提出如何确认或证伪这些因果关系的建议，部分地扩大了我们的知识。正是在这一意义上，本书是一本理论著作。

尽管如此，这不是本仅供学者阅读的书。这一研究最初动机就没打算提出一种新的性理论，而是为了解作为一位法官的我自己，驱除一些无知、偏见、羞耻和虚伪的阴云，这种阴云迷惑了美国公众对性的一般讨论，尤其是在美国法律制度中。（因此，与通常的理论著作不同，本书也概述了大量有关这个题目的信息。）如果本书成功实现了这一消极目标，比方说，它可能令读者信服，即使从社会、意识形态和法律的层面，也可以利益无涉的心态、平和冷静的方式分析性，我也就心满意足了。

1998 年 9 月 19 日译于北大蔚秀园

---

④ "了解是为了预见，而预见是为了控制。"

致 谢

西北大学法学院院长本内特（Robert Bennett）邀请我做1991年罗森泰尔讲演，激发我找个题目，最终成了这本书。贝克尔（Gary Becker）、科恩（David Cohen）、艾斯克里奇（William Eskridge）、弗里德曼（David Friedman）、科勒曼（Daniel Klerman）、莱希格（Lawrence Lessig）、努南和萧普（John Shope）广泛评论了此前的稿本，特别重要。其他有益建议来自安德鲁斯（Lori Andrews）、阿隆森（Michael Aronson）、贝克斯托姆（John Beckstrom）、巴格瓦（Ashutosh Bhagwat）、科恩（Jonathan Cohen）、科恩（Lloyd Cohen）、科勒曼（James Coleman）、德姆塞茨（Harold Demsetz）、德沃金（Ronald Dworkin）、易斯特布鲁克（Frank Easterbrook）、弗里曼（Alan Freeman）、格勒利（Andrew Greeley）、兰德斯（William Landes）、拉森（Jane Larson）、劳曼（Edward Laumann）、林德（Hans Linde）、麦克尼尔（Michael McConnell）、门希（Elizabeth Mensch）、迈克尔（Robert Michael）、纳夏特（Guity Nashat）、菲利普森（Tomas Philipson）、波斯纳（Charlene Posner）、波斯纳（Eric Posner）、罗德（Deborah Rhode）、舒尔霍夫（Stephen Schulhofer）、斯蒂格勒（George Stigler）、桑斯登（Cass Sunstein）、维尔（Roman Weil）以及哈佛大学出版社的两位匿名评审人。

芝加哥大学法学图书馆工作人员，尤其是布利安（Paul Bryan）和希维斯格（William Schwesig），提供了大量文献协助。科恩（Jonathan Cohen）、德维斯（Mary Jane DeWeese）、恩吉尔（Lynne Engel）、伊斯特林（Kevin Esterling）、歌德（Lawrence Gold）、卡代尔（Erick Kaardal）、帕乔斯基（Susan Pacholski）、罗伯特（Alison Robert）、司科特（Alison Scott）、萧普和尹（Jeannie Yim）提供了宝贵的研究协助。赫勒（Amanda Heller）做了专业编辑工作，提出了有益的重大建议。

除了罗森泰尔讲演，根据本书写作过程的研究，我先后在乔治城大学全国法律中心（该中心丰富化项目的讲演之一），哈佛法学院法律经济学工作坊，乔治城、斯坦福和芝加哥大学法学院教员工作坊，芝加哥大学经济学系与社会学系资助的社会科学理性模型研讨班做过讲演。我还在芝加哥大学武德瓦德法院系列演讲中做过维斯泽普讲演；在纽约大学法学院法律、哲学和政治理论报告会做过学术报告。所有这些会议的参与者都提出了很有帮助的建议。

我衷心感谢以上提及或没提及名字的各位，而对本书存留的任何错误——无论事实、分寸、语气、解释或其他——他们都没有责任。

索 引

Abortion,堕胎,34-36, 41, 44, 46, 55, 57, 71, 143-145, 151, 187-188, 196注, 217-218, 264, 268, 271-290, 327, 332-334, 424; relation to adoption, 与收养的关系,415; Catholic position on, 天主教会的立场,226, 273-284常见; in classical antiquity, 在古代,272; clinics, 诊所,206; in communist countries, 在共产党国家,59; constitutional issue, 宪法争议,286, 288, 332-334, 336-341; costs of obtaining, 获得堕胎的成本,277; as crime, 作为犯罪,281, 332; and doctrine of double effect, 与双重后果原则,273-275, 282; feminist position on, 女权的立场,288-289; illegal, 非法堕胎,206, 276-277, 284-286; indirect, 间接堕胎,273-275, 282, 336; relation of to infanticide, 与溺婴的联系,144; role of interest groups, 利益群体的作用,172注; in Japan, 在日本,69; mortality from, 因堕胎的死亡率,206, 276注, 277, 286; political economy of, 堕胎的政治经济学,215, 218; politics of, 堕胎的政治,340-341; and population, 与人口,281-282; Protestant and Jewish positions on, 新教以及犹太教的立场,275-276; public funding of, 为堕胎提供公共资金支持,332注, 334; and quality of children, 与孩子的质量,283; reasons for, 堕胎的理由,278-279; religious faith of women having, 堕胎之女子的宗教信仰,278; restrictions on in other countries, 其他国家对此的限制,276注; in Romania, 在罗马尼亚,411注; in Scandinavia, 在北欧国家,72; statistics of, 统计数字,276-277; in Sweden, 在瑞典,166, 277, 283; in United States, 在美国,166。又请看,Roe v. Wade,若伊诉韦德案

Abstinence,禁欲、节制,48, 118-119, 151, 165, 267, 269, 272; clerical, 神职人员的,153。又请看,Celibacy,独身; Sublimation,升华、净化

Acquaintance rape,熟人强奸。请看,Date rape,约会强奸

Addiction,上瘾,105, 119

Adolescents,青少年,148, 150

Adoption,收养,287-288, 405-420; of adults, 收养成人,405-406; in Anglo-American law, 英美法中的收养,407-409; in other countries, 在其他国家,416; of noninfant children, 收养非婴儿的孩子,412-413, 416; demand and supply, 需求与供应,410-411; genetic basis, 基因地根据,406-407; by homosexuals and lesbians, 男女同收养,407, 417-420; independent, 独立收养,409-410; interracial, 种族之间的收养,415; politics of, 收养的政治,408-409, 416-417; by polygamists, 多配偶者的收养,420注; in ancient Rome, 在古罗马,44, 405-409; regulation of, 规制,409-420; welfare of adopted children, 收养儿童的福利,412-413, 416

Adultery,通奸,39, 51, 71, 78, 81-82, 97-98, 119, 134, 158-160, 169, 177, 208, 256-257, 329; as crime, 作为犯罪,251, 261; differential punishment of male and female, 对男女通奸的不同惩罚,184-186, 251-252; as source of externalities, 作为一种外在性之来源,184-186; as ground for divorce, 作为离婚的理由,249; in marriage law, 在婚姻法中,252; trade-offs with fornication, 与私通的交换,263。又请看,Double standard, 双重标准; Illegitimacy,非婚生子女

Aeschylus,埃斯库罗斯,20

Africa; sexual mores in,非洲性习俗,148注, 265

Age of consent,同意发生性关系的最低年龄,71, 77, 396, 402-403; for homosexual relations, 对同性恋关系而言,403; in Sweden, 在瑞典,72, 403

Agency costs,代理成本,173, 256-257

Aid to families with Dependent Children,对有未成年孩子之家庭的帮助,115, 168, 196

AIDS,艾滋病,114-115, 122, 124, 127, 163-165, 186, 209, 215, 313, 345注, 346; incidence among blacks, 黑人中的艾滋病发生率,139注; incidence among priests, 神父中发生率,155注

Alienation of affections,情感疏远,81, 389注

Alimony,离婚赡养费,171-172, 248

Alloparenting, 亲变,406-407

Altruism,利他主义,216, 407; reciprocal, 互惠的,407; within family, 家庭内的,189。又请看,Children,孩子、儿童

索 引

American Indian sexual mores,美国印第安人的性习俗,68。又请看,Berdaches,着女装的北美印第安人

Anal intercourse,肛交,65-66, 114-115。又请看,Sodomy,肛交、法律意义上的肛交

Anscombe, Elizabeth,伊丽莎白·安斯康,228-229

Anthropology of sex,性人类学,31。又请看,Primitive societies,初民社会

Aquinas, Thomas,托马斯·阿奎纳,14-16, 17注, 50, 151, 186, 255

Aries, Philippe,菲力普·埃利斯,27

Aristocracy: sexual behavior of,贵族的性行为,134-135, 157注, 167注

Aristophanes,阿里斯托芬,42, 357, 361

Aristotle,亚里士多德,1, 20, 28, 41

Armed forces: discrimination against homosexuals in,军队中对男同的歧视,314-323

Ars erotica,情色感,111, 227

Art: Renaissance,文艺复兴的艺术,16, 358-360。又请看,Nudity,裸体; Pornography,色情品

Artificial insemination,人工授精,171, 420-429常见

Asceticism,禁欲主义、苦行,14-16, 45, 48, 53

Assortative mating,相称的交配,432

Augustine,奥古斯丁,14, 15, 46, 49, 186

Austin, J. L.,J. L.奥斯丁,353

Baby M: In re,婴儿M案,424-428, 434注

Baby selling,婴儿出售。请看,Adoption,收养; Sale of parental rights,亲权出售,

Bachelors,单身汉。请看,Charivari,闹洞房; Sex ratio,性别比

Balthus,巴尔萨斯,376-377

Barnes v.Glen Theatre. Inc.,巴尼斯诉格冷剧场案,2, 379-380

Baron, Larry,拉里·巴伦,369

Bastardy,私生子。请看,Illegitimacy,非婚生子女

Beach, Frank,弗兰克·比奇,136-137

Beardsley, Aubrey,奥伯利·比尔兹利,361

Becker,Gary,加里·贝克尔,3 注, 8-9, 34, 170 注, 187, 415-416, 433

Beckstrom, John, 约翰·贝克斯托姆, 88 注

Bentham, Jeremy,杰罗米·边沁, 17, 235

Berdaches,着女装的北美印第安人, 68, 301

Bestiality,兽奸, 74, 126, 132 注, 230-232; as crime, 作为犯罪, 213

Bible, 圣经。请看, New Testament,《新约全书》; Old Testament,《旧约全书》

Bickel, Alexander,亚历山大·比克尔, 347 注

Bigamy,重婚, 208-209, 215, 232, 252。又请看, Polygamy, 多配偶制

Biology of sex,性生物学, 20-21, 28, 39-44, 53-55, 85ff, 168 注, 185, 227, 251-252, 260 注, 275

Birth control: clinic,生于控制:诊所, 205, 325-328; movement, 生于控制运动, 61, 339。又请看, Contraception, 避孕

Birth rate,出生率, 115。又请看, Illegitimacy, 非婚生子女; Demography, 人口学; Population policy, 人口政策

Births out of wedlock, 非婚生育。请看, Illegitimacy, 非婚生子女

Bisexuals,双性恋者, 105, 128, 298。又请看, Kinsey scale, 金西尺度

Black market,黑市, 409-410

Blacks, 黑人。请看, Interracial dating, 跨种族约会; Racial differences in sexual behavior,性行为上的种族差异; Sex ratio,性别比

Bork, Robert,罗伯特·鲍克, 205, 233 注

Bottle-feeding, 人工喂养, 86, 94, 175, 425

Bowers v. Hardwick,鲍尔斯诉哈德威克案, 1-2, 309, 341-350

Boys as female substitutes,男孩作为女子之替代, 100, 124, 131, 148-150。又请看, Pederasty, 男色

Boys' schools: as hotbeds of homosexuality, 男校:同性恋的温床, 124 注, 299, 308

Breach of promise,毁约、毁婚约, 81-82, 212-213, 392 注, 393

Brideprice, 彩礼, 259, 265, 384

Brothels,妓院, 79 注, 120, 210 注, 380 注。又请看, Prostitution, 卖淫

Bryant, Anita,埃妮塔·布赖恩特, 223-224

Buchan, John,约翰·布坎, 100

Buck v.Bell,巴克诉贝尔案,430

Buggery,盗窃,48 注

Byzantine sexual mores,拜占庭的性风俗,357 注

Calvin, John,约翰·卡尔文,51

Canada: policy on homosexuals in military, 加拿大:军方对男同的政策,315 注, 317 注, 318 注, 321; sexual mores in, 加拿大的性习俗,199

Capitalism and sex,资本主义与性,135, 238-240, 413。又请看,Freud, Sigmund,西格蒙德·弗洛伊德; Marcuse, Herbert,赫伯特·马库塞

Carey v. Population Services International,凯利诉国际人口服务,326 注, 331-332, 334-335, 342, 350

Catholicism,天主教教义。请看,Roman Catholicism,罗马天主教教义

Celibacy,独身,16, 46-47, 49, 67。又请看,Clergy, 神职人员; Catholic,天主教

Charivari,闹洞房,50, 129

Chastity,贞洁,167, 169, 171, 388-390; belt, 贞洁带,257

Child sexual abuse,儿童性虐待,72, 183, 377, 381, 383-384, 395-404; by blacks, 黑人,139; of boys, 对男童的性虐待,398-399; by child buyers, 儿童购买者的性虐待,412-413; role of divorce, 离婚的作用,401; ethnic variance, 族群差别, 402; incestuous, 乱伦的, 395-401 常见; incidence of, 发生率,399; proof of, 举证问题,399-401; optimal punishment of, 最佳惩罚,400-401; committed by relatives, 亲友进行的儿童性虐待,200, 399; severity and consequences of, 严重性和后果, 396-400; committed by stepfathers, 继父的儿童性虐待, 401。又请看,Pedophilia,恋童癖

Children: abandoned,孩子、儿童,被抛弃的,408; altruism of parents toward, 双亲对孩子的利他主义, 189, 201, 259; custody issues, 监护争议,171; demand for, 对孩子的需求,136; psychological development of, 儿童的心理发展,2, 105; effects of divorce on, 离婚对儿童的影响,191; effects of sexual policies on, 性政策对儿童的影响,187-192;, 216, 266; in eyes of Church, 在教会眼中,46-48; parental rights over, 亲权,338; quality versus quantity, 质量与数量之争,136, 143, 283; sexuality of, 儿童的性态,16, 20-21, 53, 396; of surrogate mothers, 替身孕母的孩子,423。又请看,Adoption,收养; Child sexual abuse,儿童性虐待;

Incest,乱伦; Pedophilia,恋童癖; Population policy,人口政策

China, foot-binding in,中国,缠小脚,256注

Christianity: attitude of towardnudity,基督教教义,对裸体的态度,357; toward women,对女子; 159-161; by country,不同国家,161; decline of in Sweden,在瑞典的衰落,161, 174-175, 178; concept of deity in,神的概念,15, 46, 225, 357; ecclesiastical enforcement of sex laws,教会法院对有关性的法律之执行,73; effect of on sexual mores,对性习俗的影响,217; sexual ethics of,性伦理,14-17, 45-51, 87注, 160-161, 177, 357-358;status of women under,女子的地位,218; and violence,与暴力,235-236。又请看,Roman Catholicism,罗马天主教义; Protestantism,新教教义; Religion,宗教

Church,教会。请看,Roman Catholicism,罗马天主教义

Circumcision: female,割礼,女子的,256-257。又请看,Clitoridectomy,阴蒂割除; Infibulation,锁阴

Civil tort remedies for sexual misconduct,对性不端行为的民事侵权救济,81-82

Clark, Kenneth,肯尼斯·克拉克,360

Classical antiquity,古典时代,157; quasi-polygamy in,准多配偶制,260; sexual mores in,性习俗,15, 20, 28-45; sex laws in,性的法律,71。又请看,Greece,古希腊; Rome,古罗马

Clergy: Catholic,天主教神职人员,16, 46, 49-50; estimates of number of homosexual priests,同性恋神父人数之估计,154-155; homosexuality among,其中的同性恋行为,50, 127, 151-157; Jewish,犹太教,153; Muslim,伊斯兰教,153

Cleveland v. United States,克利夫兰诉美国案,254-255

Clitoridectomy,阴蒂割除,112, 214

Clitoris,阴蒂,20-22, 226-227

Cloning,克隆,88-89, 104, 425, 429, 431

Cohabitation,同居,41注, 55, 57-58, 190, 209, 264-266, 312; homosexual,同性恋同居,58, 313-314; homosexual versus heterosexual,同性恋同居与异性恋同居,305-306; in Sweden,在瑞典,265

Cohen v.California,科恩诉加利福尼亚案,338

Cohen, David,戴维·科恩,40

索　引

Coitus interruptus,性交中断,48, 52, 267-268, 270

Coleman, James,詹姆斯·科勒曼,167 注

Colonial America,美洲殖民地。请看,United States,美国

Communist sex policy,共产主义的性政策,59-60, 198。又请看,Cuba,古巴; Romania,罗马尼亚

Companionate marriage,伴侣婚。请看,Marriage,婚姻

Complementarity in matters of sex,在性的问题上的互补,117, 142-145, 158, 366

Comstock Act,考姆斯道克法,78-79

Comstockery,道德洁净,61-62, 326

Comte, Auguste,奥古斯特·孔德,442

Concubinage,纳妾、姘居,40-41, 44, 146, 208, 260, 408

Condoms,避孕套,114-115, 325, 329-330

Conservative,保守派人士。请看,Sexual conservatives,性保守派

Constitution,宪法、美国宪法,32, 324-350 常见

Constructivism,建构主义。请看,Social contructionism,社会建构主义

Contraception,避孕,34-36, 46, 48, 54-58 常见, 113-118 常见, 135, 142-143, 151, 165,190-192, 217-218, 264, 267ff; in Catholic theology, 天主教神学中的, 269, 272; Connecticut anticontraceptive law, 康涅狄格州反避孕用品法,81, 205, 217-218, 324-329, 344, 346; and education, 与教育,142 注, 433; in Japan, 在日本,69; and religious affiliation, 与宗教信仰,268; in Sweden, 在瑞典,166; for teenagers, 对青少年,269-272。又请看,Birth control,生于控制; Comstock Act,考姆斯道克法; Rhythm method,自然避孕法; Sex education,性教育

Convents,女修道院,151-152。又请看,Monasticism,修道生活

Courtesans,交际花。请看,Hetairai,古希腊高级妓女; Prostitution,卖淫、嫖娼

Cox Broadcasting Corp. v. Cohn,考克斯广播公司诉考恩案,338

Crime: economic theory of,犯罪的经济学理论,138-139, 156; victimless,无受害人,73, 80-81, 204-211。又请看,Criminal law,刑法; Sex crimes,性犯罪

Criminal conversation,强奸,81 注, 251, 389 注

Criminal law,刑法,230, 385; efficacy of in field of sex,在性领域的有效性,204-211, 386; optimal punishment under,依据刑法的最佳惩罚,211-213, 393-394, 400-401; theory of,刑法理论,70-71, 183, 205; problems with un- or underenforced,未执法或执法不力的问题,309-310, 328。又请看,Crime,犯罪;Sex crimes,性犯罪

Cuba: sex ethics in,古巴的性伦理,198

Cucchiari, Salvatore,萨尔瓦多·库查里,24-25, 29

Cunnilingus,舔阴,48注

Custody (of children),孩子的监护,171; by homosexuals,由同性恋监护,417-420; in surrogate motherhood cases,替身孕母案中,423。又请看,Children,孩子、儿童

Dance,舞蹈,355注, 358注; erotic,情色舞,67; rope dancing,绳舞,359注。又请看,Fertility dances,生殖舞;Nude dancing,裸体舞;Striptease,脱衣舞

Dani,丹尼,92

Danto, Arthur,阿瑟·丹托,354, 376

Date rape,约会强奸,391-392

Davis, Kingsley,金斯利·戴维斯,31

Day care: inSweden,日间照看在瑞典,167注。又请看,Welfare programs,福利项目

Demography,人口学,9, 31, 33-36; and abortion,与堕胎,281-282, and homosexuality,与同性恋,9, 162; population replacement level,人口替代水平,195。又请看,Population policy,人口政策

Denmark,丹麦,72, 117注; abortion,堕胎,277; pornography,色情、色情书刊,362-369常见; rape,强奸,379; registered partnerships,登记的伴侣关系,58, 313-314; religion,宗教,236

Deviance,不轨。请看,Sexual deviance,性不轨

Devlin, Patrick,帕特里克·德夫林,31, 230, 232注, 233-235

Diderot, Denis,丹尼斯·狄德罗,16, 238

Digamy,再婚,37, 129

Dimorphism (sexual),双性现象,89-94

Divorce,离婚,41, 47-48, 67, 151; African,非洲的,265; effect on children,

对孩子的影响, 191; as factor in child sexual abuse, 作为儿童性虐待中的因素, 401; in classical antiquity, 在古代, 71, 159; collusive, 共谋的, 249; consensual, 双方同意的, 248; effect of rules concerning on extramarital sex, 有关婚外性关系规则的影响, 246; financial consequences of, 离婚的财政后果, 159 注, 172, 191, 248, 250, 389; relation to jealousy, 与妒忌的关系, 97 注; as function of litigation system, 作为诉讼体系的函数, 249; grounds for, 离婚理由, 248-252; no fault, 无过错离婚, 159 注, 172, 245-252 常见, 264-265; and polygamy, 与多配偶制, 257-258; in Sweden, 在瑞典, 171-172, 190-191; in United States, 在美国, 191; at will, 离婚随意, 245-252 常见, 390

Domestic relations tort suits, 家庭关系侵权诉讼, 81-82

Dominance theory of sexuality, 性的支配理论, 113

Double standard, 双重标准, 18, 39, 62, 109, 125 注, 184-186, 251-252。又请看, Machismo, 硬汉气概、阳刚之气

Dower, 嫁妆、亡夫的遗产, 265 注

Dowry, 嫁妆、亡夫留下的遗产, 129, 144, 152, 214, 259 注, 265, 282; in classical antiquity, 在古代, 15, 176-177; Judaic law of, 有关的犹太法, 159 注

Dress: care in as function of sexual preference, 着装, 在性偏好中的功能, 106

Dworkin, Andrea, 安德鲁·德沃金, 33

Dworkin, Ronald, 罗纳德·德沃金, 222, 225, 230

Economic theory, 经济学理论, 3, 5, 29-30, 33-36, 85-88, 111ff, 119, 437-438; compared with biological theory, 同生物学理论相比, 108; criticisms of, 对经济学理论的批评, 85-87; previous applications to sex, 先前在性问题上适用, 33-36; law and economics movement, 法律经济学运动, 437-438; political economy of sexual regulation, 性规制的政治经济学, 213-219。又请看, Utilitarianism, 功利主义

Economics: nonmarket, 经济学, 非市场的, 86-87。又请看, Economic theory, 经济学理论

Education, 教育, 62-63, 65, 141-142, 173, 176, 247, 327 注, 403-404, 431, 433。又请看, Boys' schools, 男校; Sequestration of women, 女子的被隔绝

Effeminacy, 女化、娘娘腔, 26, 66, 68, 103, 121-123, 126, 150-151, 300-

302, 304, 3156; signaling function of,传递信息的功能,150-151; typology of,分类,122

Ehrlich, Isaac,伊萨卡·埃利希,139, 369, 386, 394

Eisenstadt v. Baird,埃森斯塔特诉拜尔德案,326注,329-331, 334, 335注, 342, 350

Eliot, T. S., T. S.艾略特,352-353, 358

Ellis,Havelock,哈夫勒德·埃利斯,18

England: divorce,英国:离婚,247; homosexuality,同性恋,299, 309; rape in,强奸,370, 394; sex crimes,性犯罪,73-75; sexual mores in,性习俗,60-62, 156-157, 175, 252-254, 267注, 268

Equal protection of the laws,法律的同等保护,334-335, 379注; as alternative rationale for Roe v. Wade,支持若伊诉韦德案的另一种理由,339-341; as basis fro attacking sodomy laws,作为抨击反肛交法的基础,348-350

Erotica,情色作品。请看,Art,艺术; Pornography,色情品

Erznozinik v. City of Jacksonville,厄兹诺兹尼克诉杰克森维尔市案,338

Essentialism,本质主义。请看,Social constructionism,社会建构主义

Eugenics,优生学,17, 53, 59, 413-414, 421, 429-434; in classical antiquity,在古代,430, 432; and poverty,与贫困,433

Eunuchism,阉割,131注

Evolutionary biology,演化生物学。请看,Biology of sex,性生物学; sociobiology,社会生物学

Exhibitionism,暴露狂,106-107, 213, 379-380, 383-384

Externality,外在性,183ff; disgust as,厌恶作为一种外在性,201-204, 233; infectious disease as source of,传染病作为外在性之来源,163-165; venereal versus other diseases,性病与其他疾病,164

Extramarital or nonmarital sex,婚外性行为或未婚性行为,112ff, 178, 246-247, 256; constitutionality of restrictions on,限制的合宪性,327-350常见; effect of adoption on,收养的影响,408-409, 415, 417, effects of policy toward on incidence of AIDS,有关艾滋病政策的影响,165; and pornography,与色情书刊,374注; regulation of,有关的规制,260-266。又请看,Adultery,通奸; Fornication,私通; Promiscuity,乱交

索 引

Family: economic theory of,家庭的经济学理论,8-9, 34, 36

Feinberg, Joel,乔尔·范博格,222, 230-231

Fellatio,口交,42, 48注, 68, 114, 341, 343, 346, 349。又请看,Sambia,桑比亚

Female sexual pleasure,女子性快感,47, 112-113, 158

Feminism,女权,21-22, 27注, 109注, 122, 160, 180, 229, 288-289, 399; and abortion, 与堕胎,288-289, 340; critique of pornography, 对色情品的批判,354, 366-374常见, 381-382; and economics, 与经济学,221; and lesbianism, 与女同,299-300; jurisprudence, 女权法理学,32-33; radical, 激进的,21, 29, 63, 179, 299, 429, 432注, 438; theory of rape, 关于强奸的理论,384, 385; theories of sexuality, 关于性的多种理论,24-25, 92, 113; and surrogate motherhood, 与替身孕母,424-425

Fertility,生殖力,420注; dances, 生殖舞,355; racial differences in medical treatment for, 治疗不育的种族差异,140-141

Firestone, Shulamith, 苏拉米斯·法斯东,429

Fist Amendment, 宪法第一修正案,32, 254, 326, 338, 371, 375-382常见

Fischl, Eric, 埃里克·菲切尔,352

Fisher, R. A., R. A.费希尔,430, 433

Flandrin, Jean-Louis, 让-路易·弗朗德兰,27

Flashers,露阴者。请看,Exhibitionism,暴露狂

Foot-binding,缠足,256注

Ford, Clellan, 柯利兰·福特,136-137

Fornication,私通,48, 51, 55, 70, 73, 78, 97, 261-263, 329-331; constitutional right of, 宪法权利,344注; trade-offs with adultery, 与通奸的利害交换,263

Foucault, Michel,米歇尔·福柯,23-24, 28-29, 126, 182, 308

Fourteenth Amendment,宪法第十四修正案,347。又请看,Equal protection of the laws,法律的同等保护; Privacy,隐私; Substantive due process,实质性正当程序

France: population policy in, 法国的人口政策,16, 75, 193; sexual mores in, 性习俗,51-52, 157注, 158-159, 268

Freud, Sigmund,西格蒙德·弗洛伊德,18, 21-22, 24, 29, 54, 104注, 148注, 228注, 238, 374; "primal horde" theory, "原始群体"理论,220-221

Functionalism,功能主义,220。又请看,Utilitarianism,功利主义

Gaudium et Spes,《欢乐与希望》,228注,428

"Gay",男同,307

Gebhard, Paul,保罗·格普哈德,31, 294

Gender,性别,24-25; dysphoria,焦虑(请看,Transsexualism,易性癖); non-conformity,不顺从,102-104, 308-309。又请看,Effeminacy,女里女气; Women,女人

Genetics,基因的,89ff; genetic screening,基因筛选,432; and polygamy,与多配偶制,258。又请看,Biology of sex,性生物学; Eugenics,优生学; Sociobiology,社会生物学

Germany: sex policies,德国的性政策,52, 58-59, 70, 75, 193-194, 317; population policy,人口政策,59, 193-194m 430。又请看,Nazi sex policies,纳粹性政策

Gibbon, Edward,爱德华·吉本,44-45, 234注

Gide, Andre,安德列·吉德,404

Gilder, George,乔治·吉尔德,297注, 372注, 428-429, 432

Glendon, Mary Ann,玛丽·安·格兰登,276注

Gonorrhea,淋病,164

Goodman, Paul,保罗·古德曼,404

Graham, Robert,罗伯特·格雷汉,421

Greece (ancient),古希腊,38-45, 47; adoption,收养,405-406; art, 148注, 198, 354-357, 361; homosexuality,同性恋,14, 41-44, 126, 146-149; sex ratio in,性别比,105, 140; sexual mores,性习俗,65, 104-106, 112, 128注, 146-149, 356-357; status of women,女子地位,0-43, 146-147, 176。又请看,Classical antiquity,古典时期; Pederasty,男色; Plato,柏拉图(以及他的具体著作)

Green, Richard,理查德·格林,102

Grey, Thomas,汤姆斯·格雷,32注, 334, 338-339

Grisez, Germain,吉尔门·格里瑟,272注

Griswold v.Connecticut,格里斯沃德诉康涅狄格州案,205, 272注, 324-350常见

索　引

Guttentag, Marcia, 玛希亚·古藤塔克, 140

Hart, H. L. A., H. L. A.哈特, 31, 232
Herdt, Gilbert, 吉尔伯特·赫德, 149
Hermaphroditism, 阴阳人, 26, 69
Hetairai, 古希腊妓女, 40, 147–148
Heterosexuality, 异性恋行为, 33, 319。又请看, Homosexuality, opportunistic, 机会型同性恋行为,
Himes, Norman, 诺曼·哈密斯, 267
Himmler, Heinrich, 海因里希·希姆莱, 267
Hindu sexual mores, 印度的性习俗, 67
Hirschfeld, Magnus, 马格努斯·赫希菲德, 18
Holmes, Oliver Wendell, 奥利弗·温德尔·霍姆斯, 430
Homophobe, 憎恶男同, 292
Homosexuality, 同性恋, 同性恋行为, 25–26, 36, 39 注, 44, 51, 91, 119, 223–224, 291ff, 334, 352–354, 429, 436–437, 440–441; and adoption, 与收养, 407; and AIDS, 与艾滋病, 114–115; in armed forces, 军中的, 152, 156; and artistic creativity, 与艺术创造, 303–305; biology of, 同性恋的生物学, 100–108; attitudes toward, 对同性恋的态度, 202, 232–233; Aericans' attitudes toward, 美国人对同性恋的态度, 64; attidudes of blacks toward, 黑人对同性恋的态度, 140–141; among Catholic clergy, 天主教神职人员中的同性恋, 151–157; and Catholic liturgy, 与天主教的礼拜仪式, 153 注; as choice, 作为选择, 87 注, 125–126; in communist countries, 在共产党国家, 60; constitutional issue, 宪法的争议, 341–350; as "constructed" category, 作为建构出来的范畴, 124–126; criminal punishment of, 对其之刑罚, 207–208, 212; cultural, 文化的, 104; "cures" for, 治愈方法, 298, 308, 309 注; different conceptions of, 不同的理解, 124–126; in England and English-speaking world, 在英国以及英语国家, 60, 299, 309; etiology of, 病源学, 22, 54, 101–108, 163, 295–299; genetic theory of, 基因理论, 101–108; in ancient Greece, 在古希腊, 24, 29–30, 42–44, 146–149; homosexual marriage, 同性恋婚姻, 305–306, 311–314; in Japan, 在日本, 69; and love, 与情爱, 229–230; macho attitudes toward, 硬汉对同性恋的态度, 65–

427

66; opportunistic, 机会型, 100-158 常见, 179; and promiscuity, 与乱交, 300-306 常见; relation to (heterosexual) prostitution, 与(异性恋)卖淫的关系, 130-131; in navy, 在海军中, 152, 156, 315 注, 316; under Nazism, 在纳粹时代, 59; in the Netherlands, 在荷兰, 307; political economy of, 同性恋的政治经济学, 215; and polygamy, 与多妻制, 136-137; and population, 与人口总量, 162; in prisons, 在监狱中, 113, 121, 156; in ancient Rome, 在古罗马, 44-45; among the Sambia, 在桑比亚人中, 68; in Scandinavia, 在北欧国家, 58, 178; seduction as cause of, 诱奸作为同性恋的原因, 297 注, 298, 399, 403-404; effect of social tolerance, 社会宽容的影响, 297-299; homosexual subcultures, 同性恋亚文化, 29-30, 81, 125, 147, 157; sublimated, 净化、升华, 154, 156; therapy for, 同性恋的治疗, 101 注; and subversion, 在分类, 321-322; and underpopulation, 与人口不足, 194, 196; and urbanization, 与城市化, 126-129。又请看, Homosexuals, 同性恋者

Homosexuals: in armed forces, 男同在军中, 60, 307, 314-323, 348-350; IQ and education of, 智商与教育, 156, 301; list of notable, 名人名单, 141-142; life style of, 生活方式, 300-305; married, 已婚的, 117, 147, 148, 165, 261, 296, 417; mental health and happiness of, 精神健康与幸福, 301-307; in military, 在军中, 344 注, 348; as narcissistic, 作为自恋, 157, 228-229; number of, 数量, 128, 154-155, 294-295, 297-298; occupational structure of, 职业结构, 300-305; as parents, 作为亲长, 417-420; police harassment of, 警察的骚扰, 51, 309-310, 340-341; in police forces, 在警察中, 315 注, 319; as politically effective interest group, 作为政治上有影响的群体, 292-293; in prisons, 在监狱, 294; as role models, 作为模范人物, 322, 404; as teachers, 作为教师, 403-404。又请看, Homosexuality, 同性恋形态

Humanae Vitae,《人之路》,228

Hume, David, 大卫·休谟, 110 注

Hyde v. Hyde, 海德诉海德案, 253-254

Hypermaschulinity, 极端大男子主义, 26

Illegitimacy, 非婚生子女, 41 注, 51, 56-57, 115, 190-192, 197, 201, 208, 251, 270-271; and adoption, 与收养, 408-409; among blacks, 在黑人中, 138, 140, 168; constitutional issue, 宪法争议, 333; laws regulating, 规制非婚生子女

的法律,262-263, 265; legal disabilities of, 非婚生子女的法律能力限制,210-211; as by-product of premarital search, 作为婚前性搜寻的副产品,262; stigma of, 非婚生的社会耻辱,262-263, 408; in Sweden, 在瑞典,72; as function of welfare programs, 福利项目的函数,166-168, 185, 188, 264, 266; as function of women's economic and social status, 女子经济和社会地位的函数,263

Impotence, as ground for divorce,阳痿,作为离婚理由,250-251

In vitro fertilization,试管授精,90, 420, 421 注, 428

Incest,乱伦,41, 58, 71, 74, 89, 94-95, 132 注, 142, 212, 395-402 常见; as factor in abortion, 作为堕胎的因素,278; biological and social character of taboo against, 禁止乱伦的生物学和社会特点,199-201; as crime, 作为犯罪,200; father-daughter, 父女乱伦,200, 398, 401; royal, 王室乱伦,202 注; sibling, 兄妹乱伦,95, 110 注, 200-201; in Sweden, 在瑞典,72; as function of urbanization, 作为城市化的函数,126

Inclusive fitness,包容适应性,91-102

Income and wealth: effect of polygamy on distribution of,收入与财富,多妻制对收入与财富分配的影响,258; effect of Connecticut anticontraceptive statute on, 康涅狄格州反避孕用品法对收入与财富的影响,327; and eugenics, 于优生学,431; effect of allowing sale of parental rights on, 允许亲权出售对收入与财富的影响,411-412; effect of surrogate motherhood on, 替身孕母对收入与财富的影响,427-428; effect of sexual practices on, 性习俗对收入与财富的影响,129-130, 133-136, 176-177。又请看, Divorce, financial consequences of,离婚的财政后果; Marriage, cost of,婚姻的成本

Infanticide,溺婴,41, 44, 46, 196 注, 230, 268, 332, 408; and abortion controversy, 与堕胎的论争,272-290 常见; causes of decline in, 衰减的原因,216; economics of, 溺婴的经济学,143-144; female, 溺女婴,50, 137, 143-144, 159, 193, 216, 282 注; incidence of in classical antiquity, 古代社会的发生率,159 注

Inferior good: sex as,性作为次等品,133-134

Infibulation, 锁阴,256

Information,信息。请看, Search costs,搜寻成本; Sex education,性教育

Inheritance of acquired characteristics, 后天特征的遗传,39-40

Institute for Sex Research,性学研究所,18-19, 294

Intecourse (sexual): age at first, 性交,第一次时的年龄,166, 167; frequency of, 性交频度, 116, 118, 143; interfemoral, 大腿间的性交, 43

Interest groups, 利益集团。请看, Politics of sex, 性的政治

Interracial dating and marriage, 不同种族间的约会和婚姻, 138

Ireland: sexual mores in, 爱尔兰, 性习俗, 58; religion in, 宗教, 161

Islam, 伊斯兰教, 228; attitude of toward contraception, 对避孕的看法, 267; toward pornography, 对色情品的看法, 365; law of rape, 反强奸法, 394; sexual and marital ethics of, 性及婚姻伦理, 67, 245-246, 365。又请看, Marriage, temporary, 临时婚姻

Italy: abortion in, 意大利:堕胎, 278 注; sex crimes in, 性犯罪, 75

Japan: adult adoption, 日本, 成人收养, 405-407; divorce, 离婚, 248 注; homosexuality, 同性恋, 297; pornography, 色情品, 369-370; rape, 强奸, 369-370; religion, 宗教, 236 注; sex crimes, 性犯罪, 75; sexual mores, 性习俗, 69, 217; sexual mores and economic progress, 性习俗与经济发展, 197-198

Jealousy, 嫉妒, 97-98, 112, 185

Jesus Christ, 耶稣基督, 49, 142

Jews: sexual customs of, 犹太人, 行习惯, 48-49。又请看, Judaism, 犹太教; Old Testament,《旧约全书》

Johnson, Virginia, 弗吉利亚·约翰逊, 20-21, 24

Judaism: abortion, 犹太教, 堕胎, 275-276; competition with Christianity, 同基督教的竞争, 218; marriage law, 婚姻法, 159 注; Orthodox, 正统的, 48, 62, 275-276; population concerns, 人口总量关切, 193 注, 196 注; sex ethics of, 性伦理, 46; sex ratio, 性别比, 140

Kant, Immanuel, 伊曼努尔·康德, 110 注, 225; theory of sexual morality, 性道德的理论, 223

Kantianethics, 康德派论理学, 229-230, 283

Kappeler, Susanne, 苏珊尼·开普勒, 382 注

Kass, Leon, 利昂·卡斯, 429

Kinsey reports, 金西报告, 19, 30-31, 63, 294-295

Kinsey scale,金西尺度,105-106, 114, 119, 298

Kinsey, Alfred,埃弗雷德·金西,18-19。又请看,Kinsey reports,金西报告; Kinsey scale,金西尺度

Krafft-Ebing, Richard von,理查德·范·克拉夫特-伊宾,18, 54

Kristol, Irving,厄文·克里斯托,231, 373-374

Kuhn, Thomas,托马斯·库恩,28

Laqueur, Thomas, 托马斯·拉克,28-30

Law and morals,法律与道德,31-32, 70ff, 326-327

Law, 法律。请看, Feminism, jurisprudence, 女权法理学; Law and Morals,法律与道德; Privacy,隐私

Laws,《法律篇》,14-15

Learning by doing,干中学,105, 302

Leisure: economics of,休闲经济学,134-135

Lesbian marriage,女同婚姻,306

Lesbianism,女同,21, 24, 59 注, 63, 70, 91, 99, 106, 140, 178-180, 194, 419; among animals, 动物中间, 101 注; and artistic creativity, 与艺术创造力,204-305; as crime, 作为犯罪, 300; etiology of, 病源学, 102; opportunistic, 机会型的,137, 299-300

Lesbians: in military,军中女同,315-323 常见; number of, 数量,294-295; as parents, 作出亲长,417-420; registered partnerships of, 登记了的合伙,314 注

LeVay, Simon, 西蒙·勒维,105 注

Liberalism,自由主义,233; classical, 古典自由主义,3, 215, 311, 347, 428, 441; in sexual versus economic markets, 在性市场与经济市场之争,334-335, 338-339。又请看,Mill, John Stuart, 约翰·斯图加特·密尔

Liberty, Equality, Fraternity,《自由、平等、博爱》。请看, Stephen, James Fitzjames,詹姆斯·费茨詹姆斯·斯蒂芬

Liberty,自由。请看,Liberalism,自由主义; Privacy,隐私

Linder,Staffan Burenstam, 斯塔芬·布仁斯塔姆,134 注

Love,情爱、爱情,13-14, 98, 158-159, 216, 223, 229-230; free, 182; romantic versus marital, 浪漫之爱与婚姻之爱之争,118-119。又请看,Marriage, companionate, 伴侣婚

Loving v. Virginia, 拉文诉弗吉尼亚案, 311-312

Luther, Martin, 马丁·路德, 40注, 51

Machismo, 大男子、阳刚, 64-66, 104, 126, 157, 161

MacKinnon, Catharine, 凯瑟琳·麦金农, 32-33, 371-372, 429注

Malinowski, Bronislaw, 布罗尼斯瓦夫·马林诺斯基, 18, 97-98

Malthus, Thomas, 汤姆斯·马尔萨斯, 17, 33, 35-36, 116, 118, 162注, 199, 267-268

Manliness, 阳刚、硬汉气概。请看, Machismo, 硬汉、阳刚; Masculinity, 雄性、阳刚

Mann Act, 曼恩法案, 61, 79-80, 254, 262

Mann, Thomas: *Death in Venice*, 托马斯·曼,《死于威尼斯》, 239注

Mapplethorpe, Robert, 罗伯特·马普索普, 352-354, 375

Marcuse, Herbert, 赫伯特·马库塞, 22-24, 237-240, 316, 338, 372, 374

Marital debt, 婚姻之债, 111

Marital rape, 婚内强奸。请看, Rape

Marriage "market," 婚姻"市场", 118

Marriage, 婚姻, 47-48, 50, 55, 243ff; age at, 婚龄, 116, 118, 146, 176, 246, 262; minimum age at, 最低婚龄, 245; aristocratic, 贵族的婚姻, 134, 157注; arranged, 包办婚姻, 118-119, 157, 245; Christian, 基督教婚姻, 160, 226; in classical antiquity, 在古代社会, 39, 41, 71, 160, 176-177, 244; companionate, 伴侣婚, 45, 47, 51, 112-113, 117-119, 132-161 常见, 173-178 常见, 184-186, 216, 229, 244-261 常见, 268-269, 325, 358, 432, 435-436, 438; effect of contraception on, 避孕对婚姻的影响, 268-269; cost of, 婚姻的成本, 129, 144, 151, 261; following cohabitation, 先同居后结婚, 120; decline of, 婚姻的衰落, 252; economic analysis of, 婚姻的经济学分析, 247; formalities, 婚姻手续, 244; by homosexuals, 男同的婚姻, 117, 147, 148注, 165, 224; incidents of, 婚姻发生率, 313; for money, 为了钱的婚姻, 112; levirate, 48; Muslim, 穆斯林婚姻, 247, 265注; restrictions on, 对婚姻的限制, 243-245; right of, 婚姻权, 311-312, 331注; temporary, 临时婚姻, 67, 244, 258-259, 265。又请看, Cohabitation, 同居; Divorce, 离婚; Homosexuality, homosexual marriage, 同性恋婚姻

Marxism, 马克思主义。请看, Capitalism and sex, 资本主义与性; Marcuse,

Herbert,赫伯特·马库塞

Masculinity,硬汉气概、阳刚之气,24, 26。又请看,Effeminacy,女人气

Masters, William,威廉·马斯特,2021, 24

Masturbation,手淫、手淫,16-17, 22-23, 42-43, 53-54, 63-64, 67注, 100, 116, 142, 207, 244, 357-374常见; as form of sexual deviance,作为一种性异端,99; economics of,手淫的经济学,113, 119-120; female,女子手淫,110, 112注, 145注; mutual,相互手淫,52, 120; and pornography,与色情品,354

Maternity leave,产假。请看,Welfare programs,福利项目

Mating,交配。请看,Assortative mating,相称的配偶; Biology of sex,性生物学; Marriage,婚姻

McCarthy, Joseph,约瑟夫·麦卡锡,322注

Mead, Margaret,马格丽特·米德,18, 67

Medical profession,医学职业,112注, 215

Mediterranean sexual cultrue,地中海性文化。请看,Greece,希腊; Machismo,大男子

Melanesia。请看,Polynesian sexual customs

Methodology of economics,经济学方法,85-87

Michael H. v. Gerald D., 210-211

Middle Ages,中世纪,49-50, 132, 250, 346, 357, 396; sexual mores of,性习俗,129-131。又请看,Monasticism,

Miles, Margaret,马格丽特·迈尔斯,360, 381

Mill, John Stuart,约翰·斯图加特·密尔,2-4, 17, 202-203, 215, 231, 233-234, 259, 288, 379-380, 438

Mine marriages,矿山婚姻,152注

Miscegenation,种族混血,59。又请看,Interracial dating and marriage,不同种族之间的约会和婚姻

Misogyny: role of pornography in,厌女症、重男轻女:色情品的作用,370

Monasticism, 121, 131注, 151-157

Monogamy,单偶制、一夫一妻制。请看,Marriage,婚姻; Polygamy,多偶制、一夫多妻制

Moral philosophy,道德哲学,221ff; and abortion,与堕胎,273-275, 279-290

Morally indifferent sex: concept of,与道德无关的性之界定,4, 24, 85, 181-204 常见,231, 333, 365, 383, 398, 431

Mormonism,摩门教,117 注; and polygamy, 与多妻制,138。又请看, Polygamy,多妻制、多偶制

Morning-after pill, 284, 287, 290

Murphy, Kevin,柯文·墨菲,187, 415-416, 433

Myrdal, Alva,埃娃·米达尔,33, 177

Myrdal, Gunnar,冈纳·米达尔,33, 177

Nagel, Thomas,汤姆斯·内格尔,203

Narcissism,自恋,157, 301, 304, 374, 429。又请看,Homosexuality,同性恋行为

Natural law,自然法。请看,Nature and the "natural",自然与"自然的"; Roman Catholicism,罗马天主教

Nature and the "natural',自然与"自然的",14-15, 42, 151, 223, 225-228。又请看,Roman Catholicism,罗马天主教; Social constructionaism,社会建构主义

Nazi sex policies: eugenic,纳粹的性政策:优生学,59, 430; homophobic, 厌恶同性恋的,52, 59, 72, 223; pronatalist, 193-194, 317

Near East (ancient): sexual mores of,古近东的性习俗,39 注

Netherlands: homosexuality in,荷兰的同性恋形态,297, 307; religion in, 宗教在荷兰,161 注; sexual mores in, 性习俗,56, 318, 403

New Testament,《新约全书》,49; sex ethics of, 性伦理,142

Newman, John Cardinal,约翰·纽曼大主教,153 注

Nietzsche, Friedrich,弗利德里克·尼采,134 注 231 注

No-fualt divorce,无过错离婚。请看,Divorce, no fault,离婚,无过错

Noonan, John,约翰·努南,31, 276

Nude dancing,裸体舞,2, 42, 357, 379-380

Nudism,裸体主义,233, 359

Nudity,赤身裸体,16, 42, 232, 318, 356; artistic versus indecent, 艺术的与有伤风化的,379-381; in Japan, 在日本,69; public , 338, 379-381; in Sweden, 在瑞典,380; taboo status of in Christian societies, 在基督教社会的禁忌地位,48,

226, 357-360, 363-364, 380。又请看,Nude dancing,裸体舞;Nudism,裸体主义;Pornography,色情品

Obscenity,淫秽,334注,346,352,366,381。又请看,Pornography,色情
Old Testament,《旧约全书》,14,39注,48,157;sex ethics of,性伦理,142。又请看,Judaism,犹太教;Onan,奥兰
Onan: sin of,俄南的罪孽,48,267
Orgasm, female,女子性高潮,17-18,28,92,113。又请看,Female sexual pleasure,女子性快感
Orwell, George,乔治·奥威尔,23
Packer, Herbert,赫伯特·派克,309-311
Paganism,异教。请看,Classical antiquity,古典时期
Palimony,离婚赡养费,264
Parfit,Derek,德雷克·帕菲特,284注,433注
Paternity tests,亲子检验,185
Paul,圣保罗,14,49
Pederasty,男色、娈童,41-44,65注,105,146-151,212,229-230,404;number of pederasts who marry,男色结婚的数量,148注;Sambian,桑比亚人,68,105,149,440;transitory,过渡的男色,149;in warrior culture,在勇士文化,149。又请看,Boys as female substitutes,男孩作为女人的替代;Homosexuality,同性恋;Homosexuals,同性恋者
Pedophilia,恋童癖,42,106-107,150,400;optimal punishment of,最佳惩罚,211。又请看,Child sexual abuse,儿童性虐待
Penis:aritificial,阴茎,人造的,21,25。又请看,Phallocentrism,阴茎中心主义
Petting,猥亵、爱抚,116-117
Phaedrus,《费德鲁斯》,1
Phallocentrism,24,42-43,65
Philippines: homosexuals in,同性恋在菲律宾,303
Philopatry,199注
Philosophy: of se,13-14,220ff。又请看,Moral philosophy,道德哲学;Scientific methodology,科学方法论

Photogrpahy,摄影、照片,362, 377注

Planned Parenthood v. Danforth,双亲计划诉单福斯案,332注, 348

Plannedparenthood movement,双亲计划运动。请看,Birth control,生育控制;Contraception,避孕

Plato,柏拉图,14, 41-42, 45, 225。又请看,具体著作的名字

Political economy of sexual regulation,性规制的政治经济学。请看,Politics of sex,性政治学

Politics of sex,性政治学,23, 162, 198-199, 237-240, 266, 316注, 326-328, 338, 340-341, 371-372, 395, 408-409, 417; demand for and supply of sexual regulation,对性规制的需求和供应,213-219; political consequences of polygamy,多妻制的政治后果,254, 258; politics of sex education,性教育的政治,271。又请看,Marcuse, Herbert,赫伯特·马库塞

Polyandry, 69; de facto, 130

Polygamy,多妻制、多偶制,9, 69, 214, 216-217, 221, 265-266, 420注; African,非洲的, 170, 259; among animals,在动物中, 10, 260; echo of in poor black communities of U.S.,美国贫苦黑人社会中的回音, 170; basis for traditional Christian taboo against,传统基督教禁止的理由, 253-259; and companionate marriage,与伴侣婚, 253-260; and human sexual dimorphism, 260注; possible efficiency argument of prohibiting,禁止多妻制的效率论点, 216; as function of female productivity,作为女子生育的函数, 170; genetic effects of,基因的影响, 258; and attitudes toward homosexuality,与对同性恋的态度, 136-137; Jewish,犹太人, 48-49; Mormon,摩门教, 138, 197, 208-209, 253-255, 259注; Muslim,穆斯林, 67, 253注, 256-257; political economy of,多妻制的政治经济学, 215, 248, 254; serial,连续性多妻制, 50。又请看,Polyandry; Polygyny

Polygyny, 69, 90-91, 94-95; as form of "fertility treatment",作为一种不育症疗法, 141; de facto,事实上的多妻制, 129; serial, 129-130, 248; sororal, 103。又请看,Polygamy

Polymorphous perversity, 22-23, 29, 107, 240

Polynesian sexual customs, 67-68, 97-98

Popenoe, David,戴维·190-191

Population policy,人口政策, 17, 33, 52-53, 187-196常见, 411注; and abortion,与堕胎, 281-282, 285; in Asian nations,在亚洲国家, 193; costs and

索 引

consequences of, 成本与后果, 193-194; in ancient Greece, 在古希腊, 41; Nazi, 纳粹的, 59; and poverty, 与贫困, 433; in ancient Rome, 在古罗马, 45; in Romania, 在罗马尼亚, 60, 194 注。又请看, Eugenics, 优生学

Pornography, 色情品、色情艺术, 17, 32-33, 41, 51-52, 56, 59-60, 78, 92, 93 注, 213, 333, 351ff; economics of, 色情的经济学分析, 144-145; and extramarital sex, 与婚外性行为, 374 注; in ancient Greece, 在古希腊, 354-357; and sexual experience, 与性经验, 123; and social status of women, 与女子的社会地位, 365-366; technical improvements in, 技术改善, 362; violent, 暴力的色情品, 364; as form of voyeurism, 384; women's market for, 女子的色情市场, 145 注, 354-355

Pornotopia, 色情美梦, 367

Poverty, 贫困。请看, Income and wealth, 收入与财富

Pregnancy, 怀孕。请看, Abortion, 堕胎; Contraception, 避孕; Illegitimacy, 非婚生育; Teenage pregnancy, 青少年怀孕

Priesthood。请看, Clergy

Primate sexuality, 灵长类的性态, 20, 97, 101, 113

Primitive societies, 初民社会, 254, 257 注; nudity in, 初民社会中的裸体, 357 注; polygamy and homosexuality in, 初民社会中的多妻制以及同性恋, 136-137; sex practices of, 初民社会的性习俗, 26, 67-69, 97。又请看, Dani; Sambia

Prisons: sex in, 监狱中的性行为, 121。又请看, Homosexuality, 同性恋

Privacy: right of, 隐私权, 32, 235, 324ff; marital, 婚姻的隐私, 325, 330, 337

Promiscuity, 乱交, 91-96 常见, 138, 163 注, 169, 255; among animals, 动物中的乱交, 1169; homosexual, 男同的乱交, 300-306 常见, 311; and polygamy, 与多妻制, 258-259; as function of welfare programs, 乱交是福利项目的函数, 168, 185

Prostitutions, 卖淫嫖娼, 16, 42-43, 51, 56, 61, 71, 107, 112-113, 122, 147-148, 169-170, 229, 244, 256, 268, 378-380, 424, 440; ambiguous status of in system of companionate marriage, 在伴侣婚中的含混地位, 158, 186; as affected by contraception, 所受避孕的影响, 144; as crime, 作为犯罪, 70, 72, 78-80, 329; changing character of services, 正在改变的服务特点, 132; economic structure of, 经济结构, 120-121, 130-133; in ancient Greece and Rome, 在古希腊罗马, 40-

437

42, 44; relation to homosexuality, 与同性恋的关系, 130-131; in Japan, 在日本, 69; and lesbianism, 与女同, 179; licensed, 持证的, 78注, 209; male, 男子的, 42, 399注; Marxist theory of, 马克思主义的理论, 131注; in Middle Ages, 在中世纪, 50, 128-132, 261; modern, 现代的, 131-132, 261-262; moral status of, 道德地位, 397注; as form of nuisance, 是一种侵扰, 380注; as affected by polygamy, 受到多妻制的影响, 137; in Sweden, 在瑞典, 132注; in the American Wild West, 在当年美国西部, 130注; women's demand for, 女子对卖淫的需求, 92

Protestantism, 新教, 16, 228, 326; and abortion, 与堕胎, 275-276; fundamentalist, 原教旨主义的, 62; sexual ethics of, 性伦理, 51, 152-153, 158-159, 326; sexual theories of, 性理论, 224-225

Psychoanalysis, 精神分析, 21-22。又请看, Freud, Sigmund, 西格蒙德·弗洛伊德; Marcuse, Herbert, 赫伯特·马库塞

Psychology, 心理学。请看, Child sexual abuse, 儿童性虐打; Children, 孩子、儿童; Freud, Sigmund, 西格蒙德·弗洛伊德; Biology of sex, 性生物学; Homosexuality, 同性恋; Homosexuals, 同性恋者

Purdah, 158, 256。又请看, Sequestration of women, 隔离女子

Puritanism, 清教, 16, 51, 60, 135, 158, 272; divorce, 离婚, 247; effect on economic growth, 对经济增长的影响, 196-199; effects of on incidence of venereal disease, 对性病率的影响, 164-165

Purity movement, 纯洁运动, 262。又请看, Comstockery, 考姆斯托克,

Putnam, Hilary, 希拉里·普特南, 222注, 288注

Quality, demand for, 对质量的要求, 135-136

Racial differences: and eugenics, 种族差别与优生学, 431; in sexual behavior, 性行为上的, 138-139, 140-141, 167-168, 216-217, 278注, 415

Radin, Margaret, 马格丽特·拉丁, 413

Rape, 强奸, 71, 72, 74-77, 113, 212, 338, 384-395; as factor in abortion, 强奸作为堕胎的因素, 273, 278, 280; among animals, 动物中的强奸, 385; as form of battery,作为一种伤害,8,390; biological theory of, 强奸的生物学理论,106-108; by blacks,黑人强奸,139; consent,同意,389, 392, 394-395; correlation with other crimes,与其他犯罪的关联,387注; date rape,约会强奸,391-392; in preindustrial England,在工业化之前的英国,387注; by fraud,骗奸,392-393; frequency of in U.S. and other countries,美国以及其他国家强奸的频繁率,38,70,387-388; marital,婚内强奸,183, 388-391, 398; of men or by women,强奸男人或女人强奸男子,383; effect of pornography on,色情品对强奸的影响,366-372; proof of,强奸的举证,388-395常见; optimal severity of punishment of,惩罚强奸的最佳严厉程度,393-394; rape-shiedld laws,防止强奸法,393; significance of reasonable mistake,合乎情理之错误的意义,394-395; in repressive versus permissive societies,在性压制社会与在性随意社会,387-388; statutory,法定强奸,74-77, 403-404; as form of theft,强奸作为一种偷窃,182-183, 384-386; underreporting of,强奸案报告不足,385; violent,暴力强奸,385-386。又请看,Pornography,色情品

Rational behavior,理性行为。又请看,Eonomci theory,经济理论; Rationality,理性

Rationality,理性,108, 114; economic meaning of,理性的经济学含义,85, 88, 90, 118

Reductionism,简约论,86

Reformation,改革、改造,16, 50-51

Regulation: government, of sex,规制,政府对性的规制,16

Reich, Wilhelm,威廉·赖希,237注

Religion,宗教,36, 116-117, 141-142; by country,国教,161; and crime,与犯罪,236; in Netherlands,在荷兰,161; Political economy of,宗教的政治经济学,217-218; effect of on sexual a ttitudes and behavior,宗教对性态度以及性行为的影响,63, 235-237; in Sweden,在瑞典,161; smorgasbord theory of, 237, 439; in United States, 161。又请看,具体宗教的名字

Repression,压制,22-23

Reproduction: artificial,人工生育,21, 405ff。又请看,Adoption,收养; Surrogate motherhood,替身孕母

Republic,《理想国》,14, 44, 238

Reynolds v. United States,雷诺兹诉美国案,254

Rhythm method, 经期避孕法, 267, 273; as form of abstinence, 作为一种禁欲, 269

Rich, Adrienne, 埃德雷尼·里奇, 33

Richards, David, 戴维·理查兹, 32注, 186注, 344注

Right to life movement, 胎儿生命权运动, 275, 279-280, 284

Roe v. Wade, 若伊诉韦德案, 72, 78, 80, 215, 332-350常见; effect of on number of abortions, 对堕胎数量的影响, 206-207。又请看, Abortion, 堕胎

Roman Catholicism, 罗马天主教教义, 22, 31; view on adoption, 对堕胎的看法, 40-409; and contraceptive laws, 与反避孕法, 217-218; dissenting voices, 反对声音, 228注; and economic progresss, 与经济发展, 197; attitude toward homosexual preference, 对同性恋偏好的态度, 154; liturgy, 153注; political activities of Church, 教会的政治活动, 326, 328-329; sexual ethics of, 罗马天主教的性伦理, 14-17, 111, 121, 151, 244, 251, 261, 267ff, 245-346; sexual theoies of, 罗马天主教的性理论, 224ff。又请看, Christianity, 基督教义,

Romania, 罗马尼亚, 194注; foundlings, 猥亵, 411注; population policy in, 罗马尼亚的人口政策, 60

Rome (ancient), 古罗马, 44-45, 47, 234; adoption in, 405-409; sexual mores in, 性习俗, 357注; stauts of women in, 女子地位, 44, 135, 176-177。又请看, Classical antiquity, 古典时期

Russell, Bertrand, 波特兰·罗素, 168-169, 181-182, 237-238, 246, 334, 359, 430-431

Sadomasochism, 354, 376

Safe sex, 安全的性行为, 114

Sale of parental rights ("baby selling"), 亲权出售("卖孩子"), 409-417; effect on children, 对孩子的影响, 412-413

Salome, 所多玛, 363, 379, 381

Sambia, 桑比亚, 68, 105, 149, 440

Sartre, Jean-Paul, 让-保罗·萨特, 301注, 353

Scandinavia: intercountry differences, 斯堪的纳维亚：国家间的差别, 72注, 440; sex laws in, 北欧国家的性法律, 72-73; sexual mores in, 性习俗, 56-58, 175, 319。又请看, Denmark, 丹麦; Sweden, 瑞典

Scatology, 352注

Schopenhauer, Arthur,阿瑟·叔本华,110 注

Scientific methodology,科学方法论,86-87, 109-109; applied to moral theories, 运用于道德理论,221ff; applied to study of sex, 运用于性之研究,438-439

Scruton, Roger,罗杰·斯克拉顿,154 注, 228-229, 309 注

Search costs,搜寻成本,119ff, 151, 302-303; as function of attractiveness, 是人是否有性吸引力的一个函数,122-123; marital, 婚姻的搜寻成本,246

Secord, Paul,保罗·希考德,140

Seduciton, 诱奸,403; crime of, 诱奸罪,389, 392-394; tort of, 81-82, 213 注。又请看,Homosexuality,同性恋

Semen, 20, 28, 39, 47, 68, 149

Separation (marital),分居,250, 389

Sequestration of women,女子的隔离,40, 44, 65, 112, 125, 128 注, 133, 140, 146-169 常见,173, 365, 387

Sex crimes,性犯罪, 32 注, 70ff, 204-211; enforcement by ecclesiastical courts, 教会法庭的执法,73; index of punishment severity, 惩罚严厉程度,74-78, 439; in Sweden, 在瑞典,58。又请看,Child sexual abuse, 儿童性虐待; Rape,强奸; Sodomy,肛交

Sex discrimination,性歧视,27 注, 91 注, 343; as explanation for sex laws,作为对性法律的解说,216

Sex drive,性冲动,87, 118, 123-124; female, 女子性冲动,91, 179

Sex education,性教育,57, 64 注, 190-192, 217-218; in Sweden, 在瑞典,166, 190; in United States, 在美国,166 注; Sweden and U.S. compared, 瑞典与美国之比较,271-272; within the home, 家庭内的性教育,270 注, 442

Sex ratio,性别比,128-132, 136-141; biological determinants of, 性别比的生物学决定因素,95-96; effective, 有效性别比,136-141; in American black community, 在美国黑人社区中,137-139; in classical antiquity, 在古典时期,136 注; among orthodox Jews, 在正统犹太教徒中,140

Sex surveys, 性调查,30-31, 63-64, 438。又请看,Kinsey reports,金西报告

Sex: biology of,性的生物学。请看,Biology of sex,性生物学

Sexology,性学,13ff; descriptive versus speculative, 描述性性学与玄想性性

学,18-20; legal,性法学,31-33

Sexual conservatives,性保守主义者,62, 151, 199, 395, 415, 428-429, 432; critique of pornography,对色情品的批判,372-374

Sexual deviance,性不轨,22, 54; biology of,行不轨的生物学,91-108; in cities,城市中的性不轨,133; male versus female,男女之间的不同,99; as revolutionary force,作为一种革命力量,238-240。又请看,具体做法的名字

Sexual dysfunctions: treatment of,性功能失调:治疗,20-21

Sexua harassment,性骚扰,21, 316, 371, 392, 395

Sexual revolution,性革命,54-57, 132, 179, 408

Sexual strategies,型战略,90-110 常见,167-173, 188, 221, 251-2 52, 283, 295, 340-341, 390; impact of artificial reproduction on,对人工生育的影响,432

Sherfey, Mary Jane,玛丽·简尼·谢菲,92

Shrage, Laurie,劳瑞·希拉格,92

Simon, Julian,居里安·西蒙,193 注

Singapore: sterilization program in,新加坡的绝育项目,431

Sissies,女人气、娘娘腔,296, 309。又请看,Effeminacy,阴柔; Gender,性别, nonconformity,不相符

Slavery,奴隶制,41-42, 71, 104, 137, 148, 175-176

Social class,社会阶层,61

Social constructionism,社会建构主义,23-30, 110, 126, 145, 438

Sociobiology,社会生物学,20, 108-110, 189, 359。又请看,Biology of sex,性生物学

Sociology of sex,性生物学,30-31

Socrates,苏格拉底,14, 42-44

Sodom and Gomorrah, 48

Sodomy,肛交,16, 48 注, 56, 341-350, 355-356; arguments for repeal of criminal laws against,支持废除反肛交法的论点,309-311; as crime,作为犯罪,51-52, 61, 73-74, 77-78, 125, 158, 213, 235, 291, 341-350; heterosexual,异性恋的,73-74, 80, 98 注, 113, 342, 345, 349; as contraceptive method,作为避孕手段,117, 151, 165, 270, 345 注

South America: homosexuality in,同性恋行为在南美,126; sexual mores in,南美的性习俗,65, 68, 117

Southeast Asia: sexual mores in,东南亚的性习俗,67-68

Soviet Union: sex ethics in,苏联的性伦理,198。又请看,Communist sex ethics,共产主义性伦理

Sparta,斯巴达,53, 430; sexual customs in, 斯巴达的性习俗,44

Sperm banks,精子银行,109, 421; genetic screening by, 精子银行的基因筛选,432

Stephen, JamesFitzjames,詹姆斯·费兹詹姆斯·斯蒂芬,17, 203注, 230, 233-236

Sterility: significance of in marriage law,不育在婚姻法中的意义,250-251

Sterilization,绝育, 59, 116, 268注, 430-431; of blacks, 黑人的绝育, 140-141

Stoic philosophers,斯多葛哲学家,14-15, 45

Straus, Murray,默雷·斯特劳斯,369

Striptease,脱衣舞,42, 92注, 357注, 362注, 363-364; and lesbianism, 与女同行为,179。又请看,Nude dancing,裸体舞

Sublimation,升华、净化,22, 238; of homosexuality, 同性恋的,154, 156

Substantive due process,实质性正当程序,336-337

Substituability in matters of sex, 性问题上可替代性,117ff, 151, 366, 368, 371

Superincision, 割礼,67注

Suprior good, 优质品,134-135

Surrogate motherhood,替身孕母,420-428; compared with adoption, 与收养之比较,422; economics of, 替身孕母的经济学,422-428; issue of contract enforceability, 合同强制执行问题,426-428

Sweden: abortion in,瑞典:堕胎,277; age of consent, 意思表示的法定年龄,403; general approach to matters of sex, 对性问题的一般进路,441-442; cohabitation in, 同居, 265, 313-314; contraception, 避孕,271; economy of, 经济,197-198; homosexuality in, 同性恋,297, 313-314; attitude toward homosexuals, 对同性恋者的态度,161; marriage by homosexuals, 同性恋婚姻,117注; incidence of AIDS, 艾滋病发生率,165; population policy, 人口政策,162-163; pornography, 色情品,372; prostitution, 卖淫嫖娼,72, 132注; rape, 强奸,72, 370; regulation of the family and sex, 对家庭与性的规制,172, 217; religion, 宗

教,217, 236; sex crimes, 性犯罪,72-73; sex education, 性教育,271, 442; sexual mores, 性习俗,57-58, 161-180 常见, 190-192, 270 注; welfare programs, 福利项目,166-167, 188-192 常见,197-198, 266

 Switzerland: sexual mores in,瑞士的性习俗,64, 319

 Symons, Donald,唐纳德·西蒙斯,384

 Symposium,《会饮篇》,1, 13-14, 43-44, 112

 Syphilis, 164; origin of, 164 注

Teenage pregnancy,青少年怀孕,56-57, 269-272, 331-332; as function of design of welfare programs, 福利项目设计之函数,168; in Sweden, 在瑞典,166, 190

 Temporary marriages,暂时婚姻。请看,Marriage, temporary,暂时婚姻

 Theatre,剧场,45, 51

 Thompson, Robert, 罗伯特·汤普森,352-353

 Titian,提香,358-359, 364

 Title VII,美国民权法案第 7 章,322-323

 Titmuss, Richard, 理查德·提特姆斯,33 注, 428 注

 Tomboys, 296

 Transsexualism, 25-27; Catholic view of, 227-228

 Transverstism, 25-27, 51

 Tripp, C. A., C. A.特里普,122

 Turing, Alan,埃兰·图林,208 注

United States: abortion,美国:堕胎,276ff; antebellum South, 61, 176; artificial reproduction in, 人工生育,409ff; policy toward homosexuals, 对同性恋者的政策,291-293, 299, 309ff; prostitution in Wild West, 美国西部的卖淫,130 注; sex crimes in, 性犯罪,75-81; sexual mores in, 性习俗,52, 60-65, 157, 175 注, 268 注, 270-273; sexaul mores in colonial America, 美国殖民时期的性习俗,60-61, 126-127, 213, 247 注; Supreme Court sex cases, 最高法院的性案件,324ff; welfare programs, 福利项目,167-168。又请看,Aid to Families with Dependent Children,对有未成年儿童之家庭的帮助; Divorce, financial consequences of,离婚的财政后果; Polygamy, Mormon,摩门教的多妻制

Urbanization and sex,城市化与性,126-129, 155-156, 215, 260

Utilitarianism,功利主义,233, 235, 279-290 常见,339-340, 350, 423, 438; average versus total,一般功利主义与总体功利主义,285; and rape,与强奸,386-387。又请看,Economic theory,经济学理论; Liberalism,自由主义; Mill, John Stuart,约翰·斯图加特·密尔

Van der Haag, Ernest,恩斯特·范·德尔·海格,199 注

Veneral disease,性病,53, 163-165; in ancient world,在古代社会,164 注,186; knowing transmission of as battery,放任性病传播是一种伤害,184。又请看,AIDS,艾滋病

Viability (of fetus),胎儿的成活,287

Victorianism, 16-18, 20, 22, 24, 52-54, 61, 112 注, 174, 361-362。又请看,Comstockery,考姆斯托克

Virginity,贞操,16, 39, 46, 55, 57, 151, 212-213, 257, 263, 270, 388-390, 393; in Sweden,在瑞典,166; social function of,其社会功能,169

Voyeurism, 213, 384

Wealth,财富。请看,Income and wealth,收入与财富

Weber, Max,麦克斯·韦伯,437 注

Weitzman, Lenore,雷诺·魏茨曼,265

Welfare programs,福利项目,185, 192, 334, 433; effect on births,对生育的影响,196; effect on divorce,对离婚的影响,252; effect on illegitimacy,对非婚生的影响,264; in Sweden,在瑞典,166-167, 171, 188-189, 266; Swedish and U.S. compared,瑞典与美国比较,167-168,又请看,Aid to Families with Dependent Children,对有未成年孩子之家庭的补助; Sweden,瑞典

Wicksell, Kurt,科特·维克塞尔,33

Wilde, Oscar,奥斯卡·王尔德,60, 208, 363, 404

Wittgenstein, Ludwig,路德维希·维特根斯坦,230 注

Wolfenden report,沃丰登报告,130

Women: African,女子:非洲女子,259-260; agrarian,从事农业的女子,129 注, 133 注, 170, 259; in eyes of Church,教会眼中的,46-48; in classical antiquity, 在古典时期, 39-45 常见, 135, 176-177, 365; death rate, 死亡率, 128-129; economic and social status of, 经济和社会地位, 40, 159-161, 221, 233-234, 239, 246-247, 257, 263-264, 282-283; in fishing communities, 在渔业社会, 170; in India, 在印度, 160 注; in Japan, 在日本, 197; occupational status of, 职业地位, 39, 86, 171, 173-178, 195-196, 252, 259; status of in relations to pornography, 同色情相关的地位, 365; psychological differences from men, 与男子的心理差别, 93, 110, 123; effect of new reproductive technology on, 新生于技术的影响, 424-429 常见, 432; in Scandinavia, 在北欧, 170; sexuality of, 女子的性, 17-18, 20-21; surrogate mothers, 替身孕母, 423-428; in modern Sweden, 在现代瑞典, 174; in the United States, 在美国, 172, 174。又请看, Double standard, 双重标准; Feminism, 女权; Polygamy, 多偶制, 多妻制; Sequestration of women, 禁锢女子; Sexual revolution, 性革命

Xenophon, 色诺芬, 45